CONSOLIDATING KOREAN DEMOCRACY IN THE ERA OF POLITICAL POLARIZATION

정치양극화 시대 한국 민주주의의 발전 방안

경제·인문사회연구회, 한국행정연구원 공편

박영사

경제·인문사회연구회
NRC NATIONAL RESEARCH COUNCIL FOR
ECONOMICS, HUMANITIES AND SOCIAL SCIENCES

한국행정연구원
Korea Institute of Public Administration

집필진 소개

[집필진]

정해구　이사장(경제 · 인문사회연구회)
최상한　원장(한국행정연구원)
박　준　연구위원(한국행정연구원)
류현숙　선임연구위원(한국행정연구원)
이광희　선임연구위원(한국행정연구원)
임성근　연구위원(한국행정연구원)
강우진　교수(경북대학교)
구본상　교수(충북대학교)
박경미　교수(전북대학교)
박상훈　연구위원(국회미래연구원)
박현석　그룹장(국회미래연구원)
서정건　교수(경희대학교)
유태영　교수(한국외국어대학교)
윤광일　교수(숙명여자대학교)
윤왕희　박사(서울대학교)
이상신　연구위원(통일연구원)
이선우　교수(전북대학교)
이재묵　교수(한국외국어대학교)

장선화　교수(대전대학교)
장승진　교수(국민대학교)
정재관　교수(고려대학교)
지병근　교수(조선대학교)
최준영　교수(인하대학교)
하상응　교수(서강대학교)

[연구참여　국회의원]

이명수　국회의원(국민의힘)
최형두　국회의원(국민의힘)
김종민　국회의원(더불어민주당)
김영배　국회의원(더불어민주당)
이은주　국회의원(정의당)
조정훈　국회의원(시대전환)

[집담회　참여　국회의원]

김병욱　국회의원(국민의힘)
김상훈　국회의원(국민의힘)
김성원　국회의원(국민의힘)

김영식 국회의원(국민의힘)	송갑석 국회의원(더불어민주당)
김학용 국회의원(국민의힘)	송기헌 국회의원(더불어민주당)
서정숙 국회의원(국민의힘)	양기대 국회의원(더불어민주당)
신원식 국회의원(국민의힘)	이상민 국회의원(더불어민주당)
이만희 국회의원(국민의힘)	이수진 국회의원(더불어민주당)
이명수 국회의원(국민의힘)	이용우 국회의원(더불어민주당)
이종배 국회의원(국민의힘)	이원욱 국회의원(더불어민주당)
최형두 국회의원(국민의힘)	이탄희 국회의원(더불어민주당)
강민정 국회의원(더불어민주당)	전해철 국회의원(더불어민주당)
강병원 국회의원(더불어민주당)	정성호 국회의원(더불어민주당)
김두관 국회의원(더불어민주당)	최혜영 국회의원(더불어민주당)
김영배 국회의원(더불어민주당)	홍기원 국회의원(더불어민주당)
김영주 국회의원(더불어민주당)	홍영표 국회의원(더불어민주당)
김종민 국회의원(더불어민주당)	강은미 국회의원(정의당)
남인순 국회의원(더불어민주당)	배진교 국회의원(정의당)
도종환 국회의원(더불어민주당)	심상정 국회의원(정의당)
민홍철 국회의원(더불어민주당)	이은주 국회의원(정의당)
박광온 국회의원(더불어민주당)	용혜인 국회의원(기본소득당)
박재호 국회의원(더불어민주당)	조정훈 국회의원(시대전환)
박주민 국회의원(더불어민주당)	양정숙 국회의원(무소속)

발간사

경제·인문사회연구회의 지원으로 한국행정연구원과 한국정당학회가 공동으로 수행한 협동과제 '정치양극화 시대 한국민주주의 발전 방안'이 이렇게 단행본으로 출간된 것을 참으로 기쁘게 생각합니다. 특히, 본 연구는 헌정 사상 최초로 국책연구기관의 연구진이 국회와의 협업 연구를 수행했다는 점에서 큰 의의가 있습니다. 한국민주주의 발전을 위해 시의적절한 연구주제를 공동제안해 주신 국민의힘 이명수 의원님과 최형두 의원님, 더불어민주당 김종민 의원님과 김영배 의원님, 정의당 이은주 의원님, 그리고 시대전환 조정훈 의원님께 깊은 감사를 드립니다. 바쁜 의정활동 중에도 집담회, 세미나 등 연구 과정에 참여해 주신 30명이 넘는 여야 의원님들께도 깊이 감사드립니다.

1987년 이후 우리나라 국민들이 선택한 네 번의 여야 간 평화적 정권교체는 한국의 민주주의가 정치적 자유와 경쟁 측면에서 어느 정도 공고화되었음을 보여줍니다. 그러나 다수 국민들의 삶의 질과 관련해 실질적인 의미를 갖는 민주주의의 정책적 성과는 매우 취약합니다. 1997년 IMF 위기 이후 26년이 지났지만, 한국의 민주주의는 아직도 신자유주의의 그늘에서 벗어나지 못하고 있습니다. 소득과 부의 양극화, 수도권과 지방의 양극화, 첨단산업과 전통산업 간 일자리 양극화, 첨단산업에서조차 사라지지 않고 있는 장시간 노동의 관행, 막대한 사교육비 부담으로 인해 교육이 계층이동의 사다리가 아니라 지위 세습의 통로가 되는 현실 등 국민들의 삶의 질을 악화시키고 비혼·저출산을 유발하는 여러 사회·경제적 불균형 문제는 지금까지 우리가 이룩한 형식적 민주주의의 발전이 과연 누구를 위한, 무엇을 위한 민주주의였는지 물음표를 던지고 있습니다.

우리나라가 이처럼 국민의 기대에 미치지 못하는 수준의 민주주의가 된 배경에는 한국정치의 고질적 병폐인 정치양극화가 자리잡고 있습니다. 지역주의에 기반한 4개 정당체제가 1990년 3당 합당을 통해 재편된 이후 한국민주주의는 거대 양당 중심의 대결적 정치구조가 지배해 왔습니다. 이러한 대결적 정치구조는 정치를 공동선(common good)을 추구하는 수단이 아니라 상대를 지배하기 위한 권력투쟁(politics as warfare)으로 변질시켰습니다. 자기편이 집권하기 위해서는 권력을 가진 상대편이 실패하기를 바라는 대결구조하에서 국가적 난제 해결을 위한 초당적 정책합의는 실종되었고 정부의 실효성 있고 일관성 있는 정책추진도 찾아보기 어려웠습니다.

이 책은 이러한 양대 정당 간 대결적 정치구조를 혁파함으로써 한국정치가 정쟁보다는 국가적 난제 해결을 위해 토론하고 경쟁하는 정책 중심의 정치로 전환하기 위해 필요한 제도개혁 방안을 담고 있습니다. 이 책은 총 24명의 집필자들이 권력구조, 국회운영, 선거제도, 정당정치 등 '주제별 여야 국회의원 분임토의'라는 새로운 연구방법을 통해 정치양극화 문제에 대한 정확한 진단과 실효성 있는 제도적 대안 제시를 위해 기울인 노력의 산물이라고 할 수 있습니다. 아무쪼록 이 책이 국회와 정부, 학계, 일반 시민들에게까지 널리 읽혀져서 정치양극화 문제 해결을 위한 공감대가 만들어지고, 한국정치가 국가적 난제를 해결하는 '고성과 민주주의'로 발전할 수 있게 되기를 기대합니다. 감사합니다.

경제·인문사회연구회   정 해 구 이사장
한국행정연구원   최 상 한 원 장

목차

01

서론: 정치양극화,
어떻게 대응할 것인가?

박 준

제1절

들어가며

1. 한국의 정치양극화 실태

　1987년 이후 한국의 자유민주주의 수준은 눈에 띄게 발전하였다. 한국의 자유민주주의 수준은 자유민주주의 모델 국가인 미국 수준으로 개선되었다([그림 1-1]). 자유민주주의의 중요한 가치인 정치적 자유와 경쟁 수준이 그만큼 신장된 것으로 평가할 수 있다.

[그림 1-1] V-Dem 자유민주주의 지수 추이

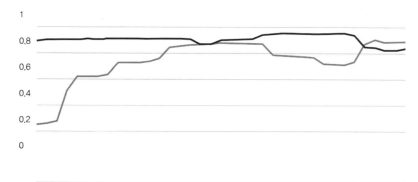

출처: V-Dem 홈페이지 <https://v-dem.net>

과거 자유민주주의의 모델 국가였던 미국은 민주당과 공화당 지지자 간의 정치양극화로 인해 심각한 사회갈등을 겪으면서 민주주의의 안정성이 위협받고 있다. 2020년 11월 대선에서 트럼프 전 대통령의 낙선 후 격화된 사회갈등은 2021년 1월 트럼프 지지자들의 연방의회 의사당 폭동으로 이어졌고, 2022년 중간선거에 출마한 공화당 후보 중 다수인 291명이 2020년 대선 결과를 부정하는 입장을 가졌다(Washington Post 2022.10.12.). 민주당과 공화당 지지자 간 대통령 지지율 격차는 레이건 대통령 이후 지속적으로 확대되어 2022년 6월 현재 82%p까지 벌어져 있다([그림 1-5]).

현재 한국의 민주주의도 정치적 자유와 경쟁의 확대와 함께 나타나고 있는 여당과 야당 지지자 간 심각한 양극화로 인해 정치발전에 있어서 퇴행의 위험에 직면해 있다. [그림 1-2]에서 보듯이 한 정당이 배출한 대표적 정치지도자라고 할 수 있는 대통령에 대한 여야 지지자 간의 지지율 격차는 김영삼 정부 이래로 계속 확대되어왔다. 지난 문재인 정부에서 그 격차는 85%p까지 벌어진 후 현 윤석열 정부에서는 76%p로 다소 감소했으나, 정치양극화 문제가 완화된 것으로 보기는 어렵다. The Economist에 따르면 한국의 민주주의지수는 2021년 세계 167개국 중 16위에서 2022년 24위로 8계단 하락했는데, 그 이유에 대해 The Economist는 정치인들이 합의를 추구하고 민생 개선에 힘쓰기보다는 정적을 쓰러뜨리는데 정치적 에너지를 쏟는 대립적 정치문화 때문이라고 설명했다(EIU 2023: 49). 한마디로 與와 野로 갈라진 당파적 양극화가 한국 민주주의의 후퇴 요인이라는 것이다.

[그림 1-2] 역대 정부의 정치양극화 지표 추이: 여야 지지자 간 대통령 직무수행 긍정률 차이의 절댓값

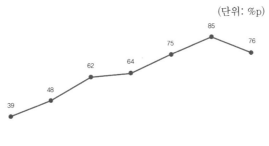

(단위: %p)

주: 2023년 1월까지 대통령별 최대 차이 조사 기준. 여야 지지자는 집권당과 제1야당 지지자를 의미
출처: 한국갤럽의 자료를 저자 자체 분석

정치양극화로 인해 비호감 정당 지지자와 사회적 관계 맺기를 기피하는 행태도 관찰된다. 본 과제에서 실시한 '한국의 정치양극화 현황과 제도적 대안에 관한 국민의식조사'에서 국민의힘과 더불어민주당 지지자들은 상대 정당을 지지하는 사람이 "나 또는 내 자녀의 배우자가 되는 것"에 대해 각각 40.1%와 41%가 불편하게 느끼는 것으로 조사되었다. "나와 절친한 친구로 지내는 것"에 대해서도 국민의힘 지지자의 39.6%, 더불어민주당 지지자의 38.5%가 불편하다고 응답했다.

정치양극화가 매우 심각한 미국에서도 이와 비슷한 현상이 나타나고 있다. "내 자녀가 다른 정당 지지자와 결혼한다면 속상하다(upset)"는 응답이 1960년 조사에서는 민주당 지지자 4%, 공화당 지지자 5%, 2008년 조사에서는 민주당 지지자 20%, 공화당 지지자 27%로 나타났는데, 2020년 조사에서는 민주당과 공화당 지지자 모두 38%를 기록해 미국사회에서 자녀의 배우자 선택에 있어서 지지정당은 60년 전보다 훨씬 더 중요한 문제가 되었음을 보여준다(Iyengar 외 2012; YouGov 2020.9.18.).

정치양극화는 이념적 양극화와 정서적 양극화 두 개의 유형으로 구분된다. 이념적 양극화(ideological polarization)는 정치인이나 일반국민의 진보-보수 이념성향 분포에서 중도층이 감소하거나, 여야 의원 혹은 여야 지지자 간 이념적 거리가 벌어지는 현상이다. 이념적 양극화는 자가평가이념,[1] 정책이슈에 대한 입장[2] 등을 묻는 설문조사 및 의원들의 법안투표행태에 대한 분석을 통해 측정된다. 정서적 양극화(affective polarization)는 지지정당과 상대정당에 대한 호감도의 차이가 확대되는 현상이다. 정서적 양극화는 당파적 편향(partisan bias)의 영향을 크게 받기 때문에 이념적 양극화와 관계없이 심화될 수 있다. 정서적 양극화는 상대 정당 혹은 상대 정당 지지자에 대한 감정온도, 특성평가, 결혼의향 등을 묻는 설문조사를 통해 측정된다. 국내 여론조사 기관에서 많이 실시하고 있는 지지정당별 현직 대통령의 직무수행평가 조사는 정서적 양극화 조사에 해당된다.

---

[1] 한국행정연구원의 사회통합실태조사는 "귀하의 이념적 성향은 어떻다고 생각하십니까?"라고 묻고, ①매우 보수적, ②다소 보수적, ③중도적, ④다소 진보적, ⑤매우 진보적 중 하나를 선택하게 했다.
[2] 2021년 12월에 실시된 중앙일보의 '일반국민 가치관 및 정책 여론조사'는 다양한 외교·안보, 경제, 사회정책 이슈에 대해 "어떻게 생각하십니까?"라고 묻고 '매우 진보적', '다소 진보적', '다소 보수적', '매우 보수적'을 대표하는 4개의 입장 중 하나를 고르게 했다.

〈표 1-1〉 정치양극화의 두 가지 유형

유형	이념적 양극화 (Ideological Polarization)	정서적 양극화 (Affective Polarization)
개념	정치엘리트 또는 일반국민의 진보-보수 이념 성향 분포에서 중도층이 감소하는 현상	지지 정당과 상대 정당에 대한 정서적 태도 (호감도)의 차이가 확대되는 현상
측정방법	• 설문조사(survey) - 자가평가이념 - 정책이슈에 대한 입장 • 의원들의 법안투표행태	• 설문조사(survey) - 상대 정당이나 그 지지자들에 대한 감정온도, 특성평가, 결혼의향 조사 - 현직 대통령에 대한 여야 지지자의 호감도 조사

출처: Iyengar 외(2019)를 토대로 재구성

　　현재 우리나라의 정치적 양극화가 얼마나 심각하고 어떤 추세를 보이고 있을까? 여야 지지자별 대통령의 직무수행 긍정률 차이 외에 몇 가지 추가 자료를 통해 그 현황을 살펴보도록 하자. 먼저 이념적 양극화 지표이다. 우리나라 국민들이 전체적으로 이념양극화가 진행되고 있다는 증거는 없다. 2012-2023년 기간 중 자가평가이념을 기준으로 측정한 중도층의 비율은 감소하지 않았고 오히려 늘어났다([그림 1-3] 좌측). 반면, 여야 지지자 간 이념양극화는 심화되고 있다. 이명박 정부 이후 여야 지지자 간 이념적 거리는 점차 벌어지고 있다([그림 1-3] 우측). 즉, 같은 이념성향을 가진 사람들이 같은 지지정당을 중심으로 모이는 '당파적 배열(party sorting)'3) 현상이 강화되고 있음을 알 수 있다.

---

3) 당파적 배열이 강화된다는 것은 유권자들의 지지정당과 그의 이념성향 간의 관계가 밀착되어 각 정당이 이념적으로 동질화되어감을 의미한다(Fiorina 2009: 61).

[그림 1-3] 우리나라 국민들의 이념적 양극화 추이

(단위: %, 점)

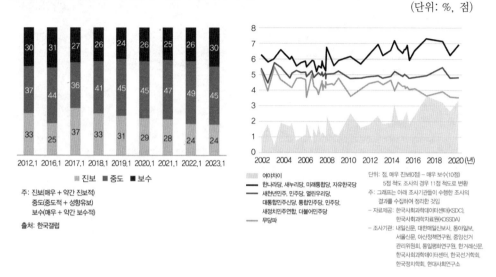

주: 진보(매우 + 약간 진보적)
　　중도(중도적 + 성향유보)
　　보수(매우 + 약간 보수적)
출처: 한국갤럽

여야 지지자 간 정서적 양극화는 어느 정도일까? [그림 1－2]에 제시된 대통령에 대한 여야 지지자들의 지지율 격차도 일종의 정서적 양극화 지표로 볼 수 있지만, 여기서는 보다 직접적인 정서적 양극화 지표인 우리나라 여야 지지자들의 상대 정당에 대한 호감도 조사 결과를 주요 선진민주주의 국가들의 경우와 비교해 보자.4) 한국의 경우 2023년 국민의힘에 대한 더불어민주당 지지자들의 비호감 비율 및 더불어민주당에 대한 국민의힘 지지자들의 비호감 비율이 2008년 조사 결과에 비해 모두 증가했다. 양당제 국가인 미국과 영국의 경우 각 정당 지지자들의 상대 정당에 대한 비호감도가 한국보다 높은 수준이고 증가 추세에 있음을 알 수 있다.

---

4) [그림 1－4]는 주요 정당 지지자들의 다른 정당에 대한 호감도를 0(매우 부정적)－10(매우 호의적)의 11점 척도로 조사해서 전체 응답 중에 0－4점을 선택한 '비호감' 응답 비율을 나타낸 것이다. 한국의 2023년 자료는 이번 협동과제의 일환으로 수행된 '정치양극화 현황과 제도적 대안에 관한 국민의식조사'의 결과치이고, 나머지 자료는 선거제도비교연구(Comparative Study of Electoral Systems)에서 추출하였다.

[그림 1-4] 상대 정당에 대한 비호감도 국제비교

(단위: %)

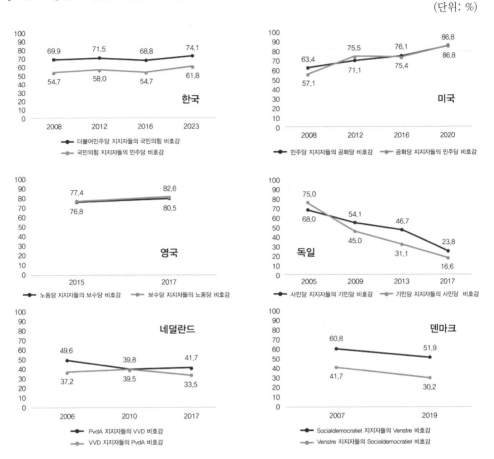

주: 11점 척도에서 0-4점 응답의 비율을 나타냄. 여기서 사용된 설문문항은 다음과 같음. 2023년 협동과
제 설문조사에서는 "귀하는 우리나라의 주요 정당에 대해 어떻게 생각하십니까? '매우 부정적'은 0점,
'호의적이지도 부정적이지도 않음'은 5점, '매우 호의적'은 10점이라고 했을 때, 귀하의 호감도를 응답
해 주십시오." CSES 설문조사에서는 "I'd like to know what you think about each of our political
parties. After I read the name of a political party, please rate it on a scale from 0 to 10, where 0
means that you strongly dislike that party and 10 means that you strongly like that party."

출처: 한국행정연구원(2023.1.). 정치양극화 현황과 제도적 대안에 관한 국민의식조사; Comparative Study
of Electoral Systems 원자료를 한국행정연구원 자체 분석 <https://cses.org>

[그림 1-4]에서 독일 사례가 흥미로운데, 사민당(SPD)이 이끄는 중도좌파 연정에
서 기민당(CDU)이 이끄는 중도우파 연정으로 정권이 교체된 2005년에만 해도 사민당
지지자들과 기민당 지지자들의 상대 정당에 대한 비호감 비율이 상당히 높은 수준이었

으나, 이후 메르켈 총리 재임 기간 중 기민당−사민당 대연정을 거치면서 비호감 비율이 현저히 감소했다. 유럽의 다른 연정국가인 네덜란드와 덴마크의 경우에도 독일만큼은 아니지만 좌파와 우파 정당 지지자들의 상대 정당에 대한 비호감도가 우리나라보다 훨씬 낮은 수준임을 알 수 있다.

서구민주주의 국가들에서 정서적 양극화는 독일, 스웨덴보다 미국, 영국에서 더 심각하다. 전형적인 양당제 국가인 미국에서는 레이건 대통령 이후 민주당과 공화당 지지자 간 대통령 지지율 차이가 확대되어 왔다. 2022년 바이든 대통령에 대한 민주당과 공화당 지지자 간 대통령 지지율 차이는 72−82%p 수준이다([그림 1−5]).

[그림 1−5] 미국 정당 지지자별 대통령 직무수행 긍정평가비율

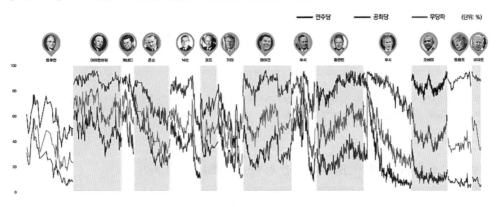

출처: Gallup, Presidential Approval Ratings – Joe Biden. <https://news.gallup.com/poll/329384/presidential-approval-ratings-joe-biden.aspx> (2022.11.29. 접속)

미국과 같은 양당제 국가인 영국에서 보수당과 노동당 지지자 간 총리 지지율 차이는 60%p 이상 벌어지는 경우가 빈번했는데, 특히 2020년 초에는 80%p까지 확대되었다([그림 1−6]). 반면, 독일에서는 정부에 대한 여야 지지자 간 지지율 차이가 40%p 이상 벌어지는 경우를 선거기간을 제외하면 찾기 힘들다. 2010년 이후 지금까지 기민당−기사당 연합(CDU/CSU)과 사민당(SPD) 지지자 간 정부에 대한 만족도 조사 긍정평가비율 차이는 평균 약 25%p 수준을 유지하고 있다. 2020년 3월 조사에서는 당시 메르켈 정부에 대한 만족도가 기민−기사 연합 지지자 76%, 사민당 지지자 73%로 그 차이가 불과 3%p 밖에 되지 않았다([그림 1−7]). 스웨덴의 경우 독일보다는 정치양극화

가 심한 편이다. 사민당 지지자와 보수당 지지자 간 정부신뢰 긍정평가비율 차이는 평균 40%p 수준을 기록하고 있다. 그러나 미국이나 영국과 비교하면 여야 지지자 간 정부에 대한 신뢰 차이가 크지 않음을 알 수 있다([그림 1-8]).

[그림 1-6] 영국 보리스 존슨 전 총리에 대한 보수당과 노동자 지지자들의 긍정평가비율의 차이

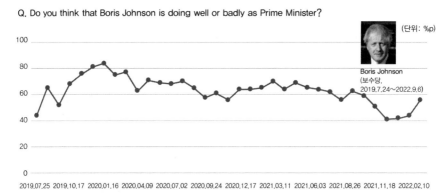

주: 보수당(Conservatives)과 노동당(Labour) 지지자 간 총리 국정운영 긍정평가 비율 차이의 절댓값
출처: YouGov, Boris Johnson Approval Rating.

[그림 1-7] 독일 기민당과 사민당 지지자 간 정부만족 긍정응답비율 차이

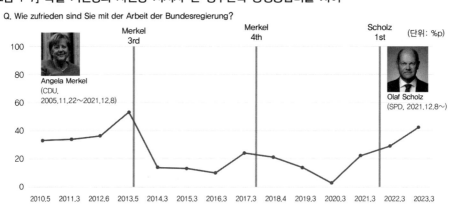

주: 사민당(SPD)과 기민당(CDU)/기사당(CSU) 지지자 간 정부만족 긍정평가 비율 차이의 절댓값
출처: ARD, DeutschlandTREND, 각월호. <https://www.tagesschau.de>

[그림 1-8] 스웨덴 정당지지자 간 정부신뢰 긍정평가비율 차이

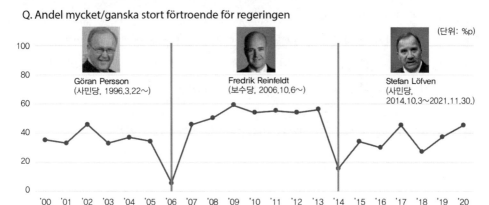

주: 사민당(Socialdemokraterna)과 보수당(Moderaterna) 지지자 간 정부신뢰 긍정평가 비율 차이의 절댓값
출처: Falk(2021: 8-10)

2. 정치양극화의 폐해

정치양극화의 결과가 모두 나쁜 것만은 아니다. 1950년 미국 정치학회 보고서는 민주당과 공화당이 이념적으로 너무 유사해서 문제라고 한탄하면서, 미국 정치체제가 더 양극화되어야 한다고 보았다(Klein 2020: 2). 각 정당에 뚜렷한 정강정책 자체가 없었을 정도로 정당 간에 정책적 입장 차이가 거의 없고 서로 너무 쉽게 협력하는 체제보다는 적당히 양극화된 체제에서 유권자들은 더 적극적으로 투표에 참여하게 되고 유권자들이 대통령의 정당 혹은 의회 다수당의 책임을 묻기가 더 용이해 질 것이라는 이유에서였다.

각 유권자들이 좋아하고 싫어하는 정당이 분명해지는 당파성의 힘이 대중의 정치참여를 자극한다는 점에서는 확실히 양극화 정치가 갖는 긍정적 효과가 있는 것도 사실이다. 그러나 정치양극화가 일정 수준을 넘어서면 정치양극화의 편익보다 비용이 더 커지고 민주적 거버넌스를 마비시킬 수 있다(Pildes 2014: 818). 정치양극화가 민주적 거버넌스에 미치는 해악은 다음과 같다.

첫째, 정치양극화는 당파적 편향으로 인해 정부의 정책성과에 대한 정당한 평가를 어렵게 한다. 실제로 한국, 미국 등 정치양극화가 심한 국가에서는 여야 지지자 간에

정부의 코로나19 대응 평가가 크게 엇갈렸다. [그림 1-9]에서 보듯이 여야 지지자 간 긍정응답율 차이가 덴마크, 독일, 스웨덴 등의 경우에는 각각 5%p, 11%p, 16%p에 불과했으나, 그 차이가 미국에서는 47%p, 한국에서는 50%p에 이르렀다. 이처럼 동일한 정책에 대해서도 국민들의 평가가 지지정당에 따라 크게 엇갈리면, 정부의 정책적 성과는 민주적 책임성 확보의 기준으로 활용되기 어렵다.

[그림 1-9] 여당과 야당 지지자들의 정부의 코로나19 대응 성과에 대한 평가

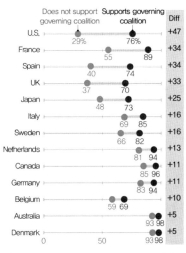

주: % who say their own country has done a good job dealing with the coronavirus outbreak
출처: Pew Research Center (2020년 여름 조사)

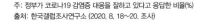

주: 정부가 코로나19 감염증 대응을 잘하고 있다고 응답한 비율(%)
출처: 한국갤럽조사연구소 (2020. 8. 18~20. 조사)

둘째, 정치양극화는 거버넌스를 무능화한다. 정치양극화가 심화되면 의회에서 정당 간 갈등으로 인해 법안통과가 장기간 지연되는 입법교착(legislative gridlock)을 유발한다. 행정부 추진 법률안이 입법교착에 빠질 위험은 대통령의 정당과 의회 다수당이 다른 분할정부(divided government)에서 더욱 심화된다. 미국 의회에서 정치양극화 지수가 높아지고 대통령 정당의 의회의석비율이 낮아질수록 입법교착 가능성이 증가하는 것으로 나타났다(Jones 2001).

셋째, 정치양극화로 인해 정권교체에 따른 정책의 변동성이 심화되면서 정책의 일관성과 지속성이 약화된다. 특히, 대북정책, 부동산세제 등 여야 지지자 간 정책이념 차이가 큰 분야에서 잦은 정책변화로 인해 정책의 신뢰성이 저하될 수 있다. 통일문제,

부동산문제 등 우리 시대의 난제들(wicked problems)은 5년 단임제 대통령 임기 내에 해결되기 어렵기 때문에 정책의 연속성이 필요한데, 정책이 정권에 따라 자주 바뀌면 이러한 난제들은 제대로 해결되기 어렵게 된다. 우리나라에서는 정권이 바뀌면 새 정부의 국정과제의 캐치프레이즈는 바뀌더라도 해당 국정과제가 다루는 정책문제의 목록은 계속 반복되는 경향이 있는데, 그 이유는 정책의 일관성이 높기 때문이 아니라 정반대로 정책이 일관성 있게 추진되지 못하여 정책문제가 장기간 미해결 상태로 남아 있기 때문이다(강홍열 2019).

넷째, 정치양극화는 공정한 정치적 경쟁을 위해 필요한 민주적 규범을 훼손시켜 민주적 거버넌스의 퇴행이 발생한다. "역사를 통해 체제붕괴 연구로부터 확실히 알게 된 한 가지가 있다면, 그것은 극단적인 양극화는 민주주의를 사망에 이르게 한다"(Levitsky and Ziblatt 2018: 9). 당파적 양극화가 극심한 정치에서는 각 정당과 그 지지자들이 상대를 이기기 위해 수단과 방법을 가리지 않게 된다. 그로 인해 양극화된 정치에서는 민주주의를 지키는 '연성 가드레일'인 관용과 자제의 규범이 약화된다. 관용(toleration)이 약화되면 각 정당이 상대 정당을 정당한 경쟁자로 인정하지 않게 되고, 자제(forbearance)가 약화되면 행정부 혹은 의회를 장악한 정당이 제도적 권한을 스스로 절제하지 않게 된다. 지나친 당파적 정체성으로 인해 가드레일이 사라진 정치의 예가 "아무리 자격 없는 후보도 자기편에게 도움이 된다면 누구든 정당화한다"는 것이다(Klein 2020: xiv). 가짜뉴스의 생산과 유포도 가드레일이 사라진 정치의 또 다른 예다. 양대 정당의 열성 지지자들은 상대 정당이나 후보에 대한 가짜뉴스를 확산시켜 미디어 공론장을 어지럽힌다. 상대 정당에 대한 혐오가 강한 사람일수록 SNS를 이용해 가짜뉴스 기사를 더 많이 공유하고 가짜뉴스임을 알면서도 악의적으로 공유한다는 사실이 미국 트위터 이용자 대상 분석 결과로 밝혀졌다(Osmundsen et al. 2021).

3. 연구 목적

이번 연구의 목적은 크게 다음 세 가지로 요약될 수 있다. 첫째, 우리나라의 정치양극화 문제를 극복할 수 있는 정치개혁 방안을 제시하고자 한다. 특히, 한국정치의 양극화 극복을 위해 중추적 역할을 해야 할 행정부, 의회, 정당 등 대의민주주의 기구의 기능과 역량 강화를 위한 실천적인 방안을 제시하고자 한다.

둘째, 한국의 민주주의가 대립형 민주주의(adversarial democracy)에서 통합형 민주주의(integrative democracy)로 발전하기 위한 어젠다를 발굴하고 이를 공론화하는 것을 목표로 한다. 본 과제가 연구를 위한 연구에 그친다면 기존의 학술적 연구와 크게 다를 바가 없다. 본 과제는 연구수행과정에서 국회의원 집담회와 같은 방법을 통해 정치양극화 문제의 심각성과 해결 필요성에 대해 정치권과 언론의 관심을 모으기 위해 노력한다. 또한, 연구결과를 통해 정치양극화 해결을 위한 정치개혁의 어젠다를 제시하고, 정치개혁 어젠다에 대한 원내 각 정당과 유권자들의 공감대 형성을 위해 노력한다.

셋째, 2022년 7월 22일 출범한 국회 정치개혁특별위원회 논의를 위한 기초자료를 제공함으로써 정치개혁의 입법적 성과 달성에 기여하고자 한다. 특히, 2024년에 실시될 국회의원 선거를 앞두고 바람직한 선거제도 개편을 위해 데이터에 근거한 제도적 대안을 제시할 수 있도록 한다.

제2절

책의 주요 내용

1. 정치양극화 문제 해결을 위한 두 가지 쟁점

정치양극화 분석의 시작점은 사회균열(social cleavages)이다. 사회균열은 개인의 집단정체성 형성에 근원적 요인으로 작용하는 인종, 종교, 이념, 계급, 젠더, 세대, 지역 등 사회구조적 속성을 의미한다. 사회균열이 정치양극화 분석의 시작점이라는 말은 다음 두 가지 중요한 함의를 내포한다. 첫째, 우리나라 정치양극화의 기원을 살펴보자는 것이다. 사회균열은 그에 상응하는 사회적 정체성을 형성한다. 영·호남 지역균열은 영남인과 호남인이라는 지역적 정체성을 형성한다. 이러한 사회적 정체성이 당파적 정체성과 교차(cross-cutting)하지 않고 중첩(overlapping)될 경우 정치양극화가 일어날 가능성이 증대된다(Powell 1976; Lee 2021). 또한, 일반국민이 아닌 특정집단을 타깃으로 하는 내로우캐스팅(narrowcasting)의 확산과 같은 미디어 구조의 변화는 사회균열을 둘러싼 여론의 양극화를 유발한다(Mendelsohn and Nadeau 1996). 미국의 정치양극화의 원인을 분석한 Klein(2020)의 연구에 따르면, 지난 50년간 미국 사회의 인종, 종교, 지역, 이념, 문화 등 다양한 균열들이 당파적 정체성과 결합되면서 정치양극화가 심화되었다. 우리나라의 경우 여야 지지자 간의 정서적 양극화 혹은 당파적 혐오감이 어떤 근본적인 사회균열에 근거하고 있는지 파악할 필요가 있다. 만약 당파적 혐오감이 이념적 차이, 계급적 차이 등 사회균열에 기인한다면 이러한 정서적 양극화는 그만큼 해결하기 어려운 문제가 된다. 반대로, 정당 간 합의이슈보다 갈등이슈가 부각되는 선거기간을 제외하면 당파적 혐오감이 사회균열과 큰 관련이 없다면 그것은 정치적으로 동원되었을 가능성이 높고, 정치엘리트들의 노력에 의해 해결가능한 문제일 수 있다.

둘째, 사회균열은 정치양극화 문제의 해결 방안을 찾는 연구에 있어서 시작점이지 종점은 아니라는 것이다. 심각한 사회균열은 민주주의 정치의 안정성을 저해할 수 있다. 만약 사회균열이 정치양극화의 분석의 종점이라면, 정치양극화 극복을 위한 대안은 사회균열 자체를 해소하는 데 주안점을 두게 될 것이다. 예를 들어, Levendusky(2018)는 독립기념일 행사나 올림픽 경기 등을 통해 미국 국민들에게 공통된 국가정체성(national identity)을 고취함으로써 당파적 혐오감을 극복할 것을 제안한다. 그러나 현재 미국사회에서처럼 인종, 종교, 지역, 이념, 문화 등 다양한 사회균열이 당파적 정체성과 결합되어 있을 때, 국가정체성이 어느 정도로 고취되어야 국민들의 정체성이 하나로 통합될 수 있을까? 대다수 국민들이 같은 정체성을 공유하지 않으면 정치양극화는 극복할 수 없는 것일까?

정치학자들은 균열이 심한 사회에서도 정치안정을 가능하게 하는 정치제도의 역할에 주목해왔다. 선행연구는 정치제도의 설계에 따라 사회균열이 민주주의에 미치는 부정적 영향이 완화될 수 있음을 보여 준다. Ordeshook and Shvetsova(1994)는 많은 비교정치연구에서 선거제도의 핵심적 요소로 받아들여지고 있는 선거구크기(district magnitude)에 따라서 사회구조의 이질성이 정당 수를 증가시키는 효과가 억제됨을 보여 주었다. 또한, Lijphart(2002)는 인종 등으로 분열된 사회에서는 헌정체제를 행정부 권력을 공유하고 개별 문화집단에 자율성을 인정하는 '권력공유형 민주주의(power-sharing democracy)'로 만드는 것이 민주주의 발전에 도움이 된다고 주장했다.

[그림 1-10] 사회균열과 민주주의 발전 사이의 매개변수로서 정치제도

분열된 사회에서 민주주의가 발전하기 위한 제도적 접근은 [그림 1-10]과 같이 도식화할 수 있다. 이 접근은 사회균열과 이를 증폭시키는 미디어, 그리고 민주주의의 발전 사이에서 이들을 매개하는 정치제도의 역할을 강조한다. 당파적 적개심(partisan hostility)의 증가로 나타나는 정치양극화 문제와 관련된 정치제도는 정치체제(regime) 차원과 정당 내부 차원으로 구분된다. 정치양극화과 관련된 레짐 차원의 정치제도는 권력구조, 의회제도, 선거제도와 정당체계라고 할 수 있다. 여기서의 쟁점은 양당제를 특징으로 하는 '다수지배체제'와 다당제를 특징으로 하는 '권력공유체제' 중에 어느 쪽이 정치양극화 억제에 도움이 되는가이다. 정당 내부 차원의 정치제도는 정당의 조직, 당원, 공천, 정책수립 등에 관한 규칙과 절차이다. 이와 직결되는 쟁점은 약한 정당과 강한 정당 중에서 어느 쪽이 정치양극화에 도움이 되는가이다. 이하에서는 정치양극화 극복의 제도적 대안에 관한 두 가지 쟁점에 대해 상술한다.

가. 양당제 vs. 다당제

Rosenbluth and Shapiro(2018)는 양당제에서는 정치양극화가 완화되고 다당제에서는 정치양극화가 심화된다고 주장한다. 이 주장은 단일 이슈 차원[5]을 전제로 양당제에서 득표 극대화를 추구하는 두 정당의 정책은 이념적 중도로 수렴하지만 다당제에서는 각 정당이 이념적 중도로 수렴할 유인이 없다는 Downs(1957)의 이론에 근거한다.[6] 양당제에서 두 정당은 특정 이념에 한정하지 않고 폭넓게 중도층의 지지를 소구하는 '포괄정당(catch-all party)'으로 작동하지만, 다당제에서 각 정당은 이념적 순수성을 지키는 '이념정당'으로 작동한다고 본다.

반면, 정치양극화의 대안으로 다당제를 선호하는 연구자들은 양당제에서는 하나의 정당이 권력을 배타적으로 독점하지만, 다당제에서는 정당 간 연립을 통한 권력공유가 가능하기 때문에 다당제가 정치양극화를 완화한다고 주장한다(Lijphart 1999). 또한, Anderson and Guillory(1997)는 유럽 11개국 8,116명을 대상으로 조사한 유로바로미터 설문조사 결과를 분석했는데, 그들은 다수제(양당제) 국가에서는 선거에서 승리한 정당의 지지자와 패배한 정당 지지자 간에 그 나라의 민주주의 정치에 대한 만족도 차이가

---

5) 여기서 이슈 차원(issue dimension)이란 시민들의 정치적 의견과 선호가 갈라지게 만드는 쟁점 영역으로서, 현실정치에서 이슈 차원은 단일하지 않고, 외교·안보, 경제, 사회 등 복수의 이슈 차원이 존재하는 것이 일반적이다. 우리나라의 경우 외교·안보 차원에서는 북한에 대한 강경론과 유화론이, 경제 차원에서는 성장론과 분배론이, 사회 차원에서는 국가의 간섭과 개인의 자유가 서로 대립적 이념과 가치를 대표한다.
6) 이 점에 대해 Downs는 다음과 같이 말했다: "다당제에서는 정당들이 서로를 이데올로기적으로 구별하면서 자신들이 가진 이데올로기적 순수성을 유지하고자 분투할 것이다. 반면에 양당제에서는 양당이 가능한 한 상대방과 비슷해지려고 노력할 것이다"(Downs 1957: 195).

큰 반면, 합의제(다당제) 국가에서는 그 차이가 작기 때문에 다당제가 국민통합에 더 유리하다는 결론을 제시했다.

그런데, 최근 들어 다당제 혹은 비례성이 높은 선거제도가 정치양극화를 완화한다는 연구결과들이 주로 제시되고 있다. Gidron, Adams, and Horne(2020)는 서구민주주의 20개국에 대한 비교연구에서 불비례성이 높은 선거제도와 소득불평등이 상대정당(out-party)에 대한 혐오감의 원인이라는 실증연구 결과를 제시했다. Rodden(2021)은 Downs(1957) 등의 고전적 이론이 바탕에 깔고 있는 단일 이슈 차원 분석을 비판하면서, 양당제에서 이슈 차원이 둘 이상으로 늘어날 때 정서적 양극화가 심화된다는 것을 미국 연방선거조사(ANES) 데이터와 공간모형(spatial modelling)을 이용해 보여주었다. Rodden에 따르면 환경, 이민 등과 같은 새로운 이슈 차원이 등장하면 비례대표제 국가에서는 해당 이슈 차원을 대표하는 정당이 생겨난다. 그 결과 좌파와 우파 진영 내부는 이념적으로 이질화되고 정당 간 평균 이념적 거리는 벌어지지 않는다. 반면, 다수대표제에서는 기존의 양대 정당이 새로운 이슈 차원에서도 반대 노선을 취하면서 두 정당 간 이념적 거리는 더 벌어지고 두 정당의 지지자 간 사회적 정체성의 차이는 더욱 확대된다. 예를 들어 스웨덴의 경우 중도우파 정당인 보수당(Moderates)은 동성결혼을 지지하고, 극우정당인 스웨덴 민주당(Sweden Democrats)은 복지국가를 지지한다는 점에서 사민당(SDP) 등 좌파정당들과 공통점이 있지만, 미국의 공화당과 민주당은 경제와 사회 이슈에서 서로 정반대의 입장을 취하고 있다. 양당제에서 나타나는 이러한 '대척점의 정치'가 정서적 양극화를 가져오고 있다는 것이다. Horne 외(2023)는 19개 서구민주주의 국가에 대한 비교연구에서 다당제가 정서적 양극화 완화에 기여하는 이유를 과거 연정의 경험과 미래 연정 가능성으로 설명한다. 다당제에서는 단독다수당정부보다는 연립정부 수립이 일반적인데, 현재 연정파트너정당들에 대해서는 공동운명체의식 때문에 우호적 감정이 생기고, 연정이 해체된 후에도 미래에 다시 연정파트너가 될 가능성을 염두에 두기 때문에 정치엘리트들이 상대 정당에 대한 극단적 언동을 자제한다는 것이다.

다당제가 정치양극화 문제의 해결 방향이라면, 다당제와 친화적인 비례성 높은 선거제도를 도입하는 것이 필요하다. 정당체계에 미치는 선거제도의 영향은 단순다수대표제는 양당제를, 비례대표제는 다당제를 가져온다는 '뒤베르제의 법칙'에도 잘 나타나 있다. <표 1-2>에서 보듯이 각국의 정당체계는 유효정당 수로 측정할 수 있는데,

미국은 유효정당 수가 2개로 전형적인 양당제 국가임을 보여준다. 반면, 네덜란드의 유효정당 수는 8.54개로 전형적인 다당제 국가이다. 이러한 정당체계의 차이는 각국이 택한 선거제도로 설명할 수 있는데, <표 1-2>는 결선투표 없는 단순다수대표제를 선택한 국가의 정당체계는 유효정당 수가 3개 미만인 양당제이고, 비례대표제를 선택한 국가의 정당계제는 유효정당 수가 5개가 넘는 다당제임을 보여준다. 한국은 지난 21대 총선에서 단순다수대표제와 비례대표제를 혼합한 선거제도를 채택하였으나 비례의석 비율이 너무 작았고 거기에다 양대 정당의 위성정당까지 출현함으로써 영국보다 더 심한 양당제가 출현하였다. 거대 양당 중심의 정당체계를 바꾸려면 현재 47명으로 국회의원 정수의 15.7%에 불과한 비례대표 비율을 확대하는 선거제도 개편이 필요하다.

〈표 1-2〉 선거제도와 정당체계

국가	유효정당 수	선거제도
미국(2020)	2.00	단순다수
한국(2020)	2.09	혼합형(비례의석 15.7%)
영국(2019)	2.39	단순다수
캐나다(2019)	2.79	단순다수
프랑스(2017)	3.00	단순다수 + 결선투표
독일(2017)	5.58	혼합형(비례의석 50%)
스웨덴(2018)	5.63	복층형 비례
스위스(2019)	5.83	단순비례
네덜란드(2021)	8.54	단순비례

주: 유효정당 수는 정당체계의 정당 수를 정당의 의석비율에 가중치를 매겨 측정
출처: Michael Gallagher, Election indicies.

또한, 정당체계가 다당제이더라도 우리나라처럼 대통령이 행정부의 수반으로서 독점하는 행정권한뿐 아니라 법률안 발의권, 예산편성권 등 입법·예산권까지 가지고, 여당 국회의원을 자기 내각의 장관으로 임명하는 등 헌법적 권한이 대통령에게 집중된 경우에는 연정을 통한 정당 간 권력공유가 쉽지 않다. 다른 헌법기관보다 우월한 기관으로 인식될 정도로 대통령에 집중된 권력은 대선에서 승리한 후보의 정당이 연정을 수용할 유인을 크게 약화시키기 때문이다. 따라서, 권력공유체제가 되려면 정당체계가

다당제로 바뀌는 것뿐 아니라 정당 간 연정을 촉진할 수 있도록 대통령의 권한을 축소하는 권력구조 개편 논의도 함께 필요하다.

나. 약한 정당 vs. 강한 정당

다당제로의 이행을 위해 선거제도 개혁이 필요한데, 우리나라에서 선거제도 개혁이 성공하려면 정당개혁이 함께 이루어져야 한다. 우리나라에서 비례의석 비율을 확대할 경우, 과연 비례대표 후보 공천이 투명하고 공정하게 이루어질 수 있을 것인가? 서유럽 민주주의 국가들처럼 정책이념에 기반한 다당제가 출현할 것인가? 아니면, 기존 양당의 공천에서 탈락한 정치인들에 의한 인물 중심, 지역 기반의 다당제가 출현할 것인가? 비례대표제의 성공을 위해서는 투명성과 정책경쟁에 기반한 정당개혁이 전제되어야 한다. 이를 위해 각 정당이 국회의원 후보 공천 규칙과 절차를 개혁하고, 정당들의 정책경쟁을 촉진하는 제도개혁이 뒷받침될 필요가 있다.

그렇다면, 정당개혁의 바람직한 방향은 당 지도부를 중심으로 집권화되고 응집력 있는 강한 정당인가, 분권화되고 느슨한 약한 정당인가? 미국 연방헌법을 기초한 Madison은 정당을 공공의 이익을 해치는 파당(faction)으로 보고, 그 정치적 해악을 방지하기 위해 분권화된 헌정체제를 고안했는데, 이것이 전통적인 미국 정당의 응집력 약화로 이어졌다. Linz(1990)는 의원들의 당적을 초월한 교차투표(cross-voting)를 특징으로 하는 약한 정당이 미국의 대통령제가 '분할정부(divided government)'에서도 안정적으로 작동된 이유라고 설명한다. 또한, Pierson과 Schickler(2020)는 20세기 후반 이후 정부의 정책결정 및 정당조직의 중앙집권화가 정당의 강화와 정치양극화의 심화로 이어졌다고 분석한다. 이러한 연구들은 정치양극화 완화를 위해 응집력이 약한 정당이 필요하다고 본다.

그러나 Rosenbluth와 Shapiro(2018)는 미국의 정치양극화는 "거대하지만 나약한" 두 정당에서 비롯되었다고 보고, 정치양극화 완화를 위해서는 지지기반이 넓고 내부규율이 센 '강한 정당'이 필요하다고 주장한다. 민주당과 공화당이 선거에서 일관된 정책어젠다를 제시하지 못하고, 좌우 극단에 위치한 대표성 없는 유권자들이 각 당의 예비선거, 즉 공직선거 후보 선출과정을 지배하게 되면서 정치양극화가 심화되었다는 것이다.

약한 정당이 정치양극화 문제의 해결방향이라면, 완전한 원내정당화와 국회의원들의 자유투표 확대, 정당 후보 공천의 분권화 등이 필요할 것이다. 반면, 강한 정당이 정치양극화 문제의 해결방향이라면, 당원 또는 일반국민 대신 정당의 당직자들이 당의 의사결정에 대해 더 많은 권한과 책임을 갖고 정당이 국정운영을 주도하는 정당정부로의 개혁이 필요할 것이다.

한국에서 정당이 정치양극화의 방파제 역할을 하려면 강한 정당과 약한 정당 이 두 가지 길 중에서 어느 방향으로 가야 할까? McCoy and Somer(2021: 13)는 정치양극화가 심한 나라에서 강한 정당과 약한 정당 모두 양날의 검이 될 수 있다고 지적했다. 양극화된 정치 상황에서 충성된 지지자들을 가진 강한 정당은 상대 정당과의 대결에 사용되는 무기가 될 수 있고, 응집력이 약한 정당은 갈등을 정치화함으로써 대중적 인기를 얻고 권력을 잡으려는 정치인이 나타나기 쉬운 여건이 될 수 있기 때문이다. McCoy와 Somer의 지적은 제도 개선만으로 정치양극화 문제가 해결될 수 없고, 정치 엘리트들의 선택이 중요함을 강조한 것인데, 갈림길에 선 한국 정당정치에 대해 한국 정치의 맥락을 고려한 적실성 있는 대안을 제시하기 위해 연구자가 해결해야 할 딜레마이기도 하다.

2. 주요 내용

본 연구는 서론과 결론을 제외하고 4개의 파트로 구성되어 있다. 제1부(정치양극화와 민주적 공론장의 쇠퇴)에서는 이론적 모형에서 정치양극화의 기원이라고 할 수 있는 사회균열과 미디어에 대한 분석을 진행한다. 사회균열을 세대와 이념, 젠더, 계급, 지역 등으로 구분하여 각각의 균열이 현재 한국사회에서 어느 정도 수준이고, 정치양극화 문제와는 어떤 관계가 있는지를 살펴보기 위해 본 과제에서 실시한 일반국민 설문조사 자료를 분석한다. 또한, 균열과 양극화를 증폭시키는 미디어의 문제를 해결하기 위한 정책방안을 제시한다.

제2부, 제3부, 제4부에서는 정치양극화 극복을 위한 제도적 대안들을 분야별로 제시한다. 지금처럼 양극화가 심한 상황에서 대중의 참여와 공개 등 '더 많은 민주주의'는 엘리트 수준의 협치를 오히려 어렵게 만드는 역효과를 낼 수 있다. 협치의 제도적 기반을 마련하기 위해서는 정당 간 타협과 연합의 유인구조 마련이 필요하다. 이를 위

해 제2부에서는 우리나라 권력구조와 의회제도가 정치양극화를 어떻게 심화시키고 있는지 분석하고 해결방안을 제시한다. 권력구조 측면에서 분권형 대통령제로의 개헌과 대통령 결선투표제 도입을 제시한다. 또한, 여야 간 협치를 제고하기 위해서는 현재의 원내대표 중심의 국회 의사결정구조에서 탈피해야 하며, 국회의 제도화를 통해 여야 의원들의 국회에 대한 제도적 충성심을 강화하고 교착상태 완화와 소수당 권리 보호를 위한 대안들을 제시한다. 아울러 국회의 의사결정을 지원하는 입법 · 정책지원기구 활성화 방안에 대해 논의한다.

제3부에서는 정치양극화 극복을 위한 선거제도 개혁 문제를 다룬다. 승자독식 선거제도인 현행 소선거구 단순다수제를 바꾸는 것은 협치의 제도적 기반을 위해 중요하다. 본 연구는 비례대표 의석 비율과 권역별 비례대표제, 중대선거구제 등 선거제도 개편의 주요 쟁점에 대한 논의를 통해 한국의 정당체계를 온건 다당제로 전환하는 방안을 제시한다. 또한, 정치양극화로 인한 선거구 획정의 폐해를 극복하고 농산어촌의 지역 대표성 강화를 위해 선거구 획정 기준을 다양화하고, 선거구 획정 절차의 법 · 제도적 흠결을 보완할 것을 제시한다.

제4부에서는 시민들의 정치참여와 대의민주주의를 매개하는 중요한 정치제도인 정당에 대한 개혁방안을 다룬다. 먼저 시민들의 정치적 대표로서 정당의 기능을 활성화하기 위해 정당법상 정당의 구성요건을 개정해 지역정당을 허용하고 2004년에 폐지된 지구당을 부활할 것을 제안한다. 또한, 당원조직이 공직선거 후보 공천이나 당 대표 선거 때만 가동되는 것이 아니라 평상시에 정당과 당원 간의 원활한 소통과 협의가 이루어질 수 있도록 온라인플랫폼 기능 활성화를 대안으로 제시한다. 또한, '만들어진 당원과 역할 없는 대의원'의 문제를 해결하기 위해 매년 전 당원 조사를 통해 이중당적 문제를 해소하고 당비제도를 개선할 것을 제안한다. 우리나라 정당들의 고질적인 공천제도 문제의 핵심을 대선후보파와 반대파 간의 승자독식 정쟁으로 보고, 이를 해결하기 위한 방안을 선거제도 개편 시나리오별로 검토한다. 마지막으로 정책정당 육성을 위해 하부단위에서 당원들의 자발적인 모임을 지원해 당의 정책기능과 연계하고, 지역구 단위 정책토론회 확대, 의원들의 초당적 연구모임의 실질화 등을 논의한다.

결론에서는 제도적 상보성(complementarity)의 관점에서 정치제도 각 분야를 아우르는 통합적 대안을 제시한다. 그리고 이러한 대안을 실행하기 위한 액션플랜을 제시한다.

3. 연구 방법

정치양극화라는 우리 사회 난제를 해결하는 방안을 모색하기 위해 경제·인문사회연구회, 한국행정연구원, 학계 전문가, 국회의원이 함께 공동연구를 추진하였고, 그 결실로 이 책을 출간하게 되었다.

2022년 4월 국회-한국행정연구원-한국정당학회 공동주최 기획세미나 '우리나라 정치양극화 문제의 현황과 해법' 개최를 필두로, 국회의원실, 경제·인문사회연구회, 한국행정연구원, 한국정당학회, 국회미래연구원 등 관련 기관이 총 3차례('22.6.15, '22.7.6, '22.7.27)에 걸쳐 사전 기획 회의를 하고 연구주제와 추진 방법에 관해 협의하였다.

그동안의 논의와 더불어 정치양극화 문제 해결을 위해 여·야 국회의원 6인(이명수, 최형두, 김종민, 김영배, 이은주, 조정훈)의 공동 제안에 따라 경제·인문사회연구회 기획협동 연구사업으로 "정치양극화 시대 한국 민주주의의 발전 방안" 연구가 9월부터 본격적으로 시작되었다. 한국행정연구원, 한국정당학회, 국회미래연구원 등의 연구진 총 24명이 참여하여 국회의원 집담회를 개최했고, 여·야 당직자 심층 인터뷰, 대국민 설문조사 등의 실증연구를 실시하였다.

특히, 국회의원 집담회는 정치 현장에서 활동하며 더 나은 정치에 대해 현실적으로 고민해 온 의원들과 연구진이 연+주제별 합동 분임 토의를 통해 연구의 현장감을 더하는 최초의 시도로 진행되었다. 정치양극화의 핵심 현안을 파악하고 적실성 있는 대안을 모색하기 위해 정치양극화와 미디어, 국회운영 및 체제개혁, 선거제도, 정당정치 등의 주제를 각 분임으로 구성하였고, 총 3차례('22.9.16, '22.12.2, '23.3.13)에 걸쳐서 개최되었다.

전문가 FGI는 여야 정당 당직자[7]들을 대상으로 총 3회('22.12.16, '22.12.22, '22.12.23)의 심층 인터뷰를 통해 우리나라 정당정치의 문제점과 개혁방안을 조사하였다. 국회의원 집담회와 전문가 FGI 결과는 회의내용을 녹취록으로 정리하여 본 연구의 관련 장·절에서 인용하는 방식으로 활용하였다.

설문조사는 전국 만 18세 이상 국민 1천 명을 대상으로, 정치양극화 현황과 제도적 대안에 관한 인식을 파악하고자 실시하였다. 한국행정연구원과 한국정당학회가 설문지

---

7) 국민의힘 안정호 미래국 차장, 더불어민주당 김종수 정책실장, 박성은 조직국 국장, 이광수 부국장, 박요섭 부장, 김용근 디지털전략실 부장

를 공동으로 개발하였고, 한국리서치에 조사를 의뢰하였다. 실사는 2022년 12월 26일부터 2023년 1월 16일까지 진행되었다. 설문조사 문항의 주요 내용은 크게 두 가지 부문으로 구조화되어 있다. 첫 번째 부문은 한국의 정치양극화 실태로, 유형별 사회갈등의 심각성에 대한 인식, 경제·사회적 이념·가치관, 미디어 이용 행태와 가짜뉴스, 국가기관에 대한 신뢰, 상대 정당에 대한 선호도 등으로 구성했다. 두 번째 부문은 정치양극화 극복을 위한 제도적 대안으로, 거대 양당 중심 승자독식 체제의 개선 방안, 대통령 중심의 권력구조 개혁, 온건다당제로 가기 위한 선거제도 개혁, 후보공천 등 정당개혁 등으로 구성하였다. 이번 설문조사 결과는 본 연구의 관련 장·절에서 논의의 설득력을 위한 실증 데이터로 인용되었고, 결론 제19장 '정치양극화 해소를 위한 정치개혁 실행전략'에 설문 결과의 핵심적 내용이 제시되어 있다.

제1부

정치양극화와
민주적 공론장의 쇠퇴

제1부

서론

하상응

　민주주의는 선거에서 대표자를 선출하고 유권자들이 자신의 주권을 일정 기간 동안 임시로 대표자에게 위임하여 주권의 내용을 실현하는 체제다. 즉, 현재 운영되는 대의 민주주의의 핵심은 정치적 대표성(representation)이다. 역사적으로 볼 때 한국은 그다지 빨리 민주화의 세계적 흐름에 참여한 것은 아니었다. 그러나 한국은 제3의 물결을 통해서 민주화를 이룬 나라 중에서 가장 성공적으로 민주주의를 제도화한 거의 유일무이한 사례이다. 한국 민주주의의 성과에도 불구하고 정치적 대표체계의 시각에서 보면 소수의 주류로 구성된 기득권 카르텔 체제가 여전하다는 평가가 있다. 청년의 목소리보다는 중장년층의 목소리가, 여성 및 사회 소수자의 목소리보다는 남성의 목소리가, 가난한 자의 목소리보다는 부자의 목소리가, 지방의 목소리보다는 수도권의 목소리가 더 많이 정치 과정에 반영된다는 것이다. 다시 말해 한국 민주주의의 맹점 중 하나로 유권자의 요구에 제대로 응답하지 못하는 점을 들 수 있다.

　최근 민주주의 쇠퇴(democratic backsliding) 현상과 맞물려 정치양극화(polarization)에 대한 관심이 크다. 한국에서도 예외가 아니다. 정치학의 핵심 연구 주제로 자리 잡은 양극화는 일반적으로 이념 양극화(ideological polarization)와 정서 양극화(affective polarization)라는 두 개의 개념으로 나뉘어 논의되고 있다. 이념 양극화는 보수적인 성향을 띤 집단과 진보적인 성향을 띤 집단 간의 이념 거리가 점점 멀어지는 현상을 말한다. 다시 말해 보수적인 집단은 시간이 지남에 따라 더 보수적이 되는 반면, 진보적인 집단은 더 진보적이 된다는 것이다. 이념 양극화 현상은 일반 유권자 차원과 선출직 정치인 차원에서 각각 파악할 수 있다.

　　보통 정치인 차원의 이념 양극화는 진보 정당 소속 의원과 보수 정당 소속 의원의 법안에 대한 입장 및 표결 행태를 분석하여 확인한다. 한편 유권자 차원의 이념 양극화는 보수 정당을 지지하는 유권자의 이념과 진보 정당을 지지하는 유권자의 이념 간 차이를 시계열적으로 관찰하여 확인한다. 그런데 일반 유권자의 지지 정당은 언제든지 바뀔 수 있을 뿐 아니라 지지하는 정당이 없는 유권자의 비율도 상당하기 때문에, 정치인 차원에서의 이념 양극화와 달리 유권자 차원에서의 이념 양극화를 파악하는 작업은 까다롭다. 일반적으로 중도 성향의 유권자 비율이 줄어드는 동시에 유권자의 이념 성향과 일치하는 정당 지지가 높아지는 현상은 이념 양극화로, 중도 성향의 유권자 비율의 변화 없이 유권자의 이념 성향과 일치하는 정당 지지가 높아지는 현상은 정파적 배열(partisan sorting)로 구분하여 설명하고 있다. 유권자 차원의 이념 양극화 혹은 정파적 배열 말고 정서 양극화에 관심을 두는 연구들도 있다. 정서 양극화는 자신과 동일한 이념 성향을 갖는 집단에 대한 호감도 대비, 자신과 다른 이념 성향을 갖는 집단에 대한 호감도가 점점 약화되는 현상을 말한다.

　　요약하자면 양극화 연구는 (1) 정치인 차원의 이념 양극화, (2) 유권자 차원의 이념 양극화 혹은 정파적 배열, (3) 유권자 차원의 정서 양극화라는 서로 개념적으로 구분되는 영역에서 개별적으로 축적되고 있는 실정이다. 이러한 맥락에서 한국에서도 양극화 관련 연구 결과물이 많이 생산되고 있다.

　　그런데 이와는 다른 각도에서 양극화를 바라볼 수도 있다. 서구 민주주의 국가에서 정당 정치의 동력이 되어왔던 사회 내 균열을 기준으로 한국 정치의 현황을 분석하는 작업도 가능하다. 관심의 대상이 되는 사회 균열은 (1) 세대 균열, (2) 젠더 균열, (3) 계급 균열, 그리고 (4) 지역 균열이다. 이에 덧붙여 사회 균열의 증폭에 지대한 영향을 끼친다고 알려진 미디어에 대한 별도의 관심도 추가될 수 있다. 정치권과 언론에서는 이들 균열 양상이 과거에 비해 심각해졌다고 주장한다. 그러나 시계열 추이를 체계적으로 파악하기 전에 이러한 주장이 타당하다고 보아서는 안 된다. 정치적, 사회적 양극화의 심화의 원인(이자 결과)으로 치부되는 사회 균열이 실재하는 현상인지, 허상인지, 어느 정도 심각한지를 따지는 작업은 양극화 완화를 위한 제언을 마련하기 위해 반드시 필요한 일이다. 이에 이 파트에서는 세대 균열, 젠더 균열, 계급 균열, 그리고 지역 균열에 대한 논의를 수행한다. 이를 위해 최근 수행된 설문조사 자료와 행정자료가 사용될 것이고, 다른 나라(특히 미국)와의 간단한 비교 작업도 수행될 것이다. 더불어 가짜뉴스의 확산을 통해 양극화가 심화되는 문제를 다루기 위해 미디어에 대한 별도의 고찰을 수행할 것이다. 구체적으로 각 장에서는 다음과 같은 내용을 다룬다.

제2장 "정치 세대 집단과 정체성 그리고 한국 민주주의 과제"에서 이재묵은 '세대 균열'을 지난 2022년 대통령 선거에서 나타난 유권자 인식조사를 토대로 한국의 선거 과정에서 세대 갈등이 구조화되어 유의미한 우리 사회 균열의 한 축으로 자리 잡고 있는지에 대해 경험적으로 분석한다. 지난 20대 대통령 선거를 거치면서 2030세대와 586세대 간, 눈에 띄게 차이가 나는 정치 선호도에 대한 관심이 급증하였다. 젊은 세대가 갖는 가치관이 장년층의 가치관과 어떻게 다른지, 그것이 정치 선호에 어떻게 반영되는지에 대한 연구가 사회학을 비롯한 인접 사회과학 분야의 도움을 받아 정치학에서 최근 집중적으로 수행되었다. 하지만 문제가 간단하지는 않다. 소위 세대 간 차이를 보는 세대 효과(generation effect)가 연령 효과(age effect), 시기 효과(period effect)와 정확히 구분되기 어렵기 때문이다. 세대 효과는 특정 세대가 다른 세대와 다르다는 것인데, 그것이 세대와 상관없이 나이가 들어감에 따라 변화하는 현상(연령 효과)과 세대와 상관없이 특정한 충격적인 사건(예를 들어 IMF 구제금융)을 겪어서 변화한 현상과 정확하게 구분될 수 있는지에 대한 논란이 사회과학 분야에서 활발하다. 따라서 정치권과 언론에서 다루는 세대 간 차이가 과장되었을 가능성이 있다.

한편, 소위 MZ세대로 불리는 젊은 세대를 중심으로 성별 간 갈등이 심화되었다는 보고가 있다. 이러한 맥락에서 구본상은 제3장 "젠더균열: 젠더갈등과 정치적 동원"을 주제로 젠더갈등 인식차이를 만들어내는 주요 요인을 탐색하고, 이러한 젠더갈등 인식 차이가 정치적 동원을 통해 증폭될 수 있는지를 분석한다. 지난 십여 년간 꾸준히 지속되어 온 성평등 교육과 관행이 자리잡음에 따라 반작용으로 생기는 현상이라는 진단이 있다. 이러한 갈등 양상은 사회 영역뿐만 아니라 정치 영역에까지도 반영되어 2022년 제20대 대통령 선거운동 당시 여성가족부 폐지 등과 같은 소위 '젠더 이슈'가 특이하게도 논란의 중심에 선 적도 있다. 그리고 투표 결과를 보아도 2030대 남성과 여성 간의 차이는 확연하게 드러났다. 그럼에도 불구하고 현재 보고되는 젠더 균열이 실재하는 것인지에 대한 의심은 꾸준히 제기되고 있다. 그리고 세대 갈등과 맞물려, 이 현상이 지속되어 고착화될 것인지에 대한 불확실성 역시 상존한다.

이러한 문제의식에서 하상응은 제4장 "경제불평등과 정치과정: 민주주의 대표성의 문제"에서 최근 상대적으로 간과되어 온 '계급·계층 균열'을 경제 불평등이 정치과정에 미치는 영향을 검토하고, 저자의 규범적 판단에 기반한 논의를 전개한다. 민주주의 쇠퇴 논의에서 빠지지 않는 요인이 바로 계층 간 갈등이다. 지난 20여 년 동안 민주주의 국가의 정치과정에 가장 큰 영향을 끼친 요인이 바로 경제 불평등, 즉, 가진 자와 가지지 못한 자 간의 소득불평등이기 때문이다. 하지만 한국에서는 세대, 젠더, 지역 균열에 비해 상대적으로 계급 균열이 정치 과정에 미치는 영향에 대한 관심이 적은 편이다. 최근 세대와 젠더 갈등을 둘러싼 논쟁이 첨예했기 때문에 상대적으로 논의가 묻히는 경향이 있었기 때문이기도 하지만, 그보다 더 근본적인 문제는 자료의 제약 때문이다. 개인의 계급을 측정하는 일은 거주/출신 지역, 세대, 성별(젠더)을 측정하는 일보다 어렵다.

제5장 "수도권과 비수도권 다중 격차의 정치적 결과: 청년 공정성 인식에 대한 영향을 중심으로"에서 강우진은 민주화 이후에 다중 격차로 진화한 수도권－비수도권 격차 역시 한국사회의 잠재적 균열이라는 인식하에 수도권－비수도권 다중 격차가 비수도권 지역 청년에게 미치는 정치적 영향을 공정성 인식을 중심으로 검토한다. 오랫동안 한국 정치의 많은 내용들이 지역주의로 설명되어왔다. 특히 호남과 영남 간의 갈등이 선거를 비롯한 정치 과정에서 중대한 역할을 한다는 데에 이의가 없었다. 그러나 최근 들어 지방 소멸 논의가 심화될 정도의 수도권－지방 간 격차가 가시화됨에 따라 호남－영남으로 대표되는 지역 균열 대신 수도권과 비수도권 지방 간 균열이 관심의 대상이 된다. 특히 지방 청년들의 대표성이 상실되는 모습을 분석하여 세대, 젠더, 계급과 중첩되는 양극화의 양상을 새로운 형태의 지역 균열에서 확인할 수 있다.

이러한 맥락에서 이상신은 제6장 "균열과 양극화를 증폭시키는 미디어"에서 온라인 담론장의 부정적 현상 중 특히 가짜뉴스 혹은 허위정보에 초점을 맞추고 향후 한국의 미디어가 건전하고 건설적인 민주적 공론장으로 기능하는 방안을 제시한다. 신문과 라디오 정도가 대중매체를 대표하던 과거와 달리, 지금은 미디어의 홍수 속에서 감당할 수 없을 정도로 쏟아지는 정보에 노출되어있다. 인터넷과 모바일 기기로 무장한 대중들에게 정보의 검색과 습득은 쉬워진 반면, 그렇게 쉽게 얻어진 많은 정보 속에서 무엇이 정확한 정보인지, 그것이 우리에게 필요한 정보인지를 판별할 능력이 새롭게 요구되고 있다. 이런 상황에서 가짜뉴스 혹은 허위정보의 범람은 한 국가의 국내 정치에 영향을 주는 것이 넘어 민주주의 체제 그 자체에 대한 위협으로 떠오르고 있다. 세계의 주요 국가들은 여러 법률 및 제도를 동원해 이 새로운 문제를 해결하려 노력하지만, 아직 확실한 해법이 도출되지는 않았다.

02

정치 세대 집단과 정체성 그리고 한국 민주주의 과제

이재묵

제1절

들어가며

2022년 대통령 선거 결과 당선이 확정된 당시 윤석열 후보는 "국민 통합을 최우선으로 생각하겠다"며 새로운 정부의 최우선 과제로 '(사회) 통합'을 언급하였다.[8] 대통령 당선인의 첫 회견에서 통합이라는 단어가 강조되었다는 것은 그만큼 현재 한국 사회가 정치, 경제, 문화 등 사회 전반에 걸쳐 갈등과 분열의 정도가 심각하다는 것을 단적으로 보여준다. 일반 시민들의 인식 속에서도 현재 한국의 갈등 수준은 전반적으로 높은 것으로 조사되었으며, 특히 한국은 비교 대상 국가들과 비교해서도 사회 갈등 수준이 상당히 높고, 또한 갈등의 차원도 상당히 광범위한 것으로 나타났다. 이와 관련하여 2018년 글로벌 여론조사 기업인 입소스(Ipsos)가 한국, 미국, 영국, 중국, 일본 등 27개국 시민들을 대상으로 각 국가의 갈등(긴장) 요인을 조사하여 발표한 분석 결과를 살펴보면, 한국 사회의 심각한 갈등 정도가 잘 엿보인다.[9] 이 조사 결과를 정리한 <표 2-1>에 따르면, 국가별 평균으로 살펴보았을 때 가장 큰 갈등은 서로 다른 정치적인 견해차(44%)였고, 이어서 빈부갈등(36%), 이주민과 원주민 간 갈등(30%), 종교갈등(27%), 민족 갈등(25%), 세대 갈등(11%)과 젠더 갈등(11%), 그리고 도농 갈등(10%) 순으로 심각하게 인식되는 것으로 나타났다. 그러나 한국의 경우에는 동일한 조사에서 정치적인 견해차(61%)와 빈부갈등(44%) 다음으로 세대 갈등(25%)이 세 번째 순위인 것으

---

8) 동아일보. 2022. "윤석열 "통합과 협치, 오직 국민 뜻 따르겠다"". <https://www.donga.com/news/article/all/20220311/112279368/1> (검색일: 2023.1.4.).

9) https://www.ipsos.com/en−uk/bbc−global−survey−world−divided (검색일: 2023.1.4.).

로 확인되었고(손병권 외 2019: 10), 젠더 갈등, 세대 갈등 그리고 빈부갈등 및 정치적 견해차도 여타 국가들에 비해 상당히 높은 수준이었다.

그런데 2021년에 발표된 갈등 요인 조사 결과[10]를 살펴보면 전 세계적으로 2018년 조사 당시 보다 갈등의 인식 수준이 대략 1.5배 이상 증가한 것을 확인할 수 있다. 총 28개국의 평균적인 갈등 순위에서는 큰 변동이 없으나, 빈부갈등이 74%로 지난 조사에서보다 약 2.06배 증가한 수준으로 가장 큰 사회적 긴장 요인으로 나타났으며 다음 순위인 다른 정치적인 견해차는 69%로 4년 전보다 약 1.57배로 늘어난 것으로 확인되었다. 그 외에 이민자 갈등(66%), 민족 갈등(62%) 역시 이전의 결과에 유사하게 상위권에 위치하였으며, 종교갈등(57%), 젠더 갈등(48%), 세대 갈등(46%), 그리고 도농 갈등(42%) 순으로 나타났다.

〈표 2-1〉 한국의 갈등 요인 조사 결과

(단위: %)

	2018년(27개국)		2021년(28개국)	
	전체평균	한국(순위)	전체평균	한국(순위)
정치적 견해차	44	61(6위)	69	91(1위)
빈부갈등	36	44(5위)	74	91(1위)
이민자 갈등	30	9(24위)	66	67(15위)
종교갈등	27	14(23위)	57	78(1위)
민족 갈등	25	6(25위)	62	67(11위)
세대 갈등	11	25(2위)	**46**	**80(1위)**
젠더 갈등	11	24(1위)	48	80(1위)
도농 갈등	10	2(19위)	42	58(3위)

출처: Ipsos 홈페이지(http://ipsos.com)

그런데 한국의 경우에는 전 부문에 걸쳐 구성원들의 사회 갈등의 인식 정도가 증가한 것뿐만 아니라 그 순위에서도 이전 조사 결과와는 큰 차이가 있었다. 한국은 28개국 가운데 3위로 갈등 수준이 상당히 높은 국가인 것으로 확인되었으며, 모든 갈등 항목

---

10) https://www.ipsos.com/sites/default/files/ct/news/documents/2021-06/Culture%20wars%20around%20the%20world%20_0.pdf (검색일: 2023.1.4).

에서 전체의 평균보다 갈등의 수준이 더 높은 것으로 나타났다. 특히 이민자 갈등과 민족 갈등을 제외한 나머지 갈등 항목에서 28개국 국가들 가운데 한국은 일관되게 최상위권에 위치하고 있다. 다시 말해, 최근 한국 사회는 다른 국가들과 비교해서도 국가 내 다양한 갈등이 확산되어 있으며 사회 구성원들이 체감하는 계층, 이념, 세대, 지역 갈등 수준은 상당히 고조되어 있다는 것이다.

특히, 한국 사회의 여러 갈등 요인 중에서 눈에 띄는 부문은 젠더 및 세대 갈등인데, 2021년 조사 결과를 보면, 이 두 부문에서 한국은 조사에 포함된 전체 28개국들의 평균보다 무려 40% 가까이 높은 갈등 인식 수준을 나타내고 있다. 최근 한국 사회에서 젠더 및 세대 갈등이 얼마나 고조되어 있는가를 잘 보여주는 결과이다. 더욱이 세대 갈등의 경우 28개국 평균인 46%를 훌쩍 넘고 거기에 2위인 인도(61%)나 싱가포르(58%)와 비교해서도 무려 20% 넘게 높은 갈등 인식 정도가 확인되어 최근 한국 사회 내에서 세대 갈등이 갖는 독특한 위상이 확인된다. 계층이나 이념 수준의 정치경제적 갈등 항목은 민주화 및 1997년 IMF 금융위기 이후부터 한국 사회 내에서 꾸준하게 존재하고 발전해온 사회 긴장 요인인 데다(손병권 외 2019: 11), 다른 선진산업 국가들에서도 유사한 수준에서 이념이나 계층 갈등은 관측된다. 그러나 주지하다시피 최근 한국 사회의 세대 갈등 정도는 다른 국가와 비교해 보편적 수준을 벗어나 유례를 찾기 어렵다.[11]

2000년대 중반 이후부터 86세대가 정치 무대의 전면에 본격적으로 등장하게 되면서, 한국의 선거 정치에서는 지역균열의 약화와 함께 그 대체 균열로써 이념과 세대의 부상을 주장하는 학문적 논의들이 나오게 되었다(강원택 2003; 서현진 2008; 최준영·조진만 2005). 이와 더불어 최근에는 한국의 정치적, 사회적 양극화의 심화와 함께 이러한 갈등을 더 강화하는 잠재적 균열 요인으로 세대에 대한 학문적 관심이 고조되고 있으며, 그와 관련하여 과연 세대가 이념과 지역, 계층 등 전통적인 균열 요인들과 마찬가지로 의미 있는 사회적 균열 요인인가에 대한 경험적 연구들이 등장하고 있다(김기동·이재묵 2020; 노환희 외 2013; 유성진 외 2018; 이내영·정한울 2013).

---

11) 참고로 2022~2023년 한국행정연구원-한국정당학회가 한국리서치에 의뢰해 실시한 <정치양극화 현황과 제도적 대안에 대한 국민의식 조사>에서는 "현재 한국 사회의 다음과 같은 사회적 갈등이 어느 정도 심각하다고 생각하십니까?"라는 조사 문항에 대하여 전체 응답자들은 이념 갈등(진보-보수, 92.6%)을 가장 심각한 갈등 요인으로 꼽았고, 이어서 영호남 지역 갈등(84.3%), 정규직-비정규직 갈등(82%), 계층 갈등(80.6%), 대북, 통일정책 관련 남남갈등(79.7%), 대기업-중소기업 갈등(76.6%), 노사갈등(75.3%), 세대 갈등(66.2%), 수도권-지방 갈등(65.6%), 젠더갈등(44.2%)의 순으로 심각성을 인식하는 것으로 나타났다.

　　한국의 여론조사 전문기업인 한국리서치가 최근에 진행한 '[2022 세대인식조사] 세대 갈등 인식과 전망'의 조사 결과는 입소스 조사 결과와 유사하게 한국의 세대 갈등이 심각한 수준임을 명백하게 보여주고 있다. 다만, 조사 결과에 따르면 세대 갈등이 지금보다 더욱 심화되어 지속할 것이라는 전망과 관련해서는 세대 갈등이 지금보다 향후 더 완화될 것이라는 긍정적인 방향으로의 변화 전망이 조사 응답을 통해 드러나기도 하였다. 자세히 살펴보면 2021년에 비해 2022년의 세대 갈등에 대한 유권자의 인식에서 의미 있는 변화가 있는 것으로 나타났다. 전체 응답자의 81%(매우 심각하다 20%＋심각한 편이다 61%)가 세대 갈등의 심각성에 동의하고 있었지만, 2021년 85%(매우 심각하다 21%＋심각한 편이다 64%)가 그렇다고 응답했던 것과 비교하였을 때 그 비율이 4%p 감소한 것으로 확인되었다. 또한 심각하지 않다고 대답한 유권자의 비율도 13%에서 16%로 증가한 것으로 나타났다. 그리고 앞으로 한국의 세대 갈등에 대한 전망에 대해서는 지금보다 비슷한 수준이거나 심각해질 것이라는 응답이 90%(지금과 비슷한 수준일 것 46%＋심각해질 것 44%)에서 86%(지금과 비슷한 수준일 것 43%＋심각해질 것 43%)로 감소하였고 완화될 것이라는 응답은 8%에서 11%로 3%p 늘어난 것을 알 수 있다. 다시 말해, 과거에서부터 지속적으로 작용하고 있는 정치, 경제적인 갈등과는 다르게 세대 갈등에 대한 인식은 상당히 유동적이며, 시민들 사이에서도 개선될 가능성이 존재한다는 인식이 실제로 존재한다고 볼 수 있다. 따라서 세대 갈등이 한국 정치 과정에 새로운 균열로 확고하게 자리 잡고 있는가의 문제는 여전히 논쟁적이며, 이 문제와 관련해서 면밀한 경험적 분석이 진행될 필요가 있다.

　　이에 더하여 사회 갈등의 축으로서 과연 세대가 명백하게 정의될 수 있는지에 대한 질문도 제기할 수 있다. 다시 말하여 과연 출생연도를 기준으로 세대를 분류하고 이에 따라 개인의 이념 성향과 정치적인 태도를 집단적 정체성으로 규정짓고 정의할 수 있는지에 대한 성찰이 진행되어야 한다. 특히, 최근 미국에서 사회정체성이론(social identity theory)에 근거하여 정치양극화 현상을 분석하는 연구들이 활발하게 진행되고 있는 가운데(Mason 2015: 2018), 한국에서도 당파성(김기동·이재묵 2021), 지역(김기동·이재묵 2022), 젠더(김기동 외 2021) 등 갈등 수준이 높은 요인들을 기준으로 하여 사회 전반의 갈등과 균열을 분석한 연구가 진행되어왔다. 이러한 맥락에서 당파성, 이념, 지역, 젠더 등의 기준에 더하여 세대를 중심으로도 정치양극화와 집단적 정치 정체성을 규정할 수 있는지에 대한 질문을 던질 수 있다. 즉, 내가 속한 세대 집단과 기타 세대 집단을 '그들'과 '우리'로 나누어 인식하고 개인이 그러한 세대 집단에 대한 정치사회적 정체성을 과연 형성하고 있는가에 대한 분석이 필요하다.

따라서 본 연구에서는 2022년 대통령 선거에서 나타난 유권자 인식 조사를 바탕으로 한국의 선거 과정에서 세대 갈등이 구조화되어 유의미한 균열로서 자리 잡고 있는지에 대한 분석을 경험적으로 실시하고자 한다. 세대별로 이념과 투표 성향 그리고 정책적인 태도에서 그 차이가 존재하여 차별화가 나타나고 있는지와 함께 새로운 균열로서 세대 균열을 정의 내릴 수 있는지에 대한 결론을 도출하고자 한다.

제2절
한국에서의 세대와 나이(APC) 효과

세대 균열은 연령대에 따라 정치적인 태도와 선호에 유의미한 차이가 나타나는 것으로, 나이(age)가 주요한 기준이 되며, 나이의 정치적인 효과를 측정하기 위해서는 세대 집단(또는 코호트 집단)의 구분이 필요하다. 일반적으로 세대(generation)는 "역사적 경험을 공유하는 것에 기반하여 비슷한 특성을 갖는 사람들"(박재홍 2017: 88)로 정의되며, 이에 따라 정치적 세대(political cohort)는 정치적으로 민감한 성년 초기[12]에 이루어지는 사회화 과정을 통해 동일한 연령대가 유사한 정치적, 역사적 경험을 공유하게 되면서, 다른 연령 집단과 명확하게 구분될 수 있는 정치사회 의식과 태도를 지니게 된 집단으로 정의할 수 있다(손병권 외 2019; 이내영 · 정한울 2013; 이철승 2019; 허석재 2015; Erikson and Tedin 2005). 그러나 한국에서 세대에 대한 분류나 정의에는 합의된 기준이 존재하는 것은 아니며, 연구자에 따라 세대 집단 구분이 차별적으로 정의되기도 하였다.

세대를 구분하는 가장 쉬운 방법은 주로 출생연도를 중심으로 한 생물학적인 연령대 기반의 분류법이다. 개인의 출생연도를 기준으로 하여 각 연령에 따라 세대를 구분하는 방법으로(이내영 · 정한울 2013) 대체로 10세를 단위로 하여 집단을 구분한다. 예컨대 조사 시점의 연령을 기준으로 '2030세대', '40대', '50대' 등 세대 집단을 분류하게 된다. 그러나 세대 연구에 관한 선구적인 학자인 만하임(Mannheim 1952)은 같은 때에

---

12) 일반적으로 정치적으로 "민감한 시기(impresionable year)"라 불리는 성년 초기는 정치적인 태도의 형성기로써 대략 17세에서 25세까지로 간주하며(이내영 · 정한울 2013; 허석재 2015), 이 외에 한 개인이 처음으로 투표를 행사하는 시기에 정치환경이 그 세대의 특성에 영향을 미친다는 이론도 존재한다(Erikosn et al. 2005, Bhatti and Hansen 2012).

태어났다는 세대 위치(generation location)가 기반이 되어 결정적인 경험을 공유한 실제 세대(generation as actuality)로 변모할 가능성이 있다고 주장하며, 전자가 후자의 형성에 필요조건이 되는 것은 맞지만 그 자체로의 충분조건은 아님을 강조하였다. 즉, 생물학적인 연령이 동년배의 세대와 연계될 수밖에 없지만 연령이라는 그 자체만으로 세대 집단을 충분히 설명하기는 어렵다는 것이다. 그렇기에 특정한 사회에서 특정 연령대가 겪는 주요한 사건들을 통해 세대를 구성하는 방법이 활용되고 있다. 이에 따라 한국 근대사의 결정적인 정치사적 사건(한국전쟁, 유신 체재, 산업화, 민주화, IMF, 정보화 등)을 분류하고 각 해당 시점에 정치적으로 민감한 시기를 겪은 세대를 구분하여 정치적 세대를 정의하기도 한다. 이에 따라 <표 2-2>와 같이 1940년대 전후 중요한 정치적인 사건과 환경을 기준으로 '한국전쟁 세대', '산업화 세대', '민주화 세대(386세대)', '디지털세대(월드컵 세대)' 등으로 분류하고 있다(강량 2013; 김기동·이재묵 2020; 노환희 외 2013; 박명호 2009; 유성진 외 2018; 허석재 2019).

〈표 2-2〉 기존 연구의 정치적 세대 분류

	~1939	1940	1950	1960	1970	1980~
박명호 (2009)	한국전쟁 세대	전후 산업화세대	유신세대	386세대	탈민주노동 세대	월드컵세대
강량 (2013)	6.25 체험세대	4.19세대	6.3세대 (유신세대)	386세대 (486세대)	N세대	디지털세대
노환희 외 (2013)	한국전쟁세대	전후 산업화 세대	유신세대	386세대 IMF세대	월드컵 세대	촛불세대
유성진 외 (2018)	전후세대	산업화세대	민주화세대	386세대	정보화세대	N포세대
허석재 (2019)	전쟁세대		산업화세대	86세대	X세대	IMF세대

   그런데 이처럼 분류된 정치적 세대에 따라 정치적인 태도와 선호가 다르게 나타나는 이유를 학술적으로 설명하기 위해서는 한 개인의 나이가 미칠 수 있는 정치적 효과를 구분해서 살펴봐야 한다. 일반적으로 나이의 정치적 효과는 크게 생애주기 효과(Aging), 기간효과(Period) 그리고 코호트 효과(Cohort)로 구분된다. 먼저 생애주기 효과(또는 연령 효과, life cycle effect or aging effect)는 연령이 증가함에 따라 이념적으로 보

수화되는 현상을 말한다. 한 개인이 태어나서 성인이 되고 취업이나 결혼, 출산과 부양, 그리고 은퇴에 이르기까지 생애주기를 따라가게 되는데, 이러한 과정에서 일반적으로 사회적 성숙(social maturation)을 경험하게 되고 사고가 경직되게 되면서 보수화되는 경향을 보이게 된다는 자연스러운 변화를 의미한다(박명호 2009; 이내영 · 정한울 2013; Erikosn and Tedin 2005). 다음으로 기간효과(또는 시간 효과, period effect or time effect) 는 조사 시점의 결정적 사건에 의한 태도 변화나 영향을 의미한다. 이는 특정한 시기에서의 사회화나 특정한 세대에만 한정되어 나타나는 것은 아니며, 전쟁이나 테러, 참사 및 대통령 탄핵 등 특수한 사건을 경험한 전 세대가 영향을 받게 되는 것을 말한다(이갑윤 2011; Bhatti and Hansen 2012). 그렇기에 기간효과는 생애주기 효과와 코호트 효과와 다르게 시간의 흐름에 영향을 받기보다는 특정한 시점에 살고있는 모두에게 공통된 변화를 동시에 가져오는 모습으로 나타난다(이내영 · 정한울 2013; Erikson and Tedin 2005). 끝으로 우리가 주된 관심을 갖는 코호트 효과(또는 세대 효과, cohort effect or generation effect)는 연령에 따라 동년배를 한 집단으로 하여 집단 내 동질성과 동시에 집단 간 이질성이 나타나는 현상을 의미한다. 즉, 민감한 시기에 동일한 역사적인 경험을 공유하는 동년배들은 정치적인 태도와 인식에서 상당히 유사한 성격을 갖게 되며, 그렇게 형성된 특성은 나이가 들어감에도 상당히 견고하게 유지된다는 특징이 있다. 이러한 점에서 나이가 들수록 정치적으로 보수적인 태도가 강화된다는 선형적인(linear) 특징의 생애주기 효과와 코호트 효과는 개념적으로 구별된다(이내영 2011; 이내영 · 정한울 2013; 허석재 2015; Glenn 2005).

이처럼 나이가 미치는 정치적 효과와 세대별 정치 의식의 차이에 대해서 설명하는 것은 이론적으로도 또 방법론적으로도 상당히 까다롭고 어려운 작업이다. 생애주기, 기간, 그리고 코호트라는 세 가지의 효과가 단순하게 독립적으로 작용하는 것이 아니라 복합적으로 상호연계되어 나타나기 때문이다. 그럼에도 불구하고 한국의 세대 균열을 이해하기 위해서는 생애주기 효과와 코호트 효과 간 차이점에 주목할 필요가 있다.

앞서 살펴본 바와 같이 생애주기 효과에 따라 연령이 높을수록 정치적으로 보수적인 성향을 드러내는 것이 일반적 현상이다. 그런데 투표율과 관련하여서도 기존 국내외 연구들이 제공하는 일반적 설명은 나이가 들수록 정치참여 경향이 증가한다는 것이다(김성연 2015; 서현진 2009; Wolfinger & Rosenstone 1980; Verba et. al. 1995). 따라서 생애주기 효과와 고연령층 투표율 편향은 세대별 차등적 투표율에 따라 선거 결과에 영향을 미칠 수도 있다. 이러한 배경하에서 한국에서는 2000년대 이후 전국 단위의 선거에서 20-30대 청년층의 낮은 투표율이 보수 정당에 유리하게 작용할 수 있고, 마찬가지 논리로 투표율의 전반의 증가는 20-30세대 투표율 상승에 기인하기 때문에 진보계열 정당에 유리할 수 있다는 주장들이 펼쳐지기도 하였다(지병근 2012). 즉, 일반적으로 투표율 또한 나이가 들면서 증가하는 경향이 있다는 점에서, 전체 투표율이 평년 선거보다 높으면 평소 투표율이 저조한 2030 젊은 유권자들의 더 많이 투표하였다는 기대에서 진보 성향 정당의 득표율이 올라갈 수 있다는 주장이며, 지병근(2012)은 이에 대한 경험적 검증을 시도하기도 하였다. 그리고 실제로 비교적 최근에 시행된 2012년과 2017년의 대통령 선거에서는 유권자 투표행태에서 세대별 분화가 관찰되기도 하였다.

그런데 최근 3번의 대통령 선거(2007, 2012, 2017)에서 나타난 유권자의 이념 성향의 변화를 경험적으로 분석한 허석재(2019)의 연구에 따르면,[13] 10년의 기간 동안(2017년~2017년) 진보 세대의 대명사인 86세대를 기준으로 선행 세대인 전쟁 세대와 산업화 세대는 나이가 들어감에 따라 보수화되는 추세가 뚜렷하게 확인되었지만, 아랫 세대인 X세대와 IMF 세대는 나이가 들어감에도 진보적인 성향이 다소 강화되는 모습을 보여주었다. 또한 아직 노령화 주기에 접어들었다고 보기는 어렵지만 86세대는 40-50대가 되었음에도 급격한 이념 보수화보다는 큰 변화 없이 중도 성향에 머무르며, 보수화되지 않고 있는 것으로 나타났다(허석재 2019). 다시 말해 이러한 세대별 차별화는 나이가 듦에 따라 정치적으로 보수화된다는 생애주기 가설이 모든 연령 집단에 반드시 동일한 수준으로 작용하지는 않을 수도 있다는 사실을 뒷받침하는 증거가 된다.

이와 더불어 후술하겠지만 2020-2022년 기간 동안 실시된 한국의 전국 단위 선거 결과를 보면, 40대와 일부 50대를 중심으로 한 진보 성향의 강세와 함께 20대의 정치적 보수화(특히 20대 남성)라는 독특한 특징이 관측되기도 하였다. 이러한 점에서 한국 사회에서 한 개인의 나이대에 따른 정치 성향의 구분은 생애주기 효과와 코호트 효과 그리고 조사 시점을 반영하는 기간 효과의 총합으로 구성된다는 추론이 가능해진다. 또한 세대 집단에 따라 정치의식의 구조적 차이가 발현되고 고착화되는 세대 균열론에 대해서는 보다 신중한 설명과 해석이 필요하다.

---

13) 허석재의 연구에서 세대 집단은 '전쟁세대(1950년 이전 출생)', '산업화 세대(1951-60년생)', '86세대(1961-70년생)', 'X세대(1971-80년생)', 'IMF 세대(1981년 이후)'로 구분하였다.

2022 대통령 선거와 세대별 투표 선택

　지금까지 살펴본 바와 같이 나이의 정치적 효과를 다루는 연구들에 따르면, 유권자들은 일반적으로 나이가 들수록 정치적으로 보수화되는 경향이 있다. 또한 그러한 연령 효과 가운데서도 특정 연령 집단들은 해당 코호트의 정치적 독특성에 근거한 특징들을 투표 행태를 통해 드러내기도 한다.

　그러나 이번 2022년 대선에서는 이전 선거에서의 투표 행태와는 다른 특징들이 몇몇 관찰되는데, 우선 연령대가 젊을수록 진보적이고 높을수록 보수적이라는 단선적 차별화의 공식이 뚜렷하게 나타나지 않았다. 즉, 직전 두 번의 대선(2012년과 2017년)과 다르게, 2030을 포함한 젊은 유권자들일수록 민주당, 그리고 장년 유권자일수록 국민의힘 선호라는 단선적 유권자 연령대－정당(및 후보) 관계 공식은 이번 대선에서 작동하지 않았다. 오히려, 민주당 지지와 이재명 후보 지지 성향을 볼 때, 40대를 기준으로 역－U자형 지지 모형(inverse－U)이 확인되었다. 이러한 세대별 정치 선호 분포의 변화는 또한 2030 유권자층의 정치적 보수화에 대한 많은 사회적 관심을 유발하기도 하였다. 그뿐만 아니라 2030세대가 성별에 따라 윤석열－이재명 후보 지지에 대한 뚜렷한 분화가 관측된다는 점에서 세대 내 정치 성향이 개인의 여타 사회경제적 배경에 의해 이질적으로 분화될 수도 있다는 가능성도 확인되었다. 이러한 세대 집단의 정치적 분화 또는 세대 내 정치적 이질성의 증대와 관련하여서는 이미 선행연구들이 그러한 가능성을 경험적 결과를 통해 주장한 바 있다(김기동·이재묵 2020). 한국 정치에서 진보집단의 대명사인 86세대가 나이가 듦에 따라 해당 집단 내에서도 정치적 이질성이 존

재할 수 있다는 사실을 경험적으로 확인한 선행연구 또한 이러한 주장을 함께 뒷받침
한다(한상익 외 2019).

한국정치학회와 한국정당학회가 공동으로 실시한 "2022년 대통령 선거 유권자 의
식 조사" 결과를 통해 이번 2022년 대선에서 발견되는 세대별 투표 행태의 변화와 특
징들을 살펴보자. 아래의 [그림 2-1]에 제시된 세대별 후보자 득표율과 같이 1971
년~1980년 출생자를 기점으로 그 윗세대에서는 윤석열 후보자에 대한 지지가 강하게
확인되지만, 70년대와 80년대생에게서는 이재명 후보자에 대한 지지가 상대적으로 높
은 것으로 나타났다. 그러나 60년대 이전 출생과 70년대생 그룹에서는 각각 윤석열 후
보자와 이재명 후보자에의 강한 지지세를 통해 집단 내 유사한 투표 행태가 상당히 뚜
렷하게 발견된다.[14)]

[그림 2-1] 20대 대선 세대별 후보자 득표율

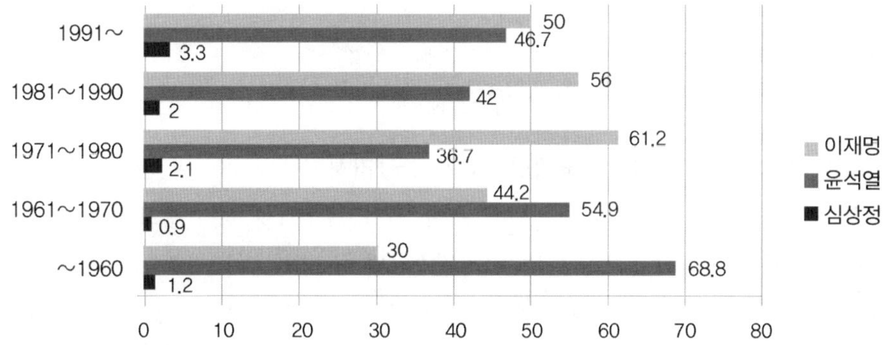

출처: 2022년 제20대 대통령 선거 유권자 의식조사(한국정치학회-한국정당학회)

이와 함께 대선 후보자 및 정당에 대한 호오도를 살펴보면, [그림 2-2]의 투표 선
택과 마찬가지로 세대별 대통령 후보자 및 양대 정당(민주당-국민의힘)에 대한 호오도
또한 차별적으로 나타나는 것을 알 수 있다. 자세히 살펴보면, 60년대생 이전 출생자 그
룹에서는 윤석열 후보와 현재 여당인 국민의힘에 대한 호오도가 상대적으로 높게 나타
나지만 70년대생을 기점으로 이후 출생 세대에서는 그 반대 성향이 확인된다. 특히, 민
주당과 이재명 후보에 대한 지지 성향을 볼 때, 40대를 기준으로 역-U자형(inverse-U)

---

14) 2022-2023 한국행정연구원-한국정당학회가 실시한 <정치양극화 현황과 제도적 대안에 대한 국민의식
조사>에서도 이와 유사하게 세대 그룹을 따라 역-U자형 지지 모형(inverse-U)이 나타났다.

의 선호 모형이 관찰되어, 현재 한국 사회에서는 2030 세대가 정치적으로 가장 진보적 그룹은 아닐 수 있다는 사실이 여기에서도 발견된다. 이러한 선거 결과와 유권자의 세대별 투표행태는 20대 유권자의 보수화에 대한 많은 사회적 관심을 유발하기도 하였다.

[그림 2-2] 세대별 대선 후보자 및 정당 호오도

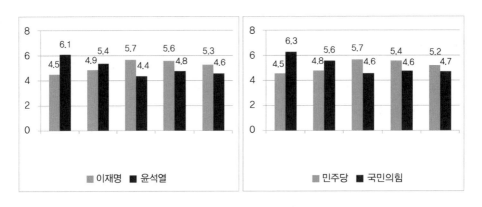

주: 세로축 값은 비호감=0, 호감=10
출처: 2022년 제20대 대통령 선거 유권자 의식조사(한국정치학회-한국정당학회)

2023년 한국행정연구원-한국정당학회가 한국리서치에 의뢰하여 실시한 "정치양극화 현황과 제도적 대안에 대한 국민의식 조사"에서도 세대별 정당 선호의 차별화가 동일하게 관찰되었다. [그림 2-3]은 한국전쟁 세대(1950년 이전 출생), 산업화 세대(1951-1960년 출생), 86세대(1961-1970년 출생), X세대(1971~1980년 출생), MZ세대(1980년 이후 출생) 등 출생연도에 따라 5개 집단으로 구분된 정치 세대 집단의 민주당-국민의힘 양대 정당에 대한 선호(집단별 평균값+집단내 표준편차)를 보여준다. 조사에 포함된 전체 응답자들의 양대 정당에 대한 평균적 선호(all값)를 기준으로 하여 보수적 국민의힘에 대한 선호는 60년대 이전 출생자들을 중심으로 더 높게 나타나고, 또한 86세대 이후 세대를 중심으로 민주당에 대해 평균보다 다소 높은 선호가 엿보인다. 다만, 연령대가 가장 높은 산업화 세대와 한국전쟁 세대의 집단 내 표준편차가 아랫세대보다 평균적으로 더 높게 나타난다는 점에서 정당 선호 변화는 나이가 들면서 세대 내 분화와 함께 진행될 수도 있다는 사실을 유추하게 한다.[15]

---

15) 이러한 세대 내 정당 선호의 차이는 개인의 정치 성향에 영향을 미칠 수 있는 다양한 사회경제적 배경에 의해서 설명 가능할 수도 있을 것이다.

[그림 2-3] 세대별 정당 호감도

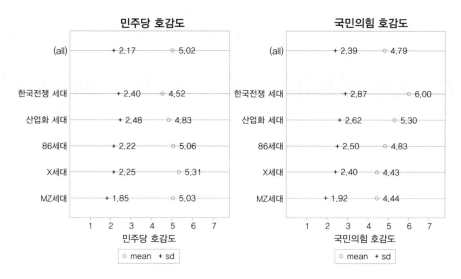

주: 가로축 값은 비호감=0, 호감=10(mean은 세대 집단 내 평균, sd는 집단 내 표준편차를 각각 의미)
출처: 2023년 정치 양극화 현황과 제도적 대안에 대한 국민의식 조사(한국행정연구원-한국정당학회)

제4절
세대 집단 정체성과 세대 간 이념 균열의 가능성

그렇다면, 2022년 대선에서 세대 그룹별 이념 성향은 어떻게 분포할까? 다음 [그림 2-4]의 왼쪽 그림은 세대별 유권자 집단의 주관적 이념 성향을 도식화한 것이다. 가장 진보를 나타내는 0점과 가장 보수를 의미하는 10점 가운데에서 60년대 및 70년 이전 출생 집단에서는 5.5~6 이상의 보수적 수치가 관찰되지만 70-80년대생 이후 집단에서는 4.8~5로 평균적으로 중도에 가까운 값이 보인다. 물론, 현재 나이 기준 60대 이상 연령층이 후속 세대보다 이념적으로 다소 보수적인 특징이 부분적으로 드러나긴 하지만, 그 차이는 미약하며 이 또한 앞서 설명한 연령 효과에 부합하는 현상이기 때문에 세대 집단 간 이념 성향 차이는 세대 균열보다는 생애주기에 따른 차이라고 보는 편이 더 합당할 수 있다.16)

---

16) 생애주기 효과의 개입 외에 조사 시점에 따른 기간 효과의 부분적 개입에 따른 차별화도 가능한 설명이다.

[그림 2-4] 세대별 이념 및 정책 성향

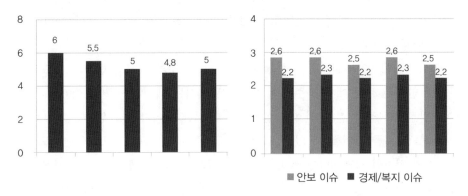

주: 좌측 세로축 값은 자기 이념 평가(진보=0 보수=10), 우측은 찬성=1, 반대=4
출처: 2022년 제20대 대통령 선거 유권자 의식조사(한국정치학회-한국정당학회)

[그림 2-5] 세대별 안보 이슈 및 경제/복지 이슈 성향

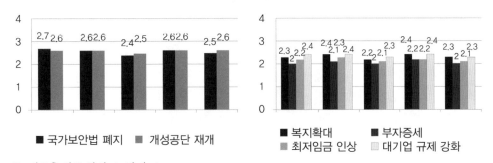

주: 세로축 값은 찬성=1, 반대=4
출처: 2022년 제20대 대통령 선거 유권자 의식조사(한국정치학회-한국정당학회)

그러나 1970년 출생을 기점으로 한 이념 성향에의 세대별 차이마저도 실제 정책 이슈에 대한 유권자의 태도에서는 일관되게 관측되지 않는다. [그림 2-4]의 우측 그림은 개인의 이념 성향을 반영하는 정책 선호를 크게 안보와 경제 및 복지 이슈로 구분하여 세대별로 그 차이를 나타낸 것인데 이 두 가지 차원의 정책 이슈 선호에서 모두 세대 집단 간 평균 성향의 차이가 일관되게 발견되지 않는다. 주지하다시피 세대 집단

들의 평균적 정책 선호값은 세대를 거슬러 유사한 수준에서 관찰되며, 청년－장년 세대 간 차이도 여기에서는 경계가 희미해진다. 위의 안보 및 경제/복지 이슈를 정책적으로 더욱 세분화하여 구체적 안건별로 살펴본 [그림 2－5]에서도 세대에 따라 이슈별 찬반 성향에서의 의미 있는 차이점을 발견할 수 없었다.

2023년 한국행정연구원－한국정당학회가 실시한 "정치 양극화 현황과 제도적 대안에 대한 국민의식 조사"에서도 주관적 자기 이념에서는 세대 집단별 차이가 어느 정도 엿보이지만, 주요 정책 현안 선호를 살펴보면 그러한 차이가 일관성을 잃고 미미해진다는 사실을 다시금 확인할 수 있다. [그림 2－6]을 보면, 우선 진보(0점)－중도(5점)－보수(10점)의 일차원 스펙트럼에 본인의 이념 성향을 표시한 문항에 대하여 가장 보수적인 한국전쟁 세대(6.52)－산업화 세대(5.58)－86세대(5.19)－X세대(4.98)－MZ세대(4.88) 순으로 분포하는 것을 알 수 있는데, 이는 생애주기 가설에도 부합하는 결과라 할 수 있다. 그런데 적정 정부 규모를 나타내는 큰정부－작은정부 선호 관련 문항들과 관련하여서 이러한 세대 집단 간 정책 선호의 일관된 차이는 다시금 잘 나타나지 않는다.17) [그림 2－6]의 우측 패널을 보면 그 차이는 미미하지만 오히려 산업화 세대가 평균적으로 가장 진보적 위치를 보여주기도 하였다.

---

17) 큰정부－작은정부의 정책 선호를 측정하기 위해 4개 조사 문항이 사용되었으며 개별 문항은 "전혀 동의하지 않는다(1점)"－"별로 동의하지 않는다(2점)"－"대체로 동의한다(3점)"－"매우 동의한다(4점)"의 4점 척도로 구성된다. 이 항목에 포함된 4개 문항은 "1) 고소득자와 저소득자 간 소득 차이를 줄이는 것은 정부의 책임이다, 2) 정부는 실업자들도 어느 정도의 생활 수준을 유지할 수 있도록 해주어야 한다, 3) 정부는 가난한 사람들에게 주는 혜택을 줄여야 한다, 4) 소득 격차를 줄이기 위해 부유층으로부터 세금을 더 거두어야 한다"이며 [그림 2－6]의 수치는 이러한 4개 문항의 평균값을 나타낸다.

[그림 2-6] 세대별 이념 및 정책 성향

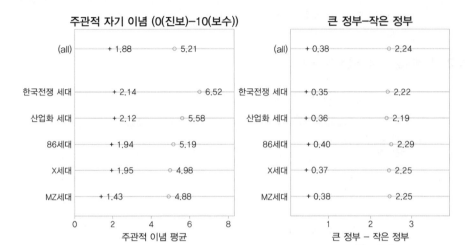

주: 가로축 값은 진보=0, 보수=10(mean은 세대 집단 내 평균, sd는 집단 내 표준편차를 각각 의미)
출처: 2023년 정치 양극화 현황과 제도적 대안에 대한 국민의식 조사(한국행정연구원-한국정당학회)

　　최근 한국 사회 내에서 주요 정책 현안으로 부상하고 있는 젠더 및 성차별 이슈에 대한 인식에 있어서도 세대 집단별 선호의 차이는 크게 부각되지 않는다. [그림 2-7]은 젠더 및 성차별 이슈를 크게 4가지 항목으로 구분하여 세대 집단별 평균 선호의 차이를 도식화한 것이다.[18] 가장 높은 연령대인 한국전쟁 세대가 이후 세대 집단에 비해 4가지 차원에서 일관되게 보수적 성향(전통적 인식)을 보여주는 것이 두드러지긴 하

---

18) 젠더 및 성차별 인식을 측정하는 4개 항목의 개별 문항들을 각각 아래와 같다. 우선, 성불평등 인식은 1) 한국사회에는 아직까지 성불평등이 존재한다 2) 성차별을 바로잡을 수 있는 제도의 강화가 필요하다(2문항); 두 번째로 전통적 성역할에 관한 문항으로는 1) 여성이 전일제근로로 일할 경우 가족의 일상생활은 힘들어진다, 2) 미취학 아동의 어머니가 일을 할 경우 미취학 아동에게 나쁘다, 3) 남성의 임무는 밖에서 돈을 버는 것이고, 여성의 임무는 가족을 돌보는 것이다(3문항); 세 번째로 성차별 인식에 대해서는 1) 여성가족부는 폐지되어야 한다, 2) 여경을 채용할 때 남성과 같은 수준의 체력검정 기준을 적용해야 한다, 3) 성폭력 무고죄에 대한 처벌을 강화해야 한다(3문항); 끝으로 페미니즘에 해당하는 문항으로는 1) 대체로 모임의 리더는 남성이 맡는 것이 좋다, 2) 여권운동가들은 남성에게 터무니없이 무리한 요구를 한다 3) 여성은 남성에게 애교를 부려 자기가 원하는 바를 얻으려고 한다 4) 신체상 위험부담이 큰 일은 여성보다 남성이 담당해야 한다, 5) 여성은 가정을 돌보는 섬세함을 지니고 있다 6) 남자라면 사랑하는 여자가 있어야 한다(6문항). 개별 항목들은 문항의 평균값으로 계산되었으며, 필요한 경우 진보(1점)-보수(4점)의 척도로 일관되게 조정되었다.

지만, 다른 세대 집단들의 차이는 크게 두드러지지 않으며 4개 항목의 전체 집단 평균 (all값)에서 크게 이탈하지 않음을 확인할 수 있다.

[그림 2-7] 세대별 정책 성향(젠더 이슈)

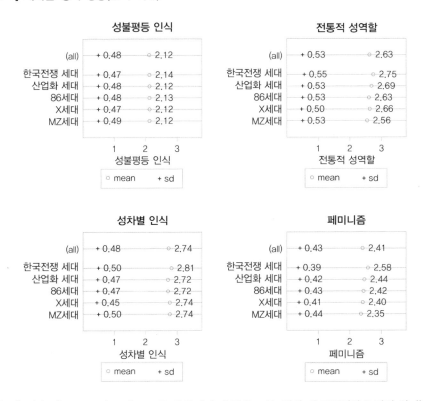

주: 가로축 값은 진보=0, 보수=10(mean은 세대 집단 내 평균, sd는 집단 내 표준편차를 각각 의미)
출처: 2023년 정치 양극화 현황과 제도적 대안에 대한 국민의식 조사(한국행정연구원-한국정당학회)

결국, 위의 정당 선호, 이념 성향, 정책 선호에 대한 세대별 특징 비교를 종합적으로 살펴보면, 세대 집단별 최근 선거에서 관찰된 정당 선호의 차이는 존재하며 (inverse-U) 이러한 정당 지지 성향의 차이는 세대 집단을 기준으로 한 정치적 세대의 분화와 균열의 존재 가능성을 암시한다. 그러나 그러한 정당 선호의 특징적 패턴은 한국 선거에서 오랫동안 지속된 속성이라기보다는 최근 몇 년간의 선거에서 나타난 아주 예외적 현상일 수도 있다는 가능성을 배제하기는 어렵다. 이와 관련하여 이념 성향의 세대별 차이를 발견하였으나, 그것은 과거 선거(2012년이나 2017년 선거)에서의 투표행태와 일관되게 청년층−중장년층−노년층 순으로 나타나는 보수−진보 성향의 단선적 패턴에 더 부합하여 코호트 효과보다는 생애주기 효과의 작용으로 설명하는 편이 더 적절해 보인다. 따라서 다시금 2021년 보궐선거나 2022년 대통령 선거에서 나타난 소위 20대의 보수화는 단기 효과 또는 기간 효과의 작용에 기인할 수 있다는 가능성을 생각해 보게 된다. 이러한 추론을 더 강화해주는 근거로는 구체적 정책들의 세부적 사안에 대해서는 세대별로 일관되게 상이한 태도를 발견하기 어렵다는 사실이 존재한다. 실제로 세대 집단들은 정당 성향의 특징적 분화와 다르게 개별 정책 이슈 및 세부 현안에 대해서는 크게 다르지 않은 태도를 견지하고 있는 것으로 나타났다. 즉, 정치적 선택의 결과로 표출되는 선거에서의 투표행태로는 세대 갈등의 구조가 일부 관찰되기도 하지만 정치적 이념 성향 및 정책 이슈 선호 및 태도 수준으로 들어가서 살펴보면 세대 구분을 유의미한 사회 균열로 보기 어렵게 하는 요소들이 곳곳에서 나타난다.

[그림 2−8] 세대 집단별 세대 집단에 대한 호감도

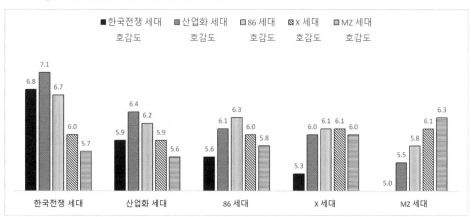

주: 가로축은 개별 세대 집단을 의미하고, 차별화된 디자인이 적용된 5개의 막대 그래프는 각각 5개 세대 집단에 대한 호감도(0(가장 비호감)~5(보통)~10(매우 호감))를 나타냄.
출처: 2023년 정치 양극화 현황과 제도적 대안에 대한 국민의식 조사(한국행정연구원−한국정당학회)

한편, [그림 2−8]은 연령대로 구분된 5개 세대 집단이 자기 소속 세대 집단을 포함하여 여타 세대 집단에 대해 갖는 호감도를 보여준다. 전반적으로 본인이 속한 세대 집단 또는 인접 이웃 세대 집단에 대한 상대적으로 높은 호감도가 두드러지게 드러나는 가운데, 몇 가지 특징이 보이는데, 우선 산업화 세대(1951~1960년 출생)와 86세대

(1961~1970년 출생)는 자기 소속 연령 집단에 대해 가장 높은 선호도를 중심으로 하여 이전 또는 이후 세대 상관없이 양쪽으로 선호도가 감소하는 형태를 보인다. 그런데 한국전쟁 세대(1950년 이전 출생)나 MZ세대(1980년 이후 출생)는 서로 대칭적으로 중장년층에 대한 높은 선호에서 청년층에 대한 낮은 호감도의 단선적 패턴(한국전쟁 세대)을 보이거나 반대 방향으로의 단선적 유형을 보이는 것(MZ세대)이 인상적이다. 또한 진보적 성향의 세대 집단으로 통용되는 86세대나 X세대의 보수적 한국전쟁 세대에 대한 상대적으로 낮은 호감도가 두드러진다. 특히, MZ세대의 한국전쟁 세대에 대한 호감도는 위의 그래프에서 가장 낮은 수준에 놓여 있다. 그리고 현재 한국 사회의 기성세대라 할 수 있는 한국전쟁 세대-산업화 세대-86세대의 MZ세대에 대한 상대적으로 낮은 호감도도 특징적이다. 결국, 위의 세대 집단별 상호 호감도 분석을 통해 우리는 세대 집단 간 정서적 대립 구도는 구조적이고 체계적으로 존재한다기보다는 주로 가장 나이가 많고 보수적인 한국전쟁 세대와 가장 젊고 상대적으로 진보적인 MZ세대를 중심으로 일부 나타날 뿐이라는 사실을 추론할 수 있다.

[그림 2-9] 세대별 정당 호감도 미치는 영향 요인 분석(OLS 회귀분석)

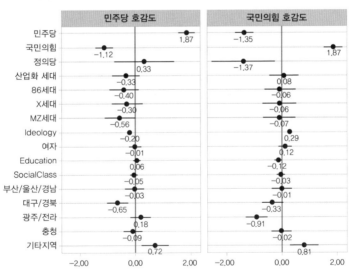

주: 가로축은 각각 양대 정당(민주당-국민의힘)에 대한 호감도(0~10점 척도)를 종속변수로 하여 측정된 OLS 회귀 계수를 나타내며(95% 신뢰 수준), 세로축은 회귀 분석에 포함된 독립변수와 통제변수를 나타냄.
출처: 2023년 정치 양극화 현황과 제도적 대안에 대한 국민의식 조사(한국행정연구원-한국정당학회)

끝으로 비선형적 연계를 보여주는 세대 집단과 정당 선호와의 관계를 보다 체계적으로 분석해 보기 위해 양대 정당(민주당-국민의힘)에 대한 호감도(0~10점 척도)를 종속변수로 하여 개별 세대 집단 소속 여부를 독립변수로 그리고 정당일체감(민주당, 국민의힘, 정의당; 기준집단: 무당파), 주관적 이념 성향(Ideology: 0~10점 척도), 성별(여자: 1), 교육 수준, 주관적 계층인식(SocialClass), 그리고 출신지 배경(만15세까지 가장 오래 거주한 지역; 기준: 서울/경기/인천)을 통제변수로 한 회귀분석을 실시하였고, 그 결과는 [그림 2-9]에 보고되어 있다. 양대 정당 기준으로 개인의 정당 호감도에 통계적으로 유의미하며 가장 강한 영향을 행사하는 변수는 역시 정당일체감(party identification)이며, 그 밖에 이념 성향이나 일부 출신지 변수가 통계적으로 유의미한 것으로 나타났다.

흥미롭게도 다른 모든 연관 변수들을 통제하였을 때, 개인의 소속 세대 집단이 정당 호감도에 미치는 영향은 전반적으로 유의미하지 않게 나타났다. 세대 집단을 나타내는 변수 중 유일하게 통계적으로 유의미한 변수는 MZ세대의 민주당에 대한 비호감($\beta = -0.561$, $p < 0.05$)뿐이었는데, 이는 최근 몇 번의 선거에서 2030세대의 민주당에 대한 지지 이탈과 무관하지 않다고 생각된다. 다만, 이러한 청년 유권자들의 민주당 이탈 현상이 과연 지속할 것인지 아니면 이것이 소위 1980~2000년대 출생 유권자(특히 남성) 집단에만 국한되어 나타나는 것인지에 대해서는 향후 추적 관찰이 필요할 것이다.

제5절

결론 및 논의

지금까지 논의한 바처럼 한국 사회 내 세대 갈등은 아직 온전한 이념 또는 사회 균열로 보기에는 어렵다고 할 수 있다. 물론 세대 집단 간 정치이념적 성향의 차이가 존재하지만, 많은 경우 그것은 세대 효과보다는 생애주기 효과나 기간 효과의 영향에 의해서도 설명할 수 있기 때문이다. 다만, 아주 충실한 진보적 성향의 집단으로 잘 알려진 86세대나 그 후속 세대인 X세대의 경우처럼 이전 세대들과 달리 나이가 들면서도 보수화되는 정도가 덜 가파른 세대 집단이 존재하는데, 이들 진보적 세대 집단의 특징은 그들이 살아온 역사적, 사회적 경험과 절대 무관하지만은 않을 것이다(허석재 2019).

현재 한국 사회에서의 세대 갈등이 향후 지속적 갈등 요인으로 작동한다면 "잠재적 사회 균열" 요인으로 부상할 가능성도 열려 있다. 그러나 세대 요인이 하나의 안정된 균열로 자리잡는 데에는 고정된 세대 집단을 중심으로 "가치의 권위적 배분"으로서 정치적 상호작용의 갈등 라인이 주요하게 작동하고, 선거과정에서 정당과 정치인들에 의해 세대 갈등이 정치적으로 빈번히 동원되어, 세대 균열이 사회적으로 구조화될 때 가능하다는 전제가 필요할 것이다. "현저하고 동태적인 대립과 분쟁"이 세대 집단을 중심으로 집단 간 갈등으로 부각된다 할지라도, 그것이 "주요 사회 집단의 역사적 구분과 분열을 내포하는" 사회구조적 균열로 자리잡기까지는 일정한 시간이 소요되며, 특히 정당과 선거로 대표되는 정치 과정과의 연계가 필수적으로 전제되어야 하기 때문이다(윤광일 2019).

또 다른 이슈는 과연 세대 집단이 하나의 사회 균열을 구성하고 구조화하는 하나의 정치사회 집단으로 자신을 스스로 인식하고 공통의 정체성을 형성하고 있는가의 문제이다. 다시 말해, 이는 결국 한 개인이 세대라는 카테고리를 중심으로 지역이나 계층 또는 젠더와 마찬가지로 "우리"라는 정치사회적 집단 의식을 견고하게 형성하고 있으며, 다른 세대 집단을 "그들"로 구별하고 인지하여 경계를 형성하고 있는가의 문제이다. 앞서 분석에서 알 수 있듯이, 현재 한국의 세대 집단은 정치 의식, 이념 성향 측면에서 서로에 대해 상대적 부분적 차별성을 띠고 있지만, 정책 이슈별로 볼 때 일관되고 보편적으로 차별적인 성향을 아직은 뚜렷하게 나타내고 있지 않다. 이와 관련하여, 과연 하나의 보편적 기준으로 세대 집단을 가르는 정치이념적 기준이나 배경이 존재하는가에 대해 생각해 볼 필요가 있다. 이 문제에 대하여 윤성이·이민규(2014)는 한국 사회에서 세대에 따라 진보–보수의 이념 성향을 가르는 요인은 차별적이라는 주장을 펼친바 있다. 예를 들어, 대북정책이 장년 세대의 이념 성향을 결정하는 주요 변인이었다면, 이러한 대북정책이 청년세대의 이념형성과는 큰 상관성이 없으며, 오히려 청년 세대에게서는 분배와 성장 이슈가 상대적으로 더 중요한 변인으로 나타난다는 것이다.

보편적 기준을 통한 세대 간 이념 성향의 뚜렷한 경계를 긋는 문제뿐만 아니라, 과연 각 세대 집단이 얼마나 동질적인가의 문제도 고민해 볼 필요가 있다. 최근 국내 연구들은 세대 내 균열 또는 세대 내 이념 성향 분화의 가능성에 대한 일부 경험적 증거들을 제시하기도 하였다. 예를 들어, 한상익과 그 동료들(2019)은 86세대 내 정치적 태도에 있어 "민주화 투쟁 세대"와 "민주화 성취 세대" 간의 일정한 분화 가능성을 주장하기도 하였고 김기동과 이재묵(2020)의 연구에서는 개인의 교육 수준, 성별, 지역, 연령 등에 따라 세대 내에서도 이념 성향 및 정치의식에 있어 다소 간의 이질성이 확인되었다. 특히, 정치 이념을 토대로 살펴보았을 때, 한국전쟁 및 전후 산업화 세대 등 민주화 이전 세대에서의 세대 내 이질성이 민주화 이후 세대(1980년대 이후 출생)에서보다 더욱 두드러지는 것과 함께, 민주화 이후 세대를 중심으로 특히 최근의 젊은 세대에서 (남성에 비해) 여성의 진보적인 정치 성향이 두드러지지만, 경제적 변수(소득 수준이나 계층)들은 세대 내 이질성과 관련하여 일관된 영향력을 보이지 않는 것을 확인하였다(김기동·이재묵 2020). 결과적으로 한국 정치에서 경제 수준에 따른 정치적 선호의 형성이라는 계급정치의 토대는 여전히 미약하지만, 반면 세대 균열이 작동한다면 개인의 교육, 성별, 지역 등 다양한 사회경제적 배경 및 요인들과의 상호작용 속에서 중첩적으로 발현될 수 있다는 것을 의미한다.

물론, 상황에 따라 세대 갈등이 앞으로 더 심화될 가능성은 얼마든지 존재한다. 이와 관련하여 '세대계층론'의 관점에서 한국 사회의 세대 갈등을 분석한 손병권과 동료들(2019)의 연구 결과에 따르면, 한국 사회에서 세대를 중심으로 주요한 갈등이 형성되고 분열이 두드러지는 이유에는 공통의 역사 경험 부재에 따른 정치의식의 차이와 경제 불황에 따른 경제 갈등의 심화 및 정치적 이념 성향의 차이, 그리고 세대 간 소통 부족이 존재한다. 따라서 세대 간 대화를 통하여 서로에 대한 이해가 증진되지 않는다면 세대 갈등은 지금보다 더욱 심화될 가능성이 있다. 그렇기에 세대 간 소통을 활성화할 수 있는 공론장이 필요할 것이며, 대의민주주의 하에서 더 많은 청년 세대들이 정치적으로 대표될 수 있는 방안에 대한 지속적 고민이 필요하다고 할 수 있다. 이 외에 세대 집단 간 분열을 유발하고 갈등을 강화하는 요인들 가운데 경제적, 정치적 요인들에 대한 정치사회적 해결 방안에 대한 고민도 진행되어야 할 것이다. 즉, 산업구조 변화와 정년 연장에 따른 청년 일자리 감소 문제, 노인 인구 증가와 노인 복지 증대에 따른 청년층의 불만 문제, 인구 절벽과 고령화에 따른 연금 고갈 문제 등 향후 세대 간 경제 불평등이나 이해 충돌을 일으킬 주요 정책 사안에 대한 정치사회적 해결 방안에 대한 고민이 지속적으로 요구되며, 이러한 변화가 수반되지 않는다면 세대 갈등은 한국 사회에서 더욱 의미 있는 균열로서 빠르게 진화될 가능성이 농후하다고 볼 수 있다.

따라서 세대 갈등이 잠재적 사회 균열을 넘어 우리 사회의 정치 갈등 구조를 지배하는 하나의 고착화된 사회 균열로 발전해 나가는 것에 대한 사회적 우려가 존재한다면, 정치 세대 집단의 동질성과 정체성을 강화하는 구심력의 근본 원인에 대한 진단과 처방이 필요할 것이며, 동시에 세대 집단 내 정치의식과 이념 성향의 이질성을 부추기는 원심력이 무엇인가에 대한 이해가 필수적이다. 또한 개별 세대 집단이 그들 스스로 정치사회적 "우리"로 인식하게끔 추동하고, 기타 세대 집단을 "그들"로 인식하게 하는, 즉 정치 세대 집단의 정치적 정체성 형성을 자극하는 요인이 무엇인가에 대한 이해가 필요할 것이다. 즉, 향후 한국 사회에서 세대 균열을 더욱 부추길 수 있는 여러 요소들, 예를 들어, 청년의 정치적 과소대표성, 인구 감소와 연금 고갈 문제 등에 대한 정치사회적 해결 방안에 더 깊은 고민이 필요하다. 그리고 정치 과정이 세대 갈등과 관련된 다양한 문제들을 기술적 대표성뿐만 아니라 실질적 의제 대표성 측면에서도 앞으로 잘 풀어나가야 할 것이다. 결국, 세대를 포함한 갈등 요인이 존재한다면, 정치적 대표자는 해당 문제를 어떻게 정치 과정으로 들여와서 정책적으로 또는 제도적으로 해결할 수 있을까의 문제를 강구해야 할 것이다.

03

젠더균열: 젠더갈등과 정치적 동원

구본상

제1절

들어가며

지난 2017년부터 남성 청년층의 반페미니즘과 정치적 보수화에 관한 논의가 본격화되었다. 2021년 서울시장 재보궐선거, 그리고 2022년 대통령선거에서 특정 정당과 후보에 성별 쏠림현상이 감지되면서 '이대남'과 '이대녀' 논쟁으로 이어졌다. 언론과 정치권에서도 남녀 청년층에서의 뚜렷한 차이를 '젠더갈등'으로 부르기 시작했다. 젠더갈등의 실체에 도달하려는 여러 경험적 연구가 있었으나 그 결과는 데이터·시기·측정문항 등에 따라 일관적이지 않다.

이처럼 혼재된 경험적 연구 결과는 자연스럽게 다음과 같은 일련의 질문을 낳았다. 젠더갈등은 실재하는가? 허구인가? 과장되었는가? 아니면 특정 층(strata)에서만 유의미한 것인가? 젠더갈등이 실재한다면, 이것이 한국 정치에 미치는 영향은 무엇이며, 이는 고착화할 가능성이 있는가?

이러한 근본적 질문에 대한 답을 구하는 과정에서 짚고 넘어가야 하는 것이 인식의 문제이다. 실제 심각한 갈등 요인이 존재하더라도, 즉 실제 사회균열(social cleavages)이 있더라도 그 사회 구성원들이 그것을 갈등으로 인식하지 않을 때 사회갈등화 하지 않을 수 있다. 예컨대, 한 사회에 심각한 소득불평등이 실재하더라도 사회 구성원 다수가 이를 심각하다고 인식하지 않으면 그 사회에 계층갈등과 관련한 긴장을 불러일으키지 않는다. 역으로 실제로 심각한 갈등 상황이 아니더라도 다수가 이를 심각하게 인식할 때 사회갈등은 깊어질 수 있다. 이처럼 갈등 요인의 실재 여부와는 무관하게 갈등인식에 대한 이해는 중요한 의미를 지닌다. 이런 관점에서 젠더갈등 실재 여부와는 관계없이 이를 어떻게 인식하고 있는지 정확하게 파악할 필요가 있다.

본 장은 우리 사회 구성원들의 젠더갈등에 관한 인식을 경험적으로 진단하고, 그 인식에서의 차이를 만들어내는 요인이 무엇인지 탐색하며, 젠더갈등 인식이 정치적 동원을 통해 증폭될 수 있는지 분석하고자 한다. 나아가 젠더갈등 인식에서의 차이가 사회적 갈등으로 이전되는 것을 막을 방안을 모색하고자 한다. 이를 위해 젠더갈등 외에도 우리 사회 내에서 제기되는 다양한 갈등에 관한 인식과의 비교·분석을 진행할 것이다.

제2절

한국 사회의 젠더갈등

1. 사회갈등에의 접근

　사회갈등은 두 개의 층위(수준)에서 살펴볼 수 있다. 거시적 차원인 통합이론 관점
(integration perspective)에서 볼 때 갈등은 비정상적인 상태를 의미한다. 즉 사회 구성원
간 결합이 깨진 것으로 간주한다. 반면, 갈등이론 관점(conflict perspective)에서 갈등은
지극히 당연한 것으로 여겨진다. 예컨대 마르크스주의에서 사회갈등은 구조적 특성을
띠며 일반적인 것으로 여겨진다. 베버(1947)는 집단 간 권력분배에 관한 정당성에 의문
을 제기할 때 집단 간 갈등이 생성되는 것으로 여겼다(김덕영 2004).

　미시적 차원에서도 사회갈등을 이해할 수 있다. 즉 개인이 희소한 자원을 두고 벌
이는 경쟁에 따라 자연스럽게 발생하는 것으로 갈등을 인식하는 것이다. 이는 사회경
제적 지위 등에 따라 자원배분에서의 경쟁과 그 결과 나타나는 불평등에 따라 갈등 수
준이 달라질 수 있다는 관점이다.

　한편, 갈등의 원인을 무엇으로 보느냐에 따라 갈등의 속성을 다르게 인식할 수 있
다. 예를 들어, 세대 간 갈등, 이념갈등, 환경갈등 등은 일종의 가치관에서의 갈등
(value conflict)으로 이해할 수 있다. 반면, 노사갈등이나 계층갈등, 지역갈등 등은 일종
의 이익 갈등(interest conflict)의 성격을 띤다. 그러나 실제로 이들이 상호배타적이라기
보다 두 갈등의 성격을 모두 가질 수 있다.

2. 젠더갈등의 부각

젠더갈등은 성인 남녀의 개인적 갈등에서부터 노동시장에서의 성차별적 관행 및 제도를 둘러싼 갈등, 법 제정이나 정책수립과정에서 기존 가부장적 질서에 대한 도전을 둘러싸고 남성과 여성의 이해가 대립하는 공적 영역에서의 갈등으로 정의하는 경향이 있었다(변화순 외 2005; 이재경 2013). 그러나 남녀 간 갈등이 공적 영역에서만 발생하는 것은 아니다. 개인적이고 사적 영역인 섹슈얼리티와 가족의 영역에서도 가부장적 지배체제로 인한 젠더갈등을 경험할 수 있다(Barry 1995; Hochschild 2003). 예를 들어, 2017년 미국에서 시작한 '미투(Me Too)운동'은 국내 유력 정치인을 비롯한 유명인들의 성폭력과 연계되면서 폭발력을 얻게 되었다. 즉 사적 영역에 머물러있던 섹슈얼리티 차원의 갈등 양상이 우리나라에서도 표출되었다.

이처럼 성역할과 관련된 젠더갈등은 공적 영역과 사적 영역 모두에서 발생할 수 있다. 성평등에 대한 욕구는 높고, 적어도 교육에서의 남녀 간 성차는 사라졌으나 이후 진입하게 되는 노동시장에서의 남녀 간 불평등 경험하게 된다. 남성 생계부양자 가족체계는 여전히 존재하고, 변화한 여성과 변하지 않은 직장과 사회 사이의 긴장은 증폭되면서 젠더갈등으로 확대될 가능성은 여전히 크다. 또한, 앞서 언급한 것처럼 남성과 여성 간 갈등의 원인은 가치관은 물론 이익에서의 차이로 인식할 수 있다는 점에서도 주요 사회갈등으로 확대될 여지는 충분하다.

국내 정치권이 젠더갈등에 관심을 가지기 시작한 것은 2018년을 기점으로 볼 수 있다. 당시 20대 남성의 문재인 대통령 지지가 크게 빠지는 현상이 관찰되면서 이를 두고 다양한 해석이 나타났다. 이를 젊은 남성 보수 세대가 등장했다고 보기도 하고, 공정성에 유난히 민감한 세대의 등장으로 해석하기도 했다. 2015년 이후 강화된 페미니즘에 대한 반작용이라는 주장도 있었다. 여성에 대한 혐오가 확산되는 사회심리 현상으로 보아야 한다고 주장하는가 하면, 성별 권력관계가 이미 역전되었는데 사회가 그 현실을 못 따라가면서 나타난 현상으로 해석하기도 했다(천관율 2018).

이를 우리 사회의 구조적 특성으로 파악하고자 하는 시도도 있었다. 치열한 경쟁이 따르는 입시와 취업 전쟁으로 이어지는 '시험 공화국'이 낳은 결과물로 보기도 했고, IMF 구제금융 요구 이후 지속하여온 저성장이 현재 청년층을 좌절시켰다는 주장도 제기되었다(천관율 2018). 또한, 지금은 주류가 된 86세대에 대한 젊은 세대의 거부감이 발현된 것이라는 견해와 온라인상 소수의 극단주의자가 과대평가된 것에 불과하다는 주장도 제기되었다.

정치적으로는 2017년 박근혜 대통령을 끌어내리는데 일조한 청년 남성층이 2021년 서울시장 재보궐 선거에서 보수정당 후보를 일방적으로 지지하는 상황이 발생하고, 이를 인지한 여성이 2022년 대통령선거에서 더불어민주당 후보를 선택하면서(이윤정 2022), 정치적 선호에서의 젠더 격차는 더욱 크게 느껴졌다. 특히, 언론을 통해 증폭된 '이대남'에 대한 관심은 '이대녀'에 대한 관심으로 전이되었고, 이는 젠더갈등이 우리 사회의 중요한 균열(cleavage) 가운데 하나로 인식되도록 했다.

그러나 선거 국면에서 드러난 남녀 간 갈등을 근본적 사회균열에 기반을 둔 갈등으로 보는 것에는 좀 더 조심스러운 접근이 필요하다. 양대 정치 진영이 집결하는 과정에서 이들이 동원되었을 가능성을 고려해야 한다. 즉 청년 남성에서 팽배한 페미니즘에 대한 혐오, 그리고 반대급부로 여전히 존재하는 우리 사회 내 남녀 간 불평등과 여성에 가해지는 폭력 위협 자체를 부정하는 것에 대한 청년 여성의 분노를 젠더갈등화 하여 정치참여가 상대적으로 적었던 청년층을 동원한 것일 수 있다. 어쩌면 청년세대가 가진 취약성을 20대 남성이 처한 취약성으로 포장하여 남녀 간 대결구도로 이끌어 간 것일 수 있다. 단편적인 예가 20대 남성의 지지를 얻기 위한 선거전략의 하나로 보수정당 대선 후보가 여성가족부 폐지를 전면 공약으로 내세운 것이다. 선거공학적 관점에서 여성가족부 폐지 공약이 청년 남성 동원에 성공적이었는가에는 이견이 있을 수 있다. 그러나 실제 효과 여부와는 별개로 정치권에서 여성가족부 폐지 공약이 특정 층(청년 남성층)을 동원하는 것에 성공했다고 인식할 때 이를 계속 활용하고자 하는 동기가 형성된다. 그 동기가 구체화하는 순간 이에 반대하는 측과 대결 가능성은 커진다. 이렇게 반복된 양측의 대결은 갈등으로 고착화될 가능성이 크다는 점에서 우려할 만하다.

3. 청년세대의 젠더갈등

앞서 언급했듯이 젠더갈등 인식에 관한 선행연구 결과는 일관적이기보다는 혼재되었다. 이러한 특성 때문에 젠더갈등에 대한 논쟁은 데이터 대 데이터의 문제, 조사 문항 간 대결의 문제로 귀결되곤 한다.

우선 방법론적으로 볼 때, 젠더갈등이 가장 극명하게 나타나는 것으로 여겨지는 청년층(youth)에 관한 규정이 명확하지 않다는 문제에 부딪힌다. 20대만을 청년층으로 볼 것인지 30대까지 포괄할 것인지 명확하지 않다. 생물학적 연령대가 아닌 세대 개념을 포함해 밀레니얼 세대 또는 MZ세대로 볼 것인지, 아니면 학술적 규정처럼 19~34세로 보아야 하는지도 분명하지 않다. 어떻게 청년을 규정하느냐에 따라 그 해결책이 달라질 수 있다. 예컨대 청년 규정에 따라 청년정책 목표가 주거 안정이 될 수도, 좋은 일자리 제공이 될 수도 있다. 분명한 점은 청년을 집합수준으로 묶을 때 그 연령 범위가 넓을 수록 세대 내 계급(혹은 계층) 균열은 밋밋해질 수 있다는 점이다. 무엇보다 세대론의 과잉을 통해 청년 자체, 계급, 사회 전반의 불평등 구조가 간과될 가능성을 고려해야 한다.

사실 청년층 가운데 적지 않은 수가 우리 사회에서 성차별이 충분히 완화되었다고 생각하거나 자체를 심각하게 인식하지 않는 것으로 나타난다. 그러나 이들이 여성 자체에 반감을 보인 것으로 보기도 어렵다. 다만, 청년 남성 다수는 이제는 그들이 남성으로서의 가부장적 문화의 이점은 누리지 못하지만 그 역할과 기대(man box)는 여전히 부과되어 있다고 인식하는 것이다(Porter 2016). 2018년 <시사IN> 조사에 따르면, '한국의 결혼 문화는 여성에게 유리하다'라는 진술에 당시 20대 남성의 66.3%가 동의한 반면, 30대 이상 남성의 48.2%, 20대 여성의 19.8%만 동의하였다. 또한, '남녀 간 법 집행이 공정한가?'라는 문항에 20대 남성의 53.6%가 남성에게 불리하다고 응답한 반면, 30대 이상 남성 가운데 26.7%만 남성에게 불리하다고 응답하였다. 정부의 양성평등 정책에 대한 평가 역시 20대와 30대 남성 간 차이가 뚜렷하게 나타났다. 20대 남성의 54.2%가 정부의 양성평등 정책에 대해 '매우 못하고 있다'고 응답한 반면, 30대 이상 남성 가운데 22.0%만이 매우 부정적인 평가를 했다.

서울대 사회발전연구소와 조선일보가 공동으로 조사한 '2022 대한민국 젠더의식 조사' 결과에 따르면, 결혼을 희망하지 않는 이유에 대해 20대 남성의 47.2%, 30대 남성의 52.6%는 '경제적 준비가 되지 않아서'라고 응답하였다, 반면, 20대 여성의 21.2%, 30대 여성의 25.2%만 경제적 준비 미비를 선택하였다. 이는 가족의 1차 생계부양자가 남성이고, 집값 마련의 1차 책임 역시 남성에게 있다는 가부장제 아래 남성의 부담을 반영하는 것으로 해석할 수 있다. 2020년부터 2022년 사이 전국적으로 급상승한 집값은 남녀 간 결혼에 대한 생각 차이를 더욱 뚜렷하게 했을 수 있다. 이러한 관점에서 성별은 물론 청년 남성 내에서도 20대와 30대가 처한 현실에 따라 젠더문제를 다르게 인식할 가능성을 설명할 수 있다.

제3절

세대와 젠더갈등의 중첩성

1. 경험적 분석: 남녀는 이념적으로 다른가?

젠더갈등 연구의 시발점이 된 '20대 남자, 그들은 누구인가' <시사IN> 조사는 남성 청년층에서 젠더갈등의 여지를 지닌 특정 군집을 감지하였다. 조사자들은 20대 남성의 약 1/4이 반페미니즘 경향을 보이지만, 이념적으로 보수화되었다고 보기는 어렵다고 보았다.

만약 선거 국면에서 반페미니즘 성향의 군집이 보수 정당과 후보 적극 지지층으로 이어졌다면, 이는 정치적 동원을 통해 젠더갈등화 했을 가능성을 보여준다 할 수 있다. 이를 검증하기 위해 본 연구는 제20대 대통령선거 국면에 조사가 시행된 한국정당학회와 중앙일보 공동조사(2021.12) 및 한국정당학회와 에스티아이의 공동조사(2022.1) 결과를 검토하였다.

<표 3-1>은 한국정당학회와 중앙일보 공동조사에 나타난 성별 영역별 정책이념값을 비교한 것이다. 전체 산술평균값인 정책이념(종합지수)은 여성보다 남성이 약간 더 진보적인 것으로 나타났다. 여성은 남성에 비해 대북·대외 및 사회·탈물질 영역에서 더 진보적이지만, 경제영역에서는 더 보수적인 것으로 나타났다. 특히, 사회·탈물질 영역에서의 차이는 통계적으로 유의했다.

〈표 3-1〉 성별 영역별 정책이념

영역	여성	남성	전체
대북·대외	4.86	4.92	4.89
경제	5.14	5.03	5.09
사회·탈물질	5.03	5.58	5.30
정책이념(종합지수)	5.03	5.15	5.09
자가평가이념	5.14	5.19	5.16

출처: 한국정당학회·중앙일보 공동조사, 2021.12

　　〈표 3-2〉는 연령대별 정책이념 값을 보여준다. 전체 산술평균값인 정책이념(종합지수)은 연령대와 비선형 관계를 보인다. 40대가 가장 진보적이며, 18~29세와 60대 이상으로 갈수록 진보성이 약해지는 것으로 나타난다. 다만, 사회·탈물질 영역에서 18~29세 연령대는 30대보다 더 진보적인 특성을 보인다. 이는 청년층이 쟁점에 따라 진보적이기도 보수적이기도 하다는 점을 보여주는 결과라고 할 수 있다. 예를 들어, 대북 문제에 관해서는 60대 이상보다 더 보수적인 태도를 보이는 반면, 성소수자 권리 보호나 할당제 등의 쟁점에는 상대적으로 진보적인 태도를 보였다.

〈표 3-2〉 연령대별 영역별 정책이념

영역	18~29세	30대	40대	50대	60대 이상	전체
대북·대외	5.47	5.21	4.15	4.25	5.27	4.89
경제	5.25	5.11	4.45	4.67	5.66	5.09
사회·탈물질	5.08	5.46	4.89	4.96	5.85	5.30
정책이념(종합지수)	5.27	5.23	4.48	4.64	5.60	5.09
자가평가이념	5.09	4.94	4.56	4.92	5.92	5.16

출처: 한국정당학회·중앙일보 공동조사, 2021.12

　　[그림 3-1]은 성별·연령대별 정책이념 분포를 시각화한 것이다. 18~29세에서 여성과 남성 간 정책이념 분포에서 뚜렷한 차이를 확인할 수 있다. 이러한 경향은 하위 영역에서도 대체로 비슷하게 나타난다([그림 3-2]~[그림 3-4] 참조). 대체로 사회영역

에서만 50대까지 여성이 더 진보적으로 나타나고, 나머지 영역(대북·대외 및 경제)에서
는 40대부터 여성이 더 보수적인 경향성이 드러난다. 20대에서는 전 영역에서 남녀 간
차이가 뚜렷하게 나타난다. 특히, 사회영역에서 20대 남녀 간 차이가 명확하게 감지된
다. 즉 20대 여성이 같은 연령대 남성보다 진보적이다. 이후 세대에서 성차가 줄어들다
가 50대에서 남녀가 비슷해진다. 여성은 18~29세와 40대가 비교 가능한데 평균은 유
사하나 40대가 대북·대외에서 진보적인 반면, 18~29세는 주로 사회(탈물질주의) 영역
에서 진보적이라는 특징을 보인다.

[그림 3-1] 성별 · 연령대별 정책이념 분포

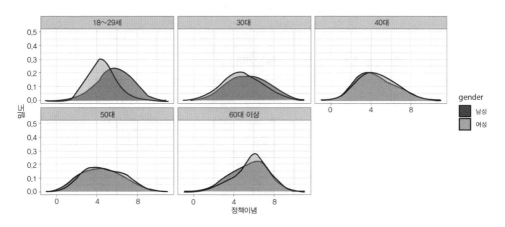

[그림 3-2] 성별 · 연령대별 정책이념 분포: 대북 · 대외 영역

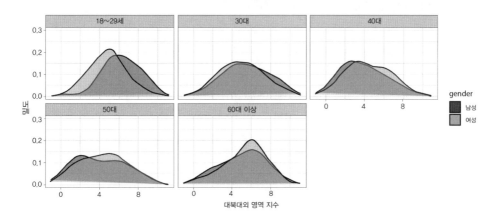

[그림 3-3] 성별·연령대별 정책이념 분포: 경제 영역

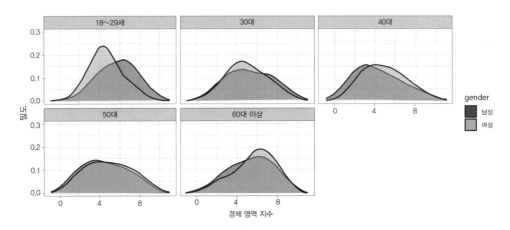

[그림 3-4] 성별·연령대별 정책이념 분포: 사회 영역

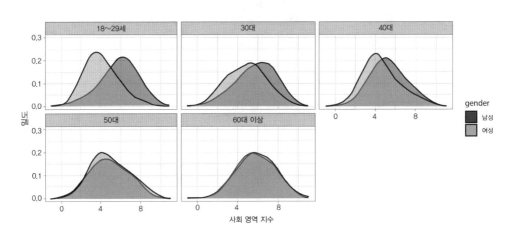

흥미롭게도 유력 대선 주자였던 이재명 후보와 윤석열 후보 지지 응답자의 정책이념지수에서 뚜렷한 성차는 발견되지 않았다([그림 3-5] 참조). 이러한 결과는 양대 후보 지지자들이 대체로 유사한 정치적 성향을 가졌기 때문일 수도 있고, 정치적으로 양대 진영으로 동원되었기 때문일 수도 있다. 분명한 점은 양대 정당 후보 지지자들의 정책이념지수에서 성차는 사라진다는 점이다.

[그림 3-5] 지지 후보자별 정책이념 분포

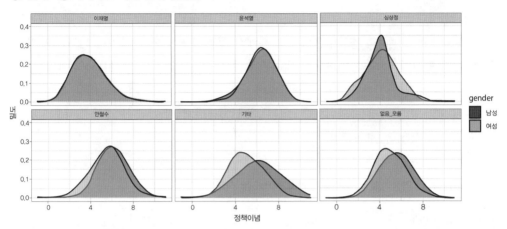

제20대 대통령선거 국면이었던 2022년 1월 한국정당학회와 여론조사기관 에스티아이가 공동으로 시행한 조사 결과도 청년층에서 남녀 간 차별성을 확인할 수 있다. 온라인 조사의 특성상 60대 이상을 제외한 18세~50대를 표집 대상으로 하였다. <표 3-3>은 8개 쟁점(북한, 노동시장, 복지, 탈원전 등)에 대한 응답의 산술평균값(정책이념 혹은 정책태도)을 성별·연령대별로 요약한 것이다. 18세~30대까지는 남성이 여성보다 더 보수적인 경향을 보이지만, 연령대가 높아질수록 여성이 남성보다 더 보수적인 경향을 보인다. 정책태도에서 성차는 두 영역 모두 18~29세에서 가장 큰 것으로 나타났다(정치·경제 영역 0.33점, 사회·탈물질주의 영역 0.34점). 이러한 결과는 대선 국면에서 이 연령대 남성의 보수화와 여성의 진보화가 동시에 반영된 것으로 유추해 볼 수 있다.

<표 3-3> 성별·연령대별 정책이념 지수(1=진보, 5=보수)

	18~29세		30대		40대		50대	
	남성	여성	남성	여성	남성	여성	남성	여성
정치·경제	3.52	3.19	3.48	3.25	3.21	3.23	3.07	3.17
사회·탈물질	3.53	3.19	3.64	3.36	3.36	3.39	3.24	3.32

8개의 쟁점 정책 외에도 선거기간 가장 많은 주목을 받은 여성가족부 폐지에 대한 성차는 연령대별로 나누어 보면 더욱 뚜렷해진다. 여성가족부 폐지에 관한 동의를 5점 척도로 측정했을 때 그 평균값은 18~29세에서 무려 1.39점이나 차이가 난다. 그 차이가 0.40점에 그친 50대와 뚜렷하게 대비된다. 무엇보다 5점 척도에서 18~29세 남성의 평균값이 4.26점에 이른다. 이는 이 연령대 남성은 여성가족부 폐지에 매우 분명한 태도를 지니고 있다는 것을 의미한다. 이는 선거 국면에서 이 부분이 강하게 동원되었거나 동원될 가능성을 보여준다.

〈표 3-4〉 성별 · 연령대별 여성가족부 폐지 동의(5점 척도)

18~29세		30대		40대		50대	
남성	여성	남성	여성	남성	여성	남성	여성
4.26	2.87	3.99	3.00	3.66	2.91	3.32	2.92

[그림 3-6]은 8개 쟁점에 대한 응답의 산술평균으로 측정한 정책이념 값의 분포를 시각화한 것이다. 5점 척도에서 4점 이상을 이념적으로 강한 보수라고 정의할 때 20대와 30대 남성 가운데 약 30%가 강한 보수층인 것으로 나타났다.

[그림 3-6] 정책이념(태도) 지수: 성별 · 연령대별 분포

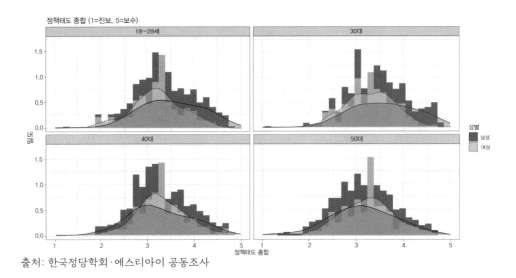

출처: 한국정당학회 · 에스티아이 공동조사

강한 보수층 남성 중 다수는 윤석열 후보를 지지하였다. 특히, 그 가운데 18~29세 남성 보수층은 자신을 스스로 보수라고 평가하는 비율이 높았고, 정치적 효능감도 높았으며, 선거에 관한 관심도 높았다. 반면, 18~29세 여성 가운데 강한 보수층은 10% 수준에 머물렀다. 무엇보다 보수적 정책 태도가 윤석열 후보 지지로 이어지지 않았다. 이들은 자신을 스스로 보수라기보다 중도로 평가하는 경향이 강하다는 점에서 같은 연령대 남성 보수층과는 확실히 차별성을 보인다.

2018년 <시사IN> 조사결과와 비교해 보면, 청년 남성이 더 보수화했을 가능성은 충분하다. <시사IN> 조사는 페미니즘에 근거해 청년층에서의 성차와 남성 반페미니스트 군집으로 파악하였으나 그것이 정치적 보수화로 이어졌다고 보기 어렵다는 결론에 도달했다. 반면, 제20대 대통령선거를 앞두고 시행된 두 조사 결과는 조금 더 일반적인 차원에서 청년층의 정치 성향에서의 성차, 남성 보수 군집을 확인하였다는 점에 의의가 있다.

2. 경험적 분석: 성차별주의와 정치적 성향 간 연계 가능성

성차별주의(sexism) 역시 젠더갈등을 설명할 수 있으리라 판단한다. 이를 위해 글릭과 피스케(Glick and Fiske 1996; 2001)가 제안한 양가적 성차별주의(ambivalent sexism), 스윔 외(Swim et al. 1996)가 정의한 현대적 성차별주의(modern sexism)를 사용하여 젠더갈등을 검토한다. 적대적 성차별주의(hostile sexism, HS)는 전통에 도전하는 여성을 처벌하려는 태도를 보인다. 반면, 온정적 성차별주의(benevolent sexism, BS)는 전통적인 여성상(가사와 육아에 관한 주된 책임 등)에는 동조하나, 개인적으로는 여성에 긍정적이며, 이들을 친밀하게 대하고자 한다는 특징을 보인다. 온정적 성차별주의는 극단적인 남녀 갈등을 피할 수 있는 여지를 제공하지만 사회구조적 성 불평등의 근본적 개선이 아닌 적대적 성차별주의를 보완하는 역할에 머문다는 점에서 한계가 뚜렷하다.

반면, 스윔 외(Swim et al. 1996)은 구식 성차별주의(old-fashioned sexism)와 구별되는 현대적 성차별주의(modern sexism)를 제시하였다. 현대적 성차별적 태도를 지닌 사람들은 자신이 속한 사회에서 성차별이 계속되고 있다는 점을 부정하고, 오히려 여성에게 특혜가 주어지고 있다는 것에 분노하는 경향을 보인다. 즉 이들은 전통적인 성에 관한 역할과 고정관념은 거부하지만, 이미 성평등이 이루어졌다고 생각하기 때문에 여성을 위한 특별한 정책에 대해서는 반대한다. 현대적 성차별주의는 유럽 및 선진 민주주의 연구에 따르면 주로 젊은 층에서 감지된다(Bornatici et al. 2020), 최근 남성 역차별을 주장하는 우리나라 20대 남성에서 어렵지 않게 발견할 수 있다.

성차별주의가 정치적 선택과도 연계될 수 있음을 보여준 선행연구도 있다. 우선 성차별주의와 제19대 대통령선거에서 후보선택과 연관성을 검증한 구본상(2021)에 따르면, 적대적 성차별주의의 한 요소인 지배적 부성주의가 강할수록 당시 보수정당 후보였던 홍준표 후보보다 더불어민주당의 문재인 후보에 투표할 가능성은 줄어들었다(<표 3-3> 참조). 이는 사회경제적 지위, 인구학적 변수, 정당호감도와 정당일체감, 이념, 성격특성 등을 통제했음에도 드러난 결과이다. 반면, 온정적 성차별주의 가운데 하나인 친밀한 이성애에 공감할수록 홍준표 후보보다 안철수 후보나 심상적 후보에 투표할 가능성이 더 커진다고 보기는 어려웠으나, 문재인 후보 선택 가능성은 유의하게 커졌다.

그러나 예상과는 달리 성평등인식(feminist consciousness) 수준이 높을수록, 즉 현대적 성차별주의 경향이 약하다고 해서 홍준표 후보보다 문재인 후보를 선택할 가능성이 커진다고 보기 어려웠다. 반면, 성평등 의식이 강하면 홍준표 후보보다 심상정 후보에게 투표할 가능성은 뚜렷하게 커졌다. 양가적 성차별주의는 홍준표 후보를 기준으로 할 때 심상정 후보 선택에서의 차이를 만들어내지는 못하지만, 성평등 인식 수준은 유의한 차이를 만들어내는 것으로 확인됐다. 당시 TV토론에서도 성차별 문제에 관해 강력한 의제를 던지며 홍준표 후보와 부딪혔던 심상정 후보를 선택한 유권자들은 양가적 성차별주의보다는 실질적 성평등을 훨씬 중요한 것으로 인식했다는 점 역시 유추해 볼 수 있다.

〈표 3-5〉 제19대 대통령선거 후보 선택과 성차별주의: 다항 로지스틱 회귀분석

	문재인	안철수	심상정	기타 및 기권
	회귀계수(표준편차)	회귀계수(표준편차)	회귀계수(표준편차)	회귀계수(표준편차)
성별(여성)	0.065 (0.286)	−0.348 (0.350)	0.294 (0.518)	0.129 (0.281)
30대	0.367 (0.472)	−0.259 (0.552)	0.154 (0.651)	−1.070[*] (0.460)
40대	−0.285 (0.390)	−0.701 (0.482)	−0.779 (0.623)	−1.581[**] (0.374)

	문재인	안철수	심상정	기타 및 기권
	회귀계수(표준편차)	회귀계수(표준편차)	회귀계수(표준편차)	회귀계수(표준편차)
50대	−1.004**(0.359)	−0.729 (0.420)	−1.508*(0.664)	−2.090**(0.336)
60대	−0.772*(0.374)	−1.208*(0.483)	−1.485*(0.701)	−2.787**(0.379)
70대 이상	−1.447**(0.470)	−1.943**(0.601)	−11.405**(0.000)	−3.459**(0.486)
교육 수준	−0.057 (0.135)	0.024 (0.161)	−0.049 (0.240)	−0.043 (0.134)
소득 수준	0.000 (0.001)	−0.001 (0.001)	0.001 (0.001)	0.000 (0.001)
주관적 계층	0.084 (0.223)	0.272 (0.267)	−0.053 (0.382)	0.104 (0.220)
대구·경북	−1.607**(0.461)	−1.615*(0.635)	−0.085 (0.701)	−0.984*(0.407)
부산	−1.131**(0.382)	−1.338**(0.484)	−1.120 (0.816)	−1.368**(0.377)
호남	10.364**(0.340)	10.868**(0.424)	10.394**(0.819)	10.327**(0.373)
이념	−0.253**(0.097)	−0.345**(0.115)	−0.374*(0.180)	−0.158 (0.093)
더불어민주당 정체성	2.502**(0.280)	0.720 (0.407)	0.044 (0.615)	1.356**(0.311)
자유한국당 정체성	−1.849**(0.413)	−2.294**(0.579)	−2.449**(0.330)	−1.989**(0.381)
더불어민주당 호감도	0.041**(0.009)	0.015 (0.010)	0.040*(0.017)	0.002 (0.009)
자유한국당 호감도	−0.052**(0.010)	−0.034**(0.011)	−0.036 (0.016)	−0.031**(0.009)
SDO	−1.994**(0.613)	−0.655 (0.503)	−2.346**(0.116)	−1.857**(0.608)
RWA	−1.784**(0.494)	−3.064**(0.577)	−3.298**(0.328)	−1.760**(0.510)
성평등의식 지수	0.513 (0.489)	−0.299 (0.532)	3.333**(0.246)	0.780 (0.507)
지배적 부성주의	−0.269*(0.122)	−0.114 (0.146)	−0.215 (0.222)	−0.312**(0.118)
친밀한 이성애	0.339**(0.129)	0.162 (0.155)	0.081 (0.220)	0.245 (0.126)
상수	5.379**(0.629)	6.150**(0.509)	2.661**(0.215)	7.070**(0.618)
N	974			
Pseudo R^2	0.36			

주: **: $p<0.01$; *: $p<0.05$; +: $p<0.1$. 기준 범주(reference category)는 홍준표 투표임.
출처: 구본상(2021)에서 재인용.

성차별주의와 정치적 선택 간 연계 가능성은 2021년에 치러진 서울시장 보궐선거에서도 확인된다. 구본상 외(2022)는 종속변수를 여당의 박영선 후보에 투표(=1)와 나머지 후보에 투표한 것(=0)으로 이분화한 변수로 설정한 로지스틱 회귀모형을 사용하였다. <표 3−6>은 그 결과를 정리한 것이다. 보궐선거라는 특수한 맥락까지 고려했을 때에도 성차별주의가 유권자의 후보 선택을 설명할 수 있는 변수라는 점을 확인하였다. 비록 서울시장 보궐선거는 전임 시장의 성추행 논란을 계기로 치러졌음에도 불구하고 보수 야당을 더 성차별적이라고 보는 우리 사회 내 기존 정당 인식이 여전히 작동하고 있음을 알 수 있다.

또한, 적대적 성차별주의 수준이 높은 유권자는 여성 후보 선택에 부정적인 것으로 나타났다. 반면, 여성 후보였던 박영선 선택은 성차별주의 가운데 온정적 성차별주의와 연계를 보였다. 앞선 제19대 대선 조사 결과(구본상 2021)와 마찬가지로 더불어민주당 지지층은 성평등주의적이기보다 온정적 성차별주의적인 경향이 있음을 재차 확인할 수 있었다.

〈표 3-6〉 박영선 선택 분석: 로지스틱 회귀분석

구분	변수	모형 (1) 회귀계수 (표준오차)		모형 (2) 회귀계수 (표준오차)	
인구학적	성별	0.018	(0.173)	0.910***	(0.324)
	X세대	0.838***	(0.204)	0.623*	(0.376)
	IMF세대	0.304	(0.220)	−0.127	(0.411)
	밀레니얼세대	−0.223	(0.231)	−0.184	(0.414)
	강남 3구	−0.349*	(0.205)	−0.336	(0.401)
사회경제적	교육	−0.033	(0.046)	−0.067	(0.092)
	소득	0.000	(0.000)	0.000	(0.000)
	자산	−0.079***	(0.027)	−0.068	(0.051)
	정규직	−0.010	(0.163)	0.097	(0.309)
	무주택	−0.248	(0.191)	−0.288	(0.341)
재보궐	시정운영평가			0.071	(0.265)
	삶의 질			−0.347	(0.234)
현 정부 중간평가	대통령 국정운영평가			0.683***	(0.246)
	부동산 정책			0.373	(0.230)
	백신수급 정책			0.460**	(0.192)

		모형 (1)		모형 (2)	
	국가경제평가			0.298	(0.257)
정치변수	더민주 정체감			0.617*	(0.335)
	국민의힘 정체감			0.489	(0.656)
	더민주 호감도			0.659***	(0.101)
	국민의힘 호감도			−0.673***	(0.083)
	정책태도			−0.580	(0.909)
쟁점	LH사태			−0.613***	(0.165)
	내곡동땅			−0.514**	(0.237)
성차별주의	현대적 성차별주의(MS)	−2.336***	(0.435)	−0.635	(0.888)
	적대적 성차별주의(HS)	−1.619***	(0.432)	−1.458*	(0.781)
	온정적 성차별주의(BS)	−0.149	(0.394)	1.693**	(0.802)
	상수	−0.812*	(0.505)	−1.725	(1.622)
표본수		922		907	
Nagelkerke R^2		0.11		0.68	

주: *: $p < 0.1$; **: $p < 0.05$; ***: $p < 0.01$.
출처: 구본상(2021)에서 재인용.

　그렇다면, 왜 청년 여성은 보수정당 후보 선택을 주저했을까? 우선 보수정당 소속 정치인들의 성차별주의적 행동을 더 빈번하게 경험했기 때문으로 볼 수 있다. 예를 들어, 제19대 대통령선거에서 자유한국당 홍준표 후보는 선거 운동 기간 내내 성인지감수성이 부족하다는 평가를 받았다. 특히, 대학 시절 일명 '돼지흥분제'를 사용한 강간 모의에 가담했는지와 설거지 발언으로 여성 비하 논란의 중심에 섰다.[19] 홍 후보는 논란에 유감을 표하며 사과하였으나 여성 혐오 발언을 농담으로 치부하고, 강간 모의를 과거에 있었던 사소한 일로 축소하려 했다는 비판을 받았다(구본상 2021). 2011년에도 "이화여대 계집애들 싫어한다. 꼴같잖은 게 대들어 패버리고 싶다"라고 말한 바 있고,

---

19) 홍준표 후보는 2017년 4월 18일 YTN PLUS '대선 안드로메다' 인터뷰에서 "하늘이 정해놨는데 여자가 하는 일(설거지)을 남자한테 시키면 안 된다"고 말했다가 여성비하 논란을 일으켰다(https://www.ytn.co.kr/_ln/0101_201704181300061487).

이후 이화여자대학생들이 사과를 요구하자 "농담을 한 것"이라고 해명한 것이 다시 언론에 주목받으면서 홍 후보는 선거운동 기간 내내 성차별적 시각을 가졌다는 비판에서 벗어나지 못했다(이하나 2017).

정당 차원에서도 여성 관련 정책 차원에서도 문재인 후보와 홍준표 후보가 속한 정당의 공약은 큰 차별성을 보인다. <표 3-7>은 제19대 대통령선거를 앞두고 제시된 여성폭력에 관한 정당별 공약을 정리한 것이다. 보수정당인 자유한국당은 여성 관련 정책에서 다른 정당에 비해 소극적인 모습을 보인다. 청년 여성은 성폭력에 매우 민감하게 반응한다. 그러나 보수정당은 이에 관해 소극적이거나 법 중심의 정책으로 일관하는 경향이 있다(구본상 2021). 이런 이유에서 여전히 여성, 특히, 청년 여성은 더불어민주당 소속 정치인들의 성추행 논란에도 불구하고 보수정당 선택을 주저하는 것으로 사료된다.

또한, 보수정당은 선거 양상에 따라 여성 관련 정책 방향을 쉽게 번복하는 모습을 보였다. 윤석열 국민의힘 후보는 2021년 12월 20일 페미니스트 정치인으로 알려졌던 신지예 전 녹색당 대표를 새시대 준비위원회 위원장에 위촉하면서 논란에 휩싸였다. 남성 청년 지지층은 온라인을 중심으로 강하게 반발하자 2022년 1월 7일 윤석열 후보 페이스북에 '여성가족부 폐지'라는 7자(字) 공약을 제시하면서 여성 관련 정책 방향을 틀었다. 이러한 급격한 정책 방향 선회는 보수정당의 여성정책에 관한 신뢰를 크게 떨어뜨렸다. 일단 한 번 무너진 신뢰를 다시 쌓기는 쉽지 않다.

대선에서 반사이익으로 청년 여성의 표 결집을 누렸던 더불어민주당도 정치적 동원 측면에서는 한계를 드러냈다. 앞서 경험적 분석에서 나타났듯이 더불어민주당 후보 주요 지지층은 성평등주의적이기보다 온정적 성차별주의적 특성이 강하다는 점에 유념해야 한다. 이러한 특성 때문에 더불어민주당과 소속 후보는 적극적인 성평등정책을 펼치는 것에 한계를 보인다. 즉 젊은 여성층의 적극적 지지를 끌어내는 것에까지 이르지는 못하고 있다. 보수정당이 적대적 성차별주의적 후보(예: 제19대 대선에서 홍준표 후보)를 내거나 성평등정책에 반하는 태도를 명확하게 보일 때(예: 제20대 대선에서 윤석열 후보)에는 반사이익을 얻을 수 있으나 관심이 상대적으로 떨어지는 국회의원 선거나 지방선거에서는 대선만큼 응집된 지지를 끌어내지 못했다. 이러한 더불어민주당의 한계는 성평등정책의 개입을 배제 또는 축소하는 결과를 초래할 수 있다는 점에서 우려를 낳는다.

〈표 3-7〉 제19대 대통령선거 정당별 여성폭력 공약 비교

세부 쟁점	더불어민주당	자유한국당	국민의당
여성폭력 근절을 위한 기본법	• '젠더폭력방지기본법(가칭)' 제정 추진 및 국가행동계획 수립	• 여성·아동 등 사회적 약자 폭력 근절을 위한 기본법 제정	• (가칭)여성폭력방지기본법 제정
여성폭력범죄 사법처리 및 가해자 처벌	• 상담조건부 기소유예 폐지, 가정폭력 범죄자 체포우선 제도 도입 • 형법 및 각 성폭력 관련 특별법으로 퍼져 있는 처벌규정 재정비 • 성매매 피해여성 비범죄화, 성산업 및 성착취 근절 • 아동, 장애여성 등 약자에 대한 성폭력·가정폭력·성매매 범죄 가중처벌	• 흉악범 사형 집행 및 특정 흉악범에 대한 보호수용 제도 도입 • 성범죄자 처벌 강화	• 성폭력 범죄 음주감경 전면 배제 및 성폭력 목적으로 고의 음주 시 가중처벌
피해자 안전 및 대응과정에서의 인권침해 방지	• (가정폭력) 이혼 진행 중 피해자 및 자녀를 가정폭력 가해자로부터 보호, 부부상담 및 면접교섭권 제한 • (성폭력) '피해자 (과거)성 이력 증거 채택 금지' 조항 마련 • 성폭력 무고 수사지침 및 절차 마련 • 성희롱 금지 규정의 적용범위 확장, 체계적이고 구체적인 구제절차 마련	• 자치경찰제 자율 도입으로 지역민 치안서비스 강화	• 미성년 피해자 등 보호를 위한 가정폭력 행위자 의무적 퇴거명령 규정 신설 • 가정폭력 피해 이주여성에 대한 체류허가제도 개선 • 성폭력 피해자 성이력 증거 채택 금지 조항 마련 • 성희롱 피해자 2차 피해 방지 및 사용자 책무 강화
피해자 지원	• 젠더폭력 피해자 지원 확대 • (가정폭력) 피해자 등이 보호시설 퇴소 후 자립까지 주거와 생활유지를 위한 자립지원금 지급 • 탈성매매 지원 강화 • 성매매에 유입된 아동·청소년을 피해자로 규정. '성매매 피해 아동·청소년 지원센터' 설치·운영, 상담·지원 등 강화 • 성폭력 피해자 중 임신피해자들에 대한 지원조치 재정비	• 성매매 아동·청소년 보호 강화	• 여성폭력 피해자 지원 대폭 확대 • 여성폭력 피해시설 종사자 자격 강화 • 여성폭력 피해자 지원시설 종사자의 처우를 사회복지 종사자 수준으로 개선 • 이주여성의 성폭력·가정폭력 등 피해에 대한 통합상담소 마련

세부 쟁점	더불어민주당	자유한국당	국민의당
성평등 의식 제고 및 폭력 예방 교육	• 성평등 의식 문화 확산 • 폭력예방교육(성희롱 · 성매매 · 성교육 및 성폭력 · 가정폭력 예방교육) 내실화	• 없음(아동학대예방교육 제외)	• 성평등 · 인권 통합교육을 정규 교육과정에 포함 • 성평등 · 인권 통합교육 실시 를 위한 교사 재교육 전면 실시

출처: [한국여성의 전화] "19대 대통령선거 정당별 여성폭력 정책 비교표."(http://hotline.or.kr/policy_pro
posals/32504). 구본상(2021)에서 재인용.

3. 다른 사회갈등 인식과의 비교분석

앞서 언급했듯이 한국 사회에 존재하고 있는 다른 사회갈등과 젠더갈등에 관한 인식을 비교함으로써 그 실체를 규명해 볼 수 있다. 우선 한국 사회 내 잠재적 갈등은 계층, 지역, 이념, 세대, 남남 및 젠더 갈등으로 나누어 접근해 볼 수 있다. 한국은 일제강점기와 한국전쟁을 겪으면서 상대적으로 계층 간 차이는 다른 나라와 비교해 크지 않은 편이었다. 그러나 1997년 외환위기에 이은 IMF 구제금융 신청 시점을 계기로 한국사회 내 계층 분화가 심화되었다. '글로벌 스탠다드(global standard)'라는 명목하에 신자유주의적 구조조정을 감내해야 했고, 이 과정에서 경제적 불평등과 양극화가 심화되었다. 보수정부는 경제성장 우선전략을, 진보정부는 복지 확대 전략을 펴면서 분배와 복지 문제를 두고 충돌하게 되었다(신광영 2008).

지역갈등은 영남과 호남에 지역적 기반을 둔 두 정당이 전국적으로 경쟁을 통해 나타난다. 특히 호남의 경우 정치로부터 소외감을 느끼면서 스스로 지역정체성을 강화해온 경향이 있다(박기덕 2006). 이처럼 정치적 소외가 정서적으로 다른 지역에 대한 배타성과 연계되면서 사회균열화하였다. 사회 구성원들 간 집단적 갈등을 야기하거나 야기할 가능성이 큰 사회적 구분을 사회균열이라 할 때 한국에서는 지역균열만이 완전한 균열(full cleavage)이라 할 수 있다(윤광일 2018, Bartolini 1985, Deegan–Krause 2007).

세대는 유사한 시기에 태어나 비슷한 역사 · 문화적 경험을 공유하는 집단을 의미한다. 세대 간 갈등으로 진행되려면, 세대 소속감과 연대의식을 지니고 있어야 한다(박길성 2013). 예를 들면, 밑으로부터의 민주화를 주도한 86세대가 정치세력화하였고, 사회 전반에서 핵심적 위치를 차지하고 있다. 일자리 영역을 두고 86세대와 젊은 세대는 갈등 양상을 보이기도 한다.

이념갈등은 한국의 역사적 현실과 연계되어 있다. 해방 이후 형성되기 시작한 분단 체계는 한국전쟁 이후 남북한이 대결하면서 공고화하였고, 그 과정에서 이념갈등은 뚜렷하게 표출되었다. 북한 및 대북정책에 대한 시각에 따라 보수세력과 진보세력이 대결하는 양상을 보이는데, 이러한 이념갈등은 영호남 지역갈등과 중첩되기도 하면서 강화되었다. 이는 소위 남남갈등의 형태로 나타나기도 한다.

그러나 윤성이(2006)는 2002, 2004, 2006년 사회의식조사 분석을 통해 당시 우리 사회 내 이념갈등이 과장되어 있으며, 이념갈등의 원인은 정치권의 '편향성의 동원' (mobilization of bias)에 기인한 바가 크다고 주장하였다. 샤츠슈나이더(Shattschneider)가 제시한 개념인 '편향성의 동원'은 정치조직이 지지자 동원을 위해 특정 갈등은 억압하고 특정 갈등을 이용하려는 성향을 의미한다. 그 결과 어떤 쟁점들은 정치 안으로 들어오도록 조직되고, 다른 쟁점들은 정치 밖에 있도록 조직된다(Schattschneider 1960: 71). 이렇게 볼 때 계층, 지역, 이념, 세대, 젠더 갈등은 편향적으로 동원될 수 있다.

본 장은 편향성의 동원 가능성을 확인해 보기 위해 본 장은 제20대 대통령선거가 치러진 지 약 한 달 이후 시행된 KINU 통일인식조사 결과를 활용하였다. 이후 설문조사와의 구분을 위해 편의상 2022년 4월 조사라고 부른다. <표 3-8>은 다양한 사회갈등의 인식 결과를 정리한 것이다. 가장 심각하다고 인식한 것이 계층갈등이었고, 지역갈등, 이념갈등, 세대갈등에 대해 70% 이상이 심각하다고 응답하였다. 반면, 대북·통일 관련 남남갈등과 젠더갈등 인식은 그보다 낮은 수준에서 형성되었다. 즉 다른 갈등과 비교해 젠더갈등을 심각한 갈등으로 인식하는 비율은 낮은 편이다.

〈표 3-8〉 사회갈등에 관한 인식

갈등	심각하지 않다	심각하다
지역갈등	27.7%	72.3%
계층갈등	19.0%	81.0%
이념갈등	26.1%	73.9%
세대갈등	26.6%	73.4%
대북·통일관련 남남갈등	44.8%	55.2%
젠더갈등	40.6%	59.4%

그러나 조사 결과는 조사 시점과 방식에 따라 달라질 수 있다. 예를 들어, 대통령선거에서 여성가족부 폐지 공약을 두고 논란이 있었던 2022년 1월에 한국리서치가 시행한 '2022 젠더인식조사'에서는 젠더갈등이 심각하다고 응답한 비율이 70%를 넘어서기도 했다.

그렇다면, 젠더갈등은 성별에 따라 다르게 인식되고 있을까? <표 3-9>는 성별 젠더갈등 인식 비율을 보여준다. 카이제곱 검정에 따르면, 성별에 따른 젠더갈등 인식에서의 차이가 통계적으로 유의하다고 보기 어렵다.

〈표 3-9〉 성별 젠더갈등 인식

	성별		
	남성	여성	합계
심각하지 않다	39.7%	41.5%	40.6%
심각하다	60.3%	58.5%	59.4%
합계	100.0%	100.0%	100.0%

앞서 언급했듯이 세대에 따라 젠더갈등을 다르게 인식할 가능성도 꾸준히 제기되고 있다. 세대 구분은 이상신 외(2020)가 제시한 기준에 따라, 전쟁세대, 산업화세대, 86세대, X세대, IMF세대, 밀레니얼세대 등으로 구분하였다. <표 3-10>은 세대별 젠더갈등 인식 수준을 정리한 것이다. 카이제곱 검정에 따르면, 세대에 따른 젠더갈등 인식에서의 차이 역시 통계적으로 유의하다고 보기 어렵다. 다만, 젠더갈등을 심각하다고 인식하는 비율이 X세대(70년대 출생)에서 가장 낮고, 전후 세대로 갈수록 높아지는 V자 유형을 보인다.

〈표 3-10〉 세대별 젠더갈등 인식

	세대						
	밀레니얼	IMF	X	86	산업화	전쟁	합계
심각하지 않다	35.6%	41.0%	48.9%	41.3%	39.1%	35.3%	40.6%
심각하다	64.4%	59.0%	51.1%	58.7%	60.9%	64.7%	59.4%
합계	100.0%	100.0%	100.0%	100.0%	100.0%	100.0%	100.0%

그러나 위의 결과는 사회갈등 인식과 관련될 수 있는 여러 요인을 고려하지 않은 상태에서의 결과이다. 이에 다양한 사회갈등에 대한 인식을 보다 엄격하게 규명하기 위해 사회갈등 인식과 연계될 수 있는 다양한 변수를 고려한 통계분석을 추가로 시행하였다. 인구학적 변수, 사회경제적 지위에 관한 변수 외에 주관적 계층인식을 고려하였다. 중산층은 위협 인식을 덜 느낄 수 있다는 점에서 주관적 계층의 제곱항을 통계모형에 포함하였다.

또한, 유권자의 정치행동을 설명하는 가장 중요한 변수로 여겨지는 감정적 거리감 또는 정서적 양극화 수준도 통계모형에 포함하였다. 즉 개인 수준의 정치적 양극화가 클수록 갈등 인식이 커지리라 예상해 볼 수 있다. 정치에서의 양극화에는 이념적·정서적 차원에서 발생할 수 있다. 다만, 2022년 시행된 KINU 통일의식조사에는 이념적 양극화를 측정할 수 있는 문항이 없어 정서적 양극화만을 검증하였다.

그 외에 정치변수인 정당일체감, 이념, 정책태도, 대통령국정운영 평가도 고려하였다. 우선 여당을 지지하는 국민은 정부와 여당이 자신의 이해관계를 더 잘 반영한다고 생각하며, 이들이 사회적 갈등을 일으키기보다 해결하려 노력한다고 인식하는 경향이 있다. 반대로 야당을 지지하는 사람들은 여당과 정부가 그들의 이해관계를 잘 반영하지 않으며, 사회적 갈등 오히려 일으키는 것으로 인식할 수 있다. 따라서 여당을 지지 혹은 여당에 정체성을 느끼면 갈등 인식을 덜 하게 되리라 예상해 볼 수 있다. 반면, 지지 정당이 없는 무당파 유권자는 한국 사회의 정치 엘리트들이 정당을 중심으로 정치적 갈등을 재생산하고 강화하고 있다는 부정적 인식을 가질 수 있다(조원빈 2016, 228).

이념에 따라 사회갈등 인식 수준은 달라질 수 있다. 보수적일수록 사회질서 유지를 중요하게 생각하는 반면, 진보적일수록 사회의 개혁과 변화를 받아들이는 경향이 강하다(강원택 2005). 즉, 보수적 유권자들은 법과 질서를 중요시하고 권위와 전통을 지키고자 한다(조원빈 2016: 228). 진보적 유권자는 자신이 속한 사회에 만족감이 떨어지므로 정부에 압력을 행사하기 위한 집회 등에 참여할 가능성이 크다. 이들은 사회갈등이 존재한다는 것을 당연한 것으로 받아들이고 갈등의 심각성을 크게 느낄 수 있다. 반면, 보수적 유권자들은 안정된 사회를 선호하므로 사회갈등에 덜 민감하게 반응하여 그 심각성도 낮게 인식할 가능성이 크다(조원빈 2016: 229). 다만, 특정 분야에서 갈등은 보수적일수록 더 심각하게 반응할 수 있다. 예를 들어, 가부장적 질서에 반하는 내용을 담은 젠더갈등에 대한 인식은 보수적 유권자에서 더 크게 나타날 수 있다.

　대통령의 국정운영평가 역시 사회갈등 인식과 연계될 수 있다(조원빈 2016, 227). 한국인들은 대통령 중심의 시각으로 사회 및 정치 현상이나 정책을 바라보는 경향이 있다. 사회의 여러 갈등 양상도 대통령(정부)의 국정운영과 자연스럽게 연계할 수 있다. 따라서 대통령의 국정운영을 긍정적으로 평가할수록 사회갈등을 심각하지 않게 인식하리라 예상할 수 있다.

　정치·사회제도에 대한 신뢰 역시 갈등 인식에 영향을 미칠 수 있다(조원빈 2016). 우리 사회 전반에 대한 신뢰도를 측정할 수 있는 문항이 KINU 통일의식조사 2022에 포함되어 있다. 구체적으로는 "귀하는 우리 사회가 어느 정도 믿을 수 있는 사회라고 생각하십니까? '매우 믿을 수 없다'가 0점, '매우 믿을 수 있다'가 10점입니다."에 대한 응답을 11점 척도로 측정한다. 대인 신뢰도와 같은 개인 및 사회적 가치는 다양한 유형의 정치적 참여뿐만 아니라 경제성장이나 안정된 민주주의 정치체제 등과 같은 사회조직의 안정성에 기여한다(Dekker and Uslander 2001; Inglehart 1997; 1999). 즉, 대인신뢰가 사회연결망이 잘 작동하게 하고 자연스럽게 다수의 사회참여로 이어져 정치적 관심과 참여를 늘릴 수 있다. 이처럼 대인신뢰의 증대와 시민의 정치참여 확산은 정치 엘리트와 정부 관료의 책임의식을 제고하여 다양한 사회집단 간의 이해 갈등을 해소하려고 노력하게 되고, 시민들은 이를 긍정적으로 인식하게 된다는 논리이다(조원빈 2016: 227).

　사회갈등 인식에 미디어도 영향을 미칠 수 있다. 미디어 리터러시(media literacy), 즉 미디어에 접근할 수 있고, 미디어 작동 원리를 이해하며 미디어를 비판할 수 있을 뿐만 아니라 미디어를 적절하게 생산하고 활용할 수 있는 미디어 정보 활용 능력을 갖추고 있으면, 우리 사회 내 갈등 양상을 더 정확하게 파악할 수 있을 것이다. 따라서 미디어 리터러시가 높을수록 특정 갈등을 더 심각하게, 또 어떤 갈등은 덜 심각하게 인식하리라 예상해 볼 수 있다.

　<표 3-11>은 다양한 갈등에 대한 인식을 종속변수로 설정한 후 앞서 언급한 여러 설명변수를 포함한 회귀분석 결과를 정리한 것이다. 흥미로운 점은 계층에 따라 계층갈등 인식, 이념에 따라 이념갈등 인식, 세대에 따라 세대갈등 인식, 성별에 따라 젠더갈등 인식에서의 차이가 드러나지 않았다는 점이다. 다른 지역과 비교해 호남지역에서 지역갈등 인식 수준이 높게 나타나는 점만 확인되었다.

〈표 3-11〉 사회갈등인식 분석: 순위형 로지스틱 회귀분석 결과

	지역	계층	이념	세대	남남	젠더
	Coef. (SE)	Coef. (SE)	Coef. (SE)	Coef. (SE)	Coef. (SE)	Coef. (SE)
성별	−0.039 (0.127)	−0.033 (0.126)	−0.130 (0.123)	−0.117 (0.127)	−0.057 (0.126)	−0.011 (0.128)
연령	0.000 (0.005)	0.005 (0.005)	0.004 (0.005)	−0.007 (0.005)	−0.002 (0.005)	−0.010* (0.005)
X세대(=1)	−0.223 (0.165)	−0.118 (0.163)	0.041 (0.161)	−0.027 (0.166)	−0.073 (0.163)	−0.382* (0.170)
교육수준	0.024 (0.067)	0.081 (0.065)	0.040 (0.063)	0.049 (0.065)	−0.037 (0.065)	−0.052 (0.065)
월가구소득 (log)	0.316* (0.143)	0.164 (0.142)	0.116 (0.138)	−0.322* (0.140)	−0.063 (0.140)	−0.134 (0.141)
대구 · 경북	−0.207 (0.232)	0.445* (0.226)	0.403 (0.218)	0.000 (0.226)	0.106 (0.221)	0.088 (0.231)
부산 · 울산 · 경남	−0.333 (0.183)	−0.287 (0.186)	−0.082 (0.181)	−0.023 (0.184)	0.129 (0.182)	0.032 (0.187)
호남	0.633** (0.244)	0.447 (0.237)	0.270 (0.227)	0.659** (0.234)	0.947*** (0.235)	1.056*** (0.241)
주관적 계층	−0.787 (0.456)	−0.774 (0.452)	−0.505 (0.440)	−0.338 (0.453)	−0.549 (0.447)	−1.176** (0.457)
주관적 계층^2	0.154 (0.091)	0.119 (0.090)	0.093 (0.088)	0.092 (0.091)	0.121 (0.089)	0.268** (0.091)
개인재정 평가	−0.064 (0.113)	0.108 (0.110)	0.351*** (0.107)	0.035 (0.110)	0.051 (0.109)	0.085 (0.113)
국가경제 평가	−0.053 (0.100)	−0.130 (0.099)	−0.160 (0.096)	−0.289** (0.100)	−0.107 (0.098)	0.019 (0.100)
국정운영 평가	−0.082 (0.110)	0.144 (0.109)	−0.115 (0.105)	0.207 (0.109)	−0.049 (0.108)	−0.248* (0.111)
자가평가 이념	0.104** (0.039)	0.041 (0.038)	0.073 (0.038)	0.069 (0.038)	0.063 (0.037)	0.063 (0.038)
정체감: 더민주	−0.166 (0.225)	−0.369 (0.223)	0.106 (0.214)	−0.219 (0.219)	−0.336 (0.221)	0.001 (0.217)
정체감: 국민의힘	−0.702** (0.261)	−0.539* (0.256)	−0.681** (0.257)	−0.710** (0.256)	−0.689** (0.259)	−0.879*** (0.268)
정서적 양극화	0.006* (0.003)	0.006* (0.003)	0.008** (0.003)	0.005 (0.003)	0.010*** (0.003)	0.009** (0.003)
윤석열 투표	0.442 (0.252)	0.284 (0.248)	0.599* (0.247)	0.591* (0.248)	0.246 (0.249)	0.694** (0.258)
지역규모	0.224* (0.091)	0.153 (0.091)	0.083 (0.088)	0.262** (0.090)	0.201* (0.089)	0.264** (0.091)

	지역	계층	이념	세대	남남	젠더
	Coef. (SE)	Coef. (SE)	Coef. (SE)	Coef. (SE)	Coef. (SE)	Coef. (SE)
미디어 리터러시	0.086 (0.062)	0.112 (0.062)	0.128* (0.037)	0.092 (0.062)	0.143* (0.061)	0.300*** (0.062)
한국사회 신뢰도	−0.061 (0.039)	−0.212*** (0.040)	−0.131** (0.037)	−0.105** (0.039)	0.087* (0.038)	−0.092* (0.040)
N	1000	1000	1000	1000	1000	1000
R^2 Nagelkerke	0.06	0.08	0.07	0.08	0.08	0.13

주: ***: $p < 0.001$; **: $p < 0.01$; *: $p < 0.05$. 절편은 생략함.

　　우선 인구학적·사회경제적 지위 변수 가운데 모든 갈등 인식에서 유의한 차이를 만드는 것은 없었다. 반면, 정치 관련 변수는 갈등 인식과 상당한 관련성을 보였다. 특히, 보수정당인 국민의힘에 정체성을 느낀 응답자들은 모든 갈등의 심각성을 상대적으로 덜 느끼는 것으로 나타났다. 아마도 이는 KINU 통일의식조사가 국민의힘 대선 후보가 당선된 지 채 한 달이 지나지 않은 시기에 시행되었기 때문일 수 있다. 즉 이들은 보수정당에 정체감을 느끼지 않으면서 윤석열 후보에게 표를 준 유권자들과 비교해 선거 결과에 훨씬 만족할 것이며, 새로운 정부에 대한 기대감도 크리라 예상해 볼 수 있다. 따라서 이들은 사회갈등 상황에 관해 더 긍정적인 인식을 할 수 있다. 그렇다면, 젠더갈등에 대한 인식은 다른 사회갈등에 대한 인식과 다른가? 다르다면, 어떻게 다른가? 다른 사회갈등 인식과 비교해 젠더갈등 인식에서 나타나는 특징은 다음과 같다. 우선 다른 갈등인식과는 달리 연령과 연계되어 있다는 것을 확인할 수 있다. 즉 노년층에서 젠더갈등 인식 수준은 낮게 나타난다. 다만, '이대남', '이대녀' 등의 명칭으로 언론 등에서 빈번하게 언급되었던 것과는 달리 청년층에서 성별 젠더갈등 인식에서 차이는 감지되지 않은 것으로 나타났다. 이는 <표 3−11>에서 사용한 모형에 성별과 연령대 상호작용항(interaction term)을 포함한 모형에서도 그 회귀계수가 통계적으로 유의하지 않다는 것으로 확인하였다.

　　다만, 연령을 통제했음에도 X세대(1970~1979년 출생)에서 젠더갈등 인식 수준은 다른 세대와 비교해 유의하게 낮은 것으로 나타났다. 이는 다른 사회갈등 인식에서는 나타나지 않은 결과로서 우리 사회의 젠더갈등 인식에는 세대 특성이 반영되었을 가능성을 보여준다. 물론, 이는 생애주기에서 중년이 가진 특성이 반영된 것일 수도 있다. 직장을 비롯한 사회생활 과정을 통해 성차별적 제도 개선을 직접 경험하고, 또한 어린 자녀세대에서 성차별 등이 실제로 크게 개선된 것을 보면서 젠더 관련 쟁점을 긍정적으로 바라보는 경향이 반영된 것일 수도 있다.

주관적 계층 인식에서 비선형(U자 모양)의 관계가 나타난다. 특히, 상위 계층에서 갈등 인식 수준이 뚜렷하게 높게 나타난다. 즉 중산층이라고 인식하는 경우 젠더갈등을 덜 심각한 것으로 인식하는 경향을 보인다. 이 점 역시 다른 사회갈등의 인식에서는 나타나지 않는 특징이다.

지역적으로는 호남 거주 응답자에서 젠더갈등 인식 수준이 다른 지역보다 뚜렷하게 높게 나타났다. 이러한 경향성은 젠더갈등 외에도 지역·세대·남남갈등 인식에서도 확인된다. 이는 대통령선거 결과가 크게 영향을 미쳤으리라 볼 수 있다. 호남 거주 유권자들 절대다수가 지난 대통령선거에서 이재명 후보를 지지했다. 승자독식의 특성을 지닌 대통령선거에서 지지한 대선 후보가 간발의 차이로 패했다. 다수의 패자를 만들어낸 선거 결과는 이들로 하여금 사회갈등 수준을 높게 인식하도록 했을 수 있다.

그 외에 미디어 리터러시 수준이 높을수록 갈등인식 수준이 높은 것으로 확인되었다. 이념갈등과 남남갈등 인식에서 그 관련성이 통계적으로 유의한 것으로 나타났다. 특히, 젠더갈등 인식에선 그 연계가 뚜렷하게 나타났다. 또한, 사회 전반에 대한 신뢰도가 낮은 경우 갈등 인식 수준이 높아지는 점이 대체로 일관성 있게 나타났다.

무엇보다 젠더갈등 인식은 정치변수와 강한 연계성을 보였다는 점은 주목할 만하다. 첫째, 대통령 국정운영을 긍정적으로 평가할 때 갈등 인식 수준이 낮게 나타났다. 다른 갈등 인식에서는 이 관계가 확인되지 않았다. 둘째, 보수정당인 국민의힘에 정체감을 가진 경우에 갈등 인식 수준이 낮게 나타났고, 이러한 연계는 모든 종류의 갈등 인식에서 확인되었다. 대통령선거에서 보수정당 후보의 승리는 사회갈등을 긍정적으로 인식하도록 한 것으로 보인다. 즉 사회 갈등 인식 정치적으로 동원될 수 있음을 확인하였다. 셋째, 개인 수준의 정서적 양극화 혹은 감정적 거리감(=|민주당 호감도−국민의힘 호감도|) 강도가 큰 경우 갈등 인식 수준이 높은 것으로 나타났다. 이러한 관련성은 세대갈등 인식을 제외한 모든 사회갈등 인식에서 유의한 것으로 나타났다. 세대갈등 인식에서는 유의수준 0.05에서 통계적으로 유의하지 않으나 0.10 수준에서는 유의하다는 점에서 정서적 양극화 역시 사회갈등 인식과 상당히 강한 연관성을 가진다는 것을 알 수 있다.

흥미로운 점은 대통령선거에서 윤석열 후보를 최종 선택한 경우 젠더갈등 인식 수준이 높은 경향이 있다는 점이다. 이는 앞선 보수정당 정체성을 지닌 응답자들이 갈등 인식 수준이 낮은 경향성을 보이는 것과 상충하는 것처럼 보인다. 그러나 윤석열 후보를 최종적으로 선택한 응답자 가운데 적지 않은 비율이 무당파라는 점을 상기할 필요가 있다. 무당파 혹은 중도적 유권자 가운데 윤석열 후보를 선택한 경우 이들에게 젠더갈등에 대한 인식과 후보선택 간 연계가 있음을 보여주는 결과로 이해해야 한다. 이러한 상관관계는 이념갈등과 세대갈등 인식에서도 확인된다. 윤석열 후보선택이 지역, 계층, 남남 문제보다는 이념, 세대, 젠더 문제와 연계되었음을 시사한다.

종합적으로 다른 사회갈등 인식과 비교할 때 젠더갈등 인식은 특정 세대와 정치적 변수와 강한 관련성을 지닌다는 차별성이 확인되었다. 특히, 무당파 유권자 중 여성 관련 정책을 급선회한 후보를 선택한 사람들의 젠더갈등 인식 수준이 높다는 점은 젠더갈등이 정치적으로 동원될 수 있다는 점, 즉 젠더갈등은 그 실재 여부와는 무관하게 샤츠슈나이더가 말한 '편향성의 동원' 가능성이 큰 사회갈등으로 인식될 수 있다는 점에 주목할 만하다.

정권교체 이후 조사결과 비교분석

앞선 조사결과는 대통령선거를 통해 젠더갈등이 극단적으로 반영된 결과물일 수 있다. 이를 명확하게 검증하기 위해 본 장은 대선과 지방선거가 마무리되고, 양대 정당으로 집결하면서 크게 줄었던 중도층이 다시 늘어난 현시점에서 시행한 설문조사를 분석하였다. 만약 청년층 남녀 간 인식의 차이가 크게 줄어들었거나 정치변수와의 연계에서의 변화가 감지된다면, 이는 젠더갈등이 정치적으로 동원되었을 가능성을 의미한다. 즉 다른 사회갈등처럼 근본적인 균열에 기반을 두고 있지 않았다는 점에서 초기 노력에 따라 젠더갈등은 현재보다 완화될 수도 있을 것이다.

본 장은 한국행정연구원과 한국정당학회가 주관하고 한국리서치가 조사한 '정치양극화 현황과 제도적 대안에 관한 국민의식조사' 결과를 활용한다. 이전 조사와 마찬가지로 대면면접 방식으로 이루어진 이 조사는 2022년 12월 21일과 2023년 1월 15일 사이에 한국리서치에 의해 시행되었다. 이 조사를 편의상 '2023년 1월 조사'로 부른다.

1. 무엇이 어떻게 달라졌는가?

<표 3-12>는 여러 사회갈등이 심각하다고 응답한 비율에서의 변화를 요약한 것이다. 우선 2023년 1월 조사에서 갈등 인식 수준은 갈등의 종류에 따라 다르게 나타난다. 지역갈등, 이념갈등, 대북·남남갈등 인식은 확연하게 증가한 반면, 세대갈등과 젠

더갈등 인식은 유의하게 감소하였다. 제20대 대통령선거 운동 기간 세대갈등과 젠더갈등이 중첩된 특징을 보였던 것과는 뚜렷하게 대비된다. 특히, 젠더갈등을 심각하게 인식하는 비율이 44.2%로 2022년 4월 조사 대비 15.2%p 감소하였다. 동일 조사기관이 동일한 방법(대면면접)으로 조사하였으나 불과 9개월 정도 지난 시점에서 젠더갈등 인식 수준은 크게 변화한 것이다. 반면, 이념·지역 갈등의 심각성 인식 수준은 크게 증가하였다. 특히, 이념갈등 인식 수준은 무려 92.6%까지 증가하였다. 이념 갈등의 한 갈래로 볼 수 있는 남남갈등 인식 수준 역시 24.5%p나 크게 증가한 점은 새로 들어선 정부에서 이념과 북한 문제로 갈등이 전환된 것으로 보인다.

〈표 3-12〉 사회갈등에 관한 인식 변화: 심각하다고 인식하는 비율

	2022년 4월 조사	2023년 1월 조사
지역갈등	72.3%	84.3% (▲12.0)
계층갈등	81.0%	80.6% (▼0.4)
이념갈등	73.9%	92.6% (▲18.7)
세대갈등	73.4%	66.2% (▼7.2)
대북·통일관련 남남갈등	55.2%	79.7% (▲24.5)
젠더갈등	59.4%	44.2% (▼15.2)

<표 3-13>은 성별 젠더갈등 인식에 관한 결과이다. 2022년 4월 조사와 마찬가지로 2023년 1월 조사에서도 남녀 간 젠더갈등 인식 수준 역시 차이가 있다고 보기 어려웠다.

〈표 3-13〉 성별 젠더갈등 인식: 2023년 1월 조사

	성별		
	남성	여성	합계
심각하지 않다	55.7%	56.0%	55.8%
심각하다	44.3%	44.0%	44.2%
합계	100.0%	100.0%	100.0%

앞서 언급했듯이 세대에 따라 젠더갈등을 다르게 인식할 가능성도 꾸준히 제기되고 있다. 카이제곱 검정에 따르면, 세대에 따른 젠더갈등 인식에서의 차이 역시 통계적으로 유의하지 않았다. 다만, 2022년 4월 조사에서는 젠더갈등을 심각하다고 인식하는 비율이 X세대(70년대 출생)에서 가장 낮고, 전후 세대로 갈수록 높아지는 V자 형태였으나 2023년 1월 조사에서는 그러한 형태를 찾아볼 수 없었다(<표 3-14> 참조). 성별·세대별 젠더갈등 인식 수준에서의 유의한 차별성을 찾을 수 없었다는 점은 젠더갈등 인식의 가변성이 크다는 것을 의미하다. 이는 갈등이 지속적이고 근본적인 성격을 지닌 균열 양상이라고 보기 어렵다는 판단에 힘을 싣는 결과이다.

〈표 3-14〉 세대별 젠더갈등 인식: 2023년 1월 조사

	세대						
	밀레니얼	IMF	X	86	산업화	전쟁	합계
심각하지 않다	55.8%	48.1%	56.0%	54.4%	58.9%	61.9%	55.8%
심각하다	44.2%	51.9%	44.0%	45.6%	41.1%	38.1%	44.2%
합계	100.0%	100.0%	100.0%	100.0%	100.0%	100.0%	100.0%

<표 3-15>는 앞서 2022년 4월 조사 결과 분석처럼 다양한 갈등에 대한 인식을 종속변수로 설정한 회귀분석 결과이다. 이전 분석에 사용한 조사에서 사용한 변수가 부재한 경우 최대한 이를 대체할 수 있는 변수를 포함함으로써 비교 가능성을 높이고자 하였다.[20]

결과를 요약하면, 대통령선거를 통해 정권이 교체된 지 채 1년이 되지 않아 사회갈등 인식 수준은 달라졌고, 이와 연계된 변수 역시 달라진 양상을 보인다. 특히, 2022년 4월 조사에서는 성별, 연령, 세대 외에도 다양한 정치변수와 젠더갈등 인식은 연계되어 있었으나 2023년 1월 조사에서는 그런 변수들과의 관련성은 사라지고 지역(호남), 교육, 주관적 계층인식 등에서의 관련성이 대신 두드러졌다. 정치변수 가운데에는 윤석열

---

20) 예를 들어, 2023년 1월 조사에는 현재 대통령 국정운영 평가에 관한 직접적인 문항이 없었다. 이를 대체하기 위해 대통령에 대한 신뢰에 대한 변수(11점 척도)를 대체하여 회귀분석 모형에 포함하였다. 그 외에도 "우리사회에서 경쟁은 우리사회 발전을 위해서 항상 도움이 된다"(1점) – "우리사회에서 경쟁은 부작용이 심하고, 삶의 질을 떨어뜨린다"(4점)에 대한 답변을 경쟁의 부작용 인식으로 변수화하여 회귀모형에 포함하였다.

후보 투표자와 자가평가이념만이 젠더갈등 인식 수준에서의 차이를 설명하는 것으로 확인되었다. 즉 다른 설명변수를 충분하게 통제한 가운데에도 세대와 성별에 따라 젠더갈등 인식에서의 차이가 있다고 보기 어려웠다. 모형적합도 역시 다른 갈등 인식과 비교해 가장 떨어지는 것으로 나타났다. 이는 2022년 4월 조사에서 젠더갈등인식 모형 적합도가 가장 높았던 것과는 상반된 결과이다. 결국 두 조사 회귀분석 결과로부터 젠더갈등 인식은 특정 변수와 근본적인 연관되었다기보다 동원된 특정 계층에서 일시적으로 강화될 수 있다고 추론해 볼 수 있다. 즉 젠더갈등은 편향성의 동원에 가장 민감했던 것으로 볼 수 있다.

젠더갈등 인식과 개인 수준의 정서적 양극화 간 연관성도 사라졌다. <표 3−16>은 양대 정당에 대한 호감도 차의 절댓값으로 측정한 개인 수준에서의 정서적 양극화를 종속변수로, 다양한 갈등인식 수준을 설명변수로 각각 설정한 회귀분석결과를 보여준다. 이에 따르면, 젠더갈등에 대한 인식은 통계적 유의성뿐만 아니라 실질적 유의성 관점에서도 더 이상 정서적 양극화를 설명하지 못한다는 것을 확인할 수 있다. 반면, 2023년 1월 현재 대한민국의 정서적 양극화는 이념갈등 인식에서 가장 중요한 설명력을 지닌다.

〈표 3-15〉 사회갈등인식 분석: 순위형 로지스틱 회귀분석 결과(2023년 1월 조사)

	지역	계층	이념	세대	남녀	젠더
	Coef. (SE)	Coef. (SE)	Coef. (SE)	Coef. (SE)	Coef. (SE)	Coef. (SE)
성별	0.146 (0.125)	0.098 (0.126)	0.002 (0.130)	0.063 (0.125)	−0.036 (0.128)	0.210 (0.127)
연령	0.014** (0.004)	0.018*** (0.005)	0.010* (0.005)	0.013** (0.004)	0.010* (0.005)	0.001 (0.004)
X세대(=1)	0.054 (0.161)	0.095 (0.160)	0.216 (0.169)	0.104 (0.161)	−0.009 (0.165)	−0.151 (0.165)
교육수준	0.203*** (0.063)	0.149* (0.063)	0.084 (0.066)	0.025 (0.062)	0.169** (0.064)	0.125* (0.064)
월가구소득	0.000 (0.000)	0.000 (0.000)	0.000 (0.000)	0.000 (0.000)	0.000 (0.000)	0.000 (0.000)
대구 · 경북	−0.495* (0.226)	0.373 (0.223)	0.536* (0.242)	0.341 (0.222)	0.947*** (0.230)	−0.216 (0.233)
부산 · 울산 · 경남	−1.058*** (0.186)	−0.576** (0.187)	−0.775*** (0.189)	−0.606*** (0.187)	−0.052 (0.189)	−0.112 (0.192)

	지역 Coef. (SE)	계층 Coef. (SE)	이념 Coef. (SE)	세대 Coef. (SE)	남남 Coef. (SE)	젠더 Coef. (SE)
호남	0.097 (0.241)	0.790*** (0.244)	0.168 (0.261)	0.490* (0.236)	−0.185 (0.247)	0.183 (0.241)
주관적 계층	0.896** (0.337)	0.062 (0.337)	1.050** (0.393)	−0.833** (0.314)	0.436 (0.347)	−0.885** (0.320)
주관적 계층2	−0.204** (0.071)	−0.017 (0.070)	−0.188* (0.081)	0.175** (0.066)	−0.069 (0.072)	0.190** (0.068)
자산	−0.083* (0.037)	−0.069 (0.037)	−0.077* (0.039)	−0.015 (0.037)	0.018 (0.038)	−0.059 (0.038)
경쟁 부작용	0.254** (0.081)	0.251 (0.081)	0.180* (0.085)	−0.093 (0.081)	0.083 (0.083)	−0.031 (0.084)
자가평가이념	0.025 (0.041)	0.024 (0.042)	−0.045 (0.043)	−0.036 (0.040)	−0.004 (0.042)	0.095* (0.042)
정체감: 더민주	0.100 (0.190)	0.161 (0.194)	−0.111 (0.202)	−0.252 (0.196)	−0.047 (0.195)	0.079 (0.197)
정체감: 국민의힘	0.082 (0.201)	0.705*** (0.203)	−0.245 (0.212)	−0.080 (0.203)	0.109 (0.209)	0.194 (0.209)
정서적 양극화	0.047 (0.029)	−0.029 (0.029)	0.148*** (0.031)	−0.015 (0.028)	0.058 (0.030)	−0.003 (0.030)
윤석열 투표	0.039 (0.165)	−0.466** (0.167)	0.294 (0.171)	−0.105 (0.165)	−0.023 (0.169)	−0.524** (0.171)
대통령 신뢰도	0.028 (0.031)	0.000 (0.032)	−0.029 (0.033)	−0.025 (0.032)	−0.123*** (0.032)	0.006 (0.032)
미디어 리터러시	0.041 (0.107)	−0.150*** (0.040)	0.079 (0.114)	0.592*** (0.110)	−0.015 (0.112)	0.504*** (0.113)
한국사회 신뢰도	−0.033 (0.039)	0.527*** (0.110)	−0.092* (0.041)	−0.104** (0.039)	−0.053 (0.039)	−0.086* (0.039)
N	1001	1001	1001	1001	1001	1001
R^2 Nagelkerke	0.08	0.13	0.11	0.10	0.07	0.06

주: ***: $p < 0.001$; **: $p < 0.01$; *: $p < 0.05$. 절편은 생략함.

〈표 3-16〉 개인수준 정서적 양극화(감정적 거리감) 설명

	모형(1)	모형(2)	모형(3)
	Coef. (SE)	Coef. (SE)	Coef. (SE)
상수	1.016 (0.855)	1.380 (0.837)	0.597 (0.931)
성별	0.094 (0.156)	0.155 (0.139)	0.152 (0.138)
나이	0.045*** (0.006)	0.028*** (0.005)	0.027*** (0.005)
X세대	0.405* (0.204)	0.302 (0.180)	0.273 (0.179)
교육수준	0.022 (0.081)	−0.039 (0.072)	−0.040 (0.072)
가구소득	0.000 (0.000)	−0.000 (0.000)	−0.000 (0.000)
자산	−0.045 (0.045)	−0.006 (0.040)	−0.001 (0.040)
주관적 계층	−0.632 (0.551)	−0.418 (0.484)	−0.577 (0.484)
주관적 계층(제곱)	0.147 (0.111)	0.104 (0.098)	0.132 (0.098)
대구 · 경북	0.140 (0.273)	0.09 (0.25)	0.048 (0.251)
부산 · 울산 · 경남	−0.199 (0.229)	−0.722*** (0.208)	−0.658** (0.211)
호남	2.111*** (0.272)	0.963*** (0.261)	0.997*** (0.260)
사회적 신뢰		−0.010 (0.044)	−0.006 (0.044)
미디어 리터러시		0.096 (0.122)	0.122 (0.124)
자가평가이념		−0.122** (0.046)	−0.113* (0.046)
정당일체감(더민주)		2.560*** (0.198)	2.516*** (0.197)
정당일체감(국민의힘)		2.317*** (0.215)	2.342*** (0.215)
대통령 신뢰도		−0.033 (0.034)	−0.031 (0.034)
윤석열 투표		0.169 (0.184)	0.103 (0.184)
갈등인식: 이념			0.510*** (0.123)
갈등인식: 계층			−0.179 (0.105)
갈등인식: 지역			−0.022 (0.110)
갈등인식: 세대			−0.096 (0.108)
갈등인식: 젠더			0.020 (0.110)
N	1001	1001	1001
Adj. R^2	0.132	0.334	0.345

주: ***: $p < 0.001$; **: $p < 0.01$; *: $p < 0.05$.

2. 성역할과 여성 관련 쟁점에 대한 태도 분석

젠더갈등 인식 분석을 넘어 연령대별로 쟁점이 될 수 있는 젠더갈등 내용과 연계된 변수가 있는지 확인해 보았다. 예를 들어, 취업이 가장 큰 관심사인 20~30대 초반에서는 취업과 승진 등에서의 성불평등에 남녀가 다르게 반응할 수 있다. 그러나 30대 후반부터 50대까지는 취업과 승진에서보다는 가부장적 문화로 인한 육아 및 가사에서 나타나는 성불평등에 남녀가 다르게 반응할 수 있다. 이러한 연령대별 젠더갈등 인식에서의 차이를 확인할 수 있는 다양한 문항이 2023년 1월 설문조사에 포함되었다. 이러한 문항에 관한 답변 분석을 통해 젠더갈등 양상을 좀 더 세밀하게 파악하고자 했다.

<표 3-17>은 성역할에 관한 여러 진술에 대한 동의 정도를 종속변수로 설정한 회귀분석 결과이다. 문항은 총 5개로 구체적으로는 다음과 같다: (1) 여성이 전일제근로로 일할 경우 가족의 일상생활은 힘들어진다; (2) 미취학 아동의 어머니가 일을 할 경우 미취학 아동에게 나쁘다; (3) 전업주부로 일하는 것은 밖에서 돈을 버는 것만큼 중요하다; (4) 남성의 임무는 밖에서 돈을 버는 것이고, 여성의 임무는 가족을 돌보는 것이다; (5) 남성과 여성 모두 가구소득에 기여해야 한다.

〈표 3-17〉 성역할에 관한 설명: 순위형 로지스틱 회귀모형

	여성이 전일제 근로로 일할 경우 가족의 일상생활은 힘들어진다	미취학 아동의 어머니가 일을 할 경우 미취학 아동에게 나쁘다	전업주부로 일하는 것은 밖에서 돈을 버는 것만큼 중요하다	남성의 임무는 밖에서 돈을 버는 것이고, 여성의 임무는 가족을 돌보는 것이다	남성과 여성 모두 가구소득에 기여해야 한다
	Coef. (SE)	Coef. (SE)	Coef. (SE)	Coef. (SE)	Coef. (SE)
성별	0.351** (0.131)	−0.009 (0.124)	0.220 (0.127)	−0.209 (0.124)	0.012 (0.137)
연령대	0.079 (0.054)	0.000 (0.052)	0.077 (0.052)	0.111* (0.051)	−0.043 (0.054)
대도시 거주	−0.667*** (0.149)	−1.085*** (0.146)	0.401*** (0.145)	−0.195 (0.143)	0.125 (0.156)
교육수준	0.091 (0.066)	0.076 (0.063)	0.051 (0.063)	−0.135* (0.063)	−0.010 (0.068)

	여성이 전일제 근로로 일할 경우 가족의 일상생활은 힘들어진다	미취학 아동의 어머니가 일을 할 경우 미취학 아동에게 나쁘다	전업주부로 일하는 것은 밖에서 돈을 버는 것만큼 중요하다	남성의 임무는 밖에서 돈을 버는 것이고, 여성의 임무는 가족을 돌보는 것이다	남성과 여성 모두 가구소득에 기여해야 한다
	Coef. (SE)	Coef. (SE)	Coef. (SE)	Coef. (SE)	Coef. (SE)
가구소득	0.000 (0.000)	0.000 (0.000)	0.000 (0.000)	0.000 (0.000)	0.000 (0.000)
자산	0.001 (0.041)	0.041 (0.039)	−0.092* (0.040)	−0.009 (0.039)	−0.035 (0.043)
주관적 계층	−0.280 (0.448)	−0.522 (0.436)	0.061 (0.406)	−0.066 (0.436)	0.243 (0.360)
주관적 계층(제곱)	0.061 (0.090)	0.078 (0.089)	−0.040 (0.083)	−0.001 (0.088)	−0.092 (0.076)
필요 기반 공정성	0.201* (0.085)	0.110 (0.082)	−0.108 (0.082)	0.232** (0.083)	−0.040 (0.088)
사회적 신뢰	−0.046 (0.040)	0.003 (0.039)	0.000 (0.039)	0.105** (0.039)	0.052 (0.042)
미디어 리터러시	0.168 (0.115)	0.236* (0.109)	0.169 (0.112)	−0.081 (0.111)	0.098 (0.118)
자가평가이념	−0.018 (0.042)	0.034 (0.040)	0.035 (0.040)	0.069 (0.040)	−0.041 (0.042)
정당일체감 (더민주)	0.099 (0.190)	0.497** (0.0184)	0.250 (0.187)	0.466* (0.188)	−0.189 (0.201)
정당일체감 (국민의힘)	−0.001 (0.197)	−0.079 (0.186)	0.531** (0.194)	−0.378* (0.188)	−0.122 (0.210)
대통령 신뢰도	−0.046*** (0.040)	0.104*** (0.031)	0.000 (0.039)	0.170*** (0.031)	−0.059 (0.034)
정서적 양극화	0.051 (0.030)	0.001 (0.028)	−0.007 (0.029)	−0.074* (0.029)	0.036 (0.031)
N	1001	1001	1001	1001	1001
Pseudo R^2	0.08	0.11	0.04	0.13	0.02

주: ***: $p < 0.001$; **: $p < 0.01$; *: $p < 0.05$. 절편은 생략함.

모든 성역할에 대한 태도와 일관성 있게 연결된 변수는 없었다. 여성이라고 해서 모든 성역할 쟁점에서 남성과 유의한 차이를 보여준 것은 아니었다. 남성과 비교해 여성은 여성의 전일제노동의 문제에만 더 강한 동의 수준을 보여주었다. 대도시 거주자의 경우 여성의 전일제노동, 미취학 아동을 둔 여성의 노동, 전업주부에 관한 평가와는 유의한 관련성이 있는 것으로 나타났다. 이는 대도시에 거주하는 경우 맞벌이나 여성노동이 일반화되어 있는 것이 반영된 결과일 수 있다.

정치변수 가운데에는 대통령에 대한 신뢰도가 여성의 전일제근로, 미취학 아동을 둔 여성의 근로, 남녀 간 역할 분담에 관한 진술과 유의하게 연결된 것을 확인할 수 있었다. 양대 정당 가운데 하나에 일체감을 지니는 응답자 역시 성역할에 관한 판단에서 유의한 차이를 만들어냈다. 반면, 이념과 성역할에 관한 인식 간에는 유의한 관련성을 확인할 수 없었다. 이러한 결과로부터 성역할에 대한 인식이나 태도는 단순하게 이념적인 분화에 근거한다기보다 대통령에 대한 선호나 정당일체감처럼 정파적인 특성과 연결될 수 있음을 추론해 볼 수 있다. 이는 성역할에 관한 쟁점이 정치적으로 동원될 경우 정파적 판단 및 지지와 연결될 수 있음을 뜻한다.

본 장에서는 성역할에 관한 태도 분석에서 더 나아가 여성 관련 쟁점에 대한 태도에 관한 분석도 시행하였다. <표 3-18>은 그 결과를 정리한 것이다. 여성가족부 폐지, 여경 체력검정 기준, 성폭력 무고죄 처벌 강화 등에 대한 태도를 종속변수로 설정한 회귀분석을 시행하였다. 이 분석에는 대통령선거 및 서울시장 보궐선거 후보선택에서 그 유의성이 확인된 세 가지 성차별주의(현대적 성차별주의, 적대적 성차별주의, 온정적 성차별주의)도 설명변수로 고려하였다(구본상 2021; 구본상 외 2022).

〈표 3-18〉 여성 관련 쟁점에 대한 태도: 순위형 로지스틱 회귀모형

	여성가족부는 폐지되어야 한다	여경을 채용할 때 남성과 같은 수준의 체력검정 기준을 적용해야 한다	성폭력 무고죄에 대한 처벌을 강화해야 한다
	Coef. (SE)	Coef. (SE)	Coef. (SE)
성별	−0.884*** (0.129)	−0.160 (0.128)	−0.009 (0.131)
연령대	−0.193*** (0.052)	0.013 (0.052)	0.052 (0.054)
대도시 거주	0.105 (0.140)	−0.582*** (0.143)	−0.550*** (0.146)

	여성가족부는 폐지되어야 한다	여경을 채용할 때 남성과 같은 수준의 체력검정 기준을 적용해야 한다	성폭력 무고죄에 대한 처벌을 강화해야 한다
	Coef. (SE)	Coef. (SE)	Coef. (SE)
교육수준	0.055 (0.063)	0.055 (0.063)	−0.053 (0.064)
가구소득	0.000 (0.000)	0.000 (0.000)	0.000 (0.000)
자산	0.012 (0.039)	−0.062 (0.039)	0.041 (0.039)
현대적 성차별주의	−0.104 (0.133)	−0.221 (0.135)	−0.276* (0.136)
적대적 성차별주의	0.025 (0.115)	0.435*** (0.119)	−0.476*** (0.118)
온정적 성차별주의	0.081 (0.129)	−0.040 (0.134)	0.359** (0.134)
비경쟁 기반 공정성	−0.212* (0.088)	0.038 (0.089)	0.148 (0.091)
필요 기반 공정성	−0.016 (0.087)	0.146 (0.089)	0.008 (0.091)
자가평가이념	0.060 (0.040)	0.049 (0.039)	0.035 (0.041)
정당일체감(더민주)	−0.544** (0.191)	0.153 (0.188)	−0.120 (0.196)
정당일체감(국민의힘)	0.351 (0.191)	0.134 (0.190)	0.039 (0196)
정서적 양극화	0.036 (0.029)	0.071* (0.029)	0.068* (0.030)
대통령 신뢰도	0.175*** (0.032)	0.005 (0.032)	0.005 (0.040)
사회적 신뢰	−0.155*** (0.039)	−0.025 (0.039)	−0.093** (0.032)
미디어 리터러시	0.019 (0.111)	0.041 (0.113)	0.162 (0.114)
N	1001	1001	1001
Pseudo R^2	0.18	0.11	0.04

주: ***: $p < 0.001$; **: $p < 0.01$; *: $p < 0.05$. 절편은 생략함.

주목할 점은 여러 쟁점 가운데 지난 대선에서 쟁점이 되었던 여성가족부 폐지에 관한 태도만이 성별·연령대와 연계되었을 뿐만 아니라 정당일체감과 대통령에 대한 신뢰도와 같은 정파적 판단 변수와 강한 연관성을 보였다는 점이다. 여성가족부 폐지에 관한 태도는 이러한 정치변수와의 강한 연계를 보인 반면, 세 가지 성차별주의와는 어떠한 유의한 연계도 발견되지 않았다. 이는 여성가족부 폐지는 성차별주의와는 별개로 이미 정치쟁점화 된 것임을 뜻한다.

반면, 여경 체력검정 기준이나 성폭력 무고죄 처벌에 관한 쟁점은 아직까지는 정치적으로 동원되지는 않은 듯하다. 대신 이 쟁점에 관한 태도는 성차별주의와는 유의한 연관성을 보인다. 이 두 쟁점 역시 아직 정당일체감이나 대통령에 대한 평가와 연결되진 않았으나 감정적 분화, 즉 정서적 양극화와 연관성은 드러났다. 따라서 향후 정치적 동원에 의해 정치쟁점화 될 가능성은 충분하다.

제5절
결론

2018년 이후 청년층을 중심으로 남녀 간 갈등의 양상이 부각되고, 2021년 이후 치러진 선거에서 20대 남녀 간 지지 후보가 뚜렷하게 갈리면서 이들 간 갈등에 주목하게 되었다. 선거운동 과정에서 20대 남녀의 정책이념에서의 차이는 뚜렷해졌고, 청년 남성층에서 단순하게 반페미니즘적인 태도를 지닌 특정 군집이 아닌 정치적으로 보수적인 관점을 가진 군집이 감지되었다. 이들은 정치지식 수준이 높고, 정치에 관한 관심이 높으며, 정치적 효능감도 강하는 특성을 지녀 지난 대선 과정에서 보수정당의 적극적 지지세력으로 기능한 것으로 파악된다.

대선에서 반사이익으로 청년 여성의 표 결집을 누렸던 더불어민주당은 정치적 동원 측면에서는 한계를 드러낸다. 경험적 분석에서 나타났듯이 더불어민주당 후보 주요 지지층은 성평등주의적이기보다 온정적 성차별주의적 특성이 강하기 때문이다. 결국 더불어민주당과 소속 후보는 적극적인 성평등정책을 펼치는 것에 한계를 드러냈다. 즉 젊은 여성층의 적극적 지지를 끌어내는 것에까지 이르지는 못했다. 보수정당이 적대적 성차별주의적 후보(예: 제19대 대선에서 홍준표 후보)를 내거나 성평등정책에 반하는 태도를 명확하게 보일 때(예: 제20대 대선에서 윤석열 후보)에는 반사이익을 얻을 수 있으나 관심이 상대적으로 떨어지는 국회의원 선거나 지방선거에서는 대선만큼 응집된 지지를 끌어내지 못하는 것이다. 이러한 더불어민주당의 한계는 성평등정책의 개입을 배제 또는 축소하는 결과를 초래할 수 있다는 점에서 우려를 낳는다.

그러나 여전히 젠더갈등의 실재 여부에는 의견이 엇갈린다. 오히려 젠더갈등은 언론과 정치권에 의해 동원되었을 가능성이 크다. 2022년 4월 조사에서 다른 사회갈등 인식과의 비교 분석을 통해 젠더갈등 인식은 정치변수와 강하게 연계되었다는 것을 확인하였다. 이를 명확하게 검증하기 위해서 대선과 지방선거가 마무리되고, 양대 정당으로 집결하면서 크게 줄어든 중도층이 다시 늘어난 2023년 1월에 시행한 설문조사와 비교하였다. 지역갈등, 이념갈등, 대북·남남갈등 인식은 확연하게 증가한 반면, 세대갈등과 젠더갈등 인식은 유의하게 감소하였다. 제20대 대통령선거 기간 세대갈등과 젠더갈등이 확연하게 중첩된 특징을 보였던 것과는 뚜렷하게 대비된다. 특히, 젠더갈등을 심각하게 인식하는 비율이 44.2%로 2022년 4월 조사 대비 15.2%p 감소하였다. 반면, 이념·세대·지역 갈등의 심각성 인식 수준은 크게 증가하였다. 이는 새로 들어선 정부에서 이념과 북한 문제에 관한 갈등으로 편향성의 동원이 전환된 것에 기인한다.

다양한 사회갈등 인식 수준을 종속변수로 설정한 회귀분석 결과에 따르면, 2022년 4월 조사에서는 성별, 연령, 세대 외에도 다양한 정치변수와 젠더갈등 인식 간 연관성은 드러났으나 2023년 1월 조사에서는 사라졌다. 정치변수 가운데에는 윤석열 후보 투표자와 자가평가이념만이 젠더갈등 인식 수준에서의 차이를 설명하는 것으로 확인되었다. 결국, 두 조사결과 비교로부터 추론할 수 있는 것은 젠더갈등 인식은 특정 변수와 근본적인 연계를 가졌다기보다 정치적 맥락에 따라 동원된 특정 계층에서 일시적으로 나타날 가능성이 크다는 점이다. 또한, 젠더갈등 인식과 정치적 양극화 간 연관성도 사라졌다. 이처럼 젠더갈등은 편향성의 동원에 매우 민감하다는 특성을 가진다.

본 장은 이번 설문조사에 이러한 연령대별 젠더갈등 인식에서의 차이를 확인할 수 있는 문항을 포함하여 검토하였다. 분석 결과에 따르면, 생물학적 여성이라고 해서 모든 성역할 쟁점에서 유의한 차이를 보여준 것은 아니었다. 남성과 비교해 여성은 여성의 전일제노동의 문제에만 더 강한 동의 수준을 보여주었다. 정치변수 중에는 대통령에 대한 신뢰도가 여성의 전일제근로, 미취학 아동을 둔 여성의 근로, 남녀 간 역할 분담에 관한 진술과 유의하게 연결된 것을 확인할 수 있었다. 양대 정당 가운데 하나에 일체감을 지니는 응답자 역시 성역할에 관한 판단에서 유의한 차이를 만들어냈다. 이러한 결과는 성역할에 관한 쟁점이 정치적으로 동원될 경우 정파적 판단 및 지지와 연결될 수 있음을 의미한다.

나아가 여성가족부 폐지, 여경 체력검정 기준, 성폭력 무고죄 처벌 강화 등 여성 관련 쟁점에 대한 태도를 분석한 결과, 지난 대선에서 쟁점이 되었던 여성가족부 폐지에 관한 태도만이 성별·연령대와 연계되었을 뿐만 아니라 정당일체감과 대통령에 대한 신뢰도와 같은 정파적 판단 변수와 강한 연관성을 보였다. 반면, 다양한 성차별주의(현대적 성차별주의, 적대적 성차별주의, 온정적 성차별주의)도 설명변수로 함께 고려하였으나 어떠한 유의한 연계도 드러나지 않았다. 이는 여성가족부 폐지는 이미 정치쟁점화 된 것임을 뜻한다. 반면, 여경 체력검정 기준이나 성폭력 무고죄 처벌에 관한 쟁점은 아직까지는 정치적으로 동원되지 않은 것으로 나타난다. 이 두 쟁점 역시 정당일체감이나 대통령에 대한 평가와 연결되진 않았으나 정서적 양극화와의 연계성은 드러났다. 향후 정치적 동원에 의해 언제든지 정치쟁점화 할 수 있다는 것을 뜻한다. 비선거기간에 이러한 쟁점에 대한 충분한 논의가 이루어져야 할 이유가 여기에 있다.

04

경제불평등과 정치과정:
민주주의 대표성의 문제

하상응

제1절
들어가며

　민주주의 국가의 정치과정과 그 결과물을 설명하는 데에 있어서 계급 균열은 가장 중요한 요인 중 하나로 인식되어왔다(Dix 1989; Knutsen 1989; Zuckerman 1982). 그런데 최근 한국에서 지역 균열(e.g., 최준영 · 조진만 2005; 윤광일 2019), 젠더 균열(e.g., 김기동, 정다빈 · 이재묵 2021; 연지영 · 이훈 2020), 그리고 세대 균열(김기동 · 이재묵 2020; 허석재 2017)에 대한 학계와 정치권의 관심도가 높아짐에 따라, 상대적으로 과거에 비해 계급 균열에 대한 논의가 활발히 수행되고 있지 않는 경향을 보인다. 이러한 경향은 한국 민주주의의 진화과정을 설명하는 데에 장애물로 작용한다.

　우선 2020년대 들어서 첨예한 현안으로 자리잡은 젠더 균열과 세대 균열의 상당 부분은 계급 균열이라는 요인을 고려해야 제대로 이해될 수 있다는 점이 중요하다. 예를 들어 2021년 6월 22일부터 25일까지 KBS '시사기획 <창>'에서 다룬 세대 균열 보도에서 논란의 대상이 된 그래프를 들 수 있다.[21] 그 그래프는 설문조사 자료를 통계적으로 분석한 결과 하나를 보여주는 것이었는데, 20세~34세 남성/여성과 50대 남성/여성이라는 네 집단을 비교해 보았을 때, 다른 집단과는 달리 유독 20~34세 남성에게서

---

21) KBS 뉴스 4부작. (2021년 6월 21일~25일)
　① 586, 그들은 누구인가 <https://news.kbs.co.kr/news/view.do?ncd=5215511>
　② 청년이 본 50대, 50대가 본 청년−50대의 '꼰대 지수'는 몇점? <https://news.kbs.co.kr/news/view.do?ncd=5216479>
　③ '이대남', '이대녀'론의 실체 <https://news.kbs.co.kr/news/view.do?ncd=5217567>
　④ 세대론을 넘어−세대가 아니라 세상이 문제다 <https://news.kbs.co.kr/news/view.do?ncd=5218373>

만 특이한 패턴이 나타난다는 보고였다. 구체적으로 20~34세 남성 집단은 다른 집단과 달리 자신의 주관적 계층 의식이 높을수록 "우리 사회에 존재하는 어려운 사람들을 위해 내가 가진 것을 나누어 주고 싶다"는 생각을 덜 한다는 것이었다. 여기서 주목해야 하는 대목은 "주관적 계층 의식의 차이가 주는 효과"이다. 즉, 흔히 '이대남'이라고 불리는 20~34세 남성 전체가 아니라, 스스로 상류층에 속한다고 생각하는 사람들에게서만 특이한 태도를 확인할 수 있다는 것이다. 이렇게 계급 변인을 고려하지 않은 채, 젠더와 세대 균열에만 초점을 맞추다 보면, 잘못된 진단과 처방이 나올 가능성을 배제할 수 없다.

그렇다면 왜 지역, 세대, 젠더 균열에 비해 현재 상대적으로 계급 균열에 대한 관심이 낮은가? 여러 가지 이유가 있겠지만 자료의 제약이라는 문제가 가장 크다. 개인의 계급을 측정하는 일은 거주/출신 지역, 세대, 성별(젠더)을 측정하는 일보다 어렵다. 우선 개인의 객관적인 계급을 측정하기 위해서 행정자료에 의존하는 방법을 생각해 볼 수 있다. 개인이 국가에 낸 세금을 추적하면 소득 수준은 쉽게 측정할 수 있을 것이다. 만약 소득 말고 재산까지 계급의 구성 요인으로 고려한다고 해도 국세청 자료를 활용할 수 있다면 큰 문제가 되지 않는다. 그러나 개인의 소득과 재산 확인이 연구 목적으로 요구된다고 하여도 개인정보보호를 이유로 국세청 자료를 이용하기란 거의 불가능에 가깝다. 결국 통계청 혹은 다른 정부 기관에서 제공해 주는 집합 자료를 활용하는 방법이 일반적으로 사용되는데, 이것만으로는 정확한 계급/계층 균열을 확인할 수 없다.

객관적인 정보를 얻기 어렵기 때문에 대안으로 사용되는 것이 설문을 통해 계급/계층을 확인하는 작업이다. 이 방법 역시 문제점이 많다. 첫째, 설문 문항을 통해 개인의 소득 수준을 측정하는 경우 응답의 신뢰성에 의구심이 생긴다. 설문 응답자에게 월 소득을 세전 (혹은 세후) 기준으로 적어달라고 하는 경우, 응답자가 정확히 기억하고 응답하는지의 여부를 알 수 없을 뿐만 아니라 지나치게 소득이 적거나 많은 응답자들은 거짓으로 답변할 가능성이 높다. 또한 부모로부터 완전히 독립하지 않은 젊은 응답자의 경우 자신의 소득 기준으로 답을 하는 경우도 있고 부모의 소득 기준(가구소득)으로 답을 하는 경우도 있을 수 있다. 둘째, 설문 문항을 통해 개인의 자산 수준을 측정하는 작업은 거의 불가능에 가깝다. 시장의 상황에 따라 변화하는 자산 가치를 정확하게 알고 있는 사람들의 수는 극히 작을 것이기 때문이다.

설문을 통해 계급/계층을 측정하는 작업이 어렵기 때문에, 또 다른 대안으로 제시되는 방법은 주관적인 계층 의식을 살펴보는 것이다(강희경 2016; 신정섭·김용철·조영호 2020). 이것은 설문 문항 중 하나로 응답자 개인의 객관적인 사회경제적 지표와는 별개로, 스스로 생각하는 자신의 계급/계층을 묻는 방법을 취한다. 일반 유권자들의 행태가 객관적인 조건 말고 주관적인 인식에 의해 촉발되는 경우가 드물지 않기 때문에 주관적 계층 의식을 이용하여 계급/계층 균열을 파악하는 것이 근본적으로 잘못된 작업이라고 보긴 어렵다. 하지만 소득 수준과 자산 수준을 객관적으로 정확히 확인할 수만 있다면 주관적 계층 의식을 활용한 분석의 효용이 급속도로 떨어지리라는 점은 쉽게 짐작 가능하다.

이 장에서는 최근 상대적으로 간과되어 온 계급/계층 균열을 통해 경제 불평등이 정치 과정에 미치는 영향을 살펴보고자 한다. 이러한 작업이 필요한 가장 근본적인 이유는 지난 20여 년 동안 민주주의 국가의 정치 과정에 가장 큰 영향을 끼친 요인이 바로 경제 불평등, 즉, 가진 자와 가지지 못한 자 간의 소득불평등(income inequality)이기 때문이다(Franko & Witko 2018; Waldner & Lust 2018; Stoetzer et al. 2023). 잘 알려진 바와 같이 정치 과정은 민주주의 국가에서 유권자들이 여론을 형성하고 정치인을 선출한 후, 유권자의 목소리를 대변하는 정치인이 정책을 만들고 집행하는 일련의 과정을 연구하는 학문 분야이다. 정치 과정의 내용은 여론, 정당, 선거, 의회, 미디어 등으로 구성되어 있다. 현재 문제가 되고 있는 경제 불평등은 이러한 정치 과정의 구체적인 내용들 각각에 지대한 영향을 끼치고 있다. 따라서 경제 불평등이라는 얼핏 보아 작은 개념에 초점을 맞추는 것이 정치 과정의 전체 내용을 조망하는 데에 방해가 되기는커녕, 오히려 도움이 될 수 있음을 인식할 필요가 있다. 경제 불평등이라는 주제는 종종 당위를 강조하는 규범적인 논의를 유도하기 쉽다. 이 장에서는 이러한 접근법을 최대한 배제하고, 경제 불평등이 정치 과정에 어떤 변화 혹은 왜곡을 가져오는지를 객관적으로 검토할 계획이다. 이제까지 축적된 경험연구의 내용을 충분히 숙지한 후에, 규범적 판단에 기반한 토의도 조금 추가될 것이다.

제2절

경제 불평등과 민주주의

경제 불평등에서 비롯된 계층/계급 균열이 정치 과정에 미치는 영향을 파악하기 위해서는 미국의 사례를 자세히 살펴볼 필요가 있다. 그 이유는 다음의 세 가지로 요약 가능하다. 첫째, 미국은 냉전과 탈냉전 시기 민주주의 국가의 전형이었고, 최근 관심의 대상이 되는 민주주의 쇠퇴(democratic backsliding; democratic erosion) 논의에서도 중심에 위치하고 있기 때문이다(e.g., Ginsburg & Huq 2018). 둘째, 경제 불평등이 정치 과정에 미치는 영향, 특히 부작용이 가장 두드러지게 나타나는 민주주의 국가가 미국이기 때문이다(Bartels 2008). 셋째, 경제 불평등이라는 사회과학 개념을 개인 차원에서 측정하는 데에 큰 도움이 되는 개인의 세금 기록을 확인하여 연구가 축적된 대표적인 나라가 미국이기 때문이다(Saez & Zucman 2019).

1. 미국의 경제 불평등 양상

지난 반세기 동안 미국에서 가진 자와 가지지 못한 자 간의 소득 불평등은 심화되어 왔다. 그 이유는 일부 경제학자들이 주장하듯 기술 발전, 교육 격차와 같은 것이 아니라, 정부 정책에 있다. 지난 수십 년간 축적된 부유층 친화적인 정책에 의해 소득 불평등이 심화된 것이다. 미국의 경제 불평등 양상을 경험적으로 확인하기 위해서 보통 인구조사국(Census Bureau)에서 모은 통계자료를 사용한다. 인구조사 자료는 설문을 통해 구축되고, 가구 단위 연 소득을 가장 낮은 수준에서부터 20%, 40%, 60%, 80%, 그리고 95%로 끊어서 표현해 주는 정보가 일반적으로 사용된다. 예를 들어 이 기록을 보면 가구 연 소득을 기준으로 나뉜 다섯 개의 집단이 실질 소득(천$ 단위)이 1947년부터 2005년에 이르는 기간 동안 어떻게 변했는지를 확인할 수 있다. 소득 수준 20%에 위치한 가구 소득은 시간이 지남에 따라 크게 변화하지 않았는데, 95%에 위치한 가구 소득은 큰 폭으로 상승했음을 알 수 있다. 구체적으로 1947－2005년 사이 실질 소득의 누적 상승률을 확인해 보면, 1974년까지는 다섯 개의 집단 사이의 소득 상승률 차이가 별로 없었는데, 1974년 이후 부유층일수록 높은 소득 상승률을 보임을 확인할 수 있다.

그런데 인구조사 자료를 이용해서는 소득 수준이 아주 높은 극소수의 사람들에게 어떤 변화가 생겼는지를 확인할 길이 없다. 이러한 문제를 극복하기 위해 경제학자인 피케티(Thomas Piketty)와 사에즈(Emmanuel Saez)는 미국 국세청(Internal Revenue Service)에 보관된 세금 납부 기록을 이용하여 보다 자세한 소득불평등 추이를 확인하였다(Piketty & Saez 2003). 이들의 연구에 따르면 미국의 경제 불평등(소득불평등)을 주도한 집단은 인구조사에 잡히지 않는 극소수의 부유층이라고 볼 수 있다. 예를 들어 소득수준 상위 1%에 속하는 사람들의 소득이 미국 전체 소득에서 차지하는 비율은 1950년대 10.2%에서 2005년 21.8%로 늘어났고, 상위 0.1%에 속하는 사람들의 소득이 전체 소득에서 차지하는 비율은 1950년대 3.2%에서 2005년 10.9%로 늘어났다는 것이다.

피케티와 사에즈가 사용한 국세청 자료를 이용해 얻은 정보를 보면, "부유층", 즉 가구 소득(백만$ 단위)이 아래에서부터 95%(상위 5%), 99%, 99.5%, 99.9%, 그리고 99.99%(상위 0.01%)에 해당되는 소득이 어떻게 변했는지를 확인할 수 있다. 이 정보를 보면 시간이 지남에 따라 부가 극소수 부유층에게 쏠림을 확인할 수 있다. 대략 13,000명 정도에 불과한 소득 상위 0.01%에 해당하는 사람들의 실질 소득은 상대적으로 엄청나게 증가하였다. 피케티와 사에즈가 구축한 자료를 통해 1917년부터 2005년까지 소득 상위 5%와 상위 1%에 사람들의 소득이 국가 전체 소득에서 차지하는 비율을 확인하면 놀라운 결과를 얻을 수 있다. 이 자료를 이용한 한 연구에 따르면 1980년에서 2005년 사이 발생한 세전 실질 소득 증가분의 4/5가 소득 상위 1%에 속하는 사람들에게 갔다. 이 결과는 역사가 반복되고 있음을 시사해 준다. 1920년대 부의 쏠림 현상이 심한 시기를 겪고 나서 1930년대 대공황(the Great Depression)을 겪었고, 2000년대 역시 1920

년대만큼 소득 불평등이 심각한 시기였는데, 그 결과가 2008년 금융위기(the Great Recession)였기 때문이다.

2. 미국 경제 불평등의 이해와 해석

경제 불평등이 지난 수십 년간 심각해지고 있음을 부인하는 학자들은 거의 없다. 하지만 경제 불평등을 어떻게 이해하고 해석해야 하는가에 대해서는 다양한 의견이 존재한다. 기존 논의들은 대략 다음의 세 가지로 요약된다.

가. 경제 불평등과 경제성장

많은 보수진영 경제학자들은 경제 불평등이 경제성장의 원동력이라고 생각해 왔다. 부가 소수의 사람들에게 집중되면 그들이 생산적인 경제활동에 적극 투자함으로써 좋은 일자리들이 대고 주장한다. 이 주장은 흔히 '낙수효과(trickle-down effect)'라는 명칭으로 불리곤 한다. 하지만 이러한 이론적 기대를 충족시켜 줄 만한 경험적인 증거는 충분하지 않다는 것이 경제학계의 중론이다.

나. 경제 불평등과 계층이동

많은 미국인들은 미국이 여전히 '기회의 땅'이라고 믿고 있다. 따라서 기회가 공평하게 주어진 상황에서 생기는 경제 불평등은 자연스러운 현상이라고 생각한다. 하지만 최근 많은 연구들에 따르면, 미국에서도 세대 간 계층 이동의 가능성이 점점 더 줄어들고 있는 상황이다. 즉, 부의 대물림 현상이 점점 더 강화되어 간다는 이야기이고, 이는 자수성가를 통해 높은 소득 수준을 달성하는 경우가 점점 더 준다는 이야기이다.

다. 경제 불평등과 교육

일부 보수진영에서는 경제 불평등이 교육과 그것을 통해 얻는 직능(skills)의 결과물이라고 이해한다. 기술 진보가 급속도로 진행되는 상황에서 특정 종류의 직능이 다른 종류의 직능에 비해 훨씬 더 많은 대가를 받는 상황이 도래했다는 것이다. 따라서 컴퓨터 공학 혹은 통계학 전공자들은 그 전공에서 다루는 직능이 사회에서 좋은 대우를 받기 때문에 소득 수준이 높아지게 되고, 문학 혹은 철학 전공자들은 상대적으로 낮은 소득 수준으로 귀결된다는 결론이 가능하다. 하지만 이러한 해석은 극소수의 금융업 CEO들이 천문학적 액수의 보수를 받아야만 하는가를 정당화시켜주지 못한다. 과연 금융업계 CEO들이 일반인들은 범접하지 못할 만한 직능을 소유하고 있는지의 여부도 설득력 있게 설명하기 어렵고, 그들이 과연 사회에 그들이 받는 보수만큼의 기여를 하고 있는지도 의심스럽다.

3. 경제 불평등: 정치의 중요성

미국에서 최근 경제 불평등이 이토록 심화된 이유를 보통 경제학자들은 경제적 요인으로 설명하고자 한다. 하지만 정치학자들은 경제 불평등의 원인을 정치, 정책의 변화에서 찾아야 한다고 생각한다. '시장'과 '국가'가 명명백백하게 구분된다는 것은 경제학 교과서에나 나올 법한 내용이고, 실제로는 국가의 정책에 의해 시장의 작동 메커니즘이 바뀌는 것을 확인할 수 있다는 것이다. 정부가 지속적으로 가진 자에게 세금을 덜 걷고, 대기업, 금융업의 투자/운영 관련 규제를 풀고, 금권선거를 막기 위한 법 제정을 미루게 된다면, 그 결과물은 우리가 목도하고 있는 경제 불평등이 될 것이다. 그리고 경제 불평등은 정치 영역에서 가진 자가 가지지 못한 자보다 더 정치활동에 적극적이게 되는 참여불평등 혹은 부자의 이익이 가난한 사람들의 이익보다 더 많이 정책 결정 과정에서 고려되는 대표성(representation)의 불평등을 낳을 수 있다.

4. 한국의 경우

한국에서도 경제 불평등에 대한 우려는 상당하다. 그런데 실제 자료를 확인해보면 일관된 양상을 확인하기 어렵다. 경제 불평등이 최근 지속적으로 심화된 모습을 보이는 미국에 비해, 한국의 경제 불평등의 시계열적 추이는 보다 더 심각해지는 방향으로 진행되는 것 같지는 않다.

일례로 통계청의 <가계금융복지조사> 자료를 활용하여 소득과 자산 분포의 변화를 살펴본다(박정수 2022). <가계금융복지조사>는 자산, 부채, 소득 등의 규모와 분포를 파악하게 사회 및 금융관련 정책과 연구에 사용하기 위한 설문조사 자료이다. 전국의 약 20,000가구를 대상으로 대면면접과 온라인조사를 병행하여 응답을 받아 구축한 자료이다. 따라서 앞에서 언급된 설문조사 자료의 문제점은 그대로 안고 있다고 봐도 무방하다. 즉, 설문조사를 통해 소득과 자산을 측정하는 과정에서 오류가 있을 수 있다는 점, 그리고 표본 조사이기 때문에 모집단(population)과 어느 정도 차이가 날 가능성이 있다는 점이 결과 해석 시 고려되어야 한다.

시계열 비교를 하기 위해 물가상승률을 감안한 실질소득을 살펴본다. 그리고 소득 추이는 개인이 아닌, 가구가 시장에서 취득하는 시장소득(근로소득, 재산소득, 사적이전소득의 합에서 사적이전지출을 제외한 소득)을 기준으로 삼아 평균 실질소득을 추적한다. 가구원 수가 가구별로 다르기 때문에 가구원 수를 고려하여 표준화한 균등화 소득을 계산하여 검토한다. 소득수준이 가장 낮은 집단을 1분위, 소득수준이 가장 높은 집단을 5분위로 지정하여 총 5개의 소득 집단을 구성하고, 2012년부터 2020년까지의 소득변화 추이를 [그림 4-1]에서 확인할 수 있다.

[그림 4-1] 가구 소득분위별 실질시장소득 증가율, 2012-2020

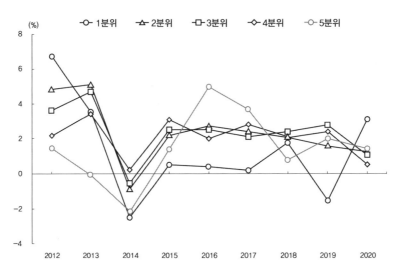

주: 각 소득분위 가구들의 평균 균등화 실질시장소득의 전년도 대비 증가율
출처: 박정수(2022), 통계청 <가계금융복지조사> 자료에 기반함.

소득 수준이 가장 높은 5분위의 경우 2012년부터 2014년까지 소득 증가율이 줄어들다가 2014년부터 2016년 사이에는 늘어났다. 반면 소득 수준이 가장 낮은 1분위의 경우 2012년부터 2014년까지 소득 증가율이 줄어들다가 2015년 반등한 후 2017년까지 큰 차이를 보이지 않는다. 그 후 2018년부터 2020년까지는 등락을 반복하고 있다. 소득 2분위부터 4분위까지의 가구는 2015년부터 2019년까지 소득 등락이 별로 확인되지 않는다. 이것만으로는 2012년 이후 한국의 경제 불평등 정도가 눈에 띄게 심화되었다는 이야기는 하기 어렵다.

그렇다면 자산 기준으로 불평등은 심화되었는가? 동일한 자료인 <가계금융복지조사>에 따르면 그 질문에 대한 대답 역시 긍정적이지만은 않다. 가구 자산 기준으로 5개 분위를 나눈 후 가장 자산이 작은 1분위 대비, 가장 자산이 큰 5분위의 순자산 배율의 시계열적 추이를 [그림 4-2]에서 확인할 수 있다. 그 배율은 2012년부터 2015년까지 꾸준히 낮아졌다. 이 시기에는 자산 기준 1분위 대비 자산 기준 5분위의 자산 배율이 떨어졌기 때문에 자산 기준 경제 불평등이 완화되었다고 말할 수 있다. 그러다가 2015년부터 2020년까지 순자산 5분위 배율은 증가하였다. 그러나 2020년 수준이 2012년보다는 낮은 것 역시 확인할 수 있다. 2021년에는 2020년 대비 순자산 5분위의 배율이 오히려 줄어들었다. 결국 객관적으로 순자산 1분위 대비 순자산 5분위의 자산 배율이 6배에서 7배 차이가 나는 것이 불평등한 현실을 반영하는 것 아니냐라는 주장과는 별개로, 적어도 시계열 추이를 놓고 보면 소득 불평등과 마찬가지로 자산 불평등도 심화되고 있다고 보기 어렵다.

[그림 4-2] 순자산 5분위 배율, 2012-2021

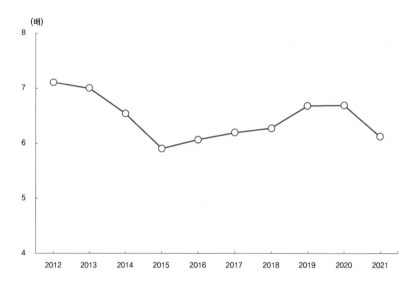

주: 순자산 5분위 배율은 1분위 자산 대비 5분위 자산의 비율
출처: 박정수(2022), 통계청 <가계금융복지조사> 자료에 기반함.

위와 같은 결과는 최근 수행된 연구 결과와도 일치한다(이성균, 신희주, 김창환 2020). 이 연구에 따르면 1990년 초반에 한국의 소득 불평등 양상이 드러나기 시작하여 IMF 구제금융이 있었던 1997년을 거쳐 세계금융위기가 발생한 2009년까지 꾸준히 심화되었으나, 역으로 2010년 이후 소득 불평등 정도가 감소하였다. 자산 불평등의 경우 2010년대 초반에는 감소하였으나 후반부터는 증가하는 경향을 보인다고 한다. 이것은 아마도 실거주 주택 외 부동산 자산의 불평등 추이와 맞물리는 것으로 파악한다. 그렇지만 보다 객관적이면서 완전한 형태의 행정 자료가 시계열적으로 구축되어 있지 않은 상황에서 소득 불평등과 자산 불평등의 추이에 대해 단정적으로 이야기하기는 어렵다는 것이 학계의 중론이다.

지난 십여 년간 경제 불평등(소득 불평등과 자산 불평등)이 눈에 띄게 악화되었다는 증거는 확인되지 않는다. 물론 이것이 절대적인 경제 불평등 수치가 사회 갈등을 유도하지 않을 것이라는 말은 아니다. 객관적인 경제 불평등 상황과 별개로, 일반인들이 경제 불평등이 심각한 수준이라는 인식이 강하면, 충분히 사회 갈등을 유발할 가능성이 있다. 그런데 기존 연구들(e.g.이성균·신희주·김창환 2020)이 이미 지적한대로, 한국에서

는 아직까지 경제 불평등 수준을 정확하게 파악하기 위해 충분한 자료가 부족한 실정
이다. 피케티와 그의 동료들의 초기 미국 경제 불평등 연구에서 사용한 것과 같은 개인
수준에서의 납세 기록을 꼼꼼히 시계열적으로 훑어보아야 가능한 작업이다. 설문조사
자료 혹은 행정자료를 이용하여 소득 혹은 자산 기준 10분위 혹은 5분위로 나누어 보는
작업은 극도로 부유한 1% 혹은 0.5%의 영향력을 확인할 기회를 제공하지 않는다.

경제 불평등과 민주주의

지난 반세기 동안 거시경제 지표를 살펴보면, 미국에서는 민주당 정권이 들어섰을 때 중산층과 노동자 계층의 실질 임금이 공화당 정권이 들어섰을 때보다 빨리 증가함을 확인할 수 있다고 한다.

1. 미국 정당 정치와 세전 소득(pre-tax income)

어떤 정당 출신 정치인이 대통령이 되었는가에 따라 국민들의 소득 증감율이 달라지는 추세를 보여주기 전 하나의 전제 조건을 확인해야 한다. 미국 대통령의 임기는 4년이다. 그런데 한 대통령이 백악관에 들어서자마자 그 대통령의 정책에 의해 일반인들의 소득에 변화가 생긴다고 보기에는 무리가 있다. 따라서 대통령 취임 후 1년부터 4년 단위로 쪼개서 자료를 검토하는 방법이 보다 타당할 것이다. 예를 들어 1976년에서 1980년까지 재임했던 카터(Jimmy Carter) 대통령의 정책이 소득에 미치는 영향을 보기 위해 1977년에서 1981년의 소득을 확인한다는 말이다.

이러한 전제 조건을 깔고 1948년부터 2005년까지 대통령의 소속 정당에 따라 다섯 개의 소득군의 세전 연 가구 소득 증가율을 인구조사 자료를 통해 확인해 보면, 가장 상위층인 소득 95%에 해당되는 사람들이 2% 소득 증가를 누린 반면, 가장 하위층인 소득 20%에 해당되는 사람들은 1.42%의 소득 증가를 경험했음을 알 수 있다. 이러한 소득 증가율은 민주당 소속 대통령 시절에 상대적으로 높았고, 공화당 소속 대통령 시절에는 상대적으로 낮았다. 더 흥미로운 결과는 공화당 소속 대통령이 통치하던 시기에는 가진 자의 소득 증가율이 가지지 못한 자의 소득 증가율보다 압도적으로 높다는 사실이다. 민주당 소속 대통령이 통치하던 시기에는 오히려 가진 자의 소득 증가율이 가지지 못한 자의 소득 증가율보다 낮았다.

이 내용을 약간 다른 각도에서 접근하여도 흥미롭다. 소득 80%에 위치한 사람들의 소득을 분자(numerator), 소득 20%에 위치한 사람들의 소득을 분모(denominator)로 놓고 비율을 계산하여 일종의 불평등 지수를 만든다. 이 지수의 값이 크면 클수록 경제 불평등이 심화되고 있다고 해석할 수 있다. 이 지수의 변화를 1947년부터 2005년까지 봤더니, 민주당 대통령 시절에는 이 지수의 값이 내려가는 반면, 공화당 대통령 시절에는 이 지수의 값이 올라감을 확인할 수 있다.

미국의 정권 교체와 소득 증감율 간의 관계 역시 흥미롭다. 전임 대통령이 재선에 실패해 정권교체가 일어난 경우와 재선에 성공한 경우, 이렇게 두 경우를 나누어 본다. 전체적으로 보아 정권교체가 일어나든 일어나지 않든, 대통령 임기 첫 해에 부자들의 소득이 가난한 사람들의 소득에 비해 상대적으로 더 증가함을 확인할 수 있다. 그런데 이러한 경향성은 민주당 대통령이 재선에 실패하여 공화당으로 정권교체가 일어난 경우에 특히 심하고, 공화당 대통령이 재선에 성공한 경우에도 마찬가지로 심하게 나타난다. 반면 민주당 대통령으로 정권교체가 되었거나 민주당 대통령이 재선에 성공한 경우에는 가난한 사람들의 소득 증가 비율이 다른 소득군에 비해 상대적으로 더 높았음을 알 수 있다.

가지지 못한 유권자들이 상대적으로 민주당으로부터 혜택을 더 많이 받았다고 하는데, 그렇다면 민주당과 공화당이 실제 거시경제지표에 어떤 차이를 보였는지를 확인해 볼 필요가 있다. 자료를 살펴보면, 공화당 출신 대통령 시절에 실업률이 더 높았고, 성장률은 더 낮았으나, 물가 상승률은 약간 낮았음을 알 수 있다. 정부의 정책이 소득에 영향을 미치는 시기는 대통령 임기 2년차인 것으로 나타났다. 특히 민주당 대통령 2년 차("허니문(honeymoon)")에 가난한 사람들의 소득이 비약적으로 증가함을 알 수 있다. 반면 공화당 대통령 2년차에는 소득 수준 95%에 해당하는 부자들을 제외한 나머지 소득군의 소득이 전부 감소하였다.

2. 미국 정당 정치와 세후 소득(post-tax income)

이제까지 살펴본 내용은 다 세전 소득에 근거하고 있다. 정부가 집행하는 가장 중요한 정책 중의 하나가 바로 재정정책, 즉 세금을 얼마나 걷어 어떻게 쓰느냐임을 고려한다면, 세전 소득뿐만 아니라 세후 소득을 볼 필요가 있다. 자료를 살펴보면, 공화당 정권하에서는 부자들의 세후 소득 역시 세전 소득처럼 비약적으로 증가하였음을 알 수 있다. 반면 민주당 정권하에서는 상대적으로 가난한 사람들의 세후 소득 증가율이 높았다. 이는 공화당 정권에서는 부자에게 유리하고 가난한 사람에게 불리한 조세정책을 폈고, 민주당 정권에서는 부의 재분배(redistribution)에 보다 더 신경을 쓰면서 조세정책을 폈음을 보여주는 대목이다.

이제까지 제시된 결과를 바탕으로 가상의 시나리오를 쓴다면 집권당과 경제 불평등 간의 상관관계를 확인해 볼 수 있다. 만약 1947년부터 2005년까지 민주당에서만 대통령이 배출되었다면, 불평등 지수는 서서히 낮아질 것이라고 예측할 수 있다. 한편 그 기간 동안 공화당에서만 대통령이 배출되었다면 불평등 지수는 지속적으로 올라갈 것이라는 예측이 가능하다.

3. 한국의 경우

미국의 경우와 마찬가지로, 한국에서도 세전 소득과 세후 소득의 차이가 시계열적으로 어떠한지를 파악함으로써 정부의 조세 정책이 경제 불평등에 영향을 주는지의 여부를 알 수 있다. 이에 위에서 검토한 <가계금융복지조사> 자료를 이용하여 이 내용을 확인해 본다.

[그림 4-3]은 세전 소득인 시장소득 기준 5분위의 (1분위 대비) 배율과 세후 소득인 처분가능소득 기준 (1분위 대비) 5분위 배율을 표시하고 있다. 세금 전후 소득들의 추이이기 때문에 두 표 간 차이는 정부의 정책에 의한 소득재분배 효과를 의미한다고 볼 수 있다. 우선 시장소득 기준 5분위의 배율은 2011년부터 2020년까지 1분위 시장소득 대비 약 10~11배를 유지하는 것으로 확인된다. 시계열적인 변화를 보면 2013년 이후 조금씩 5분위의 배율이 높아지고 있다. 이는 1분위와 5분위 간의 세전 소득 격차가 조금씩 커진다고 이야기할 만한 결과이다.

[그림 4-3] 소득 5분위 배율의 시계열적 변화: 세전 및 세후 소득

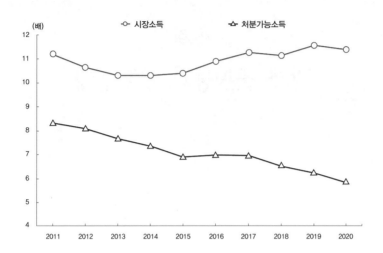

주: 소득 5분위 배율은 균등화 소득 기준으로 1분위 소득 대비 5분위 소득의 비율
출처: 박정수(2022), 통계청 <가계금융복지조사> 자료에 기반함.

그런데 세후 소득인 처분가능소득의 시계열 추이를 보면 완전히 반대되는 현상을 확인할 수 있다. 2011년 이후 5분위의 처분가능소득 배율은 1분위 대비, 지속적으로 줄어들고 있다. 이는 적어도 2017년 이후 시장소득 기준 소득 불평등에는 변화가 없는 반면, 정부의 개입으로 인해 세후 소득 기준 소득 불평등은 꾸준히 완화되었음을 의미한다. 이러한 현상은 집권당이 공화당이냐 민주당이냐에 따라 달라지는 소득 불평등 현상과 달리, 한국에서는 시간이 지남에 따라 세후 소득 불평등이 완화되고 있을 뿐만 아니라 불평등 추이에 집권당의 이념 성향은 영향을 주지 않는다는 시사점을 준다.

이 결과 역시 액면 그대로 받아들여서는 안 된다. 전술한 바와 같이 <가계금융복지조사>는 설문조사 자료이기 때문에 응답자의 자가보고(self-report)에 의존하고 있다. 소득과 달리 자산의 경우, 특히 자가보고로 제공되는 정보가 정확하지 않을 가능성이 높다. 하지만 [그림 4-3]은 시계열적 추이를 보여주고 있기 때문에, 2010년대 초반에 비해 2010년대 후반으로 올수록 사람들이 체계적으로 자가보고 행태에 변화를 주었다는 증거가 없는 한 완전히 무시하기도 어려운 결과이다. 즉, 과거에 비해 지금 고소득층이 자신의 자산수준을 체계적으로 과소평가한다는 증거가 없는 한, 1분위 대비 5분위의 세후소득 배율이 지속적으로 줄어들고 있다는 사실은 정부의 재분배정책이 꾸준히 효과를 발휘하고 있음을 의미한다.

제4절

경제 불평등과 투표행태

　흔히 미국의 가난한 노동자 계층이 낙태(abortion) 혹은 동성애(homosexuality)와 같은 종교적인 현안에 대한 태도 때문에, 자신의 경제적 이익에 반하여 민주당 대신 공화당을 지지한다는 이야기들이 있는데, 자료를 살펴보면 정반대의 양상을 확인할 수 있다. 지난 반세기 동안 노동자 계층은 꾸준히 민주당을 지지하였다.

1. 계급투표란?

　계급투표(class voting)란 유권자의 투표행태를 설명하기 위해 고안된 가장 오래된 이론 중 하나로, 유권자들의 속한 계급의 이익을 투표에 반영한다는 이론이다. 즉, 노동자 집단은 노동자의 권익을 보장해주는 정책을 펴는 정당에 표를 던지고, 부유층은 자신의 특권을 보호해주는 정당에 표를 던진다는 이야기이다. 그런데 통계 수치는 얼핏 보아 계급투표 이론과 상반되어 보인다. 부유층보다는 중산층과 노동자 계층의 비율이 훨씬 더 클 텐데, 지난 수십 년 동안 부유층 친화적인 공화당이 중산층/서민 친화적인 민주당보다 더 나은 선거 결과를 보여주었다는 것을 이상하게 생각할 수 있다는 말이다. 이러한 기이한 현상을 일부 학자들은 "계급 배반 투표"라는 개념을 써서 기술하곤 한다. 미국 일반 중산층 유권자들이 정말로 가진 자의 이익을 보호하는 공화당에 투표하는지, 만약 그렇다면 그 이유는 무엇인지에 대한 탐구가 진행되어왔다.

가장 일반적인 해석은 노동자 계층이 자신의 계급 이익 말고 다른 이유 때문에 공화당에 표를 던진다는 것이다. 여기서 주목하는 다른 이유는 보통 종교 혹은 도덕 가치에 관련된 정치현안, 예를 들어 낙태와 동성애에 대한 태도이다. 노동자 계층은 경제적으로는 진보적이나 사회문화적으로는 보수적인 경우가 많다는 것이다. 따라서 노동자 계층이 경제적 이익 관점에서 보면 공화당을 선택하는 것이 잘못된 선택이지만, 그들이 사회문화적으로 보수적인 면을 고려한다면 공화당을 선택하는 것이 자연스러울 수도 있다는 말이 가능하다.

하지만 이러한 주장과 실제 경험 자료는 배치된다. 자료를 분석해 보면 다음과 같은 결론을 얻을 수 있다. 첫째, 백인 노동자 계층은 여전히 민주당을 지지하고 있다. 둘째, 백인 노동자 계층은 예전에 비해 더 보수적이 된 것은 아니다. 셋째, 백인 노동자 계층은 투표 선택을 할 때 여전히 경제 현안을 사회문화, 도덕, 종교관련 현안보다 중요하게 생각한다. 넷째, 종교성이 강한 유권자들도 여전히 경제 현안에 대한 태도를 반영하여 투표를 한다.

이러한 분석 결과들을 하나하나 살펴보기 위해 필요한 전제가 몇 가지 있다. 우선 이 분석 결과는 "백인" 유권자에게만 초점을 맞춰 도출한 것이다. 그 이유는 백인이 여전히 미국에서 압도적인 다수(약 70%)를 차지하는 인종이기 때문이기도 하지만, 인종이라는 변인과 계급이라는 변인 간의 관계가 복잡한지라, 인종으로 설명될 수 있는 부분을 의도적으로 배제하기 위함이기도 하다. 또한 "노동자 계층"의 정의도 워낙에 모호한지라, 여기서는 분석의 편이를 위해 소득을 기준으로 하여 세 집단으로 나누고 아래 1/3에 해당하는 집단은 "하류층" 혹은 "노동자 집단"(2004년 기준 연 가구 소득이 $35,000 이하), 그 위 1/3에 해당하는 집단은 "중류층"(2004년 기준 연 가구 소득이 $35,000 이상, $70,000 이하), 그 위 1/3에 해당하는 집단은 "상류층"(2004년 기준 연 가구 소득이 $70,000 이상)으로 정의하였다. 그리고 이 분석에 사용된 자료는 미국 정치학계에서 가장 빈번하게 사용되고 공신력 있는 미국 선거 설문연구(American National Election Studies)이다.

2. 미국의 노동자 계층의 정당지지 추세

1952년부터 2004년까지의 대통령 선거에서 백인의 교육수준과 소득 수준이 민주당 대통령 후보 득표율과 어떤 관계를 맺는지를 살펴보면 흥미로운 결과를 확인할 수 있다. 교육과 득표율 간의 관계에는 뚜렷한 추세가 보이지 않는데, 최근 저소득층이 고소득층에 비해 상대적으로 민주당 대통령 후보에 표를 던지는 추세는 확인할 수 있다. 민주당을 지지한다는 유권자의 비율과 공화당을 지지한다는 유권자의 비율의 차이가 시간이 지남에 따라 어떻게 변하는지를 보는 것도 의미 있다. 1952년 이후 민주당을 지지한다는 유권자의 비율이 상대적으로 지속적으로 감소하는 것은 사실이긴 하나, 저소득층은 여전히 고소득층에 비해 민주당을 지지함을 알 수 있다.

특히 저소득층 백인에 한정시켜 보았을 때 남부 유권자들이 비남부 유권자들에 비해 훨씬 더 지속적으로 민주당에 대한 지지를 철회함을 확인할 수 있다. 남부는 원래 민주당의 텃밭이었는데, 1960년대 흑인민권운동(Civil Rights Movement)을 겪으면서 민주당이 친소수인종 정책을 폄에 따라 공화당이 우세해지게 된 지역이다. 전체적으로 보아 1952년 이후 미국 유권자들은 민주당 지지를 철회하는 경향을 보였는데, 그 경향성이 남부에서 특히 강했음을 알 수 있다. 그런데 남부와 비남부를 비교해보면 남부에서 저소득층이 민주당 지지를 철회하는 경향이 훨씬 더 큼을 알 수 있다. 하지만 남부 내에서 민주당 철회를 하는 경향은 저소득층보다는 부유층과 중산층에서 더 컸다. 실제 대통령 선거 결과를 통해 보면, 계급배반투표의 논의와는 반대로 저소득층이 민주당 대통령 후보에 더 투표했음을 확인할 수 있다. 다만 남부에 사는 저소득층은 민주당 후보 대신 공화당 후보를 선택하는 경향성을 보였다. 즉, 소위 계급배반투표 성향은 남부에 사는 저소득층에 한정된 현상이지, 미국 전체 저소득층의 투표행태를 반영하지는 않는다는 결론이 가능하다.

3. 미국 노동자 계층의 정치이념

자료를 통해 미국 백인 유권자들이 경제 현안 관련해서 과거에 비해 지금 더 보수적이 되었다는 증거를 확인할 수는 없다. 전체적으로 보아 미국 유권자들은 일자리 창출에 정부의 개입/역할이 중요하다고 생각하진 않으나, 저소득층이건 고소득층이건 그 추세에는 별 변화가 없다. 낙태 지지 추세를 봐도 2000년대 들어와 낙태 반대쪽으로 고소득층/저소득층이 다 선회한 것으로 보이긴 하나, 그 정도가 1970년대에 비하면 오히려 여전히 진보적인 입장에 가까움을 확인할 수 있다. 즉, 미국 백인 유권자들이 도덕, 종교 관련 현안에 있어서도 눈에 띄게 보수적이 되었다고 보긴 어렵다.

경제 현안(정부의 공공 서비스 강화, 정부의 일자리 창출 개입), 사회문화 현안(낙태 지지, 흑인 지원, 여성 사회진출지지), 그리고 안보 현안(국방비 지출 증대)에 대한 유권자들의 입장을 소득군으로 나뉘어 자세히 살펴보아도 결론은 동일하다. 저소득층이 중산층 혹은 고소득층과 비교해서 이러한 현안에 대한 태도가 유달리 다르지 않음을 확인할 수 있다.

결국 자료가 보여주는 내용은 미국 유권자들이 여전히 계급 투표를 하고 있다는 것이다. 그렇다면 대체 왜 공화당은 선거에서 최근까지 선전을 해 온 것인지에 대한 의문이 생긴다. 지난 반세기 동안 공화당 대통령 후보들이 선전한 이유는 대략 다음의 세 가지가 있다. 첫째, 유권자들은 근시안적이어서 선거가 있는 해에 유독 높은 소득 상승을 가져온 공화당에 지지를 보내는 경향을 보였다. 둘째, 유권자들은 부유층의 소득 상승이 마치 자신의 소득 상승에 미칠 것이라고 착각하여, 가진 자에게 경제적 혜택을 주는 공화당을 지지하는 경향을 보였다. 셋째, 공화당 후보들은 선거 자금 모금에 있어서 압도적인 우위를 보였다.

4. 회고투표와 근시안적 투표행태

회고투표(retrospective voting)란 유권자들이 지난 정권의 경제정책을 주관적으로 평가해, 국가 경제 상황이 나아졌다고 생각하면 정권 재신임을 하고 상황이 나빠졌다고 생각하면 정권 교체를 한다는 내용이다. 회고투표에는 크게 두 종류가 있는데 하나는 유권자 개인의 재정 상황의 변화를 놓고 판단한다는 "호주머니 투표(pocketbook voting)", 다른 하나는 국가의 거시 경제 상황의 변화를 놓고 판단한다는 "사회공동체 투표(sociotropic voting)"이다. 기존 연구에 따르면 유권자들은 거시 경제 상황의 변화에 반응하여 투표 선택을 하지, 자신의 재정 상태 변화에 의거하여 투표 선택을 하지는 않는다고 한다. 한편 회고투표와 반대되는 현상으로 "전망투표(prospective voting)"를 주장하는 학자들도 있다. 전망투표 이론에 따르면 유권자들은 정권의 과거 성과를 평가하여 투표를 하는 것이 아니라 정권의 비전, 미래 경제 상황의 전망에 근거해서 투표를 한다고 한다. 하지만 전망투표 이론을 뒷받침해주는 근거는 회고투표에 비해 상대적으로 빈약한 실정이다.

미국 대통령의 임기는 4년이기 때문에, 유권자가 회고투표를 한다고 해도 대통령 1년차의 경제 성과와 4년차의 경제 성과를 다르게 평가할 가능성이 높다. 대통령 임기 4년 동안 누적된 소득 성장은 대통령 선거에서 집권당에게 유리하게 작용하는데, 그 유리한 정도가 전임 대통령의 마지막 해, 즉 선거가 열리는 해의 소득 성장에 좀 더 민감하게 반응함을 확인할 수 있다. 구체적으로 살펴보면, 저소득층(소득 20%)의 경우 민주당 대통령이 집권하고 있을 때 4년 내내 연 소득이 증가하는데, 그 증가의 정도가 2년차와 3년차 때에 가장 큰 것을 알 수 있다. 저소득층은 공화당 대통령 집권기에는 소득 상승 효과를 경험하기 어렵고, 심지어 2년차 때에는 소득이 줄어듦을 확인할 수 있다.

그런데 흥미롭게도 새로운 대통령을 뽑는 선거가 있는 해, 즉 전임 대통령 4년차에 저소득층은 민주당 출신 대통령일 때보다 공화당 출신 대통령일 때 상대적으로 소득 증가 경험을 한다. 바로 이 부분이 근시안적 유권자 논리의 핵심 논거가 될 수 있다. 고소득층(소득 95%)을 보면 역시 공화당 대통령 4년차 때 소득 증가가 눈에 띄고, 민주당 대통령 4년차 때엔 (지난 3년 동안 소득이 증가했음에도 불구하고) 소득이 줄어드는 현상이 나타난다. 즉, 4년차 때의 소득 수준 증가율을 고려하면, 저소득층은 필요 이상으로 공화당 후보를 지지하고, 고소득층은 필요 이상으로 민주당 후보를 거부하는 상황이 쉽게 이해된다.

5. 저소득층 유권자들의 오해

회고투표의 경향성은 유권자들 전체를 놓고 보면 쉽게 확인할 수 있다. 그런데 유권자들을 소득군으로 나누어 보면, 부유층과 중산층에서 회고투표의 경향이 강하고, 상대적으로 저소득층에서는 그러한 경향이 약함을 알 수 있다. 전임 대통령 4년차의 소득 성장이 투표 선택에 미치는 영향이 중산층에서 가장 크고, 그 다음 고소득층, 그 다음이 저소득층인 것을 확인할 수 있다. 그리고 소득군별 소득 성장이 대통령 선거 투표 선택에 미치는 영향이 소득 95%에 해당하는 집단에서 가장 높고, 소득 20%에 해당하는 집단에서 가장 낮음을 알 수 있다. 소득군을 막론하고 사회 전체의 소득 성장보다 고소득층(95%)의 소득 성장이 투표 선택에 더 강한 영향을 준다는 내용도 확인된다. 즉, 저소득층도 자기 집단의 소득 성장과는 상관없이, 지난 정권 4년차 때 고소득층의 소득이 올라갔으면 정권을 재신임한다는 말이다. 이러한 현상에 대한 명확한 대답은 아직 제공되고 있지 않다.

6. 선거 비용

미국 대통령 선거에는 천문학적 액수의 선거 비용이 든다. 선거 운동 기간이 따로 정해져 있지 않기도 하거니와, 본 선거 전에 50개 주에서 예비 선거(primary election)를 거쳐야 하고, 선거자금법이 다른 나라와 비교해 봤을 때 꽤 느슨한 것이 그 주된 이유이다. 공화당과 민주당이 선거에서 지출하는 재원의 차이가 얼마나 큰지, 그리고 그것이 전임 대통령 4년차의 소득 증가와 어떠한 관계를 맺는지를 확인하기란 어렵지 않다. 미국처럼 선거에 돈이 많이 드는 경우, 후보들은 큰 기부금을 내는 이익단체, 개인의 의견을 반영해서 공약을 만들고, 당선 후 정책을 펼 가능성이 높다. 즉, 이제까지 공화당 대통령 후보가 선거에서 선전한 하나의 이유로는 부유층이 많은 기부를 공화당 후보에게 하고, 그렇게 해서 당선된 공화당 정치인이 부유층 친화적인 정책을 펴는 순환고리가 형성되어 있기 때문이라고 볼 수 있다.

정리하자면, 위에서 언급한 미시적 유권자, 고소득층 소득 증가에 대한 민감성, 선거 비용이라는 공화당에게 유리한 세 가지 요인들이 다 없었다고 가정하면 1952년 이후 대통령 선거 결과에는 큰 변화가 있었으리라 기대할 수 있다. 세 요인들의 효과가 다 없었다면 민주당 대통령 후보는 1956년, 1968년, 1980년, 2000년 선거에서 승리했을 것이다. 결국 객관적으로 보면 민주당이 공화당보다 서민 친화적인 정책을 펴는데, 유권자, 특히 저소득층 유권자들의 이유를 명확히 알 수 없는 "허위의식(false consciousness)" 혹은 "무지(ignorance)" 때문에 공화당 정치인들의 영향력이 컸었다는 설명이 가능하다.

7. 한국의 경우

미국과 달리 한국의 경우 사회경제적 지위와 정당지지 및 투표행태 간의 상관관계가 상대적으로 덜 나타난다고 알려져 있다. 가장 큰 이유는 오랫동안 한국 유권자의 투표행태는 지역 투표의 경향을 보였기 때문일 것이다. 경제 상황을 유권자의 투표행태와 엮는 방법은 크게 보아 두 가지가 있다. 첫째, '경제 투표(economic voting)'는 거시경제상황의 변화에 맞추어 투표를 하는 것을 의미한다(Powell & Whitten 1993; Lewis–Beck & Paldam 2000). 예를 들어 거시경제상황이 좋지 않다면 현직자(incumbent) 말고 도전자에게 투표를 하지만, 거시경제상황이 좋다면 도전자 대신 현직자에게 한 번의 기회를 더 주는 방향으로 투표를 함을 의미한다. 위에서 언급한 바와 같이, 만약 거시경제상황을 유권자 개인의 경제상황에 방점을 두고 인식을 한다면 '호주머니 투표'라고 부르고(Lewis–Beck 1985), 나라 전체의 경제 상황에 초점을 두고 이해하는 경우에는 '사회공동체 투표'라고 부른다. 그리고 거시경제상황의 평가는 주로 과거의 정보에 기반하고 있기 때문에 '경제 투표'는 다른 말로 '회고적 투표(retrospective voting)'라고도 불린다(Kinder & Kiewiet 1981). 이와 대립되는 개념으로, 거시경제상황이 좋아질 것인지 나빠질 것인지를 예상하여 투표한다는 '전망 투표(prospective voting)'도 맥락에 따라 빈번히 사용되고 있다(MacKuen, Erikson, & Stimson 1992).

둘째, '계급 투표(class voting)'는 유권자 개인의 계급, 즉 사회경제 지위에 따라 투표행태가 달라짐을 의미한다(Evans 2000). 일반적으로 미국을 위시한 서구 민주주의 국가에서는 계급이 높을수록 보수 정당을 지지하고, 낮을수록 진보 정당을 지지한다고 알려져 있다. 미국의 예에서 보듯이 저소득층 유권자는 민주당을 지지하고 상류층 유권자는 공화당을 지지하는 것이 '계급 투표' 이론에서 일반적으로 기대하는 현상이다. 한국에서는 저소득층 유권자가 보수정당을 지지하는 현상이 가끔 관찰되는데 이것을 설명하기 위해 '계급 배반 투표'라는 개념이 사용되기도 한다(강원택 2013; 강희경 2016). 이 보고서의 취지에 부합하는 내용은 '경제 투표'가 아니라 '계급 투표'이다.

한국에서 수행된 경험 연구에 따르면 몇 가지 특징을 확인할 수 있다. 우선 유권자 개인의 사회경제적 지위와 투표 참여 간의 관계이다. <한국종합사회조사> 설문자료를 2003년부터 2014년까지 추적한 한 연구에 따르면 투표 참여의 소득 격차가 발견된다고 한다(권혁용·한서빈 2018). 중산층에 비해 고소득층은 투표할 확률이 높지만, 저소득층은 투표할 확률이 낮다는 말이다. 그리고 거시경제상황의 변화에 따라 정치 참여의 계층간 차이가 달라진다는 추가적인 정보도 보고하고 있다. 소득불평등이 높아질수록 상대적으로 고소득층의 투표 참여 확률이 높아진다는 것이다. 이와 관련된 다른 연구 결과에 따르면 개인 유권자의 사회경제적 계층이라는 요인은 경제불평등이 심화되는 시기에 특히 지역 혹은 세대와 같은 다른 사회인구학적 요인보다 정치적 선호에 영향을 미친다고 한다(이현경, 권혁용 2016). 예를 들어 저소득층 유권자는 경제적 불평등이 완화되는 시기에 보수정당을 지지하는 경향이 있지만, 불평등이 심화되는 시기에는 진보정당을 지지한다는 말이다. 일부 연구에서 확인되는 소위 '계급 배반 투표'는 아마도 경제 불평등이 상대적으로 심하지 않은 시기에만 발견되는 것이라는 시사점을 준다.

[그림 4-4] 소득수준별 제21대 대통령 선거 지지 후보

(단위: %)

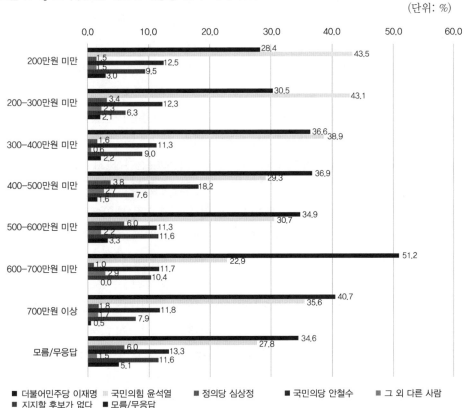

출처: 이재묵(2022)

한국 유권자의 계급투표 경향을 분석한 많은 경험연구의 결과는 서로 상충한다. 일부 연구는 계급투표 경향이 보인다고 보고하고 있지만(박원호 2009; 장승진 2013) 대체로 소득 기반 투표 현상은 잘 보이지 않는다는 결론이 우세하다(김도균 · 최종호 2018; 문우진 2017; 이용마 2014). 한 연구에 따르면 한국에서의 계급투표 부재 현상은 정당 간 차별적인 재분배 정책대결이 존재하지 않기 때문이라고 한다(문우진 2020).

한국 유권자의 계급 투표 양상을 확인하기 위한 하나의 예를 들어본다. [그림4-4]는 2022년 제20대 대통령 선거를 앞두고 수행한 설문조사 결과를 보여주고 있다. 구체적으로 설문 응답자 개인이 보고한 자신의 소득 수준과 투표 선택 의향 간의 관계를 제시하고 있다. 이 결과를 보면 한국 유권자들이 자신의 (소득으로 측정된) 계급 이익에 따라 투표하려는 의도를 보이지 않는다는 판단이 가능하다. 계급 투표 이론에 따르면 소득 수준이 낮을수록 저소득층의 이익 보호를 위한 공약을 제시한 더불어민주당 이재명 후보를 선택할 가능성이 높아지고, 소득 수준이 높을수록 국민의힘 윤석열 후보를 선택할 가능성이 높아져야 한다. 그러나 설문 자료는 이러한 양상을 보여주지 않는다. 오히려 한때 한국 정치학계에서 회자되었던 '계급배반투표'의 양상과 유사한 결과를 보여주고 있다.

물론 [그림 4-4]의 결과는 선거 전 설문조사 자료에 의거한 것이기 때문에 실제 투표 선택과 일치하리라는 보장은 없다. 하지만 다른 서구 민주주의 국가와 달리 한국에서 계급 투표 현상이 두드러지지 않는다는 사실에는 이견이 있기 어렵다.

최근 한국 선거에서 계급배반투표 양상이 나타나는지를 확인하기 위해 본 공동연구를 위해 구축한 설문조사자료인 <정치양극화 현황과 제도적 대안에 관한 국민의식조사>를 분석하였다. 투표선택은 "2022년 3월 9일에 있었던 제20대 대통령 선거에서 어느 후보에게 투표하셨습니까"라고 묻는 질문에 대한 답을 활용하여 변수화하였다. 전체 응답자 1,001명 중에서 384명이 더불어민주당 이재명 후보를, 452명이 국민의힘 윤석열 후보를 찍은 것으로 확인된다. 정의당 심상정 후보를 선택한 응답자의 수는 13명, 기타 후보를 선택한 응답자의 수는 17명, 모름/무응답 1명, 그리고 총 134명의 응답자가 투표하지 않았다고 답을 하였다. 이 중에서 양대 정당 후보인 이재명 후보와 윤석열 후보를 선택한 응답자만을 대상으로 분석을 진행하였다. 추가적으로 2020년 국회의원 선거 때의 투표 선택에 대한 질문도 하였다. 이 역시 양대정당은 더불어민주당과 미래통합당(현 국민의힘)을 선택한 응답자만을 대상으로 별도의 변수를 구성하여 분석하였다.

　　회귀분석 모형에는 응답자의 자가보고 소득(월 소득)과 자산수준을 포함시켰다. 구체적으로 소득은 "귀하의 가구 월평균 소득은 대략 얼마나 됩니까? 가구원의 소득을 합하여 세전소득으로 응답해주십시오"라는 문항을 사용해 측정하였고, 자산수준은 "귀하 가구의 부채를 제외한 순자산은 어느 정도입니까? 순자산이란 금융자산, 살고 있는 주택, 그 외 주택, 건물 토지 등을 합산한 것에서 부채를 제외한 금액입니다"라는 문항을 사용해 측정하였다. 소득수준을 묻는 문항은 주관식으로 답하게 되어 있어서 분석의 편의를 위해 다섯 개의 집단으로 구분하였다(1＝월평균 소득 50만원 이상 300만원 이하, 2＝월평균 소득 300만원 이상 400만원 이하, 3＝월평균 소득 400만원 이상 500만원 이하, 4＝월평균 소득 500만원 이상 600만원 이하, 5＝월평균 소득 600만원 이상). 그리고 자산수준을 묻는 문항은 다음의 여덟 개 선택지 중에 하나를 선택하도록 되어 있다(1＝5천만원 미만, 2＝5천만원~1억원 미만, 3＝1억원~2억원 미만, 4＝2억원~3억원 미만, 5＝3억원~4억원 미만, 6＝4억원~7억원 미만, 7＝7억원~10억원 미만, 8＝10억원 이상). 설문 문항에 기반하여 측정하였기 때문에 응답자의 소득과 자산수준을 정확하게 측정했다고 보기는 어려움은 결과 해석시 주의를 기울어야 할 부분이다. 회귀분석을 위해 통제변수로 응답자의 이념 성향, 지지정당, 성별, 연령대, 교육수준(대졸 여부), 그리고 17개 광역시도를 고려하였다.

[그림 4-5] 소득수준과 자산수준이 투표 선택에 미치는 영향(예측확률)

대선: 윤석열 후보 선택(이재명 후보 대비)　　　　총선: 미래통합당 선택(더불어민주당 대비)

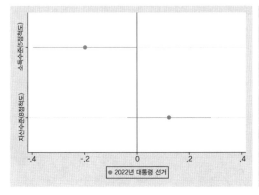 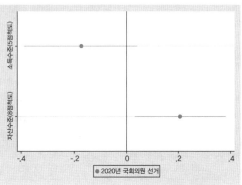

주: 회귀계수와 그에 딸린 95% 신뢰구간 기입됨. 이항로짓 회귀분석 결과(회귀분석 모형에서 고려한 변수들에 대한 설명은 본문에서 확인 가능함)
출처: 정치양극화 현황과 제도적 대안에 관한 국민의식조사(2023)

회귀분석 결과는 [그림 4-5]에 제시되어 있다. 우선 2022년 대통령 선거 때의 투표 선택 결정 요인을 살펴보면, 소득수준이 높을수록 윤석열 후보 대신 이재명 후보를 선택할 확률이 높아지는 것으로 확인된다(b=-0.198, se=0.101, p=0.049). 하지만 회귀계수에 딸린 p값이 통상적으로 사용되는 유의수준 0.05에 꽤 가깝기 때문에 확신을 갖고 이야기하기 어려운 결과이긴 하다. 반면 자산수준과 후보 선택 간에는 통계적으로 유의미한 상관관계가 확인되지 않는다(b=0.122, se=0.082, p=0.139). 대통령 선거 때의 투표 선택만을 놓고 보면 자산수준 말고, 소득수준 기준으로 소위 계급배반투표 현상이 나타나는 것으로 보인다.

그러나 2020년 국회의원 선거 때의 투표 선택 결정 요인을 살펴보면 다른 해석이 가능하다. 우선 소득수준과 투표선택 간에는 통계적으로 유의미한 결과가 확인되지 않는다(b=-0.173, se=0.110, p=0.116). 반면 자산수준이 높을수록 보수 정당인 미래통합당(현 국민의힘)을 더불어민주당에 비해 선택할 확률이 높은 것으로 나타난다(b=0.205, se=0.090, p=0.023). 다시 말해 2020년 국회의원 선거 기준으로 보면, 계급배반투표 양상이 전혀 확인되지 않는다. 결국 여러 기존 연구에서 이미 검토한 바와 같이, 소위 계급배반투표는 특정 선거에서 일시적으로 확인되는 현상일 뿐, 한국 유권자의 투표행태를 특징짓는 지속적인 현상이라고 보기는 어렵다. 후속 연구에서 다루어야 할 작업은 계급배반투표가 어느 조건에서 나타날 가능성이 높은지를 과학적으로 탐구하는 것이어야 한다.

제5절

경제 불평등과 불평등 인식

미국 사람들은 전체적으로 노동자 계층과 가난한 사람들에 대해 우호적 태도를 보이고 있다. 하지만 경제 불평등 문제가 구체적인 정책, 가치, 이념과 연관되면, 정치를 잘 모르고 관심 없는 사람들은 일관된 인식 구조를 보이지 않고, 정치를 잘 이해하는 사람들은 자신들의 이념과 지지하는 정당의 관점에서만 문제를 파악하려고 하는 왜곡된 태도를 보인다.

1. 평등주의 가치

미국인들이 평등주의 가치(egalitarian values)에 대해 어느 정도 믿음을 갖고 있는지는 학계의 오랜 관심사였다. 미국은 유럽과 달리 봉건제를 거치지 않았기 때문에 상대적으로 평등주의 가치가 더 팽배해있다는 주장이 힘을 얻어왔다. 그렇다면 대기업 CEO가 직원보다 400배 많은 연봉을 받는 상황, 소득 수준이 제일 높은 1%가 국가 전체 소득의 80%를 차지하는 상황, 많은 아이들이 제대로 된 교육과 의료혜택을 받지 못하는 상황에 대해 미국인들은 무슨 생각을 하고 있을까?

자료를 살펴보면 미국인들의 평등주의 가치에 대한 지지는 상당히 높은 것으로 나타난다. 교육수준이 높은 사람들, 소수 인종, 여성, 민주당 지지자 및 정치적으로 진보적인 사람들이 평등주의 가치를 좀 더 지지하는 반면, 소득 수준이 높은 사람들, 남부에 사는 사람들, 그리고 종교적인 사람들의 평등주의 가치에 대한 믿음이 상대적으로 약함을 알 수 있다. 이러한 평등주의에 대한 믿음은 정부의 여러 정책에 대한 입장을 표명하는 데에 있어서 중요한 결정 요인으로 작동한다.

이 연장선상에서 미국인들은 가진 자들, 즉 부자, 대기업보다는 가지지 못한 자들, 즉 노조, 가난한 사람, 소수인종에 대한 태도가 상대적으로 우호적임을 알 수 있다. 가난한 사람에 비해 부자에 대해 우호적인 태도를 취하는 경향성은 소득 수준이 높은 사람, 교육수준이 높은 사람, 공화당 지지자, 정치적으로 보수적인 사람에게서 나타나는 반면, 고등학교도 졸업하지 못한 사람들은 가난한 사람에 비해 부자에 대해 적대적인 태도를 보이고 있다. 비슷한 맥락에서 세금 부담에 대한 태도를 확인해 보면, 과반수가 넘는 미국인들이 부자가 내야 하는 것보다 덜 세금을 내고 있다고 생각하는 반면, 가난한 사람들은 내야 하는 것보다 더 세금을 내고 있다고 생각함을 알 수 있다.

2. 불평등에 대한 태도

미국인들의 미국 내 불평등과 기회에 대한 의견 역시 흥미롭다. 한 조사에 따르면 44.3%의 미국인들이 20년 전에 비해 지금 부자와 가난한 사람들 간의 소득 격차가 훨씬 더 커졌다고 생각하고, 31.4%가 약간 더 커졌다고 생각함을 확인할 수 있다. 그리고 45%의 미국인들이 소득 격차가 커지는 현상이 안 좋은 일이라고 생각하고 있다.

그런데 미국인들의 불평등 인식을 통시적으로 보면 이상한 현상이 나타난다. "부자는 점점 더 부유해지고, 가난한 사람들은 점점 더 가난해진다"는 진술에 대해 찬성하는 설문 응답자들의 비율을 시계열적으로 살펴보면, 이 진술에 찬성하는 응답자의 비율은 1980년대에 가장 높았고 2000년대에 들어와서는 줄어들고 있다. 이는 2000년대 들어와서 경제 불평등이 급속도로 심각해졌다는 객관적인 사실과 부합하지 않는 결과이다.

3. 미국인들의 불평등 인식: 정보와 이념의 역할

위에서 봤듯이 미국인들의 불평등에 대한 인식에는 애매한 구석이 있다. 미국인들은 객관적인 사실과 정보에 근거하여 경제 불평등을 이해하고 있지 않은 것 같다. 그렇다면 이러한 객관적인 이해를 방해하는 요인으로 아마도 정당일체감(party identification)과 정치이념(political ideology)의 역할을 신중하게 고려할 필요가 있어 보인다.

미국 사회의 기회균등 여부에 대한 미국인들의 생각을 살펴보면 흥미로운 결과를 확인할 수 있다. 가난할수록 성공할 수 있는 기회는 소수에게만 주어져 있다고 생각한다는 것은 별로 놀라운 사실이 아니다. 그런데 기회 균등에 대한 태도는 응답자의 소득 수준보다 응답자의 정당일체감에 의해 더 큰 진폭으로 움직인다. 민주당 지지자 중 33.2%가 기회는 소수에게만 주어져 있다고 생각하는 반면, 공화당 지지자 중 그렇게 생각하는 사람들의 비율은 8.5%에 불과하다. 마찬가지로 공화당 지지자 중 42.8%는 기회가 모든 사람에게 주어져 있다고 생각하는 반면, 그렇게 생각하는 민주당 지지자의 비율은 17.9%이다.

비슷한 맥락에서 미국 사람들이 정치 이념에 따라 불평등을 보는 시각이 얼마나 다른지도 확인할 수 있다. 보수 성향의 사람들은 최근 소득 불평등이 심화되었다고 생각하지도 않고, 소득 불평등이 나쁜 현상이라고 생각하지도 않으며, 가난한 사람에게 공평한 기회가 주어져 있다고 생각하고, 열심히 일하면 성공할 수 있다고 생각한다. 정치 이념이 불평등에 대한 인식에 주는 효과는 응답자의 소득 수준이 주는 효과보다 더 크다.

한편 미국 유권자들의 불평등 인식을 보다 더 자세하게 검토하기 위해 유권자들의 정치 이념과 유권자들의 정치에 대한 이해(보통 "정치 정보(political information)" 혹은 "정치 지식(political knowledge)"의 수준으로 측정되는 개념) 간의 상호작용에 대해 알아보는 작업도 유의미하다. 일반적으로 민주당을 지지하는 유권자의 경우, 정치에 대한 이해가 깊을수록 소득불평등이 심해지고 있다고 생각한다. 그런데 공화당을 지지하는 유권자의 경우, 정치에 대한 이해가 깊을수록 소득불평등이 심하지 않다고 생각함을 알 수 있다. 또한 정치에 대한 이해가 깊을수록 진보적인 사람들은 소득 불평등을 객관적으로 인지하고 그것이 심각한 문제라고 생각하는 반면, 보수적인 사람들에게서는 정반대의 경향성이 나타난다. 그리고 정치에 대한 이해가 깊을수록 진보적인 사람들은 소득불평등의 원인이 "일부 사람들이 열심히 일하지 않기 때문"이라고 생각하지 않는 반면, 보수적인 사람들은 노력 부족이 소득불평등의 원인이라고 보는 경향이 있다. 이렇듯 미국 유권자들의 정당일체감 혹은 이념 성향에 따라 소득불평등을 보는 태도는 판이하게 다르다.

4. 한국의 경우

사회학을 중심으로 불평등의 구조적인 측면뿐만 아니라 일반 국민들의 불평등에 대한 주관적 인식의 결정 요인과 그 효과에 대한 연구가 축적되고 있다(이왕원·김문조·최율 2016; 황선재·계봉오 2018). 기존 연구에 다르면 객관적인 경제 불평등 수준과 주관적인 불평등 인식 간에는 상관관계가 별로 높지 않다(Hauser & Norton 2017). 위에서 언급한 내용의 연장선상에서 다른 나라 국민들과 상대적인 비교를 하게 되면 미국의 경우에는 실제 경제 불평등 상황에 비해 주관적으로 느끼는 경제 불평등 정도가 낮은 편이다. 그러나 한국에서 수행된 경험 연구 결과에 따르면 소득 및 재산 기준 경제 불평등 인식이 높은 편이다(황선재·계봉오 2018).

한국인의 소득 불평등 인식을 측정하기 위해 Jasso의 "소득 불평등 척도"(Jasso 1996)를 차용하였다. 이 척도는 사람들이 생각하는 특정 직업에 대한 추정 소득과 당위 소득을 비교하는 방식으로 소득 불평등 인식을 간접적으로 측정한다. Jasso의 소득 불평등 척도는 많은 기존 연구를 통해 타당성이 입증되었다(이현송 2016; Gijsberts 2002; Hadler 2005). Jasso의 소득 불평등 척도의 기본 논리는 다음과 같다. 우선 소득 분배의 공정성 인식은 다음과 같은 수식으로 정의된다.

$$J = \ln \frac{A}{C}$$

소득 분배의 공정성(just evaluation: J)은 실제로 받을 것이라고 생각되는 소득(actual evaluation income: A)을 공정하다고 평가되는 소득(just evaluation income: C)으로 나눈 값에 자연로그를 취한 것이다. 이때 자연로그를 취한 것은 소득 격차에 대한 사람들의 생각이 선형적인 비율보다는 자연로그의 수리적 특성에 더 부합하기 때문이다. 이 공식에 따르면, J의 값이 0인 경우는 소득이 완전히 공정하게 분배되었다는 인식을 의미한다. 반면 J의 값이 양의 값을 갖는 경우 소득이 과대 보상된다는 인식을 의미하고, 반대로 J의 값이 음의 값을 갖는 경우 소득이 과소 보상된다는 인식을 의미한다. 그런데 이 경우 소득의 과소 보상 인식과 과대 보상 인식이 서로 상쇄될 가능성이 있다. 이에 원 공식에 작은 수정을 가한다.

$$J = |\ln \frac{A}{C}|$$

위의 수식은 소득 분배의 공정성(J)에 절댓값을 취한 것이다. 절댓값을 취하게 되면 소득의 과소 보상 인식과 과대 보상 인식이 상쇄되지 않는다. 소득이 공정하게 분배 되었다고 인식하면 0의 값을 갖게 되며, 0값 보다 큰 값을 갖을수록 소득이 (그 방향과는 상관없이) 불공정하게 분배된다고 인식한다고 볼 수 있다. 이렇게 절대값을 활용한 후, 각 개인의 소득 분배의 공정성 인식(J)을 산술 평균을 내면 우리 사회 전반의 소득 분배의 공정성 인식을 구할 수 있다.

$$E(J) = E[\ln \frac{A}{C}]$$

본 연구에서는 <정치양극화 현황과 제도적 대안에 관한 국민의식조사> 응답자들에게 9개 직업에 대한 추정 소득과 그 직업이 받아야 할 적정한 임금(당위 소득)을 각각 물은 정보를 활용하여 소득 불평등 인식 변수를 만들었다. 추정 소득을 측정하기 위해 "귀하는 (1) 의사, (2) 대기업 회장, (3) 외국인 노동자, (4) (초중고) 교사, (5) 제조업 숙련공, (6) 대기업 신입사원, (7) 국회의원, (8) 공장의 비숙련 근로자, (9) 특수형태 근로종사자 또는 플랫폼 노동자(예: 배달원, 레미콘 차량 운전자) 세금 공제 전 월평균 수입이 실제로 얼마나 된다고 생각하십니까?"라는 질문을 사용했으며, 당위 소득을 측정하기 위해 "귀하는 (1) 의사, (2) 대기업 회장, (3) 외국인 노동자, (4) (초중고) 교사, (5) 제조업 숙련공, (6) 대기업 신입사원, (7) 국회의원, (8) 공장의 비숙련 근로자, (9) 특수형태 근로종사자 또는 플랫폼 노동자(예: 배달원, 레미콘 차량 운전자) 세금 공제 전 월평균 수입이 얼마가 되어야 한다고 생각하시는지 말씀해 주십시오. 이 금액은 실제로 버는 액수와는 상관이 없습니다"라는 질문을 사용했다. 9개의 직업 각각에 대한 추정 소득을 당위 소득으로 나누고 자연로그를 취한 뒤 절댓값을 취한 변수를 만든 다음 9개 변수의 산술 평균값을 갖는 하나의 변수로 통합한 기술통계량은 <표 4-1>에서 확인할 수 있다.

〈표 4-1〉 소득불평등 인식(기술통계량)

	평균	표준편차	최솟값	최댓값
의사	0.293	0.285	0	6.908
대기업 회장	0.560	0.766	0	6.215
외국인 노동자	0.147	0.397	0	8.294
(초중고) 교사	0.098	0.381	0	8.112
제조업 숙련공	0.134	0.387	0	7.958
대기업 신입사원	0.093	0.387	0	8.181
국회의원	0.666	0.662	0	8.112
공장 근로자	0.137	0.401	0	8.517
특수 근로종사자	0.147	0.315	0	7.958
평균(9개 직업)	0.252	0.347	0	7.704

소득 불평등 인식과 사회경제적 지위(소득수준 및 자산수준) 간의 상관관계를 살펴본 결과가 [그림 4-6]의 왼편에 제시되어 있다. 소득수준과 소득 불평등 인식 간에는 통계적으로 유의미한 상관관계가 발견되지 않는다(b=-0.001, se=0.096, p=0.914). 그러나 자산수준이 높을수록 소득 불평등 인식은 낮은 것으로 확인된다(b=-0.017, se=0.008, p=0.033). 이 결과는 한국 유권자들이 갖는 불평등 인식은 자신의 소득이 아니라 자산의 함수임을 암시해 주고 있다.

[그림 4-6]의 오른쪽 그래프는 소득불평등 인식과 소득수준 및 자산수준이 재분배 정책 지지도와 어떠한 상관관계를 맺고 있는지를 보여준다. 재분배 정책에 대한 태도는 다음 네 가지 진술에 대한 동의 여부를 묻고 그 답을 평균 내어 측정하였다. (1) 고소득자와 저소득자 간 소득 차이를 줄이는 것은 정부의 책임이다. (2) 정부는 실업자들도 어느 정도의 생활 수준을 유지할 수 있도록 해 주어야 한다. (3) 정부는 가난한 사람들에게 주는 혜택을 줄여야 한다. [역코딩] (4) 소득 격차를 줄이기 위해 부유층으로부터 세금을 더 거두어야 한다.

[그림 4-6] 소득수준, 자산수준, 소득 불평등 인식, 그리고 재분배정책 선호(예측확률)

소득 불평등 인식 결정요인   재분배정책 선호 결정 요인

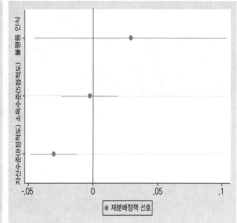

주: 회귀계수와 그에 딸린 95% 신뢰구간 기입됨. OLS 회귀분석 결과(회귀분석 모형에서 고려한 변수들에
    대한 설명은 본문에서 확인 가능함)
출처: 정치양극화 현황과 제도적 대안에 관한 국민의식조사(2023)

　　회귀분석 결과, 소득불평등 인식은 재분배 정책에 대한 지지 여부와 상관관계를 맺
지 않는 것으로 확인되었다(b=0.029, se=0.038, p=0.448). 그리고 소득수준 역시 재분
배 정책에 대한 지지 여부에 통계적으로 유의미한 영향을 주지 않았다(b=-0.003,
se=0.011, p=0.814). 대신 자산수준이 높을수록 통계적으로 유의미하게 재분배 정책에
대한 지지도가 낮아졌다(b=-0.030, se=0.009, p=0.001). 이 결과는 한국 사회 내 소득
불평등 정도가 심하다고 느끼는 정도가 정책 선호에 영향을 주지 않음을 의미한다. 오
히려 자신의 절대적인 자산 수준 정도가 경제 및 재분배 정책 선호에 미치는 영향이
크다는 말이다.

[그림 4-7] 소득 불평등 인식이 정부신뢰에 미치는 영향(계층 상승 가능성의 조절효과)

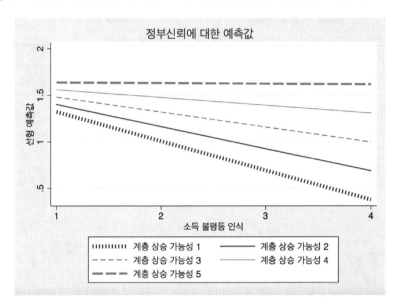

주: 계층 상승 가능성 (1=낮음; 5=높음), 소득 불평등 인식 (1=낮음; 4=높음)
출처: 김동훈·하상응(2020)

전술한 바와 같이 한국에서 수행된 경험 연구 결과에 따르면 소득 및 재산 기준 경제 불평등 인식이 높은 편이다(황선재·계봉오 2018). 하지만 상대적으로 높은 경제 불평등 인식이 항상 부정적인 결과로 이어지지는 않는다. 미국의 경우와 마찬가지로 경제 불평등 인식은 계층 상승 가능성에 대한 기대와 서로 맞물려 있기 때문이다. 이 관계를 규명하는 하나의 연구 결과를 참고한다(김동훈·하상응 2020). [그림 4-7]은 설문 응답자의 소득 불평등 인식이 정부신뢰에 미치는 영향을 규명하면서, 이 관계에 주관적 계층 상승 가능성이 어떤 영향을 미치는지를 보여주고 있다. 소득 불평등 인식이 높다면 (사회의 경제 불평등 정도가 높다고 생각하면) 정부에 대한 신뢰가 낮을 것으로 기대된다. 실제 결과도 이러한 기대와 일치한다. 그런데 흥미로운 점은 자신의 계층 상승 가능성이 높다고 생각할수록 소득 불평등 인식이 정부 신뢰에 주는 효과가 미미해진다는 사실이다. 다시 말해, 자신이 앞으로 상층으로의 계층 이동이 가능하다고 생각하는 사람은 현재 불평등 상황이 심각하다고 생각하더라도 정부에 대한 불신을 강화하지는 않는다는 말이다.

이상을 종합해보면, 다음과 같이 정리해 볼 수 있다. 우선 한국의 객관적인 소득 혹은 자산 기준 경제 불평등 양상은 시계열적으로 악화되고 있다고 보기 어렵다. 세전 소득과 세후 소득을 비교하여 경제 불평등 양상을 살펴보면 정권의 이념성향(보수−진보)에 따라 경제 불평등 양상에 체계적인 변화를 보인다고 보기 어렵다. 또한 한국의 유권자들은 자신의 사회경제적 계급을 반영하여 투표선택을 하고 있다고 보기 어렵다. 하지만 사회경제적 계급이 낮은 유권자는 그렇지 않은 유권자에 비해 정치 참여를 덜 하는 경향은 보인다. 한국인들의 주관적 경제 불평등 인식은 높은 편이지만, 그것이 반드시 정부의 정책 비판으로 이어지지는 않는다. 주관적 경제 불평등 인식의 효과는 주관적 계층 상승 가능성 인식의 함수이기도 하기 때문이다. 이를 바탕으로 한국에서 경제 불평등이 정치 대표성과 어떤 관계를 맺는지를 추가로 살펴본다.

제6절

경제 불평등과 대표성

미국 연방 상원의원들의 호명투표(roll-call vote) 결과를 확인해 보면, 부유한 유권자들(혹은 중산층)이 지지하는 법안에 대해서는 찬성표를 던지는 확률이 높으나, 노동자 계층 유권자들이 지지하는 법안에 대해서는 상대적으로 반대표를 던지는 확률이 높음을 알 수 있다.

1. 미국 국회의원들의 이념성향

미국 연방 의회는 100명의 상원의원들과 435명의 하원의원들로 구성되어 있다. 상원의원의 임기는 6년이고 하원의원의 임기는 2년이다. 미 연방 국회의원들은 상정된 법안에 표결할 때 호명투표를 하기 때문에, 어떤 법안에 어떤 국회의원이 반대를 했는지 찬성을 했는지는 자동적으로 공개된다. 미국 의회를 연구하는 정치학자들인 풀(Keith Poole)과 로젠탈(Howard Rosenthal)은 특정 회기에 상정된 법안들의 성격을 파악하고, 국회의원들의 표결(찬성/반대)을 확인해서, 어떤 국회의원이 가장 보수적인 입장을 대표하는 투표 행태를 보였고, 어떤 국회의원이 가장 진보적인 입장을 대변하는 투표행태를 보였는지를 알려주는 지표를 만들었다. 이 지표는 DW-NOMINATE SCORE라고 불리운다. 이 자료를 분석한 결과들을 확인해 보면, 민주당 상원의원과 공화당 상원의원의 투표행태가 얼마나 다른지, 그리고 유권자의 이념 성향이 상원의원의 투표행태와 어떤 관계를 맺는지를 확인할 수 있다.

2. 불평등한 조응도(responsiveness)

조응도는 선출된 정치인이 유권자의 의견을 정책에 반영하는 정도를 의미한다. 즉, 선출직 정치인이 여론의 요구에 따라 의회에서 표결하고 정책을 입안하면 조응도가 높은 것이고, 그렇지 않으면 조응도가 낮은 것이다. 선출직 정치인이 유권자의 의견을 정책에 반영해야 하는가에 대해서는 다양한 논의가 있다. 여기서 보고자 하는 바는 미국 상원의원들이 보이는 조응도가 유권자의 소득 수준에 따라 달라지는가 하는 점이다.

일례로, 세 개의 회기에 걸친 분석 결과, 미국 상원의원들은 법안에 표결할 때 상류층 의견을 대폭 반영하는 반면, 하류층의 의견은 전혀 반영하지 않는 것으로 나타났다. 분석 대상인 시기에 첨예한 논쟁이 있었던 4개의 구체적인 법안만 뽑아 보아도 유권자의 소득 수준에 따른 조응도의 불평등은 여전히 나타난다. 더욱 놀라운 사실은 법안이 경제 현안이 아닌 사회문화 현안인 경우에도 비슷한 경향성이 보인다는 것이다. 낙태 관련 법안 4개에 대한 상원의원들의 표결 결과를 살펴보아도, 여전히 상류층에 대한 조응도가 높고 하류층에 대한 조응도는 낮은 것을 알 수 있다.

상류층 유권자에 대한 조응도가 공화당 상원의원들에게서는 유독 강하게 나타난다. 반면 민주당 상원의원들은 상류층 유권자에 대한 조응도가 높기도 하지만, 중산층 유권자에 대한 조응도 역시 높음을 보여준다. 하지만 민주당 상원의원의 경우도 하류층 유권자의 요구에는 귀를 닫는 경향을 보여준다. 소득 수준 하위 1/3에 속한 유권자들의 의견은 상원에서의 법안 심의, 표결 때 거의 반영되지 않음을 알 수 있다. 부유층의 견해가 중산층 혹은 노동자 계층의 의견보다 훨씬 더 실제 정책에 깊숙이 반영되었다는 결과는 많은 연구에서 확인된 바 있다(Gilens 2012). 심지어 선출직 공무원들이 부유층으로 추정되는 민원인의 요구를 중산층/노동자 계층으로 추정되는 민원인의 요구보다 더 잘 들어준다는 현장 실험(field experiment) 결과도 있다(Butler 2014).

3. 가난한 사람들의 의견이 반영되지 않는 이유

　기존 연구들을 보면 대략 5가지의 이유로 정리해 볼 수 있다. 첫째, 부유층의 의견이 정책에 더 많이 반영되는 것은 가난한 사람들이 부유층에 비해 덜 투표하기 때문이라는 것이다. 둘째, 부자들이 정치 과정에서 더 영향력 있는 이유는 그들이 가난한 사람들에 비해 정치에 대해 더 많이 알고 있기 때문이라는 것이다. 셋째, 부자들은 정치인들에게 직접 접촉하여 자신의 의견을 개진하는 경향이 가난한 사람보다 강하기 때문이다. 넷째, 의원들이 재선을 준비할 때 선거 자금을 지원해 주는 사람들은 부자이지 가난한 사람들이 아니기 때문이다. 마지막으로 다섯 번째, 미국 의원들의 대부분이 부유층 출신이기 때문이다. 이 중 처음 세 가지 이유는 자료 분석을 해보면 별로 신빙성이 없는 주장인 것으로 확인된다. 즉, 가난한 사람들의 의견이 정치 과정에 제대로 반영되지 않는 이유는 아마도 네 번째와 다섯 번째 이유일 가능성이 높다(Carnes 2013).

4. 한국의 경우

　한국에서도 경제 불평등과 정치 대표성 간의 관계를 규명하기 위한 연구들이 조금씩 축적되고 있다. 우선 여론과 정책 사이의 관계를 추적한 연구부터 살펴본다(최광은 2022). 1995년부터 2020년까지 정부가 수행한 여론조사자료를 활용하여 정부의 정책이 여론에 어떻게 반응하는지를 살펴보았는데, 전체 사안들 중 약 2/3에서 여론과 정부 정책 간 조응하고 있음을 확인하였다. 이러한 현상은 정권의 이념 성향, 정권 지지율, 그리고 정치 현안의 가시성(salience)이 달라져도 큰 차이를 보이지 않는다고 한다.

　한편 국회의원들의 입법 행위가 유권자 집단의 사회경제적 지위에 따라 서로 다르게 영향을 받는지를 규명하는 연구는 18대 국회 맥락에서 수집된 자료를 통해 수행된 바 있다(박영환 2015). 이 연구 결과에 따르면 국회의원들의 이념 선호는 상류층의 정책 선호와 일치하는 경향을 보였지만, 반대로 그들의 투표행태는 하위층의 정책 선호와 일치하는 경향을 보여주고 있다. 이러한 결과는 상대적으로 비율이 높은 유권자층인 하위층의 의견에 귀를 기울여 재선을 추구하기 위한 의원들의 전략적 행동에서 비롯된다고 해석하고 있다.

제7절
결론

경제 불평등이 정치과정에 미치는 영향에 대한 구체적이고 설득력 있는 연구는 미국에서 축적되어왔다. 이제까지 연구결과를 종합하면 다음과 같다. 첫째, 미국의 객관적인 경제 불평등 정도는 지난 수십 년간 지속적으로 심화되었다. 특히 1%도 안 되는 극상류층의 소득의 비율이 급속도로 증가한 반면, 중산층과 하위층의 소득 증가는 대단히 더뎠기 때문에 발생한 현상이다. 둘째, 세전 소득과 세후 소득의 추이를 비교해 보면 정권의 정치 이념이 경제 불평등 정도에 중요한 영향을 줌을 확인할 수 있다. 공화당 집권기에는 상류층에게 유리한 감세정책을 펼쳐 경제 불평등 정도가 심화되는 반면 민주당 집권기에는 상대적으로 이러한 현상은 덜 두드러진다. 셋째, 2016년 트럼프 대통령 당선 이후에는 변화가 보이지만, 그 전 수십 년 동안 미국에서 계급투표 양상은 여전히 확인되고 있다. 다만 거시경제상황을 바라보는 시각이 지지 정당에 따라 달라지는 현상이 두드러진다. 예를 들어 객관적인 거시경제상황이 좋더라도 집권당이 공화당(민주당)이면 민주당(공화당)을 지지하는 유권자들이 체계적으로 거시경제상황에 대한 평가를 부정적으로 한다는 이야기이다. 넷째, 불평등 인식 역시 마찬가지이다. 공화당을 지지하는 사람들은 정치에 대한 이해가 높을수록 불평등이 심각하지 않다고 생각하는 반면, 민주당을 지지하는 사람들은 정치에 대한 이해가 높을수록 불평등이 심각하다고 생각하는 경향을 보인다. 다섯째, 경제불평등 심화의 혜택을 받은 극상류층은 느슨한 선거자금법의 도움을 받아 정치 과정에 지대한 역할을 행사한다. 선거자금 제공 및 로비를 통해 자신의 이익을 관철시킬 뿐만 아니라, 선출직 정치인으로 직접 나서서 정책 결정에 큰 영향을 미친다. 따라서 여론에 대한 의원들의 조응도는 그 여론이 상위층 여론인지 중산층 혹은 하위층 여론인지에 따라 달라진다. 사회경제적 지위가 높은 사람들의 의견에 따라 정책이 바뀌는 현상이 지속적으로 발견된다.

이렇게 경제불평등이 정치 과정에 일관된 영향을 주는 미국과 달리, 한국에서는 이 관계가 명확하지 않다. 우선 한국의 객관적인 소득 혹은 자산 기준 경제 불평등 상황이 과거에 비해 지금 악화되었다고 보는 것은 무리이다. 그리고 세전 소득과 세후 소득을 비교하여 경제 불평등 양상을 살펴보면 보수 정권이냐 진보 정권이냐에 따라 경제 불평등 양상이 체계적으로 변화한다고 보기도 어렵다. 또한 한국의 유권자들이 자신의 사회경제적 계급의 이익에 기초하여 투표선택을 한다고 단정하기도 어렵다. 하지만 사회경제적 지위가 낮은 유권자는 그렇지 않은 유권자에 비해 정치 참여를 덜 하는 경향은 보인다. 한편 한국인들의 주관적 경제 불평등 인식은 높은 편이지만, 그것이 반드시 정부의 정책 비판과 불신으로 이어지지는 않는다. 주관적 경제 불평등 인식의 효과는 주관적 계층 상승 가능성 인식의 함수이기도 하기 때문이다. 주관적으로 계층 상승이 가능하다고 보는 사람들은 경제 불평등이 심각한 상황일지라도 정부를 불신하는 경향성이 높지 않다. 게다가 미국보다는 훨씬 빡빡한 선거자금법 및 선거법(예: 선거운동 기간) 때문에 극소수의 부자들이 정치 과정에 영향을 끼칠 가능성도 상대적으로 높지 않다. 소수의 경험 연구 결과는 국회의원들의 이념 성향은 상류층 유권자의 그것과 상대적으로 더 유사하나 실제 투표행태는 중산층/하위층 여론에 민감하게 반응함을 보여주고 있다. 그리고 정부의 정책 역시 여론의 움직임에 비교적 잘 조응하는 것으로 확인되고 있다.

한국에서 경제 불평등이 정치 과정에 미치는 영향을 보고한 연구 결과를 아직 액면 그대로 받아들이기는 어렵다. 분석에 사용된 자료에 아쉬움이 있기 때문이다. 우선 한국의 경제 불평등(소득 및 자산) 상황을 정확하기 파악하기 위해서는 국민 개인 수준의 소득 및 자산의 시계열적 변화를 확인할 수 있는 국세청 정보가 필요하다. 설문조사 혹은 제한적인 행정 자료에 근거한 분석만으로는 확정적인 결론을 내리기 어려운 상황이다. 또한 선출직 정치인들이 부유층 유권자의 의견만을 반영하여 입법 활동을 하는지를 정확히 파악하기에도 자료의 한계가 너무 크다. 미국과 달리 한국에서 국회의원들은 모든 중요 법안에 기명 투표를 하지는 않는다. 그리고 중요 법안에 대한 의견을 장기간 동일한 방식으로 묻는 여론조사의 수 역시 미국에 비해서는 많지 않은 상황이다.

따라서 경제 불평등과 정치 과정 내 편향(bias) 간의 관계가 비교적 명백하게 밝혀진 미국의 경우와 다르다는 사실이 곧 한국에서 경제 불평등 수준이 심각하지 않거나 그것이 정치 과정에 영향을 미치지 않는다는 결론을 가능하게 해 주진 않는다. 보다 신뢰성이 높은 자료의 공개, 접근을 통해 체계적인 후속 연구들을 통해 밝혀야 할 내용이다.

05

수도권과 비수도권 다중 격차의 정치적 결과:
청년 공정성 인식에 대한 영향을 중심으로

강우진

제1절
들어가며

현대 민주주의는 선거에서 대표자를 선출하고 시민들이 자신의 주권을 일정 기간 대표자에게 위임하여 자신의 주권을 실현하는 체제다. 이러한 면에서 현대 민주주의의 핵심은 정치적 대표체계(representation)다. 민주주의를 다수 시민의 의사가 정책적으로 반영되는 체제(Dahl 1971: 1)로 정의할 때 민주화 이후 한국 민주주의는 민주주의 이상을 얼마나 구현했나? 한국은 세계시간으로 볼 때 그다지 빨리 민주화의 세계적 흐름에 참여한 것은 아니었으며 제삼의 물결을 통해서 민주화에 동참했다. 한국은 제삼의 물결을 통해서 민주화를 이룬 나라 중에서 가장 성공적으로 민주주의를 제도화한 소수의 사례에 속한다. 하지만 한국 민주주의 이면을 들여다보면 많은 도전을 만나게 된다. 민주화 이후 한국 민주주의 제도화 과정은 정치적 대표체계의 시각에서 볼 때 위계적인 카르텔 체제(the hierarchical cartel system)가 강화되는 과정이었다. 카르텔 체제로 한국 민주주의의 가장 중요한 특징은 시민들의 요구에 제대로 응답하지 못하고 있다는 것이다.

특히 이 장이 주목하는 것은 압축적 산업화 과정에서 심화 되었고 민주화 과정에서 다중 격차로 진화한 수도권─비수도권 격차의 정치적 결과다. 민주화 이후 한국 정치를 특징짓는 현상은 유권자 지지의 지리적 집중성으로부터 도출된 지역주의였다. 지역주의가 민주화 이후 한국 정치를 관통하는 키워드가 되었지만, 지역의 정치적 대표를 발전시키지는 못했다. 지방자치가 부활한지 30년이 지났고 노무현 정부가 지역균형발전을 본격화 한지 20여 년이 되었다. 하지만 한국의 지방자치와 지방분권은 여전히 갈 길이 멀다. 이에 따라서, 시민들의 지역 대표성에 대한 평가도 매우 부정적이다. 제7회 전국동시지방선거 후 실시한 조사(2018)에 따르면 지역을 대표하는 정당이 있느냐는 질문에 응답자의 3분의 2가 넘는 70.5%가 부정적인 답변을 했다. 그렇다면 한국의 지역주의는 무엇을 대표했나? 이러한 현상을 '한국 지역주의의 역설'이라고 부를 수 있다.

이러한 역설의 발생 원인을 분석하기 위해서는 민주화 이후 한국 지역주의 발전 과정을 돌아봐야 한다. 지역주의는 유권자들의 투표행태에서 지역과 관련된 여러 요인이 중요한 영향을 미치는 현상이라고 정의할 수 있다(김욱·이재현 2020). 지역주의가 정치적으로 정렬된 상태를 지역균열로 볼 수 있다. 지역주의와 지역균열은 수요차원(사회적 차원, 유권자 차원)과 공급차원(정당차원) 요인의 상호작용의 결과로 분석해야 한다. 민주화 이후 한국의 지역주의와 지역균열은 형성과 변화와 지속 과정을 볼 때 사회균열이라기 보다는 정치균열이라고 볼 수 있다.

민주화 이후에도 수도권－비수도권의 사회경제적 격차는 완화되지 않고 다중격차로 발전했으며 기회의 양극화로 이어졌다. 한국에서 수도권－비수도권 다중 격차는 영국과 스페인과 같이 분리 독립을 주장하는 현저한 정치 균열로 나타나지는 않고 있다. 하지만 한국 사회의 중요한 화두로 떠오른 인사이더(insider, 내부자)와 아웃 사이더(outsider, 외부자)를 대표하는 잠재적인 균열이다.

이 장의 목적은 잠재적 균열로서 수도권－비수도권 다중 격차가 비수도권 지역 청년들에게 미치는 정치적 영향을 공정성 인식을 중심으로 살펴보는 것이다. 공정성 인식 중에서 교육 기회와 취업 기회 공정성에 초점을 맞춘다. 교육 기회 공정성은 불평등한 사회에서 개인이 미래에 희망을 가질 수 있는 중요한 조건이다. 또한 취업 기회 공정성은 개인이 노동에 대한 정당한 대우를 통해서 계층 상승을 이룰 수 있는 중요한 통로다. 고도 성장 시기 교육을 징검다리 삼아 많은 국민들이 중산층으로 이동할 수 있었다. 하지만 다중격차 사회에서 교육은 계층 상승의 도구가 아니라 특권의 세습 통로가 되고 있다. 민주화 이후 한국 대학은 수도권－비수도권 격차가 지속해서 커져 수직적으로 위계화되었다. 또한 수도권과 격차의 확대로 비수도권에는 질 좋은 일자리의 부족에서 벗어나고 있지 못하다(조귀동 2020). 교육－일자리 선순환 구조가 작동하지 않는 것이 현재 한국 청년 문제의 핵심 이슈다(변금선 2018).

비수도권 지역 청년에게 주목하는 것은 두 가지 이유다. 저출산과 고령화라는 도전을 함께 맞이하고 있는 한국에서 지역(비수도권)과 청년이 교차하는 비수도권 지역 청년은 민주화 이후 누적된 한국의 다층적 균열 구조가 응축된 집단이다. 또한 이들은 미래 사회의 주역이라는 점에서 이들의 인식에 대한 분석으로부터 수도권－비수도권 다중격차의 완화를 위한 정책적 시사점을 도출할 수 있다.

　이 장은 다음과 같이 구성된다. 먼저, 대선 결과를 중심으로 민주화 이후 한국의 지역주의를 살펴본다. 다음으로 지역주의 개념, 이론적 분석틀 그리고 정치적 효과를 검토한다. 이어서 비교적 시각에서 다른 나라의 지역주의를 살펴본다. 또한, 민주화 이후 누적된 수도권－비수도권 다중격차 현황을 살펴본다. 이후에 수도권－비수도권 다중격차에 대한 개인적 수준의 인식을 분석한다. 이어서 잠재적 균열로서 수도권－비수도권 다중격차를 살펴본다. 마지막으로 이장의 발견을 요약하고 정책적 제안을 제시하면서 마무리하고자 한다.

제2절

민주화 이후 지역주의(regionalism)
– 대선 결과를 중심으로

　민주화 이후 한국의 정당은 선거를 전후에서 다양한 이합집산을 거듭해왔다. 지역주의와 관련하여서는 민주당 계열 정당과 국민의 힘(국민의힘) 계열 정당이 지속해서 영향력을 행사해온 주요 행위자다. 두 계열 정당 이외에도 충청 지역을 기반으로 했던 자유민주연합(자민련)(1995–2006) 계열 정당이 있다. 자민련 계열 정당은 신민주공화당(1987–1990)으로 출발해 제13대 대선과 제13대 국회의원 선거에 지역 정당 체제의 한 축으로 부상했으나 이합집산을 거듭했다.[22] 제17대 국회의원 선거(2004)에서 참패한 후 2006년 한나라당에 흡수되었다.

　한국에서 지역주의가 중요한 이슈로 부상한 것은 각종 선거에서 나타난 유권자 선택의 지역적인 집중성 때문이다. 민주당 계열 정당은 호남지역이 국민의힘 계열 정당은 영남(특히 대구·경북) 지역이 정치적 기반이었다. [그림 5–1]과 [그림 5–2]는 민주화 이후 정초선거(founding election)였던 제13대 대선(1987)부터 가장 최근의 20대 대선(2022)까지 호남과 영남지역의 민주당 계열 정당과 국민의힘 계열 정당 후보의 지지율을 시각적으로 나타낸다.

---

22) 자민련은 3당 합당을 통해서 집권 연합에 참여하기도 했고 권력투쟁으로 분당하여 자민련을 창당했다. 자민련은 제15대 국회의원 선거에서 약진하였고 김대중과 연합하여 제15대 대선에서 국민의 정부에서 공동정부를 운영하기도 했다. 하지만 제17대 국회의원 선거(2004)에서 참패하였고 이후 쇠락의 길을 걸어 2006년 한나라당에 흡수되었다.

먼저, 민주당 계열 정당 대선 후보의 전체 득표율과 영·호남지역의 득표율이 민주화 이후 8번의 대선을 거치면서 어떻게 변화해 왔는지를 살펴보자. 민주화 이후 8번의 대선에서 민주당 후보는 전국 평균 39.16%를 득표했다. 지역 기반이었던 호남지역에서는 광주에서 평균 87.56%, 전남에서 평균 85.41%, 전북에서 평균 83.88%를 득표해 호남지역 평균 85.61%의 득표율을 보였다. 전국 득표율 평균인 39.16%와의 차이는 46.45%였다. 민주화 이후 8번의 대선에서 민주당 계열 정당 후보에게 호남지역 유권자가 보낸 압도적 지지를 확인할 수 있다.

이와 반대로, 국민의힘 계열 정당의 정치적 지지기반인 영남지역에서 민주당 계열 정당 후보가 얻은 지지율은 극명한 대비를 보인다. 민주당 계열 정당 후보는 대구·경북 지역 14.43%(대구 13.78%, 경북 15.09%) 그리고 부산·울산·경남 지역 25.48%(부산 24.66%, 울산, 30.01%, 경남 21.79%)를 얻는 데 그쳤다. 민주화 이후 최근까지 민주당 계열 정당 후보가 얻은 지지율은 국민의힘 계열 정당의 지지기반인 대구·경북 지역의 평균 지지율 14.43%와 비교해 볼 때 호남지역에서 얻은 지지율(85.61%)은 6배에 달했다. 이러한 선거 결과를 통해서 알 수 있는 것은 민주화 이후 8번의 대선에서 민주당 계열 정당 후보의 지지기반은 지역적으로 크게 양극화되었다는 사실이다.

[그림 5-1] 민주화 이후 민주당 계열 정당 후보의 대선 득표율(제13대~제20대 대선)

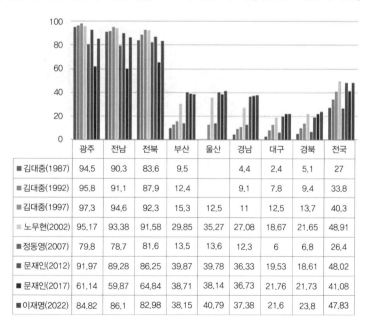

	광주	전남	전북	부산	울산	경남	대구	경북	전국
■ 김대중(1987)	94.5	90.3	83.6	9.5		4.4	2.4	5.1	27
■ 김대중(1992)	95.8	91.1	87.9	12.4		9.1	7.8	9.4	33.8
■ 김대중(1997)	97.3	94.6	92.3	15.3	12.5	11	12.5	13.7	40.3
■ 노무현(2002)	95.17	93.38	91.58	29.85	35.27	27.08	18.67	21.65	48.91
■ 정동영(2007)	79.8	78.7	81.6	13.5	13.6	12.3	6	6.8	26.4
■ 문재인(2012)	91.97	89.28	86.25	39.87	39.78	36.33	19.53	18.61	48.02
■ 문재인(2017)	61.14	59.87	64.84	38.71	38.14	36.73	21.76	21.73	41.08
■ 이재명(2022)	84.82	86.1	82.98	38.15	40.79	37.38	21.6	23.8	47.83

다음으로 영남, 특히 대구·경북 지역이 정치적 지지기반이었던 국민의힘 계열정당 후보의 지지율 변화는 [그림 5-2]가 나타내고 있다. 국민의힘 계열 정당 보수 후보는 민주화 이후 지난 8번의 대선에서 평균 42.36%의 득표율을 기록했다. 정치적 텃밭인 대구·경북에서 평균 68.17%(대구 68.78%, 경북 67.57%)를 얻었다. 또한 부산·경남 지역에서는 평균 52.45%(부산 54.22%, 울산 50%, 경남 56.15%)를 기록했다. 지속적인 정치적 텃밭이었던 대구·경북 지역의 득표율은 대선 평균 득표율보다 25%가량(25.81%) 높았다.

이와 반대로, 민주당 계열 정당의 텃밭인 호남지역에서는 미미한 득표율을 기록했다. 호남지역 평균 득표율은 6.92%(광주 5.3%, 전남 6.65%, 8.82%)에 그쳤다. 이러한 분석을 통해서 몇 가지 중요한 함의를 도출해 낼 수 있다.

첫째, 민주당 계열 정당이 국민의힘 계열 정당보다 정치적 지지기반 지역에서 과대 대표되는 비율이 훨씬 높았다. 국민의힘 계열 정당은 텃밭인 대구·경북지역에서 전국 득표율보다 25%가량 높았지만, 민주당은 호남지역에서 국민의힘 계열 정당의 과대 대표 비율보다 20% 이상 높은 46.45% 과대 대표되었다.

[그림 5-2] 민주화 이후 국민의힘 계열 정당 후보의 대선 득표율(제13대~제20대 대선)

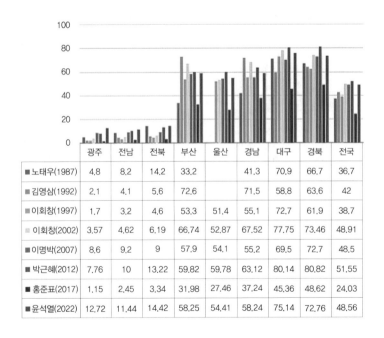

	광주	전남	전북	부산	울산	경남	대구	경북	전국
■ 노태우(1987)	4.8	8.2	14.2	33.2		41.3	70.9	66.7	36.7
■ 김영삼(1992)	2.1	4.1	5.6	72.6		71.5	58.8	63.6	42
■ 이회창(1997)	1.7	3.2	4.6	53.3	51.4	55.1	72.7	61.9	38.7
▨ 이회창(2002)	3.57	4.62	6.19	66.74	52.87	67.52	77.75	73.46	48.91
■ 이명박(2007)	8.6	9.2	9	57.9	54.1	55.2	69.5	72.7	48.5
■ 박근혜(2012)	7.76	10	13.22	59.82	59.78	63.12	80.14	80.82	51.55
■ 홍준표(2017)	1.15	2.45	3.34	31.98	27.46	37.24	45.36	48.62	24.03
■ 윤석열(2022)	12.72	11.44	14.42	58.25	54.41	58.24	75.14	72.76	48.56

둘째, 민주당 계열 정당과 국민의힘 계열 정당은 지난 8번의 대선 결과에서 지역적 지지기반인 호남과 대구경북 지역의 득표율은 상당한 편차를 보였다. 민주당 계열정당의 경우 광주에서는 가장 높은 지지율은 제15대 대선(1997년)에서 김대중 후보가 획득한 97.3%였으며 가장 낮은 지지율은 제19대 대선(2017)에서 문재인 후보가 얻은 61.14%였다. 그 격차는 36.16%에 달했다. 전남과 전북에서도 가장 높은 지지율과 낮은 지지율은 광주에서와 같이 제16대 대선과 제19대 대선에서 나타났다. 전남에서 격차는 광주와 비슷한 수준인 34.73%였으며 전북은 이보다 낮은 27.46%였다.

국민의힘 계열정당 후보의 경우는 대구에서 가장 높은 지지율은 제18대 대선(2012)에서 박근혜 후보가 얻은 80.14%였으며 가장 낮은 지지율은 제19대 대선(2017)에서 얻은 45.86%였다. 그 차는 34.28%에 달했다. 경북도 같은 양상이었으며 격차도 대구와 크게 비슷한 수준인 32.2%였다.

셋째, 정치적 지지기반에서 민주당과 국민의힘 계열 정당 후보 지지율의 부침은 선거 구도에 큰 영향을 받았다고 볼 수 있다. 민주당 계열 정당 후보가 가장 높은 지지율은 얻은 제15대 대선은 호남지역을 정치적으로 대표했던 김대중 후보가 세 번의 대선 도전 실패 끝에 정계 은퇴 후 복귀하여 마지막 도전을 했던 선거였다. 반면에 민주당 계열 정당 후보가 가장 낮은 지지율을 얻었던 제19대 대선은 촛불 항쟁으로 현직 대통령 박근혜가 탄핵을 당하여 치러진 촛불 대선이었다. 탄핵 추진 과정에서 집권 보수당의 분열로 5자 구도로 치러졌다. 제19대 대선전 민주당과 합당하여 새정치민주연합 대표를 역임했던 안철수 후보가 제20대 국회의원 선거(2016) 직전 탈당하여 국민의 당을 창당했다. 호남지역 국회의원들이 다수 탈당하여 국민의 당에 합류했고 제20대 국회의원 선거에서 국민의 당은 호남지역을 석권했다. 이러한 전사가 있었기 때문에 촛불 대선에서 문재인 후보가 당선이 예견되었음에도 안철수 후보가 호남지역에서 30%에 가까운 지지를 얻었다(28.2%).

유권자의 투표행태로 지역주의를 이해할 때 지역주의는 유권자 수준의 수요 요인과 정당 차원의 공급 요인의 상호작용 결과로 이해해야 한다. 민주화 이후 한국 선거 정치를 지배해온 지역주의를 어떻게 해석할 것인가? 다음 장에서 앞선 연구에 기반을 두어 지역주의에 대한 분석을 분류하여 살펴본다.

제3절

지역주의의 개념, 이론적 분석틀, 정치적 효과

1. 지역주의에 대한 개념

　민주화 이후 한국 선거 정치의 가장 중요한 현상 중의 하나가 지역주의(regionalism)라는 데는 많은 사람이 동의한다. 그렇다면 지역주의는 무엇인가? 지역주의는 다층적인 개념으로서 종종 혼란이 발생하기도 한다. 대표적인 정의를 살펴보자. 먼저 지역주의는 미시적 수준에서 유권자들의 투표행태를 설명하는 개념으로 자주 사용된다. 유권자들이 선거에서 투표 선택을 할 때 다양한 차원의 지역 요인을 중심으로 투표하는 행위를 지칭한다. 즉 "유권자가 투표 선택을 할 때 후보자의 출신 지역, 후보자가 속한 정당 지도자의 출신 지역, 후보자가 속한 정당이 상징하는 지역 혹은 가장 포괄적으로 지역의 이익을 고려하여 투표하는 현상"이다(김욱·이재현 2020: 164).

　후보자의 출신 지역을 중심으로 투표하는 현상은 대선 경쟁에서 투표행태를 설명할 때 적절하다. 민주화 이후 정초선거였던 1987년 제13대 대통령 선거가 대표적이다. 이후 3김이 대통령 후보로 출마했던 대통령 선거에서 유권의 투표 선택을 설명하는 데 적용된다. 후보자가 속한 지도자의 출신 지역을 중심으로 투표하는 현상은 민주화 이후 국회의원 선거와 지방의회 선거에서 지역 기반을 가진 정치지도자가 주요 정당을 이끌 때 나타난 유권자의 투표행태를 설명할 때 적용된다. 후보자가 속한 정당이 상징하는 지역을 중심으로 투표하는 현상은 지역주의 선거연합이 공고화된 이후 나타났다. 호남 지역의 경우 영남 출신 후보였던 노무현 후보에게 몰표를 주었던 제16대 대선(2002)

이후 그리고 영남의 경우 충청 출신 후보였던 이회창 후보를 압도적으로 지지했던 제15대 대선 이후에 나타난 현상이다. 지역의 이익을 고려하여 후보와 정당을 선택하는 현상으로 지역주의를 정의할 수 있는 대표적인 사례로는 제16대 대선(2002)에서 행정수도 이전 공약을 내세웠던 노무현 후보를 지지했던 충청 유권자와 제20대 국회의원 선거(2016)에서 호남 유권자의 선택을 들 수 있다.

좀 더 구분하면 정치적 요인을 중심으로 지역주의를 분석하는 입장(김만흠 2002; 문우진 2009; 윤광일 2012; 2013; 김기동·이재묵 2022)과 사회적 요인을 중심으로 지역주의를 분석하는 입장으로 나눌 수 있다(김기현 2004; 김현동). 사회적 태도 차원에서 지역주의를 정의할 때 지역주의에 대한 대표적인 정의는 '내집단 지역주의(in-group regionalism)' 즉 "개인이 지역을 내집단으로 받아들이는 성향(preposition)"이다(윤광일 2012: 118).

둘째, 지역주의를 지역 간 갈등 또는 감정으로 이해하기도 한다. 이 시각은 지역 간 정치적 갈등과 감정을 중심으로 보는 입장(정영태 2003; 지병근 2015)과 사회적 수준의 갈등과 감정으로 보는 시각(나간채 1990; 정기선 2005)으로 구분할 수 있다.

셋째, 지역주의를 정당구도에 주목하여 지역 정당 체제로 인식하는 흐름이 있다(정영태 2003; 정병기 2009; 강원택 2010). 이 입장은 유권자 선택이 선거제도의 효과를 통해서 나타난 정치적 결과에 주목한다.

넷째, 지역주의를 지역균열로 보는 입장이다(김만흠 1994, 최준영·조진만 2005; 최장집 1993; 윤광일 2018). 이 시각의 앞선 연구 중에서 대부분은 균열에 대한 엄밀한 정의 없이 느슨한 정의로서 지역균열을 정의한다. 윤광일(2018: 253)의 연구가 예외적이다. 그는 지역균열이 바르톨리니와 메이어(Bartolini and Mair 1990)가 제시한 균열의 세 가지 요소를 모두 갖춘 완전한 균열이라고 주장한다. 즉 영호남 출신 구분의 사회구조 요소, 내집단 편애와 상대 집단 폄하라는 사회심리적 태도와 출신지에 따라서 지지정당과 이념과 정책이라는 정치적 태도의 차이, 지역을 정치적으로 동원해온 정당과 정치인이라는 요소를 모두 가지고 있다는 것이다.

2. 지역주의에 대한 이론적 분석틀

앞선 연구에서 지역주의를 분석하기 위한 다양한 이론적 분석 틀이 제시되었다. 지역주의가 다층적인 성격을 가지기 때문에 지역주의를 분석하기 위한 이론적 분석 틀도 분석 수준에 따라서 구분해서 바라보아야 한다.

먼저, 특정 지역(주로 호남 지역)에 대한 배타적 감정으로 지역주의를 분석하는 이론적 분석틀이 있다. 초기 입장에 따르면 지역주의는 집권 세력에 의해서 동원된 허위의식으로 볼 수 있다(최장집 1991). 이 시각은 김대중 정부 집권을 통한 정권교체 이전 시기에 설명력을 가졌다. 특히 호남에 대한 정치적 고립을 제도화했던 3당 합당과 같이 지배이념의 정치적 효과를 분석하는 데 설명력을 가진다. 하지만 3번의 진보 정부를 경험한 시점에 크게 설명력을 가진다고 볼 수 없다. 사회적 수준에서 특정 지역에 대한 배타적 감정은 여전히 남는다. 하지만 사회적 수준의 편견이 정치적 선택으로 이어지는 과정에 대한 면밀한 분석이 필요하다.

둘째, 지역간 불균등 발전론은 지역주의를 설명하는 대표적인 분석틀이었다(김덕현 1994; 조명래 1994; 최장집 1996). 박정희 정권하에서 본격화된 압축적 경제성장은 불균등 발전 전략에 기반을 두어 서울·부산 축을 중심으로 진행되었으며 농촌 지역은 상대적으로 소외되었다. 이러한 배경으로 지역 간 불균등 발전론은 지역주의적 선거 동원 전략(공급 차원의 지역주의)의 정치적 자원이 되었다. 이러한 논리는 각종 선거에서 지역차별론으로 나타났다. 하지만 이러한 논리는 불균등 발전의 갈등 축이었던 수도권·영남 지역대 타 지역으로 갈등이 왜 나타나지 않았는지를 설명하지 못한다. 또한 왜 특정한 시기에 지역주의가 더 두드러지게 나타났는지 그리고 잦아들었는지 설명하지 못한다. 예를 들어 충청 지역의 지역주의는 충청 지역을 정치적으로 대표하는 정당이 거대 정당과 통합거나 정치적 영향력이 현저히 축소된 선거에서는 나타나지 않았다. 이 분석틀은 이 장의 문제의식인 수도권－비수도권(지방) 정치 균열이 현저한 균열로 부상할 때 설명력을 가질 수 있다.

셋째, 엘리트 충원의 편중 분석틀은 고위 공직자의 출신 지역(원적지)을 중심으로 지역주의의 원인을 분석한다(지충남 2011). 정치인들과 지역의 언론에 의해서 자주 거론되는 요인이다. 대표적으로 제20대 국회의원 선거(2016)가 제19대 대선(2017)에서 국민의 당이 호남지역 홀대론을 적극적으로 동원하였다. 하지만 지역의 유권자들이 실제로

반응하는 이슈가 여전히 고위 공직자의 원적지인지는 불분명하다

넷째, 정치적 동원론은 민주화 이후 지역을 기반으로 한국 정치를 좌지우지했던 3김 정치를 비판하는 맥락에서 제기되었다. 지역주의 투표행태는 정치적으로 동원된 결과라는 것이다. 지역을 동원했던 선거 전략의 대표적인 사례는 1995년 제1회 지방선거에서 김종필이 제기했던 '충청도 핫바지론', 1995년 지방선거와 제15대 대통령 선거(1992)에서 김대중에 의해서 제기되었던 '지역등권론'이 있다. 민주화 이후 제13대 대선(1987), 제20대 국회의원 선거(2016), 제19대 대선(2017)과 같이 서로 다른 맥락에서 활용되었다.

다섯째, 정치적 동원론과는 다른 시각에서 합리적 선택론은 유권자의 합리적 선택의 결과로서 지역주의 투표행태를 설명하는 시각이다. 자신이 속한 지역의 사회경제적 발전을 추구하는 유권자의 합리적 선택(조기숙 2000) 또는 정당에 의한 공급 요인에 주목하여 지역주의 투표를 주어진 선택지 중에서 유권자의 합리적인 선택으로 이해하는 시각(박상훈 2014)이 대표적이다. 후자의 시각은 정당 체제의 협애한 이념적 배경에 초점을 맞추어 지역주의 투표행태의 부상을 설명한다.

지역 간 불균등 발전론과 엘리트 충원론은 지역주의 출현의 배경에 초점을 맞춘 시각으로 수요 차원의 접근법이라고 볼 수 있다. 반면 지역주의를 허위의식으로 보는 입장이나 정치적 동원에 초점을 맞은 입장은 공급 요인에 주목한 접근법이라고 볼 수 있다. 합리적 선택 시각은 공급 차원과 수요차원의 상호작용에 주목한 접근법이다. 지역주의를 개인적 수준의 투표행태에 초점을 맞추어 정의할 경우, 지역주의에 대한 수요 차원의 요인과 정당 중심의 공급 차원의 요인을 구분해서 지역주의에 대한 수요공급 차원 요인의 상호작용에 주목해야 한다.

3. 지역주의와 정치적 양극화

지역주의는 한국 정치에서 다양한 차원에서 큰 영향을 미쳤다. 가장 큰 영향은 지역주의에 영향을 받은 시민들이 자신의 이해관계에 기반을 두어 투표하기보다는 지역을 중심으로 투표하는 계기를 만들었다는 것이다. 권위주의 시절 한국의 중심적인 정치 균열은 민주 대 반민주 균열이었다. 1987년 유월 항쟁을 통해서 민주주의 체제로 이행한 후 중요한 이슈는 민주 대 반민주 균열이 사회경제 이슈를 반영하는 새로운 균

열체제로 이행할 수 있느냐 여부였다. 하지만 민주화는 대구·경북, 부산·경남, 호남, 충청 지역에 기반을 4당 지역 정당 체제의 출현으로 귀결되었다. 지역에 기반을 둔 이념과 정책이 크게 다르지 않은 정당 체제가 제도화되는 과정에서 시민들은 지역의 시민으로 동원되었다. 민주주의 이행과정에서 특정한 균열이 동원되고 제도화되면 새로운 균열이 출현하기 대단히 어렵다(Zielinski 2002). 한국이 대표적인 사례다.

  한국의 지역주의는 새로운 균열, 특히 사회경제적 이슈가 정치 균열로 전환되는 데 가장 중요한 장벽이었다. 또한 지역주의는 최근 미국과 한국과 같은 승자독식 대통령제에서 중요한 이슈로 부상한 정치적 양극화에도 큰 영향을 미쳤다(김기동·이재묵 2022). 특히 지역주의는 당파적 정체성을 통해서 정서적 양극화를 강화하는 주요 변수였다(김기동·이재묵 2021). [그림 5-3]은 집권당인 국민의힘과 제1야당인 민주당에 대한 감정온도와 그 차를 의미하는 정서적 양극화 지수의 지역적 편차를 시각적으로 나타내고 있다.

[그림 5-3] 국민의힘·민주당 감정온도와 정서적 양극화의 지역별 편차

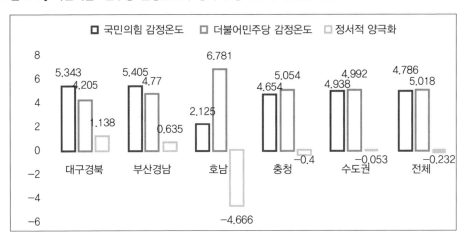

주: 정당에 대한 감정온도는 11점 척도(0점: 매우 부정적~5:보통~10:매우 긍정적)으로 측정되었다.
    정서적 양극화는 국민의힘의 감정온도에서 더불어민주당 감정온도를 뺀 값이다.
출처: 정치양극화 현황과 제도적 대안에 대한 국민의식조사(2023)

  국민의힘에 대한 감정온도 평균(4.78)과 더불어민주당 감정온도 평균(5.018) 차이는 -0.232에 그쳐 그다지 크지 않았다. 하지만 각 당의 감정온도와 정서적 양극화 지수의

지역적 편차는 매우 크게 나타났다. 먼저, 여당인 국민의힘에 대한 감정온도는 지역 기반인 영남권에서 가장 높게 나타났다. 부산·경남에서 5.405 이어서 대구·경북 지역에서 5.343을 기록했다. 수도권(4.938), 충청권(4.654)이 그 뒤를 이었다. 호남은 평균의 절반에도 못 미치는 2.125를 기록했다. 반면에 민주당에 대한 감정온도는 지역 기반인 호남에서 압도적으로 높은 수치인 6.781을 기록했다. 이어서 충청권(5.504)과 수도권(4.992)이 뒤를 이었다. 흥미로운 것은 국민의힘의 경우와는 달리 경쟁당 지지기반인 영남권에서 민주당에 대한 감정온도가 크게 낮아지지 않았다는 점이다. 부산·경남의 감정온도는 4.77 국민의힘의 정치적 지지기반인 대구·경북에서는 4.205를 기록했다.

위에서 살펴본 것처럼 정서적 양극화의 지역적 기반은 호남과 대구·경북으로 나타났다. 특히 역대 가장 적은 득표율 차인 0.74%로 제20대 대통령 선거에서 패배했던 민주당의 지역 기반인 호남의 정서적 양극화 수치가 가장 높은 -4.666이었다.[23]

---

23) 출신지 지역의 효과를 살펴보기 위해서 호남 지역 출신 집단의 정서적 양극화를 살펴본 결과 그 수치는 -3.613으로 호남지역의 수치보다 낮았다.

제4절

비교적 시각에서 분석한 한국의 지역주의

1. 다른 나라의 지역주의

한국 지역주의의 보편성과 특수성은 무엇인가? 한국의 지역주의를 정확히 이해하기 위해서는 다른 나라 사례를 통해 비교분석을 하는 것이 유용하다. 서구에서는 국민혁명 과정에서 중심－주변 균열이 주요 균열로 형성되었다(Lipset and Rokkan 1967). 서구에서 지역주의 정당은 다양한 형태의 중심－주변 균열에 기반을 두고 있다. <표 5－1>이 대표적 지역주의 정당에 대해서 요약 제시하고 있다.

〈표 5-1〉 주요 민주주의 국가의 지역주의 정당 사례

국가	균열구조 특징	주요 지역주의 정당	분리주의
벨기에	플랑드르(네덜란드 어권)과 왈룬(프랑스 어권 대립)	Nieuw-Vlaamse Alliantie 신프람스 연맹	플란데런 분리
		Vlaams Belang 플람스의 이익	플란데런 분리
덴마크	페로제도는 덴마크의 자치령으로 귀속되어 있음. 이에 대한 독립의 요구가 꾸준히 제기되고 있음. 그린란드는 1953년까지 덴마크의 식민지, 그 이후는 덴마크왕국의 자치령으로 포함됨. 현재 국방은 덴마크가 담당하고 있지만 주민들은 독립을 추진 중.	Tjóðveldi 공화국	페로 제도 독립
		Framsókn 진보당	페로 제도 독립
		Hin føroyski fólkaflokkurin - radikalt sjálvstýri 인민당	페로 제도 독립

국가	균열구조 특징	주요 지역주의 정당	분리주의
		Siumut 진보당(시우무트)	그린란드 독립
		Naleraq 나레라크당	그린란드 독립
		Inuit Ataqatigiit 이누이트 공동체당	그린란드 독립
스페인	언어적 인종적 갈등의 뿌리가 깊음. 카탈루냐 지역은 독립적인 언어로 인한 언어갈등과 경제적 부를 둘러싼 갈등을 겪음.	Sovereigntists 주권주의자	카탈루냐 독립
		Republican Left of Catalonia 카탈루냐 공화좌파당	카탈루냐 독립
		Popular Unity Candidacy 인민통일후보	카탈루냐 독립
		Euskal Herria Bildu 바스트 지방연합	바스크 독립
핀란드	주민 대부분이 스웨덴계 핀란드인으로, 스웨덴어가 공용어로 사용되고 지리적으로 스웨덴과 인접함.	Ahvenanmaan tulevaisuus 올란드의 미래	올란드 독립
영국	잉글랜드를 중심으로 하여 웨일즈, 스코틀랜드, 아일랜드 네 개의 홈네에션(Home Nations)으로 구성. 다른 지역과 마찬가지로 스코틀랜드는 독자적인 문화와 역사를 유지해옴.	Scots Naitional Pairtie (SNP) 스코틀랜드 국민당	스코틀랜드 독립
		Alba Pairty 알바당	스코틀랜드 독립
캐나다	과거 프랑스 식민지였던 퀘벡은 독자적인 언어를 사용해옴. 영국계가 다수인 캐나다 주류와 지속적으로 갈등.	Bloc Québécois 퀘벡 블록	퀘백 독립
		Parti Québécois 퀘백당	퀘백 독립
일본	역사적으로 오랫동안 독립국으로 지위를 가짐. 옛 류쿠왕국이었던 오키나와 현 독립 추진.	Kariyushi Club 카리유시 클럽	류큐 공화국 건국

출처: 안영진·조영국(2008); 조찬수(2012); 조민현(2018); 강량(2009); 정병기(2015); 안영진(2001); 윤성민·변영학(2019); 김경미(2006); 카리유시 클럽 공식홈페이지; 경향신문(2022.6.5.); 연합뉴스(2017.4.7.); 한겨레(2017.10.28.)에서 필자가 재구성.

<표 5-1>에서 확인할 수 있는 사실은 먼저, 지역에 기반을 둔 지역주의 정당(regionalist party)이 다수의 국가에서 존재한다는 것이다. 대표적인 사례로 <표 5-1>에서 제시된 사례 이외에도 동유럽 몰도바에서 독립한 트란스니스티리아, 보스니아헤르체비나, 우크라이나, 푸에르토리코 등에서도 지역 정당을 확인할 수 있다. 둘째. 지역주의 정당은 지역의 독자적인 정체성을 기반으로 해당 지역의 분리 독립을 추구하는

경우가 많다. 특정 지역에서 정치적으로 지지를 얻은 후 포괄정당을 지향하는 '특정 지역에 기반을 둔 포괄정당'의 사례도 서유럽을 중심으로 찾아볼 수 있다(Mazzoleni and Mueller 2017).

한국의 지역주의는 뚜렷한 지역균열에 기반을 두고 있지 않고 지지 대상인 정당이 분리 독립을 추구하지 않는다는 점에서 다른 지역주의와 근본적으로 다르다. 또한, 특정 지역의 정체성에 기반을 두어 지지를 확보하고 이를 기반으로 포괄 정당화를 시도한 사례와도 다르다. 한국은 지역 정체성에 기반을 두어 지역 정당이 출현하지 않았다. 민주화 이후 최초의 정초선거였던 제13대 대선에서 서로 다른 지역 출신이었던 4당의 후보가 출마해 해당 지역에서 집중적인 지지를 얻었던 것이 지역 정당의 출현의 계기였다. 이처럼 지역균열 출현 과정에서 사회 구조의 영향력보다는 정당과 정치엘리트의 역할이 결정적이었다.

2. 정치균열로서 지역균열

위에서 간단히 살펴본 서구의 지역주의와 구별되는 한국 지역주의를 정확히 이해하기 위해서는 정치균열로서 지역균열을 이해하는 것이 유용하다. 먼저 정치 균열을 이해하기 위해서는 균열(cleavage)에 대한 정의를 살펴보아야 한다. 균열과 관련하여서는 선구적인 연구를 제시했던 립셋과 로칸(Lipset and Rokkan 1967) 이후 많은 연구들이 있다.[24] 바르톨리니와 메이어(Bartolini and Mair 1990) 그리고 바르톨리니(Bartolini 2011)의 후속 연구가 한국의 지역주의의 성격을 분석하는 데도 좋은 지침을 준다.

바르톨리니와 메이어(1990: 215)에 따르면 균열은 경험적 요소(empirical element), 규범적인 요소(a normative element), 조직적이고 행위적인 요소(an organizational/behavioral element)를 모두 포괄해야 한다. 사회구조적인 용어로 정의할 수 있고 개념의 경험적인 지시대상을 확인할 수 있는 경험적 요소, 즉, 이러한 경험적 요소에 정체성 의식을 제공하는 일련의 가치와 신념인 규범적 요소, 일련의 개인들 간의 상호작용, 제도, 정당과 같은 조직적이고 행위적인 요소를 의미한다. 이러한 맥락에서 균열은 사회계층 체계에서 지위로부터 도출되는 이해관계 정향(interest orientation), 그들의 구별되는 신념

---

24) 자세한 논의는 윤광일(2018: 244-252)을 참고하라.

과 규범, 그리고 조직적 기반에 근거한 행위 양상 사이의 긴밀한 연계가 특징짓는 사회적 그리고 정치적 분할의 유형을 나타낸다. 따라서 균열은 두드러진 지속성을 가진다 (Bartolini 2011). 균열을 이렇게 정의할 때 일반적으로 자주 사용되는 차이(difference) 그리고 분할(divide)의 개념과 다르다. 디건-크라우스(Deegan Krause 2006)는 균열의 세 가지 차원 중 하나를 포괄하는 경우 차이 그리고 두 가지 차원을 포괄하는 경우를 분할(구조와 태도, 구조와 제도, 태도와 제도)이라고 구분했다.[25]

바르톨리니와 메이어의 균열에 대한 정의는 다른 많은 문헌에서 불분명하게 사용되었던 균열 개념을 엄밀하게 개념화했다는 장점이 있다. 하지만, 세 가지 차원을 모두 균열의 전제 조건으로 본 이 개념이 국가형성과 산업화의 타이밍, 순서, 맥락이 서구와 달랐던 젊은 민주주의 국가에 적용될 때 현실에 잘 들어맞지 않는다는 문제가 있다. 이러한 문제의식에서 젊은 민주주의 국가에서 균열의 형성을 설명하고자 하는 새로운 흐름의 후속 연구가 출현했다.

이 장의 문제의식에서 볼 때 균열의 형성과정이 매우 중요하다. 균열의 형성과정에 대한 시각은 대체로 균열의 사회구조적 기반을 강조하는 아래로부터의 접근법과 균열의 정치화 과정에서 행위자의 역할을 강조하는 위로부터의 접근법으로 구분할 수 있다. 서유럽의 특정한 맥락에서 나타난 국가형성과 산업혁명의 과정에서 형성된 균열구조를 다른 나라에 그대로 적용하는 것을 무리가 따른다. 서구의 국민혁명과 산업혁명 과정에서 형성된 네 가지 균열 구조(중심-주변, 국가-종교, 노동자-자본자, 도시-농촌)의 결합 양식은 후발 민주주의 국가에서는 매우 달랐다. 예를 들어 남미의 국가형성은 식민지 기간 대부분 공고화되었다. 또한 보통 선거권의 제도화는 노동 계급이 형성되기 상당 기간 전에 이미 도입되었다(Bornschler 2009: 7). 한국도 분단과 한국 전쟁을 거치면서 (분단)국가 형성이 마무리되었다. 이 과정에서 서구와 같은 중심-주변 균열은 존재하지 않았다. 서구에서 노동 계급이 정치화되는 계기였던 보통 선거권 제도화는 남미와 유사하게 노동계급이 본격적으로 형성되기 훨씬 이전인 정부의 수립과 함께 부여되었다.

비서구 후발민주주의 국가에서 균열 구조의 형성과정에서 사회구조보다는 정당과

---

25) 그는 구조와 태도의 정렬에도 불구하고 정치적 정렬이 이루어지지 경우 '위치 분할(position divide)', 집단적 정체성과 정치적 선택의 정렬 존재함에도 불구하고 태도 분할이 동반되지 않는 경우를 '센서스 분할(census divide)', 사회구조에 기반을 두지 않으면서 당파성과 태도의 상호작용을 의미하는 '이슈분할(issue divide)'을 구분했다.

정치엘리트의 역할이 중요하다. 이미 오래전에 많은 학자들이 주목한 것처럼 모든 사회균열이 정치화되지 않는다(Sartori 1969). 더구나 한국의 국가 형성과 산업화 과정은 서구와 매우 다른 역사적 계기와 순서를 통해서 이루어졌다. 사회균열의 배열 자체도 서구와 매우 달랐다. 국가 형성기에는 서구의 중심 주변 균열이 아니라 국가형성 방식을 둘러싼 이념적 대립이 중심 축이었다. 또한, 서구에서 노동－자본 균열이 본격화되었던 산업화 과정에서는 민주－반민주 정치 균열이 주된 갈등선이었다. 민주화 이후 사회경제적 균열의 동원될 수 있는 공간이 열렸으나 지역균열이 이 공간을 선점했다.

정치균열로서 지역균열은 지역균열의 변화 양상을 통해서도 확인할 수 있다. 앞서 살펴본 대로 13대~20대 대선에서 민주당은 국민의힘의 정치적 지지기반인 대구·경북에서 평균 14.3%의 지지를 얻는 데 그쳤다. 하지만 소수 여당이었던 열린우리당이 탄핵역풍으로 과반의석을 얻었던 17대 국회의원 선거(2004)와 문재인 정부가 압승을 거두었던 제7회 전국동시지방선거(2018)에서 민주당은 대구·경북 지역에서 약진했다. 제17대 국회의원선거에서 열린우리당과 진보계열정당은 대구지역에서 30%의 득표를 얻었으며 수성구의 경우 38.75%를 얻었다. 제7회 동시지선에서도 민주당이 대구·경북 권역에서 비례정당득표 34.82%를 얻었고 100명의 기초의원을 배출했다. 또한 앞서 살펴본 대로 안철수 신드롬을 기반으로 정치권에 진출한 안철수 의원이 이끄는 국민의당이 선거 직전 창당했음에도 불구하고 제20대 국회의원 선거(2016)에서 호남지역을 석권했다. 하지만 국민의 당이 이합집산을 거듭하면서 제19대 대선(2017), 제21대 국회의원 선거(2020), 제20대 대선(2022)에서 호남지역 유권자의 선택은 민주당(후보) 지지로 복귀했다. 이러한 결과를 통해서 지역 균열의 형성과 변화과정에서 공급 요인(정당과 정치엘리트)의 중요성을 확인할 수 있다.

민주화 이후 한국 정치를 지배했던 지역주의와 지역균열은 사회적 수준에서 지역의 이해관계를 중심으로 한 지역 대표성을 제도화하는 데 성공하지 못했다. 다른 말로 하면 민주화 이후 한국 민주주의는 지역 대표성이 취약한 민주주의였다. 취약한 지역대표성은 어떠한 정치적 결과를 만들어냈나? 앞서 간단히 논의한 대로 한국의 압축적 경제성장을 이끌어냈던 불균등 발전전략은 수도권－비수도권 격차를 심화시켰다. 지역주의가 지배했던 민주화 이후에도 이 격차는 완화되지 않고 다중 격차로 진화했다. 다음 절에서 잠재적 정치 균열의 사회적 기반으로 수도권－비수도권 다중 격차의 현황을 살펴본다.

제5절

수도권-비수도권 다중격차 현황

1. 수도권-비수도권 다중격차 현황

한국 사회를 특징짓는 키워드 중 하나는 '서울 공화국'이다. '서울 공화국'은 역사적으로 볼 때 오랜 역사적 기원을 갖는다. 잘 알려진 말로는 '말은 나면 제주도로 사람은 나면 서울로 보내라'라는 말이 있다. 이 말은 사람이 태어나면 모든 자원이 집중된 서울에서 자라야 더 많은 기회를 얻을 수 있다는 말일 것이다.

하지만 압축적 산업화 과정을 겪으면서 전통사회에서 나타난 서울 집중과는 비교할 수 없는 모든 자원과 기회가 집중된 '서울 공화국'이 출현했다. '서울 공화국' 이후 '서울'이 과밀화되면서 서울 인근인 수도권과 이외의 지역인 비수도권의 구분으로 확대되었다. 박정희 정부가 추진한 압축적 성장 전략은 한정된 자원을 도시와 공업 부분에 집중한 불균형 성장 전략에 기초하고 있었다. 불균형 성장 전략이 성공을 거두면 파급과 확산 효과를 가질 것으로 기대되었다. 하지만 수도권 집중은 지속해서 심화하였다. 이에 따라 민주화 이후 수도권 집중에 대한 정책적 대응에 대한 요구가 증가했다.

이전 정부에서도 수도권 과밀화 해소를 위한 정책들이 추진되기도 했지만, 참여정부에서 국토균형발전 정책이 본격적으로 추진되었다. 참여정부에서는 지역균형 발전이 국정 상위 과제로 부상했다. 국가 균형발전을 추진하기 위해서 '국가균형발전특별법'을 제정하였다(2003). 또한 노무현 대통령의 후보시절 핵심 공약이었던 수도 이전과 공공기관 지방이전 및 이에 따른 혁신도시 건설과 같은 국토 균형발전을 위한 노력을 지속했다. 수도이전 정책 추진은 야당의 강력한 반대에 부딪혔으며 헌법재판소에서 위헌 결정을 받았다. 이후 '신행정수도후속대책을위한연기·공주지역행정중심복합도시건설을 위한특별법'으로 변화되었다.

민주화 이후 역대 정부의 노력에도 불구하고 수도권 집중은 개선되지 않고 오히려 심화되었다. 수도권은 집중으로 인해서 과밀화되지만, 비수도권은 많은 지자체가 소멸의 위기에 직면하는 양극화가 지속되었다. 이에 따라서 수도권-비수도권 격차 이슈는 민주화 이후 한국 민주주의 가장 중요한 도전으로 부상했다.

<표 5-2>에서 확인할 수 있듯이 수도권 집중은 매우 심각한 수준이다. 면적에서는 12.1%에 그치지만 인구는 50.3%가 거주(2021년 기준)하여 이미 절반을 넘어섰다. 청년인구는 55.5%로서 전체 인구 비율보다 높았다. 1000 대 기업수는 수도권에 전체 5분의 4가 넘는 86.9%가 집중되어 있었다. 취업자 수는 절반이 넘는 50.5%가 수도권에 집중되었다.

수도권 집중은 단순히 인구의 집중에 그치지 않는다. 주요 기업의 소재, 일자리, 자산, 소비, 지역 총생산 등 경제·사회 활동을 측정하는 모든 지표에서 수도권과 비수도권의 격차가 심화되었다.

〈표 5-2〉 수도권-비수도권 주요 지표 비중 차이

항목	수도권	비수도권
면적(2021년)	12.1%	87.9%
인구(2021년)	50.3%	49.7%
청년인구(20-30세, 2021년)	55.0%	45.0%
100대 기업수(2020년)	86.9%	13.1%
취업자 수(2021년)	50.5%	49.5%
GRDP(2020년)	52.5%	47.5%
1인당 GRDP	37.1백만원	34.1백만원
신용카드 개인 사용액(2021년)	75.6%	24.4%
주택매매가격(중위단위값, 2022년 6월)	6,460천원	2,142천원

출처: 통계청, 한국은행 경제통계 시스템, 한국 부동산원; 산업연구원(2022)

지역내 총생산(GRDP)도 수도권이 52.5%로 나타나 이미 절반을 넘게 차지하고 있다. 수도권 집중은 개인의 경제력의 차이로 이어졌다. 1인당 GRDP는 수도권이 37.1백만원인 반면에 비수도권은 34.1백만원에 그쳐 수도권이 앞섰다. 신용카드 개인 사용액은 수도권과 비수도권이 75.6%와 24.4%로 나타나 경제력과 소비의 격차를 확인할 수 있었다. 한국의 복합 불평등을 측정하는 주요 지표 중의 하나인 주택 가격에서도 수도권은 6,460천원인 반면에 비수도권은 2,142천원에 그쳐 큰 격차를 확인할 수 있다.

문제는 이러한 수도권－비수도권 격차가 지속적으로 확대되었다는 사실이다. 지역내 총생산의 경우도 2010년에는 비수도권이 50.9%였으며 수도권이 49.1%였다. 하지만 2015년 이후 수도권지역내 총생산이 비수도권을 앞지른 이후 지속해서 격차가 벌어지고 있다. 1인당 지역 총생산의 두 지역 격차도 지속해서 확대됐다. 지역 총생산을 부문별로 나누어서 보면 수도권은 서비스업의 비중이 높고(40.1%), 비수도권은 제조업(17.1%)과 농광업의 비중이 높았다. 하지만 연평균 부가가치 성장률을 비교해보면 수도권과 비수도권의 격차를 확인할 수 있다. 2010－2019년 제조업 부가가치의 연평균 성장률이 비수도권(1.5%)에 비해서 수도권(5%)이 세배이상 높게 나타났다(국토연구원 2021).

수도권－비수도권 격차의 심화는 지방 소멸 위기로 이어졌다. 한 조사에 따르면 향후 30년 내 전국 226개 군 중에서 46%가 소멸의 위기에 처해있다. 이 중에서 92%가 비수도권에 위치하고 있다(한국 고용정보원 2020). 수도권－비수도권의 격차는 기회의 격차로 이어지고 있다. 또한 기회의 격차는 결국 삶의 질의 격차로 연결된다. 수도권－비수도권 다중격차는 한국 사회의 저출산－고령화와 맞물리면서 한국 사회의 핵심 이슈로 부상하고 있다.

2. 수도권-비수도권 갈등에 대한 인식

시민들은 수도권－비수도권 갈등에 대해서 어떻게 인식하고 있나. [그림 5－4]는 수도권－비수도권(지방) 갈등 인식의 변화를 나타내고 있다. 자료가 가능한 2013~2023년 10여 년 동안 수도권－지방에 대한 시민들의 인식 평균은 심하다(63.1%)와 심하지 않다(36.8%)가 극명하게 갈렸다(차이는 26.3%). 지난 10여 년 동안 시민들의 수도권－지방 갈등에 대한 심각성 인식은 가장 높을 때는 67.3%(2014) 가장 낮을 때는 59.4%(2017년)였으나 평균 절반이 훨씬 넘는 시민들이 수도권-지방 갈등의 심각성을 인식하고 있었다.

[그림 5-4] 수도권-지방 갈등에 대한 인식

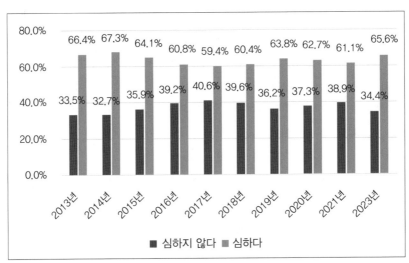

출처: 한국행정연구원. "사회통합실태조사 2013-2021." 23년 자료는 '정치양극화 현황과 제도적 대안에 관한 국민의식조사'

가장 최근 조사인 2023년 조사를 통해서 수도권-지방 갈등에 대한 인식이 집단에 따라서 어떻게 차별적인가를 살펴보자. 전체 조사 대상 전체(1,001명)의 경우 갈등이 심각하다는 비율은 [그림 5-4]에서 나타내듯이 65.73%지만 심각하지 않다는 인식은 34.37%에 그쳤다. 먼저, 수도권(서울-인천-경기)과 비수도권 지역에 따라서 수도권-지방 갈등 인식이 크게 차이가 났다. 수도권 거주자의 경우 심각하다는 인식은 58.02%로 감소하였고 심각하지 않다는 인식이 41.98%로 증가했다. 반면에 비수도권 거주자의 경우 심각하다는 인식은 73.39%로 증가했고 심각하지 않다는 인식은 26.01%로 감소했다. 요컨대, 거주지가 한국 사회 갈등인식에 중요한 영향을 미친 변수로 확인되었다 (Pearson chi2(3)=59.3945 Pr=0.000).

앞서 살펴본 대로 수도권-비수도권 지역의 다중 격차가 가장 큰 영향을 미치는 집단은 청년층이다. 청년층은 수도권-비수도권 갈등을 어떻게 인식하고 있나? 청년층 (20대~30대)만을 대상으로 한 여론조사 자료를 통해서 이 문제를 좀 더 살펴보자. 경북

대학교 민주주의 연구팀(2022, 1000명) 조사에 따르면 수도권－지방 갈등이 크다고 답한 응답자의 비율은 응답자의 3분의 2가 훨씬 넘는 70%였다. 특히 '매우 크다'고 답한 응답자는 응답자의 4분의 1에 근접했다(24.5%).

여기서 주목해야 하는 것은 비수도권 지역을 균일한 집단으로 볼 수 없다는 것이다. 수도권－지방 다중격차는 개인이 처한 사회경제적 조건에 따라서 차별적으로 영향을 미칠 것이다. 먼저, 부모의 학력이 수도권－지방 갈등 인식에 미치는 영향을 살펴보자. 부모의 학력이 중졸 이하인 집단에서는 수도권－비수도권 갈등이 크다는 인식이 79.05%로 상승했다. 둘째, 응답자 학력의 특성이 미치는 영향을 살펴보자. 지방국립대 또는 지방 사립대를 재학·졸업자의 경우 수도권－지방 갈등 인식은 각각 74.77%, 74.92%로 상승했다. 반면에 서울 소재 대학 재학·졸업자의 경우 그 비율은 67.38%로 감소했다. 셋째, 한국 사회 가장 중요한 갈등으로 부상한 부동산 문제도 수도권－지방 갈등 인식에 영향을 미쳤다. 응답자 중에서 월세 거주자의 경우 수도권－지방 문제가 크다고 인식한 비율은 74.47%로 상승했다.

수도권-비수도권 다중 격차에 대한 개인적 수준 인식

심화된 수도권-비수도권 다중격차의 결과 한국 사회는 수도권을 중심으로 한 위계화된 (신)계급사회로 변모했다. 최근 발간된 『어느 대학 출신이세요-지방대를 둘러싼 거대한 불공정』(제정임·곽영신 2021, 오월의 봄)은 이미 한국 사회의 상식이 된 교육 분야에서 지역 격차를 적나라하게 보고한다. 대학은 수도권을 정점으로 서열화되어있고 서열화된 대학은 임금 시장의 격차로 이어진다. 대학 서열화와 생애 임금 격차에 관한 한 연구(이지영·고영선 2019)에 따르면 노동시장 진입 시 1분위 대학 졸업자는 5분위 대학졸업자에 비해서 14.0% 더 높은 임금을 받는다. 이 격차는 점점 증가해 40~44세에 최대치인 46.5%까지 커진다. 지방대 문제는 한국 사회의 모순이 응축된 축소판이다. 지방대 출신은 모든 면에서 차별을 받는 2등 시민이다.

고도성장기 한국에 많은 사람들이 교육을 사다리 삼아 좀 더 높은 지위로 상승할 수 있었다. 교육이 위대한 균형자(great eqaulizer) 역할을 해왔다. 하지만 대학 졸업장이 신분증명서 역할을 하는 현실에서 교육은 이제 구분자(divider)의 역할을 하고 있다.

[그림 5-5] 교육기회의 공정성에 대한 인식

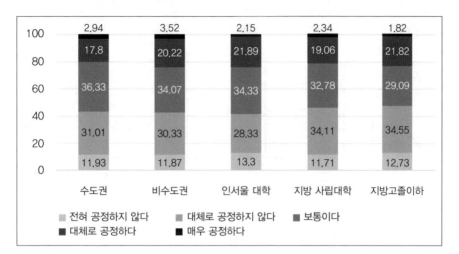

주: 수치는 퍼센트
출처: 경북대 민주주의 연구팀 여론조사(2021.12)

먼저 교육 기회의 공정성에 대한 인식을 살펴보자. [그림 5-5]는 이 결과를 시각적으로 제시하고 있다. 수도권-비수도권, 거주 지역은 교육 기회의 공정성에 대한 인식에 차별적인 영향을 미치지 않았다. 교육 기회의 불공정성은 각각 42.94%, 42.2%로 나타나 큰 차이가 없었다. 하지만 하위 집단으로 구분하여 좀 더 자세히 들여다보면 전혀 다른 결과가 나타난다. 서울 소재 대학 재학·졸업자의 경우 교육 기회에 대한 불공정성 인식은 41.63%지만 지방 사립대학 재학·졸업자의 경우 45.82%로 나타나 일정한 차이가 확인되었다. 지방 거주 고졸 이하 학력을 가진 집단의 경우 불공정성은 47.28%로 가장 높게 나타났다. 지역 청년들의 목소리를 들어보자.

"천안에서 학원 다닐 때와 대치동 학원을 다닐 때 정보의 양에서 차이가 많이 있다고 느꼈어요. 강사진이나 교육열 면에서 차이가 있었습니다."(지방에서 수도권으로 이주한 청년 인터뷰)(국토연구원 2021: 73)

"대학 생활에서 공모전이나 서포터즈, 인턴은 중요한 스펙 중 하나다. 하지만 울산은 스펙을 쌓을 수 있는 인프라가 부족하다. 모 기업 서포터즈로 활동할 때~울산은 참여팀이 없었다."(울산일보 2022.1.7.).

[그림 5-6] 부모의 사회경제적 배경과 무관한 교육기회의 공정성

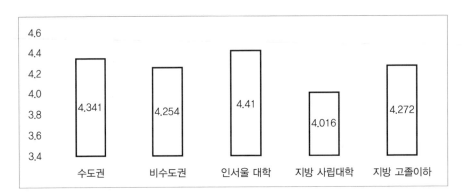

주: 수치는 평균; 원문항은 "귀하는 현재 우리 사회에서 모든 사람의 교육 기회가 부모의 사회경제적 능력
　　과 상관없이 균등하다고 생각하십니까?"; 1(전혀 균등하지 않음)~10(매우 균등함).
출처: 경북대 민주주의 연구팀 여론조사(2021.12)

　　교육 기회 공정성을 부모의 사회적 배경과 연결하여 살펴보면 좀 더 뚜렷한 차이가
나타난다. 이는 "귀하는 우리 사회에서 모든 사람의 교육 기회가 부모의 사회경제적 능
력과 상관없이 균등하다고 생각하십니까"에 기반을 두어 10점 척도(1:전혀 균등하지 않
다~10: 매우 균등하다) 측정되었다.

　　앞서 언급한 대로 한국 사회에서 교육은 더는 균형자가 아니라 분열자의 역할을 한
다. 이미 상식이 되어버린 수저 담론이 이를 상징적으로 표현한다. 많은 앞선 연구들이
경험적으로 이를 규명했다. 대표적으로 김창환·신희연(2022)의 최근 연구 '입시제도에
서 나타나는 적응의 법칙과 엘리트 대학 진학의 공정성'은 중요한 결과를 제시한다. 그
들의 분석 결과 부모의 교육 수준이 1분위씩 상승할수록 자녀의 엘리트 대학 진학률은
1.5%포인트씩 상승했다. 즉 하위 2분위 대비 상위 2분의 엘리트 대학 진학 격차는 9%
에 달한다는 결과이다(2022, 58). 또한 가족 배경(부모의 소득과 자산, 교육 수준)은 입시
전형의 종류와 상관없이 엘리트 대학 진학에 유의미한 영향을 미쳤다. 이 장의 초점인
지역적 효과도 확인되었다. 가족 배경과 입시전형 종류를 통제한 후에도 서울 소재 고
교 대비 비수도권 소재 고교 출신의 엘리트 대학 진학 확률이 5~6%포인트 정도 낮았다.

　　[그림 5-6]은 부모의 사회경제적 능력과 교육 기회 공정성에 대한 인식에 대한 분
석 결과를 제시한다. 예상대로 수도권 거주자(4.341점)보다 비수도권 거주자(4.254점)가
부모의 사회경제적 배경이 교육 기회의 공정성에 미치는 영향을 더 부정적으로 인식했

다. 더구나 서울 소재 대학 재학·출신(4.463점)보다 지방 사립대 재학·출신(4.053점)이 교육 기회 공정성에 대해서 훨씬 부정적인 인식을 가지고 있었다. 비수도권에 거주하는 고졸이하 청년의 경우도 서울 소재 대학 재학·출신보다 낮은 공정성인식(4.472점)을 보였다.

다음으로 취업 기회의 공정성에 대한 인식 격차를 살펴보았다. 취업 기회 공정성에 대해서 응답자의 절반이 넘는 57.4%가 취업 기회가 공정하지 않다고 인식하고 있었다. [그림 5-7]은 취업 공정성 인식 격차를 보여준다.

[그림 5-7] 취업기회 공정성 인식 격차

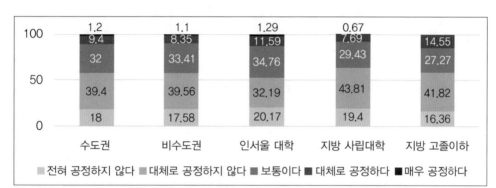

주: 수치는 퍼센트
출처: 경북대 민주주의 연구팀 여론조사(2021.12)

[그림 5-7]이 보여주듯이 교육기회의 공정성보다 취업 기회의 공정성 인식에서 인식 격차가 컸다. 수도권-비수도권 거주자의 경우 부정적인 인식(각각 57.4%, 57.14%)에서 차이가 없었다. 하지만 서울 소재 대학과 지방 사립대학 출신자의 인식을 비교하면 부정적인 인식이 각각 52.36%와 63.21%로 나타나 격차는 10.85%로 커졌다. 지방 고졸 출신의 취업기회 공정성에 대한 부정적 인식은 55.96%로 다소 낮아졌다.

청년들의 목소리를 들어보자. 청년들은 일자리가 수도권에 집중되어 있기 때문에 많은 비용을 지불하면서도 수도권으로 향한다. 경남 함안 출신 취업준비생(27세 남)은 "수도권과 비수도권의 차이가 너무 커요. 비수도권에 살기에는 수도권만큼의 메리트도 없는 것 같고⋯. 그리고 일자리에 대해 고민하고 열심히 노력하지만 일자리의 양과 질, 모두 수도권이 우세하기 때문에 누구나 수도권을 꿈꾸면서 스펙을 쌓게 되는 것 같아요”(김민재·류웅재 2022: 65)라고 토로한다. 또한 그나마 상황이 낫다는 울산에서 타 지역으로 이주한 여성은 “상대적으로 인프라나 이런 건 수도권 지방에 몰려 있으니까 울산은 내가 취업할 때 진로 선택지에 아예 없었어.”라고 고백한다(KBS 뉴스 2022.12.31). 지방대 출신이라는 것이 취업전선에서 얼마나 큰 약점인지를 절감한 사례가 많다. 지방 4년제 대학 졸업자 여성은 “착잡했죠. 당연한 결과라고도 생각했어요. 학교가 워낙 안 좋으니까요. 서울권 학생들도 제가 한 걸 다 했을 텐데 밀릴 수밖에 없죠.” 면접 과정에서 대학교를 지적하는 말을 들었다. 면접관들은 김씨에게 “준비는 잘했는데 대학교가…”라고 했다. 다른 지원자에겐 묻지 않았다. 김씨가 한숨을 쉬며 말했다. “그때 ‘나만 지방대 출신이구나’ 생각이 들었어요. ‘어차피 안될 거 끝까지 앉아 있으면 무슨 소용 있나’ 싶어 오후 면접도 포기하고 나가고 싶었죠.”라고 토로했다(경향신문 2019.9.17.).

[그림 5-8] 부모의 사회·경제적 능력과 취업 기회의 공정성

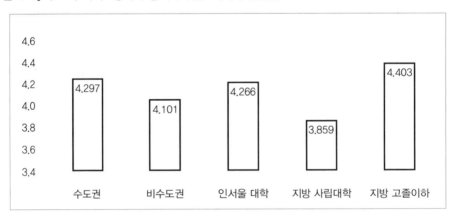

주: 수치는 평균; 원문항은 “귀하는 현재 우리 사회에서 모든 사람의 취업기회가 부모의 사회경제적 능력과 상관없이 공정하다고 생각하십니까?”; 1(전혀 공정하지 않음)~10(매우 공정함).
출처: 경북대 민주주의 연구팀 여론조사(2021.12)

앞서 부모의 사회경제적 배경이 교육 기회 공정성에 미치는 영향이 크다는 것을 확인했다. 이에 따라서 취업 기회 공정성에 부모의 사회경제적 능력이 미친 영향을 살펴보자. 앞선 연구에 따르면 한국 사회에서 부모-자식 간 사회계층은 세습될 가능성이 컸다. 한국 복지 패널 10~14년도(2015-19)를 활용한 이용호 등(2021)의 연구에 따르면

부모의 사회계층이 높은 자녀는 그렇지 않은 자녀에 비해서 임금 수준도 높았고 정규직이 될 가능성이 컸다. 부모의 사회계층이 자녀의 취업에 미치는 수도권－비수도권 격차를 직접 분석한 연구는 찾기가 어렵다. 하지만 수도권 비수도권 자산 격차를 통해서 간접적 추론을 해 볼 수 있다. 수도권－비수도권 자산 격차는 2017－2021년 이후 지속해서 커졌다. 2016년 85백만원이었으나 2021년에는 2억원 이상으로 그 격차가 커졌다(민주연구원 2023: 56). 부모의 사회경제적 배경 세습되는 현실을 고려할 때 늘어난 자산 격차는 수도권－비수도권 격차로 이어졌을 가능성이 크다.

그렇다면 청년들의 인식에도 지역적 편차가 존재하는가? [그림 5－8]은 부모의 사회경제적 능력과 무관한 취업 기회 공정성 인식을 제시하고 있다. 이 변수는 '귀하는 현재 우리 사회에서 모든 사람의 취업 기회가 부모의 사회경제적 능력과 상관없이 공정하다고 생각하십니까'에 기반을 두어 10점 척도(1: 전혀 공정하지 않음~10: 매우 공정함)로 측정되었다. [그림 5－8]이 나타내듯이 취업 기회 공정성에도 부모의 사회경제적 배경이 미친 영향에 대한 인식 격차가 확인되었다. 수도권 거주자의 경우 평균 4.297인 반면에 지방 거주자는 4.101에 그쳤다(0.196차). 반면에 서울 소재 대학 출신과 지방 사립대학 출신 두 집단에서는 그 차이가 0.407로 두 배 이상 커졌다.

교육 기회 공정성과 취업 기회 공정성 이외에도 복지혜택의 공정성에도 서울 소재 대학 출신과 지방 사립대 출신 집단 사이에 일정한 차이가 나타났다. 수도권 거주자와 비수도권 거주자의 경우 복지혜택 공정성에 대한 부정적 인식이 각각 41.28%, 42.86%로 나타나 두 집단 사이에 거의 차이가 없었다. 하지만 서울 소재 대학 출신과 사립대 출신은 각각 42.49%, 47.83%로 나타나 5.34% 차이가 나타났다.

잠재적 균열로서 수도권-비수도권 다중 격차

1. 수도권-비수도권 다중격차의 정치적 영향

앞서 살펴본 대로 민주주의 이행과정에서 제도화되었던 지역에 기반을 둔 4당 체제는 유권자들의 지역주의 투표의 정치적 배경이 되었다. 잔존하는 지역균열의 갈등 선인 대구·경북과 호남지역을 중심으로 정치적 양극화의 중심축인 정서적 양극화가 확인되었다. 그렇다면 수도권－비수도권 균열이 잠재적 균열로서 중요한 균열이라면 수도권－비수도권 균열은 정서적 양극화에도 중요한 영향을 미치는가? 앞서 활용한 "정치양극화 현황과 제도적 대안에 대한 국민의식조사"(2023)에 따르면 정서적 양극화 지수는 -0.232였다. 수도권 거주자의 경우 -0.053인 반면에 비수도권 거주자 경우는 -0.415로 그 차는 0.362였다. 거주지(수도권－비수도권)는 응답자의 정서적 양극화에 유의미한 영향을 미쳤다(Pearson chi2(20)=59.4425 Pr=0.000).

[그림 5-9] 수도권-비수도권 다중 격차와 정서적 양극화

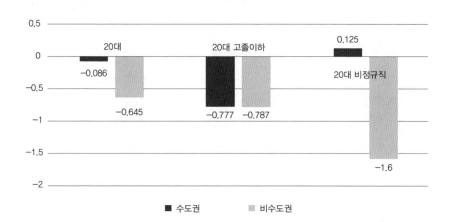

주: 정당에 대한 감정온도는 11점 척도(0점: 매우 부정적~5: 보통~10: 매우 긍정적)으로 측정되었다.
　　정서적 양극화는 국민의힘의 감정온도에서 더불어민주당 감정온도를 뺀 값이다.
출처: 정치양극화 현황과 제도적 대안에 대한 국민의식조사(2023)

　　비수도권 응답자를 20대, 고졸, 비정규직으로 구분해 볼 때 정치적 양극화에 미치는 누적적 효과를 확인했다. 비수도권 20대의 경우 정서적 양극화 지수는 -0.645로 커졌다. 여기에 학력 변수가 더해질 때 추가적인 상승효과를 확인했다. 비수도권 20대 고졸의 경우 지수는 -0.787로 커졌다. 더구나, 비수도권 20대 비정규직의 집단의 경우 그 지수가 -1.6으로 커졌다. [그림 5-9]가 나타내듯이 수도권-비수도권 다중격차가 정서적 양극화에 미치는 영향을 확인할 수 있었다. 차이는 비수도권, 비수도권 20대, 비수도권 20대 고졸 이하, 비수도권 20대 비정규직 순으로 높아졌다.

　　위 결과로부터 도출할 수 있는 정책적 시사점은 무엇인가? 먼저, 20대 지역 청년들이 집권당에 대해서 더 부정적인 감정 온도를 보인 결과를 어떻게 해석할 수 있나. 비수도권에서 다중격차에 직면하고 있는 20대 청년의 경우 제20대 대선에서 집권한 윤석열 정부가 이 문제를 다루는 방식과 결과에 비판적일 수 있다. 같은 자료에서 경제적 불평등을 누가 더 잘 다룰 것인가라는 질문에 전체 응답자의 경우 국민의힘이 민주당보다 경제적 불평등 이슈를 소유한 것으로 평가한 비율이 높았다(국민의힘 48.15% 대 민주당 42.46%). 하지만 비수도권 20대는 국민의힘 39.24%와 민주당 55.70%로 역전되었다. 비수도권 20대 고졸과 20대 비정규직 집단에서도 더 많은 청년이 국민의힘보다

민주당에게 이슈 소유권을 부여했다(각각 국민의힘 42.42% 대 민주당 57.58%, 국민의힘 40% 대 민주당 60%). 집권당으로서 지역 청년이 실감할 수 있는 정책적 처방의 필요성을 시시한 결과다.

둘째, 제1야당(민주당)이 이 결과로부터 도출할 수 있는 정책적 시사점은 무엇인가? 비록 비수도권 20대, 20대 비정규직, 20대 고졸 이하 집단이 민주당에 대해서 더 호의적인 감정온도를 가지고 경제적 불평등에 대해서 이슈 소유권을 부여한다고 해서 이 집단이 자동으로 제1야당의 지지기반이 된다는 것을 의미하지는 않는다. 카르텔 체제화된 한국 민주주의가 대표하지 않는 집단의 요구를 반영한 정책적 대안을 제시하고 이들을 대표할 때 지지기반이 확장될 수 있을 것이다. 또한 이러한 대안을 가지고 정부여당과 정책 경쟁을 벌일 때 한국 정치의 양극화는 정책대결로 전환될 수 있을 것이다.

추가로 수도권−비수도권 다중격차는 청년층의 정치적 무관심에도 큰 영향을 미치는 변수로 확인되었다. 20−30대 연령층을 대상으로 한 위 조사에서 정치적 관심층은 60.50%였다(매우 관심이 있다 11.40%, 다소 관심이 있다 49.10%). 20대는 정치적 관심층 비율이 57.76%로 낮아졌다. 20대 중에서 수도권 거주자의 경우 그 비율이 61.54%로 상승하지만, 비수도권 거주자의 경우에는 53.41%로 낮아졌다(8.13% 차). 20대를 세부 집단으로 구분해서 살펴보면 위에서 살펴본 대로 다중격차가 잘 드러난다. 20대 서울 소재 대학 재학·출신자의 경우 정치적 관심층은 70.19%로 크게 늘었다. 하지만 20대 지방 사립대 재학·출신자의 경우 그 비율은 52.58%로 낮아졌다(17.61% 차). 하위집단 중에서 가장 큰 차이를 기록한 집단이다. 20대 고졸이하 학력 집단은 수도권 거주자의 경우 44.74%, 비수도권 거주자의 경우 35%를 기록했다(9.74% 차). 20대 비정규직 집단은 수도권 거주자의 경우 59.32%, 비수도권 45.71%가 정치적 관심층이었다(13.61% 차). 20대에 아버지의 학력이 미치는 영향을 보기 위해서 아버지 학력이 고졸 이하인 집단을 살펴보았다. 수도권 거주자는 58.61%로 20대 전체 비중보다 오히려 높았다. 하지만 비수도권 거주자의 경우 47.57%로 낮아졌다(11.04% 차). 마지막으로 청년층에게 중요 이슈로 부상한 부동산 문제의 영향을 살펴보기 위해서 20대 월세 거주자를 대상으로 분석했다. 수도권 거주자의 경우 정치적 관심층 비율은 66.18%로 오히려 증가했다. 반면에 비수도권 20대 월세 거주자의 정치적 관심 비율은 51.85%로 낮아졌다.

[그림 5-10] 수도권-비수도권 다중 격차와 정치적 관심

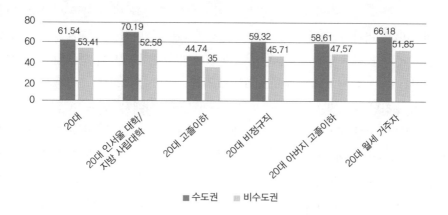

주: 수치는 정치적 관심층(매우 관심, 대체로 관심) 비율을 나타냄.
출처 : 경북대 민주주의 연구팀 여론조사(2021.12)

위 분석을 통해서 알 수 있는 것은 수도권–비수도권 다중 격차가 청년층의 정치적 관심에 중요한 영향을 미친다는 것이다. 두 집단의 차는 서울 소재 대학 대 지방 사립 대, 월세 거주자, 비정규직 순으로 크게 나타났다. 이러한 차이는 비수도권의 교육 격 차, 부동산을 중심으로 한 자산 격차, 정규직 비정규직 이슈를 중심으로 한 고용 격차를 반영한 것으로 추론할 수 있다. 후속 연구에서 보다 엄밀한 분석이 필요한 영역이다.

2. 수도권-비수도권 다중격차에 대한 한국 민주주의 대응

앞서 살펴본 대로 수도권–비수도권 다중격차의 심화로 인해서 기회의 공정성 차원 에서는 한국은 수도권과 비수도권 두 개의 나라로 구분되었다고 할 수 있다. 한국 민주 주의는 수도권–비수도권 격차에 어떻게 대응해왔나? 앞서 살펴본 대로 민주화 이후 한국 정치를 설명하는 키워드는 지역주의다. 또한, 박정희 정권에 의해서 중단되었던 지방자치가 부활한 지 30년이 지났다. 지역주의와 지방자치는 지방 이슈에 어떤 영향 을 미쳤으며 어떻게 대변해 왔나?

이 문제를 살펴보기 위해서는 민주화 이후 35년 동안 한국 민주주의가 심화되어온 수도권–비수도권 다중격차에 대해서 어떻게 대응해왔는지 살펴보는 것이 필요하다.

정치적 대표 체계 수준, 지방자치, 정당 등 세 가지 요인을 중심으로 살펴보자. 먼저, 민주화 이후 한국 민주주의 대표성 편향을 살펴보자. 민주화 이후 한국 민주주의 성취는 양면적이다. 먼저 1987년 이후 35년 동안 한국은 네 번의 정권교체를 성공적으로 이루었다. 하지만 서론에서 살펴본대로 성공적인 민주주의 제도화 과정의 또 다른 이면은 위계적 카르텔 체제(the hierarchical cartel system)의 공고화다.

이장의 초점인 수도권−비수도권 다중격차의 문제의식에서 볼 때 한국 민주주의 대표성이 고학력, 50대 이상 남성, 수도권 대학 출신 중심의 대단히 편향되었다는 사실이 중요하다. 제13대~21대 국회 동안 당선자 기준으로 볼 때 서울 소재 대학 출신은 전체 국회의원의 4분의 3이 넘는 76.68%(1993)에 달했다. 반면에 지방 소재 대학 출신 국회의원은 16.08%(418명)에 머물렀다. 이 수치는 수도권−비수도권 다중 격차가 심화되고 있는 현 상황에서 지역에서 나고 자라며 지역에서 활동한 인재가 국회에 진출할 수 있는 제도적 통로가 충분치 않다는 현실을 반영한다.

둘째, 지방자치 제도의 내실화는 여전히 중요한 과제다. 1991년 지방자치가 부활한 이후 「지방분권 및 지방행정 체계 개편에 관한 특별법」(2013)이 제정되었다. 2022년에는 「지방자치법」 전부개정으로 주민의 정책 주도권을 행사할 수 있는 계기를 마련했다. 하지만 여전히 지방자치의 핵심 권한이라고 할 수 있는 지방정부의 자치 입법권, 자치조직권, 자치 재정권등은 매우 큰 제약속에 있다. 특히 지방 재정에 대한 중앙정부의 관리와 통제는 지속되었다. 이에 따라서 지방 정부의 낮은 세입(국세 75%, 지방세 25%)과 높은 세출(중앙 세출 40%, 지방세출 60%)은 지방정부의 큰 제약 요인이다.

셋째, 지역의 이해를 대표하는 지역 정당이 사실상 부재하다는 사실이다. 한국의 정당 구조는 중앙집권적 폐쇄적 구조로 되어 있다. 더구나 한국의 정당법은 정당설립에 관한 규정에서 ① 서울에 중앙당을 두어야 하며(제3조 1항), ② 전국에 5개 이상의 시·도당을 설립해야 하고(제17조). ③ 각각의 시·도당은 1,000명 이상의 당원을 보유해야 한다(제18조)고 규정하고 있어 지역의 이익을 지역에서 대표할 수 있는 지역 정당이 제도적으로 봉쇄되어 있다. 저발전된 지역대표성을 높일 수 있는 방안으로서 지역정당 허용 필요하다(강원택 2010; 고선규 2014; 고선규·이정진 2018; 김범수 2015; 김용복 2009; 하세헌 2007).[26]

이러한 제약 속에서 수도권 중심의 폐쇄적 정당 구조를 가진 주요 정당은 선거 때

---

26) OECD 국가 중에서 정당설립과 관련된 법률이 존재하는 국가는 소수(일본, 독일, 스페인)에 지나지 않는다.

마다 지방분권 공약을 내세웠다. 하지만 지방분권에 대한 명확한 비전이나 구체적인 로드맵을 제시하기보다 원론적인 공약을 제시하는 수준에 머물렀다. 예외적으로 제19대 대선에서 문재인 후보는 '연방제 수준의 강력한 지방분권'하겠다고 공약했다. 집권 후에는 정부 발의 개헌을 시도하기도 했다. 하지만 야당의 강력한 반대에 부딪혀 좌절되었다. 2022년 치러진 제20대 대선에서 주요 정당 후보의 10대 공약을 살펴보면 지방분권 의제는 핵심의제에서 빠져있다(경향신문 2022.3.8.; 중앙선거관리 위원회 2022).

이 결과 지역을 대표하는 정당이 있느냐는 질문에 지역을 대표하는 정당이 없다고 응답한 응답자는 제5회 전국동시지방선거 후 조사(2010)에서 절반이 넘는 55.3%였다. 이 수치는 제6회 전국동시지방선거(2014) 후 조사에는 70.5%로 상승했다. 이 수치는 제7회 동시 지방선거 후 조사(2018)에서도 같은 비율(70.4%)이 유지되었다. 지역주의가 한국 정치에 미친 영향력과 지난 한 세대 동안 지방자치의 발전을 고려할 때 놀라운 결과다.

이 장의 분석이 제시한 것처럼 수도권－비수도권 다중격차는 사회적 수준에서는 부상하고 있는 균열이다. 하지만 위에서 살펴본 대로 정치적 동원이 이루어지지 않은 균열이라고 볼 수 있다. 이 장이 수도권－비수도권 다중격차를 잠재적 균열로 본 이유다.

제8절

결론: 정책적 함의

압축적 성장과정에서 구조화된 수도권─비수도권 사회경제적 불평등 구조는 민주화 이후에도 완화되지 않았고 다중격차로 심화되었다. 수도권─비수도권의 다중 격차는 기회의 불평등으로 이어졌다. 기회의 불평등은 비수도권 지역 청년인구의 유출과 수도권 지역의 인구 집중을 가속화시켰다. 이러한 경향은 다시 수도권 인구 과밀화와 경쟁의 심화 나아가 삶의 질의 하락으로 이어졌다.

이 장의 목적은 수도권─비수도권 다중 격차의 정치적 결과를 분석하는 것이었다. 특히 한국 사회의 주역이 될 청년층의 공정성 인식에 미친 영향에 주목하였다. 분석 결과, 비수도권 지역 기회의 불평등 구조가 굳어짐으로써 청년층의 공정성 인식은 사는 곳(수도권─비수도권), 특히 출신 대학교의 소재와 특징에 따라서 차별적으로 나타났다. 문재인 정부 이후 한국 사회의 화두로 부상한 청년 공정성은 이 장에서 살펴본 대로 이질적인 하위 집단이 다른 인식을 가지는 다중적인 성격이었다.

수도권─비수도권의 다중 격차는 공정성 인식뿐만 아니라 정치양극화와 정치 불신에도 큰 영향을 미치고 있는 것으로 나타났다. 지역주의의 영향력이 여전히 큰 상황에서 정치양극화의 중요한 한 축인 정서적 양극화를 추동하는 힘은 여전히 호남 대 경북의 지역주의 구도였다. 하지만 이 장이 발견한 것은 잠재적 균열로서 수도권─비수도권 정치 균열 또한 정서적 양극화에 중요한 영향요인으로 확인되었다. 특히 다중 격차를 반영한 비수도권 20대 청년 하위 집단(지방 사립대, 비정규직, 고졸 이하)의 차별적 영향을 확인할 수 있었다. 또한 수도권─비수도권 다중 격차는 정치적 관심 변수에도 유사한 영향을 미쳤다.

수도권－비수도권 다중격차는 아직 정치적으로 동원되지 않는 잠재적 균열로 볼 수 있다. 수도권 대학 출신에 편향된 정치적 대표체계, 지역 정당을 봉쇄하는 제도적 제약, 수도권－비수도권 균열을 정면으로 다루지 않고 있는 정당의 전략 등이 수도권－비수도권 균열이 정치화되는 것을 제약하는 요인이다. 하지만 이장이 확인한 것처럼 사회적 수준에서는 격차의 확대, 개인적 인식의 심화, 정치적 영향과 같은 여러 가지 차원에서 잠재적 균열로서 수도권－비수도권 균열의 중요성을 확인할 수 있었다.

한국에서는 아직 본격화되지 않았지만 서구의 사례를 볼 때 적적한 정책적 대응이 이루어지지 않을 경우 지역 간 다중 격차의 심화는 정치적 극단화의 정치적 자양분이 될 수 있다. 서유럽과 미국 등에서는 메가시티 지역과 농촌, 지역 간 격차가 새로운 갈등의 정치적 원천으로 부상하고 있다. 또한 글로벌리제이션은 이러한 격차를 확대했고 새롭게 유입된 이민자를 중심으로 한 인종적 대립 이슈는 이러한 갈등을 복합적으로 심화시켰다. 이를 배경으로 극우 정당이 쇠락한 지역의 유권자의 분노를 동원하여 정치적 성공을 거두었다(Ford and Jennins 2020). 한 연구는 이를 '중요하지 않았던 지역의 복수'로 명명했다(Rodríguez－Pose, Andrés 2018).

이러한 악순환(vicious cycle)의 고리를 중단하기 위해서는 각 영역(고용기회; 교육기회; 주거 기회; 문화 기회)에서 집단별 기회의 균등을 보장할 수 있는 종합적 정책 패키지의 실행이 필요하다.

또한, 앞서 살펴본 바와 같이 지방 청년은 단일한 집단이 아닌 이질적 집단이다. 이장에서 확인한 바와 같이 교육 기회와 취업 기회의 불공정성에 비판적인 지방 청년들이 교육을 통해서 사회적 이동성을 확보할 수가 있는 계층 상승의 사다리를 복원하는 것이 시급하다. 또한, 정치적 무관심을 완화할 수 있는 집단별로 맞춤화된 다양한 정책적 대응이 필요하다. 이를 위해서는 지역의 이해가 정치적으로 대표되는 권력구조와 정치적 대표체계로의 변화가 필수적이다. 현재 한국 정당의 폐쇄적인 중앙정당구조를 개선하고 저 발전된 지역대표성을 높일 수 있는 방안으로서 지역정당이 허용될 수 있는 제도개혁이 긴요한 과제다. 정당법 제3조 1항, 제17조, 제18조는 시대변화에 맞게 전향적으로 개정되어야 한다.

노력보다 사회경제적 배경 또는 공간적 환경에 따라서 삶의 기회 구조가 결정된다면 민주주의 근본 전제인 정치적 평등은 유지되기 어렵다. 한국 민주주의를 민주주의의 이상에 맞는 개방적이고 역동적인 강한 민주주의로 변화시키기 위해서는 선거제도와 지역대표를 아우르는 정치개혁 패키지를 제도화하는 것이 필요한 시점이다.

06

균열과 양극화를 증폭시키는 미디어

이상신

제1절

들어가며

1. 연구 배경

민주주의 국가의 시민들이 정치에 대해 정확한 정보를 갖고 있는 것의 중요성에 대해, 베렐슨은 미국 선거 연구의 고전인 저서 『Voting』에서 다음과 같이 말했다. "민주 시민은 정치 문제에 대해 제대로 알고 있어야 한다. 그는 무엇이 이슈인지, 그 역사적 배경이 무엇인지, 관련된 사실이 무엇인지, 어떤 대안이 제시되는지, 정당들의 입장은 무엇인지, 그리고 어떠한 결과를 기대할 수 있는지를 알고 있어야 한다"(The democratic citizen is expected to be well informed about political affairs. He is supposed to know what the issues are, what their history is, what the relevant facts are, what alternatives are proposed, what the party stands for, what the likely consequences are)(Berelson et al. 1954: 308). 그러나 베렐슨이 1954년 미국의 유권자들을 대상으로 이 연구를 진행했을 때, 그는 미국 시민들은 민주주의의 주권자에 요구되는 정치지식을 제대로 갖추지 못하고 있다고 결론지었다.

베렐슨의 연구 이후 거의 70년이 지난 지금 우리는 매우 다른 상황을 맞이하고 있다. 신문과 라디오 정도가 대중매체를 대표하던 1950년대와는 달리, 지금 우리는 그야말로 미디어의 홍수 속에서 감당할 수 없을 정도로 쏟아지는 정보를 감당해야 하는 시대를 살고 있다. 인터넷과 모바일 기기로 무장한 대중들에게 정보의 검색과 습득은 쉬워진 반면, 그렇게 쉽게 얻어진 많은 정보 속에서 무엇이 정확한 정보인지, 그것이 우리에게 필요한 정보인지를 판별할 능력이 새롭게 요구되고 있다. 이런 상황에서 가짜뉴스 혹은 허위정보의 범람은 한 국가의 국내 정치에 영향을 주는 것이 넘어 민주주의 체제 그 자체에 대한 위협으로 떠오르고 있다. 세계의 주요 국가들은 여러 법률 및 제도를 동원해 이 새로운 문제를 해결하려 노력하지만, 아직 확실한 해법이 도출되지는 않았다.

미디어의 기술적 발전에도 불구하고, 민주주의가 전제하고 있는 시민과 공론장의 역할에는 변함이 없다. 현대의 민주주의는 공론장에 대한 자유로운 참여의 보장, 합리적 의사소통과 숙의(deliberation), 그리고 그 과정을 거쳐 도출된 결론과 합의에 대한 존중 등을 전제하고 있다. 그런데, 한국뿐만 아니라 오랜 역사를 지닌 서구의 전통적 민주주의 국가들마저 최근 민주주의 근간이 되어야 하는 공론장이 퇴행하는 위기를 맞고 있으며, 이로 인해 민주주의적 토론과 정치과정이 위협받고 있다. 민주주의가 직면하고 있는 위협의 대표적인 사례로 도널드 트럼프 전 미국 대통령의 당선으로 상징되는 포퓰리즘과 소수집단 혐오에 기반한 정치세력의 대두, 서유럽 전역을 휩쓸고 있는 극우정당의 부상 등을 그 징후 등을 꼽을 수 있을 것이다. 이러한 현상의 거시적 원인으로는 90년대 이후 지속되었던 세계화의 물결이 이제 퇴조의 시기로 접어든 것, 미국 중심의 단극적 국제체제에 대한 중국과 러시아의 도전 등을 생각할 수 있다. 그러나 이에 못지않게 인터넷과 모바일 기기의 대중화로 인한 민주주의 공론장의 성격 변화 또한 민주주의에 심각한 위협으로 등장했다.

인터넷은 미국 국방부의 핵전쟁 대비 프로젝트로 1973년 개발되었다. 그러나 인터넷이 본격적으로 일반인에게 알려진 것은 1989년 월드 와이드 웹(World Wide Web)이 개발되면서부터다. 1990년대 중반 이후 인터넷 브라우저와 TCP/IP 프로토콜, 그리고 모뎀이 PC와 운영체제에 기본적으로 탑재되면서 본격적인 인터넷 시대가 개막되었다고 할 수 있다. 인터넷은 2000년대 이후에 휴대전화와 결합되어 모바일 통신의 전성기를 맞았다. 인터넷의 폭발적인 성장은 정치, 경제, 사회, 문화, 과학 등 우리 삶의 거의 모든 영역을 근본적으로 변화시키는 동력이 되었다.

이러한 인터넷의 대중화는 필연적으로 정치커뮤니케이션의 성격과 양태에 변화를 가져왔다. 이 변화는 애초에 매우 긍정적으로 전망되었다. 한계에 부딪힌 대의민주주의의 민주주의 결핍(democratic deficit)[27] 문제를 해결할 최고의 수단으로 디지털 민주주

---

27) 노리스는 민주주의 결핍을 "많은 시민들이 민주주의 상태에서 생활하는 것이 중요하다고 믿으면서도, 그 민주주의가 작동하는 방식에 대해 불만족스럽게 평가하는 상황"이라고 정의한다(Norris 2011: 19)

의의 가능성이 제기된 것이다. 많은 전문가들은 정치인과 시민이 인터넷을 통해 직접적으로 소통하고, 시민들이 다양하고 균형잡힌 정보를 접할 기회가 확대되며, 이 과정에서 이전의 정치 엘리트에 영향력에 일방적으로 끌려가는 수동적 대중이 아닌 '영리한 군중(smart mobs)', 혹은 주체성과 자발성을 갖춘 다중(multitude)이 등장할 것으로 전망했다(Rheingold 2003; 김원식 2008, 228−233). 이러한 디지털 민주주의의 확대는 대의민주주의의 한계와 민주주의 결핍에 대한 시민들의 갈증을 풀어줄 것이며, 궁극적으로는 시민들의 정치참여 확대로 이어질 것이라고도 예측되었다(정연정 2004: 241−243; Shirky 2009; Surowiecki 2004). 지금까지는 소수의 전문가들이 폐쇄적으로 지식을 생산하고 독점해왔다면, 모든 사람이 인터넷을 통해 자유롭게 정보의 바다에 접속해서 정보를 교환하고 토론하는 집단적 숙의가 기술적으로 가능해지면서 '집단지성(collective intelligence)'이 등장하여 담론의 형성과 소통을 주도하게 될 것이라는 예측도 많았다. 인터넷에서 모인 개인들이 서로가 아는 것들을 공유하고 이를 통해 새로운 정보가 생산되며, 이 정보는 다시 게이트키핑 없이 자유롭게 공유되는 것을 집단지성 생성의 과정이라고 보았다(조화순·최재동 2010: 63)

한국은 21세기 이후 IT 산업을 주도적으로 이끌어간 국가였으며, 초고속인터넷망 건설 등에서 타 국가를 선도했다. 90년대 후반 이후 진행된 디지털 혁명의 주도 국가 중 하나였던 한국은 온라인 공론장의 실험적 도입에 있어서도 다른 국가들의 모범적 사례로 꼽혔다. 한국의 인터넷을 통한 적극적 정치참여는 디지털 직접민주주의의 미래를 보여주는 사례로 외국의 언론과 학계에서도 큰 관심을 모았다. 2002년 월드컵 거리응원을 계기로 등장한 붉은 악마 응원단, 온라인 커뮤니티의 작은 정치인 팬클럽에서 출발하여 2002년 대통령 선거의 판도를 뒤바꾼 노사모, 그리고 특별한 지휘부도 없이 수십만 명의 평화적 시위를 조직해낸 2008년 촛불운동은 인터넷을 통해 집결된 여론과 집단지성이 정치 변화로 이어진 사례로 주목을 받았다.

그러나 인터넷이 숙의와 토론의 공간에서 혐오와 배제, 그리고 가짜뉴스가 범람하는 공간으로 퇴화하는 현재의 세계적 추세에서 한국도 예외가 아니다. 오히려 고도로 발달된 디지털 인프라 때문에 한국이 겪을 부정적 영향은 더 크다고 볼 수도 있다. 따라서 한국의 정치와 민주주의에 대한 온라인 미디어의 부정적인 영향을 살펴보고 그 원인과 현황을 분석하는 연구가 최근 활발히 이루어지고 있다. 이 장에서는 여러 가지 온라인 담론장의 부정적 현상 중 특히 가짜뉴스 혹은 허위정보에 초점을 맞추고 그 해결방안을 모색하려고 한다.

본격적인 분석에 앞서, 온라인 공론장의 건설적 담론형성에 악영향을 끼치고 있는 잘못된 정보의 확산을 가짜뉴스(fake news), 허위정보(disinformation), 오류정보(misinformation), 불법정보(illegal information) 등의 개념으로 나누어 소개할 것이다. 이어서, 2절에서는 가짜뉴스 노출과 수용에 밀접하게 연관되어 있는 온라인 공론장에서의 공격적인 태도를 설명하는 최근 연구들을 소개한다. 3절에서는 여론조사 결과를 회귀분석하여 가짜뉴스가 실제로 한국인들의 태도와 양극화 심리에 미치는 부정적인 결과를 검증할 것이다. 4절에서는 앞의 논의들을 종합하여 한국의 미디어가 건전하고 건설적인 민주적 공론장으로 기능하기 위한 가짜뉴스 문제 해결 방안을 제안한다.

2. 주요 개념 소개

가. 가짜뉴스와 허위정보

건설적인 온라인 여론의 형성을 방해하고 있는 정보들은 형태와 내용이 매우 다르다. 따라서 본격적인 논의를 시작하기 전에 이 개념을 체계적으로 분류할 필요가 있다. 여기에서는 가짜뉴스, 허위정보, 오류정보, 불법정보라는 네 가지 개념의 상이점을 정리해보려고 한다.

우선 가짜뉴스(fake news)는 일반적으로 특정한 목적을 가지고 허위의 내용을 일반적인 언론 보도의 양식을 통해 유통되는 것으로 정의된다(박아란 2019, 114; 노성종 2018, 101). 이 가짜뉴스라는 표현은 언론에서도 널리 사용되고 있으며 일반인에게도 이미 익숙해진 개념이다. 가짜뉴스라는 용어를 사용하는 학술서적과 논문의 양도 적지 않다. 그러나 유럽집행위원회(EU Commission)에서 2018년 발행한 보고서, "A Multi-Dimensional Approach to Disinformation: Report of the Independent High Level Group on Fake News and Online Disinformation"에서는 가짜뉴스라는 표현 대신 허위정보(disinformation)라는 용어를 사용할 것을 권고한다. 가짜뉴스라는 개념이 분석에 적절하지 않은 이유를 이 보고서는 다음과 같이 제시한다(European Commission 2018: 10).

첫째, 허위정보라는 개념은 내용이 완전히 '가짜'인 정보뿐 아니라 진실과 허위가 적절히 섞인 여러 층위의 정보까지를 포괄할 수 있다. 또한 '뉴스'라는 표현은 신문이나 방송 등 기존의 레거시 미디어만을 정보의 유통자라고 전제하는 한계가 있다. 그러나 실제로 허위정보의 생산이나 유통에는 개인이나 집단, 국가기관 등 훨씬 다양한 행위자가 참여하고 있기 때문에 가짜뉴스라는 표현에는 오해의 여지가 있다는 것이다. 가짜뉴스라는 표현은 좁은 의미에서는 신문이나 방송 뉴스인 것처럼 그 양태를 위장한 허위정보만을 의미하는데, 사실 유통되는 허위정보의 양식, 전달방식, 내용은 매우 다양해서 기존의 가짜뉴스라는 좁은 개념으로는 포괄하기 힘들다.

둘째, 가짜뉴스라는 표현을 정치인들이 자신을 방어하고 반대 정파를 공격하기 위한 정치적 도구로 자주 사용하기 때문에, 객관적인 분석도구로 사용하기에는 이 단어가 이미 상당히 오염되었다는 점이다. 대표적인 예로 미국의 트럼프 전 대통령은 자신에 대한 비판이나 정치적 공격을 가짜뉴스라고 매도했는데, 그의 임기 내내 지속된 이러한 태도는 트럼프 전 대통령의 지지자들에게 가짜뉴스라는 표현이 자신들을 공격하기 위해 미국의 진보진영이 동원한 허위사실이라고 인식되고 있을 가능성이 있다. 한 뉴스 기사에 따르면, 트럼프 전 대통령은 트위터에서 "가짜뉴스(fake news)"라는 표현을 73회 사용했는데, 이는 대부분 CNN, 뉴욕타임즈, 워싱턴 포스트 등의 신뢰받는 언론을 대상으로 한 것이었다(Rosen 2022). 기사 내용의 진실성과 상관없이 자신을 비판하는 내용이면 무조건적으로 가짜뉴스라고 간주한 것이다. 사람들은 자신들의 정치적 신념이나 지지하는 정당에 반대되는 미디어의 보도를 가짜뉴스라고 간주하는 경향이 있는데, 이는 '공격적 미디어 효과(hostile media effect)'로 불리며 학자들의 연구의 대상이 되고 있다(Soontjens et al. 2021: 991; Schulz et. al. 2018). 이런 상황에서 가짜뉴스라는 용어를 계속 사용하면, 이는 정치적 목적을 위해 상대방을 공격한다는 의심을 살 수 있으며 분석의 중립성에 관련하여 불필요한 오해를 불러일으킬 수도 있다.

[그림 6-1] 트럼프 전대통령의 '가짜뉴스' 트윗

이런 이유로 유럽집행위원회의 보고서는 가짜뉴스라는 표현 대신 허위정보(disinformation)라는 개념을 사용할 것을 권고한다. 여기서 허위정보는 "허위, 부정확 또는 오도(誤導)하는 정보로서 공공에 해를 끼칠 목적 내지 이윤을 목적으로 설계, 제작, 유포되는 것(all forms of false, inaccurate, or misleading information designed, presented and promoted to intentionally cause public harm or for profit(European Commission 2018: 11; 박아란 2019: 116에서 재인용)."이라고 정의된다. 일반적으로 가짜뉴스가 TV나 신문기사의 형식을 차용하여 제작된 것만을 의미한다면, 허위정보는 트위터, 페이스북, 유튜브 등 각종 소셜미디어와 여러 매체를 통해 유포되는 모든 정보 유통 양식을 다 포괄한다는 점에서 차이가 있다.

유럽집행위원회의 권고는 설득력이 있으나, 가짜뉴스라는 표현이 아직까지 언론뿐만 아니라 학계에서 표현이 널리 사용되고 있는 것도 사실이다. 이 글에서는 이후로 맥락에 따라 적절히 가짜뉴스 및 허위정보라는 표현을 동시에 사용할 것이다.

나. 허위정보, 오류정보, 불법정보

앞 절의 내용을 다시 한번 정리하면, 가짜뉴스의 개념을 극복하고 더 포괄적이고 체계적인 분석을 위해 제안된 개념이 허위정보라고 할 수 있다. 그런데 이 허위정보는 다시 오류정보(misinformation)와 구분된다. 가짜뉴스를 진실된 뉴스의 외양을 띤 허위정보라고 정의한다면, 허위정보와 오류정보의 구분은 정보가 유통되는 형태와 양식의 차이가 아니다. 여기서 두 개념을 구분짓는 기준은 정보의 생성과 유통에 관여한 사람들의 의도(intention) 혹은 인지여부이다. 위에서 인용된 정의에서 허위정보의 구성요건에는 "공공에 해를 끼칠 목적 내지 이윤을 목적"이라는 의도가 포함된다. 이에 비해 오류정보는 특정한 의도 없이 실수 혹은 관점의 차이 등으로 잘못된 정보가 유통되는 것을 의미한다("misleading or inaccurate information shared by people who do not recognize it as such")(European Commission 2018: 10). 즉, 같은 내용이더라도 그 정보를 생산하거나 유통시키는 주체가 그 내용의 오류를 인식하지 못하고 있다면 허위정보가 아닌 오류정보로 분류할 수 있다.

오류정보라고 해서 허위정보보다 그 폐해가 적다고 할 수 없다. 예를 들어 코로나19과 관련해 유통된 많은 잘못된 정보는 정치적 이익이나 금전적 목적을 위해 생성된 허위정보도 많았지만, 스스로의 확신과 나름대로의 공익적 의도를 가지고 유포된 오류정보도 있었다. 비록 나쁜 의도는 아니었다고 해도, 코로나19에 대한 잘못된 정보는 대중의 공포를 불러와 각국 정부의 방역정책에 큰 부담이 되었다. 정확히 그 규모를 추산할 수는 없겠지만, 코로나19로 인한 많은 인명 피해의 상당 부분은 허위정보와 오류정보가 없었다면 발생하지 않았을 안타까운 희생이었다.

마지막으로, 허위정보는 불법정보(illegal information)와도 구분된다. 허위정보는 불법정보를 그 하위개념으로 포괄하고 있기 때문에, 불법정보는 허위정보의 종개념(種槪念)이라고 할 수 있다. 각 국가에서는 나름대로의 국내법을 통해 포르노, 폭력선동, 명예훼손, 기밀누설, 프라이버시 침해, 차별 및 혐오 등의 내용을 담은 정보의 생산과 유통을 불법으로 규정하고 처벌 근거를 마련하고 있다. 그러나 이렇게 명백히 불법으로 규정할 수 있는 정보뿐 아니라 해당 국가의 현행법으로는 규제할 수 없는 허위의 정보 또한 허위정보의 개념에는 포괄되어 있다. 빠르게 발전하고 변화하는 현대 미디어의 속성 때문에 사회에 부정적인 영향을 끼치는 허위정보를 법적으로 규제하고 처벌하려는 시도는 항상 현상을 따라가지 못한다. 또 허위정보를 모두 법적 규제로 단속하려는 시도는 결국 민주주의의 근간이라고 할 수 있는 언론과 표현의 자유를 위협할 가능성이 크다.

모든 허위정보가 불법정보는 아니다. 국가의 권력과 법률로만 허위정보를 규제하려는 시도는 필연적으로 민주주의 기본적 가치인 인권과 표현의 자유를 침해하는 결과로 이어질 것이다. 그러나 그렇다고 해서 법으로 규제될 수 없는 종류의 허위정보의 파급력과 부정적 영향력을 무시할 수도 없다. 오히려 기존의 법적 장치로 규제가 불가능한 영역에 있기 때문에, 이를 극복하기 위해 보다 정교한 모니터링 노력이 필요하고 미디어 리터러시 교육을 강화하는 등의 정책적 노력이 필요하다.

제2절

가짜뉴스의 이론적 접근

1. 가짜뉴스와 온라인 공격성

가짜뉴스 혹은 허위정보는 잘못된 정보를 대중에게 확산시키는 점도 문제지만, 사회적 신뢰를 저하시키고 결과적으로 선택적 노출(selective exposure)과 확증편향(confirmation bias)을 강화시키는 부정적 효과도 있다. 앞 절에서 언급한 공격적 미디어 효과에 따르면, 가짜뉴스의 범람은 사람들이 자신들의 기존 신념과 정당지지에 일치하는 정보를 모두 가짜뉴스로 간주하게 하고, 결과적으로 민주적 숙의의 근간인 타협과 토론을 불가능하게 만든다. 자신의 사회적 정체성(social identity)을 위협할 수 있는 정보를 모두 가짜뉴스로 간주하는 이러한 태도는 사람들의 공격성을 증가시킬 수 있으며, 사회의 양극화를 촉진시키는 결과로 이어진다. 이러한 공격성의 가장 극단적인 사례로, 2021년 1월 6일 벌어진 미국 국회의사당 습격사건을 들 수 있을 것이다. 2020년 미국 대통령 선거결과가 조작되었다는 트럼프 전대통령의 선동에 자극받은 트럼프 지지자들은 신뢰받는 미디어의 선거결과 발표[28]조차 가짜뉴스로 간주하여 무시하였고, 미국 국회의사당에 난입하여 7명에 이르는 사망자가 발생하는 최악의 사태가 발생했다.[29]

---

28) 미국의 대통령 선거는 주로 언론에서 집계하여 발표하는 결과를 공식적인 것으로 받아들인다. 여러 언론들이 독자적으로 선거결과를 집계하지만, 전통적으로 AP통신의 선거결과 발표가 가장 권위있는 것으로 인정받고 있다.

29) 7명의 사망자 중에는 시위를 진압하던 경찰관 5명이 포함되었다. 이외에도 150명 이상의 경찰관이 부상했고, 수백 명에 이르는 추가 부상자가 있었다(Cameron 2022).

모든 가짜뉴스가 온라인을 통해 유포되는 것은 아니다. 그러나 온라인 공간에 참여하는 사람들은 좀 더 공격적 성향을 보인다는 연구들이 있다. 이에 대해서는 온라인 공론장의 특성이 인간의 심리적 성향과 잘 들어맞지 않아 공격성이 증가되는 부조응 가설과, 온라인에서 공격적인 사람은 오프라인에서도 공격성을 띤다는 연결성 가설이 대립하고 있다. 가짜뉴스의 효과를 이해하기 위해 아래에서는 이 두 가설의 내용을 간략히 소개한다.

가. 부조응 가설

온라인에서의 토론은 오프라인에서의 토론과 어떻게 다른가? 다수의 기존 연구들은, 온라인에서의 익명성 때문에 공론장에 참여한 사람들은 좀 더 공격적인 태도를 띠며, 이성적이고 합리적인 대화를 통해 합의를 도출하기보다는 상대방에 대해 위협적인 자세로 토론에 이기는 것을 목표로 하는 경우가 많다고 지적한다(Bohnet & Frey 1999; Petersen et al. 2009; Baltes et al. 2002; Bor 2021). Wolcholver(2012)는 이 온라인에서의 공격성 증가, 즉 공격성 격차[30]의 원인을 세 가지로 나누어 설명한다. 첫째, 온라인의 익명성 때문에 사람들은 자신들의 행동에 책임을 지지 않는다. 둘째, 자신들이 공격하는 대상과의 심리적 거리가 멀기 때문에 좀 더 쉽게 공격적인 태도를 띠게 된다. 내가 직접 알고 일상생활에서 자주 마주치는 타인에게라면 하지 못할 언행을, 온라인에서는 추상적이고 나와 직접적인 관계가 없는 대상으로 느껴지기 때문에 더 거침없이 하게 된다. 셋째, 실제 오프라인에서 얼굴을 마주보고 나누는 대화라면 꺼낼 수 없는 무례하고 공격적인 내용을, 말이 아닌 글의 형식으로는 좀 더 쉽게 노출하게 된다.

Bor와 Peterson은 이렇게 온라인에서의 소통이 오프라인보다 상대적으로 공격적 행동을 유발시킬 가능성이 높다는 가설을 부조응 가설(mismatch hypothesis)라고 명명했다(Bor & Peterson 2022). 진화과정을 통해 발달된 인간의 행동과 심리적 특질은 상대방을 직접 대면하지 않고 논쟁적인 주제를 토론하는 온라인 환경과 어울리지 않는다는 의미이다. 따라서 평소에는 타인과 전혀 마찰을 빚지 않는 사람들조차 온라인에서의 토론에 임하게 되면 자신의 감정을 주체하는 경우가 흔하다. 이 부조응 가설에 따르면

---

30) Bor(2022)에서는 정치적 공격성(political hostility)을 정치적 토론의 도구로 위협(intimidation)을 사용하는 것으로 정의하면서, 온라인과 오프라인에서 정치적 공격성의 차이가 실제로 존재하는지를 정량적으로 분석했다. 같은 논문에서 온라인과 오프라인에서의 공격성 차이를 공격성 격차(hostility gap)라고 정의하고, 개인 수준에서의 설문실험을 통해 공격성 격차의 유무와 그 이유를 분석하고 있다.

온라인 공론장의 퇴행의 원인은 인간 두뇌의 정보 처리 방식 및 대인감정 형성 방식과 어울리지 않는 온라인 환경 자체에 있다. 다른 이들보다 특별히 더 공격적이거나 무례하지 않은 사람들도, 온라인 환경에 노출되면 공격적인 태도를 보일 가능성이 높아진다는 것이 부조응 가설의 예측이다.

나. 연결성 가설

이 부조응 가설의 대항 가설로 제시되는 것이 연결성 가설(connectivity hypothesis)이다. 부조응 가설에서는 어떤 성격의 사람이든 온라인 환경에 노출되면 공격적인 성향이 높아질 것이라고 보는 반면, 연결성 가설에서는 특정 성향 혹은 태도를 가진 사람들이 오프라인에서건 온라인에서건 다른 사람들보다 더 높은 공격성을 보인다고 주장한다. 여기서 연결성(connectivity)은 특정 성향의 개인들은 오프라인과 온라인에서의 공격성이 연결되어 있다는 의미로 사용된다. 즉, 부조응 가설에서는 오프라인과 온라인이라는 환경의 차이가 공격성의 차이를 가져온다고 보는 반면, 연결성 가설에서는 개인의 심리적 특성(psychological predisposition)이 개인간의 공격성의 차이로 나타난다고 보는 차이가 있다. 연결성 가설에 따르면, 어떤 사람들은 오프라인에서도 공격적이며 동시에 온라인에서도 공격적이다.

이 연결성 가설에서 특히 주목하는 심리적 특성은 사회지배적 성향(social domi-nance orientation)이다. 사회지배적 성향은 집단간의 관계에 대한 태도로, 자신이 속한 내집단과 타인들이 소속된 외집단 사이의 관계를 수직적 상하관계로 보는지, 혹은 대등한 수평관계로 보는지로 구분된다(Pratto et al. 1994: 742). 사회지배적 성향이 높은 개인들은 내집단-외집단 관계를 수직적 권력관계로 파악하며, 반면 사회지배적 성향이 낮은 사람들은 내집단과 외집단이 수평적인 평등한 관계라고 인식하는 경향이 있다. 널리 사용되는 사회지배적 성향 척도를 통해 측정한 결과, 사회지배적 성향이 높은 사람들은 일반적으로 사회생활에서 공격성이 높다는 경험적 연구결과가 많이 축적되어 있다(Wilson & Daly. 1985; Sidanius et al. 2004). 이에 착안하여 Bor et al.의 연구는 사회지배적 성향이 높은 개인들은 온라인과 오프라인에서 모두 공격성이 높다는 연결성 가설을 제시한다. 이 연구에서 실험을 통해 부조응 가설과 연결성 가설을 검증해보았을 때, 부조응 가설보다 연결성 가설이 좀 더 설명력이 높은 것으로 밝혀졌다. 즉, 온라인에서 사람들이 좀 더 부정적이고 공격적인 성향을 띠게 되는 것이 아니라, 사회지배적 성향이 높은 사람들이 온라인과 오프라인에서 모두 공격적인 태도를 취한다는 것이다.

그러나 온라인 공론장에서의 높은 공격성을 설명하기 위한 연구는 아직 학자들 간의 논쟁 대상이며, 확실한 결론이 났다고 보기는 힘들다. 하지만 이러한 연구가 활발히 이루어지고 있다는 사실 자체가, 21세기 초 인터넷의 일반적 보급과 함께 대두된 쌍방향 커뮤니케이션과 새로운 직접민주주의 발전 같은 목표를 충족시키는 것에 실패했다는 것을 보여준다.

2. 가짜뉴스의 효과와 원인

그렇다면 허위정보, 혹은 가짜뉴스는 실제로 사람들이 정치에 대해 인식하고 그에 따라 행동하는 방식에 영향을 미치는가? 이 물음에 답하기 위해서는 가짜뉴스의 효과를 가짜뉴스의 전파 및 노출, 그리고 가짜뉴스의 수용이라는 두 차원으로 나누어 접근해야 할 필요가 있다.

가짜뉴스 혹은 허위정보가 정치적 수단으로 사용된 것은 그 역사적 뿌리가 매우 깊어서, 정치의 역사 그 자체라고도 할 수 있다. 첨단의 인터넷과 모바일 통신수단이 등장하기 이전에도 항상 뜬소문과 마타도어, 흑색선전 등은 효과적인 정치 홍보수단으로 이용되었다. 그렇다면 인터넷, 특히 소셜 미디어의 발달과 함께 가짜뉴스의 영향력이 더욱 커졌다고 판단할 수 있을까? 그렇다면 그 이유는 무엇인가? 사람들은 소셜 미디어의 시대에 가짜뉴스에 더욱 많이 노출되고 있는가? 그리고 소셜 미디어를 통해 전파되는 가짜뉴스 혹은 허위정보는 노출 빈도뿐만 아니라 그 형태와 성격이 이전의 가짜뉴스와 다를까?

위에서 제시한 물음들과는 별개로 가짜뉴스 혹은 허위정보의 수용의 문제가 있다. 가짜뉴스에 노출되었다고 해서 모두가 영향을 받는 것은 아니다. 어떤 사람들은 가짜뉴스에 노출되어도 영향을 받지 않지만, 가짜뉴스를 통해 접한 음모론에 빠져 현실과 완전히 유리된 대안적 사실(alternative facts)[31]의 세계관을 구축하는 사람들도 있기 때

---

31) "대안적 사실(alternative facts)"이란 정치인들이 중요한 정치적 사안에 대해 진실과 직접적으로 상반되거나 혼동된 주장을 하는 것을 의미한다. 트럼프 대통령의 대변인이었던 캘리안 콘웨이가 뉴스 인터뷰에서 처음 사용한 용어이다(Barrera, Oscar et al. 2020: 1).

문이다. 가짜뉴스에 좀 더 영향을 받는 심리적·인지적 성향을 가진 개인이 있을까? 그렇다면 이를 추동하는 심리적 기제는 무엇이며, 소셜 미디어와 이 심리적 기제는 어떻게 접합되어 가짜뉴스의 폐해를 증폭시키고 있는가?

이 절에서는 위에서 논의한 두 주제, 즉, 가짜뉴스의 전파와 노출, 그리고 가짜뉴스의 수용이라는 측면에서 가짜뉴스가 우리의 삶과 민주주의에 미치는 영향을 분석할 것이다. 이 분석에 들어가기 앞서, 가짜뉴스가 실제 선거와 정치에 미친 사례들에 대한 기존 연구와 논의를 정리한 후, 가짜뉴스의 전파와 노출, 그리고 수용을 논의하는 순서로 이 절을 구성한다.

가. 가짜뉴스의 사례

온라인 뉴스매체와 소셜미디어를 통해 전파되는 가짜뉴스가 선거와 정치과정에 영향을 미치는 사례는 이미 우리에게 친숙할 정도로 많이 축적되어 있다. 가짜뉴스와 허위정보가 온라인에서 전파되는 현상 자체는 이미 인터넷이 대중적으로 보급된 90년대에 시작되었지만, 그것이 민주주의에 파괴적인 현상으로 인식되기 시작한 대표적인 계기는 2016년 미국의 대통령 선거에서 도널드 트럼프 후보가 당선된 것을 꼽을 수 있다.

Allcott & Gentzkow는 2016년 미국 대통령 선거를 분석한 보고서에서, 트럼프 후보에게 유리한 가짜뉴스가 115종으로 3천만회 이상 페이스북을 통해 유통된 반면, 힐러리 후보에게 유리한 가짜뉴스는 41종에 불과했으며 페이스북 공유 회수도 7백6십만회에 그쳤다고 밝혔다. 이 연구에서는 만약 가짜뉴스가 일반적 TV 선거광고 방송 정도의 영향력을 가진다고 전제했을 때,[32] 가짜뉴스의 대량 유통은 미국 대통령 선거의 결과를 바꾸기에 충분했을 것이라고 추정한다(Allcott & Gentzkow 2017: 232). 가짜뉴스가 선거결과에 미친 영향을 정확하게 측정하는 것은 불가능하겠지만, TV 선거광고 방송보다도 가짜뉴스가 유권자의 인식과 투표의향에 더 큰 영향을 끼쳤을 가능성이 크다. 우선 Allcott & Gentzkow의 연구는 페이스북만을 기준으로 한 것으로, 페이스북이 아닌 다른 경로로 유통된 가짜뉴스는 이 연구에 포함되어 있지 않다. 즉, 2016년 미국 대통령 선거에서 미국 유권자들은 이 연구에서 분석대상으로 삼은 것보다 훨씬 더 많은

---

32) Spenkuch & Toniatti(2016)의 연구에 따르면, TV 선거광고의 1회 노출은 시청자의 투표결과에 0.02%의 한계효과를 가진다. 즉, 50회의 TV 광고에 노출되면 해당 시청자의 투표의향이 바뀔 확률이 1% 높아진다.

가짜뉴스에 노출되었을 것이라고 추정하는 것이 합리적이다. 그리고 TV선거광고는 시청자가 그 광고의 제작자와 제작의도를 이미 알고 있어 선택적 노출과 정파적 해석(partisan-motivated interpretation)의 가능성을 높인다(Allcott & Gentzkow 2017: 232). 이에 비해 중립성을 가장한 허위사실을 진실인 것으로 전달하는 가짜뉴스의 경우는 미디어 리터리시 능력이 떨어지는 유권자의 투표의향 변경에 더 효과적일 수 있다는 점도 감안해야 한다.

2016년 미국 대선에 가짜뉴스가 미친 영향은 비단 미국의 국내 문제에만 그치는 것이 아니다. 국제질서를 주도하는 단극체제의 최강국으로서의 미국의 위상을 생각하면, 미국 대통령 선거의 결과가 가짜뉴스에 오염되어 바뀌는 것은 전세계의 평화와 질서 자체가 위협받는 현상이라고 보아야 한다. 그런데, 이 가짜뉴스 유포에는 러시아가 적극적인 역할을 했다. 한 보도에 따르면, 선거에 상당한 영향을 준 것으로 짐작되는 힐러리 관련 음모론의 상당수는 러시아의 정보기관이 생산하고 유포한 것이다(Reston 2017). 예를 들어 "피자게이트 음모론" 같은 가짜뉴스는 러시아의 영향을 받는 봇 계정들에 의해 SNS상에서 적극적으로 전파되어 큐아넌(QAnon) 같은 미국의 음모론 네트워크를 통해 광범위하게 퍼졌다. 피자게이트란 힐러리 클린턴이 한 피자 가게의 지하실에서 아동 성매매 조직을 운영했다는 내용의 황당무계한 내용이었지만, 이를 실제로 믿은 미국의 한 음모론자는 이 가게에 총기를 난사하는 사건까지 벌어졌다(정이나 2016). 이러한 러시아의 선거개입에 항의하기 위해 미국의 오바마 대통령은 2017년 1월 35명의 러시아 외교관을 추방하는 조치를 취했다.

가짜뉴스에 선거가 영향받는 현상은 한국도 예외가 아니다. 이미 2017년 대통령 선거와 관련되어 진행된 연구에 따르면, 국민의 32.3%가 가짜뉴스에 노출된 경험이 있었다(오세욱 외 2017: 120). 이 연구는 설문조사를 통해 가짜뉴스가 주로 유통되는 경로가 인터넷이라는 것을 확인했는데, 응답자의 76.3%가 포털, 페이스북, 카카오톡 같은 인터넷 매체를 통해 가짜뉴스를 받아보았다고 답했다. 여러 인터넷 매체 중 가짜뉴스의 경로로 가장 많이 지목된 것은 모바일 메신저(라인, 카카오톡)로 39.7%였으며, 페이스북, 트위터 같은 소셜 플랫폼이 27.7%, 인터넷 카페나 블로그가 24.3%였다(오세욱 외 2017: 121).

2020년 총선 기간에도 다양한 가짜뉴스가 유포되었다. 이 중 위법하다고 판단되어 중앙선거관리위원회가 허위사실 공표로 판정한 행위는 35건이었으며, 이 중 20건을 경고, 2건을 수사의뢰, 13건을 고발조치했다. 이 가짜뉴스의 사례로는 코로나19 때문에 대통령이 총선을 연기할 예정이라거나, 안철수 후보가 국토종주를 하면서 배번 10번을 셔츠에 표기한 것이 선거법 위반이라는 등의 비교적 경미한 사안도 있었지만, 서울, 경기, 인천 지역의 사전투표가 조작되었다는 내용의 심각한 가짜뉴스도 있었다(고선규 외 2021: 35-37).

　가짜뉴스의 영향은 선거와 정치에 그치지 않는다. 현재까지도 영향을 미치고 있는 가짜뉴스의 폐해 중 대표적인 것은 코로나19와 관련된 가짜뉴스의 범람과 그로 인한 혼란이다. 백신의 효능과 부작용에 대한 가짜뉴스의 유포는 대중의 방역정책에 대한 불신을 부추겨, 막을 수 있었던 인명피해를 증가시키는 최악의 결과를 가져왔다. 이와 관련한 한 연구는 코로나19와 관련된 가짜뉴스를 연구한 논문 1644편을 수집하여 그 결과를 메타분석했다. 이에 따르면 코로나19에 대한 가짜뉴스 때문에 방역전문가에 대한 공격, 사회적 불신과 폭력, 불안감 등이 보고되었다. 또한 일반적으로 사람들은 소셜 미디어를 잘못된 코로나19 관련 정보를 얻었으며 이를 믿는 경향이 있었다. 또 이러한 가짜 정보로 인해 사람들은 불안, 우울, 정서적 소진 등을 경험하였다(Rocha et al. 2021: 7).

　아마도 가짜뉴스의 정파적 효과를 가장 충격적으로 보여준 것은 미국의 사례일 것이다. 코로나19가 대량으로 발생하던 시점에서도 미국의 트럼프 대통령은 그 위험성을 평가절하했으며, 코로나19에 대한 보다 철저한 방역정책을 요구하는 목소리를 자신에 대한 정치적 공격으로 치부하여 무시했다. 심지어 코로나19가 독감과 다를 바 없다는 글을 페이스북과 트위터에 올리기도 했는데, 이 글들은 트럼프 본인이 코로나19에 확진되어 병원에 입원한 후 페이스북과 트위터에서 가짜뉴스로 분류되어 삭제되거나 경고표시가 달리기도 했다(송병기 2020).

[그림 6-2] 미국 트럼프 지지 카운티와 바이든 지지 카운티의 코로나19 확진자수 비교

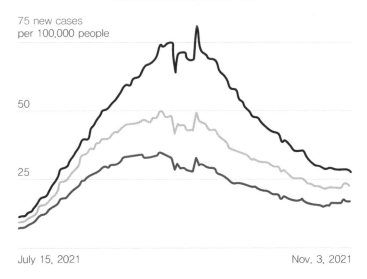

출처: Leonhardt 2021.

또한 코로나19 확산시기가 미국의 대통령선거 캠페인 시점과 맞물리면서 코로나19
의 확산은 미국내 지역별 정당 선호와 높은 상관관계를 갖게 되었다. 트럼프 대통령과
공화당을 지지하는 보수 지역에서는 코로나19 확진률과 사망률이 높았던 반면, 민주당
주지사들이 상대적으로 적극적인 방역정책을 펼친 지역에서는 코로나19로 인한 피해가
상대적으로 작았다. <그림 6-2>의 그래프는 뉴욕 타임즈가 2021년 보도한 것이다.
이 그래프는 확진자 수만을 비교하고 있지만, 다른 언론 보도에 따르면 사망자수 또한
지지후보별 격차가 컸다. 2020년 대선에서 트럼프 대통령이 70% 이상 득표한 카운티
에서는 2021년 6월 말 이후 인구 10만 명당 코로나19 사망자가 47명이었던 반면, 반대
로 트럼프 전 대통령의 득표율이 32%에 못 미친 카운티에서는 10만 명당 사망자가 10
명이었다(정성호 2021).

미국의 사례에서 보다시피, 코로나19는 단순한 감염병 사태를 넘어 각국의 정치적
문제가 되었다. 새로운 바이러스의 출현이었기 때문에 의료전문가들조차 사태 초기에

는 정확한 정보와 대응책 마련에 어려움을 겪었다. 절대적인 정보 부족 사태는 대중의 불안감과 결합하여 각종 가짜뉴스와 허위정보의 범람으로 이어졌다. 각국의 정치 지도자들은 방역실패가 자신의 정치적 책임으로 이어지는 것을 차단하기 위해 노력했는데, 미국의 트럼프 대통령과 함께 브라질의 보우소나루 대통령은 허위정보를 대통령이 스스로 유포한 대표적인 경우이다. 보우소나루 대통령은 2021년 11월 TV 방송에 출연하여 "영국 정부의 공식 보고서에 따르면, '백신 접종을 완료한 사람이 예상보다 훨씬 더 빨리 후천적면역결핍증(에이즈·AIDS)에 걸린다'"라는 허위정보를 유포했다(박병수 2021). 이 발언은 브라질 대법원이 검찰에 조사를 지시하는 등 정치적 파장으로 이어졌다.

한국은 코로나19에 대한 방역에 세계적으로 성공한 사례로 손꼽히며, 코로나19로 인한 사망자가 상대적으로 매우 적은 국가에 속한다. 따라서 미국의 사례와 같은 가짜뉴스 노출 및 수용과 코로나19 사망 사이의 상관관계는 존재하지 않거나 매우 낮은 수준일 것으로 추정된다. 그러나 최근의 연구에 따르면 한국에서도 코로나19에 대한 가짜뉴스와 정치적 태도 사이의 상관관계가 발견되었다. 김춘식 외(2021)의 연구는 코로나19에 대한 지식 수준에 정치이념과 정치효능감, 그리고 정치에 대한 관심, 탈물질적 가치관 등이 유의미한 영향을 끼친다는 것을 보여준다. 이에 따르면 진보적인 응답자일수록 코로나19에 대해 더 많은 지식을 갖고 있었다. 또, 정치에 관심이 많고 정치효능감이 높은 응답자들, 그리고 탈물질적 가치관을 가진 사람들이 코로나19에 대한 지식수준이 높았다. 그런데 여기서 흥미로운 것은, 정치뉴스를 유튜브를 통해 주로 접하는 응답자들은 코로나19와 관련한 보건지식 수준이 낮다는 사실이다. 이에 대해 이 논문은 "정보를 습득하는 경로가 유튜브일 경우 오히려 사실에 기반한 정보가 아닌 허위정보를 습득할 가능성"이 높기 때문이라고 주장하고 있다(김춘식 외 2021, 34-35).

유튜브 시청자들은 코로나19에 대한 보건지식이 상대적으로 낮을 뿐만 아니라, 코로나19와 관련된 가짜뉴스를 믿고 있을 가능성 또한 높다는 것이 같은 연구에서 발견되었다. 이 연구에서는 다음과 같은 대표적인 코로나19관련 가짜뉴스를 응답자에게 제시하였다: "아무런 증상이 없는 보수단체 집회 참석자들을 대상으로 코로나19 검사를 해 개인정보를 수집해 간다"; "보건소가 전광훈 목사가 운영하는 사랑제일교회 교인에 대해서는 무조건 양성 확진을 내린다. 실제 양성 판정을 받은 수십 명의 교인이 병원 검사에서는 음성 판정을 받았다"; "곧 수도권 지역을 대상으로 사회적 거리두기가 3단계로 격상되며, 이렇게 되면 수도권 주민들의 타 시도로의 이동이 금지된다"; "패스트

푸드점 직원들 대거 감염에서 보았듯이 코로나19 확진자가 제조한 음식을 먹거나 이 음식을 담은 포장지를 만지면 무조건 코로나19 바이러스에 감염된다". 분석결과, 유튜브를 통해 정치뉴스를 주로 소비하는 응답자들은 이러한 가짜뉴스의 진실성을 제대로 판별하지 못할 가능성이 높은 것으로 드러났다(김춘식 외 2021: 44).

지금까지 몇몇 제한된 사례에서 최근 가짜뉴스 혹은 허위정보가 선거 및 정치에 영향을 실질적인 영향을 미친 것을 확인해보았다. 다시 강조하지만 허위정보는 전혀 새로운 현상이 아니다. 하지만 우리는 급속한 기술의 발달로 인해 그 어느 때보다 정보가 빨리 전파되고 있으며, 딥페이크 등 허위정보 조작기술의 정교화는 허위정보의 실체를 파악하는 어려움을 가중시키고 있다. 또 이러한 기류에 편승한 대중선동적 정치인들의 적극적인 허위정보 유포, 각국 정보기관이 가짜뉴스를 이용하여 타국의 정치에 개입하려는 시도 등은 앞으로도 지속될 것이다.

나. 가짜뉴스를 믿는 심리적 이유

이 절의 서두에서 인용한 바와 같이, 베렐슨은 미국의 유권자들이 알고 있는 정치에 대한 지식이 질과 양 측면에서 모두 부족하다고 지적한다. 그런데 쿠클린스키의 연구는 베렐슨이 미국 유권자들의 정치지식 부족을 지적한 것에서 한 걸음 더 나아간다. 미국의 유권자들은 정치지식이 부족할 뿐만 아니라, 잘못된 지식을 갖고 있다는 것이다. 즉, 지식의 양뿐만 아니라 질에도 심각한 문제가 있음을 지적했다. 그리고 시민들은 자신들이 알고 있는 잘못된 사실에 대해 확신을 갖고 있고, 이것이 시민들의 정책에 대한 선호에 영향을 끼친다고 주장한다. 이 잘못된 정치지식에 대한 신념 때문에 사람들은 제대로 된 정보를 접하게 되었을 때도 자신의 잘못된 견해를 수정하지 않고 저항하게 된다(Kuklinski et al. 1998: 145–146). 이러한 태도를 정치적 허위의식(political misperception)이라고 정의할 수 있다.

미국뿐 아니라, 많은 민주주의 국가의 구성원들은 중요한 정책적 의제에 대해 관심이 없거나 지식이 부족(uninformed)하다. 허위정보의 범람은 연구자들에게 대중의 부족한 정치지식 문제에 더해 잘못된 지식(misinformed) 문제를 고찰해야 하는 숙제를 안기고 있다. 허위정보에 노출되고 이를 적극적으로 수용하여 신뢰하는 사람들은 자신의 잘못된 정보에 대해 강한 확신감마저 갖게 되는데, 이는 결국 정치적 허위지각의 문제로 귀결된다(노성종 2017: 103). 허위정보를 수용한 대중들의 정치적 허위지각, 즉, 잘못된 정보에도 불구하고 스스로가 특정 정책적 사안에 대해 정확한 정보를 갖고 있다는 믿음은 결국 선거 및 기타 민주적 정치참여과정을 통해 실제 정치에 영향을 미치게 된다.

그렇다면 사람들은 어떤 이유로 이러한 정치적 허위의식을 갖게 되는 것일까? Pennycook and Rand(2021: 389-393)는 가짜뉴스를 믿게 되는 사람들의 심리적 동기를 세 가지로 구분해서 설명한다. 첫 번째, 사람들이 기존에 가지고 있던 정파성 혹은 정치적 태도가 가짜뉴스를 믿게 만드는 효과가 있다(political motivation). 이는 확증편향(confirmation bias) 현상으로 설명될 수 있는데, 사람들은 자신의 기존 생각 및 태도와 일치하는 정보를 받아들이는 경향이 있다는 의미이다. 자신이 지지하는 정당 및 정치인, 그리고 정치이념과 일치하는 정보라면 의심없이 받아들일 가능성이 크다. 이렇게 정치적 동기 때문에 제대로 된 팩트 체크 과정없이 의심스러운 정보를 받아들이는 것이 가짜뉴스를 신뢰하는 중요한 원인이라고 할 수 있다. 이러한 현상은 동기화 추론(motivated reasoning)이라고 불리는데, "특정한 목적(goal)에 따라 정보를 처리하려는 노력"으로 정의된다(노성종 2017: 106).

둘째, 인간이 정보를 받아들이고 추론하는 과정이 가짜뉴스를 믿게되는 원인을 제공할 수 있다(reasoning). 인지심리학의 이중과정이론(dual-process theory)에서는 인간의 추론 과정을 두 가지 시스템으로 구분한다. 1차 과정(system 1)과 2차 과정(system 2)인데, 여기서 1차 과정은 흔히 '직관(intuition)'에 의존하는 추론과정이다. 이 1차 과정은 암묵적, 무의식적, 자동적으로 이루어지는 인지추론과정이며, 빠른 속도로 결론을 내려야 하는 경우에 사용되는 인지과정이다. 2차 과정은 '숙고(deliberation)'에 의한 추론과정이다. 1차 과정과는 달리 명시적, 의식적, 통제된 추론과정이며 결론을 내리는데 상대적으로 긴 시간과 노력이 수반된다는 차이가 있다. Pennycook and Rand는 기존의 연구를 검토하여, 사람들이 2차 과정, 즉 받아들인 정보를 오랜 시간을 들여 검토하고 이성적인 판단을 내리는 과정을 거칠 때 가짜뉴스를 믿을 가능성이 낮아진다고 주장한다. 역으로 말하면 직관에 의존하는 1차 과정적 사고를 통해 주로 정치적 판단을 할 경우, 가짜 뉴스를 믿을 가능성이 높아진다는 의미이다.

셋째, 사람들이 뉴스와 뉴스 헤드라인을 읽을 때 휴리스틱스(heuristics)를 많이 사용하는 것이 가짜뉴스 수용에 영향을 줄 수 있다. 여기서 중요한 요소가 익숙함 혹은 친밀도(familiarity)이다. 이는 같은 정보에 반복해서 노출되었을 때 그 정보에 대해 사람들이 익숙해지고, 그 뉴스를 사실로 받아들일 가능성이 커지는 현상을 의미한다. 이렇게 반복된 노출로 인해 그 정보를 사실로 믿게 되는 것을 '진실착각효과(illusory truth effect)'라고 부른다(노성종 2017: 103). 이러한 진실착각효과는 소셜미디어에 범람하는 가짜뉴스가 사람들에게 영향을 미치는 이유를 상당부분 설명할 수 있다. 아무리 황당하고 진실과 거리가 먼 정보라도 반복해서 노출되다 보면 그것을 진실로 받아들일 가능성이 커지는 것이다.

친밀도와 함께 가짜뉴스 수용에 영향을 미치는 휴리스틱스의 요소는 뉴스를 전달하는 사람과의 관계이다. 사람들은 자신이 신뢰하는 사람이나 저명한 정치 엘리트 등이 전달하는 내용은 더 쉽게 진실이라고 믿는 경향이 있다. 도널드 트럼프 대통령의 허위정보 유포가 광범위하게 영향을 끼치고 미국 공화당을 극단적인 우경화로 이끈 사실은 이 이론으로 설명할 수 있다. 또한, 많은 경우 가짜뉴스는 매우 격동적이고 독자의 정서에 호소하는 제목을 달고 있는 경우가 많은데, 뉴스를 감정적으로 받아들이는 사람의 경우 가짜뉴스를 신뢰할 가능성 또한 높아지는 경향이 있다.

트럼프 전 대통령이 가짜뉴스를 전파시킨 과정은 위에서 설명한 심리적 기제들을 매우 요약적으로 보여주고 있다. 트럼프 전 대통령 취임이전에 이미 미국의 정치는 극단적 양극화가 상당히 진행된 상태였다. 트럼프는 극단적 우경화의 길을 걷고 있는 미국 공화당 지지자들의 구미에 맞는 포퓰리스트적 발언을 통해 대통령에 당선되는 데 성공했다(동기화 추론, 이중과정이론). 이에 그치지 않고 당선 이후에도 트럼프는 매우 반복적이고 꾸준히 가짜뉴스를 전파했다. 트럼프 전대통령은 백악관 대변인실이나 언론의 정제과정을 거치지 않고 트위터를 통해 자신의 지지자들과 직접 소통하는 것을 선호했다. 많은 경우 하루에도 수십 개씩 쏟아지는 그의 트윗은 허위정보의 친밀도를 높였으며(진실착각효과), 여기에 미국의 대통령이라는 그의 직위가 갖는 강력한 권위와 상징은 그의 극단적인 주장을 지지자들이 진실로 받아들이는 중요한 기제로 작동했을 것이다.

미국의 공화당 지지자들이 허위정보에 상대적으로 더 취약하다는 것은 정량적 데이터로도 증명되고 있다. 한 연구에 따르면, 미국의 공화당원들은 민주당원들에 비해 정보의 진실성을 판별하는 능력이 상대적으로 뒤떨어지는 것으로 드러났다.[33] 민주당원들이 상대적으로 진실에 가까운 뉴스를 서로 소셜 미디어상에서 공유하는 데 비해, 공화당원들은 허위정보를 서로 공유할 가능성이 더 높기 때문에 이러한 현상이 발생하는 것으로 이 연구는 분석하고 있다. 이러한 분석은 정당과 사회의 소통과 신뢰, 그리고

---

33) Garrett, R. K., & Bond, R. M. (2021). p.5

문화가 허위정보 및 가짜뉴스의 유행에 영향을 줄 수 있다는 것을 시사한다. 미국 공화당의 주요 정치인들과 여론주도층이 공화당의 극단적인 우경화를 견인하면서 미국 정당정치에서는 중도가 설 자리가 사라졌으며, 이러한 정당 문화가 미국의 공화당 지지자들이 상대적으로 더 적극적으로 허위정보를 수용하게 된 것에 큰 책임이 있다는 의미이다.

제3절
가짜뉴스가 한국인들에게 미치는 영향: 회귀분석

1. 조사 개요와 변수 설명

한국행정연구원과 한국정당학회는 공동으로 2022년 12월과 2023년 1월 사이에 "정치양극화 현황과 제도적 대안에 관한 국민의식조사"라는 제목의 여론조사를 실시하였다. 이 조사의 모집단은 18세 이상 한국 거주 성인남녀이며, 대면면접을 통해 응답자 1,001명을 조사하였다. 이 조사에는 가짜뉴스에 대한 노출과 전파경로, 그리고 그 대안에 대한 의견을 묻는 항목들이 포함되었다. 이 절에서는 가짜뉴스에 대한 노출이 국민들의 정치효능감과 반페미니즘 성향 등에 미치는 영향을 회귀분석을 통해 분석한 내용을 소개한다.

회귀분석 결과를 분석하기 전에, 이 분석에 투입된 변수들을 먼저 정리하여 소개한다. 회귀분석에는 모두 여섯 개의 종속변수가 사용되었다. 우선 "정치효능감" 변수는 "정부는 나 같은 사람들의 의견에 관심이 없다"와 "나 같은 사람들은 정부가 하는 일에 대해 어떤 영향도 주기 어렵다"라는 문장에 대한 동의로 측정하였다. 각 문장을 4점 리커트 척도로 측정한 후 합산척도(summation scale)로 만들었으며 크론바 알파값은 0.71이다. 이 변수의 값이 클수록 해당 응답자의 정치효능감이 높다는 것을 의미한다. 두 번째 종속변수인 "갈등인식" 변수는 보수와 진보, 영남과 호남, 수도권과 지방 등

한국 사회의 대표적인 균열 열 가지에 대해 그 갈등이 얼마나 심각한지를 각각 4점 척도로 묻고 이를 합산한 것이다. 이 합산척도의 크론바 알파값은 0.81이다. 갈등인식 변수의 값이 클수록 응답자가 한국사회의 갈등이 그만큼 심각하다고 생각한다는 의미이다. "공정성 인식"은 한국사회가 교육기회, 취업기회 등 여덟 개 측면에서 얼마나 공정하다고 생각하는지를 묻고, 그 응답을 합산하여 합산척도로 코딩하였다. 이 합산변수에 포함된 변수들의 크론바 알파값은 0.77이다. 공정성 인식 변수의 값이 클수록 응답자는 한국사회가 공정하다고 생각한다는 것을 의미한다. "반페미니즘"은 페미니즘에 대한 적대적인 태도를 측정하는 변수로, "여성가족부는 폐지되어야 한다", "여경을 채용할 때 남성과 같은 수준의 체력검정 기준을 적용해야 한다", "성폭력 무고죄에 대한 처벌을 강화해야 한다"의 세 문장에 대한 응답을 합산하여 작성했다. 이 합산척도의 크론바 알파값은 0.31이다. 이 변수 값이 클수록 응답자의 반페미니즘 성향이 강한 것을 의미한다.

반페미니즘 성향은 전통적인 가부장주의 성향과는 구별된다. 이를 비교하기 위해 가부장주의를 여섯 개의 4점 리커트 문항으로 측정한 후 합산척도로 코딩했다. 이 합산척도에 투입된 문항은 "대체로 모임의 리더는 남성이 맡는 것이 좋다", "여권운동가들은 남성에게 터무니없이 무리한 요구를 한다", "여성은 남성에게 애교를 부려 자기가 원하는 바를 얻으려고 한다", "신체상 위험부담이 큰 일은 여성보다 남성이 담당해야 한다", "여성은 가정을 돌보는 섬세함을 지니고 있다", "남자라면 사랑하는 여자가 있어야 한다"이다. 이 가부장주의 합산척도의 크론바 알파값은 0.61이며 값이 클수록 높은 가부장적 성향을 의미한다. 마지막으로 "한국사회 신뢰도"는 대통령, 법원, 국회, 정당, 언론, 사회단체 등 한국의 대표적인 기관 10개에 대한 신뢰도를 11점 척도로 물은 뒤 이를 합산한 것이다. 크론바 알파값은 0.95로 매우 높으며, 값이 클수록 응답자가 한국사회의 주요 기관을 더 신뢰하고 있다는 의미이다.

지금까지 설명한 여섯 가지의 합산척도를 회귀분석의 종속변수로 사용했다. 여섯 종속변수의 내용을 <표 6-1>에서 정리하여 비교했다.

〈표 6-1〉 회귀분석 종속변수 일람

종속변수	크론바 알파	평균	표준편차	최소값	최대값
정치효능감	0.71	3.18	1.28	1	7
갈등인식	0.81	29.86	4.28	12	40
공정성 인식	0.77	19.00	3.35	8	29
반페미니즘	0.31	8.21	1.44	3	12
가부장주의	0.61	14.46	2.57	6	22
한국사회 신뢰도	0.95	39.69	19.48	0	91

　　위에 설명한 여섯 개의 종속변수의 변이를 설명하기 위한 주요 독립변수 세 가지를 투입하였다. 첫 번째는 "TV 시청"이다. 이 변수는 응답자의 지상파, 종합편성채널, 케이블 방송을 합한 텔레비전의 하루 평균 시청 시간을 뜻한다. "전혀 시청 안 한다"에서 "4시간 이상"까지 10점 척도로 측정되었다. 참고로, 세대별로 하루 평균 TV 시청시간을 비교해보면 아래와 같다. 젊은 세대일수록 상대적으로 TV 시청시간이 적고, 노년층으로 갈수록 시청시간이 늘어나는 것을 볼 수 있다. 한국전쟁 세대의 경우, 절반 이상인 52.2%가 하루 평균 3시간 이상 TV를 보고 있지만, MZ세대는 6.1%만이 하루에 3시간 이상 TV를 본다고 답했다.

〈표 6-2〉 세대별 일일 평균 TV 시청시간 비교

(단위: %)

	한국전쟁	산업화세대	86세대	X세대	MZ세대	전체응답자
1시간 미만	5.8	3.9	14.0	22.2	45.8	24.1
3시간 미만	42.0	55.8	61.5	64.3	48.1	55.0
3시간 이상	52.2	40.3	24.4	13.5	6.1	20.9
합계	100.0	100.0	100.0	100.0	100.0	100.0

　　두 번째 미디어 관련 독립변수는 "인터넷 사용"이다. 이는 TV 시청 변수와 마찬가지로 하루 평균 인터넷 사용 시간을 물어서 10점 척도로 측정하였다. TV의 경우와는 반대로, 젊은 세대일수록 평균 인터넷 사용시간이 긴 것으로 조사되었다. 세대별로 인터넷 사용시간을 비교하면 다음과 같다.

〈표 6-3〉 세대별 일일 평균 인터넷 사용시간 비교

(단위: %)

	한국전쟁	산업화세대	86세대	X세대	MZ세대	전체응답자
1시간 미만	88.4	64.6	36.2	23.8	10.4	33.8
3시간 미만	8.7	28.7	47.1	59.5	54.2	45.9
3시간 이상	2.9	6.6	16.7	16.8	35.4	20.4
합계	100.0	100.0	100.0	100.0	100.0	100.0

MZ세대의 35.4%가 하루 평균 3시간 이상 인터넷을 사용하고 있는데, 한국전쟁 세대는 2.9%, 산업화세대는 6.6%에 그쳤다. 전체적으로는 절반 가까운 45.9%의 응답자들이 하루 평균 1시간 이상에서 3시간 미만으로 인터넷을 사용하고 있었다.

세 번째 미디어 관련 독립변수는 "가짜뉴스 노출"이다. 이 변수는 각 응답자가 가짜뉴스에 노출되는 빈도를 측정한 것이다. "거짓된 정보를 진실된 뉴스인 것처럼 전달하는 경우를 가짜뉴스라고 합니다. 귀하께서는 평소에 이 가짜뉴스를 얼마나 자주 경험하고 계십니까?"라는 질문으로 측정했다. 응답자에게는 "거의 경험해보지 못했다"; "한 달에 한두 번 정도 경험해본다"; "일주일에 한두 번 정도 경험해본다"; "하루에 한두 번 정도 경험해본다"; "하루에 한두 번 이상 경험해본다"의 다섯 답지 중 하나를 선택하도록 했다.

〈표 6-4〉 세대별 가짜뉴스 노출 빈도 비교

(단위: %)

	한국전쟁	산업화세대	86세대	X세대	MZ세대	전체응답자
노출없음	60.9	42.0	32.1	27.0	24.4	32.3
한달 한두번~일주일 한두번	36.2	49.2	59.7	61.6	60.0	56.6
하루 한두번 정도 혹은 그 이상	2.9	8.8	8.1	11.4	15.7	11.1
합계	100.0	100.0	100.0	100.0	100.0	100.0

세대별로 가짜뉴스에 노출되는 빈도를 비교하면, 인터넷 사용시간이 가장 많은 MZ세대가 가짜뉴스에 대한 노출도 가장 빈번한 것으로 드러났다. 하루 한두번 혹은 그 이상 가짜뉴스를 접한다는 응답이 MZ세대 구성원에서는 15.7%로 드러났고, 한달 한두

번, 혹은 일주일 한두번 정도 노출된다는 응답은 60%였다. 이를 한국전쟁세대와 비교하면 흥미로운데, 한국전쟁 세대의 60.9%는 가짜뉴스를 접한 적이 없다고 답했으며, 하루 한두번 이상 접한다는 응답은 2.9%에 그쳤다. 전체적으로 86세대 이하에서는 가짜뉴스 노출에 대한 차이가 크지 않았다. 산업화세대 이상 연령층에서 가짜뉴스에 대한 노출이 상대적으로 줄어들기 시작한다.

이 가짜뉴스 노출빈도의 해석에는 신중을 기할 필요가 있다. 이는 응답자 본인들이 가짜뉴스라고 판단할 능력이 있음을 전제로 하는 설문이기 때문이다. 한국전쟁 세대에서 가짜뉴스에 노출된 적이 없다는 응답이 60%를 넘은 것은 이들의 낮은 미디어 리터러시 수준 때문에 가짜뉴스를 판별할 능력이 상대적으로 떨어지기 때문일 가능성이 있다.

이번에 조사한 여론조사에서는 각 응답자들의 미디어 미터러시 측정을 위한 항목이 포함되어 있었다. 미디어 리터러시는 다음의 다섯 문항으로 측정되었다: "나는 내가 원하는 뉴스 정보를 찾아낼 능력이 있는 편이다."; "나는 평소 뉴스 내용에 대한 이해 능력이 있는 편이다."; "나는 미디어 정보에서 사실과 의견을 구분할 수 있다."; "나는 나의 관점으로 뉴스를 해석하는 능력이 있는 편이다."; "나는 미디어에서 다양한 사회적, 정치적 의견을 확인하고 내 의견을 표현할 수 있다." 각각의 문항은 4점 척도로 측정되었으며, 다섯 문항에 대한 응답값을 합산하여 미디어 리터러시 합산척도를 구성하였다. 미디어 리터러시 합산척도의 크론바 알파값은 0.89이고, 평균값은 13.7, 표준편차는 3.1, 최솟값은 5, 최댓값은 20이다.

[그림 6-3] 세대별 미디어 리터러시 비교

(단위: %)

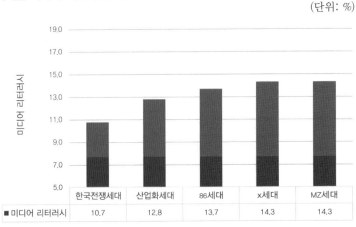

	한국전쟁세대	산업화세대	86세대	X세대	MZ세대
■ 미디어 리터러시	10.7	12.8	13.7	14.3	14.3

[그림 6-3]의 그래프는 세대별로 미디어 리터러시를 비교한 것이다. 그래프의 값이 클수록 미디어 리터러시 능력이 뛰어난 것을 의미한다. 86세대와 X세대, MZ세대의 미디어 리터러시 능력이 큰 차이가 없는 반면, 산업화 세대가 상대적으로 약간 낮은 편으로 조사되었다. 가장 나이가 많은 한국전쟁세대에서는 미디어 리터러시가 젊은 세대들에 비교해 큰 폭으로 떨어지고 있는 것으로 나타났다.

이러한 미디어 리터러시의 세대별 차이는 나이가 많을수록 가짜뉴스 노출이 적어지는 이유를 어느 정도 설명할 수 있을 것이다. 그러나, 이 연구에서는 가짜뉴스를 판별할만한 미디어 리터러시 능력이 있는 개인일지라도, 자주 가짜뉴스 혹은 허위정보에 노출되는 환경이라면 가짜뉴스에 영향받을 가능성이 커질 것이라는 가정하에 분석을 진행했다.

TV시청, 인터넷 사용시간, 가짜뉴스 노출이라는 미디어 변수들 사이에는 상관관계가 존재했다. 우선, TV 시청과 인터넷 사용 사이에는 역의 상관관계가 있다. 이는 TV 시청 시간이 길수록 인터넷 사용 시간은 줄어드는 경향이 있음을 의미한다. 반면, TV 시청과 가짜뉴스 노출 사이에서도 역의 상관관계가 있는 것이 발견되었다. 즉, TV 시청 시간이 길수록 가짜뉴스에 노출되는 빈도가 줄어드는 경향이 있었다.

물론 TV 시청 시간시간과 가짜뉴스 노출 사이의 관계를 인과관계로 볼 수는 없을 것이다. 가짜뉴스의 주된 유통경로가 인터넷이며, TV 시청을 주로하는 사람들은 상대적으로 인터넷 사용시간이 적고, 따라서 가짜뉴스에 노출되는 빈도 또한 줄어드는 것으로 생각해볼 수 있다. 그리고 예상대로 인터넷 사용과 가짜뉴스 노출 사이에는 정방향의 상관관계가 발견되었다.

⟨표 6-5⟩ TV시청, 인터넷 사용, 가짜뉴스 노출의 상관관계(피어슨 상관계수)

	TV 시청	인터넷 사용	가짜뉴스 노출
TV 시청	1		
인터넷 사용	−0.292***	1	
가짜뉴스 노출	−0.143***	0.235***	1

주: *** $p < 0.001$, ** $p < 0.05$, * $p < 0.01$

지금까지 소개한 세 가지 독립변수 외에, 통제를 위한 사회경제적 배경변수들이 회귀분석에 투입되었다. "이념", "국민의힘", "민주당", "연령", "성별", "교육수준" 등 여섯 가지 배경변수가 통제변수로 사용되었다. 아래에서는 이 통제변수들의 내용을 표를 통해 개괄하였다.

〈표 6-6〉 통제변수 일람

통제변수	변수설명	최솟값	최댓값	평균	표준편차
이념	11점 척도 (0=매우 진보, 10=매우 보수)	0	10	5.21	1.88
국민의힘	이진변수 (1=국민의힘 지지, 0=기타 정당)	0	1		
민주당	이진변수 (1=민주당 지지, 0=기타 정당)	0	1		
연령	조사 시점의 응답자의 만 나이	18	90	48.70	16.29
성별	이진변수 (1=남성, 0=여성)	0	1		
교육	최종학력 8점 척도 (0=무학, 8=대학원 박사)	1	8	4.66	1.22

2. 회귀분석

앞 절에서 소개한 변수들을 사용하여 회귀분석을 실시한 결과는 〈표 6-7〉에 정리되어 있다. 우선 각 회귀분석 모델별로 그 결과를 살펴보기로 하자.

우선 정치효능감에 TV 시청시간, 인터넷 사용시간, 가짜뉴스 노출 빈도가 미치는 영향을 비교해 보았다. 회귀분석 결과에 따르면 TV 시청시간이 길수록, 그리고 가짜뉴스에 노출되는 빈도가 많을수록 정치효능감이 낮아지는 것으로 나타났다. 이것은 이엔가의 실험을 통한 연구에서 부정적인 정치 광고에 노출될수록 정치에 대한 관심이 줄어든다는 결과를 얻은 것과 같은 맥락에서 이해할 수 있을 것이다(Ansolabehere and Iyengar 1995). TV를 비롯한 한국의 기존 미디어들은 정치에 대해 매우 비판적인 경향이 있으며, 가짜뉴스 또한 정치 및 정치인들에 대한 부정적인 내용을 주로 전달한다. 이러한 부정적인 정치 컨텐츠에 노출될수록 정치에 대한 관심이 줄어들고 정치혐오에 빠지며 또한 정치에 자신이 영향을 미칠 수 없다는 소극적 태도가 늘어날 가능성이 있다.

따라서 장시간의 TV 시청과 가짜뉴스에 대한 잦은 노출이 정치효능감을 낮춘다는 것은 예측할 수 있는 결과이다. 그러나 의외로 인터넷 사용시간이 길수록 정치효능감이 높다는 것은 미디어 이용과 정치 태도의 관계가 상당히 복합적이라는 것을 보여준다. TV와 달리 인터넷은 사용자의 적극적인 검색과 참여가 요구되는 미디어이다. 리모컨의 버튼을 눌러 자신이 원하는 채널을 선택하고, 수동적으로 그 채널에서 쏟아지는 정보를 수용하는 것이 TV 시청이라면, 인터넷에서 자신이 원하는 정보를 찾기 위해서는 스스로 무엇을 원하는지를 자각하고 있어야 하며, 적절한 검색 도구와 방법을 능동적으로 찾아야 한다. 또한 수많은 검색 결과 중 자신이 필요로 하는 것을 필터링할 수 있는 능력도 요구된다. 이렇게 상대적으로 능동적인 능력과 태도를 요구하는 인터넷의 미디어적 특징이 이 회귀분석에서 정치적 효능감을 높이는 방향으로 조사되었다고 보인다.

장시간 TV를 시청하는 것은 정치적 효능감뿐만 아니라 한국사회의 공적 기구 전반에 대한 신뢰도(한국사회 신뢰도)를 낮춘다. 마찬가지로 가짜뉴스에 대한 잦은 노출도 한국사회 신뢰도를 낮추고 있는 것으로 분석되었다. 반면 인터넷 사용은 한국사회 신뢰도에 영향을 미치지 않았다.

〈표 6-7〉 가짜뉴스 노출과 미디어 사용시간이 정치태도에 미치는 영향 회귀분석(표준화계수)

	정치효능감	갈등인식	공정성 인식	반페미니즘	가부장주의	한국사회 신뢰도
TV 시청	−0.139 (0.018)***	0.048 (0.062)	−0.058 (0.048)	0.001 (0.021)	0.011 (0.036)	−0.061 (0.263)*
인터넷 사용	0.079 (0.018)**	0.056 (0.059)	−0.093 (0.046)***	−0.066 (0.020)*	0.015 (0.035)	−0.032 (0.252)
가짜뉴스 노출	−0.079 (0.038)**	0.049 (0.129)	−0.021 (0.100)	0.077 (0.043)**	−0.133 (0.075)***	−0.148 (0.546)***
이념	0.031 (0.025)	−0.045 (0.085)	0.118 (0.066)***	0.054 (0.028)	−0.083 (0.050)**	0.153 (0.362)***
국민의힘	0.113 (0.113)***	0.071 (0.359)**	0.103 (0.294)***	0.138 (0.125)***	0.173 (0.220)***	−0.067 (1.525)**
민주당	0.002 (0.107)	0.016 (0.379)	−0.025 (0.278)	0.006 (0.119)	−0.059 (0.209)*	0.232 (1.609)***
연령	0.094 (0.004)**	0.110 (0.012)**	−0.086 (0.009)*	−0.046 (0.004)	0.052 (0.007)	−0.055 (0.051)

	정치효능감	갈등인식	공정성 인식	반페미니즘	가부장주의	한국사회 신뢰도
성별	−0.006 (0.081)	−0.023 (0.274)	−0.006 (0.212)	0.138 (0.091)***	0.167 (0.159)***	0.021 (1.162)
교육수준	0.042 (0.040)	0.109 (0.135)***	−0.015 (0.104)	−0.000 (0.045)	−0.052 (0.078)	−0.043 (0.571)
표본수	1,001	1,001	1,001	1,001	1,001	1,001
Adjusted R^2	0.029	0.019	0.039	0.062	0.078	0.146

주: *** $p < 0.001$, ** $p < 0.05$, * $p < 0.01$; 괄호안 숫자는 표준오차임. 절편은 생략되었음.

이 회귀분석 결과는 가짜뉴스에 대한 잦은 노출은 정치효능감과 한국사회 신뢰도를 낮추는데, 가짜뉴스의 주된 전달경로인 인터넷 사용은 정치효능감을 오히려 높이고 한국사회 신뢰도에는 영향을 미치지 않았다는 것으로 해석된다. 실제로 가짜뉴스의 주된 유통경로가 인터넷과 SNS라는 것이 확인되었다. 이번 설문조사에서는 가짜뉴스를 전달받은 주요 경로를 1순위와 2순위로 나누어 물어보는 문항이 포함되어 있었다. 이 문항에 따르면 전체 응답자의 83.1%는 유튜브나 페이스북, 트위터 같은 소셜 미디어를 통해 가짜뉴스를 접했다고 답했다.

〈표 6-8〉 가짜뉴스 전달경로

(단위: %)

전달경로	1순위	2순위	1+2순위
유튜브나 페이스북, 트위터 등 SNS	65.5	17.6	83.1
직장 동료나 지인	10.0	23.3	33.3
가족이나 친구	13.7	17.6	31.3
각종 동호회나 인터넷 카페 게시판	7.2	23.7	31.0
기타의 방식으로 전달받았다	2.7	13.8	16.4
교회, 사찰 등 종교모임	0.9	4.0	4.9
합계	100	100	200.0

여기서 생각해 볼 수 있는 설명은, 동기화된 추론(motivated reasoning)과 확증편향(confirmation bias)이 이 관계에 개입하고 있을 가능성이다. 가짜뉴스 등을 통해 정치에 대한 음모론적 시각과 낮은 신뢰도의 영향을 받은 사람들은, 이러한 자신들의 기존 신념과 태도에 부합하는 정보만을 선택적으로 받아들일 가능성이 크다. 낮은 정치효능감과 한국 사회신뢰도가 낮은 사람들은 가짜뉴스에 노출되었을 때 좀 더 큰 영향을 받을 것이다. 이렇게 일단 가짜뉴스에 노출되어 영향을 받은 사람들은 허위정보에 부합하는 부정적인 정보만을 선별적으로 받아들이는 악순환이 일어나게 된다. 그러나 인터넷 사용이 자동적으로 이러한 악순환으로 이어지는 것은 아니며, 비판적인 시각과 사고력으로 자신에게 주어지는 정보들을 능동적으로 판별할 수 있는 미디어 리터러시 능력을 갖춘 사람들이라면 오히려 인터넷에서 접한 정보를 통해 정치효능감을 높일 수도 있다.

가짜뉴스에 대한 잦은 노출은 정치효능감과 신뢰도를 낮출 뿐만 아니라, 반페미니즘적 태도를 높이는 것으로도 분석되었다. 또 가짜뉴스에 자주 노출되는 사람들은 상대적으로 낮은 가부장적 태도를 갖는 것으로 조사되었다. 가부장적 태도는 전통적 가치에 기반한 성역할에 대한 인식을 내면화한 것을 의미하는데, 예상과는 달리 연령과 가부장적 태도는 유의미한 관계가 없는 반면, 가짜뉴스 노출이 역방향으로 영향을 끼치고 있었다. 즉, 가짜뉴스 노출은 페미니즘 운동에 대한 공격적 성향을 높이지만, 남녀의 전통적인 성역할을 긍정하는 가부장적 태도는 오히려 낮추고 있었다.

이러한 분석결과는 최근 문제가 되고 있는 MZ 세대 남성들의 여성혐오적 시각이 가짜뉴스 등 인터넷을 통해 전파되는 허위정보의 영향이라는 것을 시사한다(김수아·이예슬 2017). 그리고 이러한 반페미니즘적 여성혐오는 전통적 성역할 인식에 기반한 인식과는 구분되는 태도라는 것 또한 보여주고 있다. 즉, 한국 사회의 새로운 갈등축으로 등장하고 있는 여성혐오적 태도는 기존의 성평등주의 운동이 대항해오던 남성주의적 태도와는 다르다는 것, 그리고 젊은 남성들의 여성혐오가 정치세력화하여 정당정치에까지 영향을 주는 상황에 온 것은 인터넷의 온라인 커뮤니티를 통한 가짜뉴스와 허위정보의 유통에 힘입은 바 크다는 것을 이 회귀분석을 통해 확인할 수 있다.

3. 토론

지금까지 기술통계와 회귀분석을 통해, 가짜뉴스와 허위정보가 한국인의 인식에 미치는 영향을 살펴보았다. 결론적으로, 한국인들은 가짜뉴스에 자주 노출되고 있으며, 그 폐해가 심각하다고 생각하고 있다. 한국은 2000년대 이후 세계의 디지털 혁명을 주도해온 국가였으며, 이제는 국가의 경제와 행정이 인터넷과 모바일을 중심으로 돌아가고 있다. 이렇게 고도의 디지털화된 사회 인프라는 2019년 이후 전세계를 강타한 코로나19에 대한 대응에서 한국이 모범적으로 대응할 수 있는 초석이 되기도 했다. 그러나 그 이면에는 인터넷 가상공간을 통한 무분별한 가짜뉴스의 범람이라는 댓가도 존재한다는 사실을 부정할 수는 없다.

그 누구보다도 가짜뉴스의 폐해에 대해서는 한국인들 스스로가 가장 염려하고 있다. 이번 여론조사에서 "가짜뉴스가 한국사회에 얼마나 심각한 문제라고 생각하십니까?"라고 물었을 때, 응답자의 80.8%가 가짜뉴스의 폐해가 심각하다는 데 동의했다.

[그림 6-4] 가짜뉴스의 심각성 인식

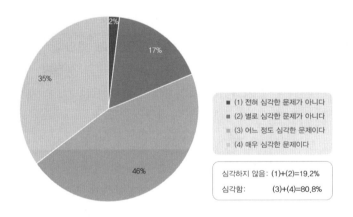

이렇게 응답자 대부분이 가짜뉴스 문제가 심각하다는 데 동의를 하고 있었지만, 특히 이 문제를 더 심각하게 보는 것은 진보적 정치이념을 가진 응답자들이었다. 진보층의 85.1%가 가짜뉴스를 심각하다고 답해서 평균보다 훨씬 높았는데, 이에 반해 보수층에서는 73.6%가 가짜뉴스를 심각한 문제로 보고 있었다.[34]

---

34) t검정 결과 이 차이는 통계적으로 유의미한 것으로 나타났다.(p<0.001)

〈표 6-9〉 이념별 가짜뉴스 심각성 평가 비교

(단위: %)

	진보	중도	보수	전체응답자
심각하다	85.1	84.4	73.6	80.8
심각하지 않다	14.9	15.6	26.4	19.2
합계	100.0	100.0	100.0	100.0

　이러한 한국인들의 가짜뉴스에 대한 우려는 이 연구의 회귀분석에서 실제로 근거가 있음이 드러났다. 사회경제적 배경변수들을 통제하고 가짜뉴스가 한국인들의 여러 정치적 태도에 미치는 영향을 분석해 본 결과, 가짜뉴스에 대한 잦은 노출은 정치효능감을 낮추는 것을 드러났다. 일반적으로 정치효능감은 자신이 정치에 영향을 미칠 수 있고 자신의 정치참여를 통해 사회를 변화시킬 수 있다는 신념으로 정의되고 있다(이철한·현경보 2007: 119). 따라서 낮은 정치효능감은 곧 낮은 정치참여와 정치에 대한 냉소주의로 이어질 가능성이 크며, 이는 다시 민주주의의 건강성을 약화시키는 결과로 이어질 수 있다. 같은 맥락에서 가짜뉴스는 한국사회를 지탱하는 중요한 정치적, 사회적 기관들에 대한 신뢰감을 낮춘다. 대통령, 행정부, 국회, 사법부 및 정당 같은 국가의 기간을 이루는 기관들뿐 아니라 언론과 검찰, 경찰 및 시민사회단체에 대한 신뢰까지도 가짜뉴스가 영향을 줄 수 있는 것이다.

　정치효능감 및 신뢰도뿐만 아니라, 가짜뉴스는 여성혐오에 기반한 반페미니즘 정서를 부추기는 역할도 하고 있는 것으로 드러났다. 이러한 가짜뉴스의 부정적 효과를 방치한다면, 혐오와 선동으로 분열된 한국 사회를 신뢰하지 못하고, 또 정치참여를 통해 우리 사회의 문제를 해결할 수 있다는 자신감마저 약해지는 결과를 가져올 가능성이 있다.

　위에서 지적한 바와 같이 한국인들은 가짜뉴스의 폐해를 심각한 사안으로 받아들이고 있다. 그뿐만 아니라, 가짜뉴스 문제를 해결하기 위한 단호한 조치가 필요하다고 생각한다. "자신의 이익이나 다른 목적을 위해 고의로 가짜뉴스를 만들어 퍼뜨리는 행위는 처벌받아야 한다"라는 문장에 대한 동의를 물었을 때, 전체 응답자의 무려 94.4%가 동의한다고 답한 것이 이를 증명해주고 있다. [그림 6-5]에서는 가짜뉴스 유포행위 처벌의 필요성에 대한 의견을 응답자들의 정치이념을 기준으로 비교하였는데, 이 문제에 대해서는 진보·보수의 구분 없이 거의 절대적이라고 할 정도의 공감대가 이루어진 것을 알 수 있다. 진보 응답자의 96.1%, 보수 응답자의 91.4%가 처벌의 필요성을 인정한 것이다.

[그림 6-5] 가짜뉴스 유포행위 처벌의 필요성

(단위: %)

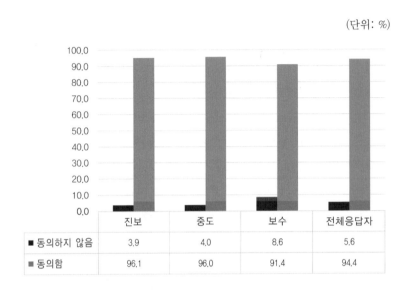

	진보	중도	보수	전체응답자
■ 동의하지 않음	3.9	4.0	8.6	5.6
■ 동의함	96.1	96.0	91.4	94.4

이번 조사의 응답자들은 가짜뉴스를 만들고 유포시킨 이들뿐 아니라, 이를 전달받아 다른 사람에게 알린 이들 또한 책임이 있다는 것에도 동의했다. "전달받은 가짜뉴스를 단순히 다른 사람에게 다시 전달한 사람도 가짜뉴스 유통에 책임이 있다"라는 주장에 대해 전체 응답자의 84.7%가 동의한 것이다. 앞의 설문 문항과 마찬가지로, 중간유통자의 책임에 대한 견해에 있어서는 정치이념에 따른 차이가 거의 존재하지 않았다. 진보 응답자의 86.7%, 보수 응답자의 85.4%가 중간 유통자들의 책임을 인정하고 있었다.

[그림 6-6] 가짜뉴스 단순 전달과 유통책임

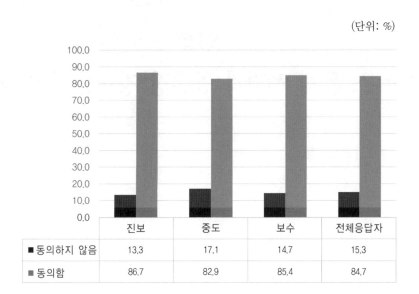

(단위: %)

	진보	중도	보수	전체응답자
■동의하지 않음	13.3	17.1	14.7	15.3
■동의함	86.7	82.9	85.4	84.7

이번 절의 논의를 정리하기 위해 회귀분석과 기술통계가 의미하는 바를 다시 한번 요약해보면 다음과 같다: (1) 가짜뉴스는 한국인들이 정치와 사회를 바라보는 태도에 실제로 부정적인 영향을 미치고 있으며; (2) 한국인들은 가짜뉴스의 폐해와 그 심각성을 잘 인지하고 있고; (3) 너무 늦기 전에 적극적인 조치를 통해 가짜뉴스의 생산과 유포 문제를 막아야 한다고 생각하고 있다.

지금까지 가짜뉴스 및 허위정보 문제의 심각성과 원인에 대해 고찰하고, 여론조사 데이터 분석을 통해 가짜뉴스가 한국인들의 태도에 어떠한 부정적 영향을 끼치고 있는가를 검증했다. 이 절에서는 가짜뉴스 문제 해결을 위한 정책적 제언을 제시하는 것으로 결론을 대신한다.

제4절
가짜뉴스 문제 해결과 공론장 강화를 위한 제언

1. 미디어 리터러시 교육

일반적으로 미디어 리터러시는 "다양한 형식의 미디어를 특정 성과를 위해 이용, 분석, 평가, 생산할 수 있는 능력(김경희 외 2022: 72)"으로 정의된다. 인터넷과 컴퓨터의 급속한 보급으로 뉴미디어의 시대가 열린 90년대부터 미디어 리터러시에 대한 관심이 높아졌다. 기술의 급속한 발전으로 인해 규제적 방안으로 가짜뉴스 문제를 해결하는 것에는 근본적인 한계가 있기 때문이다. 법안 하나를 만들기 위해 짧게는 수개월에서 몇 년 이상이 걸리는 것이 보통인데, 그 시간 동안 규제책이 목표로 하는 문제점은 이미 따라잡을 수 없을 정도로 진화하는 것이 일반적이다. 따라서 가짜뉴스와 허위정보의 문제를 근본적으로 해결할 수 있는 방안은 뉴스의 소비자들에게 스스로 생각하고 판별하는 능력을 길러주어 거짓정보에 대한 면역력을 기르게 하는 것이다. 이것이 미디어 리터러시 교육이 가짜뉴스 문제 해결에 핵심적인 해결책인 이유이다.

한국은 전통적으로 교육열이 매우 높은 나라이며, 실제로 OECO 국가 중 고등교육 이수율 1위를 기록하고 있다(윤나경 2022). 하지만 빠르게 변화하는 미디어 환경의 변화는 고등교육을 받은 사람조차도 따라잡기에 버거운 것이 현실이다. 그렇다면 상대적으로 다른 국가에 비해 교육수준이 높은 한국인들은 스스로의 미디어 리터러시를 어떻게 평가하고 있을까?

이를 측정하기 위해서 이번 설문조사에서는 다음의 다섯 문항을 통해 미디어 리터

러시를 측정했다: "나는 평소 뉴스 내용에 대한 이해 능력이 있는 편이다"(뉴스이해능력); "나는 내가 원하는 뉴스 정보를 찾아낼 능력이 있는 편이다"(뉴스검색능력); "나는 미디어 정보에서 사실과 의견을 구분할 수 있다"(사실의견구분); "나는 나의 관점으로 뉴스를 해석하는 능력이 있는 편이다"(뉴스해석능력); "나는 미디어에서 다양한 사회적, 정치적 의견을 확인하고 내 의견을 표현할 수 있다"(의견표현능력).

　미디어 리터러시를 다섯 분야로 세분화한 이 문항들에 응답자들은 자신이 이 능력을 갖추고 있는지를 답하도록 했다. 그 결과는 아래의 그래프에 정리되어 있다.

[그림 6-7] 미디어 리터러시 자기평가

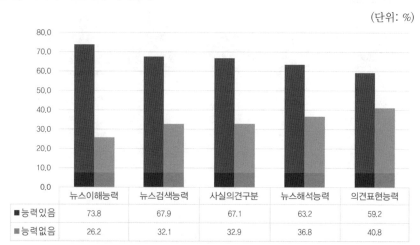

(단위: %)

	뉴스이해능력	뉴스검색능력	사실의견구분	뉴스해석능력	의견표현능력
■능력있음	73.8	67.9	67.1	63.2	59.2
■능력없음	26.2	32.1	32.9	36.8	40.8

　[그림 6-7]의 결과에 따르면, 한국인들이 상대적으로 가장 스스로의 미디어 리터러시가 높다고 느끼는 것은 뉴스이해능력으로, 73.8%의 사람들이 자신들이 뉴스를 제대로 이해할 능력이 있다고 평가했다. 이에 비해 한국인들이 가장 자신없는 부분은 의견표현능력으로, 59.2%만이 미디어를 통해 자신의 의견을 표현할 수 있다고 답했다. 뉴스검색능력, 사실의견구분, 뉴스해석능력의 경우에는 약 3분의 1에 달하는 응답자들이 "능력없음"으로 답해서, 뉴미디어 시대의 환경에 적응하는 데 어려움을 겪고 있음을 보여주었다.

　실제로 OECD 조사에서 한국인의 미디어 리터러시 능력은 매우 떨어지는 편이라는 분석 결과가 나온 바 있다(구본권 2021). 한국 학생들을 대상으로 한 이 조사에서, 피싱 메일을 분별하는 능력, 사실과 의견을 구분하는 능력에서 한국 학생들은 최하위권의 성적으로 조사되었다. 또 미디어 리터러시 교육을 받은 학생의 비율에서도 한국은 조사대상 국가들의 평균 이하였다.

[그림 6-8] 한국과 OECD 주요국의 미디어 리터러시 비교

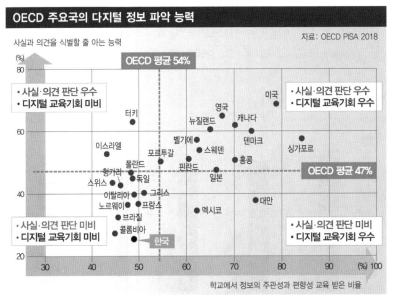

출처: 구본권(2021)

한국 교육기관에서는 미디어 리터러시에 대한 교육기회를 제대로 제공하고 있지 않으며, 이에 따라 한국의 학생들은 사실과 의견을 식별하는 능력에서 평균 이하의 성적을 거두었다. 결과적으로 OECD의 보고서에서는 한국을 디지털 미디어 리터러시 측면에서 최하위권의 그룹으로 분류하고 있다. 인터넷과 디지털 혁명을 주도하는 한국의 국제적 이미지를 생각하면 충격적인 평가라고 하지 않을 수 없다.

이러한 조사 결과는 미디어 리터러시 교육의 필요성을 재차 상기시켜주고 있다. 가짜뉴스의 폐해가 심각해지면서 이에 대한 연구도 국내외를 막론하고 폭증하고 있는데, 많은 연구에서 미디어 리터러시의 중요함을 강조하고 있다. 이에 따라 이미 국내에서 교육부 및 방송통신위원회와 문화체육관광부 등 소관부처를 중심으로 미디어 리터러시 교육 프로그램이 진행되고 있다.35) 하지만 이러한 현행 미디어 리터러시 교육 프로그

---

35) 여러 국내 정부주도 미디어 리터러시 교육 프로그램의 현황은 배상률 외(2021)의 연구를 참조.

램의 한계에 대해서는 "사이버 폭력, 게임 과몰입, 디지털 과의존, 허위 정보 등의 현상에 대응하기 위해 충분한 이론적이고 방법론적인 숙고 없이 임기응변식의 교육이 다수"라는 지적이 있다(김경희 외 2022: 98).

미디어 리터러시 교육 진흥을 위한 법적 근거 마련을 위한 노력도 적지 않았다. 최근의 예로는 2021년 권인숙 및 14명의 의원의 공동발의로 「미디어교육활성화에관한법률안」이 발의되었는데, 그 제안이유는 가짜뉴스와 그로 인한 문제점 해결에 미디어 리터러시 교육이 중요한 이유를 정확히 제시하고 있다.

> "디지털 기술의 발달에 따라 미디어에 대한 접근성이 높아지고 누구나 이를 생산·유통할 수 있게 되는 등 미디어의 영향력 및 파급효과가 커지고 있음.
> 하지만 일부 취약계층은 미디어에 대한 접근에서 여전히 소외되어 있고, 가짜뉴스, 저작권 보호 등 정보윤리의 문제, 디지털 성폭력·금융사기 등을 비롯하여 인터넷 매체들을 기반으로 한 각종 범죄가 발생하는 등 그 부작용도 커지고 있음.
> 이에 미디어 정보에 대하여 분별력 있는 접근·활용능력, 이해·비평능력과 민주적 소통능력을 증진시켜 국민의 시민윤리의식을 함양하고 이를 바탕으로 미디어를 통한 사회참여를 활성화하도록 하는 미디어교육이 모든 국민에게 차별 없이 이루어질 필요가 있음."

이 법안의 핵심내용은 교육부총리 산하에 『미디어교육위원회』를 두어 미디어 교육에 대한 종합적인 계획을 수립하게 하고, 교육부, 문화체육관광부 및 방송통신위원회가 미디어 교육을 공동으로 주관하게 하는 것이다. 이외에도 비슷한 취지의 법안이 여러건 발의된 바 있으나(배상률 외 2021: 81-82), 현재까지는 입법에 성공하지 못한 상황이다.

가짜뉴스 및 허위정보의 범람에 대응하기 위한 미디어 리터러시 교육 강화를 위해선 범정부적 수준의 대책마련과 정책조율, 법제적 기반 마련이 시급하다. 이를 통해 지금의 파편화된 미디어 리터러시 교육의 한계를 극복하고 장기적 비전을 마련하는 노력이 필요할 것으로 보인다.

2. 투명성과 언론윤리

가짜뉴스의 범람은 곧 전통 미디어들이 신뢰를 받지 못한다는 뜻이기도 하다. 언론의 신뢰가 떨어질 때 사람들은 대안 미디어를 찾으며, 그 결과 가짜뉴스에 현혹되기 쉬운 환경이 조성된다. 따라서, 가짜뉴스 문제의 해법 중 하나는 언론의 수준을 높이고 그 투명성을 강화하여 국민들의 신뢰를 회복하는 것이다.

[그림 6–9] 40개국 언론신뢰도 비교

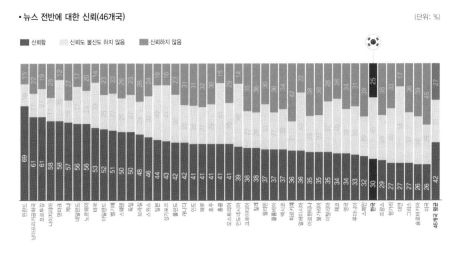

출처: 최진호·박영흠(2022: 17)

그런데, 한국언론진흥재단의 보고서에 따르면 한국 언론에 대한 신뢰도는 국제적으로 비교해보아도 매우 낮은 편이다. 안수찬(2022)에 따르면 이러한 낮은 신뢰도의 주요 원인은 한국 언론들의 정파성 때문이다. 안수찬은 "이런 뉴스 이용 행태를 이끈 것은 전통 언론"이라고 주장하면서, "언론 환경이 급변하던 1992년부터 2012년 사이, 단일 취재원의 입장만을 전달하는 기사가 <조선일보>는 3배, <한겨레>는 2배 정도 늘었다"는 것을 언론 정파성이 심화된 증거로 제시한다. 이렇게 "뉴스 환경의 변화에도 불구하고 한국주요 신문의 정파성이 약화되지 않고 오히려 강화된 것인데, 이러한 전통 언론의 오래된 뉴스 전략이 한국인의 정파적 뉴스 이용을 규정했다(안수찬 2022: 46)"라고 안수찬은 결론짓는다.

  언론의 정파성은 독자들의 선택적 노출을 강화하여 자신의 성향과 일치하지 않는 언론 보도는 무시하는 결과로 이어진다. 결국 언론 소비자들은 주요 사안에 대해 편향된 정보만을 주입받게 되며, 이는 한국사회의 양극화를 가속시키고 추락한 언론 신뢰의 틈을 타 가짜뉴스가 극성을 부리는 토양을 제공한다.

  이러한 한국 언론에 대한 불신은 이번 설문조사에서도 드러났다. 언론에 대한 신뢰도를 응답자들의 지지정당 및 세대별로 나누어 비교해보면 아래의 두 표와 같다.

〈표 6-10〉 지지정당별 언론신뢰도

(단위: %)

	국민의힘	민주당	지지정당 없음	전체응답자
불신	47.2	63.6	62.0	59.2
보통	22.6	17.2	20.4	20.1
신뢰	30.2	19.3	17.6	20.7
합계	100.0	100.0	100.0	100.0

주: 정의당을 지지한다고 답한 응답자의 숫자는 통계적으로 유의미하지 않아 분석에서 제외하였다. 위 표의 기술통계는 정의당 지지자를 제외한 991명을 분류한 것이다.

〈표 6-11〉 세대별 언론신뢰도

(단위: %)

	한국전쟁	산업화세대	86세대	X세대	MZ세대	전체응답자
불신	49.3	52.5	58.8	64.3	62.3	59.2
보통	30.4	24.9	17.7	14.6	20.0	20.1
신뢰	20.3	22.7	23.5	21.1	17.7	20.7
합계	100.0	100.0	100.0	100.0	100.0	100.0

  조사 결과, 전체응답자의 59.2%가 한국의 언론을 불신한다고 답했으며, 신뢰한다는 응답은 20.7%에 불과했다. 조사기법의 차이로 앞에서 인용한 한국언론진흥재단의 언론신뢰도와는 수치상 차이가 나지만, 한국인들이 기존의 언론과 그 보도에 대해 대단히 강한 불신을 가지고 있다는 결론은 동일하다. 현 여당 지지자들보다는 야당 및 무당파 응답자들이 현 언론에 대한 불신이 강했으며, 젊은 세대가 노년층보다 언론을 믿지 않았다. 이런 결과를 보면 가짜뉴스가 쉽게 사람들을 현혹시킬 수 있는 환경은 언론 스스

로가 조성했다는 비판을 피할 수 없다.

따라서, 건강하고 균형잡힌 보도, 사실과 의견을 분리해서 전달하는 책임있는 언론 윤리를 강화하는 것이 가짜뉴스 문제 해결의 중요한 해법이 될 것이다. 오세욱 외 (2017: 173)의 보고서에서도, "기사를 취재하여 편집하는 과정을 독자들에게 투명하게 알려서 그 과정이 얼마나 치열하고 객관적인지를 설명할 필요가 있다"고 제안하고 있다. 취재과정의 투명성을 밝히는 것이 기사의 품질과 저널리즘의 향상으로 이어질 것이라는 판단이다.

3. 중립적 팩트체크 기구 설립

언론 보도 내용이나 정치인 발언의 진실성을 검증하는 팩트체크의 역사는 SNS를 통해 가짜뉴스가 유통되기 시작한 것보다 더 오래되었다. 그 시초는 1992년 미국 CNN 에서 브룩스 잭슨 기자가 선거 광고 내용의 진실성을 검증하기 위해 진행한 애드워치 (Adwatch) 프로그램이었고, 2016년 미국 대선 기간 중에는 50개가 넘는 팩트 체크 기관이 활동하고 있었던 것으로 추산된다(김수정 2022: 5-6). 또한 미디어 리터러시 교육의 일환으로 뉴스 소비자들의 팩트 체크 능력을 길러주는 것이 중요하다는 주장도 일반적으로 제기되고 있다(정세훈 2021).

정보과잉 시대를 살아가는 일반 시민이 뉴스의 진실성을 직접 검증하는 것을 기대하기는 힘들다. 가짜뉴스에 대한 일차적 대응 방법은, 정파성을 띠지 않은 중립적 기구 혹은 신뢰받는 언론에서 논란이 되고 있는 가짜뉴스 혹은 허위정보에 대한 팩트체크를 빠르게 진행하는 것이다. 이 팩트체크 기능은 진실성 여부를 따지는 것 외에도, "정치인이나 공직자라면 부정확한 발언을 하는 스스로를 점검"하게 만드는 효과가 있을 것이며, 더 나아가 "언론이 나서서 정치인의 주장과 발언을 검증하는 것은 언론 신뢰를 높이는 효과"까지 가져올 수 있을 것이다(김수정 2022: 6). 또 최근의 연구에 따르면, 의심스러운 정보를 접했을 때 그 사실 여부를 팩트체크를 통해 확인해보는 행동은 국민의 정치참여를 높이는 효과도 있는 것으로 확인되었다(장적 외 2022: 155-156).

팩트체크는 가짜뉴스에 빠르고 효과적으로 대응해야 한다. 모바일 기기와 SNS의 발달로 인해 가짜뉴스가 불과 몇 시간이면 전 국민에게 도달할 수도 있는 뉴스 환경을 고려하면, 팩트체크 기구는 상시적으로 가짜뉴스를 모니터링하면서 가짜뉴스가 전파되는 순간 빠르게 그 정보의 진위여부와 판단 근거를 확산시킬 수 있어야 한다. 문제는 이를 위해서는 상당한 인력과 예산이 필요한데, 팩트체크를 위한 비용을 조달하는 과정에서 이 팩트체크 기구의 중립성과 신뢰성이 훼손될 가능성이 있다는 점이다. 따라서 팩트체크 기구의 독립성과 중립성을 확보할 수 있는 비용조달 방법과 환경제공을 언론과 정부에서 고민해야 할 필요가 있다.

좀 더 효율적이고 빠른 팩트체크를 위해 최근의 연구에서는 팩트체크 기관이 플랫폼 사업자와 연계하여 활동할 필요성이 있음을 지적하고 있기도 하다. 이는 "플랫폼 사업자가 운영하는 소셜네트워크서비스상에서 유통되는 콘텐츠에 대한 팩트체크 결과가 연동"되어야 할 필요가 있기 때문이며, 팩트체크의 효율성과 정확성을 높이기 위한 기술 개발 및 인재 육성 또한 플랫폼 사업자와 연계하는 것이 필요하기 때문이다(고선규 외 2021: 160).

4. 가짜뉴스 자동 감지 시스템 개발

가짜뉴스에 대한 기술적 해법으로 인공지능(AI)을 이용, 가짜뉴스를 빠르게 자동적으로 탐지해내는 시스템을 개발하는 것이 최근 주목을 받고 있다. 인공지능 관련 기술이 빠르게 발전하고 있는데, 미국 MIT 대학의 링컨 연구소에서 개발중인 리오 프로그램은 인공지능 기술을 응용하여 가짜뉴스를 전파하는 악성 계정을 탐지하는데 큰 성과를 보였다는 언론보도가 있었다(조행만 2021).

그러나 인공지능을 이용한 가짜뉴스 탐지가 실제로 사용가능한 수준에서 완성된 기술인가에는 반론들이 존재한다. 인공지능 또한 인간이 입력한 데이터를 기반으로 가짜뉴스 여부를 판별하는데, 이 판별기준이 되는 데이터에 오류가 있을 가능성이 있기 때문이다. 즉, 인공지능은 인간이 가르친 범위 내에서만 작동가능하며, 그 인공지능 학습 과정에서 잘못된 정보가 입력될 가능성을 배제할 수 없다는 것이다(박진영 2021).

그러나 예측을 뛰어넘는 속도로 발전하고 있는 인공지능 기술을 생각하면, 가짜뉴스 탐지에 실제로 사용할 수 있는 신뢰할만한 기술이 근시일 안에 등장할 가능성이 크다. 현재 국내에서도 언어적 특징 기반 접근법, 문서형태분석 기술, 출처신뢰도 검증기술, 콘텐츠교차검증 기술, 딥러닝 기술, 뉴스와 트위터 컨텐츠를 같이 활용하여 검증하는 기술 등 여러 새로운 기술들이 시도되고 있다(이혜진 외 2020; 현윤진·김남규 2018).

인공지능은 이른바 4차산업혁명의 핵심을 이루는 기술로, 가짜뉴스의 탐지뿐만이 아니라 한국의 성공적인 미래사회 진입을 위해 반드시 성취해야 하는 국가적 목표이기도 하다. 이에 대한 국가적 연구가 이미 진행중인 만큼, 그 응용의 일부로 가짜뉴스 탐지를 목표로 한다면 문제의 해결에 큰 도움이 될 것으로 예상된다.

5. 오프라인 공론장의 재강화

본론의 논의 속에서도 밝힌 바와 같이 온라인에서의 가짜뉴스 범람과 공격적인 태도 등의 문제는 기본적으로 사람과 사람의 관계가 온라인에서 이루어지는 것의 한계 때문에 발생한다. 한국은 온라인 공론장이 어느 나라보다 활성화된 사회이며, 온라인 정부 혹은 디지털 정당 등의 이름으로 국가적인 노력을 기울여 온라인 공론장을 통해 정치참여를 독려해왔다. 이를 통해서 큰 성과를 거둔 것도 부인할 수 없는 사실이다. 예를 들어 노사모, 촛불집회 등으로 대표되는 온라인 정치참여의 활성화는 세계적으로 큰 화제를 모으면서 연구의 대상이 되기도 했다. 한국은 민주화가 고도화되는 과정에서도 각급 선거의 투표율이 상대적으로 높게 유지되는 편인데, 한국 국민들의 정치에 대한 관심과 정치참여는 발달된 온라인 공론장에 힘입은 바 크다. 그러나 이러한 온라인 공론장 활성화의 이면에는 정치의 양극화와 가짜뉴스의 범람이라는 치명적인 부작용이 있었다. 따라서, 온라인 공론장의 문제점을 불식시킬 수 있는 오프라인 공론장의 활성화 및 재강화가 필요한 시점이라고 판단된다.

한국의 정당들은 디지털 정당을 구현하기 위해 각고의 노력을 기울여 왔으며 그 성과도 적지 않다. 한국의 기성 정당들은 본래 간부 중심의 선거 동원 조직에 가까운 형태였으나, 정당 내 온라인 공론장의 활성화와 온라인 투표를 통한 정당 내 선거, 후보 공천 과정에서 다양한 온라인 플랫폼의 이용 등을 통해 당비를 납부하는 진성당원들의 숫자가 크게 늘어났다. 이 과정에서 정당 내부의 민주화도 큰 성과를 거두었으며, 당원들이 납부하는 당비와 온라인을 통한 후원금 모집 등은 정당의 불법 정치자금 조성 같은 부패의 가능성을 줄이고 정당 회계를 안정화하는 등 긍정적인 효과를 낳고 있다. 김진주(2021: 95)에 따르면, 디지털 정당은 "시민과 당원의 정치참여를 확대하고, 수평적인 당내 문화를 조성해 당내민주주의를 제고"하는 장점이 있다.

그러나 디지털 정당의 부정적 측면에 대한 반론도 존재한다. 대표적인 디지털 정당으로 꼽히는 이탈리아의 오성운동과 스페인의 포데모스의 디지털 정당 플랫폼을 연구한 이석민은 "디지털 정당은 민주주의를 구성하는 주요 요소인 대표성, 책임성, 심의성, 포괄성 등 다양한 측면에서 기존의 산업화 시기의 정당에 비해 초기에는 어느 정도다른 결과를 보여주었"다고 부분적인 성과를 인정하면서도, "장기적으로 민주주의를한 단계 성숙시켰다고 보기는 어렵다"라고 결론짓는다(이성민 2020: 51). 두 정당의 사례에서 모두 디지털 정당 플랫폼은 당원들의 당내 의사결정 과정에의 참여를 증진시키기는 하였으나, 정작 투표 의제 형성에서 당원들이 영향을 미칠 공간이 제한적이었다는 점, 그 결과 정당의 온라인 투표는 당 지도부가 제안한 내용들을 추인하는 수준에그쳤다는 한계가 있었다는 것이다. 이에 대해 이석민은 이러한 디지털 정당 모델이 "디지털 민주주의 옹호자들에 의해 종종 제기되는 심의 민주주의라기보다는 대부분의 소셜 미디어 대화에서 보이는 낮은(shallow) 상호작용성과 유사한 '반응적 민주주의'" 수준에 그쳤다고 비판한다(이성민 2020: 50).

따라서 디지털 정당화 같은 온라인 공론장의 활성화는 정치참여의 양적인 측면에서는 긍정적인 영향을 미쳤을지 모르나, 심의 민주주의와 책임 민주주의 같은 민주주의의 질적인 측면에서는 미흡한 점이 많았다고 할 수 있다. 따라서 오프라인 공론장의 재강화 혹은 재발견이 온라인 공론장에서 발견되고 있는 가짜뉴스 확산 등의 부작용을완화하는 해법이 될 수 있을 것이다.

정당의 당원 모임이나 풀뿌리 시민단체의 활성화, 그리고 주민자치회 같은 지역 자치 모임의 육성 등이 사람과 사람이 서로 얼굴을 맞대고 모여 공동의 사안을 심도깊게토론하는 오프라인 공론장 재활성의 계기가 될 수 있을 것이다. 그 과정에서 정보의 선택적 노출에 따른 확증편향 문제도 완화될 수 있을 것이며, 이렇게 교육된 민주시민들은 가짜뉴스에 대한 저항성 또한 높을 것으로 기대된다.

6. 허위정보 규제를 위한 국제적 협력 강화

전쟁에서 허위정보를 유통시켜 상대방을 혼란에 빠뜨리는 심리전은 고대로부터 내려오는 유구한 전략이다. 이 정보심리전은 인터넷과 소셜미디어, 모바일 기기와 결합하면서 현대 전장에서 더욱 가공할 만한 위력을 보이고 있다. 현재도 진행중인 러시아 – 우크라이나 전쟁에서도 정보심리전은 매우 중요한 역할을 하고 있는데, 송태은(2022: 215)에 따르면 "러시아와 우크라이나는 모두 자국에게 유리한 전장(battlefield) 정보와 내러티브(narratives)를 사이버 공간에 광범위하게 유포시키면서 국제사회로부터 정치적 지지와 군사적 지원을 확보하려는 디지털 프로파간다(digital propaganda)활동을 전방위로 펼쳤다." 이것이 보여주는 것은 가짜뉴스와 허위정보는 단순히 국내 정치의 질서를 어지럽히는 것을 넘어, 국가의 안보를 위협하는 무기가 될 수 있다는 것이다.

가짜뉴스가 안보를 위협하는 현상은 한국의 경우에도 해당하는 이야기다. 국내에서 유통되는 가짜뉴스 중 상당수가 북한에 관련된 것이기 때문이다(양무진 2020). 김동엽(2020: 57 – 58)은 북한관련 가짜뉴스가 남북관계 확대 및 대북정책 추진에 악영향을 끼칠 가능성이 크고, 그 결과 북한에 역이용될 가능성이 있음을 지적한다.

이런 위기에 대응하기 위해 각국은 적극적으로 가짜뉴스의 안보위협에 대응하기 위한 대책 마련에 부심하고 있다.[36) 국경을 넘나드는 온라인 가짜뉴스의 특성은, 일개 국가의 노력으로는 그 대응에 한계가 있다는 점이다. 따라서, 가짜뉴스를 막기 위한 정부와 단체, 기업들의 국제적 공동협력 노력이 필요하다. 이런 국제협력에 대해 송태은(2020, 34)은 "한국은 국제무대에서 디지털 정보커뮤니케이션 및 허위조작정보 문제에 대응하는 국제협력 이니셔티브 및 다자주의 공조에 지속적으로 동참하며 허위조작정보를 모니터링 할 수 있는 디지털 기술 제공 및 건강한 온라인 공론장 문화 형성 등 적절한 영역에서 리더십을 발휘할 수 있어야"한다고 주장한다. 좀 더 구체적인 대안으로, 한국이 이미 회원국으로 가입되어 있는 유네스크 및 아시아 태평양방송연맹(Asian – Pacific Broadcasting Union, ABU) 등의 국제기구에서 가짜뉴스 및 방지책에 대한 문제를 적극 제시하고 관련된 이니셔티브를 취하는 등의 정책이 필요할 것을 같은 연구에서 제시한다.

---

36) 미국, 프랑스, 영국, 독일, EU, NATO 등의 구체적 대응방안에 관련해서는 송태은(2020: 25 – 29) 참조.

7. 법제적 방안

가짜뉴스 문제를 해결하기 위한 법제적 방안으로 국내에서도 가장 활발하게 논의되고 있는 것은 소셜 미디어 플랫폼 기업에 가짜뉴스 유통에 대한 책임을 지우는 방안이다. 세계 각국 정부들은 가짜뉴스를 민주주의의 존립 기반 자체를 무너뜨릴 수 있는 안보위협으로 규정하고 있으며, 허위정보를 규제할 수 있는 법적 규제방안을 선보이고 있는데, 이중 가장 잘 알려지고 관심을 받고 있는 것이 독일의 이른바 "사회관계망집행법[37]"이다.

20세기의 나치즘과 홀로코스트의 기억 때문에 독일은 특히 혐오범죄의 가능성에 민감한 전통을 가지고 있다. 따라서 인터넷을 통한 허위정보의 범람이 혐오범죄의 증가로 이어지는 추세가 발견되자, 2015년 독일의 연방법무부는 태스크포스를 구성하여 소셜미디어에서 혐오범죄 관련 콘텐츠가 확산되는 것을 막는 방안을 연구하기 시작했다. 이 태스크포스에는 소셜미디어 업체 운영자 및 시민단체가 함께 참여했는데, 여기서는 다음과 같은 방안들이 제시되었다. 첫째, 소셜미디어 이용자들이 혐오 및 범죄에 관련된 콘텐츠를 쉽게 신고할 수 있는 매커니즘을 구축한다. 둘째, 이렇게 신고된 콘텐츠의 위법여부를 전문성을 가진 부서가 24시간 안에 검토하게 한다. 셋째, 만약 그 콘텐츠가 위법하다가 판단되면 소셜미디어 운영업체는 해당 콘텐츠를 삭제하는 의무를 갖는다. 이렇게 독일의 정책은 초기에는 혐오범죄 차단에 중점을 두고, 소셜미디어 업체들이 자율적으로 콘텐츠를 규제하는 것이었다. 그러나 2016년 미국 대선 과정에서 가짜뉴스가 조직적으로 유포되고 선거결과에 결정적인 영향을 미치는 것을 목도하고, 또 자율적인 규제가 실질적 성과를 못내고 있다는 판단이 내려지면서 그 정책 내용이 강화된다. 혐오범죄뿐 아니라 가짜뉴스 등 허위정보 규제까지 포함하는 것으로 그 폭이 넓어지고, 규제를 운영업체 자율에만 맡기기보다는 독일 정부가 능동적으로 참여하는 쪽으로 방향이 전환된 것이다(안수길 2019: 124).

이런 배경으로 등장한 것이 독일의 사회관계망법집행법이다. 2018년 1월 1일부터 발효된 이 법률은 6개의 조문으로 구성되어 있으며, 페이스북, 트위터, 유튜브 같은 사

---

37) 이 법률은 독일어로 "Gesetz zur Verbesserung der Rechtsdurchsetzung in sozialen Netzwerken"이며 안수길은 이를 「사회관계망에서의 법집행 개선을 위한 법률」로 번역하고 약칭으로 "사회관계망법집행법"이라는 표현을 쓰고 있다(2019: 122). 여기서는 안수길의 예를 따라 "사회관계망법집행법"이라는 명칭을 사용한다.

회관계망 서비스 업체들에게 위법한 콘텐츠에 대한 책임을 지우는 것을 목적으로 한다. 업체가 스스로 내용을 작성, 편집하고 게시하는 언론사 등의 플랫폼은 이 법의 적용대상이 아니며, 또한 이메일이나 메신저 같은 개인 간의 사적인 통신, 게임, 쇼핑 플랫폼 또한 적용대상이 아니다. 그리고 이용자 2백만명 이하의 소규모 사회관계망 업체 또한 이 법의 적용대상에서 제외된다.

이 법에서 규제하는 것은 사회관계망에 게시되는 불법정보인데, 구체적으로는 독일 형법에서 위법으로 규정한 내용들이다. 사회관계망법집행법의 적용대상이 되는 위법 게시물의 목록은 아래와 같다.

〈표 6-12〉 독일 사회관계망법집행법에서 규정한 위법 게시물

형법 관계조항	내용
제184조d	방송 또는 전자정보를 통한 포르노 콘텐츠의 제공 전자정보를 통한 아동청소년 포르노 콘텐츠 검색
제185조 이하	모욕 명예훼손, 비방
제201조a	고도의 촬영을 통한 사적영역의 침해
제241조	협박
제269조	입증력이 높은 정보의 위조
제86조	위헌단체의 선전물 배포
제86조a	위헌단체 표식의 사용
제89조a	국가를 심각하게 위협하는 폭력행위에 대한 예방
제91조	국가를 심각하게 위협하는 폭력행위실행에 따른 명령
제100조a	반역과 관련된 위조
제111조	범죄에 대한 공개적 요청
제126조	범죄위협으로 인한 공공 안전의 장애
제129조 이하	범죄단체의 조직 테러단체의 조직, 외국에서의 범죄 및 테러단체
제130조	선동
제131조	폭행
제140조	범죄로 인한 보상 및 승인
제166조	신앙 등에 대한 모욕
제184조	포르노물의 유포

출처: 박신욱(2018: 59)

사회관계망법집행법에서는 네트워크 운영업체들이 위법한 콘텐츠에 대해 이용자들이 쉽게 신고하고 항의할 수 있는 장치와 절차를 마련해야 한다고 규정하고 있다. 이용자들의 항의가 접수되면 운영업체는 만약, 위에 열거된 위법한 콘텐츠가 게시되고, 해당 콘텐츠에 대한 항의가 접수되면 운영업체는 해당 콘텐츠의 위법여부를 심사하고 삭제 등 조치를 취해야 한다. 만약, 그 내용이 명백하게 위법이라면, 24시간 내에 삭제하거나 접근을 차단해야 한다. 만약 그 위법성 여부에 다툼이 있는 경우, 자율규제기관과 조치여부에 대한 판단을 위임하여 7일 이내에 결정 내려야 한다(안수길 2019: 129-130).

사회관계망법집행법의 핵심은, 이 법에서 부과된 의무를 사회관계망 운영업체가 위반할 경우, 그에 대한 책임을 지도록 한다는 것이다. 만약 해당 업체가 위법한 콘텐츠에 대한 처리 내용을 담은 보고서를 게재하지 않거나 혹은 그 보고서가 부실한 경우, 이용자가 위법한 콘텐츠를 신고할 수 있는 절차가 제대로 마련되지 않은 경우, 그리고 그렇게 접수된 신고가 투명하고 실효적으로 처리될 수 있는 절차가 미비한 경우, 이용자 항의 처리과정에서 드러난 결함이 시정되지 않은 경우, 그리고 사법기관의 정보요청에 응답하지 않은 경우 등의 상황이 벌어지면, 해당업체는 최고 500만 유로의 질서위반금을 부과받을 수 있다(안수길 2019: 132).

이 독일의 제도와 유사한 법안이 한국에서도 이미 여러 건 발의된 바 있고, 관련된 연구도 활발하게 진행되고 있다. 본 논문에서는 독일 제도와 유사한 정책이 시행될 경우 국민들의 반응을 예측하기 위해 관련된 문항을 여론조사에 포함시켜 조사했다.

독일 사회관계망법집행법의 핵심은 앞서 밝힌 것과 같이 가짜뉴스 유통의 플랫폼으로 사용되는 소셜 미디어 기업들에게 유통 책임을 묻는 것이다. 이 조사에서는 "유튜브, 카카오톡, 페이스북, 트위터와 같은 SNS와 메신저를 통해 가짜뉴스가 퍼진다면, 이 SNS와 메신저를 운영하는 기업들도 가짜뉴스에 책임을 져야 한다"라는 문항을 통해 이러한 정책에 국민들이 찬성하는 지를 살펴보았다.

[그림 6-10] SNS 기업들의 가짜뉴스 책임

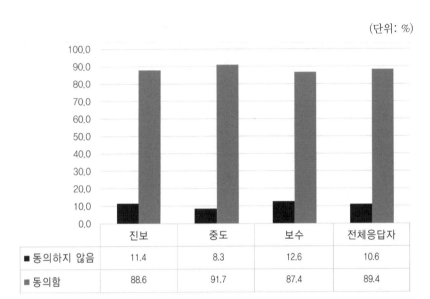

(단위: %)

	진보	중도	보수	전체응답자
■ 동의하지 않음	11.4	8.3	12.6	10.6
■ 동의함	88.6	91.7	87.4	89.4

　　조사결과, 전체 응답자의 89.4%가 소셜미디어를 통해 막대한 이익을 벌어들이고 있는 기업들 또한 가짜뉴스 유통에 책임을 져야 한다고 답했다. 응답자의 정치적 이념성향을 통해 응답을 분류해보아도 사실상 의미있는 차이가 발견되지 않았다. 이 사안에 관해서는 이미 국민의 공감대가 확보되었다고 해도 좋은 상황이다.

　　가짜뉴스의 범람에는 소셜 미디어 기업들이 자신들의 플랫폼에 이용자들을 더 오래 머무르게 할 목적으로 개발한 알고리즘(성연수 2022)이 큰 원인을 제공하고 있다는 주장이 있다. 소셜 미디어 기업들이 이용자의 성향을 파악하여 이에 일치하는 정보만을 제공하는 알고리즘을 사용하는데, 이 과정에서 이용자들의 확증편향이 가속화되고 가짜뉴스가 파고들 틈이 생긴다는 것이다. 이렇게 소셜 미디어 기업들에게 가짜뉴스 확산의 책임을 물어야 한다는 국민들의 여론은 이러한 주장과 더불어 한국에서도 독일의 경우와 같은 입법의 필요성이 있음을 보여주고 있다.

　　하지만 가짜뉴스에 대한 정부의 적극적인 규제와 단속은 항상 언론자유 축소라는 위험을 동반한다. 권위주의의 기억이 아직 생생한 한국에서는 이러한 언론 자유 침해가 이론적으로 그치는 위험이 아니다. 이에 대한 의견을 묻기 위해 "가짜뉴스를 단속하는 것은 언론의 자유를 침해할 가능성이 있다"라는 문장에 대한 찬반을 측정해 보았다.

[그림 6-11] 가짜뉴스 단속과 언론자유 침해

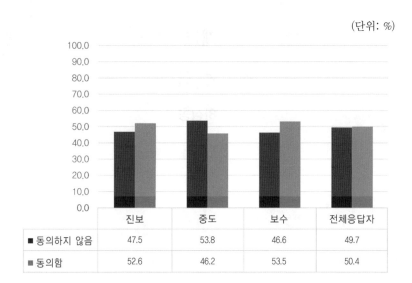

(단위: %)

	진보	중도	보수	전체응답자
■ 동의하지 않음	47.5	53.8	46.6	49.7
■ 동의함	52.6	46.2	53.5	50.4

　그 결과, 전체 응답자의 50.4%가 가짜뉴스 단속과 언론자유 침해로 이어질 가능성이 있음을 인정하고 있었다. 또, 진보 응답자와 보수 응답자는 이 문제에 관해서는 의견이 거의 일치했다. 진보 응답자의 52.6%, 보수 응답자는 53.5%가 언론자유 침해의 가능성에 동의하고 있었다.

　이 두 문항의 여론조사 결과를 종합하면, 가짜뉴스의 위험성과 그 법제적 규제 방안의 필요성에는 국민적 공감대가 형성되어 있으나, 동시에 응답자들은 가짜뉴스에 대한 지나친 규제가 언론자유를 위축할 가능성에 대해서도 염려하고 있었다. 따라서, 입법을 통한 가짜뉴스 규제를 추진하는 경우 충분한 여론 수렴과정을 거쳐 국민들의 언론자유 위축에 대한 우려를 불식시키고, 여야의 합의와 타협을 통해 절차적 정당성을 확보하는 것이 매우 중요할 것으로 판단된다.

제1부

소결

하상응

　지금까지 논의한 내용을 정리하자면 최근 관심의 대상인 세대 갈등, 젠더 갈등, 계급 갈등, 그리고 지역 갈등이 실체는 있으나 일부 과장된 측면이 있다고 할 수 있다. 특히 세대 갈등과 젠더 갈등의 경우 언론과 정치권에 의한 과장이 있어 보이고, 동시에 계급 균열이 심각하다는 통념을 뒷받침해 줄 만한 근거도 많지 않다. 수도권－지방 간 격차도 유권자 인식의 영역에 굳건히 자리 잡고 있는 균열의 한 요인이라고 보기엔 무리가 있어 보인다. 각 장별 핵심적인 내용을 정리해 본다.

　[세대 균열] 우선 한국 사회 내 세대 갈등은 아직 온전한 이념 또는 사회 균열로 보기에는 어렵다. 물론 세대 집단 간 이념 성향의 차이가 존재하지만, 많은 경우 그것은 세대 효과보다는 생애주기 효과(연령 효과)나 시기 효과의 영향으로도 해석할 수 있기 때문이다. 세대 집단이 하나의 사회 균열을 구성하고 구조화하는 하나의 정치 사회 집단으로 자신을 스스로 인식하고 공통의 정체성을 형성하고 있는가의 문제이다. 이는 결국 한 개인이 세대라는 사회 집단을 중심으로 계층 또는 젠더와 마찬가지로 "우리(us)"라는 집단의식을 견고하게 형성하고, 다른 세대 집단을 "그들(them)"로 구별하여 경계를 형성하고 있는가의 문제이다. 현재 한국의 세대 집단은 이념 성향 측면에서 서로에 대해 부분적 차별성을 띠고 있지만, 정책 현안에 대한 태도를 보면 일관된, 차별적인 성향을 아직은 뚜렷하게 보이지 않는다. 동시에 과연 각 세대 집단이 얼마나 동질적인가의 문제도 고민해 볼 필요가 있다. 최근 국내 연구들은 세대 내 균열 또는 세대 내 이념 성향 분화의 가능성에 대한 일부 경험적 증거들을 제시하기도 하였다. 한국 사

회에서 세대를 중심으로 주요한 갈등이 형성되고 분열이 두드러지는 이유에는 공통의 역사 경험 부재에 따른 정치의식의 차이와 경제 불황에 따른 경제 갈등의 심화 및 정치적 이념 성향의 차이, 그리고 세대 간 소통 부족이 존재한다. 따라서 세대 간 대화를 통하여 서로에 대한 이해가 증진되지 않는다면 세대 갈등은 지금보다 더욱 심화될 가능성이 있다. 그렇기에 세대 간 소통을 활성화할 수 있는 공론장이 필요할 것이며, 대의민주주의 하에서 더 많은 청년 세대들이 정치적으로 대표될 수 있는 방안에 대한 지속적 고민이 필요하다고 할 수 있다.

[젠더 균열] 2018년 이후 청년층을 중심으로 남녀 간 갈등의 양상이 부각되고, 2021년 이후 치러진 선거에서 20대 남녀 간 지지 후보가 뚜렷하게 갈리면서 젠더 갈등이 주목받게 되었다. 선거운동 과정에서 20대 남녀의 정책이념 간 차별성은 뚜렷해졌고, 청년 남성층에서 단순하게 반페미니즘적인 태도를 지닌 특정 군집이 아닌 정치적으로 보수적인 관점을 가진 군집이 경험적으로 확인되는 것은 사실이다. 이들은 정치 지식 수준이 높고, 정치에 관한 관심이 높으며, 정치적 효능감도 강하는 특성을 지녀 보수정당의 적극적 지지 세력으로 기능하는 것으로 파악된다. 그러나 여전히 젠더갈등의 실재 여부에는 의견이 엇갈리며, 언론과 정치권에 의해 동원되었을 가능성이 크다. 2022년 4월 조사에서 다른 사회갈등 인식과의 비교 분석을 통해 확인된 것은 젠더갈등 인식은 정치변수와 강한 연계성을 보인다는 점에서 더욱 그러하다. 이를 명확하게 검증하기 위해서 대선과 지방선거가 마무리되고, 양대 정당으로 집결하면서 크게 줄어든 중도 성향 유권자의 비율이 다시 늘어난 2023년 1월에 시행한 설문조사 결과를 분석하였더니, 지역, 이념, 대북·남남 갈등은 확연하게 증가한 반면, 세대 갈등과 젠더 갈등은 유의하게 감소한 것을 확인할 수 있다.

[계층 균열] 계층 균열이 정치 과정에 지대한 영향을 끼친다는 연구는 미국을 위시한 서구 민주주의 국가에서 쉽게 발견할 수 있다. 그런데 한국에서는 이 관계가 명확하지 않다. 우선 한국의 객관적인 소득 혹은 자산 기준 경제 불평등 상황이 과거에 비해 지금 악화되었다고 보는 것은 무리이다. 그리고 세전 소득과 세후 소득을 비교하여 경제 불평등 양상을 살펴보면 보수 정권이냐 진보 정권이냐에 따라 경제 불평등 양상이 체계적으로 변화한다고 보기도 어렵다. 또한 한국의 유권자들이 자신의 사회경제적 계급의 이익에 기초하여 투표선택을 한다고 단정하기도 어렵다. 하지만 사회경제적 지위가 낮은 유권자는 그렇지 않은 유권자에 비해 정치 참여를 덜 하는 경향은 보인다. 한

편 한국인들의 주관적 경제 불평등 인식은 높은 편이지만, 그것이 반드시 정부의 정책 비판과 불신으로 이어지지는 않는다. 주관적 경제 불평등 인식의 효과는 주관적 계층 상승 가능성 인식의 함수이기도 하기 때문이다. 주관적으로 계층 상승이 가능하다고 보는 사람들은 경제 불평등이 심각한 상황일지라도 정부를 불신하는 경향성이 높지 않다. 게다가 미국보다는 훨씬 엄격한 선거자금법 및 선거법 때문에 극소수의 부자들이 정치 과정에 영향을 끼칠 가능성도 상대적으로 높지 않다. 소수의 경험 연구 결과는 국회의원들의 이념 성향은 상류층 유권자의 그것과 상대적으로 더 유사하나 실제 투표행태는 중하위층 여론에 민감하게 반응함을 보여주고 있다. 그리고 정부의 정책 역시 여론의 움직임에 비교적 잘 조응하는 것으로 확인되고 있다.

[지역 균열] 수도권-비수도권의 격차는 공정성 인식, 정치양극화, 정치 불신에 큰 영향을 미치고 있는 것으로 나타났다. 지역주의의 영향력이 여전히 큰 상황에서 정치 양극화의 중요한 한 축인 정서적 양극화를 추동하는 힘은 여전히 호남 대 경북의 지역주의 구도였다. 하지만 이 장이 발견한 것은 잠재적 균열로서 수도권-비수도권 정치 균열 또한 정서적 양극화에 중요한 영향요인으로 확인되었다. 특히 다중 격차를 반영한 비수도권 20대 청년 하위 집단(지방 사립대, 비정규직, 고졸 이하)의 차별적 영향을 확인할 수 있었다. 또한 수도권-비수도권 다중 격차는 정치적 관심 변수에도 유사한 영향을 미쳤다. 이에 수도권-비수도권 다중격차는 아직 정치적으로 동원되지 않는 잠재적 균열로 볼 수 있다. 수도권 대학 출신에 편향된 정치적 대표체계, 지역 정당을 봉쇄하는 제도적 제약, 수도권-비수도권 균열을 정면으로 다루지 않고 있는 정당의 전략 등이 수도권-비수도권 균열이 정치화되는 것을 제약하는 요인이다.

[미디어와 가짜뉴스] 변화한 미디어 환경이 양극화를 강화시켜 민주주의 공고화를 저해한다는 사실은 이제 상식에 가깝다. 위에서 검토한 세대, 젠더, 계층, 지역 갈등의 일부는 미디어를 통한 증폭과정에서 과장되었을 가능성을 배제할 수 없다. 따라서 이러한 문제를 극복하기 위한 제도적 장치에 대한 고민이 필요하다. 우선 미디어 리터러시에 대한 관심이 필요하다. 기술의 급속한 발전으로 인해 규제적 방안으로 가짜뉴스 문제를 해결하는 것에는 근본적인 한계가 있기 때문이다. 가짜뉴스와 허위정보의 문제를 근본적으로 해결할 수 있는 방안은 뉴스의 소비자들에게 스스로 생각하고 판별하는 능력을 길러주어 거짓정보에 대한 면역력을 기르게 하는 것이다. 이것이 미디어 리터러시 교육이 가짜뉴스 문제 해결에 핵심적인 해결책인 이유이다. 동시에 언론의 수준

을 높이고 그 투명성을 강화하여 국민들의 신뢰를 회복하는 작업도 필요하다. 이를 위해 정파성을 띠지 않는 중립적 기구에 의한 팩트체크를 활성화하고, 필요하다면 인공지능을 이용한 가짜뉴스 탐지 작업도 제도화할 필요가 있다. 무엇보다도 대부분의 가짜뉴스와 허위정보가 온라인 상에서 유포된다는 점에 착안하여, 오프라인 공론장의 활성화와 재강화를 위한 방안을 마련할 필요가 있다.

정치양극화 극복을 위한
권력구조와 의회제도 개혁

제2부

서론

최준영

　제2부는 "더 많은 민주주의 시대의 협치," "정치양극화 극복을 위한 권력구조 개편," "국회 의사 결정 구조의 현황과 개선 방안: 미국 의회와 비교를 중심으로" 그리고 "국회 입법·정책 지원기구의 현황 및 의회정치 발전을 위한 제도적 개선 방안들" 등 모두 네 개의 장으로 구성된다. 앞의 두 개의 글은 정치양극화를 집중적으로 다룬다. 즉 정치양극화가 어떤 이유에서 발생하고 있으며, 이것이 대의민주주의에 있어서 어떤 문제를 양산하고 있고, 또 이를 극복하기 위해 어떤 노력이 필요한지에 대해 분석의 주된 초점을 맞춘다. 반면 나머지 두 개의 글은 대한민국 의회정치 발전이라는 좀 더 일반적인 관점에서 한국 의회정치의 문제점을 진단하고 발전방안을 모색하는 데 주된 목적이 놓여 있다. 여기에서는 각각의 글들이 어떠한 문제의식 하에 한국 정치의 문제점에 접근하고 있는지를 간략히 소개한다.

　최준영은 제7장 "더 많은 민주주의 시대의 협치"에서 한국의 정치적 양극화가 악화되어 여야 간 협치가 제대로 작동하고 있지 못하는 이유를 당파적 정체성(partisan identity)에 입각한 정치참여의 증가와 국회 내 정책 결정 과정의 투명성 수준의 신장에서 찾는다. 국민의 정치참여가 증가하고 정책 결정 과정이 투명하게 공개되는 현상은 일반적으로 매우 바람직한 것으로 인식된다. 그러나 최준영은 정치참여가 합리적 이성과 정책적 선호가 아니라 당파적 정체성에 입각해 이루어지며, 또 이것이 정책 결정 과정의 투명성과 연동되는 경우 오히려 정치적 대결을 강화하고 협치를 어렵게 하는 부정적인 결과로 이어질 가능성이 크다고 주장한다.

　　최준영은 당파적 정체성에 입각한 정치참여의 특성을 다음과 같이 요약한다: 당파적 정체성에 입각한 정치참여는 오직 자기 편의 승리만을 목적으로 하고, 확증편향에 의해 영향받으며, 합리적 이성이 아니라 분노와 같은 감정에 휩쓸릴 가능성이 크다. 높은 정치적 지식이나 정치적 관심을 가진 경우 당파적 정체성이 약해지는 것이 아니라 오히려 더욱 강화되며, 디지털 정보 혁명도 객관적이고 합리적인 판단을 유도하는 것이 아니라 거꾸로 당파성을 강화하는 방향으로 활용된다. 또 정치참여의 목적이 어떤 정책적 이익을 얻기 위함이 아니라 정체성의 확인과 강화에 놓여 있기에 상대와 주고받는 타협이 발생하기 어려운 정치적 환경을 만든다. 이와 같은 당파적 정체성에 입각한 정치참여는 대표의 대의활동에 직·간접적으로 상당한 압력을 행사하여 여야 간 협치의 입지가 극히 줄어드는 결과로 이어진다.

　　이와 같은 당파적 정체성에 입각한 정치참여가 국회 내 정책 결정 과정의 투명성과 연계될 때, 여야 간 협치는 더욱 어려운 일이 된다. 왜냐하면 의원들이 정책을 만들어가는 과정을 주의 깊게 살펴보는 유권자는 주로 당파적 정체성이 강한 강성 지지자들일 가능성이 크기 때문이다. 이들은 외집단 정당과의 경쟁에서 승리하는 것이 무엇보다 중요하며 또한 자신들의 정체성에 위배되는 어떠한 타협도 용납하지 않으려 하는 존재다. 이들은 또한 공천과정에서 많은 영향력을 행사할 수 있는 존재이기도 하다. 이들이 의원들의 일거수일투족을 들여다보고 있는 상황에서 의원들은 이들의 요구에 영합하여 상대 당과 대화하고 타협하기보다는 당파적 갈등으로 일관하는 선택을 할 수밖에 없다. 이러한 의원들의 선택은 당 대 당 당파적 대결이라는 집합적 결과로 이어지며 결국 여야 간 협치의 가능성은 대폭 축소될 수밖에 없다.

　　한편 정재관은 제8장 "정치양극화 극복을 위한 권력구조 개편"에서 정치양극화에 대한 보다 근원적인 이유에 천착한다. 바로 권력구조다. 정재관에 따르면 한국의 현행 헌법은 대통령 1인에게 지나치게 과도한 권력이 집중되도록 제도화되어 있다. 다시 말해 입법부, 사법부, 행정부 간 권력의 균형이 행정부, 즉 대통령에게 과도하게 기울어져 있다는 것이다. 예를 들면 한국의 헌법은 대통령이 대법원장, 헌법재판소장, 대법관과 헌법재판관들에 대한 임명권을 행사할 수 있게 하여 사법부가 대통령의 권력으로부터 온전히 독립하기 어렵게 만들었다. 그리고 헌법은 대통령의 법률안 제출권, 국회 의결 법률에 대한 거부권, 그리고 국회의원의 국무위원 겸직을 허용함으로써 입법부보다 행정부의 권력이 비대해지는 길을 열었다. 또한 대통령은 2018년 현재 법적으로 행사할 수 있는 인사권이 무려 7,000여 개에 달할 정도로 막강한 인사권한을 행사할 수 있다. 대통령은 이러한 인사권을 무기로 행정부 각 부처와 권력기관의 관료들과 공공기관의 임원들을 정치적 목적으로 동원할 수 있다. 결국 한국의 현행 헌법은 엄청난 권력을 소유하는 제왕적 대통령이 등장하는 원인이 되었다.

더구나 현행 대통령제는 대통령을 단순다수제 선거 방식을 통해 5년 단임으로 선출하는 승자독식 체제라 할 수 있다. 정재관은 제왕적 권력을 지니는 대통령을 선출하는 방식이 오직 한 사람 혹은 한 정당만이 모든 것을 차지하는 승자독식 시스템이기에 보수와 진보 진영을 대표하는 양대 정당과 정치 엘리트 간 선거 경쟁이 마치 목숨을 걸고 벌이는 혈투처럼 변질되어 왔다고 진단한다. 그리고 이러한 정당 간 혹은 정치 엘리트 간 정치적 대결과 양극화가 각각의 당파적 진영으로 유권자를 동원하는 과정에서 유권자 수준의 양극화로 전이되고 확대되었다고 주장한다. 결국 정재관은 현행 권력구조 형태인 제왕적 대통령제와 승자독식 체제가 서로 결합하면서 정치양극화 현상이 심화되어 왔다는 점을 밝히고 있다.

이어지는 제9장 "국회 의사 결정 구조의 현황과 개선 방안: 미국 의회와 비교를 중심으로"에서 서정건은 미국의 의회와 비교분석을 통해 대한민국 국회의 의사 결정 구조가 어떠한 문제점을 지니고 있는지를 도출하고 또 이를 개선하기 위한 방안을 모색한다. 우선 서정건은 미국 의회에 비해 우리 국회의 제도화 수준이 매우 낮다는 점을 지적한다. 대한민국 국회의 제도화 수준이 낮다는 점은 여러 측면에서 확인된다. 먼저 매 국회마다 초선 의원들의 비율이 매우 크게 나타난다는 점에서 확인할 수 있듯이 의원들의 교체비율이 매우 높다는 점을 들 수 있다. 이처럼 다음 선거에서 재선될 가능성이 낮기에 의원들은 국회에 대한 충성심과 자긍심을 의미하는 제도적 헌신(institutional patriotism)을 형성하기 어렵게 된다. 또한 국회의 상임위원회도 4년 임기 국회의 전반기와 후반기에 소속 상임위원회를 바꿀 뿐만 아니라 특정 위원회에서 전문성을 쌓기보다는 인기 위원회를 돌아가며 차지하는 관행을 보여 상임위원회 중심의 의회 제도화와는 매우 큰 거리가 있다고 평가한다. 그리고 서정건은 국회 의사 결정 과정의 규칙성과 예측성도 정당 지도부의 자의적이고 정치적인 결정에 의해 자주 왜곡되고 있는 현실을 지적하기도 한다. 이처럼 국회의 제도화 수준이 낮기 때문에 국회의 운영이 효과적으로 이루어지기 어렵다는 진단이다.

또한 서정건은 미국 의회는 기본적 운영 원리로서 '교과서 의회'가 자리 잡고 있으며, 시대적 · 정치적 상황의 변화에 따라 교과서 의회를 우회하는 비정통적 운영 원리가 도입되어 왔다는 역사적 사실을 분석한다. 다시 말해 미국 의회는 정통적인 교과서 의회가 기본적인 운영원리로 장착된 상황에서 미국 정치 전반의 구도와 경쟁의 변화에 발맞추어 의회의 운영 원리를 지속적으로 바꾸어 왔다는 점을 강조하고 있는 것이다. 그러나 한국의 국회는 제도화 수준이 낮기에 미국의 교과서 의회와 같은 정통적 운영 원리가 제대로 뿌리내리지도 못했으며 또 국회 외부의 정치적, 시대적 변화를 국회 운영 원리에 적절하게 반영하는 작업도 제대로 이루어지지 않았다고 비판한다.

제2부의 마지막 장인 "국회 입법 · 정책 지원기구의 현황 및 의회정치 발전을 위한 제도적 개선 방안들"에서 이선우는 국회가 입법 및 대행정부 감시 · 감독이라는 본연의 임무를 제대로 수행하기 위해선 국회 내 입법 · 정책 지원기구들의 역할이 매우 중요하다고 강조한다. 그러나 현재 국회 내 여러 지원기구들은 다양한 문제에 시달리고 있다. 한국 의회정치의 발전에 있어서 입법 · 정책 지원기구들의 역할이 매우 중요하다고 할 때, 이들이 구체적으로 어떠한 문제점에 봉착하고 있으며 또 이를 어떻게 개선할 것인지 살펴보는 것은 상당히 중요한 민주적 함의를 지닌다고 할 수 있다.

그래서 이선우는 국회사무처 법제실, 상임위원회 전문위원, 국회입법조사처, 그리고 국회예산정책처 등 총 네 개의 입법 · 정책 지원기구들을 분석 대상으로 하여 이들이 구체적으로 어떠한 문제들을 겪고 있는지 살펴본다. 우선 국회사무처 법제실은 의원입법의 초안작성 과정에서 기술적 · 법리적 지원을 제공하며, 행정입법 전반에 대한 분석 및 평가를 수행하고, 국내외 법제에 관한 조사 · 연구 등 일종의 정책적 연구 업무를 담당하고 있는 기관이다. 이선우는 국회사무처 법제실은 인력 대비 업무량이 지나치게 과도하며, 비당파적 비전문가가 주된 인력 구성원이 되기 때문에 전문성이 떨어진다는 문제점이 있다고 진단한다. 한편 상임위원회 전문위원은 각 상임위 안에 소속되어 있으면서 자신들의 전문성을 바탕으로 상임위와 그 소속 의원들의 입법활동을 보조하는 것을 주된 역할로 하는 지원인력 집단인데, 이들은 민주적 책임성의 측면에서 문제가 있을 수 있다는 것이 이선우의 판단이다. 즉 국민에 의해 선출되지 않은 인력임에도 불구하고 입법과정에서 매우 강한 영향력을 행사하고 있으며, 심지어 행정부 부처나 이익집단 등의 로비 대상이 되어 부정한 거래에 연루되거나 부정입법의 통과에 기여할 위험성도 적지 않다는 것이다. 한편 이선우는 국회입법조사처와 국회예산정책처의 문제점으로 인력이 매우 부족하다는 점과 독립성을 보장받기 힘들다는 두 가지 점을 지적한다. 독립성이 보장받기 어려운 이유로는 두 기관 모두 처장의 임명과정이 외부기관이나 정치적 압력에 노출되어 있다는 점 그리고 국회사무처 관료들이 행정직으로 파견을 나오는 빈도가 높아 행정적으로 독립적인 위상을 확보하기 어렵다는 점 등 두 가지가 제시되었다.

07

더 많은 민주주의 시대의 협치

최준영

제1절
들어가며

"민주주의가 지닌 문제에 대한 치료제는 더 많은 민주주의다(The cure for the ills of democracy is more democracy)." 이 말은 20세기 초 미국의 진보주의 운동이 한창일 때 최초로 언급된 것으로 알려져 있다(Achen and Bartels 2016: 14). 언뜻 보면 다소 모순적으로 느껴진다. 그러나 앞에 나와 있는 민주주의와 뒤에 나와 있는 민주주의가 서로 다른 민주주의를 지칭하고 있으므로 모순된 주장은 아니다. 앞의 민주주의는 대의민주주의를 의미한다고 판단된다. 국민이 선거를 통해 선출한 대표가 국민을 대신해 정치를 수행하는 체제다. 이러한 대의민주주의의 성공 여부는 국민의 의지와 선호가 대표의 활동을 통해 얼마나 잘 국정에 반영될 수 있는지에 달려 있다. 그러나 대의민주주의에서 국민의 뜻이 국정에 반영되지 못할 가능성은 매우 크다. 국민은 대표들의 활동을 일일이 감시하고 통제할 동기나 시간적 여유가 없다. 또한 이들은 대표들의 선전과 동원 전략에 쉽게 현혹되곤 한다. 이런 상황에서 대표는 국민을 위해 활동하는 것이 아니라 자신이나 기득권의 이해관계를 추구해 나가는 책임회피 행위에 빠질 위험성이 크다. 즉 대의민주주의는 국민의 뜻과 대표의 결정 간의 괴리를 좁히기 어렵다는 고질적인 문제에 매우 취약하다.

이와 같은 대의민주주의의 문제에 대한 치료제, 즉 앞의 주장에서 뒤에 나와 있는 민주주의는 직접 민주주의 혹은 직접 민주주의에 가까운 민주주의 형태를 의미한다. 대표가 국민의 뜻에 따라 행동하지 않을 가능성이 크다면 국민이 좀 더 쉽게 대표를 감시하고 통제할 수 있도록 해주는 제도적 장치를 마련함으로써 대표가 국민의 뜻에 따를 수밖에 없도록 유인구조를 바꾸면 된다. 혹은 국민이 대표를 우회하여 직접 정책을 결정할 수 있도록 만드는 절차를 도입할 수도 있다. 어떤 방식이든 국민의 더 적극적인 정치적 참여와 간여가 필요하다는 측면에서, 그리고 이를 통해 국민에게 더 큰 권력을 귀속시킨다는 측면에서, '더 많은' 민주주의라 할 수 있다.

더 많은 민주주의를 통해 민주주의의 주인인 국민이 진정 주인다워진다는 점에서 "민주주의가 지닌 문제에 대한 치료제는 더 많은 민주주의다"라는 주장은 규범적으로 매우 큰 호소력과 울림을 지니고 있다. 그리고 이와 같은 주장은 시간과 공간을 훌쩍 뛰어넘어 1987년 이후 대한민국에도 그대로 적용되어 왔다. 1987년 민주화 이후 한국 민주주의의 여러 문제점에 직면한 정치권과 국민은 대부분의 경우 더 많은 민주주의에서 그 해법을 찾았기 때문이다.[38] 예를 들어 대표들에 대한 국민들의 감시와 통제를 용이하게 만들기 위해 이들의 활동이 좀 더 투명하게 공개되는 방향으로 제도적 발전이 이루어져 왔다. 또 국민의 정치참여는 민주주의의 발전과 공고화에 필수불가결한 것으로 간주되어 적극 권장되어 오기도 했다. 한편 당과 같은 정치적 조직에서도 당의 리더로부터 평당원으로 권력의 분산이 적극적으로 모색되고 실천되어 왔다.

다음의 [그림 7-1]은 1945년에서부터 2021년까지 대한민국의 v-dem 지수를 분야별로 보여주고 있다. [그림 7-1]을 통해 1987년 민주화 이후 한국의 민주주의는 어느 정도의 부침도 있었지만 숙의, 평등, 선거, 자유, 그리고 참여 등 모든 분야에서 매우 괄목할만한 발전을 이루어냈다는 점을 확인할 수 있다. 이제 한국의 민주주의 수준은 다른 선진국들에 비해서도 전혀 뒤떨어지지 않는다. 영국 시사주간지 이코노미스트 산하 경제분석기관인 EIU가 2022년에 발표한 자료에 의하면 우리나라의 민주주의는 전체 167개국 중 16위에 올라 '완전한 민주국가(Full Democracy)'의 반열에 올라섰다. 오늘날 우리는 과거에는 상상도 하기 힘들었던 더 많은 민주주의 시대에 살고 있다.

---

38) 실제로 한 연구에 의하면 대의민주주의에 대한 불만 수준이 높은 유권자일수록 직접 민주주의와 같은 대안을 더 선호하는 것으로 나타난다(민정훈 외 2018).

[그림 7-1] 대한민국 분야별 v-dem 지수 변화: 1945-2021

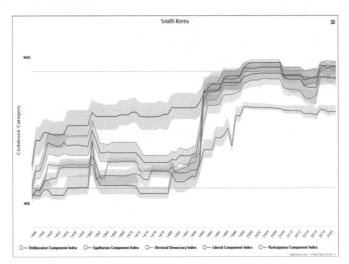

출처: V-Dem Institute <https://www.v-dem.net>

　그렇다면 이와 같은 대한민국의 더 많은 민주주의는 정당 간 또는 정치 엘리트 간 더 높은 수준의 협치(bipartisanship)로 이어졌는가? 여기서 협치란 국회 내 여야가 또는 대통령과 국회가 당파를 초월하여 국정운영이라는 공공의 목적을 달성하기 위해 대화와 타협을 통해 합의를 찾아가는 정치적 행위를 의미한다. 특히 협치는 권력을 분립하고 분립 된 권력 간 견제와 균형을 원칙으로 하는 대통령제에서 민주주의가 제대로 작동하기 위해 꼭 필요한 것으로 받아들여지고 있다. 각자의 정통성을 지닌 분립된 권력 간에 소통과 타협을 통한 협치가 존재하지 않는다면 국정운영 자체가 상당히 힘들어지기 때문이다.

　과거에 비해 더 많은 민주주의가 이루어졌으며 또 민주주의 수준이 더 높아졌음에도 불구하고, 아쉽게도 한국 정치에서 협치는 오히려 더 찾아보기 어려워졌다고 판단된다. 과거에 비해 협치를 찾아보기 더 어려워졌다는 점은 근래 들어 정치인들의 주요 연설에 협치의 중요성이 더 자주 등장하고 있다는 사실에서 확인할 수 있다. 예를 들어 문재인 전 대통령은 취임사에서 "분열과 갈등의 정치도 바꾸겠습니다. 보수와 진보의 갈등은 끝나야 합니다. 대통령이 나서서 직접 대화하겠습니다. 야당은 국정운영의 동반자입니다. 대화를 정례화하고 수시로 만나겠습니다"고 말했다. 또 윤석열 대통령도 당선사에서 "당선인 신분에서 새 정부를 준비하고 대통령직을 정식으로 맡게 되면 헌법

255

정신을 존중하고 의회를 존중하고 야당과 협치하면서 국민을 잘 모시도록 하겠다"고 밝혔다. 여와 야 사이에 협치가 원만히 이루어지고 있었다면 취임사나 당선사와 같은 중요한 연설에서 굳이 협치를 강조할 필요는 없었을 것이다. 한국 정치에서 협치가 제대로 작동하고 있지 못하다는 방증이다.

더 많은 민주주의의 시대가 열렸음에도 불구하고 왜 정당 간 혹은 정치 엘리트 간 협치는 제대로 이루어지고 있지 못하는가? 사실 협치가 제대로 작동하지 못하는 이유는 여러 측면에서 생각해 볼 수 있다. 대표적인 몇 가지 예를 들어보면 다음과 같다. 첫째, 단독으로 결정하는 것이 아니라 상대와 함께 결정하는 협치는 그 자체로 더 어려울 수밖에 없다는 점을 들 수 있다(Beckmann 2016). 협치를 하려고 해도 상대가 진정으로 원하는 것이 무엇인지, 타협할 생각은 있는 것인지, 타협하지 않고 싸운다고 한다면 싸울 의지는 얼마나 강한 것인지, 함께 어떤 결정을 한다면 그것을 지킬 생각은 애초에 있는 것인지 등 상대의 진정한 의도에 대한 불확실성이 너무 크다. 따라서 상대와 대화하고 타협한다는 것이 적절한 선택인지에 대해 지속해서 의문이 제기될 수밖에 없다. 그리고 이러한 끊임없는 의문은 협치의 가능성을 대폭 축소한다.

둘째, 야당은 여당이나 대통령과 협치를 하지 않는 것이 오히려 선거에서의 승리 가능성을 높일 수 있다는 점을 들 수 있다(최준영 2008). 야당이 적극적으로 대통령이나 여당과 협치를 하여 성공한 대통령이 나오는 경우 다음 대선에서 야당보다는 여당 후보가 유리한 고지에 올라설 가능성이 커진다. 또한 대통령의 성공은 차기 총선에서 여당의 승리와 야당의 패배로 연결될 공산이 크기 때문에 야당은 대통령에 대한 거침없는 비판과 공격을 통해 실패한 대통령을 만들기 위한 유인을 가진다(Lebo and O'Green 2011). 이처럼 국가 전체의 이익보다는 대선과 총선에서의 승리라는 당파적 이익이 앞설 수밖에 없는 상황이기 때문에 협치는 좀처럼 일어나기 어렵다.

셋째, 상호관용과 같은 협치에 필요한 마음의 습관이 정치 엘리트 사이에 자리 잡고 있지 못하기 때문이다(최준영 2021, 2022; Levitsky and Ziblatt 2018). 협치는 제도만으로 절대 이루어질 수 없다. 국회선진화법이 대표적인 사례다. 제20대 국회에서 여실히 확인했듯이 국회선진화법을 통해 여야가 합의를 할 수밖에 없도록 제도화했어도 여야 간 갈등은 줄어들기는커녕 더 격화되어 나타났다. 아무리 협치를 위한 제도를 구축한다고 해도 이를 운영하는 사람들이 협치를 하고자 하는 마음의 습관이 형성되어 있지 않다면 제도는 악용되고 남용되어 그 소기의 목적을 달성할 수 없다.

이처럼 협치는 어렵다.[39] 그래도 더 많은 민주주의 시대가 열렸다면 그래서 더 높은 수준의 민주주의가 구현되고 있다면, 여야 간 협치도 그에 따라 더 자주 그리고 더 활발하게 일어나야만 하는 것이 아닌가? 이 연구는 우리의 상식적인 직관과는 매우 어긋나 보이지만 더 많은 민주주의가 오히려 협치의 가능성을 줄이고 있다고 주장하고자 한다. 즉 이 연구는 시민들의 정치참여와 정치적 투명성의 측면에서 더 많은 민주주의가 협치의 입지를 어떻게 축소하고 있는지를 살펴보는 것을 목적으로 한다. 더 많은 민주주의는 규범적으로 옳고 타당하다고 인식되고 있다. 그러나 그와 같은 규범이 현실에 접목될 때, 전혀 예상하지 못한 부정적인 결과가 나타날 수 있다.

이 연구의 두 번째 목적은 더 많은 민주주의 시대에 협치가 가능하기 위해선 어떠한 노력이 필요한지 살펴보는데 놓여 있다. 더 많은 민주주의가 협치의 가능성을 대폭 위축시키고 있다 하더라도 더 많은 민주주의라는 물결을 거슬러 과거로 회귀하기는 어렵다고 할 수 있다. 다시 말해 협치의 가능성을 키우기 위해 과거의 비민주적 관행을 되살리거나, 시민들의 정치참여를 제한하거나, 정치적 투명성 수준을 낮추는 일 등은 있을 수 없다는 말이다. 그렇다면 우리는 더 많은 민주주의라는 시대적 조건을 전제로 해서 협치의 가능성을 모색할 필요가 있다. 즉 더 많은 민주주의 시대에 부합하는 협치의 방법을 고민할 필요가 있다는 말이다.

이 두 가지 연구 목적을 위해 이 연구는 다음과 같은 순서로 논의를 전개한다. 우선 제2장에서는 시민들의 정치참여가 어떻게 협치의 입지를 좁힐 수 있는지를 분석한다. 사회적 정체성 이론의 맥락에서 오늘날 시민들의 정치참여가 어떤 특성을 보이는지 그리고 그것이 어떠한 정치적 결과로 귀결되고 있는지 살펴본다. 제3장에서는 앞 장에서 논의한 정체성에 입각한 정치참여를 전제로 했을 때 정치적 투명성의 확대가 어떻게 여야 간 협치의 가능성을 줄일 수 있는지 분석한다. 제4장은 결론을 대신해서 더 많은 민주주의 시대에 협치를 가능케 하는 여러 가지 방법들을 정치적 리더십과 제도/관행의 측면에서 모색한다.

---

39) 협치는 어려운 것이지만 그렇다고 상상의 동물인 유니콘처럼 아예 존재하지 않는 것은 아니다. 우리의 짧은 민주주의의 역사 속에서도 대통령과 국회 그리고 여야 간 협치가 활발하게 작동하던 시기가 존재했다. 바로 민주화 직후 형성된 제13대 국회 때이다(최준영 2012). 1노3김의 리더십과 이들 간의 대화와 타협을 통해 여러 가지 쟁점 사안에 대한 타협점이 마련되었다. 노태우 대통령 중간평가 실시 여부를 둘러싼 갈등의 해소나 광주민주화운동 진상조사특위와 5공비리특위의 구성 등이 이 시기 여야 간 협치의 대표적인 사례다.

제2절

시민들의 정치참여는 어떻게 협치의 입지를 좁히는가?

일반적으로 민주주의 체제에서 시민들이 직접 정치에 참여하는 것은 규범적으로 바람직한 것으로 받아들여진다(Barber 1984; Gutmann and Thompson 1996; Holden 1993). 이렇게 인식되는 이유는 시민의 정치참여가 크게 세 가지 측면에서 더 좋은 민주주의를 만들어 낼 수 있다는 다음과 같은 믿음이 존재하기 때문이다(Hibbing and Theiss—Morse 2002: 172–179). 첫째, 시민의 정치참여는 더 나은 정책적 결정을 가능케 한다. 시민은 정치과정에 직접 참여함으로써 자신의 정책적 선호를 보다 분명하게 대표에게 전달할 수 있다. 따라서 정부의 정책이 시민의 선호와 괴리되는 현상을 억제할 수 있다. 또한 이들의 정책적 선호는 자기 삶에 직접적으로 연결되어 있기에 탁상공론식의 정책이 아니라 현실에 착종된 정책을 만드는데 이바지할 수 있다. 민생과 직접적으로 연계된 정책은 시민의 삶을 보다 윤택하게 만들어 그 자체로 좋은 정책이 된다. 둘째, 시민의 정치참여는 정책결정의 정당성을 높인다. 민주주의의 주인인 시민이 직접 정책결정 과정에 참여했기 때문에 대표만으로 만들어진 정책보다 더 높은 정당성을 가지는 것으로 인식될 수밖에 없다. 셋째, 정치참여는 더 훌륭한 시민을 육성해 낸다. 시민은 정치에 참여하여 동료 시민들과 함께 논의하고 고민하는 과정을 통해 민주 시민으로서의 덕성을 개발할 수 있다. 바버(Barber 1984: 153)의 주장처럼 시민은 정치과정에 참여함으로써 '나'만이 아니라 '우리 모두'를 생각할 수 있는 존재로 변모하게 된다는 것이다. 이

렇게 고양된 시민들의 민주적 덕성은 정치참여의 질을 높여 더 나은 민주주의로 나아
가는 방향으로 선순환된다.

하지만 문제는 시민들의 정치참여가 위와 같은 긍정적인 결과로 이어진다는 경험적
증거가 거의 없다는 사실이다(Achen and Bartels 2016; Hibbing and Thiess-Morse 2002;
Mansbridge 1983). 시민의 정치참여가 긍정적인 결과를 만들어 내기 위해서는 이들의
정치참여가 정책적 선호에 근거하고 있다는 전제가 성립되어야 한다. 그러나 일반 시
민들이 일관되고 뚜렷한 정책적 선호를 지니고 이에 근거하여 정치참여를 한다는 경험
적 증거는 매우 부족하다(Achen and Bartels 2016; Converse 1964). 또한 이들은 정치에
대한 관심도 없고 정치적 지식 수준도 매우 낮은 상태에 머물러 있는 경우가 대다수다
(Delli Carpini and Keeter 1996). 더구나 이들은 주어진 사실들을 객관적으로 검토하고
분석해서 결론에 도달하는 존재라기보다는 자신이 원래 지니고 있던 신념이나 믿음에
근거해서 사실 자체를 편향적으로 해석하는 동기화된 추론을 하는 존재이기도 하다
(Taber and Lodge 2006). 또한 타운홀 미팅처럼 직접 정치에 참여했던 경험은 일반 시민
들에게 민주적 덕성을 고양시키기보다 좌절, 분노, 소외와 같은 부정적 감정을 유발하
여 정치에 참여할 의지를 오히려 감소시키는 것으로 조사됐다(Mansbridge 1983; Morrell
1999). 이렇게 볼 때 시민들의 정치참여가 민주주의 운영의 측면에서 긍정적인 결과로
이어진다는 주장은 근거 없는 바람에 불과할지도 모른다.

그럼에도 시민들의 정치참여는 계속되고 있다. 앞의 <그림 7-1>에 따르면 민주
화 이후 정치참여 수준은 빠르게 증가하다 2000년대 들어 더 이상 증가하지 않고 정체
된 모습을 보인다. 그러나 이것은 전체 유권자를 대상으로 하여 조사한 결과이다. 전체
유권자의 상당수를 차지하는 중도성향의 무당파 시민들의 정치참여는 정체되거나 감소
하고 있지만, 강한 이념적 성향 또는 정당일체감을 지닌 시민의 정치참여는 과거에 비
해 오히려 더 증가하고 있는 추세다(박상훈 2015; Jo 2022). 그렇다면 이들을 정치에 적
극적으로 참여하게 만드는 요인은 무엇인가? 전술한 대로 정책적 선호는 중요한 요인
이 아닐 가능성이 크다. 최근의 연구는 이들이 지닌 당파적 정체성(partisan identity)이
이들의 참여를 결정짓는 주된 요인이라는 점을 밝히고 있다. 그렇다면 당파적 정체성
은 무엇이고 이에 입각한 정치참여는 어떤 특성을 보이는가?

1. 당파적 정체성에 입각한 정치참여의 특성

가. 사회적 정체성 이론(Social Identity Theory)

사회적 정체성 이론에 따르면 인간은 본능적으로 자신이 속한 집단(내집단, in-group)과 그렇지 않은 집단(외집단, out-group)을 구분한다(Tajfel 1981). 그리고 자신이 속해 있어 정체감을 느끼는 내집단은 편애하고 속해 있지 않은 외집단은 혐오하고 싫어한다.[40] 브루어(Brewer 2007)는 이와 같은 인간의 성향이 진화를 통해 형성된 것으로 본다. 즉 내집단에 속한 사람들을 신뢰하고 이들과 이타주의적으로 협력을 이어가는 것과 동시에 외부집단에 대한 경계와 거리두기를 한 집단은 진화과정에서 생존할 가능성이 그렇지 못한 집단에 비해 컸고, 따라서 그들의 자손인 현생 인류도 내집단 편애와 외집단 혐오를 본능 속에 장착하게 되었다는 것이다. 그래서 인간의 내집단-외집단 구분짓기는 마치 추우면 우리 몸에 소름이 돋는 것처럼 거의 자동반사적으로 일어난다.

또한 우리 자신에 대한 자존감은 우리가 정체성을 공유하고 있다고 생각하는 내집단의 지위와 위상에 연동되어 있다(Huddy 2001; Huddy et al. 2015). 즉 내집단의 지위와 위상이 커지면 나의 자존감도 올라가고, 떨어지면 나의 자존감도 동반 하락한다. 그러므로 외집단의 내집단에 대한 위협과 공격은 내집단의 지위와 위상을 위험하게 만드는 것과 동시에 나의 자존감이 손상될 위험성도 함께 고조시킨다. 이와 같은 상황에서 내집단에 대한 외집단의 공격은 자신에 대한 개인적 공격으로 인식될 수밖에 없고, 내집단의 지위와 위상을 외집단으로부터 보호하기 위해 적극적으로 생각하고 행동하게 만든다. 여기서 그와 같은 생각과 행동이 어떤 논리적인 이유나 합리성에 기반해 있을 필요는 없다는 점이 중요하다. 내가 그 집단에 소속되어 있다는 정체성과 그 정체성이 위협받고 있다는 느낌만으로도 그와 같은 생각과 행동은 충분히 활성화된다(Green et al. 2002).

---

40) 사실 외집단에 대한 인간의 감정이 혐오에 국한된 것만은 아니다(Brewer 2007). 혐오하고 증오할 수도 있지만 동정하거나 존경하거나 혹은 아예 아무런 관심이 없을 수도 있다. 외집단에 대한 우리의 감정이 어떻게 형성되는가 하는 것은 내집단과 외집단이 어떤 관계를 맺고 있는가에 직결된다. 외집단에 대해 혐오와 증오의 감정을 가지는 경우는 일반적으로 제한된 자원을 둘러싸고 내집단과 외집단이 치열하게 대립하고 경쟁하고 있을 때 발생한다.

한편 우리가 정체성을 공유하는 내집단은 매우 다양할 수 있다. 고향, 성별, 인종, 종교, 스포츠팀, 출신학교, 학번, 취미 등 우리가 상상할 수 있는 모든 집단에 대해 우리는 정체성을 지닐 수 있다. 우리가 다양한 사회집단에 대해 가지고 있는 정체성이 서로 교차되거나 모순되는 경우 외집단에 대한 우리의 감정은 좀 더 관용적이고 긍정적으로 유지될 수 있다(Roccas and Brewer 2002). 왜냐하면 정체성이 서로 교차해 있는 경우 내집단과 외집단을 구분하는 경계선이 모호해져 누가 나의 적인지 명확하게 판단하기 어려워지기 때문이다. 예를 들어 진보적인 성향을 지닌 호남에서 태어나서 살고 있으나(지역 정체성) 보수적 이념(이념 정체성)을 지닌 사람은 호남 출신 진보주의자에 비해 영남에 지역기반을 둔 보수정당을 확실한 외집단으로 간주할 가능성이 떨어질 수밖에 없고, 따라서 보수정당에 대해 적극적으로 반대하기 어렵게 된다.

문제는 이처럼 다양한 사회집단에 대한 정체성이 정치의 영역으로 수렴되면서 하나의 메가 정체성(Mega Identity) 밑으로 정렬되는 현상이 발생하고 있다는 점이다. 메이슨(Mason 2015, 2018)은 미국의 유권자를 분석하면서 인종, 이념, 성별, 종교 등에 대한 정체성이 민주당과 공화당에 대한 당파적 정체성으로 연결·정렬되고 있고 이것이 미국의 정치적 양극화를 악화시키는 주된 요인이 된다는 점을 발견했다. 한국의 경우도 마찬가지다. 지역적 정체성과 이념적 정체성이 더불어민주당과 국민의힘의 당파적 정체성과 연결·정렬되고 있고 이에 따라 한국의 정치적 양극화 수준도 악화되고 있기 때문이다(김기동·이재묵 2021, 2022; 최준영 2018).

미국이나 한국이나 특정 정당에 대해 지닌 정체성, 즉 당파적 정체성이 여타 사회집단에 대한 다양한 정체성을 아우르는 메가 정체성으로 자리를 잡아 가고 있다. 즉 성별, 이념, 지역, 종교 등 여러 갈래로 나뉘어 있던 사회가 당파적 정체성이라는 단일한 균열선을 지닌 사회로 대체되고 있다. 예를 들어 지역적 정체성에 대한 공격은 더 이상 지역적 정체성에 국한된 지엽적 갈등으로 끝나지 않는다. 당파적 정체성 아래 함께 연동된 모든 정체성을 활성화시켜 대규모의 갈등을 유발한다. 작은 균열로 나뉘어 여기저기 소규모로 충돌하는 것보다 거대한 단일 균열선을 두고 충돌할 때 갈등의 강도는 극단적으로 커진다.

정치는 선거를 비롯하여 정당 간 치열한 경쟁이 벌어지고 있는 공간이다. 따라서 당파적 정체성을 형성한 시민의 입장에서 정치라는 공간은 자신의 정체성에 대한 위협(identity threat)이 끊임없이 제기되는 곳이다. 즉 외집단 정당의 위협과 공격에 맞서 내집단 정당의 지위와 위상을 공고히 해야 할 필요성이 지속적으로 제기되는 곳이다. 내집단 정당의 지위와 위상은 자신의 자존감의 크기와 연동되어 있으므로, 이들은 내집단을 보호하고 외집단을 공격하는 데 적극적으로 참여한다. 그리고 이러한 정치참여는 소위 강성 지지자로 불리는 당파적 정체성의 강도가 큰 사람일수록 더 적극적으로 이루어진다(Miller and Conover 2015).

나. 당파적 정체성과 정치참여

그렇다면 이들 강성 지지자의 정치참여는 어떠한 모습으로 나타나는가? 크게 여섯 가지로 정리해볼 수 있다. 첫째, 이들의 정치참여는 이성보다는 감정에 근거하여 이루어진다. 밀러와 코노버(Miller and Conover 2015)는 내집단 정당과 외집단 정당 간에 경쟁이 일상적으로 벌어지는 상황에서 당파적 정체성 강도가 강한 유권자, 즉 강성 지지자는 외집단 정당에 대한 분노의 감정과 라이벌 의식(rivarly)을 활성화시킨다고 말한다. 외집단 정당이 내집단 정당의 지위와 위상을 위협하고 있다고 느끼기 때문에 분노하며, 따라서 반드시 외집단 정당을 꺾고 승리해야 내집단의 지위와 위상이 보호받을 수 있다고 생각한다(Huddy et al. 2015). 이러한 분노의 감정과 라이벌 의식은 상대에 대한 적대감을 증대시켜 상대에 대한 무례한 막말이나 혐오 발언을 거리낌 없이 쏟아내게 만들며,[41] 정해진 규칙이나 규범을 일탈한 비상식적인 방식을 통해서라도 꼭 승리해야 한다고 느끼게 한다.[42] 이러한 강성 지지자들의 정치참여에서 이성은 설 자리가 없다. 이성은 정체성에 기반한 감정으로 촉발된 생각과 행동을 사후에 합리화하고 정당화하

---

[41] 아이엔거와 웨스트우드(Iyengar and Westwood 2015: 704)는 실험을 통해 미국인들 사이에 당파적 적대감 수준이 인종적 적대감 수준보다 더 크다는 사실을 발견했다. 인종적 갈등이 미국의 고질적인 문제가 되어왔다는 역사적 사실을 놓고 볼 때 이와 같은 발견은 매우 놀랍다. 어떻게 이와 같은 일이 벌어졌는가? 아이엔거와 웨스트우드의 설명은 다음과 같다. 인종은 개인의 의지와는 상관없이 타고나는 것이지만, 정파성은 개인의 선택을 통해 형성된 것이다. 타고난 것에 대해 비방하고 조롱하기는 어렵지만 잘못된 선택에 대해 비방하고 조롱하기는 비교적 쉽다. 이것이 정치에서 발생하고 있는 상대 정당에 대한 막말과 차별이 다른 사회적 집단(예를 들면 인종이나 성별)에 가해지는 막말과 차별에 비해 비교적 관대하게 받아들여지는 이유다.

[42] 밀러와 코노버(2015: 234)는 다음과 같이 썼다: "당원들이 온갖 지루한 회의를 견뎌내고, 마당에 입간판을 세우고, 자기 돈을 쓰며, 자원봉사를 하며 수많은 시간을 투자할 때, 그들의 마음에 가장 먼저 떠오르는 생각은 자신이 상대 당에 대해 엄청 화가 나 있고 그래서 어떤 일이 있어도 지고 싶지 않다는 것이다. 그들은 상대 팀을 패배시키기 위한 임무를 지닌 열광적인 투사다."

는 홍보대사 정도의 수준으로 전락한다(Haidt 2012). 이러한 상황에서 상대 정당 지지자에 대해 감정적으로 싫어하고 혐오하는 정서적 양극화 현상도 계속 악화되어 가고 있다(김기동·이재묵 2021, 2022; Iyengar et al. 2012; Iyengar et al. 2019).

둘째, 당파적 정체성이 강한 사람은 확증편향에 입각한 정치참여를 할 가능성이 크다(장승진·하상응 2022). 확증편향은 새로운 정보를 자신이 원래 지니고 있던 신념이나 믿음에 부합하도록 해석하고 이해하는 경향을 의미한다(Lord et at. 1979; Taber and Lodge 2006). 이러한 확증편향적인 성향은 역화효과(backfire effect)라는 심리적 상태로 연결되기도 한다. 역화효과는 자신이 기존에 지니고 있던 신념이나 믿음이 틀렸음을 입증하는 객관적 사실을 접하는 경우, 단순히 그 사실을 부정하거나 회피하는 차원을 넘어 자신의 잘못된 신념이나 믿음을 오히려 더 강화하는 현상을 뜻한다(리 매킨타이어 2019, 73). 왜 이와 같은 현상이 발생하는 것일까? 카한과 동료들(Kahan et al. 2017)은 정체성 보호 인지(identity-protective cognition)에서 그 원인을 찾는다. 정체성 보호 인지란 자신이 속한 내집단의 다른 구성원으로부터 소외되기를 원치 않기 때문에 내집단의 가치를 위협하는 객관적 사실을 무의식적으로 왜곡하거나 무시하는 것을 의미한다. 다시 말해 인간은 내집단 구성원이 받아들이기 힘든 사실을 받아들임으로써 친한 사람들과 다투고 갈라서게 되는 것을 원치 않는다는 것이다. 대부분의 사람들에게 있어서 진실이라는 가치보다 동류의 사람들과 잘 어울리며 살아가는 가치가 훨씬 더 크기 때문에 인간은 차라리 진실을 외면하는 것을 택한다.[43]

셋째, 당파적 정체성에 입각한 정치참여는 디지털 정보 혁명의 발전과 궤를 같이한다. 프라이어(Prior 2005)는 디지털 정보 혁명이 우리에게 제공한 것은 더 많은 정보라기보다는 정보에 대한 더 많은 선택권이었다고 말한다. 우리는 디지털 혁명 이전엔 우리의 선호와는 상관없이 미디어 매체가 제공하는 제한된 정보에 의지하여 살아갈 수밖에 없었다. 그러나 거의 무한대의 정보에 접근할 수 있는 길이 열리면서 우리는 우리가 관심을 가지는 분야에 국한된 정보만을 선택적으로 접근할 수 있게 되었다. 정치분야도 마찬가지다. 정치에 관한 수많은 정보가 웹상에서 떠돌고 있지만, 애초에 정치에 관심이 높은 사람만이 이러한 정보를 활용하고 있다. 더구나 정보 선택권의 확대는 다양

---

43) 한국정치에서 당파적 정체성에 따라 확증편향적 의견형성이 이루어지고 있다는 증거는 셀 수 없이 많다. 가장 최근의 예로 '청담동 술자리 의혹'이 있다. 더탐사와 더불어민주당 김의겸 의원에 의해 제기된 청담동 술자리 의혹은 이미 가짜뉴스라는 것이 입증됐음에도 불구하고 야당 지지자의 69.6%가 사실이라 생각한다고 답변했다는 여론조사 결과가 있다(한국경제 2023.1.27.).

한 정치적 정보를 골고루 받아들이는 것이 아니라 자신의 취향, 즉 자신의 당파적 정체성에 부합하는 정보만을 섭취할 수 있게 해 주었다(에즈라 클라인 2022; 함민정·이상우 2021).

또한 페이스북과 같은 소셜미디어의 발달은 비슷한 정체성을 공유한 사람들끼리 자신들만의 폐쇄된 온라인 공간에서 어울릴 수 있게 만들었다. 자신의 성향과 맞지 않는 사람이 자신의 페이스북에 들어와 있다면 숨기기 기능을 사용하거나 아예 친구삭제 버튼을 눌러 그들과의 관계를 자기 마음대로 차단할 수 있다. 이런 상황에서 자신의 정체성과 모순되는 얘기나 주장을 접할 가능성은 작아진다. 그리고 자신의 정체성을 강화하는 정보만이 소셜미디어 연결망 안에서 적극적으로 공유된다. 이들은 외집단으로부터 철저히 차단된 자신들만의 필터버블 속에 살아가고 있는 것이다(시바 바이디야나단 2020).

결국 디지털 정보 혁명의 발전은 자신의 정체성에 부합하는 정보만을 취사선택할 수 있게 만들어 확증편향적 성향을 강화하는 것과 동시에 외집단 간의 상호작용을 원천봉쇄하는 방향으로 정치참여의 특성을 변화시키는 데 일조했다고 할 수 있다. 또한 애초에 정치에 무관심했던 사람들을 더 정치에서 멀어지게 하여 온건하고 중도적인 목소리가 정치권에서 차지하던 비중도 줄어들게 했다. 그러므로 디지털 정보 혁명은 당파적 정체성에 입각한 정치참여를 강화한다.

넷째, 높은 수준의 정치적 지식이나 관심이 더 나은 정치참여를 보장하지 않는다. 장승진·하상응(2022)은 정치지식 수준이 더 높은 사람일수록 당파적 정체성이 더 강화된다는 점을 발견했다. 당파적 정체성 강도가 더 큰 사람일수록 정체성 보호 인지가 더 강하게 발현된다고 할 때, 정치지식 수준이 높은 사람일수록 확증편향적 사고에 더 취약해진다. 즉 높은 수준의 정치적 지식은 내집단의 가치와 모순된 객관적 정보에 대해 좀 더 쉽게 저항할 수 있도록 만들어 준다는 것이다(Flynn et al. 2017; Kahan et al. 2017; Lodge and Taber 2013). 비슷한 맥락에서 높은 수준의 정치적 관심도 확증편향적 사고를 강화할 수 있다. 하상응·길정아(2020)는 유권자가 자신의 이념성향에 부합하는 정당이 집권하고 있을 때 일반적으로 정부에 대해 더 높은 신뢰를 보이는 편향성이 존재하는데, 이러한 편향성이 정치적 관심 수준이 높은 유권자일수록 더 강하게 발현된다는 점을 발견했다. 전통적으로 정치적 지식이나 정치적 관심은 보다 나은 정치참여를 견인하는 핵심적 요소로 간주해 왔다. 정치지식과 관심은 올바르고 객관적인 정치적 판단을 내리는 데 도움이 될 수 있다고 믿었기 때문이다. 그러나 당파적 정체성이 사고와 행위의 준거가 될 때, 정치지식과 관심은 우리가 이미 옳다고 믿는 바를 증명하고 뒷받침하기 위한 도구로 악용되어 정치참여의 질을 심각하게 떨어뜨리는 요인이 된다.

다섯째, 당파적 정체성은 정치적 현실을 일차원적인 구도로 바라보게 만든다(Lammers et al. 2017). 당파적 정체성은 정치적 현실을 내집단 정당과 외집단 정당 간의 대결 구도 속에서 인식하게 만든다. 그리고 내집단 정당에 대한 편애와 외집단 정당에 대한 혐오는 자연스레 내집단 정당을 선으로 그리고 외집단 정당을 악으로 규정하게 만든다. 즉 이들에게 있어서 정치는 선과 악의 대칭적 구도로 인식된다. 정치는 대부분 선과 악의 경계가 모호한 회색지대로 구성되어 있다고 생각하는 사람들은 무엇이 옳고 그른지 직관적으로 느껴지지 않기 때문에 정치참여를 할 때 신중하고 조심스러운 판단을 하기 마련이다. 그러나 당파적 정체성 수준이 강해 옳고 그른 것이 분명하게 보이는 사람들의 정치참여는 격정적일 수밖에 없다. 또 선과 악 사이에 중간지대가 있다고 생각하지 않기에 상대와의 타협은 애초에 가능하지 않다고 판단한다. 그래서 상대와의 타협을 위한 어떠한 시도도 용납하지 않는다.

마지막으로, 정체성이 활성화된 정치참여자는 특정 정책이 나에게 어떤 이익을 안겨주는지를 묻지 않고 대신 그 정책이 나에 대해 무엇을 말해주는가를 묻는다(Johnston et al. 2017: 25). 즉 이들에게 정책은 나 그리고 내가 속한 내집단의 가치를 반영하고 있는가에 따라 좋은 정책과 나쁜 정책으로 나뉜다. 이 경우 정책에 대한 타협은 발생하기 어렵다. 타협은 주고받는 것이다. 정책의 이익에 초점이 맞추어 진다면 서로 이익을 어떻게 주고받을 것인지에 대해 타협을 이루어낼 수 있다. 그러나 정체성은 이익처럼 타협할 수 있는 성질의 것이 아니다. 온전히 나와 내집단의 가치가 반영된 정책 아니면 받아들일 수 없다. 이처럼 정치참여가 정체성 표현의 수단이 될 때 그래서 정치 자체가 정체성이 될 때 상대와의 타협은 더더욱 어렵게 된다.[44)]

요약하자면 당파적 정체성에 입각한 정치참여는 오직 자기 편의 승리만을 목적으로 하며 또한 자신은 옳고 상대는 틀리다는 선악의 관점에 서 있는 정치참여다. 그리고 확

---

44) 비슷한 맥락에서 타지펠과 동료들은 내집단과 외집단 간의 경쟁에서 이익보다는 승리가 더 중요한 행위의 동기가 된다는 점을 실험을 통해 입증한 바 있다(Tajfel et al. 1971). 이들의 실험에 참가한 소년들은 내집단에 속한 구성원들이 받을 수 있는 금액의 총액을 늘리는 것과 총액은 감소하더라도 외집단보다는 더 많이 받는 것 중 하나를 선택해야 했다. 실험결과는 후자가 더 인기 있는 선택지라는 것을 보여준다. 다시 말해 금전적 이익보다 외집단과의 경쟁에서 승리하는 것이 더 중요한 의미를 지닌다는 것이다.

증편향에 의해 영향받으며 합리적 이성이 아니라 분노와 같은 감정에 휩싸인 정치참여다. 디지털 정보 혁명이나 높은 정치적 지식과 관심은 확증편향적 성향에 대한 해독제로 작용하는 것이 아니라 확증편향의 근육을 더욱 강화하는 스테로이드의 역할을 한다. 또 정치참여의 목적이 어떤 이익을 얻기 위함이 아니라 정체성의 확인과 강화에 놓여 있기에 상대와 주고받는 타협이 발생하기 매우 어려운 정치적 환경을 만든다. 이와같은 당파적 정체성에 입각한 정치참여는 대표의 대의활동에 상당한 압력을 행사하여협치의 입지가 극히 줄어드는 결과로 이어진다. 그럼 당파적 정체성에 입각한 정치참여가 구체적으로 어떻게 대표의 대의활동을 제한하여 협치의 입지를 좁히는지 다음에서 살펴보도록 하자.

2. 당파적 정체성에 입각한 정치참여의 결과

당파적 정체성이 강한 시민이 정치에 적극적으로 참여하게 되면 협치의 입지가 좁아진다고는 하지만 실상 우리 주변을 돌아보면 시민의 대부분은 정치인이 서로 대화와 타협을 통해 협치해 나가는 모습을 원하는 것처럼 느껴진다. 사실 우리나라 정치에 대한 가장 큰 불만 중 하나로 상대와 협력하지 않고 독단적으로 정치를 운영하는 모습을 꼽는 사람들이 부지기수다. 실제로 최준영 외(2019: 54)는 다른 정당 소속 의원과 적극적으로 타협하여 중요한 사안을 해결하는 국회의원과 무슨 일이 있어도 소속정당의 이념적 원칙을 고수하는 국회의원 중 어떤 의원이 더 바람직한 의원인지 유권자에게 물어본 결과를 제시했다. 무려 92%의 응답자가 전자의 의원이 바람직한 의원이라고 대답했다. 협치가 중심이 되는 정책 결정과정에 대한 우리 국민의 선호는 압도적이라 할 만큼 높아 보인다. 그러나 최준영 외(2019)는 이 92%라는 수치의 이면에는 완전히 상반된 욕망 또한 숨어 있다는 점을 지적한다. 정당일체감 강도가 높은 유권자는 상대 당과 타협을 통해 정해진 정책결과보다 자신이 지지하는 정당의 입장이 적극적으로 반영된 정책결과를 더 선호한다는 점을 발견했기 때문이다. 즉 당파적 정체성이 강한 시민일수록 상대 당과의 타협보다는 당파적 승리를 더 원한다는 것이다. 당파적 정체성이 강한 시민도 겉으로는 협치가 바람직하다고 말한다. 그러나 속으로는 내집단 정당의 입장이 관철되기를 갈구한다.

한편 이러한 강성 지지자들의 수가 다른 유권자들의 수에 비해 적기 때문에 이들의 극단적 정치참여는 정책 결정 과정에 그리 큰 영향을 미치지 못할 것이라는 주장도 제기될 수 있다.[45] 그러나 이들의 수가 적기 때문에 당연히 이들의 영향력도 적을 것으로 판단해서는 안 된다. 격정적으로 정치에 참여하는 이들의 목소리만이 정치권에 울리고 있고 대다수 유권자는 예외적인 경우를 제외하고 대체로 침묵하고 있기에, 대표들의 처지에서는 이들 강성 지지자의 목소리가 마치 유권자 전체의 목소리처럼 들릴 수밖에 없다. 그래서 비록 수는 적지만 이들의 정치적 열정은 자신의 요구사항이 정치과정 상에 과다 대표되게 만든다. 그러므로 이들의 대표에 대한 영향력은 매우 크다.

그렇다면 이들은 구체적으로 어떻게 대표들에 대해 영향력을 행사하는가? 크게 보아 두 가지 방식으로 구분할 수 있다. 하나는 적대적 사회환경을 구축하여 대표들이 그와 같은 적대적 환경에 부합하는 행동을, 싫든 좋든, 취할 수밖에 없도록 만드는 간접적 방식이다. 또 다른 하나는 자신들의 정체성에 어긋난다고 생각하는 대표들에 대해 적극적으로 압박을 가하는 직접적 방식이다. 우선 강성 지지자들이 어떻게 적대적인 사회환경을 만들고 있는지부터 살펴보자.

당파적 정체성에 입각한 정치참여는 정치와 관련 없는 사회의 다른 영역까지 정치화시키는 방향으로 전개되고 있다. 즉 우리의 사회적 삶 자체를 당파 간 대결과 갈등의 프레임으로 재단함으로써 사회 내 갈등을 부추기고 이를 통해 적대적인 사회환경을 만들어 낸다는 말이다. 예를 들어 웹툰작가이자 유튜브 채널 '침착맨'을 운영하고 있는 이말년(본명 이병건)은 윤석열 후보가 대통령에 당선된 이후 자신의 유튜브 채널에서 유니짜장을 먹는 모습을 촬영해 유튜브에 업로드했다. 이후 이말년은 윤 당선인을 조롱하는 악의적인 좌파라는 공격적 댓글에 오랜 기간 시달려야 했다.[46] 유니짜장을 먹은 것이 어떻게 좌파가 되는 것일까? 윤석열 후보를 비하하는 별칭 중에 '윤짜장'이라는 것이 있었고, 이 별명이 유니짜장과 발음이 비슷하다는 것이다. 더구나 유니짜장을 먹

---

45) 비슷한 맥락에서 더불어민주당의 김종민 의원은 2022년 12월 2일 국회 의원회관에서 진행된 인터뷰에서 극우나 극좌 유튜브 구독자의 수는 기껏해야 100만으로 전체 유권자의 수에 비하면 단지 5%에 불과할 정도로 적다고 말했다. 물론 김종민 의원의 강조점은 나머지 95%가 자신의 의견을 개진하여 공론을 만들어 나갈 수 있는 공간 창출의 필요성에 맞추어져 있긴 했지만, 작은 숫자가 지닌 영향력은 미미할 수밖에 없다는 점에 대해서는 공감하고 있는 것으로 판단된다.
46) 조선일보(2022.03.14.). 유니짜장 먹었을 뿐인데…'반윤' 몰린 이말년.
   <https://n.news.naver.com/article/023/0003678411?sid=102>

은 시점이 윤석열 후보가 대통령에 당선된 직후니 당연히 유니짜장을 먹는 행위는 윤 대통령에 대한 비판이 될 수밖에 없고 따라서 이말년은 좌파가 된다는 식이다. 자신은 정치와 아무런 관련도 없으며 유니짜장도 그냥 우연히 먹었을 뿐이라는 이말년의 간곡한 호소에도 불구하고 그는 이제 우파들 사이에서 '좌착맨(좌파＋침착맨)'으로 불린다. 정치와 아무 상관 없는 유니짜장 한 그릇도 강력한 당파적 메시지를 담고 있는 것으로 해석되는 세상이다.

한편 뚜렷한 정치적 당파성을 내포하지 않는 행위나 대상이라 할지라도 정치인과 연계되면 곧바로 당파적 의미가 부여되는 일도 자주 발생한다. 예를 들어 문재인 전 대통령과 더불어민주당 의원들의 영화 "1987" 관람이나 자유한국당 의원들의 "강철비" 관람은 상업적 목적으로 만들어진 영화를 곧바로 진보와 보수를 대변하는 정치적 영화로 탈바꿈시켰다.[47] 또 윤석열 대통령 취임 만찬장에서 김건희 여사와 대화하며 활짝 웃고 있는 모습이 사진에 찍혀 언론에 공개된 윤호중 더불어민주당 전 비대위원장도 한동안 곤욕을 치러야 했다. 더불어민주당 강성 지지자들이 윤 전 비대위원장의 페이스북에 강력한 비난과 조롱을 담은 댓글을 올렸으며, 민주당 권리당원 게시판에도 윤 비대위원장에 대한 비판의 글이 쇄도했기 때문이다.[48] 그리고 2022년 월드컵 16강 진출을 축하하기 위해 윤 대통령과 김건희 여사가 선수들을 청와대 영빈관에 초청해 만찬을 열었는데, 이 만찬에 참여한 선수들에게도 더불어민주당 지지자들로부터 수많은 비난과 비판이 제기되었다. 민주당 성향 온라인 커뮤니티를 중심으로 만찬을 거부한 선수가 하나도 없었다는 실망감을 포함하여 여러 가지 불만이 제기되었고, 특히 대통령 부부와 정다운 모습을 보였던 조규성 선수의 인스타그램에는 유달리 과격한 비판을 담은 악플이 달렸다.[49]

이처럼 당파적 대립과 갈등이 심해지고 있는 사회는 시민들에게 다른 정당을 지지하는 사람들과 사회적 거리를 두고자 하는 동기를 강화한다. 즉 자신의 일상생활에서

---

47) 노컷뉴스(2018.01.08.). 정치권 '1987' 관람 열풍…한국당은 '강철비.'
    <https://n.news.naver.com/article/079/0003052886?sid=100>
48) 연합뉴스(2022.05.11.). 윤호중－김건희 여사 환담 사진 공개에…윤측 "한순간 포착된 것."
    <https://www.yna.co.kr/view/AKR20220511147400001>
49) 조선일보(2022.12.09.). "생각 좀 하고 살아"…尹 만난 축구대표팀에 野지지자들 악플 테러.
    <https://www.chosun.com/politics/politics_general/2022/12/09/5DEYTRG5C5FY3B5MMBHAFDU57M
    /?_branch_match_id=1070188782606970523&utm_medium=sharing&_branch_referrer=H4sIAAAAAAA
    AA8soKSkottLXT87ILy7N00ssKNDLyczL1q9w9krOdi4PcypLAgDGWZmNIwAAAA%3D%3D>

상반된 당파적 정체성을 지닌 사람들과의 상호작용을 배제하고 차단하려는 일종의 사회적 관습이 형성된다는 말이다. 괜한 싸움에 얽히느니 차라리 피하는 것이 서로에게 좋다는 것이다. 정치적 발언 때문에 동문끼리 만든 단톡방이 터져버린다거나 서로 다른 대선 후보를 지지하다가 오랜 친구 관계가 파탄 나는 등 이미 우리는 이와 같은 현상을 직간접으로 경험해 보았을 수 있다. 그리고 다수의 유권자 표본을 대상으로 수행된 경험적 연구도 이와 같은 일이 이미 하나의 사회적 현상으로 자리 잡고 있다는 점을 보여준다. 예를 들어 김기동·이재묵(2021)은 우리 국민 사이에 상대 정당을 지지하는 사람들과 결혼을 통해 가족관계를 맺으려 하지 않는 경향이 나타나고 있다는 점을 확인한 바 있다.

당파적 정체성은 이처럼 사회에서 벌어지고 있는 모든 일을 정체성에 입각한 정치화의 대상으로 변모시킬 수 있고 이 과정에서 사회 내 심각한 갈등과 대립을 양산한다. 그리고 상대 정당을 지지하는 사람들과 사회적으로 거리를 두는 일이 강화되면서 일상생활 속에서 다른 당파적 정체성을 지닌 사람들과 상호작용하며 서로를 이해할 수 있는 기회도 점차 사라지고 있다. 다시 말해 당파적 정체성에 입각한 정치참여는 사회를 당파에 따른 두 개의 집단으로 쪼개어 서로 대결하게 만드는 적대적 환경을 조성한다. 이러한 적대적 환경 속에서 대표들은 최대한 신중하게 대의활동을 수행할 필요성을 느낄 수밖에 없다. 자신의 발언, 농담, 몸짓, 웃음 등 거의 모든 것이 당파적으로 해석될 수 있는 상황에서 강성 지지자들의 공격 대상이 되지 않도록 자신의 대의활동에 대한 자체 검열을 강화할 필요성이 있다는 것이다.

강성 지지자들이 대표들에게 영향을 미치는 또 다른 방법은 자신들의 정체성에 어긋난 행위나 발언을 하는 대표들에 대해 직접적인 압력을 행사하는 것이다. 이와 같은 압력은 점차 다양해지고 있고, 때로 매우 폭력적인 양상을 띠기도 한다. 몇 가지 예를 들어보면 다음과 같다. 윤상현 국민의힘 의원 지역구 사무실에서 근무했던 한 비서관의 말에 의하면 과거에 비해 의원 사무실에 직접 방문하여 이의를 제기하는 지지자들의 수가 크게 늘었으며, 그들의 이의제기의 강도도 매우 거칠어지고 있다고 한다.[50] 김영배 더불어민주당 의원도 2022년 9월 16일 여의도 켄싱턴 호텔 그랜드 스테이션에서 진행된 인터뷰에서 비슷한 취지의 말을 했다. 강성 지지자들이 의원들의 대의활동을 감시하면서 상대 당과 대화하고 타협하려는 의원들의 시도를 비판하고 공격하는 경향

---

50) 박지현 전 비서관 인터뷰. 인터뷰는 2022년 10월 11일 인하대학교에서 진행했다.

이 매우 강해졌다는 것이다. 김영배 의원은 강성 지지자들로부터 '수박'이라는 비판을 일상적으로 받고 있다고 증언하기도 한다. 근래 들어 강성 지지자들에 의해 내부총질이나 수박과 같은 단어들이 많이 쓰이고 있는데, 이는 내집단 정당 의원 중 정체성에 부합하지 않는 활동이나 발언을 하는 의원들을 조롱하거나 압박하기 위해 사용된다.

한편 강성 지지자들은 클리앙과 같은 사이트에서 자신들과 반대되는 정책적·정치적 결정을 옹호하는 의원이나 정치인의 전화번호를 공개해서 비판과 비난을 담은 문자 폭탄 공격을 가하도록 회원들을 종용하기도 한다. 또는 그와 같은 정치인들의 출당을 촉구하는 운동을 벌이기도 한다.51) 심지어 강성 지지자들은 폭력적인 방법도 동원한다. 인천에 지역구를 둔 윤상현 국민의힘 의원의 경우 박근혜 전 대통령을 제대로 지키지 못했다고 박 전 대통령 지지자들에게 토마토와 계란 세례를 받은 적이 있다고 한다.52) 또 지난 2022년 3월 7일 이재명 대선후보 지원유세를 하던 더불어민주당 송영길 대표가 강성 지지자에 의해 둔기로 피격당하는 일도 벌어진 바 있다.

그리고 강성 지지자들은 공천과정에 적극적으로 참여하여 당파적 정체성에 어긋난 행위나 발언을 한 의원들을 탈락시키는 데 결정적인 역할을 하기도 한다. 제21대 총선을 앞두고 더불어민주당 경선에서 탈락한 금태섭 의원이 대표적인 사례다. 금태섭 의원은 고위공직자범죄수사처 법에 민주당에선 유일하게 기권표를 던지거나 조국 전 법무부 장관을 공개적으로 비판하는 등 더불어민주당의 주류와는 상당한 거리를 둔 행보를 보여왔다. 금태섭 의원 개인으로서는 소신 있는 행동이었겠지만 강성 지지자들에게는 배신으로 느껴졌을 것이고, 따라서 이들은 적극적으로 금의원의 공천탈락을 위해 노력했다. 이와 같은 금태섭 의원의 공천탈락 사례는 더불어민주당 소속 의원이건 국민의힘 소속 의원이건 매우 중요한 정치적 함의를 제공했다고 생각한다. 당의 정체성에 정면으로 반하는 말이나 행동을 하는 경우 객관적으로 그것이 아무리 옳다고 하더라도 강성 지지자의 공격에 의해 쓰러질 수밖에 없다는 함의를 말이다.53) 따라서 당내 온건파 의원들도 재선에 성공하여 정치적 경력을 이어가기 위해서는 함부로 당파적 정

---

51) 박지현 전 더불어민주당 비상대책위원장은 청담동 술자리 의혹을 제기한 김의겸 의원에 대해 사퇴를 요구한 바 있는데, 더불어민주당 청원게시판에 그녀의 출당을 요구하는 청원이 올라왔다. 열심히 윤석열 대통령과 싸우고 있는 김의겸 의원에 대해 내부총질을 했다는 것이 출당 청원의 주된 이유였다(조선일보 2022.12.1.).

52) 2022년 10월 11일 박지현 전 비서관 인터뷰.

53) 김영배 의원도 인터뷰에서 강성 당원들이 공천과정에서 매우 큰 영향력을 행사한다고 말한다. 공천이 이들의 동의 여부에 달려 있기에 의원들은 이들의 극단적인 요구사항을 쉽게 물리칠 수 없다고도 말했다.

체성을 거르는 일을 하기 어렵게 되었다고 본다. 사실 당내 온건파 의원들이 상대 당과의 협치를 주도하는 핵심 세력이라고 할 때 이들에게 자갈을 물리는 강성 지지자들의 정치참여는 결국 협치의 가능성을 떨어뜨리는 결과로 이어진다고 할 수 있다.

한편 이러한 강성 지지자들의 정치참여는 정당 내 강경파 의원들의 영향력을 키우는 방향으로 작동한다. 강경파 의원들은 당 내부의 권력 경쟁에서 유리한 위치를 점하기 위해 또는 자신들이 추진하는 급진적 정책을 통과시키기 위해 강성 지지자들을 적극적으로 동원한다(박상훈 2015). 더불어민주당 내 강경파 의원들의 모임인 처럼회가 대표적인 경우다. 의원총회와 같은 비공개적인 자리 등에서 특정 의원이 온건론을 주장하면 처럼회 소속 의원들이 이 의원의 실명을 강성 지지층에게 전달하고 강성 지지층은 문자나 전화 테러를 통해 온건론을 주장한 의원들을 공격하고 압박한다는 것이다.[54] 그러나 강성 지지자들은 강경파 의원들에 의해 동원만 되는 수동적인 존재는 아니다. 이들은 자신들이 원하는 것을 당내에 관철시킬 것을 강경파 의원들에게 적극적으로 요구할 수 있다.[55] 즉 강성 지지자들과 강경파 의원들은 공생 관계를 맺으며 서로의 힘을 강화한다. 이처럼 강성 지지자들의 적극적 참여를 통해 당내 강경파 의원들의 목소리가 당의 결정에 반영될 가능성이 커진다면 상대 당과의 접점을 찾기는 더욱 어려워질 수밖에 없다.

당파적 정체성에 입각한 위와 같은 정치참여는 대표들의 대의활동에 부정적인 영향을 미쳤다. 대표들의 대의활동에 문제가 생겼다는 증후는 여러 측면에서 확인된다. 첫째, 대표들은 상대 당 의원과 공적이든 사적이든 서로 만나는 것조차 피하는 경향이 뚜렷해졌다. 김영배 더불어민주당 의원은 인터뷰에서 제17대 국회 이후 여야 의원 간 사적인 만남의 횟수가 계속 줄어들어 왔는데 현재는 여야 의원 간 접촉이 거의 없다시피 하다고 말한다. 상대 당 의원을 만났다는 사실이 외부에 알려지는 경우 강성 지지자들의 비판에 직면할 가능성이 높기 때문에, 아예 그런 문제가 발생하지 않도록 만남 자체를 피한다는 것이다. 과거에는 대표들이 사적인 만남을 통해서 해결되지 못한 난제를 같이 해결하는 모습을 보이곤 했다. 그러나 이제 타당 의원들 간의 사적 모임은 거의 사라졌다. 사적인 만남이 없다는 것은 서로에 대해 인간적인 친밀감을 느낄 기회가 없

---

54) 중앙일보(2022.6.13.). '개딸'에 저격 의원 좌표 던진다…전대 과제된 '처럼회 폭주.'
55) 2022년 10월, 더불어민주당 여의도 중앙당사 안에 당원들의 공간인 '당원존'이 만들어졌다. 이는 평당원들과의 소통을 강화하는 조치라는 점에서 민주적이라고 평할 수도 있겠으나 거꾸로 '개딸'과 같은 강성 지지자들의 당내 영향력이 더욱 강해지는 계기가 될 수도 있다.

다는 것을 의미한다. 서로 친밀감을 느끼지 않기 때문에 서로 신뢰하기도 어렵다. 그리고 서로 신뢰하지 않기에 상대에 대해 더더욱 거리를 두고자 하는 악순환의 고리가 형성된다.

둘째, 대표들이 상대 당 소속 정치인 등을 대상으로 막말을 하는 경우가 빈번해졌다. 강성 지지자들은 외집단 정당에 대한 라이벌 의식과 분노의 감정을 느끼고 있다. 재선이나 공천에서 이들의 지지가 필요한 대표들은 상대 정당 정치인들에 대해 강경하고 무례한 발언을 쏟아냄으로써 이들의 감정에 영합하는 모습을 보일 가능성이 크다. 국민의힘 김성원 의원은 2022년 12월 2일 인터뷰에서 국회 전반기 때보다 하반기 때 막말이 더 많이 나오는 경향이 있다고 말한다. 국회 하반기는 공천과 재선이 가까워져 지지층의 지지를 확보하는 것이 절실해지는 시기다. 김성원 의원은 하반기 때 막말이 더 많아지는 이유는 상대 당 정치인에 대해 막말을 거침없이 쏟아냄으로써 강성 지지층에게 자신이 열정적으로 싸우는 투사임을 각인시킬 필요성 때문이라 말한다. 반면 더불어민주당 김종민 의원은 같은 인터뷰에서 대표들이 공천이나 재선이라는 구체적인 목적을 위해 막말을 사용하는 것은 아니라고 말한다. 다만 강성 지지자들은 언제나 자당 의원들로부터 사이다 발언을 듣길 원하고 있기에 의원 스스로 사이다가 되고 싶다는 유혹에 빠져 발언 수위를 높이다 결국 오버하여 막말까지 하게 되는 일이 발생한다고 말한다. 막말에 대한 김성원 의원과 김종민 의원의 해석은 약간의 차이는 있지만, 막말이 결국 강성 지지자에게 어필하기 위한 용도로 사용된다는 점에선 의견을 같이한다고 할 수 있다. 이처럼 대표들은 상대에게 무례한 독설과 요설을 퍼부음으로써 강성 지지자들의 더 많은 지지를 받을 수는 있을 것이다. 그러나 막말은 대화와 타협에 있어서 절대적으로 필요한 상대에 대한 존중과 신뢰를 하릴없이 무너뜨린다.

셋째, 과거에 비해 대표들이 자신의 오류나 실수를 인정하지 않으려고 하는 경향이 강해졌다. 예를 들어 문재인 전 대통령은 부동산 정책이 명백한 실패로 돌아가고 있다는 여러 객관적인 증거들이 존재하는 상황에서도 좀처럼 정책적 실패를 인정하지 않으려는 모습을 보였다. 그렇게 할 수 있었던 건 강성 지지층의 절대적인 지지가 존재했기 때문이다. 이들은 문 전 대통령의 부동산 정책이 실패했다고 생각하지 않았다. 문 전 대통령의 개혁시도를 좌초시키기 위해 보수언론이 악의적인 프레임을 사용하여 문 전 대통령을 흔들고 있는 것에 불과한 것이라 생각했다.[56] 이처럼 어떤 일이 있어도 지지

---

56) 조선일보(2022.6.12.). 문빠 계승하지만 문빠 아니다…개딸은 왜 투사가 됐나
 <https://www.chosun.com/politics/politics_general/2022/06/12/2TSMZXIVCJEFJCV54EFNPRKMOA/>

를 표명하는 강성 지지자들이 존재하기 때문에 대표들은 자신의 결정에 대해 제때 성찰하고 재검토할 기회를 놓치거나 혹은 아예 그럴 필요성조차 느끼지 않게 되었다. 결국 강성 지지자의 존재는 독선과 아집의 정치를 가져왔다.

넷째, 대표들의 대의활동이 전체 국민이 아니라 주로 자신의 지지층만을 바라보며 이루어지게 되었다. 2020년 박지원 국정원장 후보자에 대한 인사청문회에서 자신의 국정원장 내정은 탕평인사라고 자찬하는 박지원 후보자에게 한 야당 의원이 "국민이 보고 있다"고 말하자 박 후보자는 "저희 국민도 보고 있다"라고 응수했다.[57] '저희' 국민이라고 말했기에 국민은 이제 하나의 집합적 존재로 인식되지 않는다. 국민은 우리 국민과 너희 국민으로 분열되어 인식된다. 그리고 정치인은 우리 국민, 즉 당파적 지지층을 위해 대의활동을 하는 존재가 된다. 이처럼 지지층을 중심으로 대의활동이 전개되면 정책보다는 정체성에 입각한 대의활동이 활성화된다. 즉 문제 해결의 맥락 속에서 정책의 구체적인 장단점을 논하기보다는 진영논리의 맥락 속에서 정책이 선한지 악한지가 논쟁의 핵심이 된다. 이는 정치를 선과 악의 대결구도에 고착시킨다.

이러한 증후들은 하나같이 협치의 입지를 좁히는 역할을 한다. 대표들이 서로 개인적 만남도 가지지 않으면서 서로에 대해 막말을 쏟아내고 있는 상황에서 상대에 대한 존중과 신뢰는 땅에 떨어질 수밖에 없다. 상대에 대한 존중과 신뢰가 없다는 것은 상대를 협치를 위한 국정운영의 파트너로 인정하기 어렵다는 것을 의미한다. 또한 자신의 오류를 인정하지 않는 독선과 아집의 정치 그리고 지지층만을 위한 선과 악의 정체성 정치가 대두되면서 상대와 대화하고 협력할 동기는 더더욱 약화될 수밖에 없다. 더구나 강성 지지자들의 존재는 강경파 의원들이 득세하고 온건파 의원들이 몸을 사려야 하는 상황을 만들었다. 상대와의 대화와 타협은 주로 당내 온건파 의원들에 의해 주도된다고 할 때, 이러한 상황은 협치를 더욱 어렵게 만든다. 결국 당파적 정체성에 입각한 정치참여는 협치를 질식시킨다.

---

57) 조선일보(2020.8.15.). 최고 분열 조장자.
　　<https://www.chosun.com/site/data/html_dir/2020/08/15/2020081500027.html>

제3절

투명성의 어두운 측면

1. 정부의 투명성(Government Transparency)과 민주주의

　정부의 투명성이란 외부의 관찰자들이 특정 정부 조직이 내부적으로 어떻게 결정하고 어떠한 결과를 만들어 냈는지 살펴볼 수 있도록 관련 정보를 적극적으로 공개하는 것을 의미한다(Grimmelikhuijsen 2010). 이와 같은 정부의 투명성은 크게 세 가지 종류로 구분해 볼 수 있다(Grimmelikhuijsen et al. 2013; Sunstein 2018). 첫째, 정책 결정 과정의 투명성(Decision–making Transparency)이다. 이것은 정책 결정자들이 어떠한 논의·과정·절차를 거쳐 정책적 결정에 이르게 되었는지에 대한 정보를 공개하는 것을 지칭한다. 둘째, 정책의 투명성(Policy Transparency)으로 결정된 정책이 구체적으로 어떻게 문제를 해결할 것이고, 어떻게 집행될 예정이며, 시민들의 삶에 어떠한 영향을 미치게 되는지 등을 설명하는 것을 말한다. 마지막은 정책 결과의 투명성(Policy Output Transparency)으로 집행된 정책이 어떤 결과를 만들어 내었는지에 관한 정보를 공개하는 것을 의미한다.

　사실 정부의 투명성이 민주주의 체제에서 중요한 개념으로 인식된 역사는 그리 길지 않다. 셔드슨(Schudson 2020)은 미국의 경우 1966년 "정보의 자유법(Freedom of Information Act)"과 1970년 "의회 재조직법(Legislative Reorganization Act)"[58]이 의회를

---

58) 셔드슨(2020)은 정부 투명성에 연계된 미국 최초의 법안인 "정보의 자유법"이 만들어진 사유를 다음과 같이 말한다: 민주당의 존 모스(John Moss) 하원의원은 공직에 적합한 능력을 지녔으나 공산주의자라는 의심 때문에 공무원이 되지 못한 사람들이 얼마나 되는지 조사하고 싶어 했다. 그래서 이와 관련된 정보를

통과하고 난 뒤부터 정부의 투명성이 민주주의 체제에 중요하다는 인식이 국민과 정치인들 사이에서 서서히 확산하였다고 주장한다. 즉 그 이전에는 정부의 투명성이 민주주의를 구성하는 중요한 요소라고 생각하는 사람들이 많지 않았다는 것이다. 그렇지만 현재 정부의 투명성은 민주주의의 필수불가결한 요소 중 하나이며 더 나아가 기본적인 인권(알 권리)으로까지 간주할 정도로 그 중요성이 매우 커진 상황이다(Birkinshaw 2006; Etzioni 2010).

그렇다면 이러한 정부의 투명성은 어떤 측면에서 민주주의의 유지와 발전에 도움이 되는가? 정부의 투명성은 다음과 같은 세 가지 측면에서 민주주의에 긍정적인 영향을 미칠 것으로 예상된다(Birkinshaw 2006; Grimmelikhuijsen et al. 2013; Hood 2006). 첫째, 정부의 투명성은 정부의 책임성(accountability)을 강화한다. 정책을 결정하는 과정과 그 결과가 모두 시민들에게 공개되기 때문에 기득권이나 이익집단과 연계된 담합이나 부정부패가 발생할 가능성이 현저히 떨어진다. 따라서 정부의 정책이 특정 소수의 이해관계를 진작시키기보다는 전체 국민의 이익을 신장시키는 방향으로 만들어지며, 결과적으로 시민에 대한 정부의 책임성 수준도 올라간다. 둘째, 정부 또는 정부 정책에 대한 정당성(legitimacy)이 제고된다. 일반적으로 정당성은 결정 과정이 얼마나 공정했는가에 연결되는 개념이다. 즉 정책 결정 과정 자체가 신뢰할만하고 공정했다면 비록 정책의 내용에 대해서는 동의하지 않는다 해도 그 정책적 결정 자체는 정당한 것으로 받아들일 가능성이 커진다는 말이다. 일반적으로 정책 결정 과정의 투명성은 정책 결정 과정 자체의 공정성과 신뢰성을 높이기 때문에 정부 또는 정부 정책에 대한 정당성 수준도 향상된다. 그리고 마지막으로 정부의 투명성은 정책의 질적 수준도 높인다. 대표들의 회의 자체가 공개되기 때문에 정책 결정자들은 보다 정제되고 공식적인 숙의과정을 거치게 될 것으로 예상된다. 또 전체 국민이 지켜보고 있기에 여야의 당파성을 넘어 전체 국민의 관점에서 이성적이고 합리적으로 정책적 합의를 만들어 낼 수 있을 것으로도 기대된다(Elster 1998; Naurin 2007). 전체 국민을 위한 정책을 만들기 위해 이성적이고 합리적인 숙의과정이 이루어진다면 정책의 질적 수준은 향상될 수밖에 없다.

행정부에 거듭 요구했으나 행정부는 정보 제공을 계속 거부했다. 행정부는 그와 같은 정보를 공개해야만 할 법적 근거가 없는 상황에서 정치적으로 민감한 정보를 군이 공개할 필요성을 느끼지 않았기 때문이다. 모스 의원은 이러한 행정부의 오만함에 분개했고 결국 "정보의 자유법"을 발의하여 이 법안이 의회를 통과하는 데 크게 이바지하였다. 한편 1970년 "의회 재조직법"은 의원들의 표결과 회의 과정을 공개하는 내용을 담고 있어 의원들의 대의활동의 투명성을 높이는 발판을 마련하였다.

대한민국의 민주주의도 이와 같은 정부의 투명성이 민주주의 발전에 매우 큰 도움이 된다는 점을 자명한 사실로 받아들였다. 그리고 정부의 투명성을 강화시키기 위한 다양한 제도적 방안을 지속적으로 마련해 왔다. 예를 들어 국회는 의원들의 의정활동의 투명성을 강화하기 위해 다양한 제도적 개선의 노력을 기울여 왔다. 다음의 <표 7-1>은 1990년대 이후 국회의원 대의활동 투명성 강화를 목적으로 만들어진 여러 가지 제도적 조치를 정리한 것이다.[59)]

<표 7-1> 국회의원 의정활동 투명성 강화를 위한 국회법 제도개선 사항

공포번호	공포일	주요 내용
법률 제4761호	1994. 6. 28.	• 중요 안건으로서 본회의 의결 또는 재적위원 5분의 1 이상의 요구가 있는 경우 기명 또는 무기명 투표 외에 전자·호명투표로 표결하도록 하고, 기명·전자·호명투표의 투표자 및 찬반의원의 성명을 회의록에 기재하도록 함.
법률 제7614호	1994. 6. 28.	• 위원회가 법률안의 입법요지·주요내용 등을 입법예고할 수 있도록 하는 입법예고제도를 도입함.
법률 제6266호	2000. 2. 16.	• 의원의 법률안 발의 시 발의의원과 찬성의원을 구분·명기하고, 법률안 제명의 부제로 발의의원의 성명을 기재하도록 함.
법률 제7614호	2005. 7. 28.	• 국회의장은 의안과 직접적 이해관계를 갖는 위원이 소관 상임위원회 재적위원 과반수로 의안의 심사에 공정을 기할 수 없다고 인정하면 그 의안을 국회운영위원회와 협의하여 다른 위원회에 회부하고 이를 심사할 수 있도록 함. • 상임위원회 위원은 소관 상임위원회의 직무와 관련한 영리행위를 하지 못하도록 함.
법률 제10328호	2010. 5. 28.	• 국회의원의 징계에 관한 자문에 응하기 위하여 윤리특별위원회에 의원이 아닌 자로 구성되는 윤리심사자문위원회를 설치함. • 의사 안건을 표결할 때 재적의원 5분의 1 이상이 요구하는 경우 전자적인 방법 등을 통하여 정당한 투표권자임을 확인한 후 표결하도록 규정하고, 국회의장이 각 교섭단체 대표의원과 합의하는 경우 기명·무기명 투표를 전자장치를 이용하여 실시할 수 있도록 함.
법률 제10652호	2011. 5. 19.	• 예산결산특별위원회의 결산 관련 공청회를 의무화하되, 위원회 의결로 생략할 수 있도록 함. • 위원회의 입법예고를 의무화하되, 입법이 긴급을 요하는 경우 등에는 생략할 수 있도록 함.
법률 제12108호	2013. 2. 14.	• 의원은 국무총리 또는 국무위원의 직 이외에는 원칙적으로 다른 직을 겸할 수 없도록 하되, 예외적으로 공익목적의 명예직, 다른 법률에서 국회

---

59) <표 7-1>은 더불어민주당 박찬대 의원실의 유광종 비서관의 도움으로 작성되었음을 밝힌다.

공포번호	공포일	주요 내용
		의원이 임명·위촉되도록 정한 직 및 「정당법」에 따른 정당의 직은 겸할 수 있도록 함. • 의장은 의원의 겸직 내용을 국회공보 또는 인터넷 홈페이지에 공개하고, 의원은 겸직에 따른 보수를 수령할 수 없도록 함. • 겸직 금지 및 영리업무 종사 금지 위반을 징계사유로 추가하고, 징계 시 출석정지를 강화(30일 → 90일 이내)함.
법률 제12502호	2014. 3. 18.	• 국회의원의 국유 철도·선박 및 항공기 무료 승용 규정을 삭제함.
법률 제12582호	2014. 5. 14.	• 특별위원회는 활동기간 종료 후 15일 이내에 활동결과보고서를 국회운영위원회에 제출하고, 국회운영위원회는 이를 심사한 후 국회공보 또는 인터넷 홈페이지 등에 게재하여 공개하도록 함.
법률 제17756호	2020. 12. 22.	• 국회는 국회방송 운용 또는 인터넷 중계방송 시 한국수어·폐쇄자막·화면 해설을 제공하도록 하되, 예산상황과 인적·물적 여건에 따라 구체적인 실시범위 등을 국회규칙으로 정하도록 함.
법률 제18192호	2021. 5. 18.	• 의원 당선인은 당선인 결정일부터 30일 이내에 본인·배우자·직계존비속이 임원 등으로 재직 중이거나 자문 등을 제공하는 법인·단체의 명단과 그 업무내용, 본인·배우자 및 직계존비속의 주식 및 부동산 보유 현황, 의원 본인의 민간업무 활동내역 등 사적 이해관계에 관한 사항을 윤리심사자문위원회에 등록하고, 변경사항이 발생한 경우에는 10일 이내에 변경등록을 하도록 하며, 등록된 사적 이해관계 중 의원 본인에 관한 사항은 공개할 수 있도록 함. • 윤리심사자문위원회는 등록 및 신고 사항을 바탕으로 의원의 이해충돌 여부를 검토하여 그 의견을 의장, 해당 의원 및 소속 교섭단체 대표 의원에게 제출하도록 함. • 의원은 소속 위원회의 안건 심사, 국정감사 또는 국정조사와 관련하여 본인 또는 그 가족, 의원 본인 또는 그 가족이 임원·대표자·관리자 또는 사외이사로 재직하고 있는 법인·단체, 의원 본인 또는 그 가족이 일정 비율 이상의 주식·지분 등을 소유하고 있는 법인·단체 등이 직접적인 이익 또는 불이익을 받게 되는 것을 안 경우에는 윤리심사자문위원회에 신고하도록 함. • 의장 및 교섭단체 대표의원은 의원의 이해충돌 여부에 관한 윤리심사자문위원회의 의견을 고려하여 의원을 위원회 위원으로 선임하는 것이 공정을 기할 수 없는 뚜렷한 사유가 있다고 인정할 때에는 해당 위원회의 위원으로 선임 또는 선임 요청을 하지 못하도록 함.

<표 7-1>을 통해서 우리는 의원들의 표결이나 상임위 활동 또는 이해충돌 방지의 측면에서 국회의 투명성을 높이기 위한 상당한 제도적 개선 노력이 있었다고 평가해 볼 수 있다. 만약 이와 같은 정부의 투명성 강화 조치가 정부 정책에 높은 관심과

지식을 가지며 이성적이고 합리적인 판단을 하는 시민의 정치참여와 연동되었다면 한국의 민주주의는 한층 더 발전할 수 있을 터였다. 그러나 정부의 투명성을 진작 시키는 제도적 개혁은 정책에 입각한 이성적 시민의 정치참여보다는 주로 당파적 정체성에 입각한 감정적 시민의 정치참여에 연동되었다. 그리고 이러한 상황은 정부의 투명성을 신장시키려는 노력이 오히려 여야 간 협치의 가능성을 줄이는 방향으로 작동하게 만들었다. 그렇다면 당파적 정체성에 입각한 정치참여가 지배하는 세상에서 투명성 수준이 향상된 것이 어떻게 협치의 입지를 줄이는지 다음 절에서 좀 더 구체적으로 살펴보자.

2. 투명성이 협치에 미치는 부정적 효과

여야 간 협치는 기본적으로 정책을 만드는 과정에서 발생한다. 그러므로 협치의 가능성은 정책이나 정책적 결과에 대한 투명성보다는 정책 결정 과정의 투명성에 직접적인 영향을 받는다고 할 수 있다. 그렇다면 정책 결정 과정의 투명성의 어떤 측면이 협치를 더 어렵게 만드는가? 정책 결정 과정이 불투명하게 진행되는 경우 시민들은 결정 과정의 최종적 산물, 즉 이미 결정된 정책의 내용이나 그 정책이 만들어 낸 결과물만을 볼 수 있을 것이다. 그러나 정책 결정 과정의 투명성이 보장된 경우 시민들은 최종적 정책적 산물뿐만 아니라 그 정책적 결정이 이루어지는데 대표들이 어떠한 말과 행동을 하였는지도 관찰할 수 있다(Stasavage 2007). 여기서 핵심적 문제는 정책이 결정되는 과정까지 세심한 관심을 가지고 지켜보는 시민들이 과연 누구인가 하는 점이며, 또 이들이 지켜보고 있다는 사실을 알고 있는 대표들이 자신의 대의활동을 어떻게 조율할 것인가 하는 점이다.

일반적인 시민들은 전술한 대로 대부분 정치에 무관심하고 정책 결정 과정에 대한 이해도도 낮다. 따라서 이들이 정책 결정 과정을 주의 깊게 관찰하고 있을 가능성은 지극히 낮다. 그렇지만 정치에 많은 관심을 가지고 적극적으로 참여하는 시민들은 의원들의 정책 결정 과정도 자세히 살펴보고 있을 가능성이 매우 크다(Licht and Naurin 2022). 더구나 이들은 정책 자체보다는 당파적 정체성에 입각하여 정치에 참여하고 있는 존재들이다(장승진·하상응 2022; Achen and Bartels 2016; Green et al. 2002). 즉 이들은 외집단 정당과의 경쟁에서 승리하는 것이 무엇보다 중요하며 또한 자신들의 정체성에 위배되는 어떠한 타협도 용납하지 않으려 하는 존재다.

　이러한 강성 지지자들이 지켜보고 있다는 것을 아는 의원들은 정책 결정 과정에서 상대 정당 의원들과 자유롭게 의견을 공유하며 서로가 공감할 수 있는 합의점을 찾아나가는 데 어려움을 느낄 수밖에 없다. 그렇게 하는 경우 강성 지지자들로부터 엄청난 공격과 비난이 쇄도하리라는 것을 잘 알고 있기 때문이다. 더구나 정책 결정에 관련된 대표들의 회의를 비공개로 정했다고 해도 대표들이 상대 당 대표와 허심탄회하고 자유롭게 논의를 할 수 있는 것도 아니다. 왜냐하면 강경파 대표들이 SNS나 문자메시지를 활용하여 강성 지지자들에게 회의의 내용을 전달하고 어떤 대표를 공격 대상으로 삼아야 하는지까지 알려 주기에 회의 내용에 대한 비밀 보장이 전혀 이루어지지 않기 때문이다.[60]

　마치 어항 속의 물고기처럼 모든 것이 공개되는 상황에서 대표들은 정책 결정 과정에서 강성 지지자들이 원하는 방향대로 움직이는 것이 더 합리적이라고 느낄 수밖에 없다(Licht and Naurin 2022; Stasavage 2007). 물론 대표들은 정책 결정 과정에 참여하는 모든 대표의 전문성과 의견을 통합하여 보다 나은 정책을 만들려고 하는 유인을 가지고 있을 수 있다. 그러나 보다 좋은 정책을 만들려고 열심히 노력했다 해도 그 정책이 실제 국민의 삶에 반드시 좋은 결과를 가져온다는 보장은 없다. 즉 정책 결정 과정 단계에서 정책적 결과를 정확히 예측하기는 매우 어렵다. 더구나 강성 지지자들은 상대 당 대표들과 대화하고 타협하는 모습을 원치 않는다. 상대에 어떠한 양보도 허락하지 않으며 반드시 온전한 당파적 승리를 지켜낼 것을 자신의 대표들에게 요구한다. 다음 선거에서 공천을 받고 재선에 성공하기 위해선 이들 강성 지지자들의 도움이 절실하다. 결국 상대 당 대표들과 대화하고 타협하며 좋은 정책을 만들었다 해도 그 정책적 결과가 반드시 긍정적이지 않을 수 있다는 불확실성과 강성 지지자들의 요구에 영합하여 당파적으로 행동한다면 공천과 재선 등 자신의 정치적 경력을 이어나갈 가능성이 커진다는 확실한 이점을 고려할 때, 상대 당과 대화하고 타협하기보다는 당파적 갈등으로 일관하는 것이 대표들에게는 더 합리적인 선택이 될 수밖에 없다. 이러한 대표 개인의 합리적 선택은 당 대 당 당파적 대결이라는 집합적 결과로 이어지며 결국 협치의 가능성은 대폭 축소된다.

　전술한 대로 정부의 투명성은 일반적으로 정부의 책임성을 신장시키며, 정부 정책

---

60) 중앙일보(2022.6.13.). '개딸'에 저격 의원 좌표 던진다…전대 과제된 '처럼회 폭주.'

의 정당성을 강화하고, 보다 좋은 정책을 만드는 데 긍정적인 역할을 한다고 인식되어
왔다. 그러나 정책 결정 과정이 투명하게 공개되는 경우 긍정적인 결과보다 부정적인
결과가 발생할 가능성이 더 커 보인다. 우선 정책 결정 과정의 투명성은 질적으로 떨어
지는 정책적 결과로 이어질 가능성을 키운다. 강성 지지자의 강력한 압박 속에 대표들
은 자신이 지닌 정책적 전문성을 제대로 활용하기 힘들다. 또 상대 당 대표들과 자유로
운 의견교환도 어렵기 때문에 정책이 지닌 다양하고 입체적인 함의를 고려할 수도 없
다. 그래서 실제 국민의 삶에 도움이 되는 정책보다는 정치적 선명성을 표상하는 깃발
과 같은 정책들이 양산된다. 또한 국민도 정책 결정 과정이 어차피 강성 지지자들에 포
획되어 있다는 것을 인지하고 있기에 대표들에 의해 만들어진 정책이 전체 국민보다는
당파적 이해관계에 따라 만들어졌다고 판단할 가능성이 크다. 즉 대표들에 의해 만들
어진 정책이 대표들의 정책적 전문성이 아니라 이들의 당파적 정체성을 담고 있다고
인식할 가능성이 크다. 이는 정책에 대한 정당성을 떨어뜨린다. 이처럼 전체 국민이 아
니라 강성 지지자들이 정책 결정 과정에 매우 큰 영향력을 발휘하는 상황에서 전체 국
민에 대한 정부의 책임성 수준은 오히려 감소한다. 정책 결정 과정의 투명성은 한국의
대의민주주의에 있어서 긍정적이기보다는 부정적인 결과로 이어졌다고 판단된다.

제4절

더 많은 민주주의 시대의 협치: 대안의 모색

민주화 이후 시민의 정치참여는 증가했고 정부의 투명성 수준도 향상됐다. 여러 객관적인 지표는 현재 한국의 민주주의의 수준이 다른 어떤 민주주의 국가에 비해서도 뒤처지지 않는다는 점을 보여준다. 바야흐로 더 많은 민주주의 시대가 도래했다. 그러나 이러한 더 많은 민주주의 시대에 여야 간 협치는 발전하기보다 오히려 퇴보하는 모순적인 상황이 발생하고 있다. 이 연구는 앞에서 왜 그와 같은 모순적 상황이 일어나고 있는지에 대해 살펴보았다. 지금까지의 논의를 간략히 요약하면 다음과 같다.

우선 정책보다는 당파적 정체성에 입각한 정치참여가 증가하게 되면서 상대 당과의 경쟁에서 반드시 승리하는 것이 무엇보다 중요해졌다. 상대 당과의 타협은 당파적 정체성을 위협하는 배신행위로 간주되며, 따라서 타협을 전제로 작동하는 여야 간 협치는 발생하기 매우 어렵게 되었다. 한편 정책 결정 과정의 투명성 수준이 높아지면서 강성 지지자들이 대표들의 발언과 행위를 좀 더 쉽게 감시할 수 있는 길이 열리게 되었다. 강성 지지자들은 자신의 정체성에 어긋나는 발언이나 행위를 한 대표들에 대해 강력한 압박과 압력을 행사할 수 있게 되었고, 이러한 상황은 대표들이 강성 지지자의 당파적 요구에 영합하는 방향으로 자신의 대의활동을 조율하게 만들었다. 결국 당파적 정체성에 입각한 정치참여가 정책 결정 과정의 투명성과 연동되면서 협치의 입지가 더욱 좁아진 것이라 할 수 있다.

그럼 협치를 되살리기 위해서는 어떠한 노력이 필요한가? 더 많은 민주주의가 협치의 입지를 좁힌다고 해서 시민들의 정치참여를 제한한다거나 정부의 투명성 수준을 낮추는 것처럼 비민주적 관행을 되살리는 것은 국민에게 부정적으로 인식될 가능성이 매우 크다. 그러므로 이는 현실적인 대안이 될 수 없다. 결국 더 많은 민주주의는 비가역적인 시대적 조건이라는 점을 자명한 사실로 받아들이고, 그에 부합하는 협치의 방법을 마련할 필요가 있다. 이에 본 연구는 더 많은 민주주의 시대에 협치를 촉진하는 방안을 대표들의 정치적 리더십과 제도·관행의 창출이라는 두 가지 측면에서 살펴보고자 한다. 전자는 당파적 정체성에 입각한 정치참여가 유발하는 정치적 갈등을 완화하고 여야 간 협치를 강화하기 위해 대표들이 어떠한 정치적 리더십을 보여야 하는가를 다룬다. 후자는 협치를 가능케 하는 정치적 환경을 구축하기 위한 여러 가지 제도나 관행에 초점을 맞춘다. 먼저 정치적 리더십에 대해 살펴본다.

1. 더 많은 민주주의 시대의 정치적 리더십

전술한 대로 당파적 정체성에 입각한 정치참여는 상대에 대한 적대감을 증가시켜 정당 간 갈등과 대결의 수준을 높인다. 그리고 이러한 갈등과 대결이 격해질수록 여야 간 협치의 가능성은 줄어든다. 그렇다면 결국 여야 간 협치의 가능성은 당파적 정체성에서 비롯되는 서로에 대한 분노와 혐오를 어떻게 완화할 수 있는가에 달려 있다고 할 수 있다. 더 많은 민주주의 시대에 필요한 정치적 리더십은 바로 그와 같은 일을 가능케 하는 리더십이다.

물론 이는 쉽지 않은 일이다. 서로에 대한 분노와 혐오를 줄이기 위해선 이러한 감정의 원인이 되는 당파적 정체성을 변경하거나 없앨 필요가 있다. 그러나 한번 형성된 당파적 정체성은 쉽게 변하거나 사라지지 않으며, 이를 변경하려는 대표들의 어떠한 시도도 정체성을 위협하는 것으로 해석되어 거꾸로 역풍을 맞을 수도 있다. 그러므로 더 많은 민주주의 시대의 정치적 리더십은 당파적 정체성의 존재를 그 자체로 인정하고 받아들일 필요가 있다. 바로 이 지점이 더 많은 민주주의 시대의 정치적 리더십이 힘들 수밖에 없는 이유가 된다. 당파적 정체성의 존재를 있는 그대로 받아들여야 하는 상황에서 그것에서 기인하는 상대에 대한 분노와 혐오의 감정을 줄여야 한다는 것이 현실적으로 불가능해 보이기 때문이다. 그러나 비록 어렵긴 하지만 정치적 대결과 갈등을 줄이고 협치를 복원하고자 하는 강력한 의지가 있을 때 대표들이 취할 수 있는 몇 가지 방법이 존재한다.

첫째, 대표는 당파적 정체성을 포괄하는 상위의 정체성(superordinate identity)을 부각·강조하는 리더십을 통해 당파 간 정치적 갈등을 완화할 수 있다. 예를 들어 국민의힘이나 더불어민주당에 대한 당파적 정체성을 지닌 시민들 모두 한국인이라는 상위의 정체성을 공유하고 있다는 사실을 강조하는 것이다. 이러한 시도는 당파적 정체성에 따라 우리 대 그들로 구분되어 있던 경계선을 지우고 대신 우리와 그들 모두 한국인이라는 공통의 정체성을 공유하는 존재라는 점을 깨닫게 한다. 우리 모두 한국인이라는 내집단에 속해 있다는 깨달음은 상대에 대한 적대감을 누그러뜨리며, 따라서 당파적 갈등도 줄어들 수 있다. 실제로 레븐더스키(Levendusky 2017)는 상위 정체성에 대한 강조가 당파적 적대감을 줄일 수 있는지 미국인을 대상으로 실험을 진행했다. 실험 결과는 민주당과 공화당에 대한 당파적 정체성을 넘어 모두가 미국인이라는 상위의 정체성이 강조될 때 상대 정파를 지지하는 사람들에 대한 적대감이 현저히 감소하는 것으로 나타났다.

그러나 이처럼 상위의 정체성을 강조하는 방법은 현실 정치적인 측면에서 그리 큰 효과를 만들어내지 못한다는 한계가 있을 수 있다. '한국인'이나 '국민'과 같은 상위의 정체성을 강조하며 통합의 중요성을 강조하는 화자는 일반적으로 정치인이다. 그러나 정치인에 의해 상위의 정체성이 강조되는 경우 당파적 갈등과 분열을 줄이는 효과는 크지 않은 것으로 나타난다. 미국의 부시, 오바마 대통령도 당파적 분열을 넘어선 국가적 통합을 임기 내내 강조했음에도 미국의 당파적 분열은 거꾸로 더 심해진 바 있다. 한국의 대통령들도 틈만 나면 당파적 갈등을 극복하고 국민적 통합을 이루어야 한다고 말을 하고 있으나 역시 그 효과는 미미하다. 왜 이와 같은 일이 일어나는가? 일반적으로 정치인은 특정 당파의 정체성을 체화하고 있는 존재로 인식되고 있기 때문이다. 따라서 그들이 아무리 상위의 정체성을 언급하며 통합을 주장한다고 해도 그리고 설령 그 주장의 의도가 아무리 순수하다 해도 그것은 단지 당파적 목적을 달성하기 위한 은폐나 위장에 불과한 것이라는 의혹을 불러일으킨다. 그리고 그러한 의혹은 상위의 정체성이 지닌 통합의 효과를 심각하게 떨어뜨린다.

상위의 정체성을 강조하는 것이 그리 큰 효과를 가져오지 못하는 또 다른 이유는 내집단의 고유한 정체성을 상위의 정체성에 투사(projection)하는 경향이 존재하기 때문이다(Bell et al. 2021). 벨과 동료들이 미국인을 대상으로 진행한 여러 실험 결과에 따르면 민주당(공화당) 지지자들은 자신들의 고유한 당파적 특성이 상위집단인 미국인의 특성과 매우 유사하다고 생각하는, 즉 자신의 특성을 상위집단의 특성에 투사하는 경향이 강하게 나타난다. 반면 외집단 정당을 지지하는 사람들은 상위집단의 특성이 없거나 부족한 존재로 간주한다. 다시 말해 민주당(공화당) 지지자는 자신과 같은 당파적 정체성을 공유하고 있는 존재여야만 진정한 미국인이 된다고 생각하는 것이다. 이와 같은 경향은 한국에서도 확인할 수 있다. 특정 정당을 편향적으로 지지하고 있음에도 자신들은 대한민국 전체의 민주주의와 정의를 대변하는 존재이며 상대 정당 지지자는 이를 저해하는 존재로 인식하는 경우를 자주 찾아볼 수 있기 때문이다(박권일 2018, 194). 결국 상위의 정체성을 부각한다 해도 무엇이 상위의 정체성을 의미하는지가 당파적 편향성에 의해 영향을 받기에 당파적 적대감 수준은 여전히 높게 유지될 가능성이 크다.

한편 상위의 정체성에 대한 강조는 하위의 정체성에 대한 위협으로 간주되어 당파적 분열을 더욱 심화시킬 수 있다는 주장도 존재한다(Hogg 2015; Rast et al. 2018). 호그(Hogg 2015)에 의하면 상위의 정체성을 환기하는 일은 이미 나뉘어 있는 하위 집단 정체성의 경계를 흩뜨려 모호하게 만들어 하위 집단 간 갈등을 줄이는 것을 목적으로 한다. 하위 집단 간 구분이 모호해진다는 것은 결과적으로 하위 집단 정체성이 지닌 중요성이 감소한다는 것을 의미한다. 이는 하위 집단 정체성을 지닌 사람들에게 자신이 소중하게 생각하는 정체성이 위협받고 있다고 느끼게 만든다. 정체성에 대한 위협을 느낄 때 발생하는 일반적인 패턴은 내집단 정체성을 보호하고 강화하는 것과 동시에 외집단에 대한 경계와 적대감을 키우는 것이다. 그러므로 이미 당파적 정체성이라는 하위의 정체성이 굳게 자리 잡은 상황에서 상위 정체성을 강조하는 섣부른 시도는 긍정적이기보다 부정적인 결과로 귀결될 가능성이 있다.

둘째, 당파적 정체성에서 기인하는 대립과 갈등은 관계적 정체성(relational identity)을 강조하는 대표들의 리더십을 통해 완화될 수 있다(Hogg 2015). 관계적 정체성이란 내집단에 대한 정체성이 외집단과의 협력적 관계 속에서 규정되는 것을 말한다. 예를 들어 내집단과 외집단 모두 원하는 목표가 있으나 그것을 얻기 위해서는 반드시 상대와 협력해야 한다면, 그리고 그러한 협력관계가 충분한 기간 지속된다면, 내집단 구성원은 자신의 존재 양식 즉 정체성을 외집단과의 협력관계 속에서 파악하는 관계적 정체성을 형성하게 된다. 관계적 정체성이 상위의 정체성과 다른 것은 이미 내집단과 외집단으로 나뉘어 있는 하위집단의 경계를 허물어뜨리기보다는 그 자체로 인정하고 받아들인다는 점이다. 따라서 상위의 정체성이 강조될 때처럼 하위집단 정체성에 대한 위협을 유발하는 것과 같은 일은 발생할 가능성이 작다.

그렇다면 서로 당파적으로 나뉘어 대립하고 있는 집단 속에 어떻게 관계적 정체성을 만들어낼 수 있는가? 호그(2015)는 각 당파를 대표하는 정치인들의 리더십이 핵심적인 역할을 한다고 주장한다. 각 당파를 대표하는 정치인들은 지지자들에게 당파적 정체성의 원형(prototype)으로 인식된다. 즉 이와 같은 정치인은 당파적 정체성을 말 그대로 체화하고 있는 존재로 간주된다. 따라서 이들의 말과 행동에 대한 지지자들의 신뢰는 매우 높게 형성된다. 이처럼 지지자들로부터 높은 신망을 얻고 있는 정치인들이 자신들의 당파적 정체성은 오직 상대 당파와의 협력적 관계 속에서 의미가 있다는 점을 끊임없이 강조하고 이를 구체적인 행동으로 옮기는 리더십을 보인다면 지지자들도 상대 당파와의 협력적 관계 속에서 자신의 정체성을 재정의할 수 있게 된다. 그리고 이렇게 형성된 관계적 정체성은 상대 당파에 대한 적의를 누그러뜨려 당파적 대립과 갈등을 완화한다.

실제로 허디와 예르(Huddy and Yair 2021)는 실험을 통해 관계적 정체성을 창출하기 위한 가장 효과적인 방법은 각 당파를 상징하는 대표들이 서로 친밀하게 협력하는 것이라는 점을 보여준다. 이들은 실험에서 상원의 민주당 대표 척 슈머(Chuck Schumer)와 공화당 대표 미치 맥코넬(Mitch McConnell)이 당파적으로 첨예하게 갈등하고 있는 이민 문제를 다루는 데 있어서 서로 따뜻하게 대하며 협력적인 모습을 보이는 경우와 매우 적대적으로 대하며 비타협적인 모습을 보이는 경우 등 두 가지 시나리오를 사용했다. 이민 문제에 있어서 실질적인 타협이 일어났는지 여부와 상관없이 두 리더가 친밀한 협력적 관계를 보였다는 시나리오에 노출된 실험참가자들은 정반대의 시나리오에 노출된 실험참가자에 비해 상대 당파 지지자에 대한 적대감 수준이 현저히 떨어진 것으로 나타났다. 이와 같은 실험결과는 당파적 지지자들이 각각의 당파적 정체성을 상징하는 두 거물급 정치인이 서로를 따뜻하게 대하며 협력해 나가는 모습을 보는 것만으로도 두 당파를 포괄하는 관계적 정체성을 형성할 수 있으며 결과적으로 상대에 대한 적대감을 떨어뜨릴 수 있다는 점을 보여준다.

결국 관계적 정체성의 형성은 각 당파의 상징적 인물들이 서로를 신뢰하고 협력하는 협치의 모습을 보일 때 만들어질 수 있다. 비록 협치를 통해 원만한 타협점을 찾지 못했다고 해도, 협치를 위해 노력하는 대표들의 모습은 서로의 존재가 협력적 관계 속에 맺어져 있다는 신호를 당파적 지지자들에게 송출하며 이는 관계적 정체성의 형성에 큰 도움을 줄 수 있다. 물론 당파적 정체성에 입각한 정치참여가 활발하게 일어나고 있는 상황에서 대표들 간 협치가 현실적으로 일어나기는 매우 어려운 상황이다. 그러나 역설적으로 대표들에 의해 협치가 더 자주 발생할 때, 당파적 정체성에서 기인하는 대립과 갈등은 줄어들 수 있다. 어려움에도 불구하고 상대와 대화하고 타협하려는 대표들의 정치적 리더십이 중요한 이유다.[61]

셋째, 당파적 정체성에서 기인하는 대립과 갈등은 대표들이 이슈를 어떻게 프레임하는가에 따라 줄어들 수 있다. 당파적 정체성은 일반적으로 도덕성과 긴밀한 연관성을 가진다. 하이트(2012)는 도덕기반 이론(moral foundation theory)을 통해 진보적 시민과 보수적 시민은 서로 상이한 도덕적 기반을 가진다고 주장하였다. 진보적 시민은 공정(fairness)과 돌봄(caring)의 원칙을 중시하지만, 보수적 시민은 이 두 가지에 더해 충성(loyalty), 권위(authority), 신성(sanctity)도 중요한 도덕적 원칙으로 간주한다고 한다. 이처럼 진보와 보수는 서로 상이한 도덕적 기반을 지니고 있기에 동일한 사안에 대해서도 도덕적 평가가 차이를 보일 수 있다. 보수에겐 선하게 느껴지는 사안이 진보에겐 더없이 사악한 것으로 느껴질 수 있다는 말이다. 그리고 이러한 도덕적 기반은 비단 서구에만 국한된 것이 아니라 한국의 보수와 진보에도 발견된다(석승혜 외 2015; 이재호 · 조긍호 2014).

이처럼 당파적 정체성에 따라 서로 다른 도덕적 기반을 가지고 있는 상황에서 자신의 도덕적 원칙에 입각하여 상대를 설득하는 것은 오히려 역효과만을 불러올 가능성이 크다. 그러나 자신의 주장을 상대의 도덕적 기반에 프레임하고 이를 통해 상대를 설득하게 된다면, 도덕적 거부감을 크게 완화시켜 그와 같은 주장을 좀 더 긍정적으로 인식할 수 있게 도와준다. 파인버그와 윌러(Feinberg and Willer 2019)는 이를 도덕적 프레임의 재구성(moral reframing)이라고 부른다. 예를 들어 진보주의자에게 보수의 도덕적 기반인 충성이나 권위에 프레임하여 군비확장의 필요성을 주장하면 거부할 가능성이 크나, 군이 경제적 불평등을 감소시킨다거나 인종적 차별을 완화한다는 공정의 원칙에

---

61) 한편 파리스(Paris 2017)는 여야 대표들이 협치를 하는 모습을 자주 보게 될 때 강성 지지자들 사이에서 상대 당파 정치인들에 대한 부정적 인식이 크게 개선된다는 점을 발견하였다. 즉 상대 당파 정치인은 권력지향적이며 당파적 이익만을 추구할 것이라는 스테레오타입이 크게 약화된다는 것이다. 이는 상대를 적으로 인식하기보다는 국정운영의 동반자로 인식하는 경향을 강화한다는 측면에서 당파적 갈등을 줄이는 효과가 있다.

프레임하여 군비확장을 주장하게 되면 동의할 가능성이 커진다(Feinberg and Willer 2019: 3).

　도덕적 프레임의 재구성은 서로 다른 당파적 정체성을 가진 사람들 간의 소통을 촉진하고 이를 통해 서로 간의 갈등을 줄일 수 있는 중요한 방법이다. 대표들이 상대의 도덕적 기반이 어떻게 구성되어 있는지 이해하고 이를 자신의 주장을 프레임하는 데 적극적으로 활용하는 리더십을 보인다면 상대와의 대화와 타협은 좀 더 원활하게 이루어질 수 있을 것이다.

2. 협치를 위한 정치적 환경 구축: 제도 · 관행의 형성

　국회선진화법은 국회 내 다수당과 소수당이 극단적인 대결로 치닫는 것을 제어하고 서로 합의를 통해 의사결정을 하자는 취지로, 즉 협치를 위해 만들어진 제도다. 그러나 국회선진화법이 도입된 이후에도 여야 간 협치는 여전히 이루어지지 않았다. 협치를 직접적으로 제도화했음에도 불구하고 그 제도적 효과가 미미했던 이유는 협치를 할 수 있는 정치적 환경이 구축되어 있지 않았기 때문이다. 정치권 자체가 당파적 대립과 갈등이 넘쳐나는 정치적 환경 속에 놓여 있는 경우, 대표들은 상대와 대화하고 타협하기보다는 싸워서 이겨야 한다는 마음의 자세를 가지기 쉽다. 그리고 이와 같은 마음의 자세는 협치를 목표로 만들어졌던 국회선진화법을 무시하거나 악용하는 방향으로 대표들을 몰아갔다. 마치 수능 고득점을 목표로 하는 수험생이 주변 환경을 공부에 도움이 될 수 있는 방향으로 정돈하는 것처럼, 여야 간 협치가 잘 되기 위해서는 협치에 도움이 될 수 있는 방향으로 정치적 환경을 조성할 필요가 있다. 따라서 여기에서는 협치를 가능케 하는 정치적 환경을 조성하기 위한 제도나 관행으로 어떤 것이 있을 수 있는지 살펴보도록 한다.

　첫째, 정책 결정 과정의 투명성 수준은 낮추고 대신 정책적 결과에 대한 투명성 수준은 높여야 한다. 전술한 대로 정책 결정 과정이 투명하게 공개되는 경우 강성 지지자의 감시망을 피할 수 없게 된다. 따라서 대표들은 상대와 대화하고 타협하기보다는 당파적 정체성의 선명성을 부각하는 차원에서 정책 결정 과정에 임하게 된다. 협치가 극히 어려워질 수밖에 없을뿐더러 대표들의 정책적 전문성이 사장되어 질적으로 떨어지는 정책적 결과로 이어질 공산이 크다. 그러므로 적어도 주요 정책에 대한 결정 과정은 대표들이 강성 지지자의 간섭으로부터 자유롭게 논의할 수 있도록 비공개로 이루어지는 것이 바람직하다.

구체적으로는 대통령을 포함 여야의 주요 당직자들 간의 비공개 회의를 정기적으로 개최하여 여와 야 사이에 정책에 대한 전반적인 공감대가 형성될 수 있도록 노력하는 것이 필요하다. 또한 여야 간 첨예한 갈등이 예상되는 법안에 대해서는 여야 합의를 통해 비공개 법안으로 지정하여 최종적인 타협점을 찾을 때까지 어떤 의원도 외부에 논의상황을 유출하지 못하도록 만들 필요가 있다. 비공개로 지정된 법안의 논의상황을 강성 지지자나 언론 등 외부에 유출한 의원들에 대해서는 윤리특별위원회에 제소하거나 아니면 좀 더 엄중한 처벌을 받을 수 있도록 제도화해야 함은 물론이다.

그러나 이처럼 정책 결정 과정의 투명성 수준을 낮추더라도 결정된 정책과 그 정책이 만들어낸 결과에 대한 투명성 수준은 지금보다 더 높이는 것이 필요하다(Mansbridge 2015). 우선 여야 간 합의를 통해 어떤 정책이 만들어졌을 때 왜 그와 같은 정책이 필요했는지, 여야가 어떻게 타협점을 찾았는지, 그리고 그 정책이 국민의 삶에 어떤 긍정적인 변화를 가져올 것인지 등에 대해 여야 대표가 공동으로 국민에게 상세히 설명할 필요가 있다. 이는 정책에 대한 국민적 공감대를 끌어내 정책의 정당성을 신장시키는 데 도움을 줄 수 있다. 또한 정책이 집행된 이후 구체적으로 어떤 결과를 만들어내었는지 추후 상세히 공개할 필요도 있다. 선스타인(2018)은 이와 같은 정책적 결과에 대한 투명성은 두 가지 측면에서 매우 긍정적이라 주장한다. 첫째, 정책적 결과에 대한 정보는 국민에게 실질적인 도움이 되는 정보이기 때문에 국민의 복지수준을 올리는 효과가 있다. 둘째, 정책적 결과가 상세히 공개된다면 정부는 더 나은 결과를 만들어내기 위해 더 큰 노력을 기울일 수밖에 없고, 이는 정부의 책임성 수준을 높이는 결과로 이어진다.

협치를 위한 정치적 환경을 조성하기 위한 두 번째 방안은 여야 의원끼리 사적으로 만날 수 있는 기회를 늘리는 것이다. 의원들이 상임위원회나 본회의 등 공식적인 자리에서 만나 의정활동을 하면 되지 사적으로 만나는 것이 뭐가 중요한가라는 비판이 제기될 수 있다. 그러나 협치를 가능케 하는 핵심적 요소인 상대방에 대한 신뢰와 친밀감은 공식적인 만남을 통해서는 좀처럼 쌓이지 않는다. 사적으로 만나 편하게 속마음을 주고받을 때 비로소 형성되는 사회적 자본이다. 더불어민주당 김영배 의원에 따르면 과거에는 여야 의원 간 사적인 만남이 자주 이루어졌고 이를 통해 국회 내 교착상태가 해소되는 경우도 종종 있었지만, 지금은 타당 의원들과 식사나 술자리를 하는 경우가 거의 사라졌다고 한다. 그만큼 상대에 대한 신뢰와 친밀감은 줄어들게 된 것이고 또 그만큼 여야 간 협치도 어려워진 것이다.

여야 의원 간 사적인 만남을 유도하기 위해 해볼 만한 방안을 소개하면 다음과 같다. 우선 여야 의원들이 함께 지역구를 돌아보는 버스 여행을 제안하고 싶다. 어떤 지역구로 어떤 의원과 함께 버스 여행을 가는지는 자유롭게 결정하되 반드시 여야 의원이 함께하는 여행이 되어야 한다. 예를 들어 영남과 호남에 지역구를 둔 의원들이 영호남에 있는 여러 지역구를 버스를 타고 함께 여행을 하는 것을 생각해 볼 수 있다. 호남에 있는 한 지역구를 방문한다면 그 지역구 의원이 일종의 가이드 역할을 맡아 자신의 지역구를 다른 여야 의원에게 소개한다. 여행하면서 지역의 볼거리와 식사도 빼놓을 수 없다. 이처럼 여야 의원들이 함께하며 각각의 지역구를 방문하면 서로에 대해 더 잘 알게 될 뿐만 아니라 자신의 지역구에 국한된 안목을 좀 더 넓은 지역으로 확장할 수 있는 계기도 마련될 수 있다. 한편 여야 의원끼리 축구나 볼링 등과 같은 스포츠 동호회를 결성하거나 특정 요일을 지정하여 상대 당 의원들과 함께 점심식사를 하는 모임을 통해 여야 의원 간 사적인 만남을 늘려나갈 수 있다.

그리고 이와 같은 의원들의 사적인 만남을 국회 차원에서 재정적으로 지원할 필요도 있다. 물론 이러한 사적인 모임에 국민의 세금이 쓰인다는 사실에 대해 매우 부정적인 여론이 형성될 가능성이 크다. 이에 대해서는 학계나 언론의 오피니언 리더들이 적극적으로 나서 이것이 필요한 이유를 국민에게 납득시켜야 한다. 여야 간 협치를 이루어내기 위해서는 여야 의원 간 사적인 만남을 통한 상호간 신뢰회복이 절실히 요구되며, 이에 소요되는 비용은 협치가 제대로 이루어지지 않아 국가적으로 치러야 하는 비용에 비하면 지극히 작다는 점이 어필되어야 한다.

셋째, 협치의 사례가 국민에게 더 많이 알려질 수 있도록 하는 제도나 관행의 구축이 필요하다. 더불어민주당 김영배 의원은 인터뷰에서 '자치경찰법'을 대표 발의하면서 국민의힘 서범수 의원의 많은 도움을 받았다는 점을 밝힌 바 있다. '자치경찰법'은 공수처 후속 3법 중 하나로 일반적으론 당파적인 색채가 농후한 법안이라고 알려져 있다. 그러나 실제로 이 법은 여야 의원 간 긴밀한 협력 속에 국회를 통과했다. 문제는 우리 국민 대부분은 이러한 여야 의원 간 협치의 사례가 존재했다는 사실을 전혀 알지 못한다는 점이다.

상대 당과 협력하며 하나의 법안을 만들어가는 과정은 단독으로 결정하는 것보다 분명 더디고 힘들 수밖에 없다. 그렇기에 협치는 의원들의 더 큰 노력을 요구한다. 그러나 이러한 노력에 대한 적절한 보상이 주어지기는커녕 그런 노력이 있었는지조차 아무도 모른다면 의원들이 또다시 협치를 시도할 동기는 줄어들 수밖에 없다. 따라서 여야 의원 간 협치의 사례가 존재한다면 이를 적극적으로 국민에게 알리고 홍보할 필요가 있다. 한국정치학회나 한국정당학회처럼 학계의 공신력 있는 기관과 연계하여 매년 협치의 사례를 발굴하고 그중 가장 뛰어난 사례를 선정하여 수상하는 것이 좋은 방안이 될 수 있다. 발굴된 협치의 사례는 언론과 국회 홈페이지 등을 통해 공개하고 또 영향력 있고 신뢰할 수 있는 유튜버와 협업을 통해 더 많은 시민들이 알 수 있도록 장려할 필요가 있다.

넷째, 소규모 프로젝트 중심의 초당파적 의원 모임이 활성화될 필요가 있다. 국회에서 다루는 이슈는 서로 다른 당파적 정체성이 충돌하는 쟁점적인 이슈만 존재하는 것이 아니다. 국민의 삶에 밀접한 연관성을 가지며 동시에 서로 합의점을 찾아내기도 비교적 쉬운 이슈들도 존재한다. 이러한 이슈들을 중심으로 여야 의원들이 서로 모여 초당적으로 법안을 만들어 나가는 것이 자주 이루어진다면 여야 간 협치의 관행이 자연스럽게 의원들의 의정활동에 스며들 수 있다. 그리고 소규모 프로젝트를 통해 쌓은 여야 간 협치의 경험은 갈등 수준이 높은 쟁점법안을 다루는 데 있어서도 유용한 자산으로 활용될 수 있다.

마지막으로 의원들의 막말과 거짓말을 제지할 수 있는 방안이 마련되어야 한다. 최진석은 다음과 같이 썼다.

> 정치는 말로 피우는 꽃이다. 말이 곧 정치다. 좋은 정치에서는 말이 빛나고, 나쁜 정치에서는 말이 천박하다. 나라를 발전시키는 정치에서는 우선 미더운 말들이 있다. 나라를 혼란에 빠뜨리는 데서는 거짓말이 난무한다. 정치가 잘되는 나라에서는 정치인들의 말이 교과서에 실리지만, 정치가 길을 잃으면 학생들에게는 정치인들의 말을 되도록 듣지 못하게 하고 싶어진다(최진석 2021: 100).

전술한 대로 정치인은 강성 지지자들에게 어필하기 위해 주저 없이 상대에 대한 막말과 거짓말을 쏟아낸다. 이러한 막말과 거짓말은 협치에 있어서 매우 중요한 상호존중과 신뢰를 무너뜨린다. 최진석의 말처럼 정치인의 말이 환하게 빛나는 단계까지 가야 한다고 언감생심 생각지도 않는다. 다만 막말과 거짓말이 나라와 정치를 혼란에 빠뜨리는 지경까지 가는 것은 막아야 한다. 물론 오늘날과 같은 탈진실 시대에 무엇이 막말이고 거짓말인지 정확히 개념정의하기는 어렵다. 따라서 정치인의 막말과 거짓말을 제어할 수 있는 제도적 방안을 강구하기도 만만치 않다. 결국 막말과 거짓말을 입에 달고 다니는 정치인은 국민이 선거를 통해 심판하는 방법밖에 없어 보인다. 김종민 더불어민주당 의원과의 인터뷰에 따르면 막말을 하는 의원은 공천이나 선거에서 낙선하는 경우가 많다고 한다. 이 말이 사실이기를 바랄 뿐이다. 막말이나 거짓말을 하지 않는다고 해서 바로 좋은 정치가 이루어지는 것은 아닐 것이다. 그러나 적어도 좋은 정치로 가는 첫걸음은 될 수 있다.

더 많은 민주주의 시대가 열렸다고 더 좋은 민주주의가 자동으로 우리에게 다가오는 것은 아니다. 더 많은 민주주의 시대는 이 시대만의 독특한 문제들을 만들어내고 있다. 이는 더 좋은 민주주의를 만들기 위한 우리 세대만의 시대적 도전이 필요함을 의미한다. 쉽지 않은 도전이지만 꼭 필요한 도전이다. 마치 블라디미르와 에스트라공이 고도를 기다리고 있는 것처럼 더 좋은 민주주의가 우리를 찾아올 때까지 하염없이 기다리고만 있을 수는 없다.

08

정치양극화 극복을 위한 권력구조 개편

정재관

제1절
들어가며

　정치 개혁이 다시 시대적 화두로 떠올랐다. 2023년 주요 일간지들이 신년 사설과 특집기사를 통해 강조하는 개혁의 핵심은 선거제도와 권력구조 개편이다. 정치 엘리트들이 주기적으로 참여하는 권력 경쟁의 규칙을 제공하는 선거제도와 그러한 경쟁을 통해 선출된 행정부와 입법부 권력의 배분을 결정하는 권력구조는 대의 민주주의 체제의 근본 원리인 대표성, 책임성, 응답성의 질과 수준을 결정하는 데 지대한 영향을 미친다.

　1987년 전국민적 민주화 항쟁을 통해 수립된 한국 민주주의는 단순다수제를 통해 선출하는 5년 단임 대통령제라는 권력구조와 소선거구 단순다수제로 선출하는 지역구 국회의원 위주의 선거제도를 통해 지난 35년 동안 운영되어 왔다. 민주화 이전 40년 가까이 지속된 권위주의 체제의 역사적 경험이 경로 의존적(path-dependent) 영향을 미치는 가운데 선택된 이러한 선거제도와 권력구조는 민주화 이후 얼마 지나지 않아서부터 지금까지 줄곧 개편 요구에 직면해 왔다.

　무엇이 현행 권력구조와 선거제도의 문제인가? 본 장은 권력구조에 초점을 맞춰 문제의 본질을 규명하는 것으로부터 출발하고자 한다. 따라서 2000년대부터 지속해서 제기되어 온 제왕적 대통령제의 문제와 최근 10년 동안 학계와 언론계 및 시민사회를 통해 공론화되어 온 정치양극화의 문제가 왜 현행 권력구조로부터 기인하는지 논할 것이다. 이를 바탕으로 문제의 본질을 꿰뚫을 수 있는 제도적 해결책은 무엇인지를 논할 것이다. 여기에서 본 장은 분권과 협치를 목표로 한 분권형 대통령제와 대통령 선거 결선투표제로의 개헌을 제안할 것이다. 그리고 마지막으로 이러한 권력구조 개편의 제도적 해결책을 현실에서 실행하는 데 필요한 조건과 그 조건을 마련하는 적합한 방법은 무엇일지 논할 것이다. 권력구조 개편을 골자로 한 개헌의 가장 적절한 기회는 2017년에 찾아왔었다. 민주화 30년을 맞은 시점에서 다시 전국민적 촛불 항쟁을 통해 현직 대통령을 탄핵하고 조기 대선을 치러야 했던 헌정사적 위기 국면을 겪은 직후였기 때문이다. 민주주의 체제에서 개헌은 일반적으로 정치·경제·사회적 위기가 몰아닥친 역사적 분기점(critical juncture)에서 주로 이루어져 왔기 때문이기도 하다(Jung and Deering 2015). 하지만 이미 상실한 기회를 아쉬워하기보다, 지금은 개헌을 위한 또 하나의 정치적 기회를 만들기 위하여 어떤 조건들을 마련해야 하며 이를 위해 주요 정당과 정치 엘리트들이 어떻게 노력해야 하는지에 대한 실천적 탐색이 필요한 시점이다. 이미 우리는 극단화해가는 정치양극화 속에서 제왕적 대통령 권력을 차지하기 위해 사생결단 (死生決斷)식 경쟁을 주기적으로 반복하며 한국 민주주의가 서서히 죽어갈 수 있는 퇴행의 위기를 겪고 있기 때문이다.

제2절
권력구조 무엇이 문제인가?

　통상적으로 '87년 체제'라고 불리는 현행 권력구조는 단순다수제 선거에 의해 선출되는 5년 단임 대통령제이다. 정치학에서 민주주의 체제의 권력구조를 가장 체계적으로 유형화한 체이붑(Cheibub 2007)의 정의에 따르자면, 대통령제는 국민이 선거를 통해 독자적으로 정해진 임기를 지닌 대통령을 선출하고 의회는 대통령이 구성하는 내각을 불신임할 수 있는 헌법적 권한이 없는 정부형태이다. 이는 의원내각제나 준대통령제(semi-presidentialism)와 구별되는 대통령제만의 개념적 특징이다. 하지만 한국의 대통령제는 대통령제 민주주의를 탄생시킨 미국의 권력구조와 달리 의원내각제적 요소들을 포함하고 있다. 한국의 현행 권력구조에 포함된 대표적인 의원내각제 요소는 국무총리제도, 행정부의 법률안 제출권, 그리고 국회의원의 국무위원 겸직 허용 등이다.

　　이러한 한국의 대통령제가 지닌 문제는 핵심적으로 두 가지이다. 하나는 20년 넘게 지적되고 있는 대통령으로의 과도한 권력이 집중되어 발생하는 소위 '제왕적 대통령제'의 문제이다. 또 다른 문제는 현행 대통령제 권력구조가 보수와 진보 진영으로 갈린 양당 체제의 당파적 차원과 정서적 차원의 양극화를 악화시키고 있다는 점이다. 이 두 가지 문제는 전자가 시기적으로 먼저 등장해 한국 정치와 민주주의의 발전을 저해하는 고질적 문제로 고착됐다. 거대 양당 간 혐오와 적대의 정치와 더불어 강성 지지층과 팬덤정치로 대표되는 정치양극화는 상대적으로 최근 한국 민주주의의 심각한 문제로 대두되었다. 두 문제의 시기적 순차성보다 더욱 중요한 것은 제왕적 대통령제와 정치양극화 문제가 현재 많은 부분 중첩되고 상호 악화하는 방식으로 한국 민주주의를 퇴행시키는 근본 원인 중 하나로 작동하고 있다는 점이다. 따라서 5년마다 치르는 대통령 선거가 사생결단식 권력 쟁투가 되어왔다. 승자가 모든 권력을 독식하는 선거 제도하에서 주요 정당들은 선거에서 이길 수만 있다면 민주적 가치와 원칙 및 규범에 관한 훈련이 되지 않은 외부자도 후보로 추대될 수 있도록 후보 선출방식을 변형시켜왔다. 이는 새뮤얼스와 슈거트(Samuels and Shugart 2010)가 지적하듯이, 대의 민주주의가 근본적으로 품고 있는 '주인과 대리인 문제'에서 파생하는 역선택(adverse selection)과 도덕적 해이(moral hazard)의 문제를 심화시키는 데 기여해 왔다. 의회와 정당정치를 통해 검증하지 않은 채 대중적 인기만을 기준으로 공천한 선출직 공직자는 민주주의를 지탱하는 법과 규범을 무시하고 권력을 남용할 가능성이 매우 크기 때문이다. 현행 권력구조가 지닌 이러한 문제들의 핵심을 간략히 살펴보도록 하자.

1. 제왕적 대통령제

제왕적 대통령제의 문제는 대통령에게 과도한 권력이 집중되도록 설계한 헌법상의 문제와 그러한 법적 제도가 부여한 게임의 규칙과 유인구조에 따라 통치해온 민주화 이후 역대 대통령과 대통령 비서실의 정치행태 문제 그리고 이를 만연시킨 정치문화의 문제들이 다층적으로 결합해 고착되어왔다.

우선 헌법적 차원에서 보면 대통령제는 행정부와 의회 그리고 사법부 간 권력분립(separation of powers)을 토대로 이들 사이 견제와 균형(checks and balances)의 원칙이 작동하도록 고안된 권력구조이다. 미국 '건국의 아버지(Founding Fathers)'들이 헌법을 고안하며 주요하게 고민한 것 중 하나는 야심으로 가득 찬 정치지도자에 의한 권력 남용과 폭정의 위험을 어떻게 통제하고 관리할 것인지였다. 따라서 미국 의회와 대법원에 대통령 권력을 감시하고 견제할 수 있는 다양한 헌법적 권한을 부여하고 제도화해온 것이다.

미국 대통령제와 달리 한국의 현행 헌법은 대통령 1인에게 과도한 권력이 집중되도록 제도화되었다. 강원택(2022: 67-77)의 분석에 따르면, 한국의 제왕적 대통령제는 역사적으로 유신체제 수립으로부터 기원한다. 유신헌법은 간접선거로 선출하는 대통령에게 국회의원 3분의 1을 임명하게 하고 초법적 차원의 긴급조치권을 부여해 사실상 입법권과 사법권까지 권력자 1인에게 모두 부여한 일인독재 체제였다. 이러한 유신체제의 경험은 1987년 민주화 협상을 주도한 당시 정치지도자들이 대통령 직선제로의 복귀가 민주화의 정수(精髓)인 듯 이해하게끔 했다. 그 결과 유신체제의 대표적인 유산으로서 유신헌법에 도입된 대통령의 대법원장 임명 권한이 1987년 9차 개헌을 통해서도 살아남아 지금까지 존속되어 온 것이 현실이다. 이는 사법부가 대통령 권력으로부터 온전히 분리되지 못해 민주화 이후에도 사법부의 정치적 독립성에 대한 의심과 우려를 끊임없이 낳아왔다. 다른 대통령제 국가들과 비교해서도 한국의 대통령에게는 대법원장과 헌법재판소장 그리고 대법관과 헌법재판관들에 대한 임명권이 과도하게 헌법적으로 보장되어 있다(장영수 2020b). 즉 행정부와 사법부 간 견제와 균형이라는 작동 원칙이 제도적으로 손상된 채 지난 35년 동안 한국의 민주주의가 운영되어 온 셈이다.

이와 유사한 현행 권력구조의 문제는 대통령의 법률안 제출권과 국회의원의 국무위원겸직 허용이다. 헌법 제52조는 국회와 더불어 정부 역시 법률안을 제출할 수 있다고 규정하고 있다. 그리고 제53조에서 대통령에게 국회에서 의결된 법률안에 대한 재의권을 부여하고 있다. 대통령이 재의 요구한 법률안은 국회 재적의원 과반수 출석과 출석의원 3분의 2 이상 찬성으로 재의결해야 하기에 이는 사실상 대통령에게 국회 의결 법률에 관한 거부권을 부여한 것이다. 따라서 대통령은 본인의 통치 철학과 방향에 부합하지 않는 법안은 거부할 수 있고 필요한 법안들은 정부 발의나 여당 의원들의 '대리발의'를 통해 국회에 제출할 수 있는 헌법적 권한을 지니고 있다. 즉 대통령이 입법부를 견제할 수 있게 하는 것뿐만 아니라 입법 권한의 일부까지 행사할 수 있게 하는 법적 권한이 부여된 셈이다.

현행 헌법이 허용하고 있는 국회의원의 국무위원 겸직 역시 행정부와 입법부의 권력 분립과 견제와 균형의 원칙을 훼손하는 제도이다. 이는 핵심적으로 입법부 일부가 행정부 권력에 포섭될 수 있는 제도이다. 실제 민주화 이후 한국의 역대 대통령들은 통치 철학을 가장 잘 이해하는 국회의원이라는 명분 아래 여당 중진급 의원들을 국무위원으로 임명하는 것을 하나의 정치 관행으로 만들어 왔다. 따라서 국무위원직을 통해 행정부 경험을 축적해 정치적으로 더 큰 야심을 추구하고자 하는 국회의원들은 대통령의 통치와 정부 운영에 관한 감시와 견제 임무를 수행하기보다 수직적 당·청 관계를 확대 재생산하는데 복무해 온 것이 현실이다.

이와 밀접히 연동된 또 하나의 문제는 '87년 체제'가 법적으로 대통령에게 부여하고 허용하는 과도하게 광범위한 인사권한이다. 이선우(2022: 93)가 지적하듯이, 국무위원과 검찰총장을 포함해 헌법상 대통령이 임명하는 명확히 지정된 행정부 고위 공직의 수는 50여 개 내외에 불과하다. 하지만 헌법 제89조 제16호는 대통령이 하위 법률을 통해 행정부 각 부처 차관 및 고위직 공무원과 공기업 관리직까지 임명하는 것을 광범위하게 허용하고 있다. 따라서 민주화 이후 한국의 대통령들은 검찰청, 경찰청, 국세청, 국가정보원 등 권력기관뿐 아니라 공기업과 준정부기관 등의 인사에 하위 법률과 시행령 등을 통해 깊숙이 개입해 왔다. 이에 따라, 2018년 한국의 대통령이 법적으로 행사할 수 있는 인사권이 무려 7,000여 개에 달한다고까지 분석되었다(안두원 2018). 한국의 대통령은 이처럼 과도하게 광범위한 인사권을 무기로 행정부 각 부처와 권력기관의 관료들과 공공기관의 임원들을 정치적 목적으로 동원하는 것이 가능하고 실제 그래왔던 것이 현실이다. 더 중요한 문제는 이렇게 법적으로 보장받는 대통령의 과도하고 광범위한 인사권이 국회의 취약한 사전 견제 및 사후 통제 권한과 맞물려 제왕적 권력의 제도적 원천으로 기능해 왔다는 점이다. 나아가 대통령의 과도한 인사권은 대통령 본인뿐만 아니라 대통령 비서실의 권력까지 비대하게 만들어 온 것이 또한 문제이다. 박상훈(2018)이 '청와대 정부'라 명명하며 비판했듯이, 민주화 이후 한국의 대통령들은 광범위한 인사권을 바탕으로 정부의 정책 결정 권한 대부분을 청와대로 집중시켜 행정부 각 부처가 사실상 청와대의 명령과 지시를 실행하는 하급 기관으로 전락시켰다. 뿐만 아니라 국회와 정당 등 민주적 책임성을 담지해야 할 기관들 역시 청와대 권력의 하위 파트너로 만들었다.

현행 권력구조에서 법적으로 규정하고 허용하고 있는 이러한 제왕적 대통령의 제도적 요소들은 행정부, 입법부, 사법부 간 권력분립을 통한 견제와 균형이라는 대통령제 민주주의의 근본 작동 원칙을 훼손한 채 지난 35년 동안 고착되어 왔다. 더구나 '87년 체제'하의 제왕적 대통령 권력과 정치행태는 민주화 이전 40년 동안의 권위주의 체제 유산과 조선시대 왕들과 대통령의 통치를 비교하곤 하는 대통령 권력에 대한 과도한 존중과 집착이라는 정치 문화적 맥락과 결합되어 왔다(이관후 2020). 이것이 현재 한국 민주주의의 퇴행과 위기를 불러일으키는 제도적 원천으로 자리잡고 있는 셈이다.

2. 정치양극화 악화

현행 권력구조가 추동하고 고착화시키는 두 번째 문제는 정치양극화이다. 원론적 차원에서 생각해보면, 정치양극화는 민주주의 체제를 작동시키는 데 있어서 양날의 검이다. 긍정적 측면에서 보면, 정치 엘리트와 정당들이 좌와 우 혹은 보수와 진보 등 명확한 이념적 위치에 입각한 정책적 프로그램을 발전시켜 유권자들을 동원하는 것은 대의 민주주의 체제를 원활하게 작동시키는 정당과 유권자 간 관계를 만들어낸다 (Kitscheldt 2000). 이념적·정책적 차원에서 명징하게 구분되는 정당들은 유권자들이 이러한 차이를 바탕으로 투표를 할 수 있게 하고 선출된 공직자와 선거를 통해 집권하게 된 정당의 민주적 책임성을 고양시킬 수 있기 때문이다. 이는 또한 1970년대 중반 이후 선진 민주주의 국가들이 민주주의 위기를 논하며 가장 크게 우려했던 점이 주요 정당 간 이념과 정책적 차별성이 희석되어 유권자들이 더 이상 정당정치와 선거에 관심을 기울이지 않게 되었던 것을 상기하면 더욱 쉽게 이해할 수 있다(Pharr et el. 2000).

하지만 다른 차원에서 보면, 정치양극화는 주요 정당들과 정치 엘리트 그리고 유권자의 당파적 분열과 정서적 혐오와 적대감까지 불러일으킬 수 있다. 이념과 정책의 차이가 아니라 보수와 진보 중 어떤 진영에 속하거나 그 진영의 정당을 지지한다는 당파적 차이에 따라 정치 엘리트와 유권자들이 서로를 불신하고 적대시하며 혐오하게 되면 민주주의 체제는 여러 가지 문제를 겪을 수밖에 없다. 우선 정당정치에서 대화와 타협의 공간과 가능성이 사라지게 되고, 상대 진영을 적대시해서 취하는 정치적 이득이 정당과 정치 엘리트 간 경쟁의 핵심으로 자리잡게 되며, 정당과 정치 엘리트 간 적대적 경쟁에 대한 일반 유권자들의 혐오와 냉소를 확대시킨다. 보수와 진보 진영으로 나뉘어 서로를 정치체제에 위험하고 위협적인 존재로 악마화해서 적대적 공생관계를 유지하고 재생산하는 정당정치와 정치과정은 일반 유권자 특히 중도층이 투표와 같은 정치과정에 참여할 명분과 이유를 제공하지 못한다. 이처럼 당파적 차원과 정서적 차원의 양극화는 순간적으로 명멸하기 쉬운 대중적 인기를 바탕으로 선출직 권력을 획득하고자 하는 포퓰리스트(populist)가 등장하기 용이한 정치적 토대를 제공하기에 민주주의 퇴행과 위기를 불러올 수 있다(Svolik 2019).

여기서 문제는 '87년 체제'인 현행 권력구조가 정치양극화의 부정적 측면을 추동하고 악화시키는 방향으로 작동하고 있다는 점이다. 단순다수제 선거 방식을 통해 5년 단임으로 선출하는 현행 대통령제는 기본적으로 승자독식 체제이다. 경쟁자보다 단 한 표라도 더 얻은 후보가 승자가 되어 모든 대통령 권력을 독차지하기 때문이다. 실제 민주화 이후 2022년까지 치러진 총 여덟 번의 대통령 선거 중 50% 이상 득표해 승자가 된 경우는 2012년 18대 대통령 선거 단 한 차례였다. 1987년 13대 대선에서 노태우 대통령은 단지 36.6%의 득표율로 당선되었고 뒤이은 김영삼·김대중 대통령 역시 각각 42.0%와 40.3%의 득표율로 당선되어 대통령 권력을 독점할 수 있었다. 단순다수제를 통해 이처럼 대선 승자를 결정하는 방식은 대의 민주주의의 근간인 대표성에 심각한 의문을 던지게 한다. 승자를 선택하지 않은 과반을 훨씬 상회하는 유권자들의 정치적 입장과 정책적 선호가 행정부 운영에 반영될 수 있는 길이 제도적으로 차단되어 있기 때문이다.

이와 더불어 제왕적이라 불릴 만큼 입법부와 사법부에 의해 제대로 견제받지 않는 대통령에게 집중된 과도한 권력은 보수와 진보 진영을 대표하는 양대 정당과 정치 엘리트들에게 사생결단식 경쟁을 5년마다 반복할 것을 부추기고 강요한다. 이와 관련한 대표적인 예로는 2022년 20대 대통령 선거를 위해 보수와 진보 진영 양대 정당의 대통령 후보에 도전했던 유력 주자들이 공공연히 '선거 지면 감옥 간다'는 말로 지지자들의 공포와 적대감을 동원해 표를 결집하려 했던 것을 들 수 있다.

이러한 사생결단식 경쟁을 주기적으로 반복하며 각각의 당파적 진영으로 유권자를 동원하다 보면 적대적 공생관계를 유지해 정치적 기득권을 유지하고 재생산하는 정당과 정치 엘리트 수준의 양극화가 정당 지지자와 유권자 수준의 양극화로 전이되고 확대되는 것이 또한 문제이다(김기동·이재묵 2021). 실제 2004년 이후 한국의 정치양극화를 국회의원, 정당 활동가, 정당 지지자, 일반 유권자 차원으로 세분해서 분석한 연구에 따르자면, 국회의원과 정당 활동가에게서 증가하기 시작한 당파적 양극화는 최근 들어 양대 정당 지지자와 일반 유권자 사이에서도 두드러지게 관찰된다. 구체적으로 보면, 보수와 진보 진영 간 정치 갈등이 매우 심각하다고 인식하는 유권자들이 2005년에 19.3%에 불과했으나 2020년에는 그 수치가 42.3%까지 상승했다.[62] 또한 2018년 진보와 보수 양대 정당 지지자 중 각각 7.8%와 16.7%를 강성 지지층으로 분류할 수 있었

---

62) 2023년 1월 한국행정연구원과 한국정당학회가 수집한 『정치양극화 현황과 제도적 대안에 관한 국민의식 조사』에서는 이 수치가 48.9%까지 상승했다. 즉 한국 유권자 두 명 중 한 명이 현재 정치적 이념 갈등이 매우 심각하다고 인식하고 있는 셈이다.

던 것에 비해, 2020년에는 그 수치가 20.4%와 31.5%로 거의 세 배와 두 배씩 증가했다 (Cheong and Haggard 2022: 8−16).

즉 현행 '87년 체제'가 고착시켜 온 제왕적 대통령 권력을 선출하는 방식이 승자독식 시스템이기에 보수와 진보 진영을 대표하는 양대 정당과 정치 엘리트 간 선거 경쟁이 점차 마치 목숨을 걸고 벌이는 혈투처럼 변질되어 왔다. 사생결단식 경쟁을 통해 획득한 제왕적 대통령 권력은 2000년대 이후 정당, 정치 엘리트, 정당 지지자, 유권자 수준에서 모두 당파적 차원과 정서적 차원의 '해악적 양극화(pernicious polarization)'를 추동하고 심화시켜 왔다(McCoy and Somer 2019). 결국 이렇게 극단화되어가는 정치양극화와 결합된 제왕적 대통령제가 한국 민주주의에 이전보다 더 심각한 퇴행의 위기를 불러일으킬 것을 우려하게 하는 것이 현행 권력구조 문제의 핵심이다.

제3절
권력구조 무엇을 개편할 것인가?

민주화 이후 지난 35년 동안 권력구조 문제는 늘 개헌의 중심 화두였다. 지역주의 정당체제를 고착화하기 위한 정략적 차원에서 민주화 초기 김종필을 중심으로 꾸준히 시도되어 온 내각제 개헌안은 3김 시대가 막을 내리며 함께 사라졌다. 학계와 언론계를 중심으로 제왕적 대통령제의 문제가 진지하게 제기되기 시작한 2002년 이후부터 권력구조를 둘러싼 개헌안 논쟁은 두 가지 대안을 놓고 진행되어 왔다. 하나는 현행 대통령제를 미국식 대통령제로 개편해 행정부, 입법부, 사법부 간 권력분립을 보다 명확히 해서 견제와 균형의 원칙이 작동하게 하자는 제안이다. 또 다른 대안은 국회에서 선출한 총리가 내각을 구성해 행정부 구성과 유지에 관한 헌법적 권한을 국회로 이전하여 선출된 대통령 권력과 공존하게 하는 준대통령제 혹은 분권형 대통령제로 개헌하자는 제안이다. 어떤 대안이 더 적합한지를 판단하는 기준은 현행 권력구조가 지닌 문제의 본질을 얼마나 정확히 꿰뚫을 수 있는지 여부일 것이다.

이런 의미에서 보면, 우선 앞 절에서 논술한 현행 권력구조 문제의 핵심은 두 가지라는 점을 상기할 필요가 있다. 첫째는 입법부와 사법부에 의해 제대로 견제받을 수 없도록 대통령에게 집중된 과도한 권력은 견제와 균형을 통해 확보할 수 있는 민주주의의 수평적 책임성(horizontal accountability)을 담지하지 못하는 문제이다. 둘째는 승자독식 방식을 통해 선출하는 제왕적 대통령 권력을 쟁취하기 위한 경쟁이 정당과 정치 엘리트 그리고 유권자 수준에서의 당파적·정서적 양극화를 추동하고 악화시키는 문제이다. 그렇다면 권력구조 개편은 이러한 두 가지 문제를 근본적으로 다룰 수 있는 해법이 무엇인지 규명하는 것을 필요로 할 것이다. 따라서 해법의 원칙은 너무나 당연하게도 분권과 협치의 제도적 기반을 마련하는 것으로 요약될 수 있을 것이다. 대통령 권력의 온전한 분립을 통한 입법부와 사법부에 의한 견제와 균형을 제도적으로 수립하고 대통령 선거가 사생결단식 경쟁으로부터 탈피하게 만드는 것이 해법의 핵심일 것이다. 이러한 기준에 따라 본 절에서는 권력구조 개편과 관련해 주요하게 논의되어 온 두 가지 대안에 대한 평가를 해보고자 한다.

1. 대통령 권력의 분립과 견제

제왕적 대통령제의 폐해를 해소하기 위한 해법의 원칙은 대통령 권력을 입법부와 사법부로부터 온전히 분리하고 이들로부터 수평적 견제를 받을 수 있도록 현행 헌법 체계와 법적 제도 등을 개편하는 것이어야 할 것이다. 이러한 원칙적 기준에 따라 우선 미국식 4년 중임 대통령제로 개헌하자는 제안을 살펴보자.

현행 대통령제를 미국식으로 개선하는 것을 대안으로 삼는 견해에서는 과도하게 집중된 대통령 권력을 줄이고 행정부의 민주적 책임성을 제고하는 것이 '87년 체제' 개혁의 핵심이라 바라보고 있다. 따라서 세부 개혁안은 학자들마다 매우 다양하게 제시됐지만 공통적으로 제안하는 권력구조 개편의 구체적 방안은 다음과 같다(김용호 2017; 김종철 2017; 박경철 2018; 정만희 2018; 조정관 2017). 첫째, 내각제적 요소라 비판받아온 국무총리제를 폐지하고 부통령직을 신설하여 4년 중임제로 개헌한다. 둘째, 행정부가 법률안을 제출할 수 있는 헌법적 권한을 폐지한다. '셋째, 국회의원이 국무위원을 겸직할 수 없게 하고 모든 국무위원에 대한 국회의 인사청문회를 헌법에 명시하여 국무위원 임명에 관한 대통령의 권한을 국회가 사전 견제할 수 있도록 한다. 넷째, 감사원을 국회로 이관하여 입법부의 행정부 견제 권한을 강화한다. 다섯째, 국회가 정부 예산안에 대해 항목을 신설하거나 증액할 수 있는 예산편성권을 헌법에 보장하고 국회의 정부 예결산 심사 및 분석 능력을 강화하기 위한 헌법적 규정들을 마련한다.

이러한 권력구조 개혁의 구체적 방안들은 큰 틀에서 대통령과 국회의 권력을 분립하고 입법부에 의한 행정부 권력에 대한 견제가 실질적으로 이루어질 수 있게 하고자 한다는 의미에서 긍정적이다. 하지만 중요한 두 가지 문제가 여전히 누락되어 있다. 하나는 행정부와 사법부 권력의 분립을 통한 견제와 균형을 확보하는 문제이다. 또 다른 하나는 헌법에서 명확히 규정하지 않았지만 하위 법률과 시행령 등을 통해 허용하고 있는 대통령의 과도하고 비대한 인사권을 어떻게 제한할 것인지의 문제이다.

전자의 문제는 앞 절에서 지적했듯이, 대통령에게 사법부 수장인 대법원장을 임명할 수 있는 헌법적 권한을 부여한 것은 유신체제의 유산이자 '사법의 정치화'를 심화시켜 온 문제의 근원이다. 이러한 문제에 관한 해결 방안이 미국식 대통령제를 주장하는 학자들에 의해 효과적으로 제시되지 않은 결과, 2018년 3월 문재인 정부가 국회에 제안한 4년 중임 대통령제 개헌안 역시 대법원과 헌법재판소 등 사법부 구성에 관한 대통령 권한을 축소하지 않았다. 오히려 대통령의 영향력을 확대시킬 수 있는 대법관 추천위원회 설립을 제안했기 때문에 4년 중임 대통령제로의 개헌을 주장하는 학자들도 대법원과 헌법재판소의 정치적 독립성을 더욱 훼손할 수 있는 개헌안이라 비판했다(박경철 2018).[63] 후자의 문제는 미국식 대통령제로의 개헌을 제안하는 학자들 대부분 심각하게 고려하고 있지 않기에 4년 중임제 개헌안에서는 그대로 남겨져 있다. 이는 민주화 이후 지난 35년 동안 지속되며 뿌리내린 제왕적 대통령 권력의 원천인 과도하고 광범위한 인사권에 대한 견제를 제도적으로 마련하지 않는 것이기에 '청와대 정부'라는 왜곡된 권력구조 하의 통치행태를 반복하게 할 것이다. 따라서 대통령 권력의 분립과 입법부와 사법부에 의한 수평적 견제라는 궁극적 결과를 만들어내기 어려울 것이다.

이와 비교해서, 한국에서 분권형 대통령제라는 이름 아래 제안되어 온 준대통령제 개헌안은 행정부와 입법부의 이원적 정통성(dual legitimacy)이라는 대통령제의 권력분립과 더불어 총리를 중심으로 한 내각 구성 및 해산에 대한 권한을 의회에 부여하거나 대통령과 공유함으로써 의회의 권력을 질적으로 확대하는 것을 골자로 하고 있다. 의회 선거와 독자적으로 국민들이 직접 선거에 의해 대통령을 선출하고 정부가 의회에 책임을 져야 하는 이러한 두 가지 특성은 민주주의 체제의 정부형태 유형으로서 준대통령제가 대통령제 및 의원내각제와 구분되는 본질적 차이점이기도 하다. 흥미로운 점은 학술적 차원에서는 준대통령제가 정확한 개념이지만 한국에서는 이원정부제 또는 분권형 대통령제라는 명칭이 보다 널리 사용되는 현실이다(강신구 2014). 과도한 대통령 권력을 분산하는 방향으로의 개헌이 제왕적 대통령제라 비판받아 온 현행 권력구조의

---

63) 문재인 정부의 개헌안은 이외에도 국무총리제를 현행대로 유지하고, 행정부의 법률안 제출권도 사실상 유지하며, 국회의원의 국무위원 겸직도 여전히 허용하는 등 제왕적 대통령제의 문제를 해결하기 위한 권력분립 및 견제와 균형의 원칙을 실현하기에는 매우 미흡한 제안으로 평가할 수 있다. 다만 가장 긍정적인 제안은 협치의 제도적 기반이 될 수 있는 대선 결선투표제를 개헌안에 포함했던 점이다.

폐해를 치유할 수 있으리라는 실천적 함의를 내포하기 있기 때문일 것이다.

따라서 분권형 대통령제로의 개헌을 주장하는 관점에서 지금까지 제안해온 권력구조 개편안들의 내용 중 현행 제왕적 대통령제를 개선하는 목적에 초점을 맞추어 보면 다음의 구체적 방안들이 주목할만하다. 첫째, 대통령을 국민의 직접 선거에 의해 선출하되 총리를 중심으로 한 내각 구성과 해산에 관한 권한을 의회에 부여하거나 프랑스의 사례처럼 대통령과 공유한다. 둘째, 대통령은 외교, 국방, 통일, 국민통합 등을 책임지고 그 외 행정부 업무는 총리를 중심으로 한 내각이 담당한다. 셋째, 대법원과 헌법재판소 구성에 관한 헌법적 권한을 의회에 부여한다. 넷째, 예산 법률주의를 도입한다. 다섯째, 감사원, 언론통신위원회 등을 헌법상 독립기관화해 국가권력 기관에 대한 감사 및 견제를 강화한다.

이상의 다섯 가지 제안 이외에도 준대통령제로의 권력구조 개헌은 87년 체제를 지탱해 온 현행 헌법의 근본적 변화를 요구하기에 다양한 세부 방안들이 제시되어 왔다 (이동성·유종성 2017; 이선우 2015; 이현출 2017; 장영수 2020b; 정해구 2012). 하지만 제왕적 대통령제의 폐해를 극복하기 위한 목적에서 보자면 미국식 4년 중임 대통령제로의 개헌안보다 긍정적이다. 현재 대통령 1인에게 집중되어 있는 행정부 권력을 총리와 내각에 대폭 이양하고, 사법부와 입법부에 의한 대통령 권력 견제를 헌법적으로 강화하고, 대통령 인사권에 대한 사전 및 사후 견제를 통해 과도한 인사권이 제왕적 대통령의 제도적 원천으로 작동하는 것을 최소화하기 위한 고안들이기 때문이다. 또한 본질적으로 준대통령제는 정당 중심의 선거 경쟁을 추동하는 권력구조인 반면, 4년 중임 대통령제는 현재와 마찬가지로 인물 중심 경쟁을 지속시키는 권력구조이기 때문이다.

제왕적 대통령제 문제의 핵심을 파고들기 위한 이러한 권력구조 개편의 고민들은 현실에서도 점점 더 큰 지지와 반향을 얻어 왔다. 예를 들어 2009년 18대 국회의 헌법연구자문위원회에서는 분권형 대통령제를 1안 그리고 미국식 4년 중임 대통령제를 2안으로 제안했고, 2014년 19대 국회의 헌법개정자문위원회에서는 분권형 대통령제로의 개헌안을 유일한 대안으로 제시했다. 그리고 비록 문재인 정부의 4년 중임제 개헌안 발의에 묻혀 주목받지 못했지만, 1987년 이후 30년 만에 처음 설치된 20대 국회의 헌법개정특별위원회에서도 분권형 대통령제로의 개헌이 다수 의견을 형성하며 이를 구체화하고 한국에 어떻게 적용할 수 있을지에 대한 논의가 적극적으로 진행되었다(국회헌법개정특별위원회 자문위원회 2018; 김종갑·이정진 2017; 이동성·유종성 2017: 118; 정만희 2018: 51).

2. 승자독식 선거체제와 사생결단식 권력경쟁 구조 탈피

　대통령을 단순다수제 방식으로 선출하는 현행 대통령 선거의 경쟁 구조는 앞 절에서 밝혔듯이 승자독식 체제이다. 대통령에게 과도하게 집중된 권력을 1인의 승자가 독점하는 선거 경쟁 구조는 주요 정당과 후보자들이 그 제왕적 권력을 차지하기 위해 5년마다 돌아오는 대통령 선거를 사생결단의 자세로 임하게 한다. 최근 10여 년 동안 악화되어 온 보수와 진보 진영 간 정치양극화는 이러한 문제들과 중첩되고 상호 강화하며 양대 정당과 정치 엘리트들로 하여금 두 가지 정치행태를 반복하게 추동해 왔다. 하나는 선출된 대통령이 국가원수로서 전 국민을 대표하기보다 선거에서 본인을 지지한 유권자 집단과 계층만을 대표하는 듯한 정치행태이다. 따라서 대통령 선거 이후 국민통합을 위한 국정과제와 정책을 추진하기보다 진영 간 갈라치기로 이해될 수 있는 통치행태를 주로 보여왔다. 1987년 이후 치러진 여덟 번의 대통령 선거에서 승자의 평균 득표율이 44.7%에 불과한 것을 상기하면 55% 이상의 유권자들이 선호하는 정부 정책은 독점적 승자의 국정운영에 반영되지 않아 온 셈이다. 또 하나는 대통령 선거에서 패배한 정당과 정치 세력은 대통령과 집권 여당에 대한 견제라는 명분 아래 다음 대통령 선거가 열리는 5년 동안 대화와 타협보다는 대결과 적대의 전략을 택하는 정치행태이다. 이를 통해 대통령과 여당의 실정을 만들어내거나 부각하는데 정치적 역량을 집중해 다음 대통령 선거의 승리 가능성을 끌어올리기 위한 정치적 자원들을 축적하는 것이 정치 관행으로 자리 잡아 왔다.

　이러한 문제를 근본적으로 다루기 위한 해법은 대통령 선거제도를 단순다수제에서 결선투표제로 바꾸는 것이다. 정당 지지자와 유권자 수준으로까지 확산되어 온 당파적 차원과 정서적 차원으로 양극화된 정치환경에서 승자독식 선거제도는 선거 경쟁에 참여하는 정당과 정치 엘리트들로 하여금 상대 진영에 대한 적대감과 혐오를 동원하게 할 뿐이기 때문이다. 대통령 선거의 승자와 패자가 선거 이후 대화와 타협을 통해 국정운영의 협치를 만들어 나가길 기대하고 의도하려면 게임의 룰을 근본적으로 바꾸는 것이 필요하다.

　결선투표제는 주지하다시피 1차 투표에서 50% 이상 득표를 한 후보자가 없을 때 1위와 2위 후보자만을 대상으로 2차 투표를 진행해 궁극적으로 유권자의 50% 이상 지지를 획득한 후보자를 승자로 선정하는 절대 다수제 선거 방식이다. 따라서 두 가지 차원의 제도적 유인구조가 핵심적 특징이다. 하나는 소수 정당들도 대통령 선거 1차 투표에 참여하게 하는 유인이다. 또 다른 하나는 결선투표로 가게 되는 거대 정당 후보자가 과반을 상회하는 득표를 위해 1차 투표에 참여한 이념적 차원에서 거리가 가까운 소수 정당과 정치 연합을 하도록 하는 유인구조이다. 이러한 결선투표제의 두 가지 유인구조는 주기적으로 반복되는 대통령 선거가 다당제 정당체제를 정착시키도록 유도할 수 있다. 또한 결선투표에서 과반 득표를 위해 주요 정당과 정치 엘리트 사이 이념과 정책을 기반으로 한 협치의 제도적 기반으로 작동할 수 있다.

결선투표제는 또한 제왕적 대통령제의 문제를 해소하기 위한 권력구조 개편안으로 제안하는 분권형 대통령제와 제도적 정합성이 높다.[64] 예를 들면, 준대통령제를 채택한 프랑스, 핀란드, 오스트리아 모두 대통령 선거 결선투표제를 채택하고 있다. 이처럼 제도적 정합성 차원에서 판단하자면 분권형 대통령제 하의 대통령은 결선투표제를 통해 선출하는 것이 바람직하다. 임기와 관련해서는 현행 5년 단임제가 지닌 한계로 낮은 수준의 민주적 책임성과 정책적 연속성이 계속 비판되어 왔기에 분권형 대통령제 하의 대통령도 4년 중임할 수 있게 하자는 제안과 이와 달리 대통령 권력의 장기화를 막기 위해 6년 단임으로 해야 한다는 제안이 병존한다. 그러나 더 중요한 것은 분권형 대통령제는 입법부 권력을 확대해 대통령 권력에 대한 견제와 균형 그리고 협치의 틀을 마련하자는 것이기에 의회 권력을 선출하는 국회의원 선거 역시 현행 승자독식 시스템인 소선거구 단순다수제를 탈피하는 것이다. 즉 대통령 선거제도뿐 아니라 국회의원 선거제도 개혁이 함께 이루어져야 문제의 본질에 대한 근본적 해결책이 될 수 있을 것이다. 제왕적 대통령제가 고착화되어 오는 과정에서 당파적·정서적 양극화의 폐해가 중첩되고 상호악화시키며 한국 민주주의의 위기를 우려하게 만드는 현재 상황은 제왕적 대통령 권력과 의회 권력을 차지하기 위한 선거 경쟁 방식에 대한 근본적인 개선을 요구하는 시점이기도 하다.

---

64) 4년중임 대통령제로의 개헌을 제안하는 학자들도 결선투표제 도입이 필요하다는 점에 동의하는 것을 보면, 결선투표제는 어떤 정부형태로 개헌을 추진하든 주요 정당과 정치 엘리트이 쉽게 합의할 수 있는 사안일 것이다.

제4절

권력구조 어떻게 개편할 것인가?

현행 권력구조 문제의 핵심을 꿰뚫을 수 있는 분권과 협치의 제도적 기반을 마련하는 개헌을 현실화하기 위해서는 두 가지 조건이 필요하다. 하나는 주요 정당과 정치 엘리트 사이의 권력구조 개편 방향과 원칙 그리고 핵심 내용에 대한 합의이다. 또 하나는 그러한 권력구조 개헌에 관한 국민적 동의와 지지를 확보하는 것이다. 각각의 조건을 마련하기 위해 보다 세부적인 사항들을 고려해 보면, 이러한 두 조건을 충족시키기 위해 다음과 같이 순차적으로 노력하는 것이 현실적으로 타당할 것이다.

첫째, 주요 정당과 정치 엘리트 수준에서 권력구조 개헌의 원칙과 핵심 내용에 대한 합의를 만들어내기 위해서는 우선 개헌의 범주가 최소화되고 목표가 간결화 되어야 한다. 이를 위해서 제왕적 대통령제와 중첩되어 악화되어만 가는 정치양극화가 현행 권력구조 문제의 본질임에 대한 인식이 주요 정당과 정치 엘리트 사이에서 공유되어야 한다. 그리고 해법의 원칙으로서 대통령 권력의 분립과 견제 그리고 승자독식 선거체제 해체에 대한 정치권의 광범위한 동의가 우선 이루어져야 한다. 이를 바탕으로 구체적 권력구조 개편안의 핵심으로서 분권형 대통령제와 대통령 결선투표제 도입에 한정한 개헌을 추진해야 개헌을 둘러싼 정치적 쟁점을 최소화할 수 있을 것이다.

이를 실행하기 위해 또한 고려해야 할 사항들은 역사적 맥락과 개헌의 시기적 조건이다. 권력구조 개헌에 중요한 한국 현대사의 역사적 맥락은 의원내각제를 채택한 제2공화국의 정치적 혼란과 뒤이은 5·16 군사쿠데타의 경험 그리고 대통령 직선제라는 단일한 목표를 내걸고 6월 항쟁을 통해 이룩한 민주화의 경험일 것이다. 따라서 권력구조 개헌에 있어 대통령을 국민이 직접 선출하지 않는 체제는 주요 정당과 정치 엘리트 수준에서의 광범위한 합의를 만들어내기 어려울 것이다. 이런 의미에서 대통령 직선제를 유지하면서도 대통령 권력으로부터 입법부와 사법부 권력을 분립해 견제와 균형이 온전히 작동하게 하는 제도로서 분권형 대통령제가 실현 가능성이 큰 권력구조 개편안일 것이다.

권력구조 개헌을 위한 적절한 시기는, 장훈(2011)이 설명한 바와 같이, 대통령 임기 전반부이다. 광범위한 인사권과 여당과의 수직적 관계를 바탕으로 대통령 권력이 정점인 시점에 권력구조 개편을 위한 개헌을 시도해야 그 진정성이 의심받지 않고 불필요한 정치적 논란을 최소화할 수 있기 때문이다. 실제 현실에서도 2007년 노무현 대통령과 2016년 박근혜 대통령이 권력구조 개편을 포함한 개헌 논의를 제안했던 시점은 대통령 지지도가 바닥을 향해 내려가던 임기 막바지였기에 국회 내 주요 정당과 정치 엘리트 사이에 진지한 논의를 촉발하기보다 대통령의 정치적 의도에 대한 의심과 논쟁만 확산시켰었다. 이와 달리 문재인 대통령은 임기 초에 해당하는 2018년 3월 26일 대선 당시 공약을 지키겠다는 명분 아래 대통령 발의 개헌안을 제안했다. 하지만 문제는 국회의 개헌특위에서 진행되어 온 논의와 별도로 '국민헌법자문특별위원회'라는 기구를 만들어 한 달여 만에 만들어 낸 대통령 4년 중임제로의 권력구조 개편안을 야당과 협의없이 국회에 발의했다는 점이다. 그 결과 모든 야당이 의결에 참여하지 않아 개헌안은 자동적으로 부결되었으며 한동안 여야 간 갈등과 대결을 부추기는 소재로만 기능했었다(장영수 2020a: 18).

둘째, 주요 정당과 정치 엘리트 사이에서 개헌의 원칙과 핵심 내용에 대한 합의를 형성한 후 중요한 것은 이에 대한 국민적 동의와 지지를 확보하는 것이다. 분권형 대통령제와 대선 결선투표제라는 개헌의 핵심 내용에 관해 주요 정당과 정치 엘리트들이 합의한다고 할지라도, 엘리트 수준의 합의로만 개헌이 이루어질 수도 없고 그래서도 안 되기 때문이다. 이는 개헌 절차상 국민투표라는 필수 단계를 통과해야 하기 때문이기도 하지만 국민의 지지와 동의를 확보하고 구축하지 못한 채 진행하는 개헌은 소위 '소유권 문제(ownership problem)'를 불러일으키기 때문이다. 즉 헌법 개정의 방향과 원칙 그리고 핵심 내용에 대해 동의하지 않은 국민의 입장에서 개정된 헌법을 존중하고 지켜야 할 책무와 지키고자 하는 유인이 작을 수밖에 없게 된다.

이런 차원에서 보면, 2023년 1월 한국행정연구원과 한국정당학회가 공동으로 한국리서치에 의뢰하여 수행한 『정치양극화 현황과 제도적 대안에 관한 국민의식조사』의 결과는 권력구조 개편을 중심으로 한 헌법 개정을 위해 많은 노력이 필요할 것이라 짐작하게 한다. [그림 8-1]은 "귀하께서는 현행 5년 단임 대통령제를 바꾸는 개헌이 필요하다고 생각하십니까?"라는 질문에 대하여 전체 응답자 1,001명 중 57%가 "전혀 필요하지 않다"(22%) 또는 "별로 필요하지 않다"(35%)를 선택하였으며, 43%만 "대체로 필요하다"(33%) 또는 "매우 필요하다"(10%)로 응답했음을 보여준다. 이는 2017년 12월에 동아일보와 MBC가 각각 수행한 권력구조 개헌의 필요 여부를 묻는 문항에 대해 72%와 77%의 유권자가 필요하다고 응답한 것과 비교해 지난 5년 동안 개헌의 필요성에 관한 국민적 동의 수준이 30% 이상 하락했음을 의미한다(국회입법조사처 2018: 28).

[그림 8-1] 현행 5년 단임 대통령제 개헌 필요성

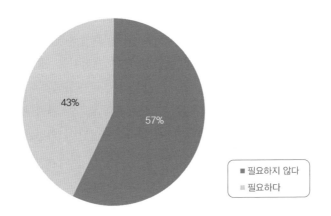

[그림 8-2] 정당 지지자별 현행 5년 단임 대통령제 개헌 필요성

(단위: %)

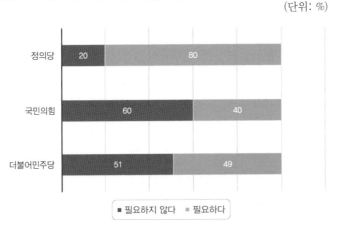

   권력구조 개편의 필요성에 관해 주요 정당 지지자별 차이가 존재하는지 확인하기 위해 [그림 8-2]는 "가깝게 느끼는 정당"이 있다고 응답한 461명의 유권자를 지지 정당별로 구분한 통계 수치를 보여준다. 정의당을 지지하는 응답자가 너무 적은(10명) 점을 고려하여 거대 양당 지지자만을 놓고 보면, 더불어민주당 지지자들의 51%가 권력구조 개헌이 불필요하다고 응답한 것과 비교해 국민의힘 지지자들은 그 수치가 60%에 달한다. 이러한 개헌 필요성에 대한 정당 지지자별 차이는 통계적으로도 유의미하다 ($\chi2$ = 8.186, p = 0.017). 이는 현재 집권하고 있는 여당 지지자들의 입장에서는 대통령 스스로 개헌을 위해 적극적으로 나서는 특별한 상황이 아닌 다음에야 현행 권력구조 개편 필요성을 적게 느낄 수밖에 없기 때문일 것이다.

   2023년 현재 한국 유권자들이 선호하는 정부형태 역시 분권과 협치를 유인할 수 있는 권력구조로 개헌하기 위한 국민적 지지를 확보하는 것이 정치권의 많은 노력과 적극적인 공론화 과정을 필요로 하는 일임을 확인케 한다. [그림 8-3]은 "개헌이 이루어진다면 귀하께서는 어떤 형태의 정부가 대한민국에 가장 적절하다고 생각하십니까?"라는 문항에 69.1%의 응답자가 4년 중임 대통령제, 18.4%가 준대통령제, 12.5%가 의원내각제를 선택한 것을 보여준다. 즉 개헌 필요성에 대한 견해와 무관하게, 권력구조 개편을 중심으로 한 개헌이 어떻게 해서든 진행된다면 2023년 현재 한국 유권자 10명 중 7명은 미국식 4년 중임 대통령제를 선호한다는 결과이다. 이 결과는 앞선 질문에서 개헌이 필요하다고 응답한 유권자들로만 한정해서 분석해도 마찬가지이다. 이 결과를 또한 2008년 이후 한국갤럽에서 유권자의 정부형태 선호를 조사해온 자료와 통시적으로 비교해 보면 2023년 현재 4년 중임 대통령제에 대한 유권자 선호는 매우 높은 편이다. 한국갤럽 2008년 7월 조사에서는 유권자의 41%, 2016년 10월 조사에서는 40%, 그리고 2018년 1월 조사에서는 46%가 4년 중임 대통령제를 선호한다고 응답했다. 준대통령제에 해당하는 분권형 대통령제에 대한 선호는 각 시점마다 19%, 24%, 25%였고, 의원내각제는 8%, 16%, 15%의 유권자만 선호했다(국회입법조사처 2018, 50). 즉 통시적 차원에서도 한국 유권자들이 가장 선호하는 권력구조는 4년 중임 대통령제이다. 하지만 그 지지가 과반을 넘는 절대적인 지지로 보기 어려웠다. 하지만 2023년 현재 4년 중임 대통령제는 70%에 달하는 유권자들이 압도적으로 선호하는 새로운 정부형태이다.

   이처럼 유권자들이 선호하는 권력구조에 있어서도 보수와 진보 진영 간 당파적 차이가 존재하는지 확인하기 위해 [그림 8-4]에서는 주요 정당 지지자별로 구분해 어떤

정부형태로의 개헌을 선호하는지 분석해 보았다. 그러나 결과는 더불어민주당 지지자
의 70.3%와 국민의힘 지지자 74.5% 그리고 정의당 지지자의 90%가 미국식 4년 중임
대통령제를 대한민국에 가장 적절한 새로운 권력구조라 응답한 것을 확인할 수 있다.
즉 최소한 현시점에서는 선호하는 정부형태에 있어서 보수와 진보 그리고 여당과 야당
간 차이가 통계적으로 존재하지 않는다는 것이다($\chi2=4.475$, $p=0.346$).

[그림 8-3] 권력구조 개헌이 이루어진다면 선호하는 정부형태

(단위: %)

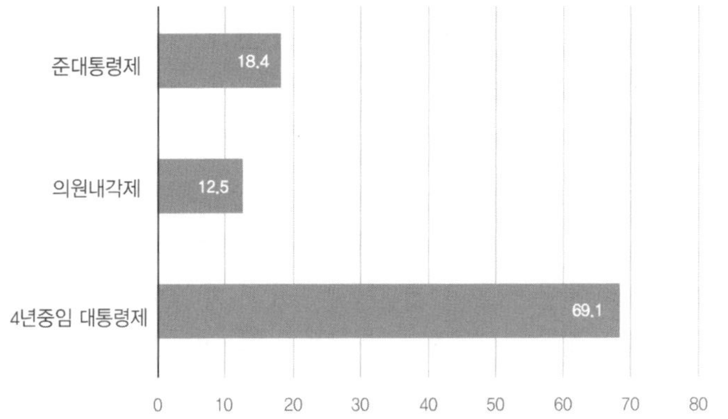

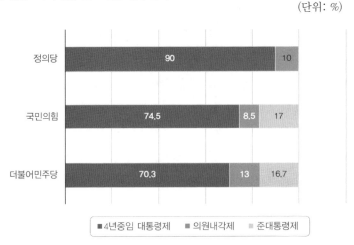

[그림 8-4] 정당 지지자별 선호하는 정부형태

(단위: %)

다음으로 [그림 8-3]의 질문에서 선호하는 정부형태를 4년 중임 대통령제나 준대통령제라고 응답한 유권자들(876명)만을 대상으로 대통령 선거제도에 대한 여론을 파악하기 위해서 "개헌이 이루어진다면, 대통령을 선출하는 방식에 대해서는 어떻게 생각하십니까?"라는 질문을 던졌다. [그림 8-5]는 이에 대해 현행 단순다수제 선출방식을 유지하기를 선호하는 응답자가 73%나 되는 현실을 보여준다. 반면 "1차 투표에서 과반 득표자가 없을 때 1위와 2위 득표자들로만 2차 투표를 하는 결선투표제 도입"을 지지하는 응답자는 27%에 그쳤다. 이러한 결과 또한 주요 정당 지지자별로 나누어 분석해도 보수나 진보 혹은 여당과 야당 간 차이가 전혀 존재하지 않았다. 더불어민주당 지지자의 75%와 국민의힘 지지자의 78%가 현행 단순다수제를 통해 대통령을 선출하는 것을 선호했다. 이는 거대 양당 지지자들이 승자독식 방식의 권력 경쟁에 깊이 천착되어 있음을 의미하며 협치를 추동하는 개헌을 위해 학계와 정치권에서는 전반적으로 합의가 형성되어 온 대선 결선투표제로의 개헌 역시 국민적 동의와 지지를 얻는 과정이 그리 쉽지만은 않을 것이라 전망케 한다.

[그림 8-5] 대통령 선거제도 선호도

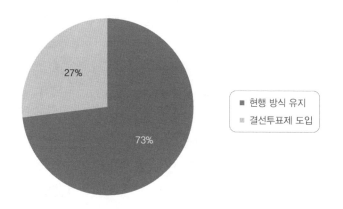

이상과 같이 권력구조 개헌과 관련한 유권자 인식 및 선호를 냉철하게 파악하는 것은 중요하다. 하지만 더욱 중요한 것은 이러한 현실을 인지하고 분권과 협치를 증진하기 위한 분권형 대통령제와 대통령 결선투표제로의 국민적 동의와 지지를 얻기 위해서 주요 정당과 정치 엘리트가 무엇을 할 것인지 규명하고 노력하는 것이다. 이런 의미에

서 2018년 국회입법조사처(2018, 52−55)에서 수행한 여론조사 비교분석은 중요한 함의를 제공한다. 2017년 12월과 2018년 1월 사이 국민들이 개헌의 필요성을 가장 높게 인식하고 있던 시점에서 국회의장실, KBS, 한국갤럽, 동아일보, MBC 등 다섯 개 기관에서 유권자들이 선호하는 정부형태가 무엇인지 조사했다. 주목할 점은 분권형 대통령제에 대한 설명을 제시하는 표현이 각 기관마다 달랐다는 것이다. 국회의장실과 KBS 조사는 "국민이 뽑은 대통령과 국회가 선출한 총리가 공동으로 책임지는 혼합형 정부형태"로 규정하거나 "대통령 권한을 총리 등과 나누는 분권형 대통령제"로 설명하며 유권자들의 선호 여부를 파악했다. 이와 달리 갤럽 조사에서는 분권형 대통령제를 "대통령이 외치, 총리가 내치를 맡는" 정부형태라고 규정했고, 동아일보와 MBC는 별다른 설명 없이 "이원집정부제"에 대한 선호를 묻거나 "외교·안보는 대통령, 내각은 총리가 책임지는 이원집정부제"라 설명하며 응답자 선호를 파악했다. 그 결과 국회의장실과 KBS 조사에서는 각각 46.2%와 45.0%의 유권자들이 분권형 대통령제를 선호했고, 현행 대통령제 유지를 지지하는 비율은 38.7%와 35.0%에 그쳤다. 반면, 갤럽 조사 결과는 25.0%만 분권형 대통령제를 선호했고 동아일보는 12.4% 그리고 MBC는 15.7%만 이원집정부제를 선호한다고 응답했다.

이는 권력구조 개헌의 핵심 내용을 유권자들에게 정확하고 간결명료하게 설명하는 것의 중요성을 보여준다. 사실 갤럽과 MBC 조사에서 규정한 대통령이 외치 혹은 외교·안보를 맡고 총리가 내각을 책임지고 내치를 맡는 정부형태로서의 분권형 대통령제는 개념적으로도 부정확하고 준대통령제를 운영하는 국가들의 현실과도 부합하지 않는다는 비판을 받아왔다(강신구 2014; 이동성·유종성 2017). 따라서 권력구조 개헌의 방향과 원칙 그리고 핵심 내용에 대한 국민적 지지를 확보하기 위해서는 유권자들에게 그에 관한 간결하고 정확한 설명을 제공해 동의를 구축하는 것이 우선 필요할 것이다.

이상에서 제안한 분권형 대통령제와 대선 결선투표제로 개헌을 위한 두 가지 조건인 주요 정당과 정치 엘리트 수준에서 견고한 합의를 만들어내는 것과 그에 관한 국민적 동의와 지지를 확보하는 것은 순차적으로 접근해 충족하는 것이 현실적으로 적합할 것이다. 순차적 접근법(sequential approach)이 필요한 첫 번째 이유는 현재 유권자들의 다수가 권력구조 개헌을 필요하지 않다고 생각하는 현실이다. 또 하나의 중요한 이유는 국회와 정당에 대한 국민들의 낮은 신뢰이다. 주지하다시피 국회와 정당은 민주화 이후 일관되게 가장 신뢰받지 못하는 공적 기관이다. 이와 관련해 [그림 8−6]은 "한국

사회의 다음 각 기관이나 사람에 대하여 얼마나 신뢰하고 계십니까?"라는 질문을 던지고 "전혀 신뢰하지 않는다(0)"부터 "보통이다(5)" 그리고 "매우 신뢰한다(10)"의 11점 척도에 응답자가 선택하게 한 후, "신뢰한다"에 해당하는 6점부터 10점을 선택한 응답자 비율을 보여준다. [그림 8-6]에서 확인할 수 있는 것은, 2023년 현재 행정부, 사법부, 입법부 등을 포함한 9개 기관에 대한 한국 유권자들의 신뢰는 다른 민주주의 국가들과 비교해서뿐만 아니라 한국의 이전 시기 설문조사 자료와 비교해도 상당히 낮은 편이다. 그 중 특히 국회, 정당, 정치인에 대한 신뢰는 20%도 되지 않거나 15%를 가까스로 넘길 정도로 가장 낮다.

따라서 권력구조 개헌을 위해 선행되어야 할 중요한 조치는 국회와 정당 및 정치인에 대한 국민들의 낮은 신뢰를 향상시키기 위한 개혁이다. 이는 분권형 대통령제로 권력구조를 개편하게 되면 질적으로 강화될 국회의 헌법적 권한과 권력에 대한 국민들의 높은 불신과 우려를 해소하기 위해서이다. 따라서 확대된 헌법적 권한이 부여될 분권형 권력구조 하에서의 국회와 정당에 대한 신뢰를 제고하기 위해 선행될 것은 국회의원 선거제도 개혁이다. 전체 의석 중 84% 이상을 소선거구 단순다수제로 선출하는 현행 국회의원 선거제도를 개편하지 않으면 현재의 적대적 양당제가 정치양극화를 더욱 악화시킬 것이다. 현행 대통령 선거제도와 마찬가지로 소선거구 단순다수제는 승자독식 제도이며 이러한 제도는 앞서 지적했듯이 주요 정당과 정치 엘리트 간 대화와 타협보다는 대결과 적대적 정치행태를 제도적으로 추동한다. 따라서 정치양극화 해소를 위한 협치의 기반은 대통령 선거를 결선투표제로 바꾸는 것뿐만 아니라 소선거구 단순다수제 중심의 현행 국회의원 선거제도를 근본적으로 혁신하는 것을 통해 마련되어야 할 것이다. 이런 의미에서 현재의 지역구 의석수 비율을 축소하고 비례대표 의석수 비율을 대폭 확대하는 방향으로 선거제도 개혁을 실행하여 주요 정당 간 협치를 제도화하는 권력경쟁 구조로 전환하는 것이 필요하다.

[그림 8-6] 한국 유권자의 공적 신뢰 2023

(단위: %)

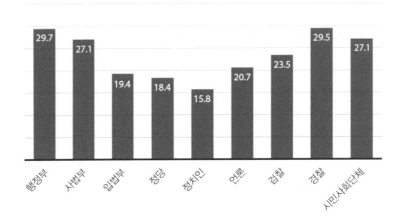

선거제도 개혁 이외에도 국회에 대한 국민의 신뢰를 향상시켜 분권형 대통령제로 권력구조를 개편하기 위해 선행되어야 할 세부적인 개혁 조치들은 다양하게 거론될 수 있을 것이다. 예를 들면 불체포 특권과 같이 권위주의 체제의 유산으로 남아있는 국회의원 특권을 축소하는 것이나 현행 헌법 아래서도 법률개정을 통해서 제한할 수 있는 대통령의 과도한 인사권에 대한 제도적 정비 작업 등을 먼저 실행해 분권형 대통령제로의 개헌을 위한 기반을 마련하는 것이 바람직할 것이다(이선우 2022). 이러한 세부적 제도 개혁들도 현행 권력구조의 문제를 해결하기 위해 분권형 대통령제와 대선 결선투표제로의 개헌 방향과 원칙 그리고 핵심 내용에 대한 주요 정당과 정치 엘리트 수준의 합의와 국민적 지지를 확보하기 위한 일관된 목적하에 추진되어야 할 것이다.

이러한 선행 조치들을 바탕으로 권력구조 개헌의 두 가지 조건을 순차적으로 충족하는 과정에서 마지막으로 염두에 두어야 할 것은 상술한 일련의 개혁이 지연되거나 좌절되면 당파적 차원과 정서적 차원의 정치양극화가 향후 더욱 악화될 것이라는 점이다. 이와 관련해 한국 유권자들이 현재 권력구조 개헌에 관해 당파적으로 분열되어 있다는 조진만(2020)의 분석은 중요한 함의를 지닌다. 이는 유권자 수준에서 권력구조 개헌의 필요성과 방향, 원칙, 그리고 핵심 사항에 대한 사회적 합의가 형성되어 있지 않기 때문에 보수와 진보 정당 중 누가 개헌 논의를 제안하고 발의했는지를 더 중요하게 여기는 진영논리가 개헌 관련 유권자 인식과 선호를 좌우하고 있다는 분석이다. 따라서 정치양극화를 해소하기 위한 권력구조 개헌이 사실상 정치양극화 때문에 이루어지기 힘든 유권자 여론 지형이 형성되어 있다는 것이다. 핵심적 제도 개혁 조치가 없다면, 이처럼 양극화된 지형은 더욱 양극화되어 향후 그 어떤 해결책도 작동하지 않는 단계로까지 악화될 수 있다. 즉 정치양극화 해소를 위한 분권과 협치로의 제도 개혁을 위한 시간이 그리 많이 남아있지 않다는 것이다.

제5절

결론

　주요 정당과 정치 엘리트 수준의 합의와 국민적 지지라는 두 가지 조건이 중요한 이유는 이를 마련하지 않고 추진하는 개헌은 정치적 수사와 기교일 뿐이기 때문이다. 이는 또한 민주화 이후 지난 35년 동안 좌절을 반복해 온 개헌 논의의 역사가 가르쳐 주는 교훈이기도 하다. 따라서 제왕적 대통령제를 고착화시키고 정치양극화를 악화시키는 현행 권력구조가 만들어내는 한국 민주주의 퇴행의 위기를 극복하기 위해서는 문제의 본질과 그 본질을 꿰뚫는 해법에 대한 정치권에서의 합의가 먼저 이루어져야 한다. 그래야만 국민들도 주요 정당과 정치지도자들의 개헌에 대한 의지와 진심을 의심하지 않고 권력구조 개편을 위한 공론장에 참여하고 지지할 것이기 때문이다.

　이러한 조건을 마련하는 것이 중요한 또 하나의 이유는 개헌은 '정치적 기회'가 열려 있을 때 가능하기 때문이다. '정치적 기회'는 2004년 노무현 대통령에 대한 국회의 탄핵이나 2016－17년 최순실 국정농단 사태와 박근혜 대통령 탄핵과 같은 헌정사적 위기를 통해서만 찾아오는 것이 아니다. 현행 헌법이 틀 지운 게임의 룰을 개선하기 위한 정치 행위자들의 일관되고 꾸준한 노력이 '정치적 기회'를 만들기도 한다. 이런 의미에서, 현재 21대 국회와 2024년 총선을 통해 새로 등장할 22대 국회의 시대적 사명과 과제는 권력구조 개편을 골자로 한 개헌의 조건을 순차적으로 충족시키는 것이 되어야 할 것이다. 우선 거대 양당 사이 개헌의 방향과 핵심 내용에 대한 합의를 견고히 구축해야 한다. 이와 함께 국회의원 선거제도 개혁을 통해 협치의 조건과 제도적 유인을 마련해 국회에 대한 국민들의 신뢰를 끌어 올리기 위해 노력해야 할 것이다. 이렇게 분권형 대통령제와 결선투표제로의 개헌을 위한 조건을 마련하면, 2027년 21대 대통령 선거를 개헌 국민투표와 함께 진행할 것을 고려해 볼 만하다. 2032년 결선투표제를 통해 선출하는 대통령과 국회의원 선거를 일치시키는 것이 가능해질 수 있기 때문이다. 이러한 일련의 과정이 현실화되기 위해서는 단기적인 손익계산에 매몰되지 않고 거국적 차원에서 한국 민주주의 퇴행의 제도적 원천으로 작동하고 있는 제왕적 대통령제와 정치양극화 문제를 해소하는 것을 일관되게 추진할 수 있는 거대 양당의 정치적 리더십이 또한 필수적일 것이다.

09

국회 의사 결정 구조의 현황과 개선 방안: 미국 의회와 비교를 중심으로

서정건

제1절
들어가며

모든 제도는 고유의 기능과 역할을 위해 의도적으로 만들어진다. 제도의 기능과 역할을 수행하기 위해서는 주로 균형성(equilibrium)과 효율성(efficiency)이라는 두 가지 운영 원리가 중요하다. 특정 목적을 효율적으로 달성하기 위해 설립된 제도가 점차 안정되어 가다가 이후 효율성을 상실하게 되지만 안정성은 오히려 강화되기도 한다. 제도에 의해 변화된 행태와 선택이 고착화되어 제도의 변화를 가로막기 때문이다. 결국 또 다른 효율적 제도를 만들어 내려는 과정에서 기존 제도의 균형은 개혁의 대상물로 전락한다. 균형과 안정 없이 제도가 운영될 수 없지만 바로 그 균형과 안정이 제도의 문제점으로 변질되는 셈이다. 이처럼 제도는 안정과 변화라는 딜레마에 늘 부딪치게 된다. 한편 제도가 어떻게 조직되고 운영되는가 여부는 그 제도의 성패와 직접적으로 연결될 수밖에 없다. 제도의 목적 달성을 위해 효율적으로 조직되고 안정적으로 운영되는 시스템이 필요하기 때문이다. 그러한 조직 및 운영은 규칙(rules)과 규범(norms) 등에 의해 구체적으로 뒷받침된다. 결국 제도가 만들어 낸 새로운 행태와 선택은 미세한 절차의 차이와 더불어 그 제도의 조직 및 운영에 영향을 미침으로써 제도의 성공 여부를 좌우할 수 있다(Sheplse 1989).

제도의 성공과 실패, 혹은 유지와 변화를 위해서는 이러한 제도 내부의 동학 못지 않게 다른 제도와의 상호작용 또한 중요하다. 흔히 민주주의 제도라는 거대한 제도는 그 안에 다양한 제도들로 구성되어 있다. 대통령 제도, 의회 제도, 사법 제도와 같은 정치적 공급 차원의 제도들과 선거 제도, 정당 제도, 언론 제도, 시민사회 제도 등 정치적 수요 차원 및 과정에 가까운 제도들이 그 예다. 각각의 제도들은 민주주의 국가 안의 다른 제도들과 경쟁 혹은 협력하면서 제도 고유의 기능과 역할을 수행한다. 예를 들어 대통령 제도와 의회 제도는 별개의 선출 절차를 거치지만 동일한 정치 공동체 틀 안에서 상호 작용한다. 대통령과 의회의 성패 여부는 각기 내부적 요소들 못지않게 대통령이 의회의 승인을 얻어내는가, 그리고 의회가 대통령을 감시하는가에 달려 있다. 아무리 특정 제도가 내부적으로 효율적이고 안정적으로 운영되더라도 다른 제도의 성공을 방해하고 실패를 조장하는 결과를 낳는다면 유권자는 제도의 변화를 요구할 수밖에 없다. 비효율적인 의회가 대통령의 비판에 의해 개혁되고 권력을 남용하는 대통령의 권력이 의회의 견제에 의해 구속되어 온 역사가 이를 증명한다.

한편 이처럼 제도를 둘러싼 보편적인 요소들이 시공간의 제약을 넘어서는 것은 물론 아니다. 잘 알려져 있듯이 서구 민주주의 제도와 우리 민주주의 제도는 시간이라는 물리적 역사와 사회라는 현실적 토대를 이유로 많은 차원에서 다르다. 특히 우리 경우 제도화의 역사적 시차와 제도화에 걸리는 시간이 달랐다. 산업 혁명이라는 정치-경제적인 시대적 맥락을 건너뛰었고 권위주의 시대 하의 급속한 경제 성장을 배경으로 점진적 제도화를 위한 합의의 시간 역시 부족했다. 그런데 제도화의 수준은 그 제도의 조직 및 운영에도 결정적인 영향을 미치게 되어 있다. 예컨대 공고화된 제도일수록 내부 조직과 운영 방식이 안정적일 수밖에 없다. 반대로 만성화된 제도라면 외부로부터의 변화 요구에 둔감한 조직이 고착화된 운영을 하게 된다. 결국 샤츠슈나이더(E. E. Schattschneider)가 말한 대로 정당 없이 민주주의를 생각하기 어렵다면 정당을 기초 단위로 구성되는 의회 역시 각 나라의 정당과 정당 시스템에 따라 영향 받는 민주주의 제도로 성립된다. 결국 의회 제도는 모든 제도가 가지는 본질에 귀속되는 보편성 측면이 있는가 하면 각 나라의 정치적 상황과 역사적 배경에 의해 그 독특성을 가지게 된다.

이처럼 제도 내부와 제도 상호 간, 그리고 역사적이고 국제적으로 걸쳐 있는 광범위한 제도 관련 논의를 고려해 볼 때 본 장은 비교 의회 연구 차원으로 일차적 논의를 시도한다. 의회의 기능과 역할은 입법(lawmaking)과 대의(representation)라는 원칙적 측면으로 인해 국가마다의 상이성에도 불구하고 그 제도적 목적은 유사하다고 전제할 수 있다. 따라서 보편적 제도와는 다른 한국적 제도를 고안하고 추구하기 이전에 한국 의회 제도의 특성을 체계적으로 파악하고 얼마나 왜 다른지를 살펴보는 일이 중요하다. 립셋(Lipset 1996)에 따르면 한 나라에 대해서만 알고 있다면 그 나라에 대해 제대로 알고 있다고 말할 수 없다. 다시 말해 한국 국회 제도의 운영과 성과에 대해 알고자 한다면 다양한 비교 준거점이 필요하다.

본 장에서는 대통령 제도와 양극화 현상이라는 유사점을 가진 미국 의회의 다양한 차원을 대상으로 삼아 한국과 미국 의회의 의사 결정 구조를 비교해 본다. 한편 독특성을 염두에 두고 우리 국회의 새로운 운영 원리 개선점들을 찾아 정리해 보고자 한다. 미국이든 어느 나라든 다른 나라 의회 제도와 비교를 통해 제도적 우월성 여부를 따지거나 차이점 기술에 그친다면 그 분석은 거의 무의미하다. 앞서 밝힌 대로 제도가 인위적으로 만들어질 때와 지속될 때, 그리고 변화를 겪거나 폐지될 때 모두 다양한 동인(動因)들이 작동하는데 나라마다 다르고 시간마다 다르다. 다만 피어슨(Pierson 2004)의 지적대로 단순 시점의 관찰이 아닌 움직이는 그림(moving pictures)으로 평가할 때 체계적 분석이 가능함은 물론이다. 따라서 본 연구는 한국 국회의 특성을 찾기 위해 미국 의회의 제도화 과정 및 운영 원리를 둘러싼 역사적 맥락에 대해서도 관심을 기울인다.

본 장은 한국과 미국 두 나라 의회의 제도화 및 운영 원리 비교 분석을 위해 다음과 같이 구성된다. 우선 미국 의회의 제도화 과정에 관한 대표적 연구인 폴스비(Polsby 1968)의 분석을 살펴본다. 전문성, 복잡성, 규칙성으로 축약되는 미국 의회 제도화 과정을 이론과 역사 맥락에서 탐구해 보고 관련된 논지를 중심으로 한국 국회의 제도화를 간략하게 점검해 본다. 이후에는 미국 의회의 운영 원리에 대해 먼저 "교과서 의회(Textbook Congress)" 차원에서 살펴보고 현재의 양극화 교착(polarized gridlock) 시대에 어떤 새로운 운영 규칙과 절차들이 새로 도입되어 적용되고 있는지 알아본다. 이를 소위 국회 선진화법 하의 한국 국회가 운영되는 교섭단체 중심 운영 원리와 비교해 봄으로써 각각의 특징을 정리해 본다. 한국 국회의 운영 방안 개선책과 관련하여 비교 의회 연구와 검토에서 도출한 시사점을 이끌어 내는 작업이다. 결론을 대신하여 다수당의 지배와 소수당의 권리가 균형적으로 적용되기 위한 의회 개혁의 소주제들을 소개한다.

제2절

한국 국회와 미국 의회의 제도화 과정: 비교 및 함의

1. 미국 의회의 제도화 과정과 특징

의회의 제도화 과정은 의회의 변화 역사다. 의회 제도가 다른 새로운 대의 제도로 완전히 대체되기 어려운 이상 동일한 의회 제도가 지속적으로 효율과 안정을 추구하며 변해 온 것으로 볼 수 있기 때문이다. 폴스비(Polsby 1968: 144)는 제도화 과정을 모든 현대 사회 과학의 핵심 주제들 중 하나로 꼽는다. 제도화 과정을 추적해 보는 작업은 제도의 건설 과정과 그에 따른 내부 특징을 정리해 보는 일이다. 다른 모든 제도와 마찬가지로 의회 제도 역시 그 조직과 운영은 제도화 단계에 귀속된다. 의회 제도화 수준과 별개의 의회 조직 및 운영은 생각하기 어렵다. 의회 제도화 과정에 대한 탐구는 제도화가 제도 내부의 요소들뿐만 아니라 다른 민주주의 제도들과의 상호작용에 의해서도 달라진다는 점을 전제하면 해당 국가의 민주주의 변화에 관한 분석이기도 하다. 의회 제도만 별개로 보유하는 제도화 과정과 제도적 특성은 민주주의 국가 하에서 불가능하다. 예를 들어 대통령과 정당의 제도화 수준은 의회 제도화 수준과 직결되기 마련이다.

미국 의회 제도화 연구의 시발점을 제시한 폴스비는 제도화라는 거대 담론으로부터 추출된 세 가지 기준에 주목하였다. 첫째, 제도 외적으로 경계가 만들어진다. 구체적으로는 의회 제도가 전문직 의원들로 채워지면서 외부 구성원들과 차별성을 가지게 되는

과정이다. 다시 말해 제도화를 위해서는 내부와 외부가 구분되는 제도의 고유한 특성
이 중요한데 이를 정치 조직 차원에서 보면 의원의 경력 기회(career opportunities), 즉
전문성과 연관된다. 차별화되지 않은 조직의 경우 구성원이 되거나 그만두는 일이 비
교적 쉬운 데 반해 조직이 제도화될수록 구성원 조직이 안정된다. 이직률과 교체율이
줄어든다. 새로 조직에 가입하기가 어려워진다는 뜻이기도 하다. 또한 구성원뿐만 아니
라 리더십 역시 전문화되고 지속성을 가지게 된다. 내부에서 지도부가 충원되고 지도
부가 되기까지 걸리는 시간도 길어진다.

[그림 9-1] 미국 하원의 의원 교체 비율, 1790-1998

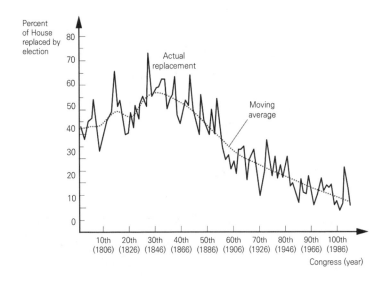

출처: Charles Stewart Ⅲ (2001: 113)

폴스비는 1대 의회부터 1882년까지 15번에 걸친 미국 하원 선거에서 의원 이직
(turnover) 비율이 50퍼센트를 상회하였다는 점에 주목하였다. 이 시대를 대표하는 인물
이 바로 클레이(Henry Clay, D-KY)다. 1811년 3월 4일 미국 하원에 입성하자마자 8개
월 후에 34세 나이로 의장(Speaker)이 된 클레이는 3년 후 사임하고 영국과의 조약 교
섭을 위한 대표로 나선다. 그 다음 해 하원으로 돌아온 클레이는 곧바로 의장이 되고
1820년에 다시 한 번 하원을 2년간 떠난다. 1823년에 되돌아온 클레이는 또 다시 의장

이 되지만 두 차례 임기 후 국무장관이 되기 위해 행정부로 옮긴다. 폴스비에 따르면 의장 취임과 관련하여 1899년이 일종의 분수령이 되는데 1899년 이전에는 8년 이하 경력 출신이 25명, 9년에서 14년 경력이 8명이었다. 1899년 이후에는 15－20년 경력 출신이 2명, 21－28년 경력 의장이 10명으로 크게 늘어난다. 15년을 넘기지 않은 경력의 의장은 더 이상 등장하지 않게 된 셈이다. 의회 제도화와 관련하여 구성원의 안정적 유지와 지도부의 높아진 문턱을 되새겨 보게 되는 대목이다. [그림 9－1]은 1790년 선거부터 1998년 선거에 이르기까지 즉, 2대부터 106대 하원까지의 의원 교체 비율을 보여준다. 하원 의원을 직업으로 삼게 되는 비율이 20세기 초에 특히 늘어난 것에 대해 스튜어트(Stewart Ⅲ, 2001)는 주(state) 정부 주도의 비밀 투표를 골자로 하는 투표 개혁(Australian ballot reform)과 지역 단위의 정당 재배열(partisan realignment)을 원인으로 제시한 바 있다.

둘째, 제도 내부적으로 구조가 복잡해진다. 폴스비에 의하면 의회가 제도화될수록 내부적인 복잡성(internal complexity)이 증가하는데 세 가지 주요 지표로는 위원회의 자율성과 중요도 증가, 정당 지도부의 특수 조직 증가, 그리고 부가적 지원 조직의 확충을 꼽을 수 있다. 건국 의회 당시의 입법 과정은 우선 전체 회의에서 안건이 논의되고 관련 원칙이 수립된 후 행정부 관계자, 혹은 전원 위원회, 혹은 임시 위원회 등으로 결정 권한이 이관되는 식이었다. 특히 헌법에서 정한 의회 중심의 정치 체제 하에서는 의회 내 전원 위원회(Committee of the Whole)의 역할이 중시되었다. 4대 의회 때 세입위원회(Committee on Ways and Means)가 설치되면서부터 해밀턴이 주도하는 연방당(Federalist Party) 중심의 행정부 역할 논의가 본격화된다. 제퍼슨 시대에는 점점 의회 위원회가 대통령을 지지하는 계파 구성원들로 채워지기도 했다.

미국 의회 위원회의 제도화와 관련하여 클레이(Henry Clay)의 역할이 다시 한 번 강조된다. 1810년 전쟁파(War Hawks)의 선거 승리 이후 의장이 된 클레이는 대통령의 의중과 상관없이 의장 독자적으로 위원회 위원 임명 권한을 행사하게 된다. 그리고 5개의 하원 위원회는 관련된 행정부 부서의 지출 현황을 감독하는 일을 맡게 된다. 이후 미국 의회 제도화는 상임위원회 중심의 의회 운영과 상임위원회를 보좌하는 조직의 확충을 특징으로 전개된다. 특히 막강한 권한을 남용하던 캐논(Joe Cannon) 의장에 대한 1910－1911년 저항 사태는 현재의 위원회 시스템을 정착시키기도 하였다. 물론 콕스와 맥커빈스(Cox and McCubbins 1993; 2005)의 분석처럼 의회 운영의 또 다른 한 축을 담당하는 정당 지도부가 상임위원회 및 위원장과 어떻게 긴장과 경쟁, 그리고 협력관계를 형성해 왔는지에 대한 이해 역시 중요함은 물론이다. 또한 제도의 복잡성이 늘 단순하고 명료하게 정리된다는 보장도 없다. 쉬클러(Schickler 2001)의 대표적 연구에 따르면 의회 내부의 다양한 집단과 이익이 "분산된 다원주의(disjointed pluralism)" 방식으로 잠정적인 제도적 변화를 반복한 것이 미국 의회 제도화의 역사라고 볼 수도 있다.

셋째, 제도 운용의 규칙성이 강화된다. 제도가 구성 과정에서 외부와 구분 가능해지고 내부적으로 복잡한 조직을 갖추게 된 이후 안정적이고 효율적인 운영을 위해서는 절차와 규칙이 강조되어야 한다. 임시방편적인 의사 결정 방식은 의회의 제도화를 저해하므로 규칙(rules)과 선례(precedents), 그리고 규범(norms) 등에 기초하여 예측 가능한 운영 방식을 확립하는 것이 제도화에 절대적으로 중요해진다. 특히 위원회 중심의 미국 의회 제도화 과정과 결부시켜 폴스비는 선수(seniority)에 의한 위원장 선출 방식에 주목하였다. 위원회의 기능과 역할이 점차 강화되면서 위원회의 운영을 둘러싼 위원장의 권한도 증대하였고 위원장을 선출하는 방식에 관한 제도화 역시 관건이 되었다. 1911년 이전에는 의장의 직권으로 위원장을 임명하는 방식이 혼용되었다면 캐논 의장과 의장 권력에 대한 대규모 저항 사태 이후에는 보다 보편적이고 규칙적인 원칙, 즉 선수(選數)에 따라 위원장이 정해지는 형식을 취하기 시작했다고 보는 것이 정설이다. 폴스비의 조사에 따르면 1880년대에 위원장이 다선 중심이 아닌 방식으로 정해지는 비율이 60.4%에 달했던 데 비해 1950년대에는 불과 0.7%에 그쳤다.

2. 한국 국회 제도화 관련 시사점

폴스비가 미국 의회 제도화 중 첫 번째 요소로 꼽은 의원 직업의 경력직(congressional careerism) 분석은 우리 국회의 주요 특징과 관련이 크다. 잘 알려진 대로 우리 국회의 초선 의원 비율은 상대적으로 높은 편이다. 구체적으로 민주화 이후인 13대(1988－1992) 국회부터 21대(2020－2024) 국회까지 초선 의원이 차지한 구성원 비율은 평균 약 48퍼센트에 이른다. 탄핵 사태 이후 구성된 17대 국회의 초선 비율은 62.5 퍼센트에 달한 적도 있다. 가장 최근인 21대 국회 역시 초선 의원 비율이 과반(50.3%)을 넘는다([그림 9－2] 참조). 우리 국회에 초선 의원이 많은 원인이나 그들의 영향에 대한 논의는 본 장의 초점을 벗어난다. 다만 분명한 점은 폴스비의 미국 의회 제도화 기준으로만 비교해 보면 우리 국회의 제도화 수준이 높지 않다는 사실이다.

[그림 9-2] 한국 국회 초선 의원 비율, 1988-2024

(단위: %)

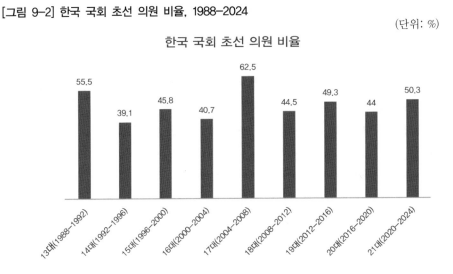

출처: 중앙선거관리위원회

그렇다면 의회 구성원 집단의 안정적 속성이 제도화에 미치는 영향은 구체적으로 무엇일까? 무엇보다 교체 비율(turnover)이 높은 한국 국회의 제도화 수준은 의회 제도에 대한 충성심을 만들어내기 어렵거나 감소시킨다. 미국 상원을 둘러싼 고전적 연구 중 하나인 매튜스(Matthews 1960: 101)에 따르면 "제도적 헌신(institutional patriotism)" 개념은 의원들이 상원이라는 제도에 대해 가지고 있는 존중과 자긍을 가리킨다. 특히 다수제 규칙에 의해 지배받는 하원과 달리 규범과 관행 중심의 미국 상원이 "세계 최고의 숙의 기관(the world's greatest deliberative body)"이라는 명성에 걸맞게 운영되도록 구성원의 행태와 결정에 영향을 미친다는 주장이다. 물론 만과 온스틴(Mann and Ornstein 2008)처럼 심각한 양극화와 빈번한 교착상태에 빠진 현대 미국 의회에 대해 "제도적 정체성(institutional identity)"이 퇴색하는 중이라고 우려하는 목소리 역시 높다. 그럼에도 불구하고 제도화와 관련하여 의회에 대한 제도적 충성심이나 정체성, 그리고 헌신은 매우 중요한 원칙이라고 볼 수 있다. 진입과 탈퇴가 수월하고 구성원 집단이 빈번하게 달라지는 제도는 제도 내적 그리고 외적으로 존중받기 쉽지 않다. 국민들의 의회 불신 못지않게 의원들 스스로가 의회 제도에 대해 가지고 있는 낮은 자긍심은 의회

제도화와 관련하여 향후 지속적으로 고민해야 할 과제다. 예를 들어 겸직 제한 규정이 지속적으로 강화되고 있는 추세인데 향후 장관 임명 시 의원직을 사퇴하는 수준까지 도달해야 한다고 본다. 행정부처를 이끌면서 헌법 기관인 의원직을 수행할 수 있다고 보는 시각 자체가 의회 제도화 관점에서 보면 설득력이 크게 떨어진다.

한편 의회 제도의 복잡성을 가리키는 위원회 제도의 발전은 외양상 우리 국회 역시 크게 달라 보이지 않는다. 행정부가 확대되는 양상에 비추어 관할 상임위원회가 증가하는 추세일 뿐만 아니라 의정활동을 지원하는 기구와 조직 역시 늘어나고 있다. 위원회 개회 요건이 점차 완화되고 있고 본회의 의사 정족수도 감소 추세다. 그런데 제도화의 구체적인 의미가 조직의 기능 강화라고 볼 때 우리 국회의 상임위원회 제도가 내실을 다지면서 권한을 확대하고 있는지에 대해서는 의문이다. 특히 4년 임기 국회의 전반기와 후반기에 소속 상임위원회를 바꿀 뿐만 아니라 특정 위원회에서 전문성을 쌓기보다는 인기 위원회를 돌아가며 차지하는 현재의 관행을 놓고 볼 때 위원회 중심의 의회 제도화와는 거리가 있다. 물론 그 배경에는 공천을 통한 후보 선출 방식으로 인한 절대적인 정당 지도부의 권한과 그로 인한 강한 정당 기율이 자리 잡고 있음은 두말할 나위 없다. 그런데 의회 제도화의 복잡성 역시 단순한 제도적 장치와 기구의 확대만을 뜻하지 않는다. 다시 말해 미국 의회 제도화의 한 축인 위원회 기능과 역할의 강화는 정당 지도부나 대통령과의 갈등 및 협력 맥락에서 그 의미를 찾아볼 수 있다. 미국 의회 발전을 체계적으로 정리한 손병권(2018)은 클레이(Henry Clay) 시대에 위원회 제도가 중요해진 역사적 맥락에 대해 파헤친 바 있다. 입법 정치와 관련된 제도적 기능과 역할을 둘러싸고 서로 다른 정치적 이해관계가 충돌하고 이를 해결해 가는 과정에서 위원회 제도가 상대적으로 약화되기도 하고 강화되기도 한 점을 주목해야 한다. 갬과 셉슬리(Gamm and Shepsle 1989)는 이와 관련하여 제도적 기원을 합리적 관점과 진화적 관점 두 가지 상반되는 시각에서 찾아볼 수 있다고 주장한다. 단순히 수를 늘리거나 형식적 기능을 추가하는 방식이 아닌 정치적 대결과 타협의 소산으로 이루어지는 제도화여야 실질적인 제도 강화(institutional empowerment)를 기대할 수 있다.

폴스비의 세 번째 제도화 요소인 규칙성과 예측성 의미를 재조명할 필요성 역시 크다. 사실 제도화의 다양한 측면은 상호작용에 그 의의가 있다.[65) 구성원 체계가 안정되

---

65) 제도와 제도 상호 간의 조응성에 대해서는 문우진(2016)을 참조할 수 있다. 문우진. 2016. "한국 정치제도와 설계방향: 이론적 접근" 『현대정치연구』 9(1): 41-74.

면서 자연스럽게 내부적 복잡성을 높일 수 있는 인적 기반이 형성되고 점진적인 제도 정비는 구성원들의 정치적 목적에 유리한 규칙과 절차가 채택되면서 강화되기 마련이다. 예측 가능한 내부 운영은 기존의 제도 조직원들의 입지를 넓히게 되고 외부에서 제도에 침투하기 점점 어려워지는 구조로 전환된다. 정당 지도부의 지나친 권한이 의회 제도화에 부정적으로 작용하고 있는 것이 우리 국회 현실이라고 한다면 의회 규칙과 절차야말로 방대한 인적 네트워크 중심 관행을 타파할 수 있는 중요한 변수가 될 수 있다. 여기서 주목할 점은 어떠한 규칙과 절차도 구성원 모두에게 동등한 영향을 미치는 중립적 성격은 애초에 띨 수 없다는 사실이다. 의회 규칙과 절차의 대부분은 다수의 지배와 소수의 권리라는 민주주의 원칙을 벗어나지 않는 선에서 특정 정치 세력의 이해를 도모하는 도구로 활용된다.

결국 의회 규칙과 절차의 제도화 역시 정치적 갈등과 타협의 결과물이어야 실질적 의미를 가질 수 있다. 폴스비가 지적한 선수(seniority) 중심의 위원장 선출방식도 예외일 수 없다. 미국 남부에서 지배적 위치를 오랫동안 차지하고 있던 민주당 보수 의원들이 다선(多選) 원칙을 통해 위원회 운영을 점차 독점함으로써 선거와 의회 간 연결 지점을 반복적으로 강화한 적이 있다. 정치적 의미는 논외로 하더라도 선수(seniority) 기반 위원장 선출방식은 미국 의회의 위원회 제도화에 큰 영향을 미쳤음을 부인하기 어렵다. 그런데 선거 때마다 중진 의원 불출마 선언을 일종의 정당 개혁으로 포장하고 있는 우리 정당과 국회에서 다선(seniority)이 가지는 제도화 의미는 과소평가되고 있다. 개별 다선 의원에 대한 정치적 평가는 일단 접어두고 국회 제도화와 관련하여 상임위원회 중심의 의회 운영을 위해서는 다선 원칙을 통해 예측성을 높이고 연관된 전문성을 적극 고려할 때다.

제3절

한국 국회와 미국 의회의 운영 원리 비교

1. 미국 의회의 운영 원리: "교과서 의회(Textbook Congress)"

미국은 건국 당시 의회 중심의 정치 체제를 설계하면서 헌법에 대통령 권력을 내재적으로 기술(inherent powers)하였을 뿐만 아니라 정당에 관한 조항을 두지 않았다. 공공선을 추구하는 명망가들이 토의를 통해 국가 정책을 결정하는 과정에서 대통령의 역할은 군(軍)통수권자와 법안 거부권자 정도로 국한되었다. 파벌(faction)이라 격하되며 제도적 기능과 의의를 인정받지 못했던 정당 역시 건국 당시에는 주요 행위자로 고려되지 않았다. 하지만 대통령의 대외 정책 권한을 둘러싼 정치적 논쟁 과정에서 서로 다른 원칙을 공유한 집단이 연방파와 반(反)연방파로 점차 나뉘게 되고 특히 1795년 제이 조약(Jay Treaty)에 관해 찬반이 격렬해지면서 연방당과 공화당이 본격 등장하여 경쟁 구도를 만들게 되었다. 정쟁에 휩싸이지 않도록 독립적인 행정권(executive power)을 부여받은 대통령 제도가 역설적으로 미국 정당 경쟁 체계를 촉진하게 된 셈이다. 단순 다수제(simple plurality) 선거 방식을 줄곧 유지하고 있는 미국에서는 1860년대를 전후로 현재의 민주당과 공화당 양당 시스템에 의해 의회가 운영되고 있다.

미국 의회 절차와 규칙 분석의 권위자인 올스젝(Oleszek et al 2020)에 따르면 절차적 변화야말로 의회의 전형적 특징이다. 관련하여 미국 의회의 운영 원리는 일반적 절차(regular order)를 기초로 한 "교과서 의회(Textbook Congress)"로부터 불규칙 절차(irregular order) 혹은 다층적 절차(multiple paths) 중심의 "비정통 입법(Unorthodox lawmaking) 의회"로 변화해 왔다.[66] 이러한 변화는 어느 특정 시점을 계기로 양분해 볼 수 있는 성격과는 거리가 멀다. 비정통 입법 의회인 현재 상황에서도 여전히 교과서 의회 형식은 존재하고 있으며 비정통 입법 의회로 항시 운영되는 것도 아니다. 오히려 교과서 의회라는 기존의 미국 의회 운영 원리가 퇴색하고 새로운 불규칙 절차(irregular order)들이 대폭 도입되어 종종 사용된다고 보는 편이 적절하다. 결국 미국 헌법의 의회 관련 1장에서는 5항에 하원과 상원이 각각 고유의 규칙과 절차를 정할 수 있음을 규정하고 있다.[67] 헌법에서 정하고 있는 의회 운영 절차는 동일한 법안이 상원과 하원의 다수를 얻어 대통령이 서명해야 법이 된다는 것과 대통령이 거부권을 행사하는 경우 상원과 하원 각각 2/3 이상의 찬성을 통해 이를 기각하여 법으로 제정할 수 있다는 것이 전부다. 한편 하원과 상원의 주요 규칙 근거로는 헌법 1장과 제퍼슨 매뉴얼이라고도 불리는 상임 규칙(standing rules), 전례(precedents), 법 규칙(statutory rules), 정당 규칙(party rules), 그리고 비공식 관행들(informal practices)이 있다.

우선 교과서 의회의 운영 원리들을 살펴보자. 세세한 입법 절차에 대한 소개가 아닌 의회 운영 원리 파악과 비교가 본 연구의 관심사이므로 미국 상원과 하원으로 나누어 몇 가지 특징들을 간추려 보면 다음과 같다. 첫째, 하원의 운영 원리 중 가장 기본적인 것은 순차적 입법 절차를 중시한다는 점이다. 교과서 의회라고 불리는 이유 중의 하나가 법안 발의(sponsoring), 위원회 상정, 정책 청문회(hearings) 및 법안 수정 논의(markup), 본회의 회부 및 표결(final passage) 등 법을 만들기 위해 순서를 지켜 밟아야 하는 절차가 미리 정해져 있기 때문이다. 특히 이러한 입법 절차의 흐름 가운데 위원회의 역할이 강조된다. 다수당(majority party) 지도부가 중간에 개입하여 입법 절차에 임의로 영향을 미치는 관행이 아니라 해당 법안의 관련 위원회가 위원장을 중심으로 숙의하고 청취하여 법안의 문지기 역할을 충실히 하는 원리다. 물론 다수제 원리(majoritarian institution)가 철저히 작동하는 하원에서 의장(Speaker)의 정파적 입장은 매우 중요한 요

---

66) "교과서 의회(Textbook Congress)"가 보편적으로 사용되는 표현인 데 반해 현대 미국 의회의 새로운 입법 과정 특징을 통칭하는 표현은 확립된 것이 없다. 여기서는 미국 의회 운영 및 절차에 관한 대표적 연구자인 싱클레어(Barbara Sinclair)의 관련 주제 저술 제목을 빌리기로 한다. Barbara Sinclair. 2012. *Unorthodox Lawmaking: New Legislative Processes in the U.S. Congress.* (Washington D.C.: CQ Press)

67) Article I, Section 5. "Each House may determine the Rules of its Proceedings, punish its Members for disorderly Behaviour, and, with the Concurrence of two thirds, expel a member." https://www.archives.gov/founding-docs/constitution-transcript

소다. 어느 위원회에 법안을 배정하고 어느 의원을 어느 위원회에 배치하고 규칙 위원회에서 어떤 토론 및 표결 규칙을 정하고 언제 본회의 표결이 가능하도록 할 것인가 등은 의장의 막강한 권한 중 일부이기 때문이다.[68]

둘째, 정해진 입법 절차 순서마다 다양하고 활발한 의정활동과 전략이 가능하도록 되어 있다. 의원 서명이 유일한 조건인 법안 발의는 의원 자신이 직접 발의하거나 기존 법안에 자신의 의견을 반영하거나 법안 수정안을 제시하는 방식 등으로 가능하다. "친애하는 동료 의원께(Dear Colleagues)"로 시작하는 법안 동참 촉구 서한 발송 역시 발의 당시부터 지지 세력을 끌어 모으는 중요한 방법 중 하나다([그림 9-3] 참조). 위원회 단계에서는 무엇보다 정책 청문회가 의회 본연의 역할을 수행한다. 행정부를 비롯한 각 계각층의 이해 당사자들을 관련 증인으로 출석시켜 의견을 청취함으로써 숙의 민주주의를 실현하는 단계다. 축조 심사(markup) 과정에서는 소규모 그룹 논의를 통해 구체적인 법안 내용들을 다듬는 과정에서 또 한 번 합의적 운영을 유도한다. 이후 하원 일정표(House Calendar)나 규칙 위원회(Rules Committee) 관련 사항들은 다수당 대표인 의장의 절대적 영향력 하에 관리되며 본회의 표결은 하원 내 입법을 둘러싼 최종 연합 결성(coalition building)에 의해 판가름 난다.

---

[68] 하원의 대표이자 다수당 리더인 미국 하원 의장의 권한에 대해서는 Congressional Research Service. 2017. "The Speaker of the House: House Officer, Party Leader, and Representative," 전진영. 2019. "주요국 의회의 연간 의사운영과 의장의 권한" NARA 현안분석 Vol. 78. 등을 참조할 수 있다. 최근 예를 들어보자면 118대(2023-24) 하원에서 공화당 조정 위원회(Republican Steering Committee)는 의원들의 위원회 배치 및 경합 위원장 결정을 하며 30명으로 구성되어 있다. 여기에 의장과 다수당 대표(majority leader)가 당연직으로 포함되는데 의장은 표결 시 4표를, 다수당 대표는 2표를 행사할 수 있다. 나머지 28명은 각 한 표를 가지고 있다. 민주당의 동일 위원회 명칭은 민주당 조정 및 정책 위원회(Democratic Steering and Policy Committee)다.
관련하여 다음 기사를 참조할 수 있다. <https://thehill.com/homenews/house/3805837-heres-whos-on-the-gop-committee-that-helps-pick-panel-chairs/?utm_source=hill_app&utm_medium=social&utm_content=share-link>

[그림 9–3] "친애하는 동료 의원께" 편지 사례

Dear Colleague,

Since the 1953 armistice agreement between North and South Korea, millions of families were divided based on an arbitrary border. From mothers and sons to cousins and grandparents, these families have endured decades of isolation and have been cut off from
communication and contact. It's estimated that over 100,000 Korean-Americans are separated from their family members in North Korea. Sadly, many of these Americans are over the age of 80 and are dying before having the opportunity to reunite with their families.

For those who remain, many of them wish to be reunited with their family members before they pass away. It's time that the United States and North Korea work together to prioritize these family reunions as a humanitarian concern and to decouple this issue
from the broader denuclearization and diplomatic negotiations.

To raise the needs of these divided families, I am reintroducing this legislation and I hope you will join me in becoming an original co-sponsor of a Congressional resolution to support family reunions. This legislation affirms the sense of the House that:

- The United States and North Korea should work to reunite Korean-American divided family members with their immediate relatives;

- The institution of family is inalienable and urges the restoration of contact;

- The summit between North and South Korea in April 2018 has prioritized family reunions;

- The United States and North Korea should begin the process of reuniting Korean-American divided family members with their immediate relatives within 60 days of adoption of this resolution;

- The United States and North Korea should pursue reunions as a humanitarian priority of immediate concern, delinked from conflict, before attempts at normalized relations are made.

Please click here to co-sponsor this resolution. The resolution is supported by Divided Families USA.
For
questions, please contact Crista Cornavaca at
Crista.Cornavaca@mail.house.gov

Sincerely,

Karen Bass

Member of Congress

셋째, 본회의 과정에서는 상원과 하원의 운영 원리 차이가 극대화된다. 우선 하원 경우 매 회기마다 적용될 일괄 규칙(rules package)을 통과시킨다([그림 9–4] 참조). 저널 승인, 질서 유지, 위원회 배정 및 퇴출 등 하원 의장의 권한을 자세하게 규정한 내용을 시작으로 29조에 이르는 하원 운영 전반의 규칙을 담고 있다. 다수당 원내 대표가 발의자로 나서고 의장 선출 직후 전체 표결을 통해 승인하는 절차를 거친다. 이처럼 매 회기 초에 결정된 의사 규칙과 더불어 실제 개별 법안의 토론 및 표결에 관해서는 의장의 지배력 하에 있는 하원 규칙 위원회(Rules Committee)가 중요하다. 특별 규칙 (special rules)을 통해 해당 법안을 얼마 동안 토론할 것인지, 수정안 첨부가 몇 개까지 가능하고 어떤 순서로 표결할 것인지 등에 대해 규칙을 정하고 전체 하원 표결을 먼저 거친다. 하원 의장의 여러 막강한 의사 진행 권력 중 최종 표결을 둘러싼 규칙 제정 권한은 절대적이라고 볼 수 있다.

[그림 9-4] 117대 하원(2021-22) 개원 당시 통과된 일괄 규칙(rules package) 구성

CONTENTS

출처: rules.house.gov

다수당과 다수당 대표인 의장 중심으로 운영되는 하원에 비해 미국 상원은 여전히 개인주의적 대의 기관(individualistic institution)이다. 하원이 특별 규칙에 의해 운영된다면 상원은 만장일치 합의 절차(Unanimous Consent Agreement, UCA)에 의해 운영된다고 볼 수 있다(Theriault and Edwards 2020).[69] 우리에게도 익숙한 필리버스터(filibuster)는

---

69) 미국 의회에 관한 교과서로는 Sean M. Theriault and Mickey Edwards. 2020. *Congress: The First Branch.* (New York: Oxford University Press)을 적극 추천한다.

만장일치 합의 절차에 대한 예외 규칙에 속한다(서정건 2019).[70] 이를테면 필리버스터가 특별히 제기되지 않는 경우 만장일치 합의가 존재한다고 인식하는 형태다. 우리와 달리 하원과 상원으로 구성된 양원제로 운영되는 미국 의회의 특징에 대해서는 <표 9-1>처럼 올스젝(Oleszek 2004: 24)의 분류가 유용하다.

〈표 9-1〉 미국 하원과 상원의 주요 차이점

하원(US House of Representatives)	상원(US Senate)
짧은 임기(2년)	긴 임기(6년)
본 회의에서 규칙 적용이 절대적	주로 만장일치에 의한 운영
작은 규모의 유권자 집단	크고 다양한 유권자 집단
모든 세입 법안의 출발점	조약 비준 및 대통령 인사 승인 권한
특정 정책 전문가(policy specialist)	일반 정책 전문가(policy generalist)
덜 활발한 미디어 활동	활발한 미디어 활동
불균등한 권한 배분	균등한 권한 배분
낮은 명망(less prestigious)	높은 명망(more prestigious)
신속한 본회의 토론	비효율적인 본회의 토론
수정안 관련성(germaneness) 필수	수정안 관련성(germaneness) 불필요
보좌관 의존 경향 약함	보좌관 의존 경향 강함
보다 당파적	다소 덜 당파적
토론에 대한 강한 규제	거의 모든 법안에 대한 무제한 토론
다수당의 지배 운영 원리 강조	전통과 관행에 의한 소수당 권리 중시

출처: Oleszek(2004: 24)

---

70) "미국 상원의 필리버스터(filibuster)와 한국 국회의 무제한토론(국회법 106조 2항)은 유사한 성격임과 동시에 적지 않은 차이점을 가지고 있다. 첫째, 미국 상원 경우 필리버스터는 상원 의원 개인에게 주어진 의사 진행 방해 권한이다. 한국 국회 경우 재적 의원 1/3 이상이 요구해야 무제한토론이 가능해진다. 둘째, 무제한토론 혹은 필리버스터를 종결하기 위해 재적 의원 3/5 찬성이 필요한 점은 같다(미국 상원 60명, 한국 국회 180명). 미국은 기명 투표, 한국은 무기명 투표인 점은 다르다. 셋째, 무제한토론 중 해당 회기가 끝나는 경우 무제한토론 종결이 선포된 것으로 보고 다음 회기에서 지체 없이 표결하는 것이 한국 사례이다. 이에 반해 미국은 정해진 회기가 없는 관계로 해당 사항이 없다. 넷째, 가장 근본적인 차이점이 있다. 한국 국회법 조항이 무제한토론(필리버스터)을 의회 개혁 차원에서 새로 도입한 조항인 데 반해, 미국 상원 규칙 22조는 관행으로 인정되어 온 무제한토론(필리버스터)에 대해 종결 절차를 명시한 셈이다." 서정건. 2019.『미국 정치가 국제 이슈를 만날 때: 정쟁은 외교 앞에서 사라지는가 아니면 시작하는가?』 p.219. (서울: 서강대학교 출판부).

2. 미국 의회의 운영 변화: 비(非)정통적 입법 의회 (Unorthodox Lawmaking)

20세기 중반에 자리 잡았던 교과서 의회 운영 방식은 이후 다양한 비정규적 의사일정(irregular order)의 도입으로 인해 현재 크게 달라진 모습이다. 빈번하게 형성된 분점 정부 하에서 대통령은 공화당이 가져가고 의회 다수당 지위는 민주당이 차지하게 되면서 민주당의 당내 역학 구도가 의회 운영 전반에 큰 영향을 미치게 되었다.[71] 로디(Rohde 1991)의 연구에 따르면 1958년 아이젠하워(Dwight Eisenhower) 당시 경기 침체가 이슈였던 중간 선거와 1964년 존슨(Lyndon B. Johnson) 후보의 대선 압승 선거, 그리고 1974년 닉슨(Richard Nixon)의 워터게이트(Watergate) 스캔들로 인한 중도 사임 후 중간 선거 등 일련의 시기를 거쳐 북부 출신 진보 성향의 민주당 의원들이 대거 하원에 입성하였다. 이들은 이미 위원장 자리를 통해 의회를 지배하고 있던 남부 출신 민주당 중진 의원들과 갈등을 빚게 된다. 민주당 연구 그룹(Democratic Study Group)을 중심으로 뭉친 북부 진보 소장파 의원들은 위원장 중심의 교과서 의회 운영 방식으로는 복지, 노동, 외교, 환경, 교육에 걸친 자신들의 새로운 정치적 입장을 실현할 수 없다고 인식하게 된다(DiSalvo 2012; Rubin 2017).[72] 위원장 권력을 축소하기 위한 방편으로 위와 아래에서 압박을 가하게 된다. 아래로부터는 소위원회(subcommittees)를 활성화시켜 위원장 권력을 견제하였고 위로부터는 전체 의원 총회(party caucus)를 통해 위원장을 선출하는 방식을 점차 확대 도입하는 방식이었다. 결국 교과서 의회 운영 원리가 하원 의장 및 정당 지도부의 과도한 권력을 견제하려는 목적으로 도입되어 지속되어 왔던 것처럼 이번에는 그 결과 지나친 권력을 향유하게 된 위원장들 중심의 분권화된 의회에 대한 실망과 비판을 근거로 다시 한 번 의회 운영 원리가 변화를 겪게 된 셈이다.

---

[71] 하원 경우 아이젠하워 첫 중간 선거인 1954년부터 클린턴 첫 중간 선거였던 1994년까지 무려 40년을 연속으로 민주당이 다수당 지위를 유지했다. 같은 기간 상원에서도 레이건 임기 첫 6년 동안을 제외하고 민주당이 다수당이었다. 하원과 상원의 의석 수 변화는 다음을 참조할 수 있다.
https://history.house.gov/Institution/Party-Divisions/Party-Divisions/;
https://www.senate.gov/history/partydiv.htm

[72] 미국 정당 계파의 역사와 활동에 대해서는 Ruth Bloch Rubin. 2017. *Building the Bloc: Intraparty Organization in the U.S. Congress* (Chicago: University of Chicago Press)와 Daniel DiSalvo. 2012. *Engines of Change: Party Factions in American Politics, 1868-2010.* (New York: Oxford University Press)를 기본적으로 참조할 수 있다.

그렇다면 비정규적 의사일정(irregular order)에는 어떤 종류가 있을까?[73] 첫째, 하원 의장이 개별 법안에 대해 여러 상임위원회에 중복 회부(multiple referrals) 할 수 있게 되었다. 교과서 의회 운영 방식의 핵심은 순서와 절차에 따라 법안을 제정하는 것인데 만일 위원장이 법안에 대해 정책 청문회를 열지 않고 묵혀 둔다면 그 법안은 본회의 표결은 고사하고 위원회 단계에서 사라지게 된다. 그런데 1975년 민주당 의원 총회는 의장에게 법안의 위원회 중복 배부 권한을 허용하게 된다. 이 경우 특정 위원회의 위원 장이 법안 거부권을 암묵적으로 행사하더라도 다른 위원회의 위원장이 법안을 심사하고 표결하여 본회의로 보낼 수 있게 된다. 해당 법안을 무시했던 위원회는 결국 관련 수정안을 위원회나 본회의 단계에서 추가하기도 어려워졌다. 법안 중복 회부 권한을 하원 의장에게 부여한 이후 위원장의 독점적 권한은 크게 약화되었다. 둘째, 소위원회 (subcommittees) 활성화 및 권한 강화다. 선수(seniority)에 의한 위원장 선출이라는 의회 제도화를 크게 훼손하지 않는 범위 내에서 위원장의 권한을 줄이는 방법은 해당 위원 회에 여러 소위원회를 두고 소위원회위원장 자리를 만드는 것이었다. 특히 1973년 핸 센 위원회(Hansen Committee)의 권고와 민주당 의원 총회 추인으로 소위원회 권리장전 (Subcommittee Bill of Rights)이 승인되었다. 소위원회가 정책 관할권을 가지게 되었고 보좌진을 고용할 수 있게 되었으며 정책 청문회와 축조 심사까지 할 수 있게 되었다. 우리에게도 익숙한 아시아－태평양 소위원회와 위원장들은 하원 외교 위원회 산하로 한반도 정세에도 큰 영향을 미쳤다.

셋째, 캐논(Cannon) 의장에 대한 항거가 있었던 1910년 "위원회 심사 배제 요청 (discharge petition)"이 미국 하원 의사 절차에 처음 도입되었다. 1935년에는 배제 요청 을 위한 의원 서명 요건을 1/3에서 1/2로 강화시켰는데 1964년 인권법(Civil Rights Act of 1964)이 통과되는데 배제 요청 전략이 크게 유효했다. 비교적 최근에는 6년에 걸쳐 4차례의 배제 요청 시도를 통해 결국 2002년에 선거 자금 개혁법(Bipartisan Campaign Reform Act)이 통과되었다. 통상적으로 배제 요청 전략은 해당 법안을 위원회가 심사하 도록 유도하는 기능으로 사용되고 있으며 정당 지도부의 영향력 하에 있는 위원회 활 동을 우회하여 전체 의원들의 입법 의지를 실현하는 비정규적(irregular) 절차로 자리 잡 았다. 넷째, 옴니버스(omnibus) 법안 활용을 꼽을 수 있다. 여러 법안을 한 데 묶어 거 대 법안을 통과시키는 방식인데 각 법안의 이해 당사자들 간 합의 도출을 용이하게 만

---

73) 이 부분은 주로 Theriault and Edwards(2020)를 참고하였다.

드는 이점이 있다. 역사적으로 살펴보면 클레이(Henry Clay)가 남부와 북부 간 갈등이 격화되던 시점에 1820년 합의에 이은 두 번째 지역 간 합의를 끌어내려고 할 때 처음 고안되었다. 결과적으로 실패하였고 향후 1백년 넘게 사용되지 않았다. 비정규적 입법 절차(irregular order)이긴 하지만 위원회 심의 과정을 통과한다는 점에서 교과서 의회 성격(regular order)에서 크게 벗어나지는 않는다. 다만 여러 법안을 통째로 묶고 표결 관련 규칙을 정한다는 측면에서 볼 때 정당 지도부의 영향력이 발휘되는 입법 절차임에 틀림없다.

3. 한국 국회 운영 관련 시사점

우선 세부적인 규칙들의 적용 가능성은 별개로 하고 미국 의회 운영 원리가 한국 국회에 주는 시사점은 크게 두 가지로 생각해 볼 수 있다. 첫째, 교섭 단체 대표 의원 중심으로 운영되며 별 변화가 없는 현행 한국 국회 절차에 비해 미국의 의회 운영 원리는 미국 정치 전반의 구도와 경쟁, 영향에 의해 지속적으로 바뀌어 왔다. 특히 의회 내부의 위원회 중심주의와 지도부 중심주의가 미국 정치의 변화를 반영하며 긴장과 경쟁, 그리고 협력 상황을 맺어 왔다. 대의 민주주의 정치 전반이 바뀔 때 의회가 운영 원리를 통해 정치의 변화와 개혁을 상당 부분 수용해 왔다는 지적이다.

둘째, 행정부의 권한이 커진 현대 정치 시스템 하에서 미국 의회의 운영 원리가 우선 교과서 의회로 자리 잡았음을 주목할 필요가 있다. 비정규적 절차(irregular order)는 정규적 절차(regular order)가 먼저 확립되어 운영되었기 때문에 나타날 수 있었다. 특히 위원회의 제도화가 시급한 우리 국회 운영과 관련하여 시사점이 적지 않다. 정당 지도부의 획일적 지휘 하에 21세기 4차 산업 혁명 시대의 다양하고 복잡한 입법 수요를 감당하는 것은 거의 불가능하다. 행정부를 부처 별로 감시하고 관련 정책의 전문성을 높이고 선수(seniority) 위주로 권위를 인정받은 위원장이 언론과 시민 단체와 역동적으로 접촉하면서 의회의 위상과 역할을 높일 수 있다. 이를 위해서는 우선 교과서 의회(Textbook Congress) 운영 원리에 대해 탐구하고 한국 국회에 적용할 수 있는 전략을 찾아야 한다.

제4절

교착 상태 완화와 소수당 권리 보호를 위한 제도적 대안들

1. 의회 개혁 논의

실제로 의회 운영을 포함한 개혁에 관해서는 미국 의회 혹은 다른 나라 의회와 비교를 통하거나 아니면 우리 국회의 이전 경험 등을 기초로 여러 가지 대안들이 제시될 수 있다. 그런데 의회 개혁은 우리 국회 경우에도 이미 일상적인 주제가 되어 버렸다. 새로운 국회가 개원할 때마다 의례 "정치 개혁 특별 위원회"가 국회 안에 설치되어 국회 개혁에 관한 논의를 진행해 온지 오래다. 문제는 정개 특위의 논의 형식이나 내용이 국민들의 관심과는 거리가 멀 뿐만 아니라 지나치게 형식적이라는 점이다. 국회가 주도하는 정치 개혁을 국민과 공유하며 현재 진행형으로 추진하기보다는 21대 국회 정개특위 경우 의원들만 18명으로 구성된 위원회가 대부분 공직선거법만을 주제로 10차례의 회의를 한 것으로 나타났다. [그림 9-5]는 21대 국회에서 운영된 정치 개혁 특별위원회의 위원 명단이다. 외부 전문가나 시민 참여가 전혀 없는 전형적인 제도 내부의 형식적인 구성이라는 비판이 가능하다.

최근 들어 22대 국회 구성을 위한 총선 규정을 바꾸려는 움직임이 커지고 있다. 기존의 준연동형 비례대표제를 개선할 것인가 대체할 것인가를 놓고 정개 특위를 중심으로 논의가 시작되는 듯하다. 대통령이 논의에 불을 붙인 중대선거구 제도 도입 여부 또한 관건이다. 개정 법정 기한인 4월 10일까지 여야가 합의하는 개선 방향을 도출할 수 있도록 매주 1회 이상 정개특위 산하 정치관계법개선 소위원회 회의를 개최하기로 합의하였다. 외부 전문가들의 의견을 청취하고 다양한 선거 제도의 시뮬레이션 결과까지 참조하여 대안을 마련한다는 계획이다. 이 과정에서 앞서 지적한 것처럼 밀실에서 벌어지는 폐쇄형 논의 구조를 타파하고 온라인에서 시민들에게 정보를 공개하고 다양한 제안까지 할 수 있도록 해야 한다. 선거 제도 논의는 개방적일수록 그 정통성이 제고될 수 있다는 인식을 가질 필요가 있다.

[그림 9-5] 21대 국회 정치개혁 특별위원회 위원 명단

소 속 정 당	위 원 명	비 고
더불어민주당(9인)	김태년 위원[위원장] 김영배 위원[간사] 김민철 위원, 김승남 위원, 이정문 위원, 이탄희 위원, 장경태 위원, 정춘숙 위원, 홍정민(한준호) 위원	
국민의힘(8인)	조해진 위원[간사] 강대식 위원, 강민국 위원, 김병욱 위원, 김성원 위원, 박성민 위원, 전주혜 위원, 정점식 위원	
정의당(1)	이은주 위원	

※ 한준호 위원(2022. 3. 24. 394회국회(임시회) 제9차 전체회의)
　홍정민 위원과 사보임

출처: 21대 국회 정치개혁특별위원회 활동결과 보고서, p.4

　　미국 의회 경우에도 빈번한 개혁 논의가 이루어져 왔다. 지난 116대 하원에서는 "의회 현대화 임시 위원회(Select Committee on the Modernization of Congress)"를 설치하여 의회 개혁을 모색한 바 있다.[74] 목적은 유사할지 몰라도 세부 운영과 관련하여 우리와 다른 점이 적지 않다. 우선 활동 기간이 거의 2년에 달했다는 점을 꼽을 수 있다. 활동 방식 역시 공개적이고 참여 유도형이었다. 총 24회의 정책 청문회를 개최하였을 뿐만 아니라 모든 청문회와 보고서를 위원회의 공식 웹 사이트(modernizationcongress.

---

74) 이 부분은 서정건. 2022. "의회 개혁 방식의 비교정치학" 『대변동의 미국 정치, 한국 정치』 (명인문화사)를 참조하였음을 밝힌다.

house.gov)에 게시함으로써 국민들의 제안과 비판이 가능하도록 하였다. 투명한 의회 개혁을 위해 어찌 보면 당연한 수순이지만 우리 정개 특위 활동 방식과는 사뭇 다르다. 청문회마다 다양한 주제를 다루었던 점도 특징인데 의정 절차 공개 방안, 지역구민과의 접촉 개선 방안, 과거 의회 개혁 시도와 성과 그리고 한계 이해, 의회 보좌관들의 다양성 증진과 이직 방지 전략, 의회 내 차세대 지도자 양성 방안, 의회 내 숙의 방식 개선 방안 등으로 다양하였다. 가장 인상적인 대목은 "전직(前職) 의원의 날 청문회 (Former Members Day Hearing: Speaking from Experience)"였다. 논의를 위한 논의가 아니라 과거의 시행착오로부터 보다 나은 교훈과 실천 전략 얻기를 목적으로 한다는 의회 개혁 위원회의 목표가 뚜렷한 기획이었다고 평가된다.

2. 중도파 대안들

양극화가 갈수록 심화되는 한국 정치 현실에서 실질적인 민생 입법보다는 자극적인 정치적 언사나 입장 표명을 통해 양극화를 부추기는 의원들이 적지 않다. 그럼에도 불구하고 또 다른 일단의 의원들은 당 지도부의 압력에 굴하지 않고 새로운 정치 개혁을 위해 연합하여 모임을 결성하는 중이다. 그런데 이러한 의원 모임들은 바람직한 취지에도 불구하고 여전히 "공부 모임" 수준에 그치고 있다는 아쉬움을 준다. 외부 전문가들을 초청하여 각종 아이디어들을 경청할 수 있지만 결국 의원 직무의 본령은 입법에 있다. 다시 말해 개혁안들을 공부하여 의견을 수렴한 후에는 반드시 현실성 있고 시의성 있는 입법 활동에 돌입해야만 한다. 그렇지 않으면 개혁 논의를 위한 개혁 논의라는 스스로의 함정에 빠지기 쉽고 입법 전략을 치열하게 짜기보다는 이론적 논의에 그칠 우려가 적지 않다. 과거에 숱하게 등장하였다가 유명무실해졌던 의원들 간 친선 성격의 공부 모임 한계에 대해 되돌아보아야 할 때다.

우리 현실과 크게 다르지 않은 양극화 갈등과 교착상태의 소용돌이에 빠져 있는 미국 의회 사례를 살펴보면 의원 그룹 간 유사한 점과 차이점을 발견할 수 있다. 특히 2017년인 115대 의회부터 지속적인 활동을 벌이고 있는 "문제 해결자 계파(Problem Solvers Caucus)"를 살펴보자.[75] 민주당과 공화당의 중도파 의원들을 대표하는 고트하이머(Josh Gottheimer, D−NJ) 의원과 피츠패트릭(Brian Fitzpatrick, R−PA)을 공동 의장으로

---

75) https://problemsolverscaucus.house.gov/about를 참조하면 더 자세한 사항을 알 수 있다.

운영되는 이 초당파 성격의 의원 그룹은 팬데믹 대응, 사회간접자본 확충, 처방 약 가격 인하를 위한 의료 보험 개혁, 이민 문제 해결, 형사 제도 개혁, 의회 규칙 개선, 학교 내 총기 규제 등 다양한 미국 사회의 현안들에 대해 논의한 바 있다. 미국 의회 내 "문제 해결자 계파"의 특징은 논의와 합의 수준에 그치지 않고 각 이슈마다 법안을 공동으로 발의하여 입법을 추진하였다는 점이다. 이들이 제출한 법안이 원안 그대로 통과되는 경우도 있었지만 대부분 정당 지도부나 관련 상임위원회에서 심도 있게 고려하는 법안으로 자리매김하였다는 점을 주목해야 한다. 결국 의원 모임은 공부 모임이 아닌 입법 모임이어야 한다는 점을 잘 보여주는 사례다.

제5절

소결

본 연구의 주장을 요약하면 다음과 같다. 첫째, 우리 국회에 대한 "제도적 충성심 (institutional loyalty)"을 고양하기 위해 의회 제도화 노력은 필수적이다. 입법부의 기본 조직에 관한 형식적 제도화가 아닌 21세기 미래 사회를 대비하고 우리 국회의 현실을 검토하여 보다 민주적이고 생산적인 제도화에 초점을 맞추어야 한다. 예를 들어 겸직 규정 제한을 더욱 강화하여 의회가 행정부와 독립하여 대의, 입법, 조사 기관으로 위상을 정립해야 한다. 또한 소속 위원회 유지를 통한 전문성 제고 등 위원회 제도의 내실화를 기초로 하여 정당 지도부와 균형을 이루는 의정 활동이 이루어지도록 해야 한다. 둘째, 교과서 의회(Textbook Congress) 운영 원리를 우선적으로 복원하여 의회 본연의 기능에 대해 주목하고 고민해야 한다. 세계에서 가장 강력한 권한을 가진 의회라 일컬어지는 미국 의회 역시 교과서 의회 운영 방식에서 많이 벗어나 새로운 입법 절차들에 의존하는 경향이 있다. 현재 미국에서도 전통적 입법 정치가 복원되어야 한다는 목소리가 높다. 우리 국회 경우 상임위원회 중심주의를 채택하고 있지만 교과서 의회 운영의 핵심이라 할 수 있는 상임위 주도 하의 입법이 거의 이루어지지 않고 있다. 대신 제헌 의회부터 도입된 교섭 단체 중심운영 원리를 채택 중이다. 그런데 교섭 단체 대표 중심의 현행 운영 원리는 의회 고유의 토론과 심사, 이해 조정 단계 등을 간과할 가능성이 크다. 따라서 법안 발의와 위원회 심사, 그리고 본회의 표결 등 정상적이고 고전적인 의회 운영 원리를 어떻게 극대화할 것인지 탐색해야 한다. 무엇보다 위원회와 지도부 간의 경쟁과 갈등이 의회 발전과 변화를 위한 주요 동력이라는 측면에서 볼 때

위원회 활동이 늘 정당 지도부의 결정에 예속되어 온 우리 국회 현실은 반드시 개선되어야 한다. 셋째, 다수당이 효율적으로 지배하면서 동시에 소수당의 권리가 보장되는 현실적인 방안들을 찾아 적용해야 한다. 무엇보다 다수당의 지배와 소수당의 권리 그 자체를 모두 존중하여 실행하는 의회 운영이 되어야 한다. 특히 양극화된 현재의 정치 질서 가운데 중도파 의원들의 입장이 입법으로 현실화될 수 있는 의사 절차 및 입법 전략들을 모색해야 한다. 결국 대통령이나 야당 대표의 의중대로 움직이는 정당 지도부에 의해 하향식으로 법을 만드는 입법부가 되어서는 곤란하다. 각 정당마다 평의원들이 더 많은 입법 권한을 보장받고 그에 대한 민주적 책임 또한 지는 방향으로 우리 국회도 변해야 한다.

10

국회 입법 · 정책 지원기구의 현황 및
의회정치 발전을 위한 제도적 개선 방안들

이선우

제1절
들어가며

현대 대의민주주의 국가들에서 법률을 제·개정하거나 폐지할 권한은 원칙적으로 의회에 부여된다. 한국 역시, 헌법 제40조에 "입법권은 국회에 속한다"라고 규정하여 국회가 입법권을 행사하도록 명시하고 있다. 그런데 세계화와 과학기술의 발전, 산업의 다변화 등으로 인해 사회 각 영역에서의 전문화 및 세분화가 진행됨에 따라 사회적 이해관계들 또한 다원화·복잡화되는 양상이 지속적으로 심화되어 왔다. 그리고 이는 주지하듯 이른바 행정국가의 부상 및 그에 따른 행정부 권능의 비약적 강화로 이어졌다. 실제 한국의 경우도 행정부가 법률안을 제출할 수 있을 뿐 아니라, 광범위한 시행령과 시행규칙 등 사실상의 행정입법 등을 통해 매우 광범위하고도 재량적인 정책입안 등을 행사할 수 있도록 허용하고 있다. 이렇게 볼 때, 형식적으론 입법권이 국회 측에, 행정권이 대통령을 정점으로 하는 행정부 측에 부여되어 있다고는 하나, 한국의 경우 실질적으론 후자가 막강한 권한과 방대한 관료조직 등을 통해 그 본연의 역할인 정부정책의 집행은 물론이고 입안에 있어서까지도 상당히 큰 영향력을 행사하고 있다 하겠다.[76]

하지만 한국에서 원칙적으로 최고 입법기관이자 입법과정을 주도해야 할 중심은 여전히 국회이다(성낙인 2020). 사전적으로 행정부 정책집행의 법적 근거 및 토대를 결정하고 이를 사후적으로 감시·감독하는 역할이 곧 국회의 몫인 것이다. 그럼에도, 그간

---

76) 이렇듯 한국에서 행정부와 그 관료제의 규모가 커지고 권한 역시 강해진 데는 과거 소위 동아시아형 발전국가(developmental state) 유산의 영향이 작지 않았다. 한국의 발전국가 및 그 관료기구의 특성들과 관련해선·하용출(2006); Amsden(1989); Evans(1995); Haggard and Moon(1993); Onis(1991) 등을 참고.

한국 국회는 입법 및 대행정부 감시·감독이란 본연의 임무들을 수행함에 있어 그다지 만족스럽지 못하다는 평가가 대부분이었다. 특히 1987년 민주화 이후 국회의원의 법률안 발의가 비약적으로 증대되고 그 양적 규모 면에서 행정부 발의를 차츰 압도하게 되었지만, 실상은 부실입법, 졸속입법, 중복입법 그리고 단기적인 정치적 판단에 따른 포퓰리즘 입법 등이 끊이지 않는 등, 입법의 질적 측면에서 평가하자면 그 양적 증가세에 상응하는 발전을 뚜렷하게 보여주지 못해왔던 것이다(김승환 2005; 오호택 2004; 전학선 2008; 정극원 2012). 그리고 이렇듯 최고 입법기관인 국회가 입법 영역에서 제 역할을 잘 수행하지 못함에 따라 법률적 불안정성 및 이에 의한 민생불안 그리고 법에 대한 불신의 확대는 물론, 집행기관인 행정부에 사실상의 입법권을 대폭 허용하게 되는 문제까지 발생할 위험성이 커졌다. 즉, 행정부 측에 입법 또는 정책입안의 주도권을 고스란히 내어줄 여지가 생긴 것이다. 이는 행정부가 입법을 하고 스스로 그 집행까지 해버리도록 방치함으로써 로크(John Locke) 이래 근대 자유민주주의의 근간 중 하나로 간주되어온 권력분립의 원칙이 위협받는 현상마저 낳게 됐음을 시사한다.

한편, 상당수의 선진 대의민주주의 국가들은 이렇듯 의회 측에 부과되고 있는 현실적 제약들의 극복 및 대의정치의 활성화를 위해 전문적인 입법·정책 지원기구들을 도입하였다. 자칫 행정부에 고스란히 빼앗길 위험이 커진 의회의 입법 및 정책입안 기능을 지원·보조하기 위한 목적하에 몇몇 주요 지원기구들을 의회 자체적으로 설치해 운영하고 있는 것이다(Fox and Hammond 1977; Weiss 1995). 그리고 이러한 선진 대의민주주의 국가들의 선례를 따라, 민주화 이후 한국 역시 국회의 입법·정책 역량의 강화 및 대행정부 감시·감독 능력의 제고 차원에서 국회사무처 산하의 법제실과 각 상임위원회 소속 전문위원들, 그리고 국회의장 직속으로 국회입법조사처, 국회예산정책처, 국회도서관 등 몇몇 지원기구들을 설치해 운영해오고 있다(박찬욱·박찬표 2005; 정극원 2015; 최윤철 2009).

이렇듯 국회에 입법·정책 지원기구들을 두는 것은, 무엇보다도 의원입법의 양적 증가세에 발맞춰 법안의 질적 수준 또한 함께 고양하기 위함이다. 예컨대, 법안발의 이전 단계에서의 다양한 의견수렴 제도들의 도입이나, 정교한 규제영향분석 및 비용추계의 실시 등은 모두 보다 질 좋은 법안 생산의 목적을 내포하고 있다. 또한 행정부 대통령령, 국무총리령, 부령 등의 효과에 대한 사전적 예측 및 사후적 점검 역시 입법 전반의 완성도를 높이는 데 반드시 필요한 사안들로서, 입법·정책 지원기구들의 조력을 받을 시 훨씬 더 효과적으로 수행될 수 있다. 아울러, 국회는 행정부의 집행 전반에 대한 국정감사나 국정조사, 그리고 예산승인 등에 있어서도 해당 권한들에 상응하는 정도의 내용적 지원을 이들 입법·정책 지원기구로부터 받을 수 있어야 한다. 특히 최근처럼 정치적 양극화가 심화되고 대통령·여당과 야당의 갈등 및 대립이 만성화된 상황 속에 선 국회가 제 역할을 할 수 있어야만 이를 접점으로 삼아 여야 간 협치와 이에 기초한 적절한 입법 및 행정부를 향한 감시·감독 또한 원활하게 이뤄질 수가 있다.

　이렇게 볼 때, 국회 입법·정책 지원기구들이 갖춰야 할 우선적 가치는 단연 전문성 이다. 즉, 방대한 부처 관료조직과 물적·인적 자원을 바탕으로 정책집행은 물론 실질 적인 입안까지 주도해오고 있는 행정부로부터 입법의 우선권을 가져오는 동시에, 그 막강한 권능을 적절히 견제하기 위해선 국회의 전문성이 한층 제고되어야만 하는 것이 다. 하지만 한국 국회의 경우, 비록 그 권한이 약하다고 할 수는 없으나, 상대적으로 취 약한 인적·물적 자원 탓에 입법 및 대행정부 감시·감독 등에 있어 공히 효과적인 견 제 능력을 보여주지 못해왔다(이선우 2015). 특히 개별 국회의원들로선 지역구 민원수 렴, 당무수행, 언론대응 등 실로 다양한 활동들을 동시다발적으로 수행해야 하다 보니, 입법을 비롯한 의정활동에만 매진하기가 어려운 입장이기도 하다. 이에 따라, 국회의원 들은 개별적으론 의원실 보좌진을 고용해 다양한 정무적 지원을 받고, 이와 함께 집단 적으론 상기한 국회사무처 법제실, 상임위 전문위원실, 국회입법조사처, 국회예산정책 처 그리고 국회도서관 등 상당한 전문성을 갖춘 입법·정책 지원기구 등에 의존해 의정 활동을 수행하게 된다(김한나 외 2021).

　그런데, 다른 한편으로 한국을 포함한 상당수 대의민주주의 국가들에선 이렇듯 국 회의원들의 입법·정책 지원기구들에 대한 의존도가 높아짐에 따라, 오히려 의회가 대 의적·숙의적인 기관으로 거듭나지 못하는 역설 또한 발생하고 있다. 실제 현대 대의민 주주의 국가들의 입법과정에서 의회 지원조직 내 인력들이 정책전문가로서 상당한 영 향력을 행사하는 것은 많은 사례들에서 자주 발견되어온 현상이다(DeGregorio 1988; Romzek and Utter 1996). 그렇다 보니, 의회에 소속된 입법·정책 지원 스태프들이 국민 으로부터 직접 권한을 위임받지 않은 채 그 전문성을 바탕으로 의회가 다분히 기술관 료적으로 운영·작동되게끔 이끌어온 측면도 없지 않았던 것이다(김한나 외 2021). 그리 고 이는, 민주적 책임성을 결여한 의회 내 입법·정책 지원기구들이 종종 선출된 의원 들을 '포획'하는 '선출되지 않은 대표자'(unelected representatives)로까지 부상해왔음을 의미한다(Malbin 1980). 특히, 꽤 많은 경우, 의회 내 입법·정책 지원기구 소속 인력들은 국회의원들을 잘 보좌함으로써 대의된 민심을 반영하기보다도 그 전문지식 및 권한을 남용해 자신의 이념이나 이해관계에 치중한 행태에 매진함으로써 민주적 공익을 해칠 위험이 있다. 물론 그 스스로가 특정 정당이나 이익집단 등의 로비의 대상이 되어 부정부패에 연루될 위험성도 없지 않다. 그런 만큼, 의회로 하여금 일정 수준 이상의 전문성을 갖출 수 있게끔 입법·정책 지원기구들에 적절한 제도적 권한과 인적·물적 자원이 부여되어야 함은 불문가지이겠으나, 과도한 권능이 부여됨으로써 이들이 '민의의 전당'인 국회의 결정 자체를 왜곡할 수 있도록 방치해선 곤란할 것이다.

본 장에선 우선 의회 내 입법·정책 지원기구들의 구성원과 관련한 이론적 논의를 통해 의회 입법 및 정책지원 스태프의 유형화를 시도할 것이다. 그리고 국회사무처 법제실, 상임위 전문위원실, 국회입법조사처, 국회예산정책처 등 한국 국회 내 입법·정책 지원기구들의 현 실태를 전문성과 민주적 책임성의 두 차원에서 점검한다. 나아가, 이에 더해, 향후 이들 입법·정책 지원기구를 둘러싼 제도적 개선방향 등에 관해 실천적 지침들까지 일부 도출해보고자 한다.

제2절

이론적 논의: 의회 입법·정책 지원 스태프의 4가지 유형[77]

앞서 언급했듯, 의회 내 입법·정책 지원기구들의 경우, 의회가 유권자의 정치적·정책적 수요를 잘 반영하는 가운데 입법 및 대행정부 감시·감독 기능을 원활히 수행하게끔 보조해야 한단 점에서 전문성과 민주적 책임성을 공히 요구받는다. 하지만 해당 입법·정책 지원기구의 스태프들은, 현실적으로 관찰해봤을 때 기관별로 전문가와 비전문가 인력, 그리고 민주적 책임성을 부여받는 인력과 그렇지 않은 인력이 혼재된 채 업무를 수행하고 있는 경우가 많다. 따라서 본 절에선, 입법·정책 지원을 담당하는 스태프들의 제도적 성격 파악을 위해, 한 축으론 전문가와 비전문가를 구분하고 또 다른 한 축으론 민주적 책임성을 부여받는 인력과 그렇지 않은 인력을 구분함으로써 2x2 총 4개 타입의 유형화 및 그 정리를 시도한다(김한나 외 2021; Malbin 1980).

우선, 의회 내 입법·정책 지원인력 가운데 전문가로 분류될 수 있는 유형은 법, 경제, 산업, 과학, 문화, 보건 등 다수의 분야들에서 전문적 지식이나 특수한 기술을 갖추고 상기 입법·정책 지원기구들에 소속된 채 업무를 수행하고 있는 스태프들이라 할 수 있다. 통상 이들은 변호사, 회계사, 의사 등 전문직 자격증을 보유하고 있거나, 해당 학문분야 석박사학위를 취득한 인력들인 경우가 많다. 또한 일부는 꼭 그렇지 않다고 하더라도 특정 세부분야에서 오랫동안 실무적 전문성을 쌓은 인력일 소지가 크다. 그런

---

77) 본 절의 내용은 김한나 외(2021)의 연구의 이론적 배경을 대폭 수정 및 보완한 것임을 밝힌다.

만큼, 이러한 전문가 유형은 절차적·관례적이거나 행정·실제적인 업무보다는 연구적·분석적이거나 정책적 비전 혹은 미래 대안을 제시하는 쪽의 임무들을 수행하는 데 상대적으로 그 적합성이 높다고 할 수 있다.

한편, 상기 의회 내 전문가 스태프의 유형은 민주적 책임성을 부여받는가, 그렇지 않은가에 따라 다시금 분류가 가능하다. 그런데 당연하게도, 입법·정책 지원을 위한 의회 스태프를 선거 등 민주적 선출절차에 따라 선발하는 경우를 상상하기란 쉽지 않다. 따라서 이들은 어떤 방식으로든 간접적으로 민주적 책임성을 부여받을 수밖에 없다. 그렇다면, 이들 전문가가 민주적 책임성을 부여받는가 여부는, 결국 유권자한테 직접적 책임을 져야만 하는 현실 정치세력으로서 각각의 정당이 주도적인 추천임용 등을 통해 이들의 충원에 영향을 미치는가 아닌가에 의해 판단되어야 할 것이다.

그렇다면, 의회 내 입법·정책 전문가 인력 중 민주적 책임성을 부여받는 ①유형의 스태프를 우리는 '당파적 전문가'로 구분할 수 있다. 이 '당파적 전문가'는 의회 내에서 자신을 추천한 정당 소속 의원들의 입법 및 대행정부 감시·감독 활동 등을 해당 정치적 노선이나 정책적 방침에 맞춰 전문적으로 지원·보조한다. 이러한 유형의 대표적 예시론 미국 의회의 상임위원회 소속 입법지원 스태프 등을 들 수 있는데, 이들은 상임위에서 자당 소속 의원들을 전문적으로 보조하며 법안의 심의 등에 깊이 개입하곤 한다. 따라서 의원들 이상으로 관련 법안의 연혁 및 효과 등에 대해 정통해야 할 뿐 아니라, 실제 법안의 내용적 디테일과 그 파급효과 등에 관해선 의원들보다도 더 직접적인 영향력을 행사하게 될 여지도 상당하다.

한편 '당파적 전문가'의 경우, 상기했듯 정당이나 그 지도부의 추천에 의해 충원되기 때문에, 업무성과에 대한 객관적 평가 이상으로 선거결과 등 정치적 상황에 따라 엽관제적으로 그 임면이 결정될 공산이 크다. 그러므로 의회 스태프 임기가 종료될 시 계속 연장될 수도 있고, 그렇지 않을 시 당직이나 당내 또는 자당 성향의 싱크탱크 등으로 이직을 할 수도 있으며, 향후에는 더 고위직의 의회 스태프로 복귀하기도 하는 등 다양한 경력을 쌓게끔 유도된다. 다만, 자신이 지지하는 정당의 주변에 있는 공공 또는 민간 단체들이나 정책연구 관련 조직들을 두루 순환하며 입법 및 정책적 전문성을 축적해나간다는 게 이 유형의 가장 핵심적인 특징이라 할 수 있다.

다음으로 의회 내 입법·정책 전문가 인력 중에는 정당 중심의 엽관제적 임면에 의해 충원되지 않고, 비교적 경쟁적이고 공개적인 채용과정을 통해 임용됨에 따라 민주적 책임성보다도 객관성과 중립성을 더 강하게 요구받는 ②유형의 '비당파적 전문가'들이 있다. 이를테면, 미국 의회조사국(CRS)이나 의회예산처(CBO) 등에서 조사직 또는 연구직을 수행하는 인력의 상당수가 이 유형에 해당할 것이다. 이들 또한 ①유형과 마찬가지로 의회 입법 및 정책에 관해 전문적인 지원을 하는 것을 그 본업으로 삼지만, 여야 정당의 입장이나 노선에 직접 구애받지 않고 비교적 객관적·중립적으로 그 업무를 수행하도록 요구받는단 점에서 전자와는 그 성격이 본질적으로 다르다. 이에 따라, '비당파적 전문가'는 해당 국가의 의회가 지향해야 할 입법의 발전적 방향이나 해외사례 분석 또는 향후 비중 있게 다뤄져야 할 정책아젠다 등을 독립적으로 조사·연구하는 가운데 개별 의원 혹은 상임위의 활동들을 중립적·객관적으로 지원하는 역할을 맡게 된다. 물론 개별 의원들의 문의에 대한 회답 역시 객관적 논리와 실증적 예시 등이 갖춰진 보고의 형태로 제공하게끔 요청된다.

한편 이 유형에 속하는 스태프의 경우 또한, 의회 차원에서 특정 입법이나 정책 분야에 대한 수요가 증대될 시 개별적으로 충원되는 만큼, 비교적 유연한 인사제도의 영향하에 놓일 개연성이 크다. 이들의 경우 공채로 임용이 진행되지만 수시로 모집이 이뤄지며, 상기했듯 채용의 자격요건으론 대개 해당 입법이나 정책 분야 관련 자격증 또는 석박사학위 등이 요구된다. 하지만 후술할 입법부 관료들처럼 아예 직업공무원으로 채용되는 경우는 많지 않다. 그럼에도, 이들 '비당파적 전문가'는 당파적으로 임면되기보단 실증적으로 측정되는 업무성과 등에 따른 재계약 절차 등을 거쳐 해당 경력을 연장해나가는 경우가 많기 때문에, 앞서 설명한 '당파적 전문가'들에 비해선 직업안정성이 비교적 더 높다고 할 수 있겠다.

상기한 두 유형의 전문가군 이외에도, 의회 안에는 상당수의 비전문가 인력, 즉 이른바 제네럴리스트들 또한 상시 근무 중에 있다. 이러한 인력의 대다수는 대체로 전문직 자격증이나 석박사학위를 취득하지 않으며, 특정 정책분야 등에 관한 전문적 지식을 바탕으로 업무를 수행하지도 않는다. 그럼에도, 의회행정 및 입법절차, 그리고 의원실 사무 및 지원·홍보 등에 이르기까지 의회가 상시 정상적으로 작동하도록 하는 데 있어 이들의 역할이 필수적이란 점에서, 그 중요성이 결코 상기 전문가군에 비해 떨어진다고 볼 수는 없다. 한편, 이러한 의회 내 비전문가 스태프 인력들 역시 민주적 책임성을 부과받는가 그렇지 않은가에 따라 '당파적 비전문가'와 '비당파적 비전문가'로 구분이 가능하다.

이 가운데 먼저 ③유형인 '당파적 비전문가'의 경우를 보면, 전형적으로 의원들의 의원실 보좌진이 이 그룹에 해당한다고 볼 수 있다. 이들은 의원들의 의정활동 지원은 물론, 언론대응, 지역구관리, 당무지원, 각종 선거캠페인 등에 이르기까지 매우 다양한 의원실 업무에 통달해야 하는 만큼, 상당히 숙련된 제네랄리스트로 성장해갈 개연성이 크다. 특히 '당파적 비전문가'들은, 물론 특정 상임위 소속 의원실에 오래 근무하는 경우 정책적 전문성을 축적해가는 경우도 있겠으나, 대부분의 경우 상시 급변하는 현실 정치 속에서 다양하고 변칙적인 의회 내부 사정에 관한 현실적 경험 및 폭넓은 인적 네트워크를 바탕으로 정무적 판단 및 그에 따른 대응을 주된 역량으로 삼게 된다. 이는 한국의 사례도 크게 다르지 않다.

한편, 이들은 대체로 의원실이 자체적으로 그 임면을 결정하기 때문에, 주기적인 선거결과를 비롯한 다양한 정치적 상황 변화 등에 따라 그 경력의 지속 여부가 결정된다. 따라서 의회 스태프들 가운데선 이 ③유형의 직업유연성이 가장 높다고 할 수 있다. 물론 그렇기 때문에 이들 '당파적 비전문가'는 고용의 안정성이 상대적으로 약하며, 인력의 교체 및 순환 또한 상당히 빠르고 빈번한 편이다. 하지만 역으로 보면 업계에서의 평가에 따라 다양한 의원실로의 이직 및 승진의 기회가 계속해서 제공될 가능성도 없지만은 않다. 즉 그 능력을 인정받을 시 특정 의원의 재선 여부와 관계없이 다수 의원실의 스카우트 제의를 받는 입장이 될 수 있는 것이다. 아울러, 중진급 의원의 보좌진인 경우, 해당 의원실에서 계속 승진을 거듭하며 상당히 장기간에 걸쳐 자신의 경력을 연장해나갈 수 있는 기회도 따른다. 이 경우, 중진 의원의 최측근으로 자리매김하며 의회 및 소속 정당 안에서 상당한 영향력을 행사하는 위치에 오를 수도 있다.

마지막으로 ④유형인 의회 내 '비당파적 비전문가'의 경우는 의회 행정사무 및 입법 관련 절차업무 등 국회의 운영 전반을 담당하며 비당파적으로 의원들의 의정활동을 보조하는 스태프 인력들에 해당하는데, 의회 사무직원 등이 주로 여기에 속한다고 볼 수 있다. 한국의 경우도 입법고시 등 국회직 공무원시험을 거쳐 국회에 들어온 인력들이 이에 해당한다. 일종의 입법부 소속 관료 또는 국회 내 직업공무원들인 셈이다. 그리고 이들 의회 내 '비당파적 비전문가'는 여타의 관료집단이 그러하듯 의원들이 입법이나 대행정부 감시·감독 등 제반 의정활동을 해나감에 있어, 각 상황 및 단계들마다 주로 기술적 차원에서의 합리적 절차 및 효율적 행정 등을 제공하는 역할을 담당하게 된다. 즉 이들이야말로 앞서 언급했듯 의회가 일상적으로 운영·작동되도록 하는 데 있어 필수적인 제네럴리스트 공무인력들인 것이다.

한편, 이들은 당파적으로 임용되거나 '비당파적 전문가'들처럼 정책적 수요에 따라 수시로 채용되지 않으며, 상기했듯 정례적인 직업공무원시험 등을 통해 집단적으로 충원되고 이에 따라 정년보장 등도 이뤄지는 경우가 많다. 그러므로 의회 내 스태프들 가운데선 그 직업안정성이 가장 높은 유형에 해당한다. 하지만 이들 '비당파적 비전문가' 유형의 입법부 공무원들의 경우, 니스카넨(Niskanen 1971)이나 털록(Tullock 1965)이 지적하듯 공적 책무 이상으로 행정부 소속 관료들과 유사하게 자신들이 속한 조직의 예산 및 규모 증대를 꾀할 위험이 없지 않다. 소속된 조직의 예산 및 규모가 커질수록 해당 관료들로선 자신들의 영향력, 사회적 위신 그리고 근무여건 등이 개선될 여지 또한 함께 커지기 때문이다. 이에 따라, 꼭 자신들의 소관 영역이 아닐 수 있는 연구 관련 기관이나 부서들에까지 자신들의 자리나 파견 직위 등을 불균형적인 정도까지 늘려가고자 할 수 있다. 그리고, 이는 종종 의회의 기능을 필요 이상으로 관료적으로 만드는 동시에 그 입법·정책 역량 자체의 약화까지 야기하게 될 것이다.

본 장의 연구목적과 관련하여, 의회 내 입법·정책 지원기구들을 적절히 운영·작동시키고 이를 통해 의회정치를 활성화시키자면, 결국은 의회 내 각 기관들의 적재적소에 상기 4개 유형의 입법·정책 지원 스태프 인력들을 적정 규모만큼 배치하는 작업이 그 핵심이 될 수밖에 없다. 물론 재정적 여력이 무한하다면 모든 기구들에 모든 유형의 인력을 최대한 많이 배치하는 게 가능해질 것이고, 이는 한국 국회의 입법·정책 지원기구들이 현재 지니고 있는 많은 문제점들을 일거에 해소해주는 방법이 될 수도 있을 것이다. 하지만 모든 공공 예산이 그러하듯, 국회에 배치될 수 있는 공무 인력의 규모에도 근본적으로 한계가 있을 수밖에 없다. 그러므로, 이하에서 논의할 것이듯, 국회 내 가용 스태프 인력을 그 업무성격에 맞춰 가급적 적재적소에 배치하는 일이야말로 한국 국회의 정책역량을 키우는 데 있어 가장 현실성 있는 제도개선의 방향 중 하나가 될 것이다.

제3절
한국 국회 내 입법·정책 지원기구의 성격 및 문제점

상술했듯, 한국 국회의 주요 입법·정책 지원기구로는 일종의 기관 성격을 지니는 조직들로서 국회사무처 산하 법제실, 상임위 전문위원실, 그리고 국회입법조사처, 국회 예산정책처, 국회도서관 등과 같은 정책연구 및 의정보조 관련 기구들이 있으며, 이외에도 국회의원들은 자체적으로 보좌진 등을 고용해 각각의 의원실을 운영하고 있다. 본 연구에선 의원들이 개별적으로 구성하는 보좌진들보다는 주로 전자, 즉 기관 성격이 상대적으로 강한 입법·정책 지원조직들 위주로 그 현황 및 성격, 그리고 문제점들을 점검해보고자 한다.

1. 국회사무처 법제실

먼저, 국회사무처 산하 법제실은 의원입법의 초안작성 과정에서 국회의원들의 요청에 맞춰 기술적·법리적 지원을 제공하는 역할을 담당하는 기구이다. 현재 법제총괄과, 사법법제과, 행정법제과, 교육기술문화법제과, 복지여성법제과, 정무환경법제과, 재정법제과, 산업농림해양법제과, 국토교통법제과, 법제연구분석과 등 총 10개의 과로 구성되어 있다. 법제실은 무엇보다도 국회의원이나 각 상임위원회가 법안을 제출하려 할 때 사전적으로 관련 법체계와의 비교 및 검토를 수행해주는 한편, 이를 법률적 용어로 다듬어 법률의 초안 형태를 축조·성안해주는 임무를 맡는다. 이러한 법제실의 업무는 최초 의원발의 법안의 골간이 실제 법률안으로 제출가능해질 만큼 그 형식적 틀과 내용적 수준을 갖추게 되느냐에 근본적 영향을 미치게 된단 점에서 매우 중요하다. 특히 과거에는 국회의원들이 소속 정당, 각종 이익집단, 관련 외부 전문가의 협조 및 지원하에 법안을 작성하고 이를 제출하는 비율이 높았던 데 비해, 제18대 국회 이후로는 법제실의 보조를 받아 법률 초안을 작성·제출하는 사례들이 계속 증가하는 추세에 있기 때문에 이 기구의 중요성 역시 계속 커지는 중이다(정극원 2015: 114-115).

이와 함께 법제실은 대통령령, 총리령, 부령 등 행정부의 시행령이나 시행규칙, 즉 행정입법 전반에 대한 분석 및 평가 또한 그 주요 소관 업무로 삼는다. 국회법 제98조의2 제3항은 행정입법 검토의 주체를 상임위원회로 규정하는 한편, 제9항에서 해당 상임위의 전문위원이 행정입법 검토 업무를 지원하도록 명시하고 있다. 하지만 국회사무처직제 제7조 제3항 제2호에 의하면, 국회의 행정입법 검토 실무는 국회사무처 법제실의 업무로 분류된다(장승진 외 2020: 103). 즉 법제실이, 통상 상임위의 요청에 따라, 행정부의 행정입법 내용이 국회가 통과시킨 법률의 취지에 배치되지 않으면서도 이를 잘 반영하고 있는지 점검하는 실질적 역할을 맡는 셈이다. 특히 최근 위임입법이 전반적으로 증가하는 추세 속에서 행정부의 입법 비중이 계속 높아짐에 따라 의회민주주의 원칙이 훼손되고, 이로 인해 국민권익이 침해될 위험도 증가하고 있음은 주지의 사실이다. 따라서, 비록 여전히 한국 국회의 경우 행정부 행정입법에 대한 실효적 통제를 가하고 있다고 보기 힘든 측면이 있지만, 본 법제실의 업무는 국회 본연의 역할이란 측면에서 봤을 때도 매우 중요한 임무가 아닐 수 없겠다. 특히 이는, 최근의 정치적 양극화에도 불구하고, 여야 정당들이 갈등과 대립으로부터 벗어나 협치를 시도하게끔 유인해낼 주요한 공통의 기반이기도 한 만큼 그 중요성이 계속 커져갈 것이다.

그 밖에도 국회사무처 산하 법제실은 국내외 법제에 관한 조사·연구 및 국회의원들의 법제활동 전반에 관한 보조·지원의 역할도 함께 수행하고 있다. 즉 대체로는 의원이 발의하는 법률안의 초안을 작성하고, 행정부 행정입법에 대한 분석 및 평가를 주로 하지만 일종의 정책적 연구 업무 또한 함께 수행하고 있는 것이다. 2022년 9월 16일에 있었던 국회의원들과의 집담회 면접조사에 의하면, 국회의원들마다 법률 초안을 작성하는 데 있어 법제실을 활용하는 빈도에는 적잖이 차이가 있다. 제도적 차원에서

보자면, 아직 모든 의원들이 법제실을 통해 법안을 제출하는 것이 절차적으로 보편화되어 있진 않은 셈이다. 하지만, 그럼에도 불구하고, 실제 법제실을 잘 활용하는 의원들의 입장에서 볼 때 본 기구에 대한 만족도는 상당히 높은 것으로 조사되고 있다.

한편, 국회사무처 법제실 인력은 대다수가 앞서 이론적 논의를 통해 설명한 입법·정책 지원 스태프의 4가지 유형 가운데 ④유형에 해당하는 '비당파적 비전문가', 즉 입법부 공무원들로 구성되어 있다. 즉, 입법고시 등 국회가 주로 공무원시험 등을 통해 선발한 인원들이 순환보직의 형태로 법제실 근무를 하고 있는 것이다. 하지만 후술할 것이듯 이들 입법부 관료들과 함께 최근에는 변호사나 관련 석박사학위 소지자 등 일부 전문가 인력 또한 수시로 충원이 이루어지고 있는 추세이다(이윤석 2015).

본 국회사무처 산하 법제실의 가장 핵심적인 문제점은, 그 인력 대비 업무량이 너무 과도하다는 사실이다. 앞서 언급했듯 민주화 이후 한국에선 의원발의 입법량이 폭발적으로 증대되어왔고, 이에 따라 자연스럽게 법제실의 업무 또한 기하급수적으로 늘지 않을 수 없었다. 또한 향후로는 의원들이 법률 초안을 작성할 때 법제실의 조력을 받는 일이 점차 더 제도화·보편화될 것으로 예측되고 있기도 하다. 그런데 현재 법제실 인력은 업무량에 비해 그 수가 매우 부족할 뿐 아니라 대다수가 상기한 ④유형 즉 입법부 관료 중심으로 채워져 있다. 물론 법제실의 핵심 임무인 법률 초안의 작성 및 행정부 시행령·시행규칙 등에 대한 검토의 경우, 공무원시험 시 기초적 법률지식을 검증받은 입법부 공무원들이 수행하는 데 비교적 적절한 측면이 있다. 특히 법 조항의 세밀한 성안 및 행정입법의 타당성 분석 등은 연구적·분석적이기보다는 행정실제적 성격이 상당 부분 있는 만큼, 다른 의회 스태프 유형에 비해 분명 엘리트 직업공무원들이 더 완결성 높은 업무성과를 올릴 수 있는 영역인 것도 부인할 수 없기 때문이다.

하지만 다른 한편에선 이러한 입법부 관료 중심의 법제실 인력 구성과 관련해 현재의 '비당파적 비전문가'들과 함께 관련 전문가 인력을 더 확충할 필요가 있다는 지적 또한 꾸준히 제기되고 있다. 현재 부실입법이나 위헌성이 있는 입법 등이 너무 많이 생산되고 있기 때문에, 입법관료들만으론 해당 업무가 제대로 이루어지기 어렵고 변호사나 해당 분야의 석박사학위 소지자 등 전문 인력이 더 필요하다는 것이다. 이와 관련해선, 미국이나 유럽 등의 사례를 볼 시, 법제 업무가 입법부 소속 관료들만으로 이루어지고 있지 않다는 비교 사례들 또한 함께 거론되고 있다(이윤석 2015). 더욱이, 입법부 공무원들의 경우, 국회사무처 내부적으로 순환보직 형태의 근무를 하기 때문에 법제실

업무를 중장기적으로 수행하지 않을 개연성이 크고, 이에 따라 해당 업무에 대한 숙련도가 축적되지 않을 수 있단 문제점도 충분히 제기될 수 있겠다. 즉, 인력이 부족한 데다 그 전문성이 안정적으로 확보되지도 않고 있는 측면이 분명 있는 것이다.

또한 이렇듯 법제실 장기근무 가능 인력의 부족과 함께 일부 조직편제상의 문제점도 지적될 필요가 있을 것으로 보인다. 예컨대, 법제실의 전반적 인력이 부족하고 그 업무량 또한 과도한 가운데 국내외 법제에 관한 조사·연구 기능까지 꼭 이 기관에서 수행해야만 하는 것인지에 대해 적잖이 의문이 드는 것이다. 뒤에서 제도개선 방향을 제시하며 다시 언급하겠지만, 국회 내에는 국회입법조사처 등 입법 및 정책 관련 비교연구 및 해외사례의 조사 등을 보다 전문적으로 수행하는 다른 기관들도 있는 만큼 그 업무가 중첩되는 부분이 있기 때문이다. 물론 법제실 본래의 주요 업무와 완전히 무관하다고 할 수만은 없겠으나, 이를 두고 꼭 필수적 기능이라고 하기도 어려워 보인다. 즉 이는, 국회 내 입법·정책 지원인력의 수가 전반적으로 부족한 가운데 비효율적인 인력배치의 한 예로 볼 여지도 없지 않은 것이다.

2. 상임위원회 전문위원

다음으로 국회 상임위원회 전문위원실은, 각 상임위 안에 소속돼있으면서 자신들의 전문성을 바탕으로 상임위와 그 소속 의원들의 입법활동을 보조하는 것을 주된 역할로 삼는 지원인력 그룹이다. 즉 국회의원은 아닌 상임위 소속 스태프 집단을 일컫는 것이다. 특히 국회의원들은 해당 상임위 관련 입법·정책 전반에 있어 세부적 전문성을 모두 확보하고 있기가 쉽지 않은 탓에, 다양한 분야 법안들의 내용들을 면밀히 파악하는 데도 한계가 있을 수밖에 없다. 그러므로 이 과정에서 법안 관련 쟁점사항 등에 관해 나름의 전문성을 갖고 해당 입법의 효과에 대해서도 객관적으로 검토·예측하며 그 방향을 제시해주는 역할을 해줄 수 있는 상임위 소속 전문위원들이 필요한 것이다. 현재 이러한 전문위원실은, 국회운영위원회, 법제사법위원회, 정무위원회, 기획재정위원회, 교육위원회, 과학기술정보방송통신위원회, 외교통일위원회, 국방위원회, 행정안전위원회, 문화체육관광위원회, 농림축산식품해양수산위원회, 산업통상자원중소벤처기업위원회, 보건복지위원회, 환경노동위원회, 국토교통위원회, 정보위원회, 여성가족위원회 등

총 17개의 상임위별로 각각 차관보급의 수석전문위원, 2급 공무원 상당의 전문위원, 그리고 이와 함께 10명에서 20명 정도 규모의 입법심의관 및 입법조사관 등으로 구성된 채 그 운영 및 작동이 이뤄지고 있다.

본 상임위원회 전문위원실의 업무와 기능을 보다 구체적으로 살펴보면, 안건에 대한 검토보고, 상임위 단계에서의 법안의 기초 및 수정안 작성, 자료조사 및 수집 등 전문적 입법을 둘러싼 내용적 지원은 물론, 회의운영 총괄, 회의록 및 보고서 작성, 안건 관련 자료의 인쇄 및 배부, 이해관계자에 대한 연락업무 등 상임위 관련 행정업무들까지도 두루 맡는다(김동원·고명철 2013: 177). 특히, 의사일정상 상정된 모든 법안은 반드시 전문위원의 검토보고를 거쳐야만 한다는 점에서, 의원발의 법안의 대다수는 실상 이 전문위원실의 지원 속에서 그 작성이 완료된다고 볼 수 있다.

이와 관련해 기존의 연구들을 살펴보면, 한국의 경우 역시, 상임위 전문위원들이 검토보고서를 통해 제시하는 입법·정책의 방향성이 상임위 소속 의원들의 최종적 입법 판단에 적잖은 영향을 미치는 것으로 보고돼왔다. 이를테면, 상임위 전문위원이 검토보고서를 통해 특정 내용을 강조하면 해당 부분이 법안 심의과정에서 쟁점 사항으로 부상하게 되며 종국에는 해당 검토대로 채택되는 경우가 많았다고 보고되었고(박재창 1995), 통계적으로 검증했을 때도 전문위원들이 수정의견을 강조할수록 원안 채택 비율이 유의미할 만큼 감소됨이 밝혀진 바 있다(김형섭·홍준형 2018). 또한 17대 국회 전반기에 과학기술정보통신위원회가 심의했던 정부발의 법안 4개 사례 등을 분석한 결과를 봐도, 해당 법안들 내 조항의 30% 정도가 전문위원발 검토보고서에서 지적된 내용이 반영된 수정안으로 변경·채택됐던 것으로 나타났다(김춘엽 2006). 즉 한국 국회의 경우, 경험적으로 봐도, 상임위 전문위원의 입법과정에서의 중요성 및 그 영향력이 매우 큰 것이다.

한편, 한국 국회 상임위 전문위원실의 경우, 앞서 이론적 논의를 통해 제시했던 입법·정책 지원 인력의 4가지 타입들 가운데 ④유형에 해당하는 다수의 '비당파적 비전문가', 즉 입법부 공무원들과 함께 ②유형에 해당하는 '비당파적 전문가'들이 섞여 있다. 이를테면, 입법고시 등 공무원시험을 거쳐 국회로 들어온 제네랄리스트 인력이 순환보직 또는 고위급 승진 등을 통해 각 상임위 전문위원실에서 상당수 근무하게 되며, 이 밖에도 국회사무처 주관하에 비정기적으로 개방형직위 또는 임기제공무원 트랙의 전문위원이나 입법조사관 등을 상임위 전문위원실 인력분으로 선발하기도 한다. 과거에는 각 상임위원장이 이들에 대한 인사권을 전적으로 행사하기도 했고, 2000년대 초반까지만 해도 재정경제부, 기획예산처, 국방부 등 행정부 부처들에서 국회 상임위로 넘어온 전문 인력들도 일부 있었다. 하지만 현재는 수석전문위원과 전문위원의 절대다수가 입법고시 출신 등 국회 내부로부터 충원되고 있기 때문에(서동욱 외 2015), 적어도 상임위 전문위원실 고위직의 경우 상기 ②유형인 '비당파적 전문가'보다는 ④유형인 '비당파적 비전문가'들, 즉 입법고시 출신 공무원들의 당연직 승진코스가 되어온 것으로 보는 편이 더 적절하다.

본 국회 상임위 전문위원실의 경우, 국민에 의해 선출되지 않은 인력임에도 불구하고 대의기관인 국회가 수행해야 할 입법과정에서 비대한 영향력을 행사함에 따라, 민주적 책임성 결여의 문제를 야기할 수 있다. 예컨대, 전문위원을 보좌하는 한 입법조사관은 "의원들이 모든 법안에 관심 가질 수는 없다. 정치적으로 이해관계가 있거나 지역구 관심 법안이 아니라면 세부 내용은 잘 모른다. 그런 경우 검토보고서 내용을 많이 참고한다"고 언급한 바 있다. 그리고 어떤 경우에는 심지어 의원들이 이들의 영향력에 과도하게 종속되는 경우마저 있어 '숨은 실세'로까지 불린다(김원철 2016). 다시 말해, 상임위 전문위원실의 막강한 영향력으로 인해, 입법에 있어, 선출된 국민의 대표자격인 국회의원의 고유권한 및 그 역할이 침해될 위험성이 없지 않은 것이다(김한나 외 2021).

일차적으로 상임위 전문위원실의 이러한 인적 구성은 입법과정의 과도한 기술관료화란 문제로 이어질 수 있다. 즉 입법관료가 법안의 최종적 형태를 사실상 결정함에 따라, 엄연히 국회 내부적으론 선거를 통해 민심이 대표된 정당 간 의석의 배분 결과 등이 있음에도, 그 내용이 이를 전혀 반영하지 않은 채 과도한 기계적 중립성을 기하게 될 위험이 있는 것이다. 이러한 문제점은 2022년 12월 2일에 있었던 국회의원 집담회 및 2022년 12월 22일에 있었던 더불어민주당 당직자 면접조사에서 대부분 동일하게 지적되었다. 심지어는 국회의 입법행위에 대한 중대한 침해로까지 우려하는 의원들도 있었다. 결과적으로 법안은 민의에 세심히 반응하지 못할 뿐 아니라, 관료적 합리성 안에서 대단히 절충적이거나 현상유지적인 수준에만 머무르게 될 위험이 커지는 것이다. 또한 상임위 전문위원들이 행정부 부처나 외부 이익집단 등의 로비의 대상이 되어 스스로 부정한 거래에 연루되고, 종국에는 부정입법의 통과에 기여하게 될 위험성도 배제하기 어렵다. 선거 등을 통해 민주적으로 책임지지 않는 인력이 과도한 입법적 영향력을 행사하다 보니, 부패의 위험성을 동반하지 않을 수 없게 된 것이다. 심지어는 국정감사 때 피감기관들이 현장 국감을 회피하기 위해 집중적인 로비를 하는 대상도 다름 아닌 상임위 전문위원들인 것으로 알려질 정도이다(김지훈 2023). 더욱이, 무엇보다도 최근처럼 정치적 양극화가 심화된 상황 속에선 전문위원실의 기술관료적 경향이 강화될수록 여야가 대화와 타협에 기초한 입법을 이뤄내기가 더 요원해지고, 그 가운데 전문위원의 재량권이 계속 커지는 악순환마저 형성될 수 있다.

물론 이를 완화하기 위해 국회의원들의 상임위에서의 입법과정상 역할 및 책임을 대폭 확대하고, 상임위 전문위원이 개입하는 비중을 현재보다 축소하는 방향에서 매우 근본적인 개선책을 고려해볼 수도 있다. 하지만 전술했듯 국회의원들은 현실적으로 입법과정에만 매진하기가 쉽지 않은 형편이다. 오히려 이는, 법안의 전문성 저하 및 질적 수준의 하락으로 이어지게 될 소지도 있다. 그런 만큼 상임위 전문위원실의 경우, 뒤에서 제도개선 방향과 관련해 다시금 자세히 설명하겠지만, 현재로선 국회 내 그 어떤 다른 입법·정책 지원기구들에 비해서도 민주적 책임성과 전문성을 동시에 확보할 수 있게끔 하는 개선이 요구되고 있는 기구라고 하겠다.

3. 국회입법조사처

다음으로, 국회입법조사처의 경우, 과거 국회도서관이 맡던 입법조사 및 정책연구 기능의 강화 차원에서 2007년 따로 기관을 분리해 신설하면서 출범하였다. 잘 알려져 있다시피, 이 조직은 국회의원 및 각 상임위원회가 요청하는 입법·정책 관련 사항들에 대해 회답을 제공하는 역할을 주된 업무로 담당한다(김동원·고명철 2013: 177). 이 밖에도 해외 입법동향 및 정책분석 관련 비교연구, 정보제공, 자료수집 및 관리·보급 등 또한 일상적인 업무들로 함께 수행하고 있다. 본 기관은 정치행정조사실, 경제산업조사실, 사회문화조사실 등 3개의 실로 구성되며, 정치행정조사실 산하에 정치의회팀, 법제사법팀, 외교안보팀, 행정안전팀 등 4개의 팀, 경제산업조사실 산하에 금융공정거래팀, 재정경제팀, 산업자원농수산팀, 국토해양팀 등 4개의 팀, 그리고 사회문화조사실 산하에 환경노동팀, 교육문화팀, 과학방송통신팀, 보건복지여성팀 등 4개의 팀을 각각 구축해두고 있다.

이렇게 볼 때, 국회입법조사처는 국정 전 분야에 관한 조사 및 연구를 전문적으로 수행하는 전형적인 연구기관의 일종이라 할 수 있다. 즉 국회 소속의 대표적 싱크탱크인 셈이다. 특히, 상기한 정도로 광범위한 분야 및 영역에 걸친 조사와 연구를 수행하는 본 기관과 같은 수준의 연구소는 전국적으로 봐도 흔치 않다. 그런 만큼, 국회입법조사처의 경우, 국회 내부적으로도 그 입법 및 정책지원 기능의 폭이 다른 기관들과 비교했을 때 월등히 넓은 편이다. 예컨대, 국회사무처 법제실, 국회예산정책처, 국회도서관 등이 의정활동 지원과 관련하여 비교적 한정된 분야나 영역에 그 역할을 특화시켜 해당 업무 위주로 상임위 또는 의원실을 지원하고 있다면, 이 조직은 정책 분야나 영역의 제한이 없는 조사·분석 및 회답을 요청받고 이에 응하는 가운데(정극원 2015: 117), 입법, 정책, 제도 등에 대해 전반적으로 매우 폭넓은 경험적 연구 및 대안, 비전 등의 모색 등에 매진하고 있는 것이다.

국회입법조사처는, 비교적 관점에서 봤을 때, 미국의 의회조사국과 상당히 유사한 업무들을 수행한다. 주지하듯, 미국 의회조사국은 미국의 연방 상하원 의원들의 입법을 포함한 의정활동 전반을 지원하기 위해 설립된 의회 산하의 초당적 연구소이다. 따라서, 브루킹스연구소(Brookings Institute), 해리티지재단(The Heritage Foundation) 등 미국 민주당(Democratic Party)과 공화당(Republican Party)의 정치적 입장을 상당 부분 반영하는 민간 연구기관들과 달리, 정치적으로 매우 중립적이고도 객관적인 조사 및 연구를 수행하는 것으로 잘 알려져 있다. 미국의 의회조사국 또한, 한국의 국회입법조사처처럼, 과거 의회의 정책역량의 중요성 증대 및 이에 따른 조사·연구 기능의 확장 추세와 함께 의회도서관으로부터 분리되었고, 현재와 같은 조직 형태를 갖추게 되었다. 그리고, 비록 여전히 형식상으론 의회도서관 소속이지만, 상기한 객관적이고도 중립적인 역할을 수행해야 한다는 차원에서 실질적으론 매우 강한 법적·행정적 독립성을 보장받고 있다(함성득·임동욱 2005: 67).

그러므로 한국의 국회입법조사처 또한 미국의 의회조사국과 같이 전적으로 국회를 지원하는 독립적인 조사·연구기관으로 간주된다. 이를테면, 한국의 국회입법조사처는 전문성, 정확성과 함께 무엇보다도 중립성과 비밀성을 그 직무수행에 있어서의 핵심 원칙으로 삼고 있다(정극원 2015: 117). 이는, 본 기관이 국회의원이나 상임위를 대상으로 한 입법 및 정책 지원을 수행함에 있어, 특정 정당이나 정파의 입장에 기울지 않은 채 객관적이고도 중립적인 위치를 고수할 것이 강하게 요구됨을 의미한다. 여기서 흥미로운 것은 상기 직무수행 원칙들 중 비밀성의 경우, 여타의 국회 내 입법·정책 지원기구들과 달리 국회입법조사처에만 부과되어 있는 독특한 항목이란 점인데(임성근 2013: 58), 본 기관의 조사·연구 및 그에 따른 회답이 특히나 정당 간 혹은 국회의원들 간 다양한 이해관계의 충돌을 발생시킬 수 있기 때문에 그 독립성을 스스로 최대한 보장하려는 취지에서 포함시킨 것으로 풀이된다.

한편, 국회입법조사처의 경우, 앞서 이론적 논의를 통해 제시했던 입법·정책 지원 스태프의 4가지 타입들 가운데 ②유형에 해당하는 '비당파적 전문가'들과 ④유형인 '비당파적 비전문가'들이 공존하면서 함께 업무를 수행하고 있다. 물론, 전술했듯 본 기구는 정치적 중립성을 매우 중요한 가치로 삼고 있기 때문에, 이처럼 비당파적 스태프를 중심으로 인력을 운용하는 것은 그 자체로 타당해 보인다. 특히 두 유형 가운데 '비당파적 전문가' 스태프의 경우, 다양한 분야의 입법 및 정책 관련 연구를 전문적으로 수행할 수 있는 관련 분야의 석박사급 인력이나 변호사 등 전문직 자격증을 소지한 전문가들이 그 중심을 이루고 있다. 미국의 의회조사국과 유사하게, 한국의 경우도 이들의 상당수는 입법조사관 등과 같은 임기제공무원으로 채용되어 업무성과에 따라 그 계약을 연장해나가곤 한다. 비록 이들의 경우 상기했듯 직업안정성이 정년직 공무원들만큼 높진 않으나, 계약의 연장 등이 정치적 판단이나 정파적 평가, 선거결과 등에 따라 이뤄지는 것은 아니기 때문에 업무 수행에 있어서 적어도 형식상으론 객관성과 중립성을 보장받는 데 별 문제가 없다.

이외에 본 기관의 전문가 인력 가운데 또 다른 일부는 연구관 등 아예 정년이 보장되는 연구직공무원으로 임용되는 경우도 없지 않다. 이는 해당 연구인력들한테 매우 높은 직무상 독립성을 보장해줄 것이다. 아울러, 국회입법조사처에는 파견 등의 형태로 근무를 하고 있는 국회사무처 소속 공무원 등 일부 '비당파적 비전문가'들도 있다. 이러한 인력들의 경우, 이론적으로 검토된 스태프 유형의 성격상 본 기관의 행정이나 관리를 맡는 경우가 일반적이지만, 어떤 경우에는 '비당파적 전문가' 인력들처럼 연구 업무를 함께 수행하기도 한다.

한편, 국회입법조사처의 경우에도 현재 가장 핵심적인 문제점으로 지적되어야 할 부분은 그 인력의 부족이다. 누차 언급했듯 민주화 이후 의원발의 입법은 대폭 증대되고 있고, 계속 더 많아질 것이다. 그리고 본 조직은 업무의 성격상 의원실이나 상임위의 정책적 수요에 가장 빈번히 부응해야 할 기능적 책임이 있는 지원기구이다. 그럼에도 해당 인력의 규모는 여전히 매우 작아 보인다. 비록 국가 규모의 차이 등을 감안하지 않을 수는 없겠으나, 미국 의회조사국이 2000년대 중반을 기준으로 정규직만 700여 명이 넘는 스태프들을 채용하고 있는 데 비해(Dwyer 2005: 23), 국회입법조사처는 여전히 120명 정도의 인력으로만 구성돼있어 그 수가 월등히 적은 편이다. 특히, 상술한 국회사무처 법제실의 경우 입법이 실제 시작되는 단계에서야 기능적으로 활용되는 데 반해, 국회입법조사처의 경우는 연구기관의 특성상 입법 이전 단계 때부터 매우 폭넓게 활용될 여지가 큰바 체감되는 인력의 부족량은 더 심각할 수 있다. 의원실로부터의 업무 지원 요청이 법제실 등에 비해 상대적으로 더 빈번할 수밖에 없기 때문이다. 이는, 2022년 12월 2일에 있었던 국회의원들과의 집담회 면접조사에서도, 꼭 국회입법조사처 뿐 아니라 국회 내 입법·정책 지원기구 전반의 대표적인 문제점으로 분명하게 확인되었다. 즉 국회입법조사처의 상대적으로 부족한 인력 규모는, 한편으로 의원들의 입장에선 본 기관의 업무성과 등에 대해 불만을 갖게 하고, 다른 한편으로 본 기관 소속 스태프들의 입장에선 비현실적으로 과도한 업무 부담을 가지게끔 하는 측면이 있는 것이다.

또한 국회입법조사처가 과연 미국의 의회조사국과 같은 수준의 독립성을 실제 보장받고 있는가에 대해서도 유의미한 의문이 제기될 수 있다. 실제 2022년 12월 2일에 있었던 국회의원들과의 집담회 면접조사에선 이 부분에 대해서도 상당한 우려가 제기되었다. 우선, 미국 의회조사국장의 경우 그 임명절차 및 임기 등에 있어서 매우 강한 독립성이 보장되는 데 반해, 한국 국회입법조사처장의 경우 국회의장이 임명하는 가운데 적잖은 정치적 고려가 작용하는 것으로 알려져 있고, 임기의 보장 등과 관련해서도 독립성이 꼭 철저히 지켜졌다고 보기만은 어려운 실정이다. 그리고 이렇듯 조직의 장의 독립성이 강하게 보장되지 않을 시, 해당 기관의 조사 및 연구에 있어서의 독립성도 어느 정도는 훼손될 여지가 생기지 않을 수 없을 것이다.

아울러, 국회사무처 산하 입법부 관료들이 국회입법조사처로 파견을 오는 빈도가 높아지다 보니, 본 기관이 행정적으로 독립적인 위상을 확립하기가 점점 어려워지는 측면도 있다. 물론 국회사무처 소속 공무원들의 파견이 그 자체로 국회입법조사처의 정치적 중립성을 훼손하는 것은 아니다. 전술했듯 이들 또한 비당파적 성향이 강한 인력에 해당하기 때문이다. 하지만 연구기관의 과도한 행정적 종속이 연구인력의 관료화를 심화시키고, 파견직 스태프의 잦은 교체를 수반함으로써 조사 및 연구의 안정성과 지속성을 위협할 수 있으며, 나아가 그렇지 않아도 그 수가 많이 부족한 연구인력 규모의 문제까지도 근본적으로 더 악화시킬 위험이 있음은 비교적 분명해 보인다.

4. 국회예산정책처

다음으로, 국회예산정책처는 국회의원들에 대한 입법 및 정책지원 가운데서도 예산 및 결산, 그리고 기금 및 재정운용 등에 관한 사안들에 대해 조사하고 연구 및 분석을 전담하는 기관이라 할 수 있다(정호영 2012: 513). 앞서 설명한 국회입법조사처와 유사하게 과거 국회사무처 산하의 예산법제실이 수행하던 기능들이 2003년 분리·독립됨에 따라 현재와 같은 형태의 기관으로 재탄생해 운영되고 있다. 본 기관의 구체적인 업무들에는, 일차적으로 국회 상임위원회 혹은 국회의원이 요구하는 소관 사안들의 조사 및 분석 등을 통한 회답 기능과 함께, 예산안·기금운용계획안 및 결산에 대한 연구 및 분석, 예산 또는 기금상의 조치가 수반되는 법률안 등 의안에 대한 소요비용의 추계, 국가재정운용 및 거시경제동향의 분석 및 전망, 그리고 국가의 주요 사업들에 대한 분석·평가 및 중장기 재정 소요의 분석 등이 포함된다(김동원·고명철 2013: 177). 국회예산정책처는 예산분석실, 추계세제분석실, 경제분석국 등 2개 실과 1개 국으로 구성되어 있고, 예산분석실 산하에 예산분석총괄과, 산업예산분석과, 사회예산분석과, 행정예산분석과, 경제산업평가과, 사회행정사업평가과, 공공기관평가과 등 7개 과, 추계세제분석실 산하에 추계세제총괄과, 경제비용추계과, 사회비용추계과, 행정비용추계과, 세제분석1과, 세제분석2과 등 6개 과, 그리고 경제분석국 산하에 경제분석총괄과, 거시경제분석과, 산업자원분석과, 인구전략분석과 등 4개 과까지 도합 17개의 과들이 설치되어 있다.

이렇게 볼 때, 국회예산정책처 역시 재정 및 예산, 세제, 그리고 거시경제 등에 관한 조사 및 연구를 전문적으로 수행하는 전형적인 국회 산하의 싱크탱크라고 할 수 있다. 다만, 국회입법조사처가 국정 전 분야에 걸친 폭넓은 조사 및 연구를 수행한다면, 본 기관은 경제정책 관련 조사 및 연구를 보다 집중적·전문적으로 시행하는 기구로 볼 수 있겠다. 주지하듯 한국의 국회예산정책처 역시 상당한 제도적 독립성을 향유해온 미국 의회예산처와 매우 유사한 역할을 수행하고 있다. 그런 만큼, 전술한 국회입법조사처와 마찬가지로, 이 조직 또한 정파성·당파성을 지니지 않아야 함은 물론, 행정부나 각 정당들 그리고 외부의 이익집단들로부터도 철저히 독립적인 조사 및 연구를 수행하게끔 요구받을 수밖에 없다. 이와 관련하여, 앞서도 언급했듯 국회예산정책처 또한 그 직무수행에 있어서의 전문성, 객관성, 그리고 중립성을 핵심적 원칙으로 삼고 있다.

다만 국회예산정책처의 경우, 국회입법조사처와 달리, 비밀성을 그 직무수행에 있어서의 핵심 원칙으로 요구받고 있진 않은데, 이는 재정·예산, 거시경제 관련 조사 및 분석이 다른 정책 이슈들에 비해 정파적 색깔을 내포하게 될 가능성이 상대적으로 낮고, 비교적 그 보편적인 성격으로 인해 정당 간 그리고 국회의원 간 다양한 이해관계의 충돌을 야기할 소지도 덜하기 때문인 것으로 풀이된다.

한편 국회예산정책처의 경우도, 국회입법조사처와 마찬가지로 상기했던 입법·정책지원 인력의 4가지 타입들 중 ②유형에 해당하는 '비당파적 전문가'들과 ④유형인 '비당파적 비전문가'들이 함께 섞인 채 그 업무를 수행하고 있다. 물론, 앞서 언급했듯 본기구 또한 정치적 중립성을 매우 중요한 덕목으로 요구받기 때문에, 이처럼 비당파적 인력을 중심으로 조직을 운용하는 것은 적절성·타당성이 있어 보인다. 국회예산정책처 역시, 국회입법조사처와 유사하게, '비당파적 전문가'들의 경우 재정, 예산, 조세 및 거시경제 등 주로 경제 분야 석박사학위를 소지한 인력이 그 중심을 이룬다. 특히 미국 의회조사국이나 의회예산처처럼 이들의 상당수도 입법조사관 등 임기제공무원으로 채용된 후 그 업무성과에 따라 계약을 연장해나가는 것이 통상적이다. 전술했듯 비록 이들의 직업안정성이 정년직 공무원들만큼 높다고 보긴 어려우나, 계약의 연장 등이 정치적 판단이나 정파적 평가 또는 선거결과 등에 의해 결정되는 것은 아닌 만큼 그 업무수행에 있어 객관성과 중립성을 견지하는 데는 적어도 형식적으론 큰 문제가 없다고 할 수 있다.

이외에 국회예산정책처의 '비당파적 전문가' 인력 중 일부도 국회입법조사처와 마찬가지로 연구관 등 정년이 보장되는 연구직 직업공무원으로 임용되는 경우들이 있다. 이들의 경우 조사 및 연구에 있어 매우 높은 독립성을 보장받을 수 있을 것이다. 아울러, 국회예산정책처에도 파견 등의 형태로 근무를 하고 있는 국회사무처 소속 공무원 등 상기 이론적 분류상 ④유형에 속하는 '비당파적 비전문가'들이 일부 있다. 국회예산정책처 소속 본 인력들의 경우 또한 이러한 타입의 스태프 성격상 조직의 행정이나 관리 업무를 주로 하는 게 일반적이겠으나, 일부는 '비당파적 전문가' 인력들처럼 연구 업무를 함께 수행하는 경우도 없지 않다. 특히 국회예산정책처장은, 주로 외부에서 처장이 영입되는 국회입법조사처장과 달리, 입법고시 출신 국회사무처 공무원이 승진을 통해 임명된 사례가 절대 다수를 이뤄왔다. 물론 이들의 경우도 박사학위를 소지한 경우가 상당수 있고 입법부 관료로서 오랜 시간 봉직해 온 만큼 전문성 또한 꼭 떨어진다고만 보긴 어렵겠으나, 이들의 채용방식 등을 감안했을 때 근본적인 유형 분류의 관점에서 보자면 '비당파적 비전문가'의 성격이 더 강하다고 할 수 있다.

한편 국회예산정책처의 경우도 그 인력 부족이 주요 문제점으로 지적되지 않을 수 없다. 이 또한 2022년 12월 2일에 있었던 국회의원들과의 집담회 및 2022년 12월 22일에 수행된 더불어민주당 당직자와의 면접조사 시 국회 입법 및 정책 지원체계의 주요 문제점 중 하나로 공히 지목되었다. 하지만, 국회입법조사처와 비교했을 때, 국회예산정책처의 인력 부족은 일견 매우 심각한 수준은 아닌 것처럼 보이기도 한다. 이를테면, 미국 의회예산처가 약 240여 명 정도의 인력을 채용하고 있음에 비춰보면(김춘순 외 2012: 22–23), 현재 대략 120여 명 안팎의 인력으로 이루어져 있는 국회예산정책처의 규모가 꼭 턱없이 작다고 하기만은 어렵기 때문이다. 실제 국회예산정책처의 경우 내외부적으로 그 인력 부족에 대한 불만이 비교적 심각하지 않은 것으로 조사되고 있기도 하다. 하지만 한국의 국회예산정책처가 상기한 바처럼 매우 다양한 경제 이슈 관련 조사 및 연구들을 동시에 수행하고 있음에 반해, 미국 의회예산처의 경우는 240여 명의 스태프들이 사실상 예산심의에만 집중하고 있어 단순 비교는 어렵다(이겨레·함성득 2008: 174). 다시 말해, 단순히 미국과의 인력 규모상 차이가 국회입법조사처에 비해 턱없이 크지 않다고 해서 국회예산정책처의 현재 인력이 충분하다고 단정할 수는 없는 것이다.

또한, 국회예산정책처가 과연 미국의 의회예산처와 같은 정도의 독립성을 보장받고 있는지에 대해서도 국회입법조사처의 경우와 마찬가지로 적잖이 의문이 든다. 이는 2022년 12월 2일에 있었던 국회의원들과의 집담회 면접조사에서도 마찬가지로 분명히 지적된 바 있었다. 특히, 앞서도 언급했듯 국회예산정책처장의 경우 국회사무처 출신 관료가 임명되는 경우가 대다수였으며, 국회입법조사처와 같이 국회사무처 산하 입법부 공무원들이 본 조직에 파견을 오는 빈도 또한 상당히 높다. 그러므로 본 기관 역시 행정적으로 독립적인 위상을 확립하기가 쉽진 않은 실정이다. 물론 국회사무처 소속 공무원들의 파견이 그 자체로 국회예산처의 정치적 중립성을 훼손한다고 볼 수는 없다. 하지만 본 기구의 경우에도 연구기관의 과도한 행정적 종속이 연구인력의 관료화를 야기하고, 파견직 인력의 잦은 교체를 수반함으로써 조사와 연구의 안정성 및 지속성을 위협할 여지는 분명 있을 것이다. 또한 국회예산정책처장이 입법부 고위공무원 가운데 임명되고 그로 인해 본 연구기관이 관료화된다 해서 현실적으로 이 기관이 조사 및 연구 전반에 있어 꼭 독립성을 보장받을 수 있는지도 의문이다. 특히 처장의 경우 입법부 관료가 승진 임용되는 자리라곤 하나 차관급 정무직으로 임명되며 그 임기 또한 정해져 있지 않은 탓에 여야 간 정치적 고려가 작용하지 않을 수 없고, 그 결과 본 기구 역시 경우에 따라선 조직적으로 정무적 판단을 하지 않을 수 없게 될 것이기 때문이다.

결론: 한국 국회 입법·정책 지원기구를 둘러싼 제도적 개선방안들

한국 국회의 의정기능 활성화 및 입법·정책 역량의 강화를 도모하자면, 국회 내 입법·정책 지원기구의 다양한 문제점들에 대한 몇몇 개선책들이 필요하다. 우선, 전반적인 인력의 확충 및 재조정, 특히 전문가 및 조사·연구 인력의 대대적인 증원이 강하게 요구된다. 이는, 앞서 반복적으로 인용한 바처럼 2022년 12월 2일에 있었던 국회의원들과의 집담회 면접조사에서도, 국회사무처 산하 법제실, 상임위 전문위원실, 국회입법조사처, 국회예산정책처 등에 공히 해당하는 입법 및 정책 지원체계상 문제점으로 지적된 바 있다.

먼저, 국회사무처 산하 법제실의 경우, 그 인력 대비 업무량이 현재 너무 과도해 보인다. 주지하듯 민주화 이후 한국에선 이미 의원발의 입법량이 폭발적으로 증대되었고, 이에 따라 자연스럽게 법제실의 업무 부담 또한 계속 증대되어왔다. 또한 향후로도 의원들이 법제실의 조력하에 법률 초안을 작성하는 경우가 점점 더 제도화·보편화될 것으로 예측된다. 전술했듯 현재 법제실에 대한 국회의원들의 만족도는 꽤 높은 편이다. 법제에 전문적이지 않고 이에 매진하기도 어려운 물리적·시간적 한계 속에 의원들이 입법을 원활히 수행해감에 있어, 법제실의 실질적 효용이 차츰 실감되고 있는 셈이다. 그럼에도, 의원발의 법률 초안의 축조 및 성안을 담당하는 법제관의 인력 규모는 여전히 많이 부족해 보인다. 더욱이, 국회사무처 공무원들이 순환보직으로 근무하는 경우가 다수이기 때문에 안정적이고 장기적인 역량 축적 또한 쉽지 않다. 즉, 의원발의 입법량 증대 및 의원들의 만족도 향상에 상응하는 정도로 그 규모와 편제가 적절히 조정되지 않고 있는 것이다. 따라서 현재로서 법제실 인력의 증원은 불가피해 보인다.

아울러, 법제실 내외부에선 국회사무처 소속 직업공무원들, 즉 입법관료들 이외에 '비당파적 전문가' 인력으로서 변호사 등 전문가 스태프의 증원 필요성 또한 계속 제기되고 있다. 비록 기본적인 법률지식을 갖춘 입법부 공무원들이 해당 업무에 비교적 적합한 것은 사실이나, 차츰 복잡해지는 사회변화에 상응하는 법안 수준에 부응하려면 보다 전문적인 입법 지식을 갖춘 인력이 더 많이 필요해질 수밖에 없기 때문이다. 그런만큼, 법제실의 인력을 전반적으로 증원하는 가운데 개방형직위 또는 임기제공무원 등의 티오로 변호사나 법학박사학위 소지자 등 관련 전문가 인력을 더 확충해갈 필요가 있을 것으로 사료된다.

아울러, 국회사무처 법제실의 소관 업무 분야 중 국내외 법제에 관한 조사·연구 기능은 국회입법조사처 등으로 이관하는 조정안 또한 고려할 필요가 있겠다. 전술했듯 법제실의 인력이 전반적으로 부족한 데다 법제 업무만도 그 부담이 적지 않은 와중에, 국회 내부적으로 조사·분석 및 연구 기능을 더 전문적으로 수행하는 기관들이 별도로 있음에도 불구하고, 이를 법제실이 계속 수행하는 것은 일종의 업무 중첩에 따른 비효율성을 낳을 소지 또한 분명 있기 때문이다. 따라서, 보다 구체적으로 제언하자면, 비경제 이슈 관련 해외 법제 등의 조사나 분석은 국회입법조사처 쪽으로, 그리고 경제 이슈 관련 법제 연구 등은 국회예산정책처 쪽으로 이관하는 방향을 진지하게 계획해볼 필요가 있을 것으로 판단된다. 그리고 법제실은 법제업무 지원 및 행정입법에 대한 사후적 추적 및 관리 등 핵심 임무에 더 매진하는 편이 온당할 것이라 사료된다.

한편, 국회입법조사처와 국회예산정책처 또한 인력을 추가적으로 확충해갈 필요가 있다. 특히 국회입법조사처 소속 전문 인력의 증원이 현재로선 더 시급해 보인다. 누차 강조하듯 국회입법조사처의 경우, 입법 및 정책 지원을 수행하는 데 있어, 국회가 지향해야 할 입법의 발전적 방향의 제시나 이를 위한 해외사례 분석 혹은 향후 비중 있게 다뤄져야 할 정책어젠다 등의 조사·연구를 담당한다. 따라서, 본 기관의 경우, 입법 이전 단계 시부터 이미 국회의원 혹은 상임위가 상대적으로 매우 빈번하게 지원을 요청할 수밖에 없다. 그럼에도, 전술했듯 미국 의회조사국이 2000년대 중반을 기준으로 정규직만 700여 명이 넘는 인력을 채용하고 있는 데 반해, 국회입법조사처는 여전히 120

명 정도의 인력으로만 구성돼있어 그 수가 매우 부족한 편이다. 특히, '비당파적 비전문가' 제네럴리스트 인력보다는, 각 분야별 석박사학위나 자격증을 보유한 '비당파적 전문가' 스태프를 개방형 또는 임기제공무원 등의 직위로 대폭 충원하는 방안을 적극 고려해볼 필요가 있겠다.

한편, 국회예산정책처의 경우도, 비록 국회입법조사처만큼 시급하진 않을 수 있으나, 일부 전문 인력 등의 증원이 불가피해 보인다. 본 조직은 국회의 예결산심의 지원, 기금운용계획 분석, 법안비용 추계, 주요 국가사업의 중장기 재정소요 분석, 그리고 국가재정 및 거시경제 동향 파악 등을 주된 업무로 수행하는데, 경제정책에 집중되어 있긴 하지만 그 업무의 범위가 결코 협소하다고 보기 어렵다. 특히, 앞서 언급했듯 미국의 의회예산처가 240여 명 정도의 인력을 투입해 주로 예산심의 업무에만 집중하고 있는 데 반해, 국회예산정책처는 현재 120명 정도의 인력만으로 경제 관련 이슈 전반을 모두 다루고 있는 실정이다. 따라서 이 기구 역시 '비당파적 비전문가'보다는 개방형 또는 임기제공무원 등 직위의 증설을 통해 관련 분야 석박사학위나 자격증을 보유한 '비당파적 전문가' 인력의 충원에 주력하는 방향을 더 고민해야 할 필요가 있을 것으로 판단된다. 더욱이, 앞서 제안한 바처럼 중장기적으로 법제실의 조사 및 연구 기능을 국회입법조사처와 국회예산정책처로 일부 이관한다고 했을 때, 이러한 전문 연구인력의 충원 필요성은 더 커질 수밖에 없다.

이와 동시에, 국회입법조사처 및 국회예산정책처의 '비당파적 비전문가' 인력, 즉 입법부 공무원의 규모는 그 업무성격 등을 감안해 적정 비율로 축소될 필요가 있을 것으로 보인다. 전술했듯 두 기관은 국회 내의 대표적인 싱크탱크에 해당하는 만큼, 그 업무를 원활히 수행하는 데 있어 행정적 · 법적 독립성이 매우 중요하다. 그런데 해당 기구들에 대한 예산을 결정하는 국회사무처의 지분이 늘어나고 그에 따라 이들의 영향력이 커질수록 본 기관들의 관료화는 심화될 것이다. 그리고 그 결과, 그렇지 않아도 그 수가 많이 부족한 전문 인력의 창의적 조사 및 연구 또한 근본적인 제약을 받지 않을 수 없게 될 것이다. 그러므로 국회사무처는 행정적 필요에 따른 적정 인력 이외의 입법부 공무원들의 두 기관으로의 파견이나 순환근무 등을 최소화하고, 가급적 각 분야 전문가들 위주로 정책이슈 중심의 조사 및 연구에 매진할 뿐 아니라 그 독립성 또한 철저히 유지할 수 있게끔 지원 · 장려해가는 편이 합당할 것으로 판단된다.

아울러, 국회입법조사처 및 국회예산정책처가 정치적 · 정파적 중립성을 기하고 이들이 각 정책이슈들에 있어 객관적 조사 및 연구 성과들을 안정적으로 도출할 수 있도록 하려면, 양 기관의 기관장 임기를 철저히 보장함으로써 국회사무처는 물론 국회 내 거대 정당들과 지도부 그리고 심지어는 행정부로부터도 보다 확실한 독립성을 확보할 수 있도록 제도화할 필요가 있겠다. 현재는 앞서 지적했듯 국회입법조사처장과 국회예산정책처장의 임명이 적잖이 정치적 고려하에 이뤄지고 있을 뿐 아니라 그 임기 역시 법적으로 보장이 되지 않고 있기 때문에, 사실상 기관장들부터 외부의 정치적 · 정파적 영향력에서 온전히 자유롭기가 쉽지 않은 실정이다. 그렇다면 이는 결국 두 연구기관들의 업무수행 자체도 객관적이고 중립적으로만 이뤄지기가 힘들 수밖에 없음을 의미한다. 기관장의 독립성이 보장되지 않는데, 해당 기관의 중립성 · 객관성이 보장될 리 만무하기 때문이다. 따라서 국회입법조사처장과 국회예산정책처장의 임기는 국회의장 임기에 맞춰 최소 2년을 보장하든가, 아니면 미국 등 다른 의회선진국들과 같이 4년 이상으로 법에 명시함으로써 아예 그 독립성을 극대화하는 방안까지 적극 고려해볼 필요가 있다.

한편, 상임위원회 전문위원실의 경우, 상술했듯 입법부 고위공무원이 법안의 최종적 내용 및 방향을 사실상 결정하는 위치에 있음으로 인해, 엄연히 국회 안에는 선거를 통해 민심이 반영된 정당 간 의석의 배분 등 대의민주주의적 토대가 상존함에도, 그 내용이 이를 잘 반영하지 않은 채 과도한 기계적 중립성을 기하게 될 위험이 있음이 이미 지적되었다. 그리고 상임위 전문위원들이 행정부 부처나 외부 이익집단 등의 로비의 대상이 되어 스스로 부정한 거래에 연루되고, 종국에는 부정입법의 통과에 기여하게 될 위험성 또한 없지 않음도 살펴보았다. 즉, 이들의 과도한 영향력으로 인해 상임위 통과 단계에서 법안이 민주적 숙의에 기반하지 못하고 과도하게 기술관료적으로 흐르게 될 수 있으며, 그렇다고 해서 이 전문위원들이 의원들에 비해 꼭 부정부패에 덜 취약할 것으로만 보기도 어려운 실정인 것이다. 더욱이, 최근처럼 정치적 양극화가 심화된 정치적 환경 속에선 이들 전문위원의 재량적 결정권이 더 확대될 수밖에 없고 이에 따라 정치인들은 늘 무언가를 두고 갈등하고 대립하고 있지만, 정작 유권자가 원하는, 유권자를 위한 방향으로의 제도적 개선은 잘 이뤄지지 못하는 대의민주주의의 역설이 계속될 위험도 있겠다.

그러므로 상임위원회 활동이 민주성과 전문성 간 균형 속에서 이뤄질 수 있도록 하려면, 입법부 고위공무원들 이외에 각 정당 또는 원내 교섭단체로부터 '당파적 전문가'

인력들을 수석전문위원을 포함한 상임위 스태프로 파견받아 해당 업무를 수행토록 하는 방안을 적극 고려해볼 필요가 있다. 앞서 이론적 논의를 통해 이미 설명했듯, 미국의 사례에선 상하원 상임위의 입법 지원인력을 공화당과 민주당 양당으로부터 파견받아 이들이 전문성과 당파성을 동시에 지닌 채로 법안의 확정 등에 핵심적 영향력을 미칠 수 있게끔 제도화해 두고 있다. 이렇듯 '당파적 전문가' 스태프가 상임위 전문위원으로서 주요한 역할을 맡게 되면, 한편으론 대다수의 국회의원 등 '당파적 비전문가' 위주의 상임위 활동으로부터 자칫 야기될 수 있을 생산성 없는 갈등과 대립이 일정 정도 예방될 수 있을 것이며, 다른 한편으론 현재 한국의 전문위원들과 같은 '비당파적 비전문가' 중심의 지나치게 관료적이고 (현상유지적인) 입법활동의 위험성이 큰 상임위가 구축되는 것 또한 제어될 수 있을 것이다.

이러한 맥락하에, 2022년 12월 2일 있었던 국회의원 집담회 면접조사에서 일부 의원들은 현재 총 77명 수준인 정책연구위원, 즉 국회에서 급여를 받으나 교섭단체 소속인 소위 당 전문위원의 수를 대폭 늘리고 각 정당별로 이들 '당파적 전문가' 인력을 상임위로 파견해 입법과정에서 핵심적 역할을 수행할 수 있게끔 해야 한다고 제안하기도 했다. 또한, 이와 유사한 맥락에서, 2021년 더불어민주당 혁신위원회도 정당 소속 정책전문위원 수를 현재의 77명에서 300여 명 정도로 대폭 증원해야 할 필요성을 역설한 바 있다(남수현 2021). 주요 정당들이 정책역량이 상당한 자당 소속의 인력을 각 상임위 전문위원실에 파견하게 되면, 입법과정에서 이들이 자당과 그 지지자들의 정치적 입장을 충실히 대변하면서도 내용적 전문성 또한 충분히 녹아든 결과물들을 도출해낼 수 있게 될 것이란 게 이러한 주장의 근거이다. 실제로 이들의 경우 당파성을 지니고 있지만 적어도 정치인들에 비해선 정파적 논리나 지역구의 협소한 이익 등으로부터 자유로울 수 있는 만큼, 국회의원들과 같이 갈등과 대립 속에서 입법관료들한테 과도한 재량권을 허용해버리진 않을 것이다. 또한 이들은 전문성을 갖추고 있기 때문에 여야 간 상호작용 속에서도 숙의적 입법과정 및 그에 따른 민주적 결과물을 도출하는 데는 오히려 더 유리할 수 있다. 물론 현재 상임위 전문위원실로부터 입법부 관료들을 모두 내보내고 이를 '당파적 전문가'들로만 채워야 한다는 것은 아니다. 중립적 행위자로서 이들의 역할 또한 분명 필요한 측면이 있기 때문이다. 하지만, 이들과 함께, 각 정당을 대표하는 여야 의원들이 법안을 둘러싼 주요 쟁점들을 놓고 조정 및 조율을 잘 해나갈 수 있도록 당색을 보유하면서도 전문적 식견하에 이들을 지원하는 당 소속 전문가 또한 반드시 추가될 필요가 있을 것으로 판단된다.

주지하다시피, 전 지구적으로 정치적 양극화가 병발함에 따라, 정파 간 갈등과 대립 그리고 이와 동시적으로 유권자 사이의 극단적 분열까지 심화되는 국가들의 사례가 늘고 있다. 특히, 대통령제 국가들에선 행정부·여당과 야당 간 충돌이 일상화되고 국회 내부적으로도 여야 간 갈등과 대립이 만성화되는 추세이다. 한국의 경우도 특별히 이와 다르지 않다. 국회 안에서의 여야 협치는 기대하기 어려우며, 야당은 행정부에 대한 정치적 발목잡기에 주로 매진하고, 대통령·여당은 사실상 일체화된 채 일방적 국정운영을 고집하고 있다. 이에 따라 국회 안에서의 협치는 계속 더 요원해지는 양상이다. 그러나 국회의 권능이 강화될 수 있다면, 그렇지 않을 시에 비해, 대통령과 행정부를 향한 보다 생산성 있는 견제가 가능해질 수도 있다. 물론 한국의 국회가 그 권한의 측면에서 꼭 약한 편이라고만 볼 수는 없다. 단지 그 인적·물적 차원에서의 취약함으로 인해 해당 권한들이 견실하게 활용되지 못하고 야당 주도로 행정부를 향한 발목잡기에 주로 사용되어온 측면이 없지 않은 것이다(이선우 2015: 217).

반면, 국회의 권한이 강화되고 이에 상응하는 정도의 인적·물적 자원들이 구비된다면, 국회는 야당이 주도하더라도 정략적 공격에만 치중하기보다도 입법의 주도권을 확보하고 더 실질적으로 행정부를 감시·감독할 수 있게 될 것이다. 그리고 이러한 상황하에선 여당 역시 단지 대통령을 추종만 하기보단 국회 안에서 차츰 야당들과의 견실한 입법 및 정책 경쟁을 해나가게끔 유도되지 않을 수 없게 될 것이다. 그리고 이 가운데 개별 의원들 사이에선 협치의 가능성도 약간씩이나마 생겨날 수 있게 될 것이다. 즉, 정치적 양극화 속에서 여야가 정치적 갈등과 대립을 줄이고 건실한 경쟁을 해나가게끔 유인하기 위해선 결국 국회의 입법 및 정책 기능 강화가 필수적인 셈이다. 그리고, 바로 이러한 맥락에서, 상기한 국회 내 입법 및 정책 지원기구들의 문제점들을 개선하고 이를 통해 이들이 주어진 역할과 책임을 적절히 잘 수행할 수 있도록 재구조화하는 일은 그 첫 과제일 수 있다.

제2부

소결

최준영

　제2부의 소결에서는 한국정치의 문제들을 극복하기 위해 각 장에서 제시되었던 여러 가지 개선방안들을 다시 한번 정리하도록 한다. 먼저 최준영은 더 많은 민주주의 시대에 여야 간 협치를 촉진하는 방안을 두 가지로 범주화하여 제시하였다. 하나는 당파적 정체성에 입각한 정치참여가 유발하는 정치적 갈등을 완화하고 여야 간 협치를 강화하는 데 필요한 대표들의 정치적 리더십이고 또 다른 하나는 협치를 가능케 하는 정치적 환경을 구축하기 위한 여러 가지 제도나 관행의 형성이다. 먼저 대표들의 정치적 리더십이 어떻게 변모해야 하는지부터 살펴보자.

　최준영은 크게 세 가지 측면에서 정치양극화를 완화하고 협치를 가능케 하는 정치적 리더십을 제안한다. 첫째, 대표는 당파적 정체성을 포괄하는 상위의 정체성을 부각·강조하는 리더십을 통해 당파 간 정치적 갈등을 완화할 수 있다. 예를 들어 국민의힘이나 더불어민주당에 대한 당파적 정체성을 지닌 시민들 모두 한국인이라는 상위의 정체성을 공유하고 있다는 사실을 강조하는 것이다. 그러나 최준영은 상위의 정체성을 강조하는 것이 지니는 여러 가지 한계 역시 존재한다고 지적한다. 둘째, 당파적 정체성에서 기인하는 대립과 갈등은 관계적 정체성을 강조하는 대표들의 리더십을 통해 완화될 수 있다. 관계적 정체성이란 내집단에 대한 정체성이 외집단과의 협력적 관계 속에서 규정되는 것을 말한다. 그리고 최준영은 관계적 정체성의 형성은 각 당파를 상징하는 대표들이 서로 친밀하게 협력하는 모습을 보일 때 가장 효과적으로 이루어질 수 있다는 점을 강조한다. 셋째, 당파적 정체성에서 기인하는 대립과 갈등은 대표들이 이슈를 어떻게 프레임하는가에 따라 줄어들 수 있다. 당파적 정체성은 일반적으로 도덕성과 긴밀한 연관성을 가진다. 자신의 주장을 상대의 도덕적 기반에 프레임하고 이를 통해 상대를 설득하게 된다면, 도덕적 거부감을 크게 완화시켜 그와 같은 주장을 좀 더 긍정적으로 인식할 수 있게 도와준다. 이를 도덕적 프레임의 재구성(moral reframing)이라고 하는데, 대표들이 상대의 도덕적 기반이 어떻게 구성되어 있는지 이해하고 이를 자신의 주장을 프레임하는 데 적극적으로 활용하는 리더십을 보인다면 상대와의 대화와 타협은 좀 더 원활하게 이루어질 수 있을 것이다.

한편 최준영은 협치를 가능케 하는 정치적 환경을 구축하기 위한 여러 가지 제도나 관행으로 다음과 같은 다섯 가지 방안을 제시했다. 첫째, 정책 결정 과정의 투명성 수준은 낮추고 대신 정책적 결과에 대한 투명성 수준은 높여야 한다. 둘째, 여야 의원끼리 사적으로 만날 수 있는 기회를 늘려야 한다. 셋째, 협치의 사례가 국민에게 더 많이 알려질 수 있도록 하는 제도나 관행의 구축이 필요하다. 넷째, 소규모 프로젝트 중심의 초당파적 의원 모임이 활성화될 필요가 있다. 마지막으로 의원들의 막말과 거짓말을 제지할 수 있는 방안이 마련되어야 한다.

정재관은 대통령 1인에게 막대한 권한이 쏠려 있는 권력구조와 승자독식 체제에서 파생하는 정치적 양극화 현상을 억제하기 위해 권력구조를 어떻게 개편할 것인지를 논했다. 미국식 4년 중임 대통령제와 분권형 대통령제 등 두 가지 대안을 분석한 뒤, 권력분립이라는 원칙적 기준에서 볼 때 분권형 대통령제가 더 타당한 대안이 된다고 주장했다. 또한 승자독식 체제의 문제점을 극복하기 위해 대통령 선거제도를 단순다수제에서 결선투표제로 바꿀 것을 제안했다. 결선투표제는 소수정당도 대통령 선거 1차 투표에 참여하도록 유도하며 또 거대 정당이 다양한 소수정당과 정치적 연합을 형성하도록 돕는다는 장점이 있다. 정재관은 이에 덧붙여 국회의원 선거 또한 승자독식 시스템인 소선거구 단순다수제를 탈피해야 한다고 말한다.

결국 정재관은 정치양극화를 극복하기 위해 결선투표제로 대통령을 선출하는 분권형 대통령제로 가야 한다고 말한다. 문제는 어떻게 그와 같은 개혁을 이루어낼 수 있는가 하는 점이다. 이에 대해 정재관은 주요 정당과 정치 엘리트 수준에서 대통령 권력의 분립과 견제 그리고 승자독식 선거체제 해체에 대한 광범위한 동의가 우선적으로 이루어질 필요가 있다고 주장한다. 그리고 이러한 동의에 입각하여 분권형 대통령제와 대통령 결선투표제 도입에 한정한 개헌을 추진해야 한다고 말한다. 이처럼 정치 엘리트 차원에서 개헌에 대한 광범위한 동의가 이루어지고 난 뒤 국민적 동의와 지지를 확보하려는 노력이 뒤따라야 함은 물론이다. 그러나 정재관은 개헌에 대한 국민적 동의와 지지를 확보하는 것은 매우 어려운 일이 될 것이라는 점을 지적한다. 다양한 여론조사 결과를 통해 개헌이 필요하다거나 분권형 대통령제를 지지한다고 말하는 국민의 수가 매우 적다는 점을 확인했기 때문이다. 그럼에도 불구하고 개헌을 통한 권력구조의 개혁이 지연되거나 좌절되면 당파적 차원과 정서적 차원의 정치양극화가 앞으로 더욱 악화될 것이 분명하다는 점에서 개헌을 위한 노력은 꼭 필요하다고 강조한다.

서정건은 국회의 의사 결정 구조를 개혁하기 위해 두 가지 제도적 대안을 제시한다. 첫째, 국회 내 정치개혁 특별위원회에서 폐쇄적으로 다루어지고 있는 정치개혁 논의를 국민에게 투명하게 공개할 필요가 있다. 이에 대해 서정건은 미국의 제116대 하원에 설치되었던 "의회 현대화 임시 위원회(Select Committees on the Modernization of Congress)"를 모범적 사례로 제시한다. 의회 현대화 임시 위원회는 활동 기간이 거의 2년에 달할 정도로 오랜 기간 활동했으며 또한 활동방식도 공개적이고 참여 유도형이었다고 평가한다. 총 24회의 청문회를 개최하는 동안 의회가 지닌 다양한 문제들이 검토되었고, 청문회에 대한 보고서를 위원회의 공식 웹 사이트에 공개하여 국민들의 제안과 비판을 수렴하였다는 점에서 의회 개혁에 대한 진지한 노력이 전개되었다고 주장한다.

둘째, 정치 개혁을 위해 여야 의원들이 연합하여 모임을 결성하는 경우가 자주 있는데, 단순한 공부 모임 수준에 머물 것이 아니라 실질적인 문제 해결을 추구하는 단계까지 나아가야 할 필요가 있다. 서정건은 이에 대해 미국의 제115대 의회부터 지금까지 지속적으로 활동하고 있는 "문제 해결자 계파(Problem Solvers Caucus)"를 소개한다. 문제 해결자 계파의 특징은 논의와 합의 수준에 그치지 않고 각 이슈마다 법안을 공동으로 발의하여 입법을 추진하였다는 점에 놓여 있다. 그리고 이들이 제출한 법안이 원안 그대로 통과되는 경우도 있었지만 대부분 정당 지도부나 관련 상임위원회에서 심도 있게 고려하는 법안으로 자리매김하였다는 점도 주목해야 한다고 말한다. 결국 의원모임은 공부 모임이 아닌 입법 모임이 되어야 한다는 것이다.

마지막으로 국회 내 입법·정책 지원기구의 문제점을 분석한 이선우는 각각의 지원기구에 대해 다음과 같은 처방을 제시한다. 우선 국회사무처 산하 법제실의 경우 법률 초안의 축조 및 성안을 담당하는 법제관의 인력이 부족하고 또한 공무원들이 순환보직으로 근무하는 경우가 다수이기 때문에 안정적이고 장기적인 역량 축적도 어렵다고 지적한다. 따라서 변호사 등 전문가 스태프를 더 많이 충원하여 법제실의 전문성을 강화함과 더불어 국내외 법제에 관한 조사·연구 기능은 국회입법처 등으로 이관함으로써 업무를 대폭 줄여야 한다고 주장한다. 한편 국회입법조사처와 국회예산정책처의 경우 전문 인력을 추가로 확충해 나감으로써 인력부족 문제에 대처해야 한다고 말한다. 또한 이선우는 두 기관의 독립성을 강화하는 조치가 필요하다고 주장한다. 즉 국회사무처에서 양 기관에 파견되는 행정관료의 수를 줄여 행정적·법적 독립성을 강화해야 하며 또 기관장 임기를 철저히 보장함으로써 양 기관이 정치적으로도 독립할 수 있도록 도와야 한다는 것이다. 마지막으로 상임위원회 전문위원실이 지닌 민주적 책임성의 문제를 완화하기 위해서는 각 정당 또는 원내 교섭단체로부터 '당파적 전문가' 인력들을 수석전문위원을 포함한 상임위 스태프로 파견받아 해당 업무를 수행토록 하는 방안을 적극적으로 검토해야 한다고 주장한다.

정치양극화 극복을 위한 선거제도 개혁

제3부

서론

지병근

 2024년 제22대 총선을 앞두고 선거제도 개혁에 관한 다양한 논의가 진행되고 있다. 지난 제21대 국회에서 2023년 5월 31일까지 발의된 선거법 개정안만 463건에 달할 정도로 정치권의 선거법 개정 시도 또한 지속되고 있다(의안정보시스템). 선거법 개혁에 관한 높은 관심과 노력은 무엇보다 우리나라의 선거제도가 심각한 결함이 있음을 보여준다고 할 수 있다. 신생민주주의 국가들 가운데 가장 성공적으로 민주주의를 확립한 대표적인 사례로 널리 알려져 있음에도 우리나라는 여전히 선거제도 측면에서 국민의 참정권과 공정한 경쟁을 제약하는 요소들이 다수 존재하고 있다.

 역대 총선에서 나타난 정당의 득표율과 의석수 간의 높은 불비례성은 우리나라 선거제도의 치명적인 약점을 그대로 보여준다. 2004년 제17대 총선에서 처음으로 비례대표제를 도입하고 2020년 제21대 총선에서는 준연동형 비례대표제를 도입하기도 하였으나 그 성과는 지극히 미약하다. 그 원인으로 많은 이들이 승자독식의 소선거구제와 단순다수제를 지목하고 비례성을 높일 수 있는 대안적 선거제도를 제안해왔다. 최근에도 비례의석을 늘리는 방안이 중대선거구제 도입과 함께 제안되고 있다. 이에 더하여 지역불균등 발전이 심화되면서 나타난 비수도권 지역의 인구 감소와 이에 따른 선거구 감소로 인한 지역대표성 약화에 대한 우려가 부상하면서 이를 완화하기 위해 권역별 비례대표제를 도입하는 방안이 제안되고 있으며, 국회정원을 늘리는 방안, 위성정당의 창당을 억제하는 방안이나 정당명부제를 폐쇄형에서 개방형으로 전환하는 방안 등도 많은 주목을 받고 있다.

    이 파트는 각각 한국 선거제도 및 정당체계 개혁, 그리고 이와 밀접하게 연관된 선거구 획정 제도의 개혁을 주제로 다루는 두 개의 장으로 구성되어 있다. 제11장에서 장승진은 "한국 선거제도 및 정당체계 개혁"에 관한 본격적인 논의에 앞서 한국 정치의 현실을 진단하고, 이를 통해 국민들의 신망을 얻지 못하고 있는 한국 정치 전반과 정당정치가 위기에 직면하였음을 지적한다. 이미 잘 알려져 있는 것처럼 우리나라에서 정치는 결코 '인기 종목'이 아니다. 정치에 만족하고 정당이 국민의 목소리를 반영하고 있다고 여기는 이들은 지극히 드물다. 최근에는 지지 정당의 상대 정당에 대한 혐오와 배제가 커지는 소위 '정서적 양극화'가 커지고 있으며, 이로 인해 우리나라는 '대표성의 위기'를 경험하고 있다.

    이러한 위기의 원인은 양대 정당이 정치적 자원과 권력을 독식하며 '적대적 공생관계'를 유지하고 있다는 점에서 찾을 수 있다. 양당제를 온건다당제로 전환하는 것이 핵심적 정치개혁 의제로 등장하는 이유도 여기에 있다. 다당제와 대통령제 간의 입법교착에 대한 우려는 양당제에서도 분점정부가 빈번하게 등장하고, 단점정부에서도 협치에 실패한 사례가 많다는 점에서 과도한 것일 수 있다. 2021년 실시된 한국종합사회조사(김지범 2022)에서도 확인할 수 있듯이 국민들은 거대양당 중심의 대결주의적 정치구조를 한국 정당정치가 직면한 가장 중요한 과제로 인식하고 있다. 그리고 이는 선거법 개혁이 단순히 위성정당의 등장을 억제하는 것만으로는 충분하지 않다는 것을 의미한다.

    이러한 문제의식에 바탕을 두고 장승진은 협치와 대표성을 촉진할 수 있는 선거법 개정 방안으로 준연동형 선거제 유지와 함께 지역구 의석수를 줄이지 않고 비례대표 의석수를 늘리는 방안을 논의한다. 지난 제21대 총선 사례를 분석하여 단지 위성정당의 창당을 억제한다고 해도 비례대표 의석수가 많지 않아 준연동형 선거제도의 효과를 기대하기 어려우며, 비례대표 의석수 확대가 거대 정당에게도 비례의석을 확보할 수 있는 기회를 제공해줄 수 있다는 점을 제기한다. 아울러 초과의석의 발생이 불가피한 점을 중심으로 준연동형 선거제도를 완전연동형 선거제도로 바꾸는 방안의 한계에 대해서도 논의한다.

    제12장 "선거구 획정제도 개혁"에서 지병근은 현행 300명의 의원 정수를 유지하면서 비례대표 의석을 늘리고 지역구 의석을 줄이는 선거법 개정안이 일부 발의되면서 많은 주목을 받게 된 선거구 획정을 주제로 다룬다. 보다 구체적으로 여기서는 선거구 획정의 의미와 기준, 그리고 선거구 획정을 둘러싼 다양한 쟁점을 소개하고, 한국과 마

찬가지로 소선거구제를 유지하고 있는 영국과 미국의 선거구 획정 사례에 대한 비교 분석을 바탕으로 한국의 선거구 획정제도의 개선 방안을 제시한다.

지병근은 선거구획정의 기준과 주체와 관련한 '인구 등가성 불가침 신화'와 '정치적 독립성 신화'의 한계를 지적하며 선거구 획정을 위해 인구수뿐만 아니라 역사적으로 형성된 지역의 대표성이 고려되어야 하며, 그 과정이 정치 과정의 일부라는 점에서 정치권으로부터의 형식적 독립성에 과도하게 집착할 필요는 없다는 점을 지적한다.

선거구 획정의 기준으로 지리적 연결성이나 조밀성, 행정구역, 이익공동체 등이 고려되지만 인구수가 가장 중요하다. 인구 등가성은 선거구 획정의 근본 원리로, 우리나라에서도 헌법재판소의 연이은 결정으로 이를 강화하는 방향으로 선거법이 개정되었다. 하지만 이와 동시에 농산어촌 지역을 포함하여 인구 감소 지역의 지역 대표성을 강화해야 한다는 주장 또한 제기되어왔다. 아울러 선거구 획정의 공정성을 위해 선거구 획정의 주체를 정치로부터 독립시키려는 시도가 지속되었다. 그러나 선거구획정기관의 독립성이 선거의 질을 보증하지 않는다. 선거의 질은 선거관리기관의 인적 구성이나 행정능력, 선거관리비용, 정부의 선거관리 능력, 언론과 시민사회의 감시능력, 민주주의 수준이나 제도적 견제와 균형 등 다양한 요인들로부터 영향을 받으며, 따라서 선거구 획정과 선거구 획정기관의 독립성을 절대시하거나 다른 요인들의 중요성을 간과하는 것은 결코 바람직하지 않다. 오히려 선거구획정위원회가 유관 부처인 행정안전부는 물론 국회와 충분히 협력하려는 노력이 필요하다.

이러한 문제의식을 바탕으로 이 장에서는 우리나라의 선거구 획정과정에서 나타난 대표적인 문제점으로 1) 인구수 이외에는 선거구 획정의 기준과 농산어촌의 지역대표성을 반영하기 위한 방안이 명료하지 않은 점, 2) 선거구 획정 초안이 국회에 제출되기 전에는 공개되지 않아 이에 대한 수정 의견을 제시하기 힘들고 이를 반영한 수정안을 마련할 수도 없는 점, 3) 시도별 의석수 할당 권한의 소재와 이를 결정하는 시기(임기만료에 따른 국회의원선거의 선거일 전 13개월까지 국회의장에게 제출, 공직선거법 제24조)가 법적으로 명시되지 않아 불필요한 혼란과 갈등이 발생하고 있는 점, 4) 그 외에도 자치구·시·군의 일부 분할 금지 규정으로 인해 선거구 변경이 비효율적으로 이루어질 수 있는 점, 선거구획정위원회의 획정안 의결방식(2/3 이상 동의)으로 인해 교착상황이 발생할 수 있는 점, 국회가 '선거구 법률안'을 부결시켰을 경우 후속 조치에 대한 법령 미비로 인해 혼란이 발생할 수 있는 점 등을 제기하고 이에 대한 개선 방안을 논의한다.

11

한국 선거제도 및 정당체계 개혁

장승진

제1절

들어가며

한국 국회가 제대로 기능하지 못하고 있다는 것을 보여주는 사례는 차고도 넘친다. 총선이 끝나고 새로운 국회가 출범할 때마다 원구성을 둘러싸고 여야 정당 간 갈등과 다툼이 벌어지고, 결과적으로 국회법에 규정된 시한에 맞추어 국회가 개원하는 경우를 찾아보기 어렵다.[78] 대통령이 장관을 비롯한 고위공직자들을 임명할 때마다 인사청문회에서 여당은 일방적으로 후보를 감싸고 야당은 무조건적으로 반대하며, 결국 국회의 동의 없이 고위공직자에 대한 임명을 강행하는 것 또한 이제 일상적인 모습이 되었다.[79] 국회 임기 내내 정부의 주요 국정어젠다를 둘러싼 여야 간 갈등은 계속되며, 주요 법안을 둘러싼 입법교착(legislative gridlock)과 다수당의 강행 처리가 반복된다. 이러한 여야 정당 사이의 극한적 대립과 파행으로 점철된 한국 국회의 모습에서 소위 협치를 찾아보기 어려우며, 이 과정에서 중요한 현안을 해결하기 위한 정책 논의는 찾아보기 어렵다.

이와 동시에 유권자들이 국회에 대해 긍정적인 평가를 내리지 않는다는 점에서 현재 한국 국회는 대표성의 위기 또한 겪고 있다. 2021년에 실시된 한국종합사회조사

---

78) 국회법에 따르면 원구성은 임기 개시 후 10일 이내에 완료되어야 한다. 그러나 2020년 제21대 국회가 출범할 당시 법사위원장을 비롯한 상임위원장 배분 문제로 원구성이 지연되어 최종적으로 47일이 소요되었으며, 2022년 제21대 국회의 후반기 원구성 역시 법정 시항을 훨씬 넘긴 54일만에 마무리되었다.

79) 현 윤석열 대통령은 취임 이후 인사청문 대상이 되는 고위공직자 중 14명을 청문보고서 채택 없이 임명하였다. 전임 문재인 대통령은 5년의 임기 동안 총 34명의 고위공직자에 대해 야당의 동의 없이 임명을 강행하였다.

(Korean General Social Survey, KGSS)에 따르면, 한국 정치에 대해 만족하느냐는 질문에 대해 긍정적인 대답을 한 비율은 13%에 그쳤다. 같은 조사에서 국회를 거의 신뢰하지 않는다고 대답한 응답자의 비율은 67%에 달한다. 마찬가지로 행정부와 대법원을 거의 신뢰하지 않는다고 대답한 비율이 각각 37%와 39%였다는 점과 비교해본다면, 국회에 대한 높은 수준의 불신이 한국 정치에 대한 불만족의 핵심 원인 중 하나라고 해도 과언이 아니다.

현대 민주주의의 핵심은 다름 아닌 정당 민주주의라고 할 수 있지만, 국회뿐만 아니라 정당 역시 마찬가지로 대표성의 위기를 겪고 있다. 최근 한국행정연구원과 한국정당학회의 의뢰로 한국리서치가 실시한 "정치양극화 현황과 제도적 대안에 관한 국민의식조사"(이하 국민의식조사)[80])에 따르면 "한국 정당이 국민의 목소리를 반영하는 역할 수행에 대해 얼마나 만족하는가"라는 질문에 대해 응답자 네 명 중 세 명꼴로 전혀 혹은 별로 만족하지 못한다고 대답했다. 특히 문제가 되는 것은 <표 11-1>이 보여주듯이 한국 정당의 역할에 대해 만족하지 못하는 현상은 무당파 유권자에 국한된 것이 아니라 주요 정당 중 하나를 가깝게 느끼는 정당 지지자 사이에서도 마찬가지로 관찰된다는 사실이다.[81]) 즉 설사 특정한 정당을 지지하는 유권자라고 해도 여전히 한국 정당이 자신의 생각과 의견을 실제로 대변하고 있지 못하다고 생각하는 것이다.

〈표 11-1〉 한국 정당의 역할에 대한 만족도

(단위: %, N=1001)

	전체 응답자	가깝게 느끼는 정당 여부	
		정당 지지자	무당파
전혀 만족하지 못한다	18.5	21.3	16.1
별로 만족하지 못한다	57.6	56.18	58.9
대체로 만족한다	22.5	21.0	23.7
매우 만족한다	1.4	1.5	1.3

---

80) 국민의식조사는 전국의 만18세 이상 일반국민을 대상으로 지역별, 성별, 연령별로 비례할당 후 무작위추출된 1,001명의 표본에 대한 대면면접조사로 실시되었다. 조사 기간은 2022년 12월 21일부터 2023년 1월 15일까지였으며, 95% 신뢰수준에서 최대허용 표집오차는 ±3.1%p이다.
81) 실제로 95% 신뢰수준에서 정당 지지자와 무당파 사이에 통계적으로 유의미한 차이는 발견되지 않았다.

더구나 특정 정당을 지지하는 사람들 사이에는 정당의 활동에 대한 전반적인 불만족을 넘어, 최근 들어 상대 정당을 대화와 협력의 대상으로 보지 않고 혐오와 배제의 대상으로 여기는 소위 정서적 양극화(affective polarization) 현상이 지속적으로 나타나고 있다는 점은 잘 알려져 있다(김기동·이재묵 2021; 길정아·하상응 2019; 장승진·서정규 2019; 장승진·장한일 2020; 정동준 2016, 2018). 주요 정당 간 이념적·정책적 차이가 확대되면서 정당 지지자들 사이의 심리적 거리감과 정서적 갈등이 점차 심각해지고 있는 것이다. 더구나 정서적 양극화의 심화는 정당 내 다양한 의견 표출을 억제하고 극단적 의견을 가지는 당원 및 강성 지지자의 목소리를 강화한다는 점에서 주요 정당 간 타협과 협력의 가능성을 더욱 낮추는 한편, 중도파와 무당파의 정치적 소외를 한층 심화시키는 부정적인 결과를 가져올 수 있다.

1987년 절차적 민주화를 이룩한 이후 불과 한 세대 남짓 흘렀을 뿐이지만, 한국이 매우 급속한 정치 발전을 이루어내었다는 사실은 부정할 수 없다. 실제로 전 세계 국가의 민주주의 수준을 측정하는 Economist Intelligence Unit(EIU)의 민주주의 지수에 따르면, 2021년 현재 한국은 16위를 기록하여 완전한 민주주의(full democracy) 중 하나로 평가되었다.[82] 그러나 위에서 지적한 한국 국회와 정당의 현실, 즉 협치의 실종과 대표성의 위기는 외형적인 발전에도 불구하고 여전히 한국 민주주의가 여전히 여러 가지 한계를 노정하고 있다는 사실을 보여주고 있다.

그렇다면 한국 국회, 나아가 한국 정치가 겪고 있는 문제의 원인은 어디에서 찾을 수 있는가? 본 연구에서는 한국 국회의 문제가 근본적으로 두 개의 큰 정당이 정치적 자원과 권력을 독식하고 있는 구조에서 비롯한다고 주장한다. 민주화 직후 4당 체제로 출발한 한국 정치는 1991년 3당합당을 거치면서 진보와 보수 진영을 대표하는 두 개의 큰 정당이 대부분의 국회 의석을 차지하고 한국 정치를 지배하는 형태로 재편되었다(강원택 2012). 물론 특정 선거에서 제3당이 일정한 의석을 차지하는 경우가 없었던 것은 아니었지만, 대부분의 경우 제3당의 정치적 영향력은 제한적이었으며 지속되지도 못했다. 따라서 한국 정치에서는 양대 정당을 제외하고는 유의미한 선택지가 존재하지 않으며, 국회에서 다양한 정치적 선호와 의견이 대표되지 않고 결과적으로 양대 정당을 지지하지 않는 유권자들은 자신을 대변해 줄 정당을 찾지 못하는 상황이 지속되었다.

새로운 정치세력이 국회에 진출하여 새로운 목소리를 내지 못하니 두 개의 큰 정당

---

82) https://www.eiu.com/n/campaigns/democracy−index−2021/

이 대부분의 정치적 자원과 권력을 독점하는 상황이 지속되었다. 이러한 상황에서 양대 정당 사이에서 협력의 유인이 발생하기 어렵다. 일단 야당 입장에서 여당의 국정운영에 협조할 이유가 전혀 없다. 대통령과 여당이 성과를 낼수록 다음 선거에서 자신이 불리해지기 때문이다. 나아가 상대의 실수가 곧 나의 득점이 되기 때문에 스스로가 무엇인가 성과를 내기보다는 상대의 잘못을 지적하고 비판하는 상대적으로 손쉬운 전략을 취하기 마련이다. 결과적으로 양대 정당 외의 다른 대안이 존재하지 않는 정치적 환경에서는 협치가 나타나기 어렵다는 것이다.

이어지는 절에서는 현재 한국 정치와 국회가 경험하는 여러 가지 문제의 핵심적인 원인이 양대 정당이 정치적 자원과 권력을 독식하는 구조에서 기인한다는 문제의식에서 어떻게 이러한 구조가 유지되는지 선거제도와 정당제도라는 측면에서 살펴본다. 양대 정당이 이념적·정책적 차이에도 불구하고 자신들의 정치적 기득권을 유지하는 데에는 이해관계를 공유하며, 이러한 기득권의 핵심에 현행 선거제도 및 정당제도가 존재한다는 것이다. 이후 한국 정치의 문제를 불러오고 있는 정치적 구조를 혁신하기 위한 선거제도 및 정당제도 개혁 방안을 살펴보고자 한다.

제2절

문제 진단: 양대 정당 간 적대적 공생관계

2020년에 실시된 제21대 총선은 여러 가지 측면에서 논란의 대상이 되었다. 소위 '준연동형' 선거제도가 새롭게 도입되었지만, 양대 정당이 위성정당이라는 편법을 통해 대부분의 의석을 차지하였다. 실제로 양대 정당의 위성정당은 정당투표 기준으로 각각 30% 남짓의 득표율에 그쳤지만, 선거가 마무리되고 민주당과 미래통합당은 전체 의석 300석 중 283석을 차지하였다. 다시 말해서 양대 정당을 합쳐서 67% 정도의 지지율로 94%를 넘는 의석을 독차지한 것이다.

〈표 11-2〉 역대 선거에서 양대 정당의 득표율과 의석율

	양대 정당 득표율 합	양대 정당 의석율 합
제21대 총선 (2020년)	67.2%	94.3%
제20대 총선 (2016년)	59.0%	81.7%
제19대 총선 (2012년)	79.3%	93.0%
제18대 총선 (2008년)	62.7%	78.3%
제17대 총선 (2004년)	74.1%	91.3%
제16대 총선 (2000년)	74.9%[1]	90.8%

*1: 별도의 정당투표가 없었기 때문에 양대 정당이 받은 평균 지역구 득표율을 사용함.

　　한국 유권자들이 선거에서 양대 정당에 보내는 지지율에 비해 훨씬 더 많은 의석을 차지하는 현상은 제21대 총선에만 국한된 것이 아니다. <표 11-2>에서는 현재와 같은 1인2표제 선거제도가 도입되기 직전인 제16대 총선 이후로 양대 정당이 받은 정당투표 득표율의 합과 양대 정당이 획득한 의석률의 합을 보여주고 있다. 선거 당시 한나라당 후보 공천 과정에서 탈락한 인사들이 탈당하고 그 중 상당수가 친박연대라는 이름으로 혹은 무소속으로 당선되었던 제18대 총선 정도를 제외하고는 진보와 보수를 대표하는 양대 정당이 득표율에 비해 훨씬 높은 의석률을 기록했으며, 결과적으로 국회의석의 압도적 다수를 차지하는 일이 반복되었다는 사실을 쉽게 확인할 수 있다.

　　제17대 총선을 앞두고 기존의 선거제도를 유권자가 지역구 후보자와 정당에 2표를 던지는 병립형 선거제도로 변경한 주요한 목적 중 하나는 군소정당의 원내진입을 용이하게 함으로써 한국 국회의 다양성과 대표성을 제고하는 것이었다. 지역구 선거는 사표 방지 심리로 인해 거대 양당에게 유리하기 때문에, 지역구 선거의 득표율에 따라 비례대표를 배분하는 기존 선거제도로는 군소정당이 유의미한 의석을 확보하기 어려웠다. 실제로 병립형 선거제도가 도입된 제17대 총선에서 민주노동당은 최초로 진보정당의 원내의석 확보라는 성과를 내기도 하였다. 그러나 제17대 총선의 민주노동당을 비롯하여 이후의 군소정당들은 대부분 교섭단체 구성을 위한 최소 기준인 20석을 확보하는 데 실패하였으며, 결과적으로 국회의 다양성과 대표성 제고를 위한 선거제도 개혁의 실질적인 효과는 크지 않았다.

　　제21대 총선에서 새롭게 시행된 준연동형 선거제도 역시 마찬가지이다. 애초에 준연동형 선거제도는 각 정당의 총 의석수를 정당투표 득표율에-비록 50%로 제한하기는 했지만-연동함으로써 기존의 병립형보다 군소정당의 의석 확보에 더욱 용이할 것이라고 예상되었다. 그러나 선거결과는 이러한 예상과는 전혀 다르게 나타났으며, 많은 사람들은 이러한 선거결과가 위성정당 창당이라는 편법적인 선거전략 때문이었다고 주장하였다. 그러나 제21대 총선이 채택한 준연동형 선거제도 자체의 한계로 인해, 설사 위성정당이 만들어지지 않았다고 하더라도 선거 결과는 실제와 크게 다르지 않았을 가능성이 높다(김한나 2020). 하나의 예시로 <표 11-3>은 더불어민주당과 미래통합당의 위성정당이 받은 정당투표 득표율을 각각 모정당의 득표율로 간주했을 때, 제21대 총선의 결과가 어떻게 달라졌을지에 대한 시뮬레이션 결과를 제시하고 있다. 결과에 따르면 비록 실제 결과보다 다소 완화되기는 하지만, 위성정당이 만들어지지 않았다고 하더라도 여전히 양대 정당이 전체 의석의 90% 가까이 차지하는 것은 변하지 않는다.

한국의 국회의원 선거제도가 단순다수제에서 병립형으로, 그리고 준연동형으로 변화해왔지만, 두 개의 거대정당이 대부분의 의석을 차지하는 현실은 변하지 않았다. 선거제도 개혁이 충분한 효과를 가져오지 못한 가장 중요한 원인으로 많은 이들이 공통적으로 지적하고 있는 것은 다름 아니라 지역구 의석 대비 비례대표 의석의 숫자가 너무 작다는 것이다. 병립형 선거제도가 처음으로 적용된 제17대 총선에서 비례대표 의석수는 56석으로 전체 의원정수의 18.7%에 지나지 않았다. 그리고 준연동형 선거제도가 적용된 제21대 총선의 비례대표 의석은 47석으로 전체 의원정수의 15.7%로 오히려 더 낮은 비율을 기록했을 뿐이다.

〈표 11-3〉 위성정당이 만들어지지 않았을 경우 제21대 총선 결과 시뮬레이션

	지역구 의석수	위성정당이 없었을 경우			실제 의석수
		정당투표 득표율	비례대표 의석수	총의석	
더불어민주당	163	33.4	6	169	180
미래통합당	84	33.8	15	99	103
정의당	1	9.7	12	13	6
국민의당	0	6.8	8	8	3
열린민주당	0	5.4	6	6	3
무소속	5	−		5	5
합계	253	89.09	47	300	300

지역구 선거는 소선거구 단순다수제로 실시된다. 뒤베르제(Duverger) 이래로 소선거구 단순다수제가 거대 정당에게 유리하며 결과적으로 정당체계의 양당제적 속성을 강화시킨다는 점은 널리 알려져 있다. 즉 득표율과 무관하게 한 표라도 더 많이 얻은 1명만이 당선된다는 점에서 유권자들이 각 정당을 지지하는 비율과 실제로 해당 정당이 획득하는 의석 비율 사이의 괴리가 커지게 되며, 대부분의 경우 이러한 괴리는 인지도와 조직력에서 앞서는 큰 정당에게 유리하게 작용한다는 것이다. 애초에 비례대표 의석을 통해 지역구 선거가 초래하는 불−비례성을 완화하는 것이 2004년과 2020년 선

거제도 개혁의 취지였다. 그러나 지역구 의석수에 비해 비례대표 의석수가 너무 적기 때문에 지역구 선거에서 초래되는 한국 선거제도의 불-비례성이 충분히 개선되지 않고 있으며, 결과적으로 이러한 불-비례적인 선거제도가 양대 정당이 대부분의 정치적 자원과 권력을 독차지하는 현상을 가져왔다는 것이다.

불-비례적인 선거제도가 양대 정당의 독점적 지위를 유지시키는 첫 번째 원인이라면, 규제 중심의 정당법 체제를 두 번째 원인으로 들 수 있다. 정당법 제3조는 "정당은 수도에 소재하는 중앙당과 특별시·광역시·도에 각각 소재하는 시·도당으로 구성"된다고 규정하고 있다. 이어서 제17조와 제18조에서는 정당이 5개 이상의 시·도당을 갖추는 동시에, 각 시·도당마다 1천 명 이상의 당원을 가져야 한다고 규정하고 있다. 1963년 처음으로 제정된 정당법은 지역 단위 정당 조직의 당원 규모에 대한 규정 정도를 제외하고는 큰 틀에서의 변화 없이 지금까지 내려오고 있다.

다른 선진 민주주의 국가의 경우 한국과 같이 정당의 설립과 활동을 법률로서 규제하는 예를 찾아보기 어렵다. 반면에 한국의 정당법이 담고 있는 정당의 설립과 활동과 관련한 세세한 규제는 새로운 정치세력이 등장하여 정당으로 발전하는 것을 저해하는 요인이 되고 있으며, 결과적으로 기성 정당의 기득권을 유지시키는 역할을 하고 있다 (강원택 2015). 무엇보다도 정당법 규정에 따르면 전국적인 차원에서 인적·조직적 자원을 이미 확보하고 있는 정치세력만이 정당으로 등록하여 활동할 수 있다. 즉 공통의 관심사에 기반한 시민들의 자발적인 정치결사체가 정당으로 등록하여 활동을 벌이는 일은 현실적으로 벌어지기 어렵다는 것이다. 또한 오프라인 조직을 일정 지역 이상에서 마련할 것을 강제한다는 점으로 인해서 한국에서는 서구 민주주의 국가의 예에서 볼 수 있는 다양한 형태의 온라인 중심 정당 또한 나타나는 것이 불가능하다(이석민 2020). 결과적으로 현재의 정당법 규정은 다양한 목소리가 정치적으로 표출되도록 유도하기보다는 다수를 대표하는 몇몇 목소리만이 정당으로 활동하고 유권자의 선택 대상이 되도록 만들고 있다는 것이다.

이와 더불어 중앙당을 반드시 수도에 두도록 하고 복수의 지역에 조직을 두도록 한 정당법의 규정은 소위 지역정당의 설립과 활동을 불가능하게 만든다는 문제도 있다(차재권·옥진주·이영주 2021). 모든 정당이 대통령선거의 승리를 목표로 중앙정치에 초점을 맞추어 활동할 필요는 없다. 각 지역마다 존재하는 고유한 관심사와 현안이 존재하며, 이러한 문제들에 관심을 가지고 정치적·정책적 해결책을 모색하는 지역 차원의 정당활동이 충분히 가능하며 또한 풀뿌리 민주주의라는 측면에서 권장되어야 할 사항이기도 하다. 나아가 지역정당이 지속적으로 성과를 거둠으로써 점차 전국정당으로 발전해나가는 것도 가능할 것이다. 그러나 현재의 정당법 규정은 이러한 지역정당의 설립과 활동을 원천적으로 봉쇄하고 있다.

물론 불-비례적인 선거제도와 규제 중심의 정당법 체제 외에도 양대 정당의 기득권을 유지·강화하는 다양한 제도가 존재한다. 예를 들어 국회 내 의사결정에 참여하기 위한 교섭단체의 구성요건이 20석으로 설정되어 있는 것도 이 기준을 충족하지 못한 군소정당의 입법 영향력을 제한함으로써 양대 정당 위주의 국회운영을 가능하게 하는 제도라고 할 수 있다. 또한 선거법 상의 다양한 선거운동 규제가 현역 의원에 비해 정치 신인과 새로운 정치세력으로 하여금 상대적으로 불리한 위치에 처하게 만드는 것도 양대 정당의 기득권 유지를 가능하게 하는 제도라고 할 수 있다(김형철 2014; 손병권 2015; 유현종 2011). 그러나 다른 무엇보다도 양대 정당이 정치적 자원과 권력을 독점하도록 만드는 가장 중요한 장치는 다름 아닌 불-비례적인 선거제도와 규제 중심의 정당법 체제라고 할 수 있다.

2004년과 2020년 두 차례에 걸쳐 선거제도가 큰 폭으로 변화하면서도 비례대표의 숫자가 획기적으로 늘어나지 않았고, 결과적으로 양대 정당의 의석 점유율에 큰 변화가 없었다는 점은 양대 정당이 자신들의 기득권을 유지하는데 있어서 공통의 이해관계를 가진다는 점을 반증하고 있다. 정당법의 경우에도 마찬가지로 법개정과 정당 설립 규정 완화에 대한 논의와 요구는 오래전부터 제기되었지만, 여전히 법개정은 국회의 문턱을 넘을 기미를 보이지 않고 있다. 다시 말해서 다양한 현안과 쟁점에 대한 상반된 입장과 의견에도 불구하고 양대 정당은 자신들이 누리는 기득권을 유지하는 데에는 공통의 이해관계를 가지고 있다는 것이다. 결과적으로 서로가 서로의 유일한 대안으로 존재하는, 일종의 "적대적 공생관계"를 이루고 있다고 평가할 수 있다.

현재 한국 국회와 정치가 경험하고 있는 협치의 실종 및 대표성의 위기가 발생하는 근본적인 원인이 양대 정당 사이의 적대적 공생관계로 인해 두 정당으로 하여금 대부분의 정치적 자원과 권력을 독점하는 것이 가능하게 만드는 선거제도 및 정당제도가 유지되고 있다는 사실에서 비롯한다면, 한국 국회와 정치의 문제를 해결하는 방안 역시 양대 정당 사이의 적대적 공생관계를 약화시키고 결과적으로 한국 국회의 다당제적 구조를 만들어가는 것에서 찾아야 할 것이다. 이러한 문제의식에서 다음 절에서는 한국 국회의 다당제적 성격을 강화시키는 것이 어떠한 의미에서 협치의 실종 및 대표성의 위기를 완화하는 데 도움을 줄 수 있으며, 구체적으로 이를 위해 고려할 수 있는 선거제도 및 정당제도 개혁 방안을 살펴보고자 한다.

제3절

협치와 대표성 강화를 위한 개혁 방안

현재 한국 국회와 정치가 겪고 있는 문제들을 해결하기 위해서 가장 시급한 과제는 양당이 대부분의 정치적 자원과 권력을 독점하는, 따라서 서로가 서로의 유일한 대안이 되고 결과적으로 자신의 득점이 아닌 상대방의 실점에 기대어 정치적 이득을 보게 되는 구조를 약화시키는 것이다. 이러한 과제를 다르게 표현한다면 한국 국회의 다당제적 성격을 강화하는 방향으로의 개혁이 필요하다고 할 수 있다. 그리고 다당제 구조의 강화에 대해서는 단순히 일반 국민들 사이에서도 일정한 공감대가 이미 형성되어 있다.

앞서 <표 11-1>에서 한국 국민들이 정당의 활동에 대해 전반적으로 만족하지 못하는 모습을 보이고 있다는 점을 살펴본 바 있다. 그러나 정당의 활동에 대해 만족하지 못한다는 것이 반드시 정당의 필요성에 대한 부정을 의미하는 것은 아니다. 실제로 동일한 조사에서 "한국정치가 제대로 운영되기 위해서 정당이 필요하다"고 대답한 응답자의 비율은 63.2%에 달했다. 더구나 정당의 활동에 만족하는 사람들뿐만 아니라 불만족을 표현한 사람들 사이에서도 60% 이상이 한국정치의 원활한 운영을 위해 정당이 필수적이라는 사실을 인정하고 있다. 다시 말해서 많은 한국 국민들은 정당의 중요성과 필요성은 인정하면서도 현재 양대 정당 중심으로 운영되는 정당정치의 모습에 대해서는 불만족을 느끼고 있다고 해석할 수 있다.

〈표 11-4〉 정당의 필요성에 대한 인식

(단위: %, N=1001)

	전체 응답자	정당의 활동에 대한 만족도	
		매우/대체로 만족	별로/전혀 불만족
전혀 필요하지 않다	7.0	26.8	39.9
별로 필요하지 않다	29.8		
대체로 필요하다	55.1	73.2	60.1
매우 필요하다	8.1		

그렇다면 일반 국민들은 정당이 제대로 역할을 하기 위해서는 어떠한 변화가 요구된다고 생각하는가? <표 11-5>에 따르면 일반 국민들 역시 한국 정당정치가 직면한 가장 중요한 과제는 양대 정당이 대부분의 정치적 자원과 권력을 독점하는 구조라고 생각하고 있음을 보여주고 있다. 한국 정당정치가 해결해야 할 가장 시급한 과제로서 응답자 네 명 중 한 명꼴로 거대양당 중심의 정치 구조를 꼽아 가장 높은 비율을 차지했으며, 이러한 구조를 지속시키고 있는 승자독식의 불－비례적 선거제도를 꼽은 비율 또한 13.4%로 상당히 높게 나타났다. 그렇다면 그 해결책은 역시 다당제 구조의 강화에서 찾아야 할 것이다. 실제로 [그림 11-1]에 따르면 한국 국민들은 기본적으로 양당제와 다당제 사이에 큰 차이가 없을 것이라는 냉소적인 태도를 보이면서도, 두 체제 사이의 선택지가 주어진다면 두 정당이 번갈아 집권하는 양당제보다는 4-5개의 정당이 공존하면서 정당 연합을 통해 집권하는 다당제 구조를 상대적으로 더 선호하는 것을 알 수 있다.

〈표 11-5〉 한국 정당정치가 직면한 가장 중요한 과제에 대한 인식

(단위: %, N=1001)

	사례수 (%)
인기영합주의적 대중 동원	118 (11.8)
정당 정치인과 다수 유권자 간 괴리	194 (19.4)
거대양당 중심의 대결주의적 정치 구조	259 (25.9)

	사례수 (%)
승자독식의 선거제도	134 (13.4)
당 대표 중심의 정당 지배구조	113 (11.3)
불투명하고 불공정한 후보 공천 과정	182 (18.2)
기타	1 (0.1)

[그림 11-1] 양당제와 다당제에 대한 한국인의 선호

(단위: %, N=1001)

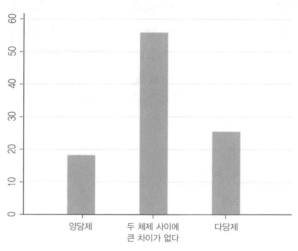

다당제 구조가 강화되는 것은 여러 가지 장점을 가져올 수 있다. 우선 가장 직접적인 효과로는 유권자 입장에서 자신의 생각과 의견을 대변해주고 유의미한 선택의 대상이 될 수 있는 정당의 숫자와 폭이 확대된다. 이러한 결과는 지금까지 두 개의 큰 정당을 지지하지는 않지만 제3의 대안을 찾지 못해 비자발적으로 무당파 집단에 편입되었던 상당수의 유권자들이 정당정치의 틀 안으로 돌아올 수 있게 만들 수 있다. 다시 말해서 다당제를 통해 유권자에게 주어진 정치적 선택지가 확대되면서 한국 국회와 정치의 대표성이 강화될 수 있는 것이다.

다당제 구조가 강화되는 것의 두 번째 효과는 어느 하나의 정당이 국회 내에서 압도적인 의석을 차지할 가능성이 낮아진다는 점이다. 과반 의석을 차지한 정당이 지속적으로 존재하지 않는 상황에서 어느 한 정당이 일방적으로 특정 법안을 추진하는 상황이 나타나기 어려울 것이다. 따라서 입법을 위해서는 두 개 이상의 정당이 타협과 합의를 통해 협력하지 않을 수 없다. 다시 말해서 다당제 구조는 국회 내에서 협력과 타협의 제도적 유인을 창출할 수 있다는 것이다.

다당제 구조의 세 번째 장점은 다양한 형태의 입법연합(legislative coalition)에 참여할 수 있는 유의미한 중도파 정당이 나타나서 활동할 가능성이 높아진다는 점이다. 앞서 언급했듯이 다당제 하에서 입법을 위해서는 복수의 정당이 협력해야 할 필요성이 높아진다. 이때 유의미한 중도 정당의 존재는 진보와 보수를 대표하는 거대 정당 간 이분법적인 대립과 갈등을 제어하는 역할을 담당할 수 있다. 사안과 쟁점에 따라 서로 다른 형태의 입법연합에 참여할 수 있는 유의미한 중도 정당은 거대 정당의 일방적인 국회 운영에 제동을 걸고, 국회와 정당체계 전반의 갈등 수준을 낮춰줄 수 있다.

물론 다당제 구조를 유도한다는 것이 지나치게 많은 숫자의 정당이 난립하는 파편화된 정당체계의 등장을 의미하는 것은 아니다. 지나치게 많은 군소정당이 난립하는 상황은 국회 내 의사결정의 비효율성을 증가시키고, 결과적으로 한국 정치의 불안정성을 심화시킬 것이다. 따라서 한국이 지향해야 할 방향은 유의미한 의석수를 차지하는 4~5개의 정당이 공존하는 "온건한" 다당제라고 할 수 있다.

그렇다면 온건한 다당제를 유도하기 위해서 필요한 개혁 방안은 무엇인가? 이하에서는 온건한 다당제를 유도하기 위한 선거제도와 정당제도 개혁 방안을 구분하여 살펴본다.

1. 선거제도 개혁 방안: 비례대표 확대

앞서 언급했듯이 두 차례에 걸친 선거제도 개혁에도 불구하고 한국 국회에서 양대 정당이 유권자의 지지율보다 훨씬 더 높은 수준으로 대부분의 의석을 차지하는 현상이 유지되는 가장 큰 이유는 지역구 대비 비례대표 의석수가 현격히 부족하기 때문이다. 따라서 앞으로 선거제도 개혁의 핵심은 무엇보다도 비례대표의 숫자를 증가시키는 것에 초점을 맞추어야 한다. 후보 인지도와 조직력에서 앞서는 거대 정당이 지역구 선거에서 상대적으로 유리한 위치에 서는 것은 자연스러운 현상이니만큼, 비례대표 의석수를 늘림으로써 다양한 정치적 목소리를 대변하는 소수정당의 원내 진출과 영향력 확대를 도모하는 것이다.

실제로 한국 국민들은 더 이상 비례대표 국회의원을 더 이상 특정한 직업이나 분야를 대표하는 직능대표로 바라보지 않는다. "비례대표 국회의원은 누구를 대표한다고 생각하는가"라는 질문에 대한 응답을 보여주는 <표 11-6>에 따르면, 거의 절반에 가까운 응답자가 소속 정당 및 지지자를 대표한다고 대답했으며, 특정한 직업이나 전문 분야를 대표한다고 생각하는 비율은 15.4%에 그쳤다. 다시 말해서 한국 국민들은 이미 비례대표를 통해 각 정당의 지지율과 의석률 사이의 비례성 강화를 꾀하는 것에 큰 거부감이 없다고 볼 수 있다는 것이다.

〈표 11-6〉 비례대표가 대표하는 대상에 대한 인식

(단위: %, N=1001)

	사례수 (%)
사회적 약자 및 소수자 집단	92 (9.2)
특정한 직업이나 전문 분야	154 (15.4)
소속 정당 및 지지자	483 (48.2)
대한민국 국민 전체	101 (10.1)
특별히 대표하는 사람 없음	171 (17.1)

지난 제21대 총선 이후 준연동형 선거제도를 둘러싼 여러 가지 논란과 비판이 제기되었다. 비판의 핵심은 준연동형 선거제도는 위성정당이라는 편법을 조장하고, 이로 인해 복잡한 의석배분방식에도 불구하고 정작 양대 정당의 의석점유율이 매우 높았으며 결과적으로 국회 내 다양성과 대표성 증진이라는 제도 개혁의 취지가 전혀 달성되지 않았다는 것이다. 그러나 앞서 <표 11-3>에서 살펴보았듯이, 위성정당이 없었다고 하더라도 선거 결과에 커다란 차이는 없었을 것이며, 따라서 위성정당은 문제의 핵심과는 거리가 멀다고 할 수 있다. 오히려 준연동형 선거제도가 애초의 취지를 달성하지 못한 이유는 비례대표 의석수가 너무 작기 때문에 군소정당들이—비록 유권자 3명 중 1명이 정당투표에서 지지했음에도 불구하고—지역구 선거에서의 불리함을 만회할 수 있는 수준의 비례대표 의석을 확보하지 못했다는 점에 있다. 나아가 비례대표 의석 비율이 충분히 늘어난다면, 지역구에서 많은 의석을 차지하는 거대 정당 역시 일정 수준의 비례대표 의석 확보를 기대할 수 있느니만큼, 위성정당을 만들려는 유인 자체를 억제하는 효과를 기대할 수도 있다.

　지역구 대비 비례대표 의석수를 확대하기 위해서는 두 가지 방법이 있다. 첫 번째는 전체 의원정수를 일정하게 유지하면서 지역구 의석수를 줄이는 것이다. 그러나 지역구 축소는 현역 의원들의 정치적 생명과 직결되는 문제이며, 따라서 현역 의원들의 강력한 저항에 직면할 가능성이 매우 높다. 더구나 인구가 감소하고 있는 농어촌 지역의 경우 이미 하나의 국회의원 선거구가 지나치게 넓은 행정구역을 포괄하고 결과적으로 유권자와 의원 사이의 연계가 약화되고 있는 상황에서 지역구 의석수를 추가로 줄이는 것이 과연 바람직한 방향인지 고민할 필요가 있다.

　비례대표 의석 비율을 증가시키는 두 번째 방법은 지역구 의석수를 유지하는 가운데 전체 의원정수를 늘이는 것이다. 이 방법은 현역 의원들의 직접적인 반대와 저항을 초래하지 않을 수 있다는 장점에도 불구하고, 국회에 대한 높은 불신으로 인해 의원정수 확대에 동의하지 않는 대부분의 유권자들의 반발에 직면할 가능성이 있다. 실제로 국민의식조사에 따르면, 전체 응답자의 16.7%만이 국회의원 정수 확대에 찬성하였으며, 46.9%는 오히려 국회의원 정수가 현재보다 줄이는 것에 찬성하는 것으로 나타났다. 그리고 이와 같은 유권자의 거부감과 반발은 다시 현역 의원들에게 정치적 압력으로 작용하여 의원정수 확대의 장애물이 될 수 있다.

　비례대표 의석 비율 확대를 위한 두 가지 방법 중 어느 것이 보다 바람직한 혹은 효율적인 방법인지는 확실하지 않다. 다만 의원정수를 비롯한 선거제도 개편은 결국 국회에서의 입법을 통해 이루어져야 한다는 점에서, 지역구 축소에 대한 현역 의원들의 직접적인 반대와 저항을 극복하려고 하기보다는 의원정수 확대의 필요성을 유권자들에게 설득하는 것이 목표를 달성할 수 있는 보다 현실적인 방법이라고 판단된다. 물론 일반 국민들 사이에 국회와 국회의원에 대한 불신이 폭넓게 퍼져 있고, 결과적으로 의원 정수 확대에 대한 거부감이 강하다는 사실을 부정할 수 없다. 그러나 이러한 거부감을 비례대표 의석수 및 의원 정수 확대의 필요성 자체에 대한 거부라고 이해하기보다는, 현재 국회와 국회의원의 모습에 대한 불만의 표출로 이해하는 것이 더 현실적인 해석일 것이다. 즉 국회와 정치권이 변화의 모습을 보이면서 진정성을 가지고 노력한다면 국민들을 설득하는 것이 충분히 가능하다는 것이다.

　하나의 예시로 들 수 있는 것이 비례대표 국회의원 후보들이 얼마나 민주적으로 공천되는가이다. 실제로 <표 11−7>에 따르면 현재 각 정당이 비례대표 국회의원 후보를 공천하는 과정이 민주적으로 이루어지지 않는다고 생각하는 응답자일수록 의원 정수가 줄어들어야 한다고 생각하는 것으로 나타났다. 의원 정수 확대의 가장 중요한 배경이 비례대표 의석수 확대라는 점을 고려한다면, 비례대표 후보 공천이 민주적으로 이루어질수록, 따라서 현재 37.2%에 그치는 현재 각 정당이 비례대표 국회의원 후보를 공천하는 과정이 매우 혹은 어느 정도 민주적으로 이루어진다고 생각하는 비율이 증가한다면, 의원 정수 확대에 대해 국민들이 가지고 있는 거부감이 줄어들 수 있다는 것이다.

〈표 11-7〉 비례대표 후보 공천의 민주성 평가와 의원 정수 확대

(단위: %, N=1001)

	의원정수 확대	현행 유지	의원정수 축소	사례수
전혀 민주적으로 이루어지지 않는다	16.3	20.74	63.0	135
별로 민주적으로 이루어지지 않는다	17.2	35.0	47.8	494
매우/어느 정도 민주적으로 이루어진다	16.1	44.1	39.8	372

일단 의원정수 확대를 통한 비례대표 의석 비율 확대가 이루어진다면, 구체적으로 의석을 어떻게 배분할 것인가는 상대적으로 부차적인 문제이다. 준연동형 선거제도를 완전연동형 선거제도로 바꾸자는 의견도 많이 들리지만, 준연동형 선거제도 역시 나름의 장점을 가지며 따라서 완전연동형이 준연동형 선거제도에 비해 반드시 우월한 제도라는 보장은 없다. 다만 분명한 것은, 지나친 정당 난립과 정당체계의 파편화를 방지하기 위해 전면적인 비례대표제 도입은 지양하고, 준연동형이든 완전연동형이든 지역구 의석을 유지함으로써 온건한 수준의 다당제가 나타날 수 있도록 유도하는 것이다. 이러한 관점에서 다음 절에서는 완전연동형 선거제도 도입 문제를 비롯하여 최근 정치권과 언론에서 논의되는 여러 가지 개혁 방안들을 간략히 살펴보고자 한다.

2. 선거제도 개혁 방안: 대안에 대한 검토

가. 준연동형 vs. 완전연동형 선거제도

앞 절에서 언급했듯이 본 연구에서 주장하는 선거제도 개혁 방안의 핵심은 비례대표 의석 비율을 대폭 확대한다는 것을 전제로 의석배분방식은 현행 준연동형 선거제도를 유지하는 것이다. 그러나 최근 정치권과 언론에서 준연동형이 문제가 많은 제도이며 따라서 완전연동형 선거제도로 변경해야 한다는 주장이 종종 제기되고 있다. 두 제도 모두 정당투표 득표율을 기준을 각 정당에게 배분될 총의석수가 일차적으로 결정된다는 점은 동일하지만, 완전연동형은 지역구 의석 당선자 수와 총의석수 간 차이를 모두 비례대표의석으로 보전해주는 반면 준연동형 선거제도는 해당 차이의 절반까지만 비례대표의석을 우선 배분해준다는 차이를 가진다. 따라서 각 정당의 지지율과 의석 비율 사이의 비례성은 준연동형에 비해 완전연동형 하에서 더 높을 것이라는 점은 자명하다.

그러나 완전연동형 선거제도는 초과의석이 발생한다는 중요한 단점을 가진다. 의원정수 확대의 가장 큰 걸림돌이 유권자의 반감인 한국의 상황에서 확대된 정수 이상의 초과의석이 추가로 발생할 수 있으며 실제로 발생하게 되는 상황은 커다란 문제라고 할 수 있다. 물론 준연동형 선거제도가 지나치게 복잡한 의석배분방식을 채택하고 있으며, 따라서 유권자 입장에서 직관적으로 이해하기 쉽지 않다는 것은 커다란 단점이다. 그러나 초과의석의 발생을 억제할 수 있다는 점은 최소한 한국의 상황에서 준연동형 선거제도의 단점을 상쇄할 정도로 큰 장점이라고 할 수 있다. 더구나 현실적으로 의원정수 확대만으로도 상당한 논란과 진통이 예상되는 상황에서 준연동형에서 완전연동형으로의 전환이라는 또 다른 변화를 동시에 추진하는 것은 그다지 효과적인 전략은 아니라고 할 수 있다.

더구나 완전연동형 선거제도 하에서 초과의석은 주로 정당 지지율에 비해 지역구 선거에서 많은 당선자를 배출하는 거대 정당에게 돌아갈 개연성이 높다는 점에서, 초과의석의 가능성을 고려했을 때 완전연동형 선거제도가 준연동형 선거제도에 비해 보다 비례적인 결과를 가져올 것인지는 불분명하다고 할 수 있다. 실제로 완전연동형 선거제도를 채택하고 있는 독일의 경우 거대 정당이 초과의석을 차지하기 때문에 발생하는 비례성의 감소를 상쇄하기 위해 군소정당에게 보정의석을 추가로 배분하고 있다. 그러나 한국의 경우 초과의석 발생이 문제인 상황에서 여기에 더해 보정의석까지 고려하는 것은 지나치게 비현실적인 방안이라고 할 수 있다. 실례로 완전연동형 선거제도를 채택하고 있는 독일의 경우 2021년에 실시된 연방의회선거에서 초과의석과 보정의석을 합쳐서 137석이 추가되었고, 결과적으로 598명의 의원정수에도 불구하고 총 735명의 의원이 당선되었다. 결론적으로 완전연동형 선거제도를 채택한다고 해서 반드시 준연동형 선거제도보다 더 비례적인 결과가 나타날지 불분명하면서도 초과의석 발생이라는 명백한 단점이 존재한다는 이유에서, 현행 준연동형 선거제도를 유지하면서 비례대표 의석비율 확대에 초점을 맞추는 것이 현실적인 개혁 방안이라고 할 수 있다.

나. 소선거구제 vs. 중대선거구제

두 번째로 고려할 쟁점은 지역구 선거를 소선거구제에서 중대선거구제로 변경하는 문제이다. 최근 정치권과 언론에서 한 표라도 더 많이 받은 후보 1명만이 당선되는 소선거구제는 대량의 사표를 발생시키고 군소정당 후보에게 불리하기 때문에, 하나의 선거구에서 복수의 후보가 당선될 수 있는 중대선거구제를 도입해야 한다는 주장이 종종 제기되고 있다. 만일 중대선거구제가 도입이 된다면, 1등이나 2등을 차지하기 어려운 군소정당 후보가 차순위로 당선될 수 있으며, 결과적으로 원내 다양성과 대표성을 강화할 수 있다는 것이다.

물론 이론적으로 고려한다면 소선거구제에 비해 중대선거구제가 상대적으로 더 비례적인 선거 결과를 가져올 수 있다는 점은 부정할 수 없다. 그러나 실제로 이러한 결과가 나타날 지는 의문의 여지가 매우 크다. 단적인 사례로 한국 지방선거에서 기초의회선거는 이미 선거구에 따라 2~4명의 당선자를 배출하는 중대선거구제를 채택하고 있지만, 현실적으로 양대 정당이 거의 모든 의석을 독차지하고 있으며 군소정당 소속 및 무소속 기초의원은 찾아보기 어려운 것이 사실이다. 실제로 지난 2022년에 실시된 제8회 전국동시지방선거에서 기초의원 선거구 1,030개 중 절반에 가까운 487개가 3인 이상을 선출하는 선거구였지만(나머지 543개는 2인 선거구), 정작 당선된 전체 기초의원의 93.6%가 양대 정당 소속이었다.

물론 국회의원선거에서 중대선거구제를 채택하게 된다면 호남 지역에서 보수 정당 소속 당선자가 그리고 영남 지역에서 진보 정당 소속 당선자가 배출되고 결과적으로 지역주의 완화에는 분명히 도움이 될 수 있다. 그러나 만일 선거제도 개혁의 목표가 지역주의 완화에 머무는 것이 아니라 보다 근본적인 차원에서 다당제 구조를 만들어내는 것이라면 중대선거구제 도입만으로는 소기의 목적을 달성하기 어려울 것이다.

더구나 소선거구제 자체가 나름대로의 장점을 가지며, 동시에 한국 유권자들이 자신을 대표하는 지역구 의원을 선출하는 가장 익숙한 방식이라는 점 역시 고려해야 한다. 소선거구제는 지역구에서 한 명의 당선자만 배출하기 때문에, 유권자 입장에서는 누가 나를 대표하는 의원인지 분명하게 인식할 수 있으며 결과적으로 임기 동안의 성과에 대해 누구에게 정치적 책임을 물어야 하는지도 명확하다는 장점을 가진다. 실제로 국민의식조사의 응답자 중 절반 이상이 복수의 당선자를 배출하는 중대선거구제보다는 현행 소선거구제를 유지하는 것을 더 선호하는 것으로 나타났다. 물론 일반 유권자들이 선거구제의 크기에 따른 정치적 결과를 정확하게 이해하고 있기를 기대하기는 어렵다는 점에서, [그림 11-2]의 결과가 한국 국민들이 소선거구제가 중대선거구제보다 더 바람직하다고 생각하는 것으로 해석하기에는 무리가 있다. 다만 [그림 11-2]의 결과는 한국 국민들이 그만큼 소선거구제로 지역구 국회의원을 선출하는 것에 익숙하다는 사실을 보여주는 것으로 받아들여져야 할 것이다.

만일 중대선거구제를 도입하면서 하나의 선거구를 매우 크게 만들어서 10명 가까운 당선자를 배출하도록 설계한다면, 군소 정당 소속 후보들 역시 중대선거구제 도입의 혜택을 볼 수 있고 결과적으로 정치적 다양성과 대표성 제고에 도움이 될 수 있다. 그러나 이 경우 하나의 선거구가 지나치게 크고 다양한 지역을 포함해야 한다는 문제가 있다. 소선거구제를 채택하고 있는 현재에도 농촌 지역의 경우 한 지역구가 지나치게 넓은 행정단위를 포함하고 있다는 문제가 나타나는데, 10명 가까운 당선자를 배출하도록 중대선거구제를 설계한다면 의원과 유권자 사이의 거리감과 연계는 크게 악화될 수밖에 없다. 더구나 선거구의 물리적 크기가 커질수록 선거운동을 위해 요구되는 자원과 노력이 증가할 수밖에 없고, 이는 다시 정치신인과 군소정당 소속 후보에게 불리하게 작용하게 된다는 문제도 존재한다. 마지막으로 하나의 선거구에서 지나치게 많은 당선자를 선출하게 되면, 소수의 극단적인 목소리를 대변하는 후보가 당선되어 국회로 진출할 가능성이 높아진다는 문제도 존재한다. 예를 들어 10인을 선출하는 선거구라면 유권자의 1/11 정도의 확고한 지지만 확보한다면 당선을 위한 최소한의 득표율이 가능해지기 때문에, 굳이 많은 유권자들에게 폭넓게 호소할 수 있는 공약과 정책을 제시할 유인이 감소한다는 것이다.

[그림 11-2] 소선거구제와 중대선거구제에 대한 한국인의 선호

(단위: %, N=1001)

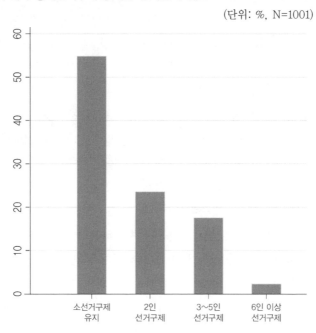

다. 권역별 비례대표

세 번째로 검토할 쟁점은 소위 권역별 비례대표제도 도입 문제이다. 물론 전국 단위에서 비례대표를 선출하는 것에 비해 권역별로 비례대표를 선출하는 것은 권역 내에서 유권자와 비례대표 의원 사이의 연계를 강화한다는 점에서 긍정적인 효과를 가져올 수 있다. 전국 차원에서 선출되는 비례대표에 대해서는 유권자들이 의원이 자신을 대표한다는 인식이 약할 수밖에 없기 때문이다. 또한 권역별 비례대표제 하에서는 각 정당이 비례대표 후보를 공천하는 과정이 중앙당에 의해 일방적으로 이루어지지 않고 지역 차원으로 분권화될 수 있다는 점에서 정당민주주의 강화에도 도움을 줄 수 있다.

동시에 권역별 비례대표제의 단점 또한 존재한다. 무엇보다도 전체 비례대표의 숫자가 제한적인 상황에서 현실적으로 하나의 권역에 할당되는 비례대표 의석수는 제한적일 수밖에 없다. 무엇보다도 비례대표 선거제도의 속성 상 전국 단위로 선출하는 것에 비해 권역별로 나누어 선출할수록 비례성은 하락할 수밖에 없다. 따라서 전체 비례대표 의석수가 증가하지 않는다면, 군소정당이 비례대표 의원을 당선시키는 것은 권역별 비례대표제 하에서 더욱 어려워질 수 있다.

그럼에도 불구하고 한국 정치의 맥락에서 권역별 비례대표제가 가질 수 있는 큰 장점이 한 가지 존재한다. 민주화 이후 시간이 흐르면서 상당히 약화되기는 했지만(강원택 2019; 윤지성 2017; 최준영·조진만 2005), 여전히 영호남을 중심으로 특정 정당이 특정 지역의 의석을 거의 독점하는 지역주의 구도는 여전히 한국 정치에서 강력한 힘을 발휘하며 양대 정당의 독점적 지위를 유지하고 있는 정치적 기반이 되고 있다. 그러나 정작 양대 정당이 상대 정당의 패권 지역에서 얻고 있는 지지율은 결코 무시할 수 없다. 예를 들어 지난 2020년 제21대 총선에서 더불어민주당의 위성정당인 더불어시민당은 부산/울산/경남 지역에서 정당투표 득표율 25.8%를 기록했으며, 대구/경북 지역에서도 15.5%의 정당투표 득표율을 기록하였다. 그러나 양대 정당이 전통적 지지 지역에 할당된 거의 모든 지역구 선거를 싹쓸이함으로써 지역주의 구도는 여전히 지속되고 있다.

특정 정당이 지역 내 대부분의 의석을 독차지하는 현상은 유권자의 정치적 선택권을 제한할 뿐만 아니라, 장차 정치에 참여하여 선거에 출마하고자 하는 잠재적 후보자들로 하여금 지역 내 패권 정당에서 활동하는 것 외의 다른 선택지를 택할 수 없도록 만든다. 이는 다시 지역 내 정치 인재들이 특정 정당에 쏠리게 만듦으로써 해당 정당의 패권적 지위를 강화하는 일종의 악순환을 만들어내고 있다. 따라서 이러한 악순환의 고리를 끊기 위해서는 지역주의 구도 하에 있는 지역에서도 상대 정당이 지지율에 걸맞게 일정한 당선자를 배출할 수 있도록 제도적으로 보장할 필요가 있다.

권역별 비례대표제는 바로 이러한 목적을 위해 도입할 수 있다. 지역 내 엄연히 존재하는 다양한 정치적 선호가 소선구제에 기반한 지역구 선거에서는 대표되기 어렵다는 점에서, 정당별 득표율을 비례대표 의석 비율로 반영하여 다양한 정당이 권역을 대표할 수 있도록 하는 것이다. 다만 이 경우 비례대표 의석수가 충분히 늘어나지 않는다면 각 권역에 할당되는 비례대표 의석수가 매우 작기 때문에, 권역별 비례대표제를 통한 지역주의 완화에는 큰 도움이 되지 않을 가능성이 높다.

실제로 권역별 비례대표제가 어떠한 효과를 가져올지 살펴보기 위해 <표 11-8>에서는 지난 제21대 총선의 지역별 정당투표 득표율에 기반하여 각 정당이 차지하게 될 권역별 비례대표 의석수를 계산해보았다. 물론 실제 제도가 어떠한 결과를 가져올지는 권역을 어떻게 설정하여 비례대표 의석수를 할당하며, 권역 내 득표율을 의석률로 전환하는 구체적인 방식을 어떻게 채택하는가에 따라서 얼마든지 달라질 수 있다. 따라서 <표 11-8>의 결과는 권역별 비례대표제의 가장 간단한 사례를 살펴보기 위해 전국을 6개 권역으로 나누고 준연동형이나 연동형이 아닌 단순한 병립형을 적용했을 때의 결과를 보여주고 있다. 전체 비례대표 의석은 전체 의석의 1/3에 가까운 125석으로 가정하였으며, 각 권역에 할당된 비례대표 의석의 총수는 전체 선거인 중 해당 권역의 선거인이 차지하는 비율을 사용하여 계산되었다.

〈표 11-8〉 권역별 비례대표제 시뮬레이션

권역	비례대표 의석 (정당투표 득표율)						의석수
	미래한국당	더불어시민당	정의당	국민의당	열린민주당	민생당	
서울	9 (36.7)	9 (36.8)	3 (10.8)	2 (9.2)	1 (6.5)	-	24
경기/인천	14 (35.0)	15 (38.7)	5 (11.9)	3 (8.0)	2 (6.5)	-	39
영남	17 (54.2)	8 (25.6)	3 (8.7)	2 (7.1)	1 (4.3)	-	31
호남	1 (4.8)	7 (63.5)	1 (11.3)	1 (4.6)	1 (8.6)	1 (7.3)	12
충청	5 (38.7)	5 (36.4)	1 (11.4)	1 (7.8)	1 (5.7)	-	13
강원/제주	2 (40.7)	2 (34.8)	1 (12.0)	1 (6.6)	0 (5.8)	-	6
합계	49	47	14	8	6	1	125

주: 득표율은 의석할당 대상이 되는 정당만을 고려하여 다시 계산된 것임.

<표 11-8>의 시뮬레이션 결과는 몇 가지 흥미로운 점을 보여주고 있다. 우선 보수 정당이 지배적인 지위를 차지하고 있는 영남 지역에서 더불어민주당의 위성정당인 더불어시민당이 권역 내 비례의석의 25.6%에 달하는 8석을 차지하였으며, 미래통합당의 위성정당인 미래한국당 역시 호남 지역에서 1석의 비례의석을 확보하였다. 즉 또한 민생당과 같이 특정 지역에서는 유의미한 득표율을 기록했지만, 전국 차원에서는 비례대표 의석 할당 기준은 충족시키지 못했던 정당도 비례대표 의석을 확보할 수 있었다. 결과적으로 각 권역마다 다수의 정당이 비례대표 의석을 배출할 수 있었고, 따라서 권

역 내 존재하는 다양한 정치적 선호가 대표될 수 있었다.

동시에 <표 11-8>의 시뮬레이션 결과는 만일 권역별 비례대표제를 채택한다면, 제도 설계 단계에서 고려해야 할 사항으로 어떤 것들이 있는지 역시 보여주고 있다. 첫 번째로 한 권역에 충분한 숫자의 비례대표 의석이 할당되지 않는다면 권역별 비례대표 제가 정상적으로 작동하지 않을 수 있다. 예를 들어 <표 11-8>에서 강원/제주 권역 의 경우 열린민주당이 5.8%의 정당투표 득표율을 기록하여 최소한 1석의 비례대표 의 석을 배분받아야 하지만, 권역에 할당된 전체 의석이 6석에 지나지 않아 의석을 확보 할 수 없었다. 이와 같이 의석할당을 위한 최소 득표율 기준을 초과했음에도 불구하고 실제 의석을 배분받지 못하는 상황을 방지하기 위해서는 권역 내 총 비례의석 숫자가 증가해야 한다. 그러나 그렇다고 해서 전체 비례대표 의석수를 무작정 증가시키는 것 은 현실적인 방안이라고 할 수 없다. 따라서 대안으로 단순 인구비례로만 비례대표 의 석을 할당할 것이 아니라, 농어촌 지역과 같이 인구가 적은 지역에 대해서는 일정한 가 중치를 부여하여 할당 의석수를 계산하는 것을 고려해야 한다.

두 번째로 권역별 비례대표제는 전국 단위로 비례대표를 선출하는 것에 비해 비례 성이라는 측면에서는 분명한 한계를 가진다. 양대 정당을 제외한 군소정당의 경우 권 역에 할당된 비례대표 의석수에 따라 득표율과 실제 확보하는 의석 사이의 편차가 상 당히 커질 수 있다. 실제로 시뮬레이션 결과에서 정당 간 득표율이 거의 2배 이상 차이 가 발생했음에도 불구하고, 최종적으로 배분받는 의석수에서는 차이가 나타나지 않는 권역이 발생하게 된다. 이러한 상황을 방지하기 위해서는 되도록 권역 간 비례의석의 총수에서 차이가 발생하지 않도록 의석을 할당할 필요가 있다. <표 11-8>에서는 기 존의 익숙한 행정단위를 차용하여 권역을 구성하다보니 지역별 인구 편차를 조정할 수 없었지만, 실제로 권역별 비례대표제를 실시하는 경우 기존의 익숙한 광역자치단체의 구분을 넘어－그러면서도 생활권의 동질성과 이질성을 감안한－새롭게 권역을 구상하 려는 노력이 필요하다고 할 수 있다.

세 번째로 권역별 비례대표제 하에서는 득표율을 의석률로 전환하는 데 있어 준연 동형이나 연동형보다는 <표 11-8>의 시뮬레이션과 같이 단순한 병립형을 적용하는 것이 바람직할 수 있다. 영남이나 호남 지역과 같이 특정 정당이 거의 모든 지역구 의 석을 차지하는 지역에서 준연동형이나 연동형 제도를 적용한다면, 해당 정당은 실질적 으로 비례의석을 1석도 배분받지 못할 가능성이 농후하다. 정당투표 득표율에 따라 배분받을 총의석수를 초과하여 지역구 선거에서 당선자를 배출할 가능성이 매우 높기 때문이다. 물론 <표 11-8>에서 볼 수 있듯이 병립형을 적용한다면 양대 정당을 제외한 다른 군소정당들은 권역별 비례대표제 하에서도 여전히 자신들의 득표율에 부합하는 의석률을 차지하지 못하는 것이 사실이다. 그러나 준연동형이나 연동형이 비례성이라는 측면에서 우월한 것이 사실이라고 하더라도, 현실적으로 권역 내 패권 정당이 엄연히 존재하는 상황에서 권역별 비례대표제를 준연동형이나 연동형으로 운영하는 것은 애초에 제도 도입 자체를 가로막을 수 있는 요인이 될 수 있다.

3. 정당법 개정 방안

온건한 다당제를 유지하기 위한 정당법 개정 방안은 무엇보다도 정당 설립에 대한 엄격한 규제를 완화하는 것이 가장 중요하다. 우선 정당으로 등록하기 위해서는 중앙당을 반드시 수도에 두도록 한 조항은 폐지하는 것이 바람직하며, 5개 이상의 시·도당을 두도록 한 규정도 완화하는 것이 필요하다. 이와 동시에 각 시·도당에서 갖추어야 하는 최소 당원수 기준 역시 완화하거나, 혹은 최소한 지역별 인구 수준에 비례하여 융통성 있게 적용될 수 있도록 바꾸는 것을 고려할 수 있다. 이러한 일련의 개혁이 추구하는 것은 다양한 정치 결사와 참여의 기회를 확대하고, 새로운 정치세력이 성장하여 정당을 설립하는 것은 촉진하고자 하는 것이다.

정당법 상의 수도 규정을 삭제하고 시·도당 기준을 완화하는 것은 전국 차원에서 다당제를 유도하는 것과 더불어 지역 차원에서는 지역정당의 등장과 활동을 허용하는 효과를 가져올 수 있다. 지역정당의 존재와 활동을 통해 한국 지방자치제도의 내실화를 꾀할 수 있다. 현재 지역주의의 영향력이 강하게 남아있는 영호남 지역에서는 특정 정당이 지방자치단체장과 지방의회 의석을 싹쓸이하는 경향이 강하게 나타나고 있으며, 결과적으로 지방정부 수준에서 견제와 균형이 전혀 이루어지지 않고 있다. 이러한 상황이 발생하는 가장 중요한 이유는 각 지역 유권자들 사이에서 존재하는 상대 정당에 대한 뿌리 깊은 반감으로 인해 지역 내 패권정당에 대한 대안으로 선택할 수 있는 대상이 존재하지 않는다는 사실에서 기인한다. 또한 양대 정당 사이의 경쟁으로 선거가 치러지기 때문에 지방선거에서 각 지역의 현안과 관심사가 다루어지지 못하고 중앙

정치의 이슈가 지배하게 되고, 결과적으로 지방선거가 중앙정치의 대리전으로 흘러가곤 한다. 지역정당을 허용하는 것은 이러한 현재 지방자치제도의 한계를 극복하고 지역 차원의 풀뿌리 민주주의를 복원하는데 기여할 수 있다.

국민의식조사에 따르면 실제로 정당법 상의 정당 성립요건을 완화하여 지역정당 창당을 허용하는 것에 대해 70% 가까운 응답자가 찬성 의견을 표시했다. 지역정당이라는 것이 아직까지 한국 정치에서 실현되지 않은 제도라는 점을 고려한다면, 조건부 찬성을 포함하여 70% 가까운 응답자가 지역정당을 허용하는 것에 찬성 의견을 가진다는 것은 지역정당의 필요성과 의미에 대해 상당한 국민적 공감대가 이미 형성되어 있다는 사실을 반증한다고 할 수 있다.

[그림 11-3] 지역정당 허용에 대한 태도

(단위: %, N=1001)

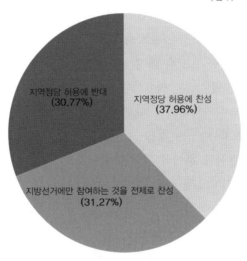

보다 구체적으로 지역정당의 활동 범위를 설정하기 위해서는 몇 가지 추가로 고려해야 하는 사항이 존재한다. 예를 들어 특정 시·도 선관위에 등록한 지역정당은 해당 시·도의 지방선거에만 후보를 공천할 수 있도록 제한을 가할 수 있다. 실제로 다수의 지역정당이 무분별하게 전국 단위 선거에 참여하게 되면 정치적 혼란은 물론이고, 애초 지역정당을 허용한 취지가 무색해질 가능성이 있다. 위의 [그림 11-3]에서 볼 수 있듯이, 일반 국민들 사이에서도 30%가 넘는 응답자들이 지방선거에만 참여한다는 조

건으로 지역정당을 허용하는 것에 찬성하기도 했다. 만일 지역정당이 전국 단위 선거에 참여하고자 한다면－중앙선관위에 등록한－전국정당과 선거연합을 구성하도록 하는 방안을 고려할 수 있다. 이를 통해 지역 차원의 현안과 관심사에 초점을 맞추어 활동한다는 지역정당의 취지와 중앙정치 사이의 조화를 꾀하는 동시에, 중앙정치에서 자칫 소외될 수 있는 지역의 목소리를 국회에 반영할 수 있다. 물론 이러한 지역정당－전국정당 간 선거연합이 가능하기 위해서는 현재 하나의 정당에 대해서만 당적을 보유할 수 있도록 한 정당법 상의 복수당적 금지조항 역시 개선하여, 최소한 하나의 전국정당과 하나의 지역정당에 복수로 당적을 보유하는 것을 허용하는 것이 필요하다.

마지막으로 장기적인 과제이기는 하지만, 보다 급진적인 관점에서 단순히 중앙당 수도 규정 및 시·도당 기준을 폐지 혹은 완화하는 것을 넘어서 특정 지역에 물리적으로 소재하는 정당의 하부조직에 대한 규정 자체를 폐지하는 것까지 고려할 수 있다. 디지털 기술 발전과 이로 인한 소통 방식의 진화를 고려한다면, 굳이 정당이 오프라인 조직을 갖출 필요성이 점차 하락한다고 할 수 있다. 오히려 온라인 정당과 같이 전혀 새로운 형태의 정당 유형이 만들어지고 비례대표를 중심으로 활동하도록 허용함으로써, 유권자의 정치적 결사의 자유를 최대한으로 보장할 수 있다. 다양한 형태의 정당이 등장하여 서로 경쟁할수록 유권자의 선택지는 넓어지고, 좀 더 다양한 생각과 목소리가 정치과정에 투입·반영될 수 있을 것이다.

제4절

결론

모든 정치제도는 나름의 장점과 단점을 가지고 있다는 점에서, 어떠한 선거제도나 정당제도도 다른 형태에 비해 절대적으로 우월하거나 규범적으로 바람직하다고 할 수는 없다. 따라서 완벽하게 이상적인 선거제도나 정당제도는 존재하지 않으며, 우리에게 필요한 것은 현재 한국 정치의 핵심적인 문제가 무엇이고 그러한 문제를 해결하는 데 도움이 될 수 있는 선거제도 및 정당제도는 어떠한 모습이어야 하는가를 고민하는 작업이다. 설사 여러 가지 단점을 가진 제도라고 할지라도 만일 장점이 현재 우리가 직면한 문제를 해결하는 데 도움이 될 수 있다면, 그 제도는 최소한 현재 시점에는 한국 정치와 민주주의 발전을 위해 필요하다고 할 수 있다.

앞 절에서 다룬 선거제도 및 정당제도 개혁 방안은 공통적으로 온건한 형태의 다당제를 유지한다는 목적을 위해 고려된 것이다. 그리고 온건한 다당제라는 해법은 현재 한국 정치와 국회가 경험하고 있는 문제가 양대 정당이 대부분의 정치적 자원과 권력을 독점한다는 사실에서 비롯한다는 진단에서 도출된 것이다. 다시 말해서 온건 다당제를 유도할 수 있는 선거제도 및 정당제도가 다른 어떤 제도보다 우월하다는 것이 아니라, 협치의 실종 및 대표성의 위기라는 당면한 문제를 해결하는 데 도움을 줄 수 있다는 것이다.

논의를 마무리하기 전에 마지막으로 고려해야 할 것은 본 연구가 주장하는 온건한 다당제가 과연 대통령제라는 권력구조와 양립가능한가라는 질문이다. 일반적으로 행정부의 수반인 대통령이 별도의 선거를 통해 국민으로부터 직접 선출되는 대통령제의 이원적 정통성(dual legitimacy)이라는 속성은 다당제와 친화적이지 않다는 인식이 존재한다. 대통령제 하에서는 입법부와 행정부 사이의 대립과 갈등을 해소할 수 있는 제도적 장치가 존재하지 않는데, 다당제는 여당이 의회 내 다수당의 지위를 확보할 가능성을 낮추고 분점정부(divided government)의 등장을 조장하기 때문에 이원적 정통성의 딜레마를 심화시킨다는 것이다. 결과적으로 대통령제와 다당제의 조합은 정치적 불안정성을 가져오고 극단적으로는 민주주의의 위기를 초래할 수 있다는 주장으로 이어진다(Linz 1990, 1994; Mainwaring 1993).

그러나 많은 연구에 따르면 이러한 일방적인 논리는 현실과 상당한 차이가 있다(Cheibub 2007). 한국이나 미국의 경험을 통해서도 알 수 있듯이, 양당제 하에서도 분점정부는 빈번하게 등장하며, 실제로 분점정부 하에서 입법교착(legislative gridlocks)를 비롯한 정치적 혼란이 초래되는가에 대해서는 상반된 증거가 존재한다(오창룡 2008; 전진영 2011; Mayhew 2005). 또한 단점정부 하에서 과연 협치가 보다 잘 이루어졌는지도 의문일 뿐만 아니라, 오히려 양당제 하에서 대통령제의 승자독식 구조가 여야 간 대립을 심화시킬 가능성도 충분히 존재한다. 또한 최근 남미 국가들의 대통령제에 대한 연구에 따르면 다당제 하에서 소수당 소속 대통령이 야당의 일부와 연합정권(coalitional presidentialism)을 구성하여 성공적으로 국정을 운영하는 사례가 다수 보고되고 있다(Chaisty, Cheeseman, and Power 2018). 따라서 대통령제와 다당제의 조합이 정치적으로 바람직하지 않다고 보는 전통적인 견해에 대해서는 재검토와 보다 심도 깊은 연구가 요구된다고 할 수 있다.

사실 한국의 선거제도와 정당제도 개혁을 위한 다양한 방안은 이미 오래전부터 다수가 제시되어 왔다. 본 연구에서 다루고 있는 협치 및 대표성 강화 방안은 이러한 여러 방안 중 하나일 뿐이다. 따라서 문제의 핵심은 개혁 방안의 유무가 아니라 하나의 개혁 방안에 대한 정치권의 합의를 이끌어내고 실천할 수 있는 정치적 의지라고 할 수 있다. 특히 적대적 공생관계를 통해 정치적 자원과 권력을 차지하고 있는 양대 정당이 현재 한국 정치와 국회가 겪고 있는 문제의 심각성과 해결의 필요성에 공감하고 기득권을 내려놓는데 동의하는 것이 가장 중요한 과제라고 할 수 있다. 그리고 이러한 동의에 기반하여 개혁 방안에 대한 국민적 공감대를 형성하기 위해 노력하는 것이 가장 중요한 과제가 될 것이다.

12

선거구 획정제도 개혁

지병근

제1절

들어가며

1. 선거구 획정의 현황과 문제의식

2024년 실시될 제22대 국회의원선거를 대비하여 2022년 가을 선거구획정위원회가 출범하였다(2022.10.11.). 국회의원 선거구획정위원회는 지난 제20대 국회의원선거를 앞두고 중앙선거관리위원회 산하의 독립기관으로 2015년 처음 설치되었으며, 이제 세 번째로 새로운 선거구 획정의 기회를 맞이하게 된 것이다. 그런데 이러한 변화에도 불구하고 최근까지 국회의원 선거구획정은 다양한 문제점이 노출되었다. 지난 제21대 국회의원선거구 획정 사례만 보더라도 법정기한이 한참 지난 시점에 선거구 획정안을 확정하였을 뿐만 아니라 국회가 선거구획정위의 1차 획정안을 거부하는 초유의 상황이 발생하기도 하였다. 이로 인해 시민들의 참정권이 심각하게 침해되었고 선거구 획정 제도 개혁의 필요성이 제기되었다.

이 장에서는 한국의 국회의원선거구 획정에 대한 평가를 바탕으로 개선안을 제시하고자 하였다. 이를 위해 제1절에서는 먼저 선거구 획정의 의미와 기준에 관한 기본적인 논의를 소개하고, 인구 등가성과 함께 지역 대표성의 실현을 고려한 선거구 획정의 필요성을 제기할 것이다. 제2절에서는 선거구 획정을 둘러싼 다양한 쟁점들을 논하고 이에 대한 해결책 마련의 필요성을 제기할 것이다. 제3절에서는 한국과 유사하게 (하원)의회 선거에서 소선거구제를 유지하고 있는 영국과 미국의 선거구 획정 절차를 비교적 관점에서 분석함으로써 한국에서 선거구 획정 절차를 개선하는 데 필요한 정책적 함의를 도출할 것이다. 제4절에서는 앞서 제기한 한국의 선거구 획정 관련 쟁점들을 해결하기 위한 구체적인 실행 방안을 제시하고자 한다.

이 연구는 선거구 획정과 관련한 두 가지 신화(myths), 즉 '인구 등가성 불가침 신화'와 '선거구 획정 기관의 정치적 독립성 신화'를 극복하는 것이 한국의 선거구 획정을 개선하는 데 필수적이라는 점을 전제하고 있다. 이 신화들은 각각 인구 등가성의 원리로 다차원적 정치적 대표성의 문제를 환원시키려는 경향성과 중립적 '심판관'의 존재만으로 선거의 공정성을 실현할 수 있을 것이라는 과도한 믿음과 관련이 있다. 그러나 선거구 획정은 선거를 통해 구성되는 의회가 '누구를 대표할 것인가'라는 정치적 대표성(political representation)의 근본 문제와 관련이 있기에 그 과정에서도 시민의 사회경제적·정치적 다양성을 반영할 수 있어야 하며, 이를 위해서는 인구수 이외에 역사적으로 형성된 '공동체'의 특성, 특히 한국에서는 지역 대표성을 고려한 선거구 획정이 이루어져야 한다고 본다. 아울러 이 연구는 선거구 획정 과정을 '정치 과정'의 일부로 이해하고 선거구획정위원회가 '정치'로부터의 영향력을 차단함으로써 '형식적' 독립성을 강화하려는 노력보다 국회와 시민의 의견을 적극적으로 수렴하고 이들과 협력함으로써 '실질적' 독립성을 구현하려는 노력이 필요하다고 본다.

2. 선거구 획정의 의미와 기준

선거구 획정은 선거가 실시되는 기본 단위인 선거구의 공간적 범위를 인구수 증감 등 사회적 변화를 반영하여 '재획정(redistricting)'하는 것을 의미한다. 그리고 선거구 획정은 "투표가 의석으로 전환하는 데 영향을 주는 틀(format)"로서 선거결과에 상당한 영향을 미칠 수 있다(Bullock 2021). 불록(Bullock 2021, 50)은 선거구 획정이 "미국에서 가장 정치적 행위"라고 주장하기도 했다. 그 이유 또한 선거구 획정이 선거결과에 결정적인 영향을 미치기 때문에 정당들이 선거구 획정 과정에서 치열한 다툼이 있었기 때문이다. 미국에서 선거의 공정성을 해치는 가장 큰 요인 가운데 하나로 지목되었던 게리맨더링은 특정 정당의 지지자를 분산시켜 최소한의 득표율 차이로 그 당의 후보자를 당선시킬 수 있도록 선거구를 획정하는 것을 의미하며, 선거구에서 한 명만 선출하는 소선거구제에서 그 효과가 가장 크게 나타난다.

가. 인구수

선거구 획정을 위한 기준으로 다양한 요소들이 고려되고 있다. 그 가운데 인구수는 세계적으로 가장 널리 그리고 우선적인 선거구 획정의 기준으로 활용되어 왔으며, 인구수에 비례한 선거구 획정의 원칙을 얼마나 엄격하게 적용하는가는 국가마다 다양하다.[83] 대표적으로 마케도니아가 ±3%, 미국과 뉴질랜드가 ±5%, 호주와 이탈리아는 ±10%, 독일은 ±15%, 캐나다는 25%의 범위에서 선거구별 인구편차를 허용한다 (Handley 2008: 273).[84] 물론 이러한 다양성은 각국의 역사적이고 제도적 맥락의 차이에서 비롯된 것이라고 할 수 있다. 예를 들어, 미국의 경우 비교적 엄격하게 인구비례성의 원칙을 적용하는 이유는 연방제를 유지하기 위해 상원에 주별로 2인의 의원을 할당하는 등 인구수와 무관하게 동등한 대표성을 부여하는 것에 대한 보완의 필요성에 대한 공감대가 존재하기 때문으로 볼 수 있다.

나. 지리적 연결성(contiguity)과 조밀성(compactness)

인구수 이외에 공간적 차원에서 선거구 획정을 위해 고려하는 기준으로는 선거구 형태와 관련한 지리적 연결성(contiguity)과 조밀성(compactness) 등이 있다. 그 외에도 도서·산악지대와 같은 자연환경이나 선거구 면적도 중요한 기준이다. 그리고 이들은 모두 선거구민이 대표자를 선출하고 선출된 대표자들이 선거구민을 대표하는 데에 결정적인 영향을 미치는 선거구의 공간적 특성에 해당한다. 예를 들어 캐나다는 인구밀도가 낮은 농촌과 북부지역은 "관장할 수 있는 지리적 크기(manageable geographic size)"를 유지해야 한다고 규정하고 있다(ACE Project, Boundary Delimitation, Canada).

---

83) 핸들리(Handley 2008: 273)에 따르면 레소토나 벨라루스를 제외하면 대부분의 국가들은 유권자가 아닌 인구수를 기준으로 선거구를 할당한다.
84) 선거구 간 인구수를 동일하게 하지 않고 편차를 두는 이유 가운데 하나는 오히려 편차를 없애려는 시도 자체가 게리멘더링의 기회로 이어질 수 있기 때문이다(Bullock 2021: 57). 호주는 각 주별로 선거구 획정이 이루어지며 10% 내외에서 인구편차를 허용한다. 7년 주기의 선거구 획정의 절반인 3.5년(3년 6개월) 이내에는 3.5%를 초과하는 편차를 허용하지 않는다. 호주의 경우 Tasmania 지역에 최소 5인의 하원의원을 배정하였다(전체 149인).

다. 행정구역이나 이익 공동체(community of interest)

　행정구역이나 이익 공동체(community of interest) 또한 선거구 획정 과정에서 고려하는 중요한 요소들이다. 이익 공동체의 경우 선거구가 동질성을 갖는 응집력(cohesiveness)이 있는 단위로서 이들의 이익, 특히 소수민족의 이익이 대표되어야 한다는 점을 고려한 것이다. 소수 민족 혹은 부족의 영토를 고려한 선거구 획정 사례를 찾기 어려운 것은 아니다(바하마, 보츠와나, 캐나다). 일부 국가들에서는 소수민족이 밀집 거주하는 선거구에서 실질적으로 대표되기 어렵다는 점을 고려하여 특별 선거구를 만들기도 한다(인도, 뉴질랜드, 파키스탄, 싱가포르, 미국 등).[85] 물론 이러한 사례들은 다민족 국가라는 특성과 함께 뉴질랜드의 마오리족이나 미국의 유색인종들처럼 역사적으로 정치적 대표성을 확보하기 어려운 점을 치유하려는 역사에 대한 성찰에 따른 것이다.[86]

---

85) ACE project에 따르면, 소수민족을 고려하는 것은 선거과정보다 선거결과에 초점을 둔다(https://aceproject.org/ace-en/topics/bd/bdb/bdb05/bdb05d). 비례대표제를 채택하지 않은 국가는 물론 비례대표제를 채택한 국가에서도 정당의 후보 리스트에 소수민족의 대표성이 반영되지 않을 경우 소수민족은 과소대표될 수 있다. 선거구 획정 과정에서 특정한 소수민족을 위한 선거구 할당을 시행한 국가로는 크로아티아, 피지, 인도, 뉴질랜드, 파키스탄, 팔레스타인, 파푸아뉴기니아, 싱가포르, 미국 등이 있다.

86) 이는 한국의 경우에는 권위주의 체제 하에서 호남에 대한 차별적 경제발전정책에서 기인한 호남의 인구 감소와 정치적 대표성 하락에 관한 치유의 필요성을 고려할 때 참고할 만한 것이다.

제2절

선거구 획정의 쟁점

1. 선거구 획정의 기준: 인구수와 지역대표성

선거구 획정(redistricting)은 통상적으로 선거구별 인구 변화를 반영하기 위한 것이다. 영국을 비롯하여 일부 국가에서 인구 조사와 함께 선거구 획정이 이루어지는 이유는 여기에 있다. 그러나 선거구 획정은 단순히 인구수만을 반영하는 것은 아니다. 세계적으로 대부분의 국가들이 선거구를 획정할 때 인구수는 최우선의 기준이지만 그 외에 행정구역, 조밀성, 인접성, 선거구의 면적, 이익 공동체 등을 고려하며, 오히려 인구수만을 고려한 선거구 획정 사례는 많지 않다.[87] 그 이유는 인구수만을 고려하여 선거구를 획정한다면 게리멘더링(gerrymandering)으로 인한 선거의 공정성 침해를 피하기 힘들 뿐만 아니라 역사적으로 형성된 지역의 정치적 대표성을 실현하기 어렵기 때문이다.[88]

226개국의 선거구 획정에 관한 정보를 제공하는 에이스 프로젝트(ACE Project)의 비교 데이터(Comparative Data, https://aceproject.org/epic-en/, 2003~2022 최근 횡단자료,

---

87) 전통적인 선거구 획정 기준에는 조밀성(compactness, 선거구 부분 간 거리가 가까움), 연결성(contiguity, 동일 경계선에 위치함), 정치적 단위의 보존(preservation of political subdivisions, 동일한 정치적 이해 공유) 등이 포함된다(Medvic 2021: 81-83).
88) 의원들은 '동등한 가치'를 지닌 '개별' 선거구민에 의해 선출되지만, 그들이 대표해야 하는 것은 '개인'으로서의 선거구민뿐만 아니라 고유의 집단적 정체성(인종, 민족)이나 이익을 공유하는 '지역'의 동질적 '선거구민'도 포함된다.

2011년 이후 사례는 94.7%)를 분석한 아래의 [그림 12-1]이 보여주듯이 인구수를 선거구 획정의 기준으로 활용하는 국가는 119개(52%)로 가장 많지만, 그에 못지않게 행정구역(109개, 47%)을 활용한 사례도 절반에 달한다. 그 외에도 자연적 경계(54개국, 23%), 조밀성(24개국, 10%), 지리적 선거구의 크기(40개국, 17%), 이익/문화적 관심(38개국, 16%), 기타(65개국, 28%) 등이 선거구 획정의 기준으로 활용되고 있다. 이 그림에는 포함하지 않았지만 226개 국가들 가운데 자료를 확인하지 못한 42개 국가를 제외한 184개 국가에서 선거구 획정을 위한 기준의 수를 살펴보면, 1~2개의 기준을 사용한 사례가 각각 69개국(37.5%)와 44개국(23.9%)으로 이들을 합하면 113개 국가(61.4%)나 되었다. 국가별 평균 2.4개의 기준이 활용되었다.

[그림 12-1] 선거구 획정 기준

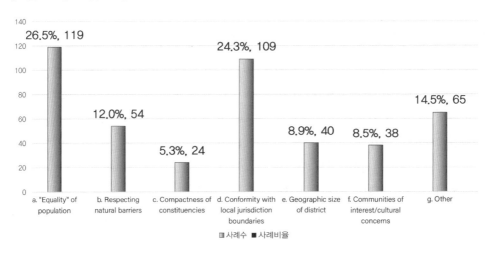

출처: https://aceproject.org/epic-en/

선거구 획정 기준과 관련하여 1994년 제정된 '공직선거및선거부정방지법'의 제25조(국회의원지역구의 획정)의 제①항은 "국회의원지역선거구(이하 "國會議員地域區"라 한다)는 시·도의 관할구역안에서 인구·행정구역·지세·교통 기타 조건을 고려하여 이를 획정하되, 구(自治區를 포함한다)·시(區가 設置되지 아니한 市를 말한다)·군(이하 "區·市·郡"이라 한다)의 일부를 분할하여 다른 국회의원지역구에 속하게 하지 못한다."고 규정하고 제2항에 "국회의원지역구의 명칭과 구역은 별표 1과 같이 한다"라고 하였다(국가 법령정보).[89] 다만, 2004년 일부 개정이 이루어져, 제①항의 후미에 선거구의 일부 분할과 관련하여 "다만, 제21조(국회의 의원정수) 제항 후단의 요건을 갖추기 위하여 부득이한 경우에는 그러하지 아니하다."는 단서가 부기되었다.[90]

그러나 2016년 선거법 개정에서는 상당히 주목할 만한 변화가 나타났다. 명칭을 바꾼 '공직선거법'의 제25조에서 선거구 획정기준이 "인구 · 행정구역 · 지세 · 교통 기타 조건"이 "인구 · 행정구역 · 지리적 여건 · 교통 · 생활문화권 등"으로 변경되었다. 그런데 이보다 더 주목할 만한 점은 공직선거법 제25조 2항에 "국회의원지역구의 획정에 있어서는 제1항제2호의 인구범위를 벗어나지 아니하는 범위에서 농산어촌의 지역대표성이 반영될 수 있도록 노력하여야 한다"(신설 2016.3.3.)는 규정이 신설된 것이었다. 이는 단순히 "지세"를 "지리적 여건"으로, "기타 조건"을 "생활문화권"으로 선거구 획정 기준의 명칭을 변경하고 구체화한 것이라기보다 인구가 감소하는 지역의 대표성을 고려해야 한다는 것을 명시한 것이라고 볼 수 있다.[91]

한국에서는 제15대, 제17대, 제20대 국회의원선거를 앞두고 연이은 헌법재판소의 결정(1995년, 2001년, 2014년)에 따라 이루어진 선거구 간 인구수 편차의 하향 조정으로 선거구획정은 '1인 1표의 원칙(one person, one vote)'에 의거한 인구 등가성이 강화되었다. 그러나, 이 과정에서 소위 '인구소멸'의 위협을 받는 비수도권 지역의 선거구민들은 선거구 수 감소에 따른 정치적 상실감과 위기의식이 커졌다고 할 수 있다. 그뿐만 아니라 강원 일부 지역을 포함한 인구감소지역에서는 선거구 면적이 과도하게 커지며, 소위 '공룡 선거구'가 등장할 위험에 처하기도 하였다. 공직선거법에 "농산어촌의 지역 대표성이 반영될 수 있도록 노력하여야 한다"는 규정이 포함된 배경에는 이러한 우려가 반영되어 있다고 할 수 있다.

---

89) 조소영(2015)은 선거구 획정의 기준을 "평등선거의 원칙"("인구 크기의 동등성")과 같은 헌법원리적 요소와 "지리적 요소"(행정 경계, 자연경계, 형태와 크기─근접성, 조밀성) 및 "이해관계의 동질성 또는 합일성"(구성원 간 행정적 지리적 경계, 공통된 이해관계나 특성, 상호작용) 등 "선거현실적 요소"의 두 가지 유형으로 구분하였다. 그런데 여기서 선거현실적 요소를 구성하는 세부 요소들 사이에는 상당한 중첩이 불가피하다. 이 연구가 주목하는 인구수를 제외한 자연경계, 조밀성, 지리적 선거구 크기는 명백히 지리적 요소에 해당하지만, 행정경계의 경우 "이해관계의 동질성 또는 합일성" 요소일 수 있으나 이를 결정할 때에도 자연경계, 조밀성, 지리적 선거구 크기 등이 고려된다는 점에서 지리적 요소로 분류될 수도 있다.

90) 강휘원(2015: 125)은 행정구역의 분할 금지가 하나의 지역대표성 보장 방안이라고 보았다.

91) 한국의 경우 국회의원정수와 관련한 동법 제21조의 경우에도 2000년 전국구 국회의원의 명칭을 비례대표 국회의원으로 변경하고, 2004년에는 각 시도의 지역구 의원 정수를 최소 3인으로 보장하고, 2012년에는 세종특별자치시의 정수를 1인으로 규정하였다가 2016년 모두 사라진 것을 제외하면 거의 변화가 없다. 한국의 역대 선거구 획정에서 인구 기준의 변화에 대해서는 조소영(2015) 참조할 것.

조소영(2015: 60)은 인구대표성과 함께 지역대표성의 중요성을 강조하며 "인구대표
성과 지역대표성의 고려라는 양면성"이 선거구 획정과정에 있으며, "지역대표성이……
(중략)…… 투표 가치의 평등보다 우선시 될 수는 없다"는 헌재의 결정을 따르더라도
엄격하게 선거구의 인구편차를 제한하는 대부분의 국가들이 "지역대표성을 보장하는
제도"를 동시에 갖추고 있다는 점을 지적하고 단원제를 채택하는 한국에서 국회가 "지
역이익도 함께 대표될 수 있어야" 한다는 헌재 소수의견에 주목하여 인구밀도가 낮은
농촌지역에 가중치를 부여하거나 기본의석을 배분하는 방법을 제안하였다.

그러나 주목해야 할 점은 여전히 한국에서 법적으로 규정된 선거구 획정의 다양한
기준을 어떻게 적용할 것인지는 매우 모호하며, 이를 극복하기 위한 노력도 거의 이루
어지지 않고 있다. 아울러, 농산어촌의 지역대표성을 반영하기 위한 실행 방안도 거의
논의되지 않고 있다. 다만, 인구가 감소하고 있는 농산어촌의 선거구 수를 보존할 수
있는 법적 근거만 마련되었다고 할 수 있다.

2. 선거구 획정의 주체: 독립성과 협력

다음의 [그림 12-2]가 보여주는 바와 같이 에이스 프로젝트(ACE Project)의 비교
데이터에 따르면 선거구 획정을 책임지는 기관은 다수의 국가들에서 하원(73개국,
32.2%)이지만, 선거관리위원회(64개국, 28.2%), 선거구획정위원회(41개국 18.1%), 행정부
(18개국, 7.9%), 상원(15개국, 6.6%) 등도 이에 관여하고 있다(39개국은 2개, 체코, 이집트,
일본, 영국 등 4개국은 3개, 미국은 5개 기관 중복, 국가별 평균 1.27개 기관이 관여).[92]

---

92) IDEA의 선거관리디자인(Electoral Management Design Database, 2014) 자료에 따르면, 전체 214개 국가
들 가운데 선거관리기관이 정부기관인 경우는 46개, 독립 기관은 136개, 혼합형은 28개, 선거가 없는 경
우 4개였다(https://www.idea.int/data-tools/data/electoral-management-design).

[그림 12-2] 선거구 획정 기관의 유형(수와 비율)

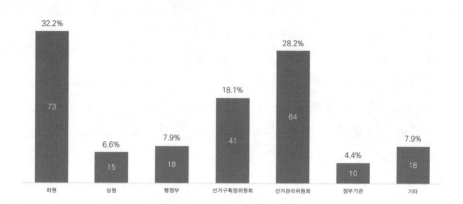

출처: https://aceproject.org/epic-en/(2022.9.2. 접속)

그런데 한가지 주목해야 할 것은 선거구획정기관의 독립성이 선거의 질을 보증하지는 않는다는 사실이다(Birch 2008; Garnett 2022). 질 높은 선거에는 선거관리기관의 인적 구성과 행정 능력, 선거관리비용을 감당할 수 있는 재정적 능력, 정부의 선거관리 능력은 물론 언론과 시민사회의 감시 능력, 민주주의 수준이나 제도적 견제와 균형 등이 영향을 미친다(Van Ham et al. 2019). 따라서 선거관리기관이 정부는 물론 시민사회와 국회와의 협력이 필요하다. 그런데 한국의 경우 중앙선거관리위원회는 물론 국회의원선거구획정위원회의 독립성은 강화되고 있지만, 효율적인 선거구 획정을 위해 선거구획정위원회 유관 정부 부처인 행정안전부나 여전히 시도별 지역구 규모를 결정할 수 있는 권한을 보유하고 있는 국회와 충분히 협력하고 있다고 보기는 어렵다.

3. 선거구 획정 과정

가. 선거구 획정안의 공개와 수정 과정

한국에서는 선거구획정위원회가 의결한 선거구 획정안을 공개검증 절차 없이 국회에 통지하고 있다. 물론, 국회의원 선거구 획정 과정에서 선거구민의 의견을 듣는 절차를 밟는다. 그러나 권역별로 지역을 순회하며 선거구 획정에 관한 의견을 수렴하지만 초안 없이 이루어지는 것이어서 구체적인 의견을 제시하기가 어렵다. 지난 제21대 국회의원선거구 획정처럼 국회가 승인을 거부한 초안은 일반인에게 공개되지만 일반 시민들의 의견 수렴 절차가 명확하게 규정되어 있지 않다.

아울러 공직선거법 제24조(국회의원선거구획정위원회)에는 선거구 획정과 관련하여 정당에게 의견진술의 기회를 부여한다고 명시하고 있지만 공교롭게도 이 기회는 "국회에 의석을 가진 정당"으로 한정하고 있다. 그뿐만 아니라, 위원과 직원들에게 직무상 알게 된 비밀 누설 방지의무를 부과하여 사실상 선거구 획정 과정을 일종의 '비밀 정원'으로 만들고 있다.[93] 이러한 선거구 획정과정은 선거구 획정 초안을 둘러싼 정쟁이 발생할 가능성에 대한 우려 때문인 것으로 보인다. 그러나 이로 인해 국회는 물론 선거구 변경 지역에서 후보자들과 유권자들의 혼란이 발생하고, 국민의 알권리가 침해되며, 오히려 선거 공정성 침해 시비를 자초할 수 있다.

나. 광역시도 의석수 할당 권한의 소재와 시기, 획정안 부결시 후속 조치

한국의 국회의원 선거구 획정위원회는 지난 제20대 국회의원선거구 획정 이후 독립기관의 성격이 강화되었다고 할 수 있다. 하지만, 선거구 획정안이 국회에서 의결되어야 할 뿐만 아니라 국회가 여전히 선거구 획정의 핵심 요소인 광역시도별 의석수 할당 권한을 행사하고 선거구 획정 관련 예외조항(분구 시 조건 완화 등에 관한 부칙 결정) 신설 권한을 행사해왔다. 그런데 주목할 점은 이와 관련한 권한의 법적 소재와 그 시기가 불분명하다는 사실이다. 이로 인해 지난 제21대 국회의원선거구 획정 과정에서도 국회와 선거구획정위원회 간 권한 행사를 둘러싼 갈등이 지속되었고, 1차 획정안을 선거구획정위원회가 국회에 제출한 이후에야 원내교섭단체 간 합의로 광역시도별 의석수를 국회가 결정하여 선거구 획정위에 통고하였다.

---

93) 공직선거법 제24조(국회의원선거구획정위원회)의 관련 규정은 "⑩ 국회의원선거구획정위원회는 국회의원 지역구를 획정함에 있어서 국회에 의석을 가진 정당에게 선거구획정에 대한 의견진술의 기회를 부여하여야 한다. <개정 2016.3.3.>"; "⑪ 국회의원선거구획정위원회는 제25조제1항에 규정된 기준에 따라 작성되고 재적위원 3분의 2 이상의 찬성으로 의결한 선거구획정안과 그 이유 및 그 밖에 필요한 사항을 기재한 보고서를 임기만료에 따른 국회의원선거의 선거일 전 13개월까지 국회의장에게 제출하여야 한다."; "⑬ 국회의원선거구획정위원회 위원 또는 위원이었던 사람은 그 직무상 알게 된 비밀을 누설하여서는 아니 된다. 국회의원선거구획정위원회 지원 조직의 직원 또한 같다."

아울러, 국회가 획정위가 보낸 수정안을 거부하는 상황을 고려한 법적 공백이 존재한다. 현행 공직선거법 제24조에 따르면 국회가 선거구획정위원회의 획정안에 대하여 거부권을 1회에 한하여 행사할 수 있으나, 획정위가 수정안을 보내면 국회는 이를 수정할 수 없고 지체 없이 수용해야 한다. 그런데, 만약 국회가 이를 승인하지 않을 경우 후속 절차에 대한 법적 규정이 없다.

다. 자치구·시·군의 일부 분할 금지 규정으로 인한 경직성

한국의 공직선거법은 자치시군 경계를 임의적으로 변경할 수 없도록 엄격하게 제한하고 있다. 공직선거법 제25조(국회의원지역구의 획정) ①항의 2에는 "하나의 자치구·시·군의 일부를 분할하여 다른 국회의원지역구에 속하게 할 수 없다. 다만, 인구범위(인구비례 2:1의 범위를 말한다. 이하 이 조에서 같다)에 미달하는 자치구·시·군으로서 인접한 하나 이상의 자치구·시·군의 관할구역 전부를 합하는 방법으로는 그 인구범위를 충족하는 하나의 국회의원지역구를 구성할 수 없는 경우에는 그 인접한 자치구·시·군의 일부를 분할하여 구성할 수 있다."고 규정하고 있다. 이는 인구와 함께 행정구역을 반영해 선거구를 획정하도록 하여 함부로 "구역 조정"을 하지 못하게 함으로써 게리멘더링을 방지하려는 입법자의 의도가 변영된 것이라고 할 수 있다.

하지만 이 규제로 인해 불가피하게 행정구역을 통합 혹은 분할해야 하는 경우, 예를 들어 인구증가로 인한 분구를 해야 할 경우, 시도의 선거구 수 제한으로 인해 주변 선거구의 수를 줄여야 할 경우 연쇄적으로 인근 지역의 선거구를 변경해야 한다. 예를 들어, 제21대 국회의원선거구획정위원회는 1차 획정안을 마련할 때 순천을 분구하면서 전남의 다른 지역에서 1석을 줄여야 해서 전남의 거의 모든 선거구를 변경하는 안을 제출하였다. 국회가 예외 조항을 포함한 합의안을 선거구 획정위원회에 전달한 이후에야 순천의 분구 및 주변의 자치시·군·구를 통합함으로써 전남의 선거구 변경을 최소화할 수 있었다. 물론 이처럼 국회는 여야 합의를 통해 이러한 '조정'이 가능하다. 하지만, 국회의 합의없이 선거구 획정위원회가 이를 임의로 추진하기는 어렵다.

제3절

해외 국가 선거구 획정 사례

1. 영국 사례

영국은 한국과 마찬가지로 단원제 국가이며, 단순다수제와 소선거구제에 의한 의원 선출이 이루어진다. 선거구 획정위원회가 독립적이라는 점도 유사하다. 하지만 선거구 획정위원회의 조직 구성이나 운영방식, 그리고 선거구 획정기준은 한국과는 상당한 차이가 있다. 강휘원(2002)은 영국에 대하여 우리나라와 마찬가지로 지역대표제를 채택하고 있으며, 선거구 획정이 미국과 같이 연방 혹은 주 의회가 주도하는 입법부 모델이 아니라 의원들이 간여할 수 없는 중립적 위원회 모델을 따른다고 보았다. 그(2002: 348)는 선거구 획정이 이루어지는 과정이 "입법과정, 정당제도, 입후보자의 거주 요건, 사법제도, 인구통계학적인 차이, 정치규범과 문화, 권력분립의 형태 등 선거구획정을 위한 정치적 환경의 요소들"로부터 영향을 받으며, 미국과 비교하여 영국에서는 1) 하원이 선거구 획정에 미치는 영향이 미약하고, 2) 개별 의원들의 영향력이 배제되며, 3) 의원들이 아니라 정당이 선거구 획정 과정에 대표자를 참여시키며, 4) 의원들의 거주지 요건이 상대적으로 엄격하지 않아 선거구 획정 결과에 따라 출마지역을 변경할 수 있으며, 4) 선거구 획정과정에서 판사들이 정치적 압력에서 상대적으로 자유로우며, 5) 소수 인종의 영향력이 거의 없고, 6) 다원주의적 요소보다 집단 이익이 정당을 통해 표출되는 정치문화가 지배적이며, 7) 권력분립에 따라 입법부가 상대적으로 자유로운 미국과 달리 "논쟁적인 선거구 획정에 관한 관할권을 법원으로 이전"한다는 점에서 차이

가 있다고 보았다.[94]

영국은 잉글랜드, 웨일즈, 스코트랜드, 북아일랜드 등 4개 지역에서 각각 정부의 지원을 받지만 독립적으로 운영되는 선거구획정위원회(Boundary Commission)를 구성한다. 각 위원회는 4인의 위원(commissioner)으로 구성되며 위원장은 하원의장이 맡지만 선거구 획정 과정(the constituencies review)에 참여하지는 않는다. 각 지역의 획정위원회에는 고등법원(High Court)의 법관 1인이 부위원장을 맡는다. 예를 들어, 북아일랜드에서는 북아일랜드 법무장관에 의해 임명받은 법관 1명이 선거구 획정을 주도하며 국무장관이 지명한 2인이 위원을 맡는다. 이들 외에 4인의 평가위원과 1인의 비서가 있다.[95]

〈표 12-1〉 한국과 영국의 국회 및 하원 의원 선거구 획정(2023년)

	영국	한국
획정위원회	4개 (England, Scotland, Wales, Northern Ireland)	1개 (전국)
위원장	하원의장(명목)	위원 중 호선(선관위 사무차장 관행)
위원 구성	4인(위원장+법관 1인, 2인)	국회 행안위(혁신위에서 합의)-제21대는 9인(선관위원장 지명, 학계, 법조계, 언론계, 시민단체, 정당 등이 추천한 인사)
획정 기준	(a) 특수한 지리적 고려 사항(크기, 모양, 접근성), (b) 지방정부의 경계, (c) 현재의 선거구, (d) 변화에 따라 파괴될 수 있는 지역적 연계와 (e) 불편함	"시·도의 관할구역 안에서 인구·행정구역·지리적 여건·교통·생활문화권 등을 고려하여" 획정
시도의석 확정	선거구획정위, 인구수 제한(전국 평균 ±5% 이내), 쌍라게 방식	국회, 인구수 제한(인구상한 1:2 이내) 규정
시도내 의석	독립된 4개 획정위	획정위, 국회의 예외 선거구 규정
활동 공개	홈페이지에 위원은 물론 위원회 지원조직의 구성, 운영과정, 재정 현황, 청문 결과 등 상세 공개	위원 명단만 공개, 임기 종료 후 회의록 제한적 공개
개정 주기	5년(스코틀랜드), 2023년 리뷰는 2021.1.5.~2023.7.1.	4년

---

94) 영국의 선거구 획정의 역사와 절차에 관한 최근의 국내 연구로는 최명지(2022)를 참조할 것.
95) 북아일랜드 선거구획정위원회(https://www.boundarycommission.org.uk/commission)

	영국	한국
정부형태	의원내각제, 단방제, 단순다수제	대통령제, 단방제, 단순다수제+비례대표제
자료 출처	https://www.legislation.gov.uk/ukpga/1986/56/2021-12-08?view=extent	공직선거법, 지병근(2021)

영국에서 4개 지역의 선거구 할당은 쌍라게 방식(Sainte-Laguë formula, $v/(2s+1)$)으로 이루어진다.[96] 개별 선거구는 전체 내륙 선거인 수를 전체 의석수로 나누어 얻은 선거 할당(electoral quota)의 5%를 초과할 수 없다. 이때 5개 섬 지역의 '보호 선거구(protected constituencies)', 즉 Na h-Eileanan an Iar(Western Isles), Orkney and Shetland, Ynys Môn(Isle of Anglesey), 그리고 Isle of Wight 지역 2개 선거구는 선거인 수 계산에서 제외한다. 아울러 이 섬 지역은 선거구에 관한 선거인수 제한 규정을 받지 않는다. 그 외에도 각 선거구는 1만 2천 평방 킬로미터보다 크고 1만 3천 평방 킬로미터를 초과하지 않아야 하며 이를 획정위가 조정할 수 있다. 1만 2천 평방 킬로미터보다 큰 지역은 선거인 수가 적더라도 독립된 선거구를 구성할 수 있다.

영국은 인구 기준의 5% 이내(69,724~77,062명)에서 선거구가 구성되어야 한다. 2023년 리뷰에서 영국은 전국 평균 73,392명을 기준(electoral quota)으로 선거구를 획정하게 되었다. 그러나 북아일랜드는 인구 제한 규정이 잉글랜드, 웨일즈, 스코틀랜드와 다르다. 북아일랜드는 68,313~77,062명 범위에서 선거구를 획정하여 18명의 하원의원을 그대로 유지하게 되었다.

영국에서는 선거구획정위원회가 마련한 획정안을 공개적으로 검증하고 수정하는 절차를 거친다. 선거구 획정위가 초안을 제출하면 이에 대한 공청(public consultation) 절차를 밟아야 한다. 이때 이해관계가 있는 누구나 의견을 제시할 수 있다. 이 공청 절차는 초안(Initial Proposal) 발표 이후 8주간의 서면 공청 기간, 구두로 의견을 개진할 수 있는 6주간의 2차 공청 기간, 마지막으로 수정안 제출 이후 4주간의 공청 기간으로 구성된다.[97]

---

96) 이 수식에서 v는 각 정당의 득표수, s는 총 의석수를 의미한다. 선거구 획정에서 v는 각 지역의 인구수를 의미한다. 이 방식은 다니엘 웹스터(Daniel Webster)가 1842년 개발되어 처음으로 미국에서 사용했지만 이는 알지 못했던 프랑스 수학자 쌍라게가 독립적으로 개발한 것으로 알려졌다.
97) 모든 정보는 영국 선거구획정위(www.boundarycommission.org.uk)에서 확인할 수 있다.

[그림 12-3] 선거구 획정 과정(영국)

출처: 영국 선거구획정위원회 홈페이지

예를 들어, 2023년 선거구 획정을 위하여 스코틀랜드의 경우 2021년 초안에 대한 8 주간의 공청 기간을 마치고, 2022년 2월부터 6주간의 2차 협의 기간을 가졌으며 그 후 에도 온라인을 통해 제안을 받았으며, 2차 협의 기간에만 5차례의 공청회를 개최하였 다. 그 후 각 지역의 선거구획정위원회가 수정안을 하원의장에게 2023년 7월 1일까지 제출하게 된다.

2. 미국 사례

미국은 헌법이 만들어지기 전부터 상원 의석 할당을 비롯한 논쟁이 치열하게 전개 된 바 있다. 미국은 헌법에서 3만명당 1인 이상의 대표자를 뽑지 못하도록 규정하고 10년마다 인구조사를 실시하도록 하였다. 하원의 선거구 획정 방식은 주마다 다르다. 선거구 획정의 권한과 책임을 대부분 주 의회가 행사하지만, 일부의 주에서는 선거구 획정을 위한 별도의 위원회(commissions)를 구성하여 그 역할을 대신하도록 한다 (Medvic 2021; Bullock 2021).

미국 역시 산업화 과정에서 농촌 지역이 인구감소로 인해 과다 대표되는 문제점 이 발생하였다. 그러나 제1차 세계대전이 끝난 이후 미국은 영구 할당법(Permanent Apportionment Act)을 통해 연방 하원의 주별 의석수 할당에 대한 책임을 인구 조사국 (Census Bureau)에게 이양하였다. 이로 인해 1930년 인구조사 이후 미주리와 켄터키 등 미국의 중서부와 남부 등 농촌 지역의 의석수가 급격히 감소하였다. 하지만, 연방 하원과 각 주 의회의 사정은 달랐다. 미국은 역사적으로 많은 주들이 영국의 전통을 따라 주의원을 선출하면서 타운이나 카운티에 최소한 1석을 부여하는 전통을 유지한 바 있으며, 이는 미국 헌법에 각 주마다 2인의 상원의원을 선출하도록 규정한 것과도 일맥 상통한다(la Raja 2009: 205). 다시 말해, 10년마다 실시되는 인구조사를 바탕으로 인구수에 따라 주별 의석수를 할당하지만, 주내의 선거구는 타운이나 카운티를 고려하여 구성된다.

그런데 미국에서는 선거구 획정을 주 의회가 주도하기에 다양한 방식의 게리멘더링이 발생하였으며, 선거의 공정성이 심각하게 훼손되었다. 1960년대가 되어서야 이러한 흐름에 변화가 나타났다. 미국은 건국 이후 선거구 획정에 대해서는 사법부가 판단을 꺼리다가 1962년 베이커 대 카(Baker v. Carr) 판결 이후 평등권 보호(제14차 수정헌법) 규정에 따라 1인 1표제에 근거하여 의석수를 배정하는 "(선거구)할당 혁명(Reapportionment Revolution)"을 경험하게 되었다(la Raja 2009; Niven & Solimine 2022). 레이놀즈 대 심즈 판결(Reynolds v. Sims, 1964)에 따라 주 상원이 연방상원과 달리 인구 등가성에 따른 의석 배분이 이루어지게 되었다.[98]

한편, 미국에서는 주 의회에 의한 게리멘더링을 방지하기 위한 다양한 제도가 등장하였다. 불록(Bullock 2021, 13)에 따르면 선거구 획정에 관한 주 의회와 의원들의 권한을 제한하는 유형을 독립 위원회(independent commission, Arizona, California, Colorado, Hawaii, Idaho, Michigan, Montana, New Jersey, Washington 등 9개 주), 의회 지원기관(Legislative Services Agency, Iowa-수정권 불허/거부권 허용), 당파적/현직 데이터 사용 제한(Florida), 양당 간 협력(Ohio-60% 이상 상하 양원 의원의 동의 필요), 주지사의 선거구 획정과 의회의 승인(Maryland), 의회 부결 상황을 대비한 의회의 대안 위원회(backup commissions, Connecticut, Indiana, Ohio) 등으로 구분할 수 있다.[99]

---

98) "입법자들은 사람을 대표하지 나무나 토지를 대표하는 것이 아니다. 입법자들은 유권자들에 의해 선출되는 것이지 농장이나 도시, 또는 경제적 이익집단들에 의해 선출되는 것이 아니다"(Reynolds v. Sims 1964)라는 문구는 인구 등가성을 강조하기 위해 자주 이용된다. 그러나 이에 도전하여 다음과 같은 주장을 할 수도 있다: 입법자들은 나무나 토지를 대표하는 것이 아니지만, 이들을 소유하거나 경작하는 이들을 대표한다.

99) 메드비츠(Midvic 2021)는 미국의 선거구 획정과 관련하여 게리멘더링을 방지하고 특정 정당에게 유리하지 않은 선거구 획정을 마련하기 위한 개선안으로 전문가 활용, 의회로부터 독립적인 선거구 획정위원회 설치와 시민들의 관여도 제고, 중대선거구제 도입 등을 제안하였다. 아이오와와 유사하게 전문가를 활용한 미주리의 "인구통계학자 모델"은 2018년 비당파적인 인구통계학자 1인을 양당 지도자들의 동의를 구해 임명하고, 그가 선거구를 획정하여 위원회에 제출하도록 하였는데, 이 제도는 시행한 지 얼마 지나지 않은 2020년 폐지되었다(Midvic 2021: 144).

〈표 12-2〉 미국의 하원 선거구 획정기관

획정안 작성 책임 기관	독립 위원회 (independent commissions)	대안 위원회 (backup commission)	의회 지원기관 (Legislative Services Agency, LSA)	주지사 (Governor)
적용 주의 수	9개 주	3개 주	1개 주	1개 주
적용 주	Arizona, California, Colorado, Hawaii, Idaho, Michigan, Montana, New Jersey, Washington (Alaska, Arkansas, Missouri, Ohio, Pennsylvania)	Connecticut, Indiana, Ohio (Illinois, Mississippi, Oklahoma, Texas)	Iowa	Maryland
특징	다양한 위원 구성(3~20인)	의회 부결시 대안으로 활용	"임시 자문위원회" 구성	주 의회 동의 필요

주: 볼드체는 시민 주도; 밑줄은 정치인 참여; 이탤릭체는 연방의회, 괄호 안은 주 의회 선거구만 적용 사례
출처: Medvic(2021: 78-79); Bullock(2021: 13) etc.

이들 가운데 아이오와의 선거구 획정 과정이 가장 많은 주목을 받아왔다. 다음의 [그림 12-4]에 잘 나타나는 바와 같이 여기서도 선거구 획정안은 주 의회의 의결을 거쳐야 하며, 만약 의회에서 부결되면 주 대법원이 획정안을 검토하여 확정하게 된다. LSA의 1차 획정안을 마련할 때부터 임시자문위원회(Temporary Redistricting Advisory Commission)를 구성(양당의 주 양원 추천 4인＋위원 추천 1인)하여 LSA를 지원하고, 그 후에는 3회에 걸쳐 공청회를 개최하여 이때 나온 의견을 주 의회에 보고서로 제출한다. 여기서 주목할 만한 점은 다음과 같다. 첫째, 게리멘더링을 방지하기 위하여 현직자의 거주지, 유권자들의 정치적 성향, 선행 선거결과 등 소위 "정치적 데이터"를 LSA가 이용할 수 없다(이는 플로리다도 유사). 둘째, LSA의 2차 획정안도 부결되어 3차 획정안을 마련한 이후에야 의회가 수정 및 수정안을 제출할 수 있도록 하였으며, 전문성을 갖춘 이들이 정당의 이해관계에 휘둘리지 않고 획정안을 마련하면서도 양당의 의견을 충분히 반영할 수 있도록 하였다.

[그림 12-4] 선거구 획정 과정(미국, Iowa)

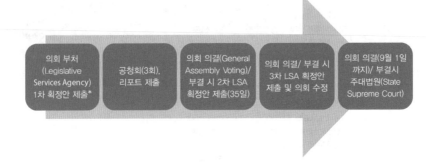

출처: Medvic(2021: 143)

제4절

선거구 획정의 질과 개선 방안

1. 선거구 획정의 질

아래의 <표 12-3>은 전문가들의 자문을 통해 수집한 세계 선거의 질 인식 (Perception of Electoral Integrity, v8. 2022) 조사 자료를 분석한 것이다.[100]

〈표 12-3〉 선거의 질과 선거구, 그리고 선거관리기관에 대한 인식

세부 평가항목	전체(169개국)		OECD(35개국)		한국	
	평균 *	표준편차	평균	표준편차	–	OECD와의 차이
일부 정당에 대한 차별	3.2	0.8	3.7	0.7	3.6	−0.1
현직자에게 유리	3.2	0.8	3.9	0.7	3.4	−0.5
편파성	3.1	0.7	3.6	0.6	3.2	−0.4
선거구 평가 지수 원값	57.4	16.5	71.2	13.7	61.0	−10.1
선거구 평가 지수 교정값	53.8	13.7	65.2	12.7	58.5	−6.8
선거의 질 종합지수	54.7	15.0	73.5	8.7	73.3	−0.2
자율성(0∼1)**	0.5	0.3	0.8	0.1	0.8	0.0

---

100) 이 조사는 선거구 획정과 관련하여 일부 정당에 대한 차별이 어느 정도인지, 얼마나 현직자에게 유리한 지, 얼마나 편파적인가 등에 관한 세 가지 지표와 함께 이를 종합한 점수를 제공하고 있다.

	전체(169개국)		OECD(35개국)		한국	
능력(0~1)**	0.6	0.2	0.8	0.1	0.9	0.0

주: * 각 항목의 평균이 클수록 선거의 질에 대한 긍정적 평가임
　　** 173개국(Global State of Democracy Indices V6, 2022)
출처: Perception of Electoral Integrity, v8(2022)

　　이 조사에 활용한 한국의 선거 사례는 2020년 국회의원선거로 이 선거의 질 종합지수는 73.3이다. 이는 OECD(35개국) 평균인 73.5보다 약간 낮다.[101] 한국의 선거구 획정 또한 이 조사에 포함된 11개 조사 항목 가운데 선거법 항목 다음으로 OECD 국가들의 평균보다 낮은 점수를 받았다. 한국은 비록 이 조사에 포함된 국가들의 평균보다 높은 점수를 얻었지만, 선거구 관련 종합 지수는 61.0에 그쳤으며, 모든 세부조사항목에서 OECD 국가들의 평균보다 낮은 점수를 얻었다. 그리고 이는 중앙선거관리위원회는 물론 비교적 선거의 공정성에 관한 신뢰도가 높은 한국에서 선거구 획정의 공정성에 대한 부정적 평가가 결코 무시할만한 수준은 아니라는 점을 분명히 보여준다.[102]

2. 개혁 방안

가. 인구 감소지역의 대표성 강화

　　선거구 획정 과정에서 인구수를 기준으로 선거구를 획정하는 것에서 벗어나는 것이 표의 등가성 원칙과 대립하는 것이라는 신화(myth)에서 벗어날 필요가 있다. 국민통합을 위해서 의회가 젠더, 인종, 소수민족, 종교, 지역 등을 실질적으로 대표해야 하며, 이를 위해서는 '형식적' 공정성이 아니라 '실질적' 공정성을 이루기 위한 '보정'이 필요하다. 미국이나 영국의 경우처럼 비례대표제가 아닌 단순다수제를 적용하는 선거에서 인종을 고려한 선거구 획정이 이루어졌던 것처럼 한국에서는 지역을 고려한 선거구 획

---

101) 한국의 선거의 질 순위는 대부분의 유럽 국가들보다 뒤졌으며, 대만(77.5, 14위)이나 우루과이(77.0, 16위), 칠레(73.6, 23위)보다도 뒤진 24위에 그쳤다. 다만, 영국(68.7, 33위), 일본(67.7, 34위), 미국(61.0, 58위)보다는 선거의 질이 높은 것으로 평가되었다.
102) 세계민주주의지수(Global State of Democracy Indices V6, 2022)의 선거관리기관의 자율성과 능력에 대한 평가에서는 OECD 국가들의 평균보다 높은 점수를 얻었다. 이는 선거의 질과 이를 구성하는 핵심 항목인 선거관리기관의 자율성과 능력 사이에 상당한 괴리가 있음을 보여준다는 점에서 주목할 필요가 있다.

정이 이루어질 필요가 있다.

첫째, 비수도권 지역에 대한 최소 선거구를 할당하는 방안을 고려할 수 있다. 이는 인구 감소로 공동화되어가고 있는 비수도권 지역 시민들이 권역별로 최소한의 정치적 대표성을 유지할 수 있도록 배려함으로써 이들의 정치적 상실감을 완화하자는 것이다. 예를 들어, 영호남의 현행 의석수를 최소 의석수로 정하는 것도 하나의 방안이다. 다만, 이는 수도권 지역에 대한 '역차별'이라는 반발을 낳을 수 있다는 점에서 충분한 사회적 공감대 형성을 통해 추진할 필요가 있다.[103]

- 인구 감소 비수도권 지역에 최소 선거구 할당
- 단일 선거구에 포함되는 행정구역의 수 또는 선거구 면적 제한
- 선거구 획정 주기 변경(현행 4년에서 8년, 인도는 20년 이상의 유예, 호주는 7년)

둘째, 지역 공동화로 인해 이른바 '공룡 선거구'가 발생하지 않도록 단일 선거구에 포함되는 행정구역의 수를 제한하여 선거구를 획정하는 것이다. 시도별 의석수는 인구수를 고려하여 할당하더라도 시도 내 국회의원 선거구를 획정할 때에 단일 선거구에 포함되는 자치구시군의 수를 최대 3~4개로 제한하도록 하는 것이다. 행정구역의 수를 대신하여 선거구의 면적을 제한하여 선거구를 획정하는 방안도 고려할 필요가 있다(영국 사례).

셋째, 인구감소 지역에서 나타나는 선거구 감소의 충격을 완화하기 위해 인구 변화를 선거구 획정에 반영하는 것을 유예하는 방안이 있을 수 있다.[104] 보다 구체적으로 1) 선거구 획정의 주기를 현행 4년이 아니라 8년 혹은 10년으로 변경하는 방법,

---

103) 이미 윤성이·서복경(2012)은 인구변화로 인한 도농간 대표성 불균형을 해소하기 위해 의석수 조정의 속도에 주목하였다. 이들은 인구 비례적인 시도별 의석수 할당이 필요하지만, 이를 위해 점진적으로 접근할 필요가 있다고 보았다.

104) 한편, 인도는 주별 자율성이 높지 않은 약한 연방제를 유지하며 다수제 중심의 선거제도를 갖추고 있다. 아울러 인도에는 초창기 헌법에 포함된 카스트와 부족 대표자들에 대한 할당제도(Scheduled Castes, Scheduled Tribes)가 사라지지 않고 남아있다. 그런데 인도는 인구의 불균등한 증가가 인도 전역에서 급속도로 발생하면서 대표체제의 균형에 변화가 발생하였다(McMillan 2008). 특히 급속도로 인구가 증가한 인도 북부의 주들과 달리 남부의 주들은 인구 증가의 속도는 더디었다. 그리고 이는 인구 불비례성을 강화함과 동시에 주별 의석수 변경에 대한 압력을 발생시켰다. 인도는 2001년 84차 헌법개정을 통해 2026년까지 주내의 선거구 변경은 허용하지만 주 간 선거구 획정이 이루어지는 것을 금지하였다. 이는 "주 정부로 하여금 인도 정부가 설정한 인구 안정화를 따르도록 하기 위한 동기적 수단(motivational measure)"이었다(McMillan 2008: 87). 아울러 이를 통해 북부지역과 달리 인구증가 속도가 느린 남부지역은 정치적 대표성의 변화를 지체시킬 수 있었다고 할 수 있다.

2) 17개 광역시도의 의석수 할당과 각 광역시도별 선거구 획정 시기를 이원화하는 방법을 고려할 수 있다. 예를 들어, 광역시도별 지역구 국회의원 의석수 할당 주기는 4년이 아닌 8년 주기로 실시하고, 각 광역시도 내부의 선거구 획정만 현행대로 4년 주기로 실시하는 것이다. 그 외에도 선거구 획정에 반영하는 인구수 기준시점을 선거일 전 15개월이 아니라 그보다 앞선 선거일 전 4년으로 변경하는 방안도 고려할 수 있다.

나. 선거구 획정안에 대한 검증 및 수정 기간 확보

한국에서도 영국이나 호주처럼 선거구 획정안을 초안부터 공개하고 충분한 시간을 갖고 이를 수정할 수 있도록 해야 한다. 그리고 이를 위해 선거구 획정 초안의 공개 및 의견 수렴 절차를 보다 정교화하여 법제화할 필요가 있다. 선거구 획정위가 '형식적 독립성'에 치우쳐 국회와의 협의나 국민의견 수렴 절차를 형식적으로 진행하지 않도록 해야 한다. 이미 앞서 살펴본 것처럼 영국은 선거구 획정 초안이 만들어지면 일정 기간이에 대한 공청 절차와 수정기간이 법제화되어 있다. 호주의 경우에도 28일간 초안을 공개하여 반대 의견을 제시할 수 있으며, 60일간 반대의견 공청회를 2회까지 개최하여 수정과정을 거친다(Medow 2008: 104).

- 선거구 획정안 초안 공개 및 수정 절차 마련
- 선거구 수정안 국회 제출 이전 공개

다. 시도별 의석수 할당 권한의 소재와 시기 그리고 획정안 부결시 후속 대응 법제화

선거구 획정의 시발점이라고 할 수 있는 광역시도별 의석수 할당을 위하여 그 권한의 소재와 시기를 명확히 법제화하는 것이 필요하다. 물론 선거구 획정기관의 독립성을 강화하기 위해서는 그 권한을 선거구획정위원회에 둘 수도 있지만 그 결정의 정치적 여파가 크다는 점을 고려할 때 국민에 의해 선출된 국회가 이를 결정하는 것이 바람직할 수도 있다. 아울러 그 시기를 선거구획정위 구성 시점과 일치시켜 국회의 광역시도별 의석수 할당을 기다리지 않도록 한다면 선거구 획정이 효율적으로 진행될 수 있을 것이다.

- 선거구 획정위원회의 권한으로 이양
- 국회의 고유 권한임을 명시

아울러 국회가 획정안 초안을 거부한 이후 획정위가 보낸 수정안을 거부할 경우 발생할 수 있는 법적 공백을 없애야 한다. 이를 위해서는 선거구획정위의 2차 획정안이 승인되지 않을 경우 선거 실시 시기를 유보하거나 기존 선거구를 이용하여 선거를 실시하도록 입법화할 필요가 있다.

- 기존 선거구를 이용한 선거 실시
- 국회가 직접 수정안을 의결

그 외에도 선거구획정위가 선거구 획정 관련 법률안에 대하여 국회보다 우위에 설수 없다는 점을 고려하여 획정위의 2차 획정안도 부결될 경우 미국의 아이오와(Iowa)처럼 국회가 직접 수정안을 만들어 처리하는 방안도 고려할 필요가 있다. 다만 이 경우에 국회 다수당이 마음대로 선거구를 획정하지 못하도록 1차 획정안의 거부 사유가 2차 획정안을 통해 충족되지 못한 사유와 관련이 있는 선거구의 재획정 권한만 부여하거나 오하이오(Ohio)처럼 국회 과반이 아니라 60% 이상의 동의를 얻도록 부대조건을 마련할 필요가 있다(Bullock 2021).

라. 자치시군구 분할 기준 완화 및 변경 권한을 선거구획정위에 부여

공직선거법 제25조(국회의원지역구의 획정) ①항의 2 "하나의 자치구·시·군의 일부를 분할하여 다른 국회의원지역구에 속하게 할 수 없다. 다만, 인구범위(인구비례 2:1의 범위를 말한다. 이하 이 조에서 같다)에 미달하는 자치구·시·군으로서 인접한 하나 이상의 자치구·시·군의 관할구역 전부를 합하는 방법으로는 그 인구범위를 충족하는 하나의 국회의원지역구를 구성할 수 없는 경우에는 그 인접한 자치구·시·군의 일부를 분할하여 구성할 수 있다."에 관한 규제를 완화하여 인구증가에 따른 분구로 인한 주변 선거구의 경계변경을 최소화할 수 있도록 선거구 획정위원회와 국회 간 '협의'를 법제화하거나 시도내 분구를 포함한 구역 조정의 권한을 선거구획정위원회에게 부여할 필요가 있다.[105]

---

105) 예를 들어 제21대 국회의원 선거구획정 과정에서 국회가 1차 획정안을 거부하면서 원내교섭단체의 합의문을 선거구획정위원회에 전달하여 2차 획정안에는 분구 관련 구역조정이 이루어졌지만, 1차 획정안에는 춘천과 순천의 분구로 인해 강원도와 전남의 선거구를 각각 1개씩 줄여야 했기 때문에 연쇄적으로 도내의 거의 모든 선거구를 변경하는 방안을 마련할 수밖에 없었다. 아울러, 선거구 획정이 2차에 걸쳐 진행되면서 획정안이 마련되기까지 선거권 및 피선거권이 침해되었다.

- 선거구 획정위원회에 공직선거법 제25조(국회의원지역구의 획정) ①항의 2 규정 예외 지역 결정 권한 이양
- 국회의 조기 예외 지역 결정

이를 통해 급작스런 선거구 변경으로 인해 유발될 수 있는 유권자와 후보자의 혼란을 줄일 수 있을 것이다. 만약 이것이 어렵다면, 국회가 이와 관련한 예외규정을 사전에 결정하여 획정위에 통보해주는 절차를 명백히 법제화 할 필요가 있다. 이를 위해서는 선거구 획정위원회가 예외 규정이 필요한 선거구에 대한 충분한 정보를 국회에 공식적으로 보고하고, 국회는 이를 공식적으로 결정하여 통보하는 절차가 마련되어야 한다. 물론 이 절차가 종결되는 시기는 선거구 획정위원회가 구성된 이후 수개월 이내로 한정해야 효율적인 초안 작성이 시작될 수 있다.

마. 선거구 획정안 의결방식과 획정 기준일 설정, 선거구 획정위원 임명 권한

1) 선거구 획정안 의결방식과 획정 기준일 설정

현행 국회의원 선거구획정위원회의 선거구 획정 관련 의결은 재적 위원 2/3 이상의 동의를 얻어야 한다. 이는 합의를 통해 선거구 획정이 이루어지도록 강제하기 위한 규정이다. 그런데 이 규정 때문에 소수의견을 갖는 위원들이 합의해주지 않으면 선거구 획정이 자칫 교착상태에 빠질 위험이 있다. 따라서 이를 방지하기 위해서는 과반 의결 방식으로 변경하자는 주장이 제기되어 왔다. 그러나 이는 다수 의견을 갖는 위원들에 의해 선거구 획정이 일방적으로 진행될 위험을 초래할 수 있다. 따라서 국회의 필리버스터처럼 선거구 획정안에 관한 의결을 위해서는 2/3 이상의 동의를 얻지 못할 경우 2일 정도 관련 선거구에 대한 소수의견을 충분히 들을 수 있도록 회의를 개최하고 그 후에 재의결하는 절차가 도입될 필요가 있다.

- 필리버스터 제도 도입
- 2/3 동의를 통한 의결 시한 설정
- 중앙선관위 추천 선거구획정위원 선임 관행 변경(중앙선관위 위원 선임)
- 선거구획정위원회 위원장 선임 관행 변경(중앙선관위 위원 혹은 비공무원 선임)

현행 공직선거법 제25조에 따르면 "국회의원지역구 획정의 기준이 되는 인구는 선거일 전 15개월이 속하는 달의 말일 현재「주민등록법」제7조 제1항에 따른 주민등록표에 따라 조사한 인구"이다(부록 5-2). 선거구 획정위원회 백서에 나타난 것처럼 제21대 선거구획정위가 1차 획정안을 마련할 때 인구 기준일이 아니라 인구 추이를 고려하여 노원을과 강남과 관련한 선거구 획정을 하였는데 이에 관한 획정기준을 분명히 마련해줄 필요가 있다. 아울러 선거구획정위원장을 중앙선거관리위원회 위원장의 추천을 받은 중앙선관위 사무차장이 맡는 관행을 탈피하여 최소한 선관위 위원에 준하는 법관이 맡도록 함으로써 그 위상을 높이는 방안도 고려할 필요가 있다. 실무적인 지원은 선관위에서 충분히 할 수 있다는 점에서 이로 인한 혼란은 거의 없을 것으로 예상된다. 아울러 선관위원들이 동등한 권한을 행사한다는 점에서 '원탁'을 이용해 회의를 진행하는 것도 의미가 있을 것이다.

2) 선거구 획정위원 임명 권한

중앙선관위는 2018년 제21대 국회의원선거 선거구획정위원회의 실질적인 독립성 보장을 위한 법개정을 요청한 바 있다. 법정기일 내에 선거구 획정안을 국회에 제출하지 못했던 것이 제20대 국회의원선거에 이어 제21대 국회의원선거의 선거구 획정과정에서도 반복될 것을 우려하여 획정위원 선출 방식과 의결 방식의 전환을 요구한 것이다. 중앙선관위는 현행 공직선거법에 의해 선거구 획정위원은 국회의 소관 상임위 혹은 관련 특별위원회가 "중앙선거관리위원회위원장이 지명하는 1명과 학계·법조계·언론계·시민단체·정당 등으로부터 추천받은 사람 중 8명을 의결로 선정"하고 이들을 중앙선관위원장이 위촉하도록 되어 있는데, 이로 인해 획정위원회의 독립성이 침해되고 "선거구획정위원회가 정치권에 예속되어 각 정당의 대리전"이 발생할 위험이 있다고 주장한다(중앙선거관리위원회, 보도자료).

더 나아가 중앙선관위는 선거구 획정의 이해 당사자라고 할 수 있는 국회가 아니라 중앙선관위가 "교섭단체를 구성한 정당이 추천한 각 1명과 학계·법조계·언론계·시민단체 등이 추천한 자 중 공정하고 중립적인 자 6명을 중앙선거관리위원회의 의결을 거쳐" 획정위원으로 위촉하는 방안을 제안하였다. 이는 인터넷 선거보도 심의위원회, 중앙선거방송토론위원회, 선거여론조사공정심의위원회 등 중앙선관위 산하의 위원회 위원 구성방식과 유사한 방식이다.

하지만, 이미 앞서 언급한 것처럼 선거구획정위원회의 '당파성'을 약화시키는 것만으로 선거구 획정의 질이 제고된다고 보기 어렵다. 오히려 한국에서는 선거구 획정위원회가 정치권으로부터 구속받지 않도록 독립성을 유지하였지만 선거구 획정에 관한 권한과 책임을 분점하고 있는 국회와의 협의가 원만히 이루어지지 않아 선거구 획정이 지연되는 등 다양한 문제점이 나타났다고 볼 수 있다.

제3부

소결

지병근

　지금까지 이 파트에서는 한국의 선거제도 및 정당체제 개혁과 선거구 획정 제도를 개선하기 위한 다양한 방안을 논의하였다. 제11장에서는 우리나라의 고질적인 적대적 공생관계를 극복하고 온건다당제로 정당구조를 전환하기 위해 비례대표 의석수를 확대하는 방안을 제안하였다. 앞서 언급하였듯이 제21대 총선에서도 양대 정당의 위성정당은 67.2%의 득표율로 94.3%의 의석을 차지했다. 이러한 불비례성을 개선하기 위해서는 비례대표의원을 늘리는 것에 초점을 맞추어야 한다. 그런데 현행 의원정수를 유지하며 비례대표의원을 늘리면 지역구 의석수 감소로 인해 선거구 면적이 지나치게 늘어나고 현역의원들이 반발할 가능성도 있다. 따라서 비례성을 강화하려면 전체 의원 정수를 늘리는 것은 불가피하다. 물론 각종 여론조사에서 다수의 국민들이 국회의원 정수를 늘리는 것에 반대하는 것으로 나타나지만 실제로 이는 국회와 국회의원들에 대한 불만에서 비롯된 것이라고 할 수 있다. 따라서 비례성을 높이고 의정활동의 질을 높이려면 국회 정원을 늘리는 것이 불가피하다는 사실을 국민들에게 충분히 설명할 필요가 있다. 비록 본문에서는 상세히 다루지는 않았지만, 비례대표 국회의원 후보를 민주적으로 공천하거나 개방형 명부제를 도입하는 것도 국회 정원을 늘리도록 국민들을 설득하는 데에도 도움이 될 수 있을 것이다.

　아울러 이 장에서는 준연동형 비례대표제를 완전 연동형 비례대표제로 전환하는 방안, 소선거구제를 중대선거구제로 전환하는 방안, 권역별 비례대표제를 도입하는 방안에 대해서도 논하였다. 현행 준연동형 비례대표제가 복잡하고 비례성을 실현하는 데 한계가 있지만, 이를 완전 연동형 비례대표제로 전환하는 방안은 많은 수의 초과의석이 발생할 수 있고 그 초과의석이 거대 정당에게 돌아갈 개연성이 높을 뿐만 아니라 이를 둘러싼 정치적 갈등이 불거질 수 있다는 점에서 신중할 필요가 있다.

소선거구제를 중대선거구제로 전환하는 방안은 군소정당 후보가 차순위로 당선될 가능성을 높일 수 있어서 원내 다양성과 대표성을 강화하고 더 나아가 지역주의 완화에 도움을 줄 수 있을 것이다. 다만, 이것만으로 다당제 구조를 만들어내기 어려우며, 선거구 면적이 커지면 선거운동비용이 증가할 뿐만 아니라 지역 대표성이 모호해질 수 있고 선출된 의원들의 책임성 또한 약화될 수 있다는 점을 유념할 필요가 있다. 국민들이 소선거구제에 익숙하여 이를 선호하는 경향이 있고, 극단적 성향의 후보가 낮은 득표율로 당선될 위험성도 커질 수 있다는 점을 고려할 필요가 있다. 더구나 생활권역이 이질적인 곳까지 동일 선거구에 포함할 경우 이에 대한 반발도 만만치 않을 수 있다. 권역별 비례대표제를 도입하는 방안 역시 특정 정당이 영호남에서 의석을 독점하는 현상을 어느 정도 완화할 수 있을 것이다. 다만 이를 위해서는 충분한 권역별 의석수가 전제되어야 하며 인구밀도가 낮은 농어촌 지역의 경우에도 적정한 수의 비례의석을 확보할 수 있어야 한다.

그 외에도 사회의 다양한 정치적 목소리를 대변할 수 있는 국회를 구성하기 위해서는 정당법을 개정하여 정당설립의 요건(중앙당의 수도 규정, 시도당 최소당원수)을 완화하거나 폐지하여 최소한 지방선거에서 지역정당이 활성화될 수 있도록 허용하고 이들이 전국선거에서 전국 정당과 연합할 수 있는 정치환경을 마련할 필요가 있다. 더 나아가 오프라인 조직이 아닌 온라인 조직을 통해 정당이 자유롭게 정치적 결사의 자유를 향유할 수 있도록 하고, 국회법을 개정하여 원내교섭단체 요건을 완화할 필요가 있다.

제12장에서는 선거구 획정의 의미와 기준, 그리고 한국 국회의원 선거구 획정의 문제점과 극복방안을 제안하였다. 앞서 언급하였듯이 우리나라에서 선거구 획정은 다양한 문제점을 안고 있으며, 국제적으로도 높은 평가를 받지 못하고 있다. 선거의 질 인식조사(Perception of Electoral Integrity, v8. 2022)에 따르면 선거구 획정이 일부 정당에게 차별적인지, 현직자에게 유리한지, 편파적인지에 관한 항목에서 한국에 대한 평가 점수는 OECD 국가들의 평균보다 낮았다.

우리나라와 마찬가지로 소선거구제를 채택하고 있는 영국과 미국의 선거구 획정 사례는 유용한 정책적 함의를 제공한다. 영국은 한국과 달리 잉글랜드, 스코틀랜드, 웨일즈, 북아일랜드 등 4개 지역마다 5% 이내의 범위에서 선거구별 인구격차를 허용하고 있지만 북아일랜드는 다른 지역보다 완화된 인구기준을 적용하고 있으며, 일부 섬 지역이나 면적 등의 특성을 고려하여 선거구 획정이 이루어진다. 법관을 포함한 소수의 위원들로 구성된 선거구획정위원회의 활동은 홈페이지를 통해 상세히 공개되고 있으며, 선거구 획정안에 대하여 16주 동안 3단계로 선거구 획정안에 대한 의견수렴이 진행된다. 미국은 인구수에 비례하여 주별 하원의석이 결정되며, 주마다 차이가 있지만 대부분 주 의회가 선거구 획정을 책임지기 때문에 게리멘더링에 대한 우려가 매우 크다. 이를 개선하기 위해 일부 주에서는 독립적인 선거구 획정위원회를 구성하거나 주 의회가 임의로 수정안을 제출하지 못하도록 제한하는 방안을 채택하고 있다. 아이오와의 경우 의회 지원기관(LSA)이 독립적으로 만든 선거구 획정안이 부결되어 세 번째 획정안을 제출한 이후에는 주 의회가 자체적으로 수정안을 만들 수 있도록 허용하고 있다.

이 장에서는 한국 선거구 획정 제도의 개선을 위해 다양한 방안을 제안하였다. 첫째, 인구 감소 현상이 심각한 지역의 대표성을 유지하려면 최소 선거구 할당, 단일 선거구에 포함되는 자치시·군·구의 수 또는 면적 제한, 선거구 획정 주기를 10년 정도 연장 등의 방안을 고려할 수 있다. 둘째, 선거구 획정위원회가 국회에 제출하기 이전에 선거구 획정 초안을 공개하고 이에 대한 검증 및 수정 기간 등 선거구 획정 절차를 정교화할 필요가 있다. 셋째, 시도별 의석수 할당 권한의 소재(선거구 획정위원회 혹은 국회)와 시기를 명시하고, 국회가 선거구 획정안을 수정할 권한이 없기에 '선거구 법률안'이 부결되었을 때 후속조치(기존 선거구를 이용한 선거 실시, 국회가 강화된 의결 요건을 적용하여 수정안을 의결, 헌법재판소에 수정 권한 부여 등)를 법제화할 필요가 있다. 넷째, 자치시·군·구 분할 기준 완화 및 변경 권한을 선거구획정위원회에 부여하거나 국회가 이를 결정하여 선거구획정위원회에 사전 통지해주는 방안을 마련할 필요가 있다. 그 외에도 선거구획정위원회의 선거구 획정안 의결 절차에 필리버스터 제도를 도입하여 교착상태를 종결시킬 수 있도록 하고, 선관위원장이 추천하는 선거구 획정위원을 중앙선관위 위원에 준하는 법관으로 격상하고, 관행을 탈피하여 중앙선관위 사무차장이 아닌 일반 위원이 위원장을 맡도록 하는 방안도 고려할 필요가 있다. 마지막으로 선거구 획정을 위한 인구기준 시점을 엄격하게 적용하고 인구추이를 반영한 선거구 획정으로 혼란이 발생하지 않도록 할 필요가 있다.

선거제도 개혁은 선거 및 정당 정치의 '불편한 진실'을 이해하는 것에서 출발한다.

선거법 개혁을 왜 해야 하는지 그리고 어떠한 방향으로 추진해야 하는지를 충분히 이해하는 것이 중요하다. 아울러, 선거제도 개혁의 키를 쥐고 있는 현역 의원들은 현행 선거제도를 통해 당선된 '기득권자'이기에 이들에게 의존하기보다 시민이 '외부의 충격'을 줄 필요가 있다. 정당에 비해 제도화 수준이 낮지만, 시민들이 주도적으로 창의적인 연대를 통해 국회에 압력을 행사하지 않는다면 선거법 개혁은 실패로 귀결될 가능성이 크다.

정치양극화 극복을 위한 정당정치 개혁

제4부

서론

박경미

제4부 '정치양극화 극복을 위한 정당정치 개혁'은 정치적 양극화 해소를 위해 정당의 정치적 기능을 복원하는 것이 필요하다는 인식에서 출발한다. 대의민주주의에서 정당은 유권자들의 정치적 지지와 요구를 수용하여 정치적 의사결정과정에 반영하는 기능을 한다. 이와 같은 기능을 하는 정당은 유권자가 직접 참여하지 못하거나 제한적 접근만이 허용되는 대의민주주의에서 유권자의 정치적 지지와 요구를 정치체제에 투사하는 정치적 대표성을 행사하는 중요한 정치적 행위자이다.

대의민주주의와 정치적 대표성의 관계는 정치적 의사결정과정의 흐름에서 정당이 담당하는 기능과 밀접한 관련이 있다. 대의민주주의의 의사결정과정은 정치체계에 대한 '투입(input)'과 그 산물로서 만들어지는 '산출(output)'로 구성되며 이에 대해 유권자들의 평가를 받는 환류(feedback) 과정으로 이루어진다. 정당은 이 모든 과정에서 기능을 하게 되는데, 유권자의 지지와 요구를 정치체계에 투입하는 기능을 담당하는 한편 정당은 정치적 의사결정에 참여하는 의회의 행위자로서 또는 정책을 만들고 집행하는 행정부 주체로서 기능한다. 그 결과물인 정책과 그 성과에 대한 유권자 의견이 제기되는 환류과정과 정책으로의 반영은 정당을 통해 정치체계에 대한 투입과정을 거치는 과정을 거치게 된다. 이러한 정책순환의 전반적 과정이 모두 정당 기능의 영역이라는 의미이다.

정당의 이러한 기능에 따라 대의민주주의의 내용과 수준은 달라진다. 정당이 원활하게 기능하지 않는다면 유권자에 대한 대표성을 구현하지 못하여 정치체계와 유권자간 정치적 단절 문제를 일으킬 수 있다. 정치체계의 정치적 의사결정이나 정책을 집행하는 과정에서 정당이 제 기능을 못 한다면 행정부도 정상적 기능을 하지 못 한다. 또한 행정부의 정책 집행과 그 성과에 대한 정당의 환류과정이 충분하지 않다면 행정부에 대한 견제가 이루어지지 않을 뿐 아니라 행정부에 관한 정보가 적은 유권자의 알 권리를 실현할 수 없게 된다. 이러한 관점에서 정당의 기능은 대의민주주의의 발전에 직접적 영향을 미치는 요소로 간주할 수 있다.

이와 같은 관점에서 정치적 양극화 완화를 위한 정당정치 개혁의 필요성은 다음과 같이 세 가지로 정리할 수 있다. 첫째, 정당정치 개혁은 유권자에 대한 정치적 대표성을 높일 수 있다. 정치적 의견 차이가 큰 정치적 양극화 상황에서도 정당은 유권자를 대표하는 정치적 행위자라는 사실은 변함이 없다. 정치적 대립이 심각한 이슈에 행정부와 언론이 모두 적극적으로 반응하지만 이는 유권자의 정치적 대표성 실현과는 거리가 멀다. 그 차이가 뚜렷하지 않더라도 정당이 이에 대응하지 않는다면 유권자의 대표성은 실현되지 않는다. 이러한 측면에서 정당정치 개혁은 유권자에 대한 정치적 대표성을 높이는 기회로 작용할 수 있다.

둘째, 정당정치 개혁은 유권자가 획득하는 정치정보 질 뿐만 아니라 정책과 후보 선출에도 변화를 가져와, 정치적 양극화 완화에 기여할 수 있다. 정당은 의회의 정치적 의사결정과 행정부의 정책 집행이 어떻게 추진되었으며 그 결과를 어떻게 평가하여야 할지 등의 정치정보를 제공한다. 이러한 정치정보는 유권자가 의회와 행정부의 의사결정 및 전반적인 정치적 입장과 평가를 할 수 있는 토대이다. 더 나아가 의회와 행정부에 대한 평가는 그 다음의 선거에서 어떤 후보를 선택하여야 하는지, 그리고 특정 정책이 나아가야 할 방향에 대한 정보를 제공한다. 이와 같은 기능을 정당이 원활히 수행하지 못한다면 유권자의 강한 정치적 편향이 반복되는 정치적 양극화는 해소되기 어려워진다. 그 기능을 원활케 하는 정당정치 개혁은 유권자의 알 권리를 충족시키는 동시에 유권자의 의사결정을 돕는다는 점에서 중요하다.

셋째, 정당개혁을 통한 정당의 정치사회적 통합 기능의 제고는 정치적 양극화 양상을 완화할 수 있다. 정치적 양극화가 왜 나타났는지에 대한 논란을 차치하더라도 유권자의 정치적 입장이 극단적으로 대립하는 상황에서 적절한 역할을 하는 정치적 중재자가 존재한다면 대립 양상이 완화될 수 있다. 정당은 그러한 기능을 수행할 수 있는 정치적 행위자이다. 유권자만이 아니라 정당에 입당하여 참여하는 당원들과의 의사소통을 하기 때문에 정당은 의견 수렴을 통해 하나의 정책으로 집약하는 기능을 한다. 입장을 달리하는 유권자와 당원간 의사소통과정에서 하나의 입장으로 통합하는 역할을 하는 정치사회적 통합의 기능을 정당이 담당하는 것이다. 그에 따라 정당정치 개혁을 통한 정치사회적 통합 기능의 제고는 정치적 양극화를 완화할 수 있는 토대가 될 수 있다.

제4부 '정치양극화 극복을 위한 정당정치 개혁'은 정당정치 개혁의 추진과 그 성과가 정당정치를 활성화하여 정치적 의견 대립을 해소하여 정치적 양극화를 완화할 수 있는 대안을 모색한다. 원활한 기능과 역할을 하는 건강한 정당을 구축하기 위해서 현재 한국 정당을 진단하고 연구할 필요성에서 제4부는 다음과 같은 한국 정당정치의 특징과 문제에 주목한다.

현재 한국 정당정치는 첫째, 정치적 자유와 대표성을 제약하는 정치제도의 문제를 안고 있다. 유권자를 비롯한 정치적 행위자가 정치적 의사를 자유롭게 표출하고 참여할 수 있다면 정치제도의 틀 내에서 각종 대립하는 문제와 이슈를 논의하고 해결할 수 있을 것이다. 정당이나 정치과정 등의 정치제도 밖에서 자기 의사를 표출하는 유권자가 늘어나는 정치적 양극화의 심화는 정치적 자유와 대표성이 낮다는 것을 의미한다. 정당활동에 관련된 정치적 자유와 대표성 문제는 정치참여의 제도화를 위해서 고민되어야 할 부분이라는 것이다.

둘째, 정당의 주축인 당원의 정치참여가 제약되고 당원의 원활한 활동을 포용하지 못하는 정당조직의 한계가 있다. 한국 정당은 정당 창당과 운영의 필수요건인 당원이 당적만 가질 뿐 실질적 권한이 취약하다는 비판을 받아왔으며 당원의 권한과 그에 관한 정당조직의 문제를 안고 있다. 당원은 존재하지만 왜 당원의 참여는 제한되는지, 그 원인을 정당조직의 관점에서 살펴볼 필요가 있다.

셋째, 각종 경선에 참여하려는 유권자가 입당하면서 각 정당의 당원 수는 폭발적으로 증가하였지만 당원 참여가 제한되었다는 문제가 있다. 각 정당은 유권자의 의견을 반영하려는 취지에서 각종 당내 의사결정에서 개방형 경선과 이에 대한 참여를 제도화하였다. 각종 선거후보 선출에 참여하기 위해 정당에 입당하는 유권자가 늘었다. 또한 정당의 당직자 선출에 영향을 미치고자 하는 유권자 증가, 특히 정치팬덤의 입당 증가는 당원 수 폭증으로 이어졌다. 문제는 당원 수가 폭발적으로 늘어났지만 당원의 실질적 참여가 제한될 뿐만 아니라 역할이 없는 대의원은 당원에 대한 대표성이 전당대회 의사결정에 반영되지 않는다.

넷째, 정당의 공천과정은 개방되었지만 당원의 영향력은 그다지 증대되지 않았다는 점이다. 모든 정당은 유권자의 참여를 독려한다는 취지에서 개방형 공천제, 이른바 국민경선제를 시행하고 있다. 국민경선제에는 각 후보에 대한 당원과 유권자의 투표가 반영되는 선거과정을 거치지만 공천후보 최종 확정은 당원과 유권자의 의견보다 중앙당 영향력이나 대통령 또는 유력 대선후보를 중심으로 한 계파의 영향력이 지배적이다. 이러한 관점에서 국민경선제를 비롯한 각 정당의 후보공천과정은 면밀히 살펴볼 필요가 있다.

다섯째, 정당의 정책결정 기능을 높이기 위해서 각종 제도적 지원이 이루어지고 있지만 정당의 정책기능이 그만큼 개선되지 않았다는 점이다. 정당은 「정치자금법」 등에 근거하여 경상보조금, 선거보조금 및 정책연구소 등에 제도적 지원을 받는 헌법기구이다. 정책정당으로의 발전을 위해 재정적 지원에도 불구하고 정책경쟁을 중심으로 한 경쟁하는 정당정치가 본격화되지 않고 있다. 이러한 관점에서 정당의 정책기능이 왜 제고되지 않는지에 대한 문제에 천착하여야 한다.

이러한 관점에서 제4부는 다섯 개의 연구주제로 구성되었다. 첫째, 제13장 "정당법과 정당조직 체계"에서 박경미는 한국 정당의 토대가 되는 「정당법」을 중심으로 정치적 자유와 대표성의 문제를 살펴본다. 둘째, 제14장 "한국 정당조직 현황과 과제: 정당─유권자 연계 회복을 위한 지역 정당조직 활성화"에서 장선화는 각 정당의 특징을 분석하여 한국 정당조직 현황을 분석하고 해소하여야 할 과제를 제시한다. 셋째, 제15장 "만들어진 당원: 우리는 어떻게 1천만 당원을 가진 나라가 되었나"에서 박상훈은 각 정당에 참여하고 있는 당원 증가 양상과 그 역할과 권한 분석을 토대로 '만들어진 당원'이 낳는 문제에 천착한다. 넷째, 제16장 "정당 공천제도의 문제점과 개선방향"에서 박현석은 각종 선거에 출마하는 후보 공천과정 특징을 분석하여 정당의 공천제도의 문제점과 개선방향을 제시한다. 마지막 제17장 "양극화 완화를 위한 정책정당 육성 방안"에서 윤왕희는 정치적 양극화를 해소하기 위해 정책정당을 육성할 수 있는 현실적 방안을 모색해 제시한다.

13

정당법과 정당조직 체계

박경미

제1절
들어가며

정당은 정치적 선택에서 비롯되는 딜레마를 늘 경험한다. 경쟁자보다 많은 지지를 받아야 하는 영합게임(zero-sum game) 속에서 모든 정당은 다수의 대안 중에서 한 가지를 선택하여야 할 상황에 놓인다. 지지 극대화에 성공하였다고 하더라도 어떤 유권자 집단을 대표할지의 선택은 다음 승리를 위한 포석(布石)인 동시에 악수(惡手)일 수 있다. 유권자 전체를 대표하면서 특정 유권자 집단에 집중하여 대표하여야 하는 정당의 대표성도 정치적 생존에 직접적으로 혹은 간접적으로 영향을 끼치기 때문이다. 정당이 직면하는 여러 가지의 선택이 정치적 생존에 결정적일 수 있다는 것이다.

선거경쟁과 대표성의 딜레마는 외부적 정치환경이나 이슈에 능동적으로 대처할 수 있는 자율성을 갖는 정당(Mair 1997: 16)에게 비교적 수월하게 선택할 수 있는 문제일 수 있다. 설령 그 방식이 적절하지 않더라도 어떤 방식으로라도 정당은 대처하고 대응하고 또 변경할 수 있다. 그에 반해 정당이 근본적으로 안고 있는 또 다른 딜레마, '정당조직의 딜레마'는 그렇지 않다. 이는 정당조직의 딜레마가 상대적으로 비가시적일 뿐만 아니라 장기적 문제를 보인다는 데에서 기인한다. 정당은 자신의 정당을 지지하는 유권자의 지지뿐만 아니라 정당운영에 직·간접적으로 참여하는 당원도 필요하다. 또한 정당활동을 하는 당원의 지지와 적극성이 어떤 영향력을 미치며 그 결과가 무엇일지는 예상하기 어려울 뿐만 아니라 심지어 이들의 저항과 이탈은 상수이다.

정당이 처한 정당조직의 딜레마는 일상적이지만 한국에서 대수롭지 않게 여기는 문제이다. 정당 이합집산이 비교적 손쉽고 빠르게 결정 및 추진되는 한국 정당정치에서 다른 당내갈등이나 정당 지지율에 관심이 있는 정당이 정당조직의 문제는 쉽게 해결하고 개편할 수 있다고 간주하는 경향이 있다. 선거를 앞둔 시점에서 당명 변경이나 분당 및 합당을 지지기반의 약화를 보완하는 방안으로 선택되는 것도 그러한 정당의 시각을 보여주는 단적인 예이다. 정당이 당명 변경이나 분당·합당 이전과 다른 정당이라는 신호로 인식되어 정당 지지율을 높일 수 있다고 믿기 때문이다.

이러한 정당조직의 딜레마에 주목하여야 하는 이유는 정당조직 구성의 반복적 선택의 축적이 각 정당과 정당정치가 직면한 문제를 풀어나갈 수 있는 열쇠이지만 때로는 그 결과는 번복할 수 없는 문제이기 때문이다. 당원의 동의 절차를 거치지 않는 정당 이합집산은 앞으로는 달라지겠다는 정당의 의지 표명일뿐 근본적인 대안은 아니다. 그러한 선택을 반복하는 정당을 유권자가 언제나 신뢰하지는 않을 것이며 정당조직 유지와 생존은 전반적인 정치영역에 영향을 미친다는 점을 고려할 필요가 있다. 하나의 정당체제 안의 모든 정당이 균등(evenness)하지 않고 조직적 수준이 달라서(Wallis 2003: 21), 각 정당이 직면하는 정당조직의 딜레마를 이론적 그리고 제도적 관점에서 검토할 필요가 있다.

정당조직의 딜레마는 선거 전후의 정당 이합집산이 하나의 패턴인 한국 정당정치에서 더욱 중요하다. 선거 직전에 대두되는 당내갈등은 해당 정당의 분열을 예측하는 근거이며 선거결과의 불확실성은 그러한 변화를 추동하는 동기가 된다. 이러한 정당 이합집산은 선거전략과 대표성 선택과 밀접히 관련된 정당조직의 딜레마로 이해할 수 있다. 여기에서 제기되는 질문은 한국 정당이 직면하고 있는 정당조직의 딜레마는 무엇이며, 이러한 딜레마는 어떻게 풀어야 하는가이다.

이러한 문제에 해답을 구하기 위해서 이 글은 「정당법」과 각 정당이 추진한 정당개혁을 통해 갖춘 현재 정당조직의 문제를 살펴보고 대안을 제시하는 데 주요 목적이 있다. 정당조직을 구상하는 이른바 '정당조직 설계도'로서 작용하는 「정당법」을 살펴보고자 한다. 또한 각 정당이 추진해온 정당개혁이 주조한 정당조직 구성은 한국 정당정치 전반을 검토하기 위해 함께 논의한다.

이론적 배경: 정당조직의 딜레마

정당위기론은 오랜 정당연구의 주제이다. 선거승리에만 몰두하는 정당의 모습은 정당 불신의 원인이다. 이러한 부정적 평가에도 불구하고 모든 민주주의 국가에서 정당은 선거에 참여하는 후보를 선출하고 선거운동을 하는 유일한 정치조직이라는 사실에는 변함이 없다. 선거승리를 목표로 하는 모든 정당은 최선의 후보를 공천하고자 한다. 후보의 선택과 공천이 그 정당의 정치적 생존을 좌우하기 때문이다. 광범위한 지지를 기반으로 한 선거승리와 정치적 대표성의 선택은 정당 의사결정에 혼란을 일으키기도 한다. 낙관적 선거결과를 기대할 수 있는 정당에게 선거승리와 대표성 선택은 상대적으로 덜 갈등적이지만 낙관할 수 없는 선거위기에 직면한 정당은 어떤 대표성을 추구할 것인가를 비롯해 선거승리 여부는 정당의 정치적 생존에 치명적일 수 있다. 이러한 문제는 정당이 태생적으로 안고 있는 정당조직의 딜레마에서 기인한다. 정치적 의사를 공유하는 사람들이 모인 조직체라는 정당의 기본적 속성으로 인해 <표 13-1>과 같이 선택하여야 할 다양한 딜레마에 정당은 직면하게 된다.

〈표 13-1〉 정당조직의 딜레마와 정당의 선택지

정당조직의 딜레마	정당의 선택지	
정당조직은 정당 밖의 정치환경과 어떤 관계를 맺는가	적응	지배
정당조직은 무엇을 분배하는가	선택적 혜택	집합적 혜택
정당조직은 무엇을 공유하는가	다양한 목적	하나의 목적

첫 번째 딜레마는 '정당조직은 정당 밖의 정치환경과 어떤 관계를 맺는가'이다. 정치환경에 정당이 '적응'할 것인가 혹은 '지배'할 것인가는 정당의 궁극적 목적과 관련되어 있다. 적응 또는 지배의 문제는 일상적인 정당활동과 선거정치의 과정에서 차이가 날 수 있다. 우선 집권 가능성이 높은 정당과 그렇지 않은 정당에게 주어진 정치환경에 대한 인식은 다를 수 있다. 집권 가능성이 클수록 다양한 선거정치의 요건에 적응하려 하기보다는 자신의 정당에게 유리한 방향으로 정치환경을 바꾸려는 지배전략을 구사할 가능성이 커진다. 반면 한 석이라도 의석을 더 얻는 것이 필요한 정당이라면 주어진 정치환경에 적응할 필요성이 높아지며 정당의 정치적 지향점을 유권자에게 알리는 기회로 삼는 적응전략에 무게를 둘 수 있다.

반면 사회 전반의 요구를 정당활동에 투영하려는 정당이 정치환경에 적응하려는 조직체라면, 혁명당과 같이 사회변혁을 추구하는 정당은 정치환경을 지배하려는 조직체이다. 정치환경을 지배하려는 정당은 주력하는 문제와 이슈 제기가 일상적인 정당활동일 수 있다. 예를 들어 사회민주주의적 정당들은 선거 참여와 의회주의 지지를 사회변혁의 수단으로 활용하며 정치환경에 적응하려는 조직체로 볼 수 있다(Panebianco 1988: 12-13). 의회주의가 제공하는 정치제도 틀 내에서의 일상적인 정당활동은 이들의 정치적 지향에 부합하지 않아 정치환경에 적응해야 하는 과제를 안게 된다. 조직의 정치적 생존이라는 목적이 정당을 정치환경에 적응토록 하지만 이념지향을 공유하는 정당은 구성원의 충성심을 강화하며 정치환경을 지배하려는 방향으로 움직이게 하는 것이다 (Panebianco 1988: 13-14).

두 번째 딜레마는 '정당조직은 무엇을 분배하는가'이다. 당원의 자발적인 참여로 구성된 정당에서 당원의 입당과 탈당은 자유이며 그 이유는 개인마다 다르다. 당원이 정당에게 기대하는 혜택의 형태나 성격은 다를 수 있으며 정당이 제공하는 혜택은 입당이나 당원자격을 유지하고 탈당하려는 동력이 된다. 정당이 배분하는 혜택은 집합적 선택(collective benefit)과 선택적 혜택(selective benefit)으로 나뉜다(Panebianco 1988: 10). 정체성(identity), 연대성(solidarity), 이념(ideology)은 정당의 모든 당원이 공유하는 '집합적 혜택'이다. 정체성, 연대성, 이념들을 공유하며 만족감이 높을수록 정당이 제공하는 집합적 혜택은 당원들이 소속 정당을 지지하고 활동할 수 있는 동기가 커질 수 있다.

반면 권력, 지위, 물질적 이익 등은 '선택적 혜택'이다. 선택적 혜택의 종류와 그 비중은 정당마다 다를 수 있다. 어떤 정당은 권력 분산을 목적으로 권한과 영향력을 분배할 수 있으며 정당에서 차지하는 지위나 물질적 혜택을 당원에게 제공할 수 있다. 이와 같은 선택적 혜택이 많아진다는 사실이 입당 동기가 된다거나 그에 따른 당원 수 증가 자체에 기여하지 않더라도 당원 사이의 적극적 활동과 충성심이 높아진다는 점에서 정당활동에 영향을 미칠 수 있다.

집합적 혜택과 선택적 혜택의 비중은 정당마다 다르다. 어떤 정당은 상대적으로 집합적 혜택의 비중이 높을 수 있지만 선택적 혜택 분배에 집중하는 정당이 있을 수 있다. 문제는 어느 한쪽으로 치우친 혜택 제공이 부정적 영향을 끼칠 수 있다는 점이다. 선택적 혜택의 과도한 제공은 정당조직의 신뢰성을 약화할 수 있으며 과다한 집합적 혜택의 분배는 정치적 생존에 위협적일 수 있다(Panebianco 1988: 10). 당내 상황과 필요에 따라 선택적 혜택을 받는 당원이 달라지기 때문에, 그 혜택을 받은 당원과 그렇지 못한 당원 사이에 갈등이 생길 수 있으며 이를 분배하는 지도부의 결정에 문제를 제기할 수 있다. 또한 집합적 혜택에 치중하는 정당은 당원에게 동등한 권한이나 지위를 부여할 수 있어 상대적으로 당원간 갈등이 적을 수 있지만 선택적 혜택의 부재는 당원의 적극성과 충성심을 강화할 수 있는 기제가 적어 정당활동의 동력이 떨어질 수 있다.

세 번째 딜레마는 '정당조직은 무엇을 공유하는가'이다. 정치적 목적을 달성하기 위해 모였는지 혹은 서로 다른 목적을 갖는 사람들이 하나의 정당에 모였는가 하는 문제이다. 하나의 목적을 추구하는 사람들이 하나의 정당을 만들 수도 있지만 서로 다른 목적을 추구하는 개인들이 모여 하나의 정당을 창당할 수 있다. 정당활동에 참여하는 행위자에게는 모두 합리성이 전제된다(Panebianco 1988: 8). 하나의 목적을 공유하는 정당은 이들이 추구하는 목적에 부합하는 전략을 선택하고 수행하는 반면, 서로 다른 목적을 갖는 당원들의 중요한 관심사는 공통적 목적의 달성보다 정당조직의 정치적 생존이다(Panebianco 1988: 8). 두 가지 특징은 모든 정당에서 공존할 수 있지만 어느 쪽에 가까운가에 따라 정당 운영에는 상당한 차이가 나타날 수 있다.

이와 같은 세 정당조직의 딜레마는 정당조직을 구성하고 운영하는 과정에서 발생하는 일상적인 문제이기 때문에 외부 관찰자가 세세하게 파악하기 어렵다. 정당이 정치 환경에 대한 적응 혹은 지배전략의 선택은 언론 등 우회로를 통해 파악할 수 있지만 정당 내부에서 무엇을 공유하며 제공하는지 등의 문제는 특정하기가 간단치 않다. 그 대신 정당 창당과 운영에 전반에 대한 기본적 조건을 명시하는 「정당법」을 중심으로 한 정치제도 분석과 정당개혁 내용을 통해서 유추할 수 있다.

　　이러한 문제의식에서 이 연구는 「정당법」의 각 조항과 정당개혁 결과를 분석함으로써 한국의 정당조직 체계 문제를 진단하고 대안을 제시하고자 한다. 「정당법」에 주목하는 이유는 한국만큼 정당에 대한 규제적이고 경직적 조항을 담고 있는 국가가 드물기 때문이다. 미국과 프랑스는 정당에 관한 별도의 법률이나 정당등록제도를 두고 있지 않으며 독일과 영국 등만이 법률체계를 갖추고 있기 때문이다(이정진 2020: 3). 독일 「정당법」은 각 정당의 민주적인 의사결정을 명시하고 있지만 정당 자체의 자율적 구성을 근간으로 하고 있으며 영국 「정당·선거 및 국민투표법」도 당원 수 등 정당조직 구성 등의 문제를 상세하게 명시한 조항을 포함하고 있지 않다.

제3절

한국 정당은 강하다는 오해와 「정당법」에 근거한 정당조직 진단

　정치사회화는 정당의 주요 기능 중 하나이다. 유권자는 청년기 전후에 각종 정치적 이슈와 정치정보를 이해하고 습득하는 방식을 학습하게 되는데, 이러한 정치사회화에 따른 정치적 태도는 상당한 기간 지속성을 가지는 안정성을 보인다(Voinea 2014: 48). 또한 급격한 정치적 변동을 경험하는 국가의 유권자는 새로운 정치적 정치환경을 경험하면서 정치사회화를 또다시 경험하게 되는데(Voinea 2014: 44), 그 과정에서 정당은 정치사회화 기능을 하게 된다. 이러한 기능을 하는 정당이 많을수록 정당이 정치적 대표성과 정치적 양극화의 문제를 해소하는 주체로서 자리 잡을 수 있다. 다시 말해, 정당이 강하다는 의미는 정당이 정치사회화를 비롯한 정치적 기능을 효율적으로 수행하여 정치적 갈등을 비롯한 다양한 갈등을 효과적으로 해소하고 사회통합의 기능을 하는 것이다.

　이러한 관점에서 정치적 양극화의 문제가 대두되고 있는 한국 정당이 그만큼 강하다고 볼 수 있는지에 대해서 반문해 볼 필요가 있다. 정당이 강하다면, 즉 정당이 그 기능을 잘 수행하고 있다면 이념적 대립에서 비롯되는 정치적 양극화가 심화되지 않아야 한다는 것이다. 2002년 이후 세 차례 총선 이후 의원 이념성향과 유권자 의식조사를 분석한 결과, 이념대립과 양극화는 유권자 사이의 이념적 격차보다는 정당 지도부 및 소속 의원들 사이의 이념적 차이에서 비롯된 것이었다(이내영 2011: 279-280). 정당

간 이념적 간극의 증폭은 유권자의 정치적 양극화 양상을 증폭시키는 요인일 수 있으며 의원과 유권자 사이의 이념대립 양상의 차이는 '왜 의원들의 이념대립 양상은 유권자와 다른가'라는 의문을 제기한다.

만약 정당이 유권자를 대변하는 정치적 대표로서 확고히 기능한다면 유권자의 이념적 대립 양상이 그대로 정치적 차원에서 반영되어야 한다. 정당이 유권자로부터 위임받은 권한을 바탕으로 대표의 기능을 한다면 의원들의 이념성향은 유권자의 이념성향과 일치하거나 유사하여야 한다. 더 나아가 정치적 양극화의 문제를 해소하려고 한다면 유권자간 이념적 격차보다 정당 소속의원간 이념성향 격차가 줄어야 한다는 것이다. 이러한 관점에 한국 정당이 강하다는 믿음은 정당조직 관점에서 서술되어야 한다.

만약 한국 정당이 강하다면 민주화 이후 빈번하게 발생하는 정당 이합집산과 당명 개정이 그렇게 자주 일어나지는 않았을 것이다. 소속 정당을 탈당하고 다른 정당으로 입당하는 의원들의 당적 변경이 빈번한데, 이는 정당이 강하기 때문이 아니라 오히려 약하기 때문이다. 정당의 입·탈당은 분명 유권자와 의원들의 정치적 자유의 영역이지만 정당이 강하다면 정당 이합집산은 잘 일어나지 않을 것이다. 당원들의 의견이 선거 당락에 직접적으로 영향을 미치고 지역구 당원들의 활발한 활동을 토대로 지역구 지지를 유지하고 확대할 수 있다면 그리고 그러한 지지기반이 없이는 선거에서 이길 수 없다면 입·탈당을 그렇게 쉽게 선택할 수 없을 것이다.

오히려 한국 정당이 강하다는 인식의 근원은 각종 선거를 위한 공천과정에 집중된 한국 정당의 특징에서 비롯된 것일 수 있다. 정당활동이 가장 활발해 보이는 시점은 선거를 전후로 한 시기이며 어떤 후보를 어떤 과정으로 선출하는가의 문제가 초미의 관심사이다. 후보경선 과정에서 운용되는 국민여론조사가 차지하는 비율과 그 결과는 경선규칙을 둘러싼 빈번한 후보간 갈등과 경선결과의 유불리를 둘러싼 추측성 기사가 난무하게 한다. 물론 전반적인 공천과정에 대한 언론의 보도가 선거과정과 그 결과에 영향을 미치기도 한다. 이와 같은 정당의 공천과정은 한편으로는 유권자에게는 정당활동의 모든 것으로 인식하게 하며 경선규칙을 정하는 정당 지도부에 대한 후보들이 강한 정당기율을 경험하는 계기가 된다. 이러한 관점에서 한국 정당이 강하다는 인식은 공천권을 쥐고 있는 정당 지도부와 그에 따른 의원들에게 작용하는 공천과정을 중심으로 한 강한 정당기율 때문이라고 볼 수 있다.

한국 정당은 강한 정당이 아니라 '건강한' 정당조직이 될 수 있도록 설계될 필요가 있다. 건강한 정당은 유권자와 당원과의 원활한 의사소통을 지속하고 이를 토대로 한 정당활동과 소속 의원들의 의정활동을 하는 토대가 될 수 있어야 한다. 정당조직이 건강하다면 정당 밖 정치환경과의 관계, 정당이 혜택을 분배하는 과정과 그 결과, 정당의 다양한 목적과 활동을 공유하는 것 등 정당운영 전반에 당내 의사소통에 기반하여야 한다. 이러한 관점에서 정당조직이 정당 밖의 정치환경과 어떤 관계를 맺는가, 무엇을 분배하는가, 무엇을 공유하는가의 문제를 살펴보고자 한다.

건강한 정당이 되기 위해서는 우선 '정당조직이 정당 밖의 정치환경과 어떤 관계를 갖는가'의 문제를 고려하여야 한다. 이를 위해 「정당법」 등 정치제도가 규정하는 정당 구성요건이 일으키는 정당조직 딜레마의 문제를 검토하고자 한다. 이와 더불어 현행 「정당법」의 주요 내용이 만들어진 2004년 전후의 각종 정당개혁 내용과 그 결과로써 만들어진 정당조직 특성을 정당조직의 딜레마 관점에서 논의한다. 정당 밖의 정치환경과의 관계, 정당의 분배 및 공유, 세 측면에서 진단되는 한국 정당조직 분석은 「정당법」이 명시한 정당에 관한 규정들이 정당에 어떻게 영향을 미치는지를 규명하고 정치적 양극화를 해소할 대안을 제시하는 토대가 될 것으로 기대한다.

1. 한국 정당조직은 정당 밖의 정치환경과 어떤 관계를 맺는가?

「정당법」은 정당 밖의 정치환경과 제한적 관계를 갖도록 하는 정당조직 구성요건을 명시하고 있다. 정당설립을 정치적 자유로 명시한 「헌법」과 「정당법」의 규정에도 불구하고 「정당법」은 특정 구성요건을 갖추어야만 정당으로서 기능과 활동을 할 수 있도록 하는 규제적 성격을 띠고 있다. 우선, 모든 정당은 중앙당과 시·도당을 만들어야 하며 심지어 시·도당 수도 5개 이상으로 정해져 있다. 모든 정당이 의무적으로 갖추어야 하는 정당조직 구성요건 조항은 「정당법」이 각 정당이 정당 밖 정치환경과 맺을 관계를 사전에 결정해 놓았다는 의미이다.

여기에서 주목하여야 할 문제는 정치환경 적응 혹은 지배의 선택이 각 정당이 누려야 할 정치적 자유를 침해한다는 점이다. 반드시 중앙당과 시·도당으로 구성된 정당조직 체계를 갖추어야 할 필요가 없는 정당에게 이러한 정당조직 구성이 소모적일 수 있다. 「정당법」은 예외 없이 모든 정당이 중앙당과 시·도당을 구성하도록 명시하고 있다. 어떤 정당은 중앙당이 필요하지 않을 수 있으며 또 어떤 정당은 단일 조직으로만 활동할 이유나 필요가 있을 수 있다.

특히 5개 이상의 시·도당을 명시한「정당법」제17조는 정당 밖의 정치환경과 맺는 관계를 정당이 스스로 판단하고 선택할 수 있는 정치적 자유를 제한한다. 5개 이상의 시·도당을 만들어야 하는 규정은 5개 지역에 거주하는 당원들이 참여하여야 하며 정당조직이 전국을 포괄하지는 않더라도 어느 한 지역을 중심으로 한 '지역정당'은 허용하지 않는다는 것을 의미한다. 특정 지역만을 중심으로 당원을 조직하려는 선택의 자유는 정당에게 주어지지 않는 것이다.

지역정당을 허용하지 않는 규제적 성격은 중앙당을 수도에 두어야 하는「정당법」제3조와도 관련되어 있다. 중앙당이 수도인 서울로 규정한 이유를 굳이 논리적 근거를 찾지 않더라도 중앙당 위치를 서울에 국한하여야 할 이유도 딱히 없다. 중앙당을 두려는 지역을 어디로 할 것인지는 정당이 자유롭게 선택하여야 할 문제이다. 이러한 관점에서「정당법」제3조는 특정 지역을 정당 활동지로 삼겠다는 정당의 자유의지를 꺾고 정치적 결사의 자유를 제한하는 것이다.

「정당법」이 정치적 뜻을 같이하는 당원들의 조직으로 정당을 바라보는가에 대해서 근본적으로 생각해 볼 필요가 있다. 2004년「정당법」개정으로 당원조직 중 하나인 '지구당' 제도가 폐지되었다. 현재의 시·도당보다 작은 규모의 지구당은 선거구에 뿌리를 두었다는 점에서 시·도당보다 당원과 유권자와 더 긴밀한 의사소통할 수 있는 채널이다. 선거구 단위로 운영된 지구당을 대체하는 당원협의회나 지역위원회 등이 당원들이 참여하고 의사소통할 수 있는 정당조직으로서 충분한지를 고민하여야 한다.

지구당을 폐지하고 시·도당보다 작은 규모의 정당조직을 허용하지 않는 이유는 민주화 이전과 직후에 발생하였던 지구당 운용비용과 그에 따른 정치적 부패의 문제였다. 정치적 부패 문제가 많이 감소한 현시점에 지구당이 아니더라도 시·도 단위로 정당조직을 묶어둘 이유나 근거는 찾기 어렵다. 지구당 폐지 이전 시기와 달리, 정치적 부패가 최소화될 만큼 정치제도 환경이 개선되었으며 특히「정치자금법」을 통한 규제와 제재가 충분히 가능한 상황이다. 지구당 폐지로 그만큼 정당이 잘 운영되는지의 문제에 긍정적으로 평가할 수 있는지도 의문이다. 지구당이 없어져 정당정치가 깨끗해졌는지, 정당의 대표성이 제고되었는가에 그렇다고 답변할 수 없다면 지구당 폐지로 놓친 당원의 정치적 자유와 정당이 운영할 수 있는 정당조직의 다양화가 갖는 의미를 고민해볼 필요가 있다.

이와 같이 「정당법」이 정당과 정당조직 밖 정치환경의 관계를 규정하는 문제는 다양한 이익을 대표하는 다양한 정당조직의 형성과 운용을 제한한다는 문제를 안고 있다. 모든 정당이 맺는 정치환경과의 관계를 획일화하는 「정당법」은 정치적 다양성을 투영하는 정당의 형성과 발전을 규제하는 것이다. 오히려 이러한 정치제도 여건이 선거 및 정치자금을 관리하고 감독하기에 쉽도록 구상한 '행정편의적' 발상이 아닌가 하는 반문할 수 있다. 이러한 조건에서 유권자의 다양한 이익은 대표될 수 없다. 정치적 양극화의 심화에 대한 뚜렷한 대책을 찾기 어려운 상황은 정당조직이 건강하지 않기 때문에 일어난 현상이라는 관점에서 정당조직의 구성요건을 개선할 필요가 있다. 이러한 획일적인 정당조직이 어느 한쪽에 치우친 이익 집약과 표출을 반복하여 결과적으로는 정치적 대안과 타협의 모색을 제약하는 정치적 양극화를 심화할 수 있으며 정치적 타협의 반복적 실패는 또다시 정치적 불신을 양산할 뿐이다.

2. 한국 정당조직은 무엇을 분배하는가?

「정당법」의 또 다른 문제는 정당이 당원들이 누릴 수 있는 혜택을 분배할 권한을 규제한다는 점이다. 당원이 받을 수 있는 직접적 혜택은 직책이나 물질적 혜택으로, 정당이 필요에 따라 분배 여부와 방법을 선택할 의사결정의 대상이다. 정당이 제공하는 혜택의 결정은 온전히 정당의 몫이어야 한다는 것이다. 더 나아가 정당이 무엇을 분배하고 이를 누가 받는가의 문제는 당원의 충성심을 강화하는 동인(Panebianco 1988: 10)이기 때문에 혜택은 적절하여야 한다. 선택적 혜택과 집합적 혜택으로 나뉘는 정당활동의 혜택은 정당 의사결정에 참여하지 않고 외부에서 확인할 수 없는 한계가 있다. 그러한 제한으로 인해 구체적인 근거가 있는 혜택을 중심으로 논의하고자 한다.

먼저 권력, 직책, 물질적 혜택을 선택적 혜택으로 분류할 수 있다. 권력 분배는 눈으로 확인할 수 없는 선택적 혜택이지만 직책 분배 및 물질적 혜택은 정당 밖에서도 확인할 수 있는 선택적 혜택이다. 정당 내 직책은 누가, 어떻게 맡게 되는지는 각 정당의 조직도를 통해 알 수 있다. 당 대표나 최고위원 등 전당대회를 통해 결정되는 선출직 당직 이외에 중앙당 및 시·도당 당직이나 각종 위원회 직책은 일부 당원에게 돌아가고 자격요건이나 선출과정에 참여하는 위한 정당의 의사결정을 거치는 선택적 혜택이다.

　각 정당이 정하는 당직의 형태나 수의 기본적 구성은「정당법」조항에 근거하여 결정된다. 정당이 고용할 수 있는 유급사무직원을 규정하는「정당법」은 선택적 혜택에 관해 규정하고 있다.「정당법」제30조는 정당의 중앙당 유급사무직원 수는 100명을 그리고 시·도당 유급사무직원은 총 100인을 넘을 수 없다고 명시하고 있다.「정당법」이 정당의 분배권한을 근본적으로 제한하는 규제인 것이다.

　또한 정책연구소의 구성과 운영에 관한 정당의 의사결정도 규제되고 있다.「정당법」제38조는 중앙당과 시·도당과 분리된 별도의 조직체인 정책연구소를 구성되도록 하고 있으며「정치자금법」제28조제2항에 근거하여 정당이 받는 경상보조금의 30%를 사용한다. 정책연구소에 관한 설치, 운영, 그리고 재정 등의 사안이 정당의 독자적인 결정권에 속하지 않는다는 의미이다. 이와 같이 정책연구소에 관한 조항은 당원이 경험할 수 있는 당직, 즉 선택적 혜택을 제공할 수 있는 권한은「정당법」에 의해 사전에 정해져 있다는 것이다.

　이처럼「정당법」은 유급사무직원 수와 정책연구소 구성 등 혜택의 범주를 제한한다. 정당에 필요한 유급사무직원직 수나 정책연구소 운영은 정당이 자유롭게 선택할 수 있어야 한다. 이러한 규제가 없을 때 과다한 혜택의 분배를 우려할 수 있다. 그러나 이러한 문제로 발생하는 문제들은 정당 지도부의 신뢰성을 떨어뜨릴 수 있으며 정치적 부패의 문제를 초래할 수 있지만 그 결과에 대한 책임도 정당이 진다는 점에서 정치적 자유의 제한보다 크고 중대한 문제는 아니다.

　반면 집합적 혜택은 당원이 함께 행사하는 공통의 권한을 말한다. 현재 정당의 집합적 혜택으로는 각 정당조직 활동을 비롯한 전당대회와 공천과정 등에 관한 참정권을 들 수 있다. 정당에 입당한 당원들은 정당활동에 참여할 의지가 있는 것이다. 이러한 의미에서 모든 당원은 권한을 충분히 행사할 수 있어야 하며 당원만이 누릴 수 있는 배타적인 혜택이 반드시 있어야 한다. 유권자와 당원이 받는 혜택은 구분되어야 한다는 의미이다. 당원만이 누리는 권한이 아니라면 혹은 그러한 권한이 적다면 정당에 입당할 동기는 감소할 수밖에 없다.

　현재 한국 정당의 당원들은 대체로 전당대회와 공천과정에 참여할 수 있다. 그러나 당원 모두가 전당대회에 참여하는 것이 아니라 대의원 등의 직책을 갖는 당원만이 참여한다. 시·도당의 당원을 대표하는 대의원들이 해당 정당조직에 속하는 당원들의 의견을 수렴하여 전당대회에서 의사를 표현한다는 전제가 있는 것이다. 대의원을 통해 당원의 의사가 대표되는 것이라면 각 시·도당 및 당원협의회 소속 당원들 사이의 의사소통이 충분하여야 한다. 만약 충분한 의사소통이 없다면 대의원 자격이 일종의 선택적 혜택에 불과하며 당원의 참정권이 보장되지 않는 것이다. 이와 더불어 전당대회에서 대의원의 역할은 어떠한가에 대해서도 고민해 볼 필요가 있다. 이러한 혜택의 분배가 시·도당과 당원협의회에서 활동하는 당원들에게는 적극적인 정당활동을 유도하는 동기가 될 수 있겠지만 모든 당원에게 참정권이 보장되는 집합적 혜택으로 보기에는 한계가 있다.

공천과정 참정권도 모든 당원이 갖는 집합적 혜택이다. 공천과정 참여는 각종 선거의 후보를 둘러싼 당내 의사결정에 참여하고 그 논의과정에 영향을 미칠 수 있는 유일한 수단이다. 그러나 다음과 같은 공천과정의 두 가지 특징은 공천과정 참정권을 당원들이 갖는 집합적 혜택으로서의 의미를 축소한다.

먼저, 국민경선제의 보편적 시행에도 불구하고 지도부 의사결정에 의한 전략공천이 적지 않다는 사실에 천착할 필요가 있다. 전당대회가 공천기구 구성 등을 의결하였다는 사실로 인해, 공천기구의 결정이 당원의 의사가 반영되었으며 지도부의 전략공천 결정도 전당대회가 의결한 것으로 간주한다. 전당대회 의결을 토대로 공천절차와 결과를 공천기구에 위임하는 공식적 절차를 거쳤기 때문이다. 특히 전략공천을 할 선거구 선택까지 공천기구에 위임한 것으로 간주한다. 그러나 해당 시·도당과 당원협의회 소속 당원의 의견이 이러한 전략공천에 동의하는지는 의문이다.

또한 국민경선제 운영방식은 공천과정 참정권을 당원의 집합적 혜택으로 평가할 수 없는 요소를 담고 있다. 대체로 국민경선제는 참여를 원하는 유권자의 지지율을 포함하거나 여론조사 결과를 반영하는 방식으로 운영된다. 후보확정에 당원 투표결과와 비당원·여론조사의 반영 비율이 다르더라도 이러한 방식의 국민경선제 운영은 공천과정 참정권이 당원만의 배타적 권한이 아니라는 사실을 의미한다. 당원이 아니어도 공천과정에 참여할 수 있는 국민경선제 운영방식은 당원의 권한과 영향력이 상대적으로 제한적이라는 것이다. 전략공천이 빈번하지만 오랫동안 활동해온 당원을 전략공천의 대상으로 적극적으로 고려하지 않는다. 당비보다 국고보조금에 더 의존하면서 당원을 주변화(marginalization)한 정당(Katz 2001: 290)은 유권자의 참여를 독려하는 방향으로 움직였지만 그로 인해 당원의 집합적 혜택이 약화된 것이다.

3. 한국 정당조직은 무엇을 공유하는가?

한국 정당조직은 역사적으로 정치적 뜻을 같이하는 사람들의 조직체로 출발하지 않았다. 단일한 이념이나 가치를 공유하는 조직체로서 성장한 정당조직은 드물다. 또한 민주화 이후의 각종 정치개혁과 정당개혁은 매 선거 절반의 의원들을 교체하였고 빈번한 정당 이합집산 속에서 이념과 가치를 공유할 시간적 여유도 없었다. 그러한 변화를 반영할 만큼 당원의 입당과 탈당이 이루어졌는지에 대한 정확한 수치는 없지만 정당 이합집산에 따른 변동 혹은 이탈은 한국 정당은 정치적 생존을 추구하는 조직체로 성장해 왔음을 시사한다.

이러한 정치적 변동을 고려하면 한국 정당이 무엇을 공유하는지를 특정하기 어렵다. 무엇보다도 입당과 탈당의 이유를 알 수 없기 때문에 각 정당의 정치적 지향과 가치를 단정 지을 수 없다. 이러한 상황에서 정당조직 구성원들이 공유하는 정치적 목적보다는 그 내용의 공유하는 정도와 범주 정도를 언급할 수 있을 뿐이다.

한국 정당조직을 단순화하면 두 축의 지도부를 중심으로 나눌 수 있다. 한 축은 정당대표를 중심으로 하여 중앙당 관료, 시·도당 관료가 차지하며 다른 한 축은 원내대표 중심으로 한 원내정당에 속한 의원과 보좌진이 속한다고 구분할 수 있다. 당원협의회에 속하는 일반 당원들은 시·도당 관료와 원내정당의 보좌진을 중심으로 정당대표와 원내대표와의 관계를 맺는 것이 정당조직 체계상의 흐름이다. 그에 따라 당원협의회 또는 지역위원회는 정당대표와 원내대표와 의사소통을 하는 것으로 볼 수 있다.

이들 사이의 원활한 의사소통 여부는 구체적으로 검토가 필요하다. 정당조직이 당원의 집합체라면 각 당직자들이 당원들과의 의사소통에 적극적일 뿐만 아니라 원활하다는 가정이 현실에 부합하여야 한다. 이러한 문제에 대한 현실적 판단이 쉽지 않지만 정당이 선택하여야 하는 조직적 딜레마, 세 가지에 대한 진단의 내용을 종합적으로 논의할 필요가 있다.

2004년 이전에 운영되었던 지구당을 대신한 당원협의회 및 지역위원회는 당원들이 가장 빈번히 접촉할 수 있는 시·도당이나 국회 보좌진은 당원들의 의견을 들 수 있는 채널이다. 이들 당원조직이 시·도당이나 국회 보좌진과 가장 빈번히 혹은 가장 손쉽게 접촉할 수 있는 조직이다. 문제는 이러한 당원조직의 운영이 정당활동에 어느 정도의 비중을 차지하는가이다. 지도부의 권한과 그 범주가 크고 넓게 행사된다면 당원과의 의사소통 비중은 상대적으로 적을 수밖에 없다. 지도부 권한과 행사의 범주에 당원의 영향력이 반비례한다는 것이다.

오히려 정당조직이 공유하는 대상은 정당의 선거 기능이라는 현실을 생각해보면 선거승리일 가능성이 크다. 선거기간에 각 시·도당은 선거기구로 기능하며 이를 지원하는 국회 보좌진도 선거활동에 주력하게 된다. 이 시기 당원과의 의사소통도 유권자의 지지확대와 선거승리를 위한 전략의 일환일 가능성이 크다. 물론 선거승리는 정당의 당연한 정치적 목표이며 자신의 정당을 지지하는 당원들도 외면할 이유가 없는 문제이다.

선거승리에 따른 정당의 정치적 생존은 당원 전체를 규합하고 이와는 반대로 선거패배와 그에 따른 정치적 위기는 당원들을 당혹하게 하고 정당을 위태롭게 하기에 충분하다. 이러한 위기에서도 당원들이 선거 승리와 정치적 생존 이외의 사안에 대해서도 다양하게 공유한다면 그 위기는 위기가 아닐 수 있다. 공유하는 사안이 다양하다면 정당에 대한 정체성이 제고될 것이며 건강한 정당조직을 갖춘 정당은 지도부와 의원들이 대표할 대상과 이슈도 분명해질 수 있다. 정당조직이 공유하는 유일한 대상이 선거라는 사실은 당원의 믿음과 신뢰 제고에는 관심을 두지 않는 것이며 장기적으로 정당을 위태롭게 할 수 있다.

선거정치에 집중된 정당의 목적만을 공유하는 것은 정당의 정책기능 약화를 반영하는 것이다. 정책연구소 설립과 투톱시스템(two-top system) 도입 이후 일부 정당의 정책기능은 정책위원회를 원내기구로 변경하였다. 그에 따라 주요 원내정당의 정책기능이 강화되어 '정책정당화'에 부합하는 방식으로 변경되었다. 문제는 이러한 정책정당화 속에서 시·도당이나 당원조직과 분리된 정책위원회 기능이 당원들이 지향하고 공유하는 정책 개발에 기여하는지 고민할 필요가 있다. 오히려 이러한 정당조직의 기능적 배치도 선거승리와 정치적 생존이라는 정치적 목적이 반영되어 있어, 선거승리를 기반으로 한 정치적 생존만이 정당조직이 공유하는 유일한 대상으로 남아있는 것은 아닌지 반문할 필요가 있다.

제4절

건강한 정당조직 구축을 위한 대안

한국 정당조직이 직면하고 있는 정당조직의 딜레마는 「정당법」을 비롯한 정치제도 가 설계해 놓은 조건에서 논의되어야 한다. 정당이 살아남기 위해서는 유권자와의 관 계, 즉 정당조직이 어떻게 구성되어 있느냐와 관련이 있다. 정당조직이 외부와 닿아있 는 정당의 접촉단면이 정당이 무엇을 추구하는지, 그리고 누구를 대표하려고 하는지의 문제와 밀접히 관련되어 있으며 정치적 지향점과 그에 따른 전략 결정은 정당의 몫이 어야 하고 그 결과와 책임도 고스란히 정당이 짊어져야 할 몫이다. 유권자와의 의사소 통과 그에 따른 정책 형성이 유권자의 지지를 받는다면 다음 선거의 당선 혹은 선거승 리를 그 보상으로 받는 것이다. 이와 반대로 그러한 역할을 충분히 해내지 못한 정당은 낙선과 선거패배 고통을 피할 수 없는 필연이다. 다시 말해, 정당조직을 어떻게 구성할 것인지에 대한 문제는 정당에게 온전히 부여되고 감당하여야 할 사안이라는 것이다.

문제는 규제적 특성을 띠는 「정당법」 조항들은 정당이 어떤 조직을 만들 것인가에 대한 정치적 선택의 자유를 허용하지 않는다는 점이다. 정치적 결사의 자유를 허용하 는 「헌법」 정신에 따라 정치적 결사체인 정당도 조직을 자유롭게 구성할 수 있는 자유 를 누리도록 하여야 한다. 정당은 원하건 원치 않던 「정당법」에 명시된 조항들을 근거하 여 정당조직을 만들도록 규제하는 「정당법」은 다음과 같은 방향으로 개정되어야 한다.

1. 정당조직 밖 정치환경과의 관계 개선: 경직적인 구성요건 완화와 지역정당 허용

우선, 정당조직 구성의 자유를 부여하기 위해서 「정당법」 제3조를 개정하여야 한다. 「정당법」 제3조는 전국적 단위로 정당을 만들게 하는 정당조직 구성요건이다. 수도에 있는 중앙당을 중심으로 시·도단위의 하부조직을 구성하여, 이른바 '전국정당' 특성의 정당정치를 설계하도록 하고 있다.

구체적으로 「정당법」 제3조는 세 가지 방향으로 정당조직 구성요건을 명시하여 전국적 기반을 갖는 정당만이 만들어지도록 하고 있다. 첫째, 모든 정당은 중앙당을 구성하여야 한다는 점을 꼽을 수 있다. 중앙당과 그 하부조직으로 구성되어야 하는 조항은 모든 정당의 의사결정구조를 사실상 정해주는 조건으로 작용하여, 중앙당과 그 산하 하부조직간의 관계가 위계적 관계를 갖게 한다. 이른바 정당의 '중심'인 중앙당이 그 하부조직을 통괄하도록 규정하는 제도적 기반인 「정당법」 제3조는 정당의 위계적 의사결정구조를 강제하는 것이다.

둘째, 반드시 '시·도당'을 구성하여야 한다는 점이다. 정당조직이 반드시 시·도 단위로 만들어져야 할 이유가 있는지에 대해서 의문이다. 최근 이슈와 이해관계가 점차 다양화되고 심지어 극단적 대립의 양상을 띠고 있다는 점에서 그 이해관계는 반드시 시·도 단위로 대표되어야 할 이유나 그 명분도 없다. 또한 어떤 정당은 하부조직간 합의로 주요 의사결정을 하거나 중앙당 하나만으로 구성된 정당도 만들 수 있다.

셋째, 중앙당의 위치를 수도에 규정한다는 점이다. 각 정당의 주요 역할과 기능을 하는 중앙당의 활동이 수도에서 이루어지도록 규정하는 조항은 한 정당의 중앙당 위치를 명시하는 것 이상의 의미로 이해할 필요가 있다. 수도를 기반으로 한 정당활동은 중앙정치 이슈와 문제에 더욱 집중할 수 있도록 하는 이점이 있다. 그 반대급부는 수도 이외의 지역이슈와 문제에 중앙당이 쉽게 접근할 수 없게 한다는 점이다.

이를 개선하기 위해서 「정당법」 제3조를 "정당은 민주적 의사결정에 적합한 조직체계를 구성하여야 한다"는 취지를 반영하는 조항으로 개정할 필요가 있다. 사실 정당조직 구성요건이 그동안 한국 정당이 전국적 조직을 갖추게 하는 계기가 되었다. 여기에서 주목하여야 할 부분이 유권자와 시민들이 누려야 할 정치적 자유를 제한한 결과이고 이해관계를 달리하는 각 정당의 지역적 대표성을 축소한 결과이다. 정당을 만들고

자 하는 유권자는 중앙당과 시·도당을 만들지 말 것인지의 문제나 중앙당을 어디에 둘 것인지의 문제를 결정할 수 있어야 한다. 중앙당 설치 여부와 그 위치는 정당 창당의 주체가 자신의 전략적 고려와 필요에 따라 결정하여야 하는 정치적 결사의 자유에 해당하는 선택의 사안으로 두어야 한다. 또한 정당의 하부조직이 꼭 시·도 단위여야 할 이유나 명분도 분명하지 않다면 이러한 구성요건에 대해서 근본적으로 고민하여야 할 필요가 있다.

더욱 중요한 문제는 「정당법」 제3조가 '지역정당'의 등장을 제약한다는 것이다. 지역 이슈에 집중하려는 정당은 지역에 뿌리를 두는 것이 적절하며 중앙당 소재지도 그 지역에 있어야 한다. 그러나 중앙당을 수도에 두도록 한 「정당법」 제3조로 인해 지역 정당은 만들어질 수 없다. 또한 시·도당만을 허용하는 조건은 지역적 이슈에 대한 정당의 접근을 제한한다는 점에서 정당을 약화하는 요인일 수 있다. 이러한 관점에서 「정당법」 제3조는 구성요건을 최소화하여야 한다. 중앙당과 시·도당을 필수요건을 규정하는 정당조직 구성요건을 완화하여 각 정당이 원하는 형태의 정당조직을 구성할 수 있도록 하는 것이다.

그에 따라 창당 단계에서부터 구체적으로 명시된 정당조직에 관한 조항들을 전면적으로 개정할 필요가 있다. 우선 중앙선거관리위원회에 등록하여야 하는 의무사항으로 규정된 제4조 제2항의 '법정시·도당 수'와 '시·도당의 법정당원 수'를 삭제하고 조직명, 조직 수, 당원 수를 명시하는 것으로 대체할 필요가 있다. 현행 조항은 창당하는 발기인들이 법정시·도당 수와 시·도당의 법정당원 수를 맞추도록 강제하여 실질적 기능과 역할을 할 수 있는 정당조직 구성에 주력하지 않고 당원 수에 집착하도록 한다.

둘째, 제5조와 제6조가 각각 규정하는 창당준비위원회와 발기인 조항을 통합하여 '창당준비위원회'를 발기인 수와 관계없이 구성하여 창당할 수 있도록 하는 것이다. 현행 「정당법」 제5조는 창당준비위원회 구성을, 그리고 제6조는 중앙당과 시·도당별 창당준비위원회 발기인 수를 명시하고 있다. 창당준비위원회를 구성하는 것 또한 정치적 결사의 자유에 속하는 영역이기 때문에 몇 명을 발기인으로 할지, 그리고 중앙당이나 기타 정당조직에 몇 명의 발기인이 참여할 것인지의 문제는 정당을 만드는 주체가 선택할 수 있어야 한다.

이러한 관점에서 제12조, 제13조, 제17조, 제18조에서 명시한 중앙선거관리위원회에 등록하여야 할 사안들도 함께 개정되어야 한다. 중앙당 등록사항을 명시한 제12조,

시·도당 등록사항을 규정한 제13조를 개정하여 정당조직 구성에 관한 자유를 정당에게 부여하자는 것이다. 또한 제17조에서 시·도당 수를 명시한 조항 역시 그 필요성과 합리적 근거가 없다면 삭제하는 것이 적절하다. 마지막으로 제18조에서 명시한 시·도당의 당원 수도 그 수를 채워야 하는 합리적 근거가 없이 강제하는 것은 정치적 자유를 제한하기 때문에 폐지하는 것이 적절하다.

2. 정당조직의 혜택 분배 권한 강화: 당원제 활성화와 지구당 부활

건강한 정당조직을 구축하기 위해서는 당원이 정당활동에서 경험할 수 있는 만족감을 높여야 한다. 추구하는 목적이 다르더라도 당원이 최소한의 즐거움이나 만족감을 경험할 기회가 있어야 한다. 그러한 기회의 부재는 다양한 사람들이 모이는 집단에서 빈번히 발생하는 무임승차(free-riding) 문제를 초래한다. 자신의 시간이나 노력 투자를 최소화하면서 얻을 수 있는 이익의 극대화는 모든 집단행동에서 나타나며 여기에서 정당활동도 예외일 수 없다.

이러한 관점에서 정당조직은 당원에게 줄 수 있는 혜택이 있어야 하며 그 결정과 분배의 권한을 갖도록 해야 한다. 정당활동을 통해 누릴 수 있는 혜택의 확대와 축소는 정당의 활동과 발전에 기여한 당원들의 만족감을 높일 수 있는 중요한 선택권한이라는 관점에서 접근할 필요가 있다. 그러한 선택권한의 행사는 첫째, 당원 수 증가에 기여하여 정당활동을 원활히 하는 단기적 효과를 나타낼 수 있고 둘째, 정당활동 활성화가 '종이당원' 문제를 해소하는 장기적 효과를 가져올 수 있다.

이에 대한 혜택 권한의 부여에 대한 우려는 정당의 무분별한 혜택 남발과 그에 따른 정당의 정책기능 약화일 것이다. 과도한 혜택 분배로 인해 그 분배자와 수혜자 사이의 '후견주의'적 패턴이 형성되어 당내 민주주의의 토대가 약해질 수 있다. 혜택 분배 권한의 부여가 단기적으로는 분배 수혜자의 충성심을 높여 분배자와 수혜자가 상호의존적 혹은 공생적 관계가 만들어질 수 있기 때문이다. 이와 같은 후견주의적 패턴의 형성은 정당의 민주적 의사결정을 해칠 수 있다는 문제를 안고 있지만 그러한 문화의 지속은 장기적으로 해당 정당의 정치적 생존력이 약해질 수 있다. 단기적 효과에만 집중해 후견주의적 패턴 형성을 피하지 못하는 정당은 당내·외 비판을 면치 못해 지지기반을 잃을 수 있기 때문에, 무분별한 혜택 분배에 따른 결과는 정당이 책임지게 된다.

이러한 관점에서 혜택을 분배할 수 있는 권한을 정당에게 부여하는 것은 그 선택의 책임을 온전히 지게 하는 동시에 한국 정당조직의 한계와 문제를 해소할 수 있다는 점에서 긍정적으로 검토할 필요가 있다. 혜택의 분배를 통한 당원 수의 증가와 그에 따른 정당활동의 활성화는 한국 정당에서 빈번히 문제로 지적되는 종이당원제 문제를 최소화할 수 있다. 이를 위해 혜택 분배권한에 대한 「정당법」 조항을 선택적 혜택과 집합적 혜택으로 나누어 개정 방향을 논의하고자 한다.

가. 선택적 혜택 분배의 자유 허용과 당원제 강화

우선, 정당이 분배할 수 있는 선택적 혜택에 관한 「정당법」 조항을 살펴보고자 한다. 모든 당원이 아니라 일부 당원이 수혜자가 될 수 있는 대표적인 선택적 혜택은 '당직'을 꼽을 수 있다. 당직은 의원을 비롯한 당원이라면 받을 수 있으며 정당활동에 직접적으로 참여할 기회를 제공한다. 모든 당원이 당직을 맡아 정당활동을 해야 할 필요가 없더라도 이를 하고자 하는 당원들에게 당직은 중요하다.

당직은 「정당법」 조항에 근거해 분배되어야 하는 사실상의 의무 규정이기 때문에 정당의 당직 분배에는 동일한 동기와 구조가 작동하여, 정당활동의 자유를 제약한다. 현행 「정당법」 제30조는 중앙당 유급사무직원을 99명까지 그리고 시·도당에는 총 100명까지로 제한하고 있다. 「정당법」은 그 혜택의 규모와 범주를 제한하는 경직적이고 규제적인 조항으로 작동하고 있는 것이다.

이와 같은 문제를 안고 있는 조항들의 개정 방향을 설정하기 위해서는 우선, 중앙당이나 시·도당의 유급사무직원 수를 규제할 명분이 분명해야 한다. 100명을 초과할 수 없거나 그 이내에서 유급사무직원 수를 정하여야 하는지, 그 정치적 이유나 현실적 이유가 뚜렷하여야 한다. 「정당법」이 규정한 유급사무직원 수를 명시한 근거가 분명하지 않다면 정치적 자유를 정당에게 부여하는 방향으로 개정되어야 한다.

둘째, 중앙당과 시·도당 설치 여부나 그 수를 확정하는 권한을 정당에게 부여한다면 유급사무직원 수 결정권한도 정당에게 부여하는 것이 적절하다. 중앙당 없이 시·도당만으로 운영되는 정당이 만들어진다면 그 정당은 중앙당에게 유급사무직원을 둘 필요가 없어진다. 이와 반대로 중앙당만으로 정당을 구성하고자 한다면 시·도당 유급사무직원은 필요하지 않다.

「정당법」제30조에 근거한 유급사무직원 수 규제를 푼다면 우려되는 부분은 하나는 무분별한 당직의 분배이고 다른 하나는 투명한 인건비 지출의 문제일 것이다. 당직 분배에 따른 규율 문제는 당내 의사결정과정에서 효과적으로 견제되고 감시될 수 있다. 어디에 유급사무직원을 둘 것인지 혹은 누가 그 당직을 맡을 것인지의 문제는 그 정당의 운영상황을 고려해 결정하는 것이 효과적일 것이다.

[그림 13-1] 중앙당과 시·도당 구성의 예

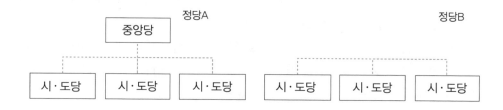

예를 들어, [그림 13-1]에서 정당조직 유형을 두 가지로 나눌 수 있다. 정당 A는 중앙당을 중심으로 시·도당을 하위조직으로 둔 정당이기 때문에, 현재의 「정당법」제30조에 따라 유급사무직원 100명 이내의 유급사무직원을 둘 수 있으며 시·도당에 100명이 넘지 않은 수의 유급사무직원을 둘 수 있다. 그에 따라 중앙당은 여러 지역의 시·도당과의 의사소통을 비롯해 정당활동의 중심을 이루게 되는 구조를 이루게 된다.

이와 같은 정당 A에서 유급사무직원 수와 범주를 제한하는 「정당법」제30조를 개정한다면 유급사무직원 수는 달라질 수 있다. 중앙당의 역할과 기능을 강화하려 한다면 유급사무직원이 중앙당에 집중될 수 있는 반면 시·도당에 참여하는 유급사무직원 수는 줄일 수 있어 탄력적으로 운용이 가능해진다. 중앙당보다 시·도당 확대와 강화에 중점을 두고 싶다면 시·도당에 상대적으로 많은 수의 유급사무직원을 둘 수 있도록 허용하자는 것이다.

반면 정당 B는 중앙당 의무조항을 삭제하여 정당이 정당조직 구성에 선택권을 갖는 정당이다. 중앙당이 없이 각 지역의 시·도당만으로 운영되는 정당 B는 「정치자금법」제25조제4항에 따라 지급하는 경상보조금 내에서 유급사무직원을 둘 수 있게 된다. 각 시·도당의 유급사무직원 수는 정당의 필요에 따라 특정 지역의 시·도당 유급사무직원 수가 상대적으로 많거나 적게 배치할 수 있다. 어느 시·도당에 유급사무직원을 어느 정도 둘 것인지의 결정 또한 정당의 선택이어야 한다.

이와 같은 유급사무직원 제한 규정의 개정은 첫째, 정당의 정치적 자유를 허용하는 동시에 당원제를 강화하는 간접적 효과를 가져올 수 있다. 어떻게 유급사무직원을 배치할 것인가의 문제를 정당이 결정하여야 한다면 이를 둘러싼 당내 논란이 빚어질 수밖에 없다. 이를 둘러싼 당내 논란은 극단적인 당내갈등으로 치달을 수 있지만 이에 대한 논란 자체가 당원들간 의사소통이 활발해지는 계기가 될 수 있다는 점에서 당원제가 강화될 수 있을 것으로 기대할 수 있다. 또한 이에 대한 성공적인 분배 결과는 충성스럽고 열성적인 당원들의 참여를 이끌 동기가 될 수 있으며 그 결과 종이당원제의 문제를 최소화하고 당원제를 활성화할 수 있다.

둘째, 당원제의 활성화는 당내 의사소통의 활성화에 기여할 수 있다. 선택적 혜택의 분배를 둘러싼 당내 갈등을 우회하거나 피할 방법은 사실 없다. 그러나 이러한 문제로 빚어지는 당내 갈등은 불가피하고 때로는 필요한 과정이라는 사실을 인식할 필요가 있다. 이러한 인식 전환의 필요성은 당내 갈등이 선택적 혜택 분배 자체보다 당내 의사소통의 한계에서 빚어지는 문제라는 점에 있다. 원활한 의사소통은 당내 갈등을 효과적으로 해소하고 통제할 수 있게 한다. 선택적 혜택 분배 권한을 갖는다면 당내 의사소통의 원활성과 이를 지탱할 수 있는 당원제의 활성화가 필수적이라는 점에서 상호 연관된 문제이다.

이러한 제한 규정의 개정은 해당 조항이 모든 정당을 획일적인 조직의 형태로 만드는 문제를 해소하는 의의를 갖는다. 정당활동이 활발해지려면 정당이 목표하는 지향점에 부합하는 정당조직을 구성하여 운영할 수 있어야 한다. 정당조직의 특성, 특히 선택적 혜택을 정당이 자유롭게 분배할 수 있도록 허용한다면 현재 정당 내부에서 발생하는 문제를 정당이 해소할 수 있을 것이다. 선택적 혜택 분배로 야기되는 당내 갈등을 해소하지 못하는 정당은 유권자들이 지지하지 않을 것이며 그에 따른 빈번한 당내 갈등의 증폭은 당원의 이탈을 비롯한 정당 이합집산으로 이어질 수 있다는 부정적 효과가 있다. 그러나 각 정당의 당내 갈등에 대한 책임은 결국 정당이 지도록 하여야 한다.

나. 집합적 혜택 분배의 확대와 지구당 부활

당원마다 정당활동으로 얻으려는 목표나 목적은 다르다. 어떤 당원은 선거출마를 위해 공천을 받으려고 가입하기도 하며 또 어떤 당원은 원하는 정책을 형성하거나 후보를 선출하기 위해 정당에 참여한다. 단순히 정당을 지지한다는 의미에서 정당에 가입하는 경우도 있으며 열성적 지지자가 특정 후보를 각종 선거의 후보로 선출하기 위해 입당을 선택하기도 한다.

다양한 목적과 이유에서 선택한 입당은 유권자가 특정 후보와 정당을 지지하는 행위와는 확연히 다르다는 의미이다. 모든 입당은 당원으로서의 권리를 행사하고자 한다는 공통점이 있다. 당원자격을 가져야 공천을 받을 수 있도록 규정한 정당의 당헌·당규는 각종 선거에 출마하려는 당원의 입당 동기이며 후보 선출과 각종 정책결정에 대한 당원의 권리 또한 유권자의 입당을 유인하는 요인이다. 이른바 열성적 지지자들을 중심으로 대선 후보 선출을 위해 입당하는 '팬덤정치'의 한 양상도 그 연장선에서 이해할 수 있다. 입당은 당원의 권한을 행사할 수 있는 시작점이라는 것이다.

당원으로서 행사할 수 있는 권한이 많을수록 입당의 동기가 커질 수 있다. 당원이 받는 혜택이 유권자가 갖는 권리와 다를수록 입당의 유인이 크다는 의미이다. 이와는 반대로 유권자와 당원이 갖는 권한 혹은 영향력의 차이가 적다면 유권자는 정당에 굳이 입당하여야 할 이유 또한 줄어들게 되는 것이다. 정당이 당원에게 주는 집합적 혜택이 커야 당원이 늘어난다는 것이다.

현재 당원이 공통으로 누리는 집합적 혜택이 유권자가 갖는 영향력과 얼마나 다른지를 살펴볼 필요가 있다. 당원이 공유하는 집합적 혜택 중에서 가시적으로 확인할 수 있는 권한은 두 가지로 나눌 수 있다. 하나는 후보 공천에 대한 권한이고 다른 하나는 전당대회 의사결정에 대한 권한이다. 현재 각 정당은 각종 후보 선출과정에서 당원이 참여할 권한을 부여하는 것이 일반적이다. 또한 당원은 시·도당 의사결정을 통해서 간접적으로, 혹은 대의원 등의 직위를 통해 직접적으로 전당대회 의사결정에 참여할 수 있다.

문제는 두 권한이 유권자들과 차이가 있는가이다. 우선, 일반 국민의 의사를 반영하려는 취지에서 시행되는 국민경선제에서 후보 공천과정에 대한 참여는 당원의 배타적인 권한이 아니다. 여론조사 등을 포함하는 국민경선제는 당원이 아닌 유권자도 참여할 수 있을 뿐만 아니라 그 반영비율에서도 큰 차이가 없다. 일부 정당에서는 당내 당직자 경선이나 후보 선출에 당원에게만 그 권한을 부여하기도 하지만 대부분의 공직후보 선출과정에 대한 당원이나 유권자의 영향력은 크게 다르지 않다. 그에 따라 후보 공천 권한은 당원이 누리는 집합적 혜택으로 볼 수 없다.

반면 유권자가 참여하지 못하는 시·도당과 전당대회는 당원들만이 누릴 수 있는 권한이라는 점에서 차별적이다. 전당대회는 당원들이 공유하는 집합적 권한이 행사되는 의사결정기구이다. 그러나 전당대회에서 결정되는 의제들이 당원들의 의견수렴을 충분히 거쳤다는 당원의 신뢰가 없다면 집합적 혜택의 의미는 상쇄될 수밖에 없다. 특히 대의원 등의 자격을 갖춘 당원을 중심으로 운영되는 전당대회 의사결정은 당원만이 누리는 혜택의 의미를 희석한다. 물론 당원이 각 대의원 선출에 참여하고 선출된 대의원이 시·도당 당원들의 의견을 수렴하였다는 가정이나 전제는 대의원의 전당대회 참여를 당원의 집합적 혜택으로 간주할 수 있는 근거이지만 현실에 얼마나 부합하는지는 의문이다.

이상과 같이 집합적 혜택으로 분류되는 두 권한은 당원과 유권자를 구분해 부여하는 권한으로 보기 어려워 당원 모두가 누리는 집합적 혜택으로 간주하는데 제한적이다. 두 가지 권한에만 국한하더라도 입당하지 않은 유권자와 달리 정당활동을 하는 당원만이 누리는 배타적이고 집합적 혜택으로 보기는 어렵다. 다시 말해, 당원의 집합적 혜택이 유권자와 크게 다르지 않다는 것이다.

이러한 관점에서 당원이 누릴 수 있는 집합적 혜택을 확대할 필요가 있다. 이를 위해서「정당법」개정이 필요하며 관련 조항은 다음과 같다. 정당법 제3조, 제17조, 제18조는 중앙당과 시·도당에 관한 조항으로, 당원이 참여할 수 있는 정당조직을 명시하고 있다.「정당법」제3조는 중앙당과 시·도당을 정당 구성요건으로 규정하고 있으며 제17조는 법정시·도당 수를 5개 이상으로 명시하여 모든 정당이 시·도당을 최소 5개를 갖추도록 하고 있으며 제18조에 근거하여 각 시·도당에 주소지를 둔 천명 이상의 당원이 등록되어 있어야 한다. 이상의 세 조항이 정당운영에 갖는 의미는 천명 이상의 당원이 모인 시·도당에서 당원들이 활동하며 이들 사이의 의사소통과 의사결정에 따라 시·도당이 운영된다는 것이다.

이러한 관점에서 중앙당의 하위조직과 시·도당으로 제한된 정당조직에 관한 조항을 개정하여 당원이 참여할 기회를 확대하는 방향으로「정당법」을 개정하여야 한다. 시·도당을 비롯한 정당조직 구성의 자유를 부여함으로써 당원과의 의사소통 범위를 넓힐 수 있도록 시·도당 하위조직으로서 지구당 등을 둘 수 있도록 하며 그 활동을 지원하기 위해 지구당 등 하위조직에 재정적 지원이 가능하도록 개정할 필요가 있다.

이처럼 지구당 허용과 재정적 지원을 할 수 있도록 하는「정당법」개정은 두 가지 의미가 있다. 첫째, 당원들의 집합적 혜택을 확대한다는 의의가 있다. 천명 이상이 활동하는 시·도당은 당원이 의사소통하기에 적절하지 않은 규모이다. 천명 이상이 하나의 단위로 묶인 시·도당 규모에서는 각종 정책결정에 관한 의견을 당원들이 나누기에 적합하지 않는 큰 규모이다. 시·도당보다 작은 규모의 정당조직으로 구성한다면 당원의 의사소통이나 직접적 참여가 용이할 것이다.

둘째, 지구당과 같이 그 규모를 축소해 당원들이 참여한다면 굳이 당원들의 주소지를 근거로 당원을 구분할 이유도 사라진다. 지구당 활동을 하는 당원들이 많아져 그만큼 지구당 활동이 활발해진다면 자신의 근거지에서 먼 지역에서 지구당 활동을 할 수 없어진다. 그에 따라 지구당의 의사결정은 해당 지역 이슈를 중심으로 논의되기 때문에 지구당의 의사결정은 당원을 비롯한 각 지역의 이슈를 수렴할 수 있는 창구로서 기능할 수 있다.

이러한 관점에서 지구당 허용과 이에 대한 재정적 지원은 당원들의 집합적 혜택을 확대한다는 의미와 함께 정당정치 전반에 영향을 미칠 수 있다. 원내정당과 중앙당만을 중심으로 한 정당정치가 중앙정치에만 집중되는 문제를 해소하면서 일반적인 여론과 다른 각 지역의 입장을 정당정치에 반영할 수 있게 된다는 의미가 있다.

3. 당원간 정치적 지향점 공유의 확대: 정당조직의 화합적 결합

한국 정당에 속한 당원들이 공유하는 부분은 정당의 가장 근본적인 목적인 선거승리이다. 각 정당은 선거승리를 위해 필요한 정당조직을 구성하고 이에 부합하는 기능들을 수행한다. 사실상 원내정당과 구분되지 않는 원내정당 이외의 정당조직은 정책개발을 위한 장기적 정책 개발보다 선거승리를 위한 정세분석과 그에 부합하는 전략 수립에 집중되어 있다. 특히 중앙당은 원내정당의 기능과 역할을 위한 보조적 기구로서 기능하며 선거가 있는 해인지의 여부와 관계없이 정책연구소는 선거전략을 수립하기 위한 여론조사에 치중되어 있다. '원내정당－중앙당－정책연구소'가 선거승리를 목적으로 한 의사소통이 원활하다는 것이다.

이와 같이 원내정당－중앙당－정책연구소를 중심으로 한 의사소통이 갖는 긍정적 의미는 정당 정책결정의 집중성과 효율성일 것이다. 이는 민주화 이후 제기되었던 '원내정당 강화'와 관련이 있는 정당개혁 담론과 관련되어 있다. 원내정당 강화는 정당의 활동무대를 의회 안으로 이동시켜 정당의 인적·재정적 자원을 원내정당에 투여하여 정책역량이 강화된 의원의 자율성을 제고하여야 한다는 목적에서 추진된 정당개혁 담론이었다(정진민 2009: 32). 이러한 변화의 결과, 정당대표 1인의 압도적 영향력은 축소되었으며 공천권을 제외한 각종 의사결정과 정당 운영 전반에 대한 집단지도체제를 운용하면서 소속의원들의 자율성은 제고되었다.

문제는 당원의 소외이다. 당원들을 중심으로 한 정당의 의사결정이 일반적이지 않기 때문이다. 당원의 절반 이상이 정책에 대한 정당의 입장을 대의원이나 일반 당원이 결정하여야 한다고 생각하는 편이지만 또 당원의 절반 이상이 고위 당직자나 의원들이 결정한다고 생각한다(강원택 2008: 121). 자신들이 정책결정을 하여야 한다는 당원들의 기대에도 불구하고 정당의 의사결정은 원내정당의 의원과 중앙당에 소속된 고위 당직자들이 지배적 영향력을 행사한다고 인식하는 것이다.

이러한 관점에서 2004년 이후 정당개혁의 주요 내용 중 하나인 당내 민주주의 제고를 위한 당내 조치에 주목할 필요가 있다. 당내 민주주의 발전을 위한 두 가지 조치는 하나는 국민경선제 도입을 통한 당원과 유권자들에게 후보 선출 권한을 부여하는 것이었고 다른 하나는 정당 지도부를 '원내'와 '원외'를 분리해 선출하는 것이다. 특히 의원의 자율성과 밀접한 관련이 있는 정당 지도부의 분리 선출은 각 정당이 정당대표와 원내대표, '투톱시스템'을 도입하면서 제도화되었다. 이와 더불어 정책정당으로의 발전을 위해 「정치자금법」을 개정하여 정책연구소를 재정적으로 지원하였다.

이와 같은 지도부의 분리 선출을 통한 당내 민주주의 제고가 당원과의 의사소통을 원활하게 하였는가를 살펴볼 필요가 있다. '원내정당-중앙당-정책연구소'의 관계 변화가 그 이전에 비해 정당의 정책역량을 강화하였는지를 경험적으로 비교하기 쉽지 않다. 다만 '원내정당-중앙당-정책연구소'가 정당조직의 전부가 아니며 이들 세 정당조직의 발전만으로 정당정치의 발전을 말할 수 없다는 점을 강조할 필요가 있다. 수많은 당원이 있으며 당원을 배제한 정당이 존재할 이유도 없다.

사실상 선거기구로 작동하는 중앙당은 원내정당의 원활한 작동을 위해 기능한다는 점에서 정당이 누구를 대표하는가에 대해서 고민하여야 한다. 정당의 대표성에 대한 요구는 2007년 대통령선거 시점에 대두되었다. 또한 2004년과 2005년의 정책을 둘러싼 갈등은 각 정당이 누구를 대표하는가의 문제에 관심을 집중시켰다. 2004년 행정수도 건설특별법이 수도권과 비수도권의 갈등으로, 2005년 종합부동산세 도입이 부동산 소유에 따른 입장 차로 유권자를 두 축으로 나누면서 각 정당의 대표하려는 대상을 구체화하는 요구를 받기 시작한 것이다(박경미 2013: 37).

당원과의 제한적 의사소통은 선거 때마다 혹은 일상적으로 실시되는 여론조사에 의존하는 정책연구소의 운영에서 유추할 수 있다. 여론조사는 당원과의 의사소통을 목적으로 하기보다는 전체 유권자를 대상으로 한다는 점에서 당원과의 의사소통으로 간주할 수 없다. 또한 의원실을 중심으로 한 지역구 의사소통은 현역의원이 없는 지역구 당원과의 의사소통은 제한적일 수 있다. 현역의원이 있는 지역구라도 중앙당이나 정책연구소와의 원활한 의사소통이 없기 때문에 의원의 의정활동이 정책 비전이나 장기적 전망을 담은 정책보다는 선심성 정책을 위한 입법에 머무를 위험이 있다.

이러한 특징은 정당조직이 그 기능적 분화를 이루어졌는지를 넘어서 그 기능과 역할이 당원과의 원활한 의사소통을 통한 화학적으로 결합하는지, 즉 정당이 공유하는 대상의 폭과 범주의 문제와 관련되어 있다. '원내정당－중앙당－정책연구소'의 기능적 활성화가 정당활동의 전부일 수 없으며 당원의 정당활동을 전제로 한 의사소통이 없이 정당의 정책역량은 의문을 가질 수밖에 없다. 만약 원내정당－중앙당－정책연구소를 중심으로 한 의사소통만으로 정당 운영이 충분하다면 당원 없는 정당을 정당정치의 '정상'으로 이해하는 것이다.

이러한 관점에서 첫째, 정책연구소의 기능과 방향을 재정립하여야 한다. 유권자를 대상으로 한 여론조사는 당원과의 의사소통을 전제로 하지 않기 때문에 정당의 정책역량이 강화된다고 볼 수 없다. 단기적인 비전과 전략이 필요한 정책결정에 필요한 유권자 여론조사가 정당 지지율을 유지하고 높이기 위해 필요하지만 유권자 전체를 기준으로 그 방향을 설정하는 정부 정책결정과 정당의 정책방향 설정 방식은 다르며 또 달라야 한다. 정부가 국민을 대표하기 때문에 유권자 여론에 반영하는 정책을 선택하는 것처럼, 당원으로 구성된 정당의 정책방향은 당원 의견을 수렴하여 설정되어야 한다.

정당이 정책정당으로서 그 기능과 역할을 하기 위해서 정책연구소는 여론조사를 넘어선 두 가지 방향으로 그 활동을 확대하여야 한다. 그중 하나는 당원의 의견수렴을 위한 방법과 이를 원내정당에 반영할 수 있는 시스템을 개발하는 것이다. 당원의 정당활동은 중앙당과 원내정당과 물리적 거리가 가깝지 않기 때문에 지역구 의원이 없는 지역 당원의 의견은 원내정당에 닿기 쉽지 않다. 당내 상황을 반영한 의사소통 시스템을 각 정당에서 개발하여 정책결정에 반영할 수 있도록 하여야 한다. 다른 하나는 당원에 대한 교육시스템 개발이다. 특히 전당대회 의결을 거친 정책이나 장기적 비전은 당원들과 공유되어야 하는데, 그 추진은 당원에 대한 홍보와 교육을 동반하여야 한다.

둘째, 정당의 화학적 결합을 위해 국회 원내정당을 축으로 한 중앙당과 정책연구소의 관계에서 벗어나 지방정부와 지방의회에 소속된 당원과의 연계에 적극적이어야 한다. 지방정치는 중앙정치의 기반이라는 점에서 국회 중심의 정당활동 기반이 취약하다고 볼 수 있다. 이러한 관점에서 중앙당과 정책연구소가 포괄하는 범주는 원내정당으로부터 시작하여 당원조직과 지방정부 및 지방의회에 이르는 정당정치 전반으로 넓힐 필요가 있다. 특히 지방분권 시대에 정당은 더욱 중요하기 때문에 정당활동의 범주는 확대하여야 한다는 것이다.

이상의 두 가지 변화에서 필수적 전제는 중앙당의 원내정당과 당원조직과의 연계기능 강화이다. 현재 중앙당이 시·도당과의 연계기능을 수행하고 있지만 원내정당과 정책연구소와의 관계에 더 치우쳐 있는 현재 상황에서 중앙당이 정당활동의 중심을 차지하도록 조직개편을 하여야 한다. 각 정당조직이 각각 맡은 역할과 기능을 수행한다고 하더라도 전체적인 화학적 결합이 없이는 정당활동의 정상화는 이루기 어렵다. 중앙당의 적극적 역할과 기능은 선거승리 이외에 다양한 사안들을 당원들이 공유하고 그러한 당원이 활발하게 활동한다면 정당의 대표성은 제고될 수 있다.

제5절

결론 및 정책적 제언

각종 정치개혁에 따라 한국 정당정치는 제도적 안정성을 갖는 정당을 중심으로 운영되고 있다. 당내민주주의 제고를 위한 정당개혁은 정당대표와 원내대표를 별도로 선출하여 과거 정당대표에 집중되었던 권한과 영향력을 분산시켰다. 「정치자금법」의 개정에 따라 정치부패가 상당히 줄어들었으며 국고보조금은 정당의 부족한 당비 문제를 보완해 정당운영의 안정성을 도모하고 있다.

이러한 정당정치의 발전에도 불구하고 정당은 정치적 양극화의 문제를 해소하는 행위자로서 그 기능과 역할에 한계가 있다. 유권자의 이념적 간극보다 큰 차이를 보이는 정당 소속의원의 이념성향은 한국의 정치적 양극화가 왜 심화하고 있는지의 원인을 정당정치의 문제에서 찾게 하기 때문이다. 양극화된 정치경쟁의 양상은 정당의 기능, 즉 이익의 집약과 표출 기능에 한계가 있으며 정치적 양극화를 해소할 수 있는 정당의 정치사회화 기능이 작동하지 못하고 있음을 시사한다. 정치적 양극화를 해소하기 위한 정치적 대안으로서 정당이 유의미한 존재라고 본다면 한국 정당의 구성과 그 운영에 대해서 살펴볼 필요가 있다.

이러한 관점에서 이 글은 정당활동이 이루어지는 정치제도적 조건 즉, 「정당법」을 중심으로 정당조직의 특징과 개선방안을 살펴보았다. 첫째, 정치적 자유를 제한하는 「정당법」 조항들을 개정하여 정당조직 구성의 자유를 정당에게 부여하여야 한다. 정당 창당을 정치적 자유의 사안으로 명시한 「헌법」과 달리, 「정당법」은 정치적 자유를 규제하며 정당조직 구성요건을 세세히 규정하는 문제를 안고 있다. 정당이 어떤 형태의 정당조직으로 구성할 것인지는 전적으로 당원들의 선택 문제여야 하며 그로 인해 빚어지는 문제에 대한 책임 또한 정당이 지도록 하여야 한다. 유권자 대표성을 제고한다면 중앙당을 둘 것인지, 몇 개의 시·도당을 만들게 하여야 하는지 등은 부차적인 문제다. 또한 중앙당을 수도 혹은 특정 지역에 설치할지의 문제 또한 당원이 결정하여야 할 문제이지 정치제도로 명시할 이유는 없다.

또한 이러한 방향의 「정당법」 개정은 '지역정당' 허용과도 밀접한 관련이 있다. 중앙당이 소재한 수도 중심의 정당조직 구성요건은 지역적 이슈와 문제에 집중할 여유를 주지 않는다. 중앙정치 중심의 정당조직 운영은 지역적 변화를 비롯한 전반적인 변화의 흐름을 파악하는 의사소통 채널의 단절을 의미한다. 단기적 전망과 효과가 있는 이슈에 중점을 둔 정당정치가 반복되면서 유권자가 민감하게 반응하는 이슈에만 집중하는 정당의 정치적 호소는 정치적 양극화를 심화시킬 것이다.

14

한국 정당조직 현황과 과제: 정당-유권자 연계 회복을 위한 지역 정당조직 활성화

장선화

들어가며

민주화 이래 한국의 민주주의는 제도적·실질적 발전을 이룬 것으로 평가된다. 하지만 한국의 거대 양당 정치가 나타내는 비타협적·대결주의적 정치양극화 문제는 오히려 심화되어가고 있다. 한편으로 팬데믹 위기를 경유하면서 글로벌 민주주의가 후퇴하고 있다는 우려뿐 아니라,[106] 현대 대의 민주주의 후퇴 혹은 위기 담론이 미국을 포함한 주요 선진민주주의 국가들에서 대두된 지 오래이다. 대의 민주주의 위기는 정당 정치의 변화 및 정당-유권자 관계 재편과 긴밀한 연관이 있다. 오랜 정당정치의 역사를 보유한 주요 국가들의 정당 가입률 저하(Pogunke, Scarrow, Webb et al. 2016: 668), 중도 좌-우파 기성 정당에 대한 선거 지지 약화, 극단주의적 신생정당의 부상, 인지도가 높으나 정당일체감이 약한 포퓰리스트 후보자 공천 및 당선 등 전통적 정당 질서의 전환이 전개되어왔다. 유럽의 경우 2000년대 초 급진 좌우 포퓰리스트 정당 및 정치인의 부상이 일시적 현상에 그치지 않고 2022년에 이르러서는 주요 의회 정당으로서 지위를 확고히 함으로써 정당체제 구성 정당 간 이념적 거리가 멀어짐과 동시에 정권교체의 중심축이 오른쪽으로 이동하는 현상이 두드러지고 있다.[107] 선진 민주주의 국가에서 기성 정당정치에 대한 회의와 불만이 높아지는 가운데 정당 연구자 일부는 주요

---

106) https://www.economist.com/graphic-detail/2022/02/09/a-new-low-for-global-democracy
（검색일: 2023.6.11.）
107) 2022년 9월 총선에서 스웨덴에는 급진적 우파 포퓰리스트 정당인 스웨덴민주당이 원내 2당으로서 차기 정부를 구성할 가능성이 높은 우파연립정부 구성원이 되었고, 이탈리아 총선 결과 급진 우파 정당 총리가 등장할 가능성이 높아지고 있다.

정당의 위기와 쇠퇴 원인을 정당과 유권자 간 "연계 실패(linkage failure)"(Lawson 2016: 13 – 38)에서 찾는다.

정당 당원 수 감소와 조직으로서 정당의 중요성 약화 및 정당쇠퇴 등(Gauja and Kosiara – Pedersen 2021: 24 – 25) 민주주의 정치과정에서 전통적 정당조직의 중요성에 대한 의문이 제기되고 있는 것은 사실이지만 여전히 정당은 대표 충원, 정부 구성, 유권자 동원 등에 있어 핵심적인 역할을 담당하는 주요 주체이다. 이념적 극단성에 대한 규범적 판단을 유보한다면 유권자의 변화하는 요구에 반응하여 기성 정당들이 외면하는 정치 이슈를 어젠다화하는 신생정당이 등장하고, 전통적 정당과 차별화된 공약, 새로운 조직 및 선거운동 방식을 통해 정치적 동원에 성공, 정치 변동의 주체로서 성장하는 현상은 대의 민주주의 정치가 정상적으로 작동하고 있다는 방증이기도 하다. 최근 국가별 정당조직 및 유권자 차원의 대규모 데이터 축적으로 정당에 대한 실증적 연구가 활발하게 진행되고 있다(Scarrow, Webb, and Poguntke 2017). 이 가운데 정당조직이 시민의 민주주의에 대한 만족도에 영향을 미친다는 경험적 분석 결과(Webb et. al. 2019)는 정당과 정당조직이 여전히 현대 대의 민주주의의 핵심 주체로서 유효하다는 사실을 상기시킨다.

따라서 근대 이후 형성된 전통적 정당과 유권자간 연계의 약화와 유권자 재편성(realignment)이 전개되는 작금의 현실은 정당정치가 맞이하는 도전이자 기회이기도 하다. 전환의 시기를 맞은 유럽과 한국의 정당정치에서 정당들의 대응 및 상호작용 양상은 유사한 듯 다르다. 유럽의 선진민주주의 국가들에서는 당헌 및 강령, 위계, 네트워킹, 선거운동방식 및 공약, 의사결정 및 공천방식, 당원 형태 등 정당조직의 핵심 요소에 대한 정치적 실험과 다양성이 커지는 가운데 이념적 차원에서 좌 – 우 급진주의 혹은 보다 극단적 주장을 내세운 정치세력에 대한 지지가 증대하는 현상이 "양극화(polarization)"로서 등장한다. 반면, 한국에서는 양대 주요 정당을 중심으로 결집, 양자 간 갈등과 대립이 격화되는 정치적 양극화가 진행 중이다. 최근 치러진 제21대 총선, 제20대 대선과 같은 주요 선거에서 유권자 지지는 분산되기보다는 양대 정당을 구심점으로 하여 결집되었다. 하지만 연계(linkage)를 "유권자의 기대와 정당 혹은 정치 엘리트의 결정 간의 상호관계"로서 정의할 때 선거 직후 한국 유권자들의 정당 및 정책결정자에 대한 기대와 지지는 급격히 약화되는 경향을 보인다. 따라서 한국의 기성정당들에 대한 지지 양극화는 정당으로서 유권자와 상호관계에서 안정적인 연계를 형성했기 때문이라기보다는 한국의 다수제적 선거제도 효과를 인지한 유권자들의 합리적 선택에 의한 것이라고 해석하는 편이 보다 적절할 것이다.

현행 제도적 조건 하에 한국 정당과 유권자들은 선거적 연계를 맺고 있을 뿐 참여적 연계를 형성하고 있다고 보거나 이를 기대하기는 어렵다.[108] 한국 정치에서 거대양당 중심 경쟁구도, 정치양극화, 정치 혐오, 정당 및 국회 불신 등과 같은 문제에 대한 대안이 정치 제도 개혁(선거제도, 공직자선거법 등)을 둘러싸고 논의되는 것은 이 때문이다. 지난 총선 이후 선거제도 개혁 논의가 위축되기는 했지만, 개헌을 포함한 선거제도 개혁 필요성에 대한 전문가, 시민사회단체, 소수정당들의 요구는 지속되고 있다.

만약 큰 틀에서 기존의 지역에 기초한 다수제적 선거 제도가 유지된다고 전제할 때, 한국의 거대 양당 정치가 나타내는 비타협적·대결주의적 정당정치 문제와 정당과 유권자간 연계 부족 현상을 해결하기 위한 방안은 무엇일까? 기성 정당의 적극적 역할을 전제로 한 정치 개혁과 정치 세대교체가 하나의 필요조건이 될 수 있을 것이다. 즉, 한국의 정치양극화 문제의 원인을 정당정치 차원에서 규명하자면, 특히 정당 조직 측면에서 한국 정당의 중앙집중적 의사결정구조, 공천과정, 약한 풀뿌리 정당조직 등이 문제의 주 원인이라 할 수 있다. 이 글은 문제에 대한 대안으로서 선거 후보 충원 및 공천과정에서 풀뿌리 지역 정당조직 활성화와 정치세대교체를 위한 청년정치 활성화 방안에 주목한다.

최근 유권자 다수가 청년 정치인 확대 필요성에 공감하는 것으로 확인되며(정다빈·이재묵 2020), 한국과 같이 비례대표 의원 비중이 작고 지역구 의석이 지배적인 국회의원 선거나 지방선거 공천을 전국정당이 독점(김소연 2020)하거나 여전히 영향력을 행사하는 현실 속에서 청년의 정치참여를 활성화하기 위해 정치 교육 및 정치적 충원을 담당하는 정당의 적극적인 역할이 요구되는 것(이정진 2021; 장선화·김윤철 2022)은 당연하다. 현 상황에서 정치교체는 신진 정치세력의 등장으로 나타날 수밖에 없으며, 민주주의 정치의 기초(법·제도·질서, 조직적 질서, 정치적 상호작용 방식, 민주적 규범 등)를 습득함과 동시에 동시대 이슈 현안에 대한 성찰에서 비롯된 정책적 대안을 제시할 수 있는 차세대 정치혁신가의 양성이야말로 더 이상 피할 수 없는 주요 정당의 책무라고 할 수 있다.

---

108) Lawson(2016)은 정당에 의한 정당-유권자 연계(linkage)를 참여(participatory), 선거(electoral), 후견주의적(clientelistic), 직접(directive) 연계로 유형화하고 현실 정치에서는 대의-민주주의 체제에서 다른 형태와 함께 선거 연계(electoral linkage)가 강조되어 나타나는 반면 권위주의 체제에서 직접연계가 특징적이라고 부언한다.

이 장에서는 급격한 전환기를 맞이한 현대 민주주의 정당정치의 변화하는 현실을 서구의 정당이론적 관점에서 해석, 설명, 예측하기보다는 한국 정당 정치의 실질적 작동 양태를 포착하려는 최근의 연구 흐름의 연속선에서 '정당조직'이라는 블랙박스(black box)에 접근한다. 한국 정당 정치 연구에서 빈 공간이라고 할 수 있는 정당 조직을 대상으로 한 사례연구를 통해 정당–유권자 연계 회복 및 지역·청년 정치 활성화 노력의 가능성과 한계를 제시하고자 한다.[109]

---

[109] 청년 이슈의 부상과 청년 대표성에 대한 관심의 증대로 한국에서도 청년 대표성 현황 및 타 국가와의 비교 연구들이(정다빈·이재묵 2019; 오세제 2020; 윤지소·권수현 2020; 윤혜영·전태일 2020; 이정진 2020) 다수 발표되었지만 정당 차원의 청년 정치를 대상으로 한 연구는 극히 드물다.

제2절
조사 및 연구방법

한국 정당에 대한 연구는 서구식 정당 모형을 한국에 적용하던 초기의 정당 연구에 대한 비판적 검토(강원택 2009; 이동윤 2010; 주인석 2009)에서 머무르지 않고 정보화 시대 대의 민주주의 위기 극복을 위한 한국형 정당모델(박지영·윤종빈 2019)을 제시하기에 이르렀다. 또한 주로 당헌과 강령, 공약 등 문헌자료를 활용한 분석(지병근 2016)이 주요 연구 방법이었던 데에서 더 나아가 중앙선관위 제출 자료에 근거해 정당의 규모, 활동 및 회계에 대한 접근이 가능해졌고(지병근 2014), 최근에는 정당에 대한 유권자 혹은 당원 인식조사를 통해 정당−당원 관계 및 당내 민주주의를 이해하고(정수현·한의석·정회옥 2017; 유성진 2021; 김진주 2020), 당원 및 당원 조직, 관리 운영의 실태에 접근함으로서 정당 조직을 평가하려는 노력(정진웅 2021)이 전개되고 있다.

이 글은 한국 정당조직의 현황과 실태에 대한 경험적 조사를 통해 한국 정당과 유권자 간 연계의 실제 형태를 분석한다. 이를 위해 정성·정량적 연구방법을 병행하였다. 첫째, 주요 정당 조직의 제도적 구성 및 현황을 온·오프라인 문헌조사(강령·당헌·당규, 조직도, 정당 내부자료 및 보도자료)를 통해 살펴본다. 또한 지역 정당 조직 및 청년 정당 조직이 활성화된 해외 국가 사례(스웨덴 등)와 비교적 관점에서 한국의 중앙−지역 정당 조직의 제도적 구성 및 의사결정구조, 공천방식, 청년조직 운영방식 등을 검토한다.

둘째, 정당 관계자 이외에는 접근이 어려운 중앙−지역 정당 조직 관계와 실질적 상호작용 양상을 확인하기 위해 주요 3개 정당(더불어민주당, 국민의힘, 정의당) 구성원들을 대상으로 집담회 및 면접조사를 실시하였다. 집담회는 2022년 9월 16일과 12월 2일 총 2회에 걸쳐 실시되었고 주요 3개 정당 국회의원들과 참여연구자들이 참석하였다(간 담회 구성원은 이 책의 서론 참조). 면접조사는 2022년 12월 16일과 23일 주요 2개 정당 (더불어민주당, 국민의힘) 중앙당 당직자를 대상으로 실시되었다(피면접자 구성원은 이 책 의 서론 참조).

셋째, 한국정당학회와 한국행정연구원에서 한국리서치 조사를 통해 2022년 12월 21일~ 2023년 1월 15일 실시한 "정치양극화 현황과 제도적 대안에 관한 국민의식조 사" 결과를 활용해 유권자의 정당에 대한 인식과 역할 및 기대 등을 확인하고 한국 정 당 정치엘리트와 유권자간 연계(linkage) 현황 및 향후 과제를 제시한다. 이 조사는 기 존의 국민의식 조사와 차별적으로 응답자에 대한 기초 설문으로 정당 가입 여부 및 당 비 납부 여부를 묻도록 설계함으로서 한국의 정당 당원과 일반 유권자 대중, 일반 당원 과 당비를 내는 당원(권리 혹은 책임 당원) 간의 차이를 확인할 수 있도록 하였다.

제3절

한국 주요 정당 조직 현황: 정당-유권자 연계(linkage)

한국 정당 조직은 전국－지방 차원에서 크게 중앙당－시·도당－지역위원회(혹은 당원협의회) 차원으로 구성된다. 정당별 명칭의 차이는 있으나 최고의사결정기구인 전당 대회(혹은 전국대의원대회)를 정점으로 중앙당은 당대표－최고위원회－상설위원회 등 대의기구와 사무총장을 중심으로 한 사무처 조직, 정당정책연구원, 정책위원회 등으로 구성된다. 조직 편제는 정당별로 다소 상이하지만 선출직 국회의원으로 구성된 원내조직이 별도로 존재한다. 17개 시·도당 산하 지역 당 조직단위 명칭은 더불어민주당과 정의당은 지역위원회, 국민의힘은 당원협의회이다.

1. 더불어민주당(이하 민주당)110)

민주당은 대의기관인 전국대의원대회(대위원수 800명 이하)를 최고 의결기구로 하고 수임기관으로서 중앙위원회, 집행기관으로서 당무위원회(당무위원 100명 이하)를 둔다. 당대표가 중심이 되어 당무위원회를 이끌지만 주요 의결은 최고위원회가 담당한다. 최고위원회 산하 전국위원회가 중앙위원을 추천, 최고위원회가 의결하며 당무위원은 최

---

110) 민주당 강령·당헌·당규·윤리규범 참조(https://theminjoo.kr/introduce/rule).

고위원회 의결을 거쳐 당대표가 선임한다. 국고보조금으로 운영되는 정책연구원인 민주연구원은 당의 장기적 비전을 제시하는 역할을 하며 현안에 대한 대응은 주로 정책위원회가 담당한다(2022.12.23. 민주당 당직자 심층인터뷰). (최근에는 위상이 약화되었지만) 전통적으로 정책위원회 의장은 당대표와 더불어 정당들이 정치적 현안에 대응하는 데 있어 핵심 주체로서 역할을 담당해왔다.

공천과정에서는 당대표와 최고위원회의 영향력이 가장 크다. 각급 공직선거를 앞두고 중앙당 및 시·도당 공직선거후보자검증위원회가 설치되는데, 중앙당 공직선거후보자검증위원회 위원장과 위원은 최고위원회의 심의를 거쳐 당대표가 임명하며 시·도당 공직선거후보자검증위원회는 시·도당운영위원회의 심의를 거쳐 시·도당위원장이 당대표에게 추천하고 최고위원회 심의를 거쳐 당대표가 임명한다. 이와 더불어 "여성, 청년, 노인, 장애인, 다문화이주민, 사무직당직자, 보좌진 및 당에 특별한 공로가 있는 자에 대하여 특별한 배려를 해야 한다"(당헌 제12장 제4절 제97조 3항)고 명시되어있다.

[그림 14-1] 더불어민주당 조직도

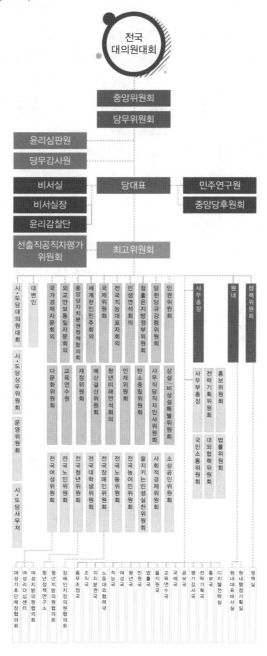

출처: 민주당 홈페이지(https://theminjoo.kr/introduce/location) (검색일: 2023.6.11.)

2. 국민의힘

국민의힘은 전당대회를 최고 의사결정기구로 한다. 중앙당 차원에서 당대표와 당내 의결기구로서 최고위원회(선출직), 중앙당 상설위원회와 사무처 조직을 두고 있으며, 전당대회 수임기관으로 전국위원회와 상임전국위원회를 설치했다. 시·도당 차원에서는 의결기구로서 시·도당대회와 시·도당운영위원회를 두고 있다. 정책연구소로서 여의도연구원이 설치되어 있다.[111)]

전통적으로 당대표, 원내대표, 정책위 의장, 사무총장이 중앙당 조직의 핵심으로 손꼽혔으나 최근에는 사무총장의 위상이 높아지는 반면 정책위 의장의 역할 및 위상은 상대적으로 약해지는 경향이 나타난다(2022.12.16. 심층인터뷰). 통상 '원내당'으로 지칭되는 국회의원 집합조직은 원내대표를 중심으로 의원총회와 원내대책위원회 구조로서 상설화하였다.[112)]

공직 선거 전 공직후보자추천기구로서 중앙당에 지역구 국회의원 후보자 공천관리위원회 및 비례대표 국회의원 후보자 공천위원회, 국회의원선거 국민공천배심원당을 구성하고 위원은 당대표가 최고위원회의 의결을 거쳐 임명한다. 지방선거 후보자 공천은 중앙당과 시·도당에 각각 공직후보자추천관리위원회와 시·도당에 비례대표 공직후보자추천위원회를 구성하고 중앙당 공천관리위원회는 당 대표가 최고위원회의의 의결을 거쳐 임명하며 시·도당 공천관리위원회 위원은 시도당 운영위원회의 의결을 거쳐 시도당위원장의 추천과 최고위원회의의 의결을 거쳐 당 대표가 임명한다. 단, 최고위원은 공천관리위원을 겸할 수 없다. 지방선거 국민공천배심원단은 중앙당과 시·도당에 국민공천배심원단을 두고, 중앙당 국민공천배심원단의 경우 당대표가 최고위원회의의 의결을 거쳐 임명하며, 시·도당 국민공천배심원단의 경우 시·도당운영위원회의 의결 및 시도당위원장의 추천과 최고위원회의의 의결을 거쳐 당대표가 임명한다(당헌 제6장 제75조, 제76조, 제77조, 제79조). 공천과정에 당대표 및 최고위원회의 결정권한이 강하다는 점을 확인할 수 있다.

---

111) 여의도연구원은 예산의 80% 정도를 여론조사에 투입하는 것으로 알려져 있다(2022.12.16. 심층인터뷰). 정책위원회 역할 축소, 여론조사기관으로서 연구원의 역할, 원내당 중시 등의 경향으로 볼 때, 국민의힘의 정책과 방향성이 국민여론에 민감하게 반응하는 쪽으로 기울어져 있다고 해석가능하다.

112) 국민의힘 소속의 김병욱 의원은 원내정당 중심성을 강조하면서 당과 유권자 대중 간 직접적 연계 필요성을 강조하고 지구당 부활에 반대한다는 견해를 분명히 하였다(2022.12.26. 의원집담회).

국민의힘 홈페이지는 중앙당과 원내당, 당원을 주요 카테고리로 구성되어있다. 당원협의회 구조는 정당 홈페이지에 별도로 소개되거나 연결되어 있지 않다. 하지만 당원배가 실적이 우수한 시·도당 및 당원협의회에 대해 당대표가 표창장을 수여(2021.9.16.)하는 등 지역 당 조직이 선거 동원조직으로서 역할을 수행하고 있다는 점을 확인할 수 있다.

[그림 14-2] 국민의힘 조직도

출처: 국민의힘 홈페이지(https://www.peoplepowerparty.kr/about/organization) (검색일: 2023.6.11.)

3. 정의당

정의당의 최고 의결기구는 당대회이며 수임조직은 전국위원회이다. 중앙당 조직은 당대표와 대표단회의, 상무위원회로 구성되어 있으며 정책연구소로서 정의정책연구소를 두고 있다. 의원들로 구성된 의원총회와 원내대표 조직이 명시되어 있다.

정의당은 한국의 주요 정당 가운데 당내당 청년당 조직인 「청년정의당」을 설립·운영하는 유일한 정당이다. 정의당은 청년정의당 출범 이전에도 부대표로 청년대표를 부대표로 한 바 있으며, 당 혁신위원회의 의견을 받아들여 2021년 4월 청년정의당을 창당했다. 청년정의당은 "정의당의 강령·당헌·당규 범위 내에서 독자적 사업계획과 입장을 가질 수 있으며"(당규제20호제3조), 청년정의당 당원투표를 최고 의사결정 방법으로 하는 독립적 의결기관이자 운영주체인 동시에 청년정의당 배분금[113]으로 독립적 예산안을 편성할 권리를 갖는다.

[그림 14–3] 정의당 조직도

출처: 정의당 홈페이지(https://www.justice21.org/newhome/about/info05.html) (검색일: 2023.6.11.)

---

113) 당해연도 경상보조금 총액의 100분의 5에 해당하는 금액과 만 35세 이하 당원의 납부당비 총액의 100분의 50에 해당하는 금액

공직선거의 후보자 자격심사를 위해서는 중앙당과 광역시도당에 공직선거후보자 자격심사위원회(이하 '후보심사위')를 두고, 공직선거 예비후보자 자격여부를 심사한다. 각급 공직후보자 선출은 당원들의 직접투표로 선출하되, 국민과 지지자의 참여 및 의사를 반영하여 선출할 수 있다. 단수의 후보자는 당원 직접투표로 선출한다(당헌 제12장 제57조, 제58조). 모든 공직후보자는 전국위원회에서 인준한다.

지역위원회 설치에 대해서는 시·도당 규약으로 별도로 정한다. 대체로 "지역위원회는 시·군·구별로 두되, 도당운영위원회 결정으로 국회의원 선거구별 또는 인근 시·군을 통합하여 하나의 지역위원회로 둘 수 있다(정의당 강원도당 규약 제1장 3조)." 하지만 정의당 온라인 홈페이지의 시·도당별 지역위원회 게시판 가운데 절반 이상이 비활성화 상태이다.

4. 주요 정당 조직 및 의사결정구조 특징

앞서 살펴본 바와 같이 한국의 3개 주요 정당 조직은 중앙당-시·도당-지역위원회(혹은 당원협의회) 차원으로 구성된다. 전국-지방 차원에서 이와 같은 정당조직 구성은 정당별 명칭의 차이는 있으나 최고의사결정기구로서 전당 대회를 정점으로 하고 중앙당은 당대표-최고위원회-상설위원회 등 대의기구와 사무총장을 중심으로 한 사무처 조직, 정당정책연구원, 정책위원회 등으로 구성된다. 선출직 국회의원으로 구성된 원내조직이 별도로 존재한다.

이처럼 정당 조직은 중앙당 차원 선출직 지도부, 대의원 구조, 선출직 국회의원을 중심으로 한 원내당(원내대표와 의원총회), 당 사무 조직이 유기적으로 연결됨과 동시에 각자의 이해를 갖는 분화된 조직들로 구성되어 있다. 한국 정당에서도 최근 선진 민주주의 국가 주요 정당들에서 정당 당원 가입률 및 정당에 대한 신뢰가 저하되는 한편 유급 사무직이 증가하는 추세(Pogunke et al. 2016, 1)와 유사한 경향이 나타난다.

이 글은 공식적 정당 조직 및 제도만을 다루고 있으나 한국의 대통령제 특성상 여당의 경우 당정분리가 어렵고,[114] 대통령 및 그 측근 정당 정치인이 정당에 미치는 영

---

114) 민주당은 당헌 제13장(당과 대통령의 관계), 국민의 힘은 당헌 제7조(대통령의 당직 겸임 금지) 및 제8조(당과 대통령의 관계)에 대통령에 당선된 당원은 재임기간동안 명예직 이외 당직을 겸임할 수 없으나, 민주당 당헌 상 대통령은 "당론 결정에 참여하고, 당론을 이행할 의무를 가지며 원활한 국정운영을 위해 당정협의"를 하며, 국민의힘의 경우 "당정은 원활한 국정운영을 위해 긴밀한 협조관계를 구축한다"고 명시되어있다. 2023년 국민의힘 당대표 선거 과정에서 대통령을 "명예 당대표"에 추대하자는 안이 등장할 수 있었던 논리적 근거는 여기서 비롯된다.

향력이 당 대표 및 당지도부 보다 중요하게 작용하는 경우가 적지 않다. 그 뿐 아니라 여·야 주요 정당정치인들을 중심으로 형성된 비공식적 계파 조직까지 포함시킨다면 한국 정당은 공식적으로 표시된 정당 조직도를 넘어선 조직 간 상호관계 속에 다양한 이념, 정파, 계파들이 이합 집산하여 끊임없이 재건축되는 거대 콤플렉스와 같다.

본 연구가 수행한 의원집담회와 당직자를 대상으로 한 심층면접조사 결과에 따르면 한국 주요 정당의 현안 대응 및 정책 결정에 핵심 주체는 당대표와 정책위 의장이라고 할 수 있는데, 한국의 대통령제 특징상 여당일 때와 야당일 때 당대표의 영향력 차이가 크다. 최근에는 선출직 국회의원들로 구성된 "원내당"과 당대표를 중심으로 한 당 조직(소위 "원외당")간에 정책적 견해와 현안에 대한 입장 차이가 커지는 경향도 나타난다. 원내정당론 주창자-주로 원내당-들은 선출직 국회의원과 유권자 대중과의 직접적 관계의 중요성을 강조하는 반면, 중앙당 경험이 오래된 고위 당직자들의 경우 당비를 내는 진성 당원(혹은 권리당원)에 기초한 전통적 대중정당(mass party) 모형의 중요성을 인지하더라도 현실적으로(혹은 단기적으로) 선거 승리를 위한 국민여론 수렴의 필요성을 인정한다. 재선을 중시하는 선출직 국회의원과 조직의 유지를 목적으로 하는 당직자 양자 이해관계는 본질적으로 상이하지만 공천과정에서 국민여론을 반영할 필요성에 대해서는 최소한 이해의 접합이 존재하는 것이다. 하지만 결과적으로 당원(mass) 중심성에서 유권자 대중으로의 캐치올(catch-all) 전략이 후보자 공천을 포함해 당대표 등 당지도부 선출에까지 확장될 경우 정당 조직의 약화로 귀결될 가능성이 크다. 따라서 원내당과 원외당 간의 갈등은 불가피하며 이러한 경향이 지속될 경우 힘의 균형은 원내당으로 기울 수밖에 없을 것이다.

역사적으로 정당 민주주의 정치가 안정적인 국가들에서도 이미 정당 가입율의 경향적 저하 현상이 나타난 지 오래지만 이들 국가의 주요 정당의 경우 당 지도부와 공직자 선출이 당원에 기초해 있고, 공천 대상이 지역에서부터 성장한 정당 정치인인 경우가 대부분이다. 반면에 한국 정당들의 경우 당원교육 및 정당 정치 엘리트 양성에 상대적으로 취약하므로 선거 시기 대중적 인지도가 높은 후보자 영입 및 전략 공천이 반복된다. 당비를 내는 당원의 핵심 권한이 당 리더십과 공직 후보 선출에 대한 영향력 행사라는 측면에서 볼 때, 법·제도적(정당법, 연방 및 주 선거법)으로 당원이 공직자 후보를 선출할 수 있는 독점적 권한이 당원에 있는 독일이나 정당 자율에 의해 전통적으로 당원 중심적 후보 선출을 하는 영국, 혹은 스웨덴·덴마크 등 북유럽의 정당들과는 달리 당원 중심성이 약한 한국 정당들의 경우 선거 전후 단기적으로 당원 충원율이 등락할 수는 있지만 장기적 관점에서 당비를 내는 당원 비중이 안정화되거나 이에 근거한 정당 일체감(party identity)이 형성되기는 어려울 수밖에 없다.

정당조직과 민주주의 만족도에 대해 11개 의회민주주의 국가의 62개 정당을 대상으로 한 경험 분석 결과, 조직적으로 강한 정당이 유권자와의 소통, 당파적 친화력의 유지에 보다 효과적이며 일반적으로 민주적 과정에 대한 만족을 증진시키는 경향이 있다는 최근의 연구 결과(Webb et al. 2019: 15)는 본 연구가 제시한 위와 같은 추론의 타당성을 뒷받침하는 것으로 보인다.

하지만 후발 민주주의 국가로서 권위주의 정부 시기 압축적 경제성장에 뒤이어 제도적 민주화를 거친 한국정치의 역사적 맥락과 통치체제로서 대통령제가 미치는 정당정치에 대한 영향력, 집합 통계 자료의 제한을 고려할 때 선행연구의 정당 조직 자원에 대한 조작정의(자금과 당원 수)를 그대로 적용하여 정당 조직 강도와 정당-유권자연계효과, 민주주의 신뢰도간 상관을 보여주기는 어렵다. 대신 이 연구에서는 정당조직 활성화의 필요성을 확인하기 위해 한국 정당과 유권자 간 연계가 정당정치와 민주주의에 대한 인식에 영향을 미치는지 여부를 확인하고자 한다.

▫ **해외사례 1: 스웨덴 사민당(Socialdemokraterna)의 공직후보 선출**

스웨덴 사민당의 공직후보 선출은 선거에 따라 세 차원에서 결정된다. 유럽의회선거 후보자는 중앙당 정당위원회, 스웨덴의회(Riksdagen)선거 후보자는 주 지구당, 지방선거 후보자는 코뮌 지구당에서 결정한다. 주 지구당은 단수 혹은 복수의 의회 선거구로 구성되어 있는데(당헌 3장 2조 1항), 스웨덴의회선거 후보자를 선출하는 단위로서 주 지구당대회가 핵심이다. 총선 및 지선이 있는 해(4년 주기 동시 선거) 후보지명위원회가 스웨덴의회 후보 지명 명부 초안과 지방의회 후보 지명 명부 초안을 각각 작성하여 스웨덴의회와 주 선거 후보자명부는 주 지구당위원회에, 지자체 선거 후보자 명부는 지부에 제출한다. 총선 실시년도 4월 15일 이전에 제출과 검토가 완료되어야 하며 총선 후보 지명은 주 지구당대회에서 결정된다. 주 의회 후보 명부는 지구당대회에서 모든 주 선거 선거구에 투표용지를 위한 지명위원회의 안과 지구당 검토 내용을 논의하며, 지자체 선거는 지부 미팅에서 후보지명위원회 안과 지구당 혹은 지부 위원회에서 검토한 내용을 논의한다. 정당명부는 과반다수결로 결정되며 결선투표제를 실시한다(Constitution 2017: 42-43).

5. 정당-유권자 연계(linkage)와 한국 민주주의에 대한 인식

이 연구에서는 2023년도 "정치양극화 현황과 제도적 대안에 관한 국민의식조사" 결과 분석을 통해 정당—유권자 연계가 유권자의 민주주의 정치에 대한 태도에 영향을 미치는 지 여부를 확인한다.

가. 정당-유권자 연계

연계 정도에 대한 준거는 정당 가입여부, 당비납부 당원 비중, 가깝게 여기는 정당 유무이다. 정당—유권자 연계(linkage)를 "유권자의 기대와 정당 혹은 정치 엘리트 결정 간의 상호관계"로서 정의할 때, 궁극적으로는 유권자 선호와 지지 정당 및 정치 엘리트 선호의 일치도를 확인할 필요가 있을 것이다. 본 연구 조사 설문으로는 이를 확인할 수 없는 한계가 있으나 유권자 가운데 당원 및 당비납부 당원 비중, 가깝게 여기는 정당이 있는지 여부를 통해 유권자의 정당에 대한 기대 및 정당정치 참여도 확인이 가능하며 이를 통해 정당—유권자 연계의 강한 정도를 확인하고자 한다. 아래 <표 14—1>은 정당에 당원으로서 가입되어 있는지를 묻는 [문항 34] 및 가입 정당([문항 34—1], 당비 납부 당원 여부([문항 34—2])응답자 수 및 속성을 나타낸 것이다.

〈표 14-1〉 정당 당원 소속 여부, 가입 정당, 당비 납부 여부

[문항 34] 귀하는 한국 정당의 당원이십니까?

(단위: %, 명)

전체		사례수 (명)	예	아니오	계
▣ 전체 ▣		(1,001)	5.9 (59)	94.1 (942)	100.0
이념성향					
	진보	(255)	12.2	87.8	100.0
	중도	(398)	1.3	98.7	100.0
	보수	(348)	6.6	93.4	100.0
정치 관심도					
	관심 있음	(381)	11.3	88.7	100.0
	관심 없음	(620)	2.6	97.4	100.0

전체	사례수 (명)	예	아니오	계
가깝게 느끼는 정당				
더불어민주당	(239)	13.0	87.0	100.0
국민의힘	(212)	11.3	88.7	100.0
정의당	(10)	0.0	100.0	100.0
없음	(540)	0.7	99.3	100.0
정당 당원 여부				
예	(59)	100.0	0.0	100.0
아니오	(942)	0.0	100.0	100.0
사회적 계층				
상류층	(8)	0.0	100.0	100.0
중간층	(559)	7.3	92.7	100.0
하층	(434)	4.1	95.9	100.0

[문항 34-1] 가입한 정당은 어떤 정당입니까?

(단위: %, 명)

가입 정당 있음	사례수 (명)	더불어민주당	국민의힘	기타 정당	계
■ 전체 ■	**(59)**	**57.6 (34)**	**40.7 (24)**	**1.7 (1)**	**100.0**
성별					
남자	(32)	62.5	34.4	3.1	100.0
여자	(27)	51.9	48.1	0.0	100.0
연령					
만18-29세	(3)	66.7	33.3	0.0	100.0
만30-39세	(4)	100.0	0.0	0.0	100.0
만40-49세	(11)	81.8	18.2	0.0	100.0
만50-59세	(19)	57.9	36.8	5.3	100.0
만60세 이상	(22)	36.4	63.6	0.0	100.0
연령*성별					
20대 남성	(3)	66.7	33.3	0.0	100.0
30대 남성	(1)	100.0	0.0	0.0	100.0
30대 여성	(3)	100.0	0.0	0.0	100.0
40대 남성	(6)	100.0	0.0	0.0	100.0
40대 여성	(5)	60.0	40.0	0.0	100.0

가입 정당 있음	사례수 (명)	더불어민주당	국민의힘	기타 정당	계
50대 남성	(11)	54.5	36.4	9.1	100.0
50대 여성	(8)	62.5	37.5	0.0	100.0
60대 이상 남성	(11)	45.5	54.5	0.0	100.0
60대 이상 여성	(11)	27.3	72.7	0.0	100.0
거주지역					
서울	(8)	50.0	50.0	0.0	100.0
인천/경기	(19)	52.6	47.4	0.0	100.0
대전/충청/세종	(9)	55.6	44.4	0.0	100.0
광주/전라	(12)	100.0	0.0	0.0	100.0
대구/경북	(4)	25.0	50.0	25.0	100.0
부산/울산/경남	(7)	28.6	71.4	0.0	100.0
지역크기					
대도시	(20)	55.0	45.0	0.0	100.0
중소도시	(26)	61.5	38.5	0.0	100.0
읍/면	(13)	53.8	38.5	7.7	100.0
학력					
고졸이하	(30)	50.0	46.7	3.3	100.0
대졸 이상	(29)	65.5	34.5	0.0	100.0

[문항 34-2] 귀하는 당비를 납부하는 당원이십니까?

(단위: %, 명)

가입 정당 있음	사례수 (명)	예	아니오	계
■ 전체 ■	(59)	78.0(46)	22.0(13)	100.0

<표 14-1> 결과표에서 확인 가능한 기술 통계를 통해 정당 당원 소속 여부, 가입 정당, 당비납부 당원 여부에 대한 응답자 분포와 속성을 확인한 결과 응답자 1,001명 가운데 정당 당원은 59명(5.9%)에 불과했다. 또한 전체 응답자 가운데 정치 관심도가 있는 사람의 11.3%(43명)만이 당원이라는 점과 비당원 응답자 가운데 가깝게 느끼는 정당이 없는 응답자가 절반 이상인 약 56.9%(536명)라는 점은 한국의 유권자와 기성 정당 간 연계의 취약성을 나타낸다.

정당 당원 가운데 당비를 납부하는 당원-민주당의 경우 "권리당원과 백년당원", 국민의힘은 "책임당원"으로 지칭-의 비중이 78.0%(46명)를 차지한다는 점이 한국의

정당 당원들이 정당친화성이 강하다는 것을 의미하지는 않는다. 본 설문조사는 2022년 대선과 지선이 치러진지 얼마되지 않은 2022년 12월 21일~2023년 1월 15일 동안 실시되었는데 선거를 앞두고 정당들이 출마 희망자나 지역 당원협의회 의장 등 당비 납부 당원 증원 할당량을 부과하는 것이 관행이었기 때문에(2022.12.16. 심층인터뷰) 당비 납부 당원이 늘어났을 가능성이 있기 때문이다. 이를 확인하기 위해서는 당비납부 당원을 가입 응답자의 가입 동기가 확인되어야 할 것이다.

적어도 정당 당원 혹은 당비납부 당원인 응답자가 정치 관심도가 높다면 자신의 의사로 정당에 가입했을 가능성이 크다고 추론할 수 있을 것이다. [그림 14-4]에서 확인할 수 있듯이 당원 가입자(59명)의 72.9%(43명)는 정치문제에 관심이 있는 반면 비당원 가입자(942명) 가운데 정치관심도가 있는 응답자는 35.9%(43명)였다. 하지만 전체 정당 가입자의 약 55.9%에 해당하는 33명이 정치에 관심이 있으면서 당비를 납부하는 당원이었으므로 이 결과만으로는 확언하기 어렵다.

[그림 14-4] 정당 당원 여부와 정치 관심도

(단위: %)

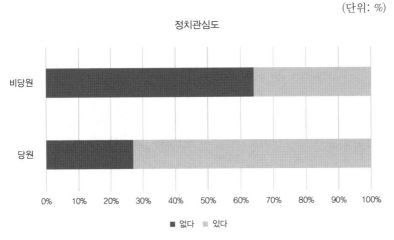

정치관심도

<표 14-2>는 정당별 당원의 정당 친화성과 정치 참여도를 추론하기 위한 교차 분석 실시 결과표이다. 정당 가입자 가운데 기타(1.7%)(1명)를 제외한 절대 다수가 더불어민주당(57.6%)(34명)과 국민의힘(40.7%)(24명)의 당비를 내는 당원이었다는 점은 한국의 양당체제 현황을 반영한다. 더불어민주당 당원 가운데 약 82%(28명)가 당비를 내는 권리당원인 데 반해 국민의힘 당원 가운데 70%(17명)가 책임당원이었다.

〈표 14-2〉 당비 납부 당원의 비율

(단위: 명)

		문34-2. 귀하는 당비를 납부하는 당원이십니까?		전체
		예	아니오	
문34-1. 가입한 정당은 어떤 정당입니까?	더불어민주당	28	6	34
	국민의힘	17	7	24
	기타 정당	1	0	1
전체		46	13	59

표본의 크기와 대표성을 고려할 때 양자 간 차이에 큰 의미를 부여할 수는 없으나, 대통령제 하 대선과 지선에서 여당이 승리한 직후 실시된 여론조사임에도 불구하고 여당보다 제1 야당의 정당 가입률과 당비납부 당원이 근소하게 앞선다는 본 조사 결과는 현 여당에 대한 지지 및 정당-유권자 연계가 정당조직에 기초하기보다는 정치 리더십 등과 같은 다른 요인에 의한 것이라는 기존의 믿음을 강화시킨다.

나. 정당-유권자 연계와 한국 민주성 평가

정당 당원 가입여부와 당비납부 가입여부를 통해 확인한 결과 한국 정당과 유권자 간 연계의 취약성을 확인할 수 있었다. 하지만 응답자 가운데 5.9%가 정당 가입자(당비 납부 당원 약 4.6%)라는 이번 조사결과는 여타 선진 민주주의국가와 비교했을 때 낮은 수치가 아니다.[115] 선진 민주주의 국가들에서 주요 정당 가입률 또한 경향적으로 저하하고 있으며 영국과 같이 정당민주주의가 역사적으로 오랜 국가에서도 전체 인구 대비 정당 가입률은 1.3%를 조금 넘는 정도이기 때문이다(2021년도 영국(UK) 인구수대비 정당 가입자 수, 필자 산정).

<표 14-3>은 정당 당원 및 당비를 내는 당원의 인구통계적 속성과 이들의 정치 관심도, 한국 민주주의에 대한 평가의 상관성을 확인하기 위해 수행한 요인분석 결과표이다. 앞서 기술 통계와 교차분석을 통해 확인한 바와 같이 당원여부와 정치 관심도에

---

115) 응답자 가운데 당비납부 당원 중 절반이 조금 넘는 정도가 정치관심도가 있다는 점을 확인했으므로 이 가운데 약 절반에 해당하는 약 2.3% 정도가 정당을 통한 정치 참여에 관심있는 유권자라고 할 수 있을 것이다.

는 유의미한 상관이 나타났다. 연령, 조사지역, 지역 크기 등도 상관성이 약하게 나타났다.

당적이 있는 응답자는 연령대별 만 50세−59세> 만 60세 이상> 만 40−49세 순으로 만 40세 이상의 당원 가입률이 높았다. 당원 응답자 가운데 가장 낮은 연령 만 28세~ 만 40세 미만 청년 당원 수는 4명에 불과해 청년의 정당 참여도는 매우 미미한 수준이 었다. 당원가입여부는 당적 및 성별과 거의 상관이 없었고 연령과 성별을 묶어서 분류 할 때 당원가입자 수가 50대 남성> 50대 여성> 60대 남성> 60대 여성 순으로 많았다. 거주 지역 크기별로는 중소도시> 대도시> 읍/면 순으로 도시 거주자의 정당 가입율 이 좀 더 높았다. 당적 여부와 한국사회 민주성 평가 간에는 상관이 나타나지 않았다.

이 연구에서는 정당 가입여부 및 당비납부당원 여부를 정당−유권자 연계를 확인하 는 지표로 활용하였지만, 분석 결과 정당에 가입하는 유권자들이 한국의 민주주의 정 치를 신뢰하거나 이를 통해 정치적 효능감을 느낀다고 해석하기는 어렵다.

설문조사 결과만으로는 확인할 수 없는 정당과 당원 연계 방식은 정당관계자를 대 상으로한 심층인터뷰 내용으로 부분적으로 보충할 수 있을 것이다. 선거 시기 비자발 적 당원 가입 혹은 동원에 의해 정당가입 경향이 여전히 존재하는 것은 사실이다. 하지 만 민주당의 경우 당원 가입을 위해서는 주민등록 뒷자리를 포함한 개인정보를 제공해 야하므로 입당절차가 과거와 같이 편법적이거나 용이하지 않으며, 월 1,000원 당비를 내는 권리당원 가입이 유권자에게 부담이 됨에도 불구하고 온라인 입당이 가능해진 이 후 비선거 시기 자발적 정당 가입이 늘어나고 있다고 주장한다.

심층인터뷰 대상 당직자들은 지역 당원들이 자신의 견해를 중앙 조직에 전달할 수 있는 공식적 통로는 없지만, 당원협의회(국민의힘) 및 지역위원회(민주당)에서 활동하는 지역 당원들이 위원회 의장을 통해 자신의 의견을 전달하는 비공식적 통로가 작동하고 있다고 보았다. 이들은 당원을 대상으로 한 여론 조사와 국민 즉, 일반 유권자의 여론 조사 결과가 크게 다르지 않은 현실을 언급하며 당원 중심성의 당위를 강조하면서 현 정당들의 정당 조직이 불안정하다고 보는 전문가와 국민 여론 반영의 필요성을 강조하 는 정당 관계자들 사이에 관점과 문제의식의 차이가 존재한다고 지적했다. 그럼에도 불구하고 인터뷰 대상 정당관계자들 모두 지역 정당조직이 현재로서는 편법적으로 운 영될 수밖에 없는 현실을 인지하고 있으며 지역 정당조직 활성화를 위해 지구당 부활 이 필요하다는 데에 동의했다.

〈표 14–3〉 요인분석

		문34. 귀하는 한국 정당의 당원이 십니까?	문34–1. 가입한 정당은 어떤 정당 입니까?	문34–2. 귀하는 당비를 납부 하는 당원이 십니까?	SQ5. 연령	SQ3. 성별	SQ7. 조사 지역	SQ8. 지역 크기	배문2. 귀하의 최종 학력은 어떻게 되십 니까?	문1. 귀하께 서는 평소 정치 문제에 얼마나 관심을 갖고 있습 니까?	문59. 현재 한국 사회는 어느 정도 민주 적인 사회 라고 생각하 십니까?
문34. 귀하는 한국 정당의 당원이십니까?	Pearson 상관계수	1	.a	.a	−.086**	.022	−.077*	−.075*	−.032	−.230**	.039
	유의확률 (양쪽)		.000	.000	.007	.488	.015	.018	.316	.000	.219
	N	1001	59	59	1001	1001	1001	1001	1001	1001	1001
문34–1. 가입한 정당은 어떤 정당입니까?	Pearson 상관계수	.a	1	.073	.290*	.037	.033	.086	−.166	.087	.105
	유의확률 (양쪽)	.000		.585	.026	.781	.803	.520	.208	.510	.430
	N	59	59	59	59	59	59	59	59	59	59
문34–2. 귀하는 당비를 납부하는 당원이십니까?	Pearson 상관계수	.a	.073	1	.094	.168	−.226	−.136	−.088	−.011	.160
	유의확률 (양쪽)	.000	.585		.481	.202	.085	.304	.508	.935	.225
	N	59	59	59	59	59	59	59	59	59	59
SQ5. 연령	Pearson 상관계수	−.086**	.290*	.094	1	.041	.049	.074*	−.548**	.216**	.057
	유의확률 (양쪽)	.007	.026	.481		.198	.121	.019	.000	.000	.073
	N	1001	59	59	1001	1001	1001	1001	1001	1001	1001
SQ3. 성별	Pearson 상관계수	.022	.037	.168	.041	1	−.026	−.027	−.136**	−.116**	.011
	유의확률 (양쪽)	.488	.781	.202	.198		.417	.398	.000	.000	.739
	N	1001	59	59	1001	1001	1001	1001	1001	1001	1001

		문34. 귀하는 한국 정당의 당원이 십니까?	문34-1. 가입한 정당은 어떤 정당 입니까?	문34-2. 귀하는 당비를 납부 하는 당원이 십니까?	SQ5. 연령	SQ3. 성별	SQ7. 조사 지역	SQ8. 지역 크기	배문2. 귀하의 최종 학력은 어떻게 되십 니까?	문1. 귀하께 서는 평소 정치 문제에 얼마나 관심을 갖고 있습 니까?	문59. 현재 한국 사회는 어느 정도 민주 적인 사회 라고 생각하 십니까?
SQ7. 조사지역	Pearson 상관계수	−.077*	.033	−.226	.049	−.026	1	.812**	−.095**	−.034	.140**
	유의확률 (양쪽)	.015	.803	.085	.121	.417		.000	.003	.285	.000
	N	1001	59	59	1001	1001	1001	1001	1001	1001	1001
SQ8. 지역크기	Pearson 상관계수	−.075*	.086	−.136	.074*	−.027	.812**	1	−.132**	−.002	.130**
	유의확률 (양쪽)	.018	.520	.304	.019	.398	.000		.000	.949	.000
	N	1001	59	59	1001	1001	1001	1001	1001	1001	1001
배문2. 귀하의 최종학력은 어떻게 되십니까?	Pearson 상관계수	−.032	−.166	−.088	−.548**	−.136**	−.095**	−.132**	1	.013	−.086**
	유의확률 (양쪽)	.316	.208	.508	.000	.000	.003	.000		.691	.006
	N	1001	59	59	1001	1001	1001	1001	1001	1001	1001
문1. 귀하께서는 평소 정치 문제에 얼마나 관심을 갖고 있습니까?	Pearson 상관계수	−.230**	.087	−.011	.216**	−.116**	−.034	−.002	.013	1	−.006
	유의확률 (양쪽)	.000	.510	.935	.000	.000	.285	.949	.691		.844
	N	1001	59	59	1001	1001	1001	1001	1001	1001	1001
문59. 현재 한국 사회는 어느 정도 민주적인 사회라고 생각하십니까?	Pearson 상관계수	.039	.105	.160	.057	.011	.140**	.130**	−.086**	−.006	1
	유의확률 (양쪽)	.219	.430	.225	.073	.739	.000	.000	.006	.844	

		문34. 귀하는 한국 정당의 당원이 십니까?	문34-1. 가입한 정당은 어떤 정당 입니까?	문34-2. 귀하는 당비를 납부 하는 당원이 십니까?	SQ5. 연령	SQ3. 성별	SQ7. 조사 지역	SQ8. 지역 크기	배문2. 귀하의 최종 학력은 어떻게 되십 니까?	문1. 귀하께 서는 평소 정치 문제에 얼마나 관심을 갖고 있습 니까?	문59. 현재 한국 사회는 어느 정도 민주 적인 사회 라고 생각하 십니까?
	N	1001	59	59	1001	1001	1001	1001	1001	1001	1001

주: a. 하나 이상의 변수가 상수이므로 계산할 수 없습니다.
　**. 상관계수는 0.01 수준(양쪽)에서 유의합니다.
　*. 상관계수는 0.05 수준(양쪽)에서 유의합니다.

제4절

지역·청년 정당조직 현황 및 평가

1. 정당관련 법·제도 현황

　한국의 정당관련 법·제도는 냉전의 영향력과 분단의 역사적 경험이라는 구조적 배경 위에 형성되었다. 한국은 해방 후 헌법과 법률 제정 시 독일 기본법을 참조했다. 결사의 자유를 기본권으로 하는 서구 민주주의 국가들에서 정당 설립, 구성, 해체는 통상적으로 정당 자율에 맡겨진다. 하지만 한국은 삼권분립의 기본 구성인 행정·입법·사법부 외에 제3의 헌법상의 기구인 헌법재판소를 설치하고 위헌정당해산 규정(대한민국헌법 제8조 4항)을 두었으며 정당법을 별도로 설치하였다. 이러한 특징은 독일과 유사하다.

　한국의 정당법은 1963년 제정되었다. 현행 정당법상 정당은 "국민의 이익을 위하여 책임 있는 정치적 주장이나 정책을 추진하고 공직선거의 후보자를 추천 또는 지지함으로써 국민의 정치적 의사형성에 참여함을 목적으로 하는 국민의 자발적인 조직"(정당법 제2조)이다. 무엇보다 현행 정당법(2015년 개정) 상 정당의 구성 및 창당을 위해서는 중앙당과 5개 이상의 시·도당 설치, 당해 시도당 관할 구역에 주소를 둔 1,000명 이상의 당원 확보가 필수 성립요건이다(정당법 제3조, 제17조, 제18조). 전국 정당을 기본으로 하는 정당 성립조건은 중앙 집중적 조직 형태와 지역 풀뿌리 조직에 취약한 한국 정당의 특징의 주요 요인으로 지목되어 왔다. 이와 더불어 정당 당내 민주주의 혁신을 명목으로 하는 정당법 개정(2004년 3월)을 통해 지구당이 폐지된 이래, 사무소와 유급직원을 둘 수 없는 지역정당조직－지역위원회 혹은 당원협의회－은 지부로서 정상적 작동이 어려웠다.

지구당 폐지 결정 직후에는 지역 유권자 대상 선거 동원 및 불법 정치자금 모금원으로 지목되었던 지구당을 폐지함으로써 지역 조직이 유동적 선거지원조직으로 유연하게 운영될 수 있을 것이라는 긍정적 기대가 있었다. 하지만 지구당 폐지 후 18여 년이 지난 현 시점에서 학계뿐 아니라 주요 정당 조직 담당자들 사이에서는 지역 정당조직의 편법적 운용을 정상화하기 위해 지역 풀뿌리 당 조직의 역할을 담당할 인력과 공간이 필수적이며 현실을 반영한 지구당 부활이 필요하다는 중론이 형성되어 있는 것으로 보인다. 실제 지역차원에서 국회의원 후원회 사무실이 당원협의회 사무실로 활용되거나(김용호 2008: 199), 당원협의회 의장이 사비로 불법 당원협의회 사무실을 운영(국민의힘 미래국 차장, 2022.12.16. 심층면접)하는 것이 관행으로 용인되고 있는 것으로 확인된다. 또한 지역위원회의 부족한 경비 일부를 (합법적 범위 내에서) 시·도당이 (당원 규모 기준으로) 지역위원회에 미리 배정해두고 회계 처리하는 방식으로 운영되는 등(더불어민주당 2022.12.23. 심층면접) 이미 필요에 따라 제도를 우회한 방식의 지역조직 운영 지원이 이루어지고 있는 상황이다. 따라서 음성화된 관행을 법적으로 양성화하고 지출 투명성을 강화하는 보완조치를 하는 편이 현실적인 개선방안이 될 것이다.

2. 지역정당조직 현황 및 평가

한국 정당의 지역 정당조직은 17개 시·도당과 산하 지역 당 조직단위를 지칭한다. 지역위원회(민주당, 정의당)와 당원협의회(국민의힘)는 사무실을 설치하거나 사무직원을 고용할 수 없으므로 실질적으로는 시·도당 혹은 국회의원이나 시·도의원으로부터 물적 지원을 지원받고 있다. 당협위원장은 중앙당의 당무검사 대상이기 때문에 사비로 당협위 사무실을 설치하는 경우가 있는데 다른 정당이 고발해 법적 처벌을 받는 경우도 있다. 지역에 따라서는 시의원들이 합동 사무실을 설치, 당원협의회 사무실로 사용하는 경우도 드물지 않다. 중앙선관위가 불법 당원협의회 사무실을 관행으로 여기고 용인하는 경향마저 나타난다(2022.12.2. 심층인터뷰). 이처럼 현실적 필요에 따라 제도를 우회하는 편법이 만연하고 법 규제가 큰 효력을 발휘하지 못하고 무력화되는 경향이 있으므로, 지구당 부활이 실질적인 대안이라고 할 수 있다. 시·도당의 영향 하에 있으므로 당원협의회는 중앙당의 당원 배가운동이나 봉사활동이 전개될 때 시·도당에 의해 동원되는 등 역할이 제한될 수밖에 없다. 지역위원회 위원장이나 당협위 위원장은 당원들의 의견을 시도당과 중앙당에 전달하는 역할을 하며, 지역위원회 참여를 통해 정치인으로서 성장하는 계기가 되기도 한다(2022.12.2. 심층인터뷰). 당원의 정당활동에 대한 지원 창구이자 풀뿌리 지역 정당조직의 거점으로서 지구당의 법적 허용이 필요하다. 물론 과거 지구당 폐해가 재현되지 않도록 지구당 운영과 지출 투명성을 확보할 수 있는 방안이 고려되어야할 것이다.

지역위원회 차원에서 당원의 자발적 이슈 및 정책 제안 동아리와 같은 회합을 정례화하는 것 또한 고려해 볼 필요가 있다. 전국적으로 "학습동아리 민주주의(study circle democracy)"(장선화 2014)가 활성화된 스웨덴과 같은 형태는 아니라 할지라도 정당 차원에서 당원 교육 및 정책제시의 창구를 활성화하는 형태의 풀뿌리 민주주의의 가능성을 제시할 수 있을 것이다.

3. 청년 정당조직 활성화 현황 및 평가

최근 20여 년간 청년 세대의 기성 정당 정치에 대한 불만이 높아지는 가운데, 한국에서는 청년의 정치참여가 증대되어왔다. 2020년 총선과 2022년 대선을 거치면서 청년 부동층의 투표율 증가를 확인한 주요 정당들은 청년 유권자 지지를 획득하기 위해 청년정책 개발과 동원 전략에 적극적인 한편 당내 청년 대표성 증진을 위한 조직 개편, 물적 지원 방안 등을 앞다투어 발표한 바 있다. 이의 연장선상에서 제8대 전국동시지방선거를 앞두고 주요 정당들은 청년 어젠다를 적극적으로 내세웠다. 정책의 실질적 효과에 대한 평가를 차치하고 청년정책 및 공약의 개발과 정책 시행의 측면에서 그간 정당들의 노력은 중앙과 지방 차원에서 가시적 성과를 거두었다고 할 수 있다. 2014년 제6대 지방선거 이후 청년 의제를 내세워 당선된 후보들이 광역 및 지자체에 청년 기본조례를 도입했고, 2020년 청년기본법 제정으로 청년정책의 수립·조정 및 청년지원이 지방정부의 책무가 되었다. 또한 청년위원회 설치를 통해 청년대표가 거버넌스 구조에 참여하게 되었다. 지난 제7대 전국동시지방선거에서 주요 정당의 10대 핵심 공약에 청년 공약이 포함되어 있었다.

선거를 앞두고 정당들이 내세운 청년 정치 참여 활성화 및 대표성 증진을 위한 노력은 정치세대교체의 목적에 부합되는 성과를 거두었는가? 청년동원 선거전략 및 청년 정책 도입 활성화 양상에 비추어 보았을 때 정당공천과 당 조직적 대표성 차원에서 차세대 청년 정치인 육성을 위한 노력과 그 성과는 뚜렷하지 않다. 중앙과 지방의 연령별 정치 대표성을 국회의원 수와 기초의원 수 증감을 통해 비교하면 20~30대는 물론이고 30~40대 의원 수는 여전히 낮은 수준이다. 제7회 전국동시지방선거에서는 30대 이하 의원 수가 늘어났지만 연령대별로 비교했을 때 광역의회 5.58%, 기초의회는 6.56%에 머물렀다. 하지만 2022년 실시된 지난 제8회 지선 결과 광역의회 9.52%, 11.15%로 그 비중이 늘어나 30대 이하 청년층의 당선 비중이 높아지고 있는 경향성이 확인되므로, 청년 대표성 향상의 원인을 규명할 필요가 있을 것이다([그림 14-5] 참조).

21세기 사회경제적 변화와 함께 청년 이슈의 부상, 청년 부동층 정치 참여 증가 등의 정치환경 변화로 인해 한국 정당들은 청년 대표성 제고를 위한 노력을 기울여왔다. 2010년부터 주요 정당들은 정당차원에서 청년조직 개편 및 청년 대표성 증진을 위한 대책 등을 검토해왔으며 2014년 제6대 지방선거 전후로는 정당 조직 및 제도, 선거전략, 후보자 충원 과정에서 청년대표성을 향상시키기 위한 의식적인 노력을 지속해 왔다. 2020년 제22대 총선을 앞두고 청년이슈의 비중이 더욱 높아지는 가운데 비례대표 선거제 개혁, 선거권 연령 하향 등을 계기로 정당차원에서 청년 할당제 도입, 청년공천 지원제도 등을 도입했으며, 대선을 앞두고 2021년에 들어서는 국회 내 주요 3당이 당내당 성격의 독립적 청년당 설치를 앞다투어 선언했다.

[그림 14-5] 최근 광역 · 기초 의회 의원 수 연령별 비교: 제5, 6, 7, 8회 전국동시지방선거

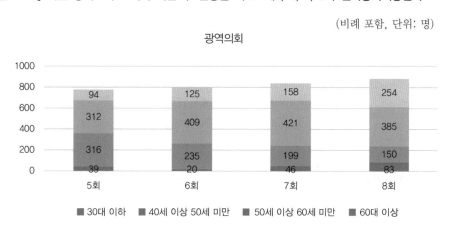

(비례 포함, 단위: 명)

광역의회

■ 30대 이하　■ 40세 이상 50세 미만　■ 50세 이상 60세 미만　■ 60대 이상

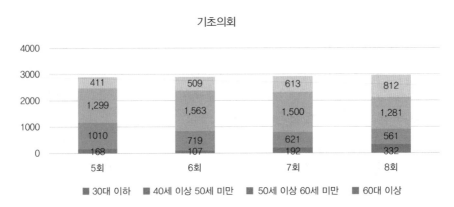

기초의회

출처: 중앙선관위 선거통계시스템(http://info.nec.go.kr/)

    지난 20여 년간 한국의 주요 정당들은 청년 어젠다를 선거전략으로 활용하여 정책 경쟁에 나서는 한편 당내 청년조직 개혁과 공천과정에서 청년 대표성 향상을 위한 노력을 기울인 것처럼 보인다. 그렇다면 당 조직과 제도적 청년 정치 활성화 노력이 청년 후보자 공천과 당선에 영향을 미치는 매개 요인으로서 작용하였는가?

    제8회 6·1 지방선거를 앞두고 국회 정치개혁특별위원회가 4월 15일 기초의원 중대선거구제 시범 도입 개정안에 합의하면서 청년 기탁금 인하안도 함께 본회의를 통과했다.[116] 민주당 장경태 의원과 같이 초대 전국대학생위원장 출신이며 전국청년위원회 부위원장과 위원장을 거쳐 총선 후보자 공천 경쟁 과정에서 청년정치인에 대한 당의 물질적 지원을 통해 정치인으로 성장한 사례가 없는 것은 아니다. 하지만 거대 양당의 청년위원회와 학생위원회(중앙 및 지방 차원)는 각자 자신 세대의 핵심 이슈들을 독립적으로 제기하고 차세대 정치 의제와 공약을 개발할 수 있는 능력을 지닌 차세대 정치인의 육성의 기능을 하기보다는 선거운동에 동원되거나 중앙당 조직의 하위 구조로서 기능하는 것 이상의 역할을 하지 못하고 있다. 청년당을 원안대로 형식적·실질적 당내당 성격의 독립 조직으로 설치한 정당은 정의당뿐이었다.

    하지만 제8회 지선 결과 청년당 창당과 청년 공천에 적극적이었던 정의당은 광역지

---

116) 2022년 4월 20일 공직선거법이 일부 개정되어 제56조(기탁금) 후보자 등록을 신청하는 사람이 장애인이거나 현재 29세 이하인 경우에는 기초의원 200만원, 광역지자체장 5000만원 기탁금 29세 이하 50%, 30~39세 이하 후보에게 30% 감면혜택을 주고, 10% 이상 득표시 기탁금 100% 반환, 5% 이상 득표 시 50% 반환하도록 한다.

역구에서 한 석도 얻지 못했고, 광역 및 기초 지역구 당선자 수가 각각 2명, 6명으로 진보당의 3명, 17명에 미치지 못했다. 청년후보자에 대한 지원에도 불구하고 당선자 가운데 30대 이하 청년은 한 명도 없었다(아래 <표 14-4> 참조).

〈표 14-4〉 주요 3당 광역·기초 의회 당선자: 30대 이하 청년 당선자 비율

	더불어민주당			국민의힘		
	총 당선자	30대 이하 당선자	30대 이하 당선자비율 (%)	총 당선자	30대 이하 당선자	30대 이하 당선자비율 (%)
광역지역구	280	25	8.93	491	42	8.55
광역비례	42	12	28.57	49	4	8.16
기초지역구	1218	161	13.22	1216	123	10.12
기초비례	166	29	17.47	219	19	8.68

	정의당		
	총 당선자	30대 이하 당선자	30대 이하 당선자비율 (%)
광역지역구	0	0	0
광역비례	2	0	0
기초지역구	6	0	0
기초비례	1	0	0

출처: 중앙선관위 제8회 전국동시지방선거 당선인통계 참조

또한 경선 가산점과 기탁금 감면, 할당제 도입에도 불구하고 청년 공천 비중은 정당들이 내세운 약속에 미치지 못했고, 청년 정치인 공천 혜택을 둘러싸고 기성 정치인들의 반발이 제기되는 등 세대갈등이 부상했다.

2022-2023 정치양극화 현황과 제도적 대안에 대한 국민의식조사 결과를 참고하면 "[문항 49] 차세대 정치인 양성과 청년 대표성 향상을 위해 정당이 담당할 역할은 무엇이라고 생각하십니까?"에 대해 응답자의 44.3%가 "청년 정당정치인 교육 및 육성 기능 강화"라고 답했으며 이들의 이념성향, 정치관심도, 가깝게 느끼는 정당 당원 여부 등에 큰 차이가 없었다. 이외에 "유망한 청년 정치인이 충원 확대"(29.2%), "청년정치인 공천

할당제, 공천기탁금 면제, 선거운동비지원 등 물적지원 강화"(26.5%) 순으로 정당의 제도적 지원에 대해 필요성을 느끼는 응답자가 절대 다수임을 확인할 수 있었다.

제도의 효과는 단기에 나타나지 않는다. 청년 후보에 대한 공천 혜택이 도입되었던 제6대 지선 이후 경향적으로 광역 및 지방 의회에서 청년대표 비율이 늘어났지만, 다른 연령대에 비해 부족한 것이 사실이다.[117] 청년 정치인 육성과 대표성 향상을 위한 당 조직 개편과 선거공천 혜택 등을 통해 정당 차원에서 청년의 정치적 참여를 향상시킬 수 있는 노력은 청년의 정치참여가 중앙 차원 뿐 아니라 지역에서 실질적으로 증가할 수 있는 기회 구조를 창출한다. 정당의 선거전략, 중앙–지방 정당 조직 관계, 지역 당내 전·현직 공직자 및 후보자 관계 등 공천 후보 선출과정에서 청년대표성에 영향을 미치는 요인들이 복합적으로 작용하므로 이에 대해서는 지방선거 실시 후 공천과정 및 선거 결과에 대한 평가와 더불어 지역 정당 청년조직(청년위원회 혹은 청년당) 사례 조사를 통해 종합적인 평가 및 분석이 이루어져야 할 것이다.

정당 차원에서 공천과정에 청년 할당제 도입, 청년공천 지원제도 등을 도입해 운영하고 있고 청년 당원 교육 프로그램을 운영하는 등의 노력이 전개되고 있으나, 선거가 아닌 일상적 활동 속에서 청년 정치 참여 활성화와 청년 정치인 육성을 위한 노력이 적극적이라고 평가하기 어렵다.

보다 본질적으로는 '청년정치 참여' 혹은 '청년 대표성'의 증진, '청년 정치 활성화'의 의미가 무엇인지 되짚어볼 필요가 있다. 한국의 정당 내에서도 개혁주의적 청년당 설치에 대해 회의적인 시각이 존재하며, 당내당 형태의 독립 예산과 공천권을 갖는 청년당 설치 아이디어가 자신의 이익을 확대하는 것을 목적으로 하는 소수 청년 당원들의 이기적 발상으로 평가하기도 한다(국민의 힘, 민주당 심층면접 조사).

최근 청년 국회의원 당선자 및 언론의 주목을 받는 청년 정치인들의 배경을 살펴보면 이들이 20~30대 연령층의 일반적인 청년세대를 대표한다고 보기 어렵다. 선거를 앞두고 상징적 필요에 의해 정당들이 영입한 청년 정치인들은 사회경제적 엘리트층(고학력, 전문직 종사자 혹은 사회적 자원–네트워크, 인지도 등– 보유자)이 대부분이다. 이들

---

117) 하지만 제7대 지방선거 투표율이 60.2%로 높아진 가운데에도 30대 이하 청년 투표율 평균은 약 53.5%로 나타났으며 선거는 지방분권, 노동복지, 청년 이슈 등 주요 지방 현안이 담긴 공약들에도 불구하고 탄핵에 이은 대선의 연장선상에서 치러졌다. 제20대 대선과 같은 해 치러진 제8대 지방선거에서 투표율은 50.9%로 현격히 저하된 가운데 30대 이하 청년 투표율 평균 역시 약 49.3%(중앙선관위 추정치)로 하락했다.

은 청년 의제를 정당의 핵심 의제화하기 위한 공감대를 형성하기에 앞서 정당 내 파워 게임 속에서 구세대 정치인들과의 대결 구도를 형성하고 급속히 기성 정치인화 되는 경향을 보인다. 그런 의미에서 청년 세대의 사회경제적 필요, 가치 지향, 사회 비전 등을 제시하고 이를 대표하는 '청년 정치'는 한국의 중앙 정치 무대에서 아직 본격적으로 출현하지 못했다고 할 수 있다.

□ 해외사례 2: 스웨덴 온건당(Moderterna)과 온건당청년연맹(MUF)

한국에는 통상 보수당으로 소개되는 스웨덴 온건당 조직은 중앙-주(26개)-지방조직클럽(최대 60개)-정당클럽(최대 500개)-일반 당원 등 5개 수준으로 구성된다. 지역 정당조직은 한국의 지방 자치단체에 해당하는 코뮌(Kommun 290개) 대부분의 지역에 설치된 지구당과 정치그룹(party club)이 기초가 된다.[118] 정치그룹은 지방차원의 정당 활동을 담당하며 주요 목표는 지역정치의 발전이다. 지역 정치그룹은 선거 후보자 및 당원 충원, 당원 교육, 당원 회합 등을 담당한다. 지역 차원의 의사결정은 연례 정당클럽연례미팅(Party club annual meeting)에서 이루어지는데, 지역 정당클럽 당원들이 모두 참석해 지자체 투표용지를 결정하고, 정당클럽위원회(party club board) 대의원이 선출된다. 정당클럽위원회에는 온건당 여성조직 및 청년조직 의장이 참여한다.

온건당 공식 청년 조직 온건당청년연맹(MUF: Moderata Undomsförbundet)은 1934년 청년스웨덴으로 창설되어 1969년 현재 이름으로 개칭되었다. 25개 지역에 지부를 두고 있으며 가입연령 기준은 12-30세이다. 온·오프라인에서 가입과 탈퇴가 자유로우며 연맹 가입비 포함 연 당비는 40SEK(원화로 약 5000원)이다. 온건당 당원이라도 MUF에는 별도 가입이 필요하며 반면 MUF 가입자는 별도의 추가 비용 없이 자동으로 온건당 당원 자격을 획득할 수 있다. 청년연맹 가입자는 연령과 소속 학제에 따라 학생조직(MST: Moderata Studenter 18~)과 청소년 조직(MSU: Moderat Skolungdom 12~20세 중고생)에 자동 편입된다. 적은 비용으로 정당 활동에 참여할 수 있다는 이점과 동시에 MUF는 온건당 내 청년 세대 당원을 대변하는 독립적 조직임을 강조한다. 당규 상 중앙당과 독립적으로 운영되는데, 청년조직에 가입하면 정당클럽에 참여할 수 있고, 각종 정당 활동이 가능하다.

청년조직을 통해 데이터를 다루고 문서를 만들고 강령을 배우고 캠페인을 하는 등 당원 훈련이 활발히 진행된다. 16세부터 정치 훈련을 받고 당 프로그램을 제공하고 있기 때문에 미래에 정당을 대표하는 정치인으로 성장할 수 있다. 2019년 기준 온건당 당원 55,000명 중 대략 10,000명이 청소년기에 해당하는 12~18살로 추정된다(https://muf.se 참조).

---

118) 스웨덴 온건당은 영어로 Moderate party로 번역된다. 온건당은 Moderterna가 19세기 스웨덴에 자유경제를 지향하는 이념적 정향을 의미한다고 소개하며 스웨덴 사민주의와 대척점에서 자유(freedom)를 강조한다(https://muf.se 참조).

제언: 지역·청년 정당 조직 활성화를 통한 정당-유권자 연계 회복 필요성

민주화이후 87년 헌정 체제가 35년간 지속되면서 한국의 민주주의 정치는 제도적으로 공고화된 것으로 평가받는다. 하지만 거대 양당 중심의 독과점적 정당질서와 여야 대립적 정치 갈등이 고착화되었고 이의 극복을 위한 방안이 권력구조, 선거제도, 정당체제 등, 제도 개혁을 둘러싸고 논의되어 왔다. 하지만 지난 21대 총선에서 경험한 바와 같이 제도 개혁 필요성에 동의, 선거제도 개혁에 합의한 거대 양당은 선거를 앞두고 선거승리를 위한 경쟁 끝에 위성정당을 만들어 대응했고, 결과적으로 지난 총선 결과는 제도 개혁 효과를 상쇄하는 행위자 요인 등에 의해 소기의 성과를 거두지 못한 채 기존의 정치 관행이 강화되는 것으로 나타났다.

한국의 정당은 변화한 제도적 환경에 빠르게 적응하고 제도적 제한을 우회해 왔으며, 선거 전후 일시적으로 연합정치가 나타나는 과도기적 상태를 벗어난 후에는 인물 혹은 거대 정당을 중심으로 합종연횡 재편이 진행되었다. 즉, 민주화 이후 한국 정당체제는 정치환경의 변화에 적응하는 가운데 거대 양당 중심 정당체제로 수렴되는 탄성회복력을 갖추었다고 할 수 있다.

이 연구는 한국의 주요 정당조직 현황과 정당-유권자 연계에 대해 경험적으로 조사 분석하였다. 결과적으로 개헌이나 법 제·개정 등 한국의 제도적 환경의 변화가 전제되지 않는다고 가정할 때 한국의 정당-당원, 정당-유권자간 연계의 취약성이 한국의 정치양극화와 대결주의적 양당정치의 주요 원인이라고 진단한다. 정당-당원 간 연계를 활성화하기 위해서는 기존 정당들이 당원중심의 의사결정구조를 확립함과 동시에 지역 정당조직을 활성화하고 차세대 정당 정치인을 육성하여, 풀뿌리 지역정치 참여를 확대할 필요성을 제안한다. 정당이 당원 및 유권자와 일상적 정치활동에서 연계되어 있을 때에만 정당 간 협의와 합의가 이루어지는 의회정치에 민주적 정당성이 부여될 수 있기 때문이다.

첫째, 풀뿌리 지역정치 활성화를 위해서는 정당법 개정을 통한 지구당 부활이 수반되어야 한다. 주요 정당들은 이미 국회의원 후원회 사무실, 시의원 합동 사무실, 당협위원장 개인 사무실 등의 형태로 지역위원회(혹은 당원협의회)를 운영하고 있으며, 중앙당 당직자들 역시 예산 지출에 대한 엄격한 감시가 수반된다는 전제 하에 지구당 부활 필요성에 대해 긍정적인 태도를 보였다. 또한 지구당 부활을 통해 당원들이 스스로 선정한 주제별로 자율적인 동아리 모임을 지원할 수 있도록 하는 등 풀뿌리 참여 민주주의 활성화의 주체로서 지역 정당조직의 역할을 기대할 수 있을 것이다.

둘째, 정치교체를 위한 차세대 정치인의 육성 필요성이다. 현 제도 하에서는 기성정치와 거대 양당의 권력 독과점으로 인해 정치양극화 현상이 심화되고 정당-유권자 연계가 형성되기 어려운 현실을 고려할 때 정치교체와 정치신뢰 향상을 위해서는 정당들이 신진 정치인 양성과 청년의 정당 활동 확대에 보다 적극적일 필요가 있다. 지금처럼 선거를 앞두고 인지도가 높은 외부 인사를 영입하는 등의 전략 공천 형태는 정당 민주주의를 이해하지 못하는 원내 정치인을 양성하는데 그치는 경향이 있다. 정치교체를 표방해 당선된 청년 정치인들이 기성세대 정치인들의 정치행태를 답습하거나 크게 다르지 않다고 유권자에게 인식될 때, 청년 정치 참여 확대를 통한 정치교체 가능성에 대한 기대가 약화될 가능성이 높다. 신진 정치세력으로서 정당과 유권자간 연계의 회복을 담당하기보다는 오히려 거대 정당 내 권력 쟁투에 매몰되는 양상을 보이면서 정치적 신뢰 회복에 걸림돌이 될 수 있을 것이다. 청년 의제가 현재 청년층만의 문제가 아닌 다른 세대와의 연대 속에서만 해결 가능한 의제임을 염두에 둘 때, 청년 문제는 핵심 사회 문제로서 유권자들이 공감할 수 있는 정치적 어젠다로의 지위를 획득할 수 있다. 정당 내 청년 정치 활성화를 위한 노력은 선거 지지 동원을 위한 도구로서가 아니라 이전 세대가 겪지 못한 현 청년세대의 위기를 정당 의제에 반영함과 동시에 차세대 정치인의 육성을 위한 장기적 전망 차원에서 성찰되어야 할 것이다.

셋째, 온라인 플랫폼으로서의 정당 기능 활성화가 필요하다. 정의당을 제외한 주요 양당 홈페이지는 원내당과 중앙당－시도당 중심으로 구성되어 있다. 정당들이 표방하는 온라인 플랫폼이라고 하기에는 실질적으로 당의 주요 현안 대응 및 정책 형성에 당원이 참여할 기회나 당원 간 의견 교환 및 숙의 기능이 현저히 약하다. "오프라인에서 당원협의회나 지역위원회 위원장이 당원 의견의 통로 역할을 한다"(2022.12.23 심층인터뷰)고 하지만 불특정 다수 당원의 의견을 수렴하기는 현실적으로 불가능하다. 현행 온라인 플랫폼 기능을 보다 활성화할 필요가 있다.

15

만들어진 당원: 우리는 어떻게 1천만 당원을 가진 나라가 되었나?

박상훈

제1절

들어가며

1. 왜 당원인가?

이 글의 목적은 당원(party members / party membership)의 문제에 초점을 두고 한국의 정당과 정당정치가 매우 특이한 유형의 변화를 보이게 된 원인을 살펴보는 데 있다.

정당은 변하지 않기 위해 끊임없이 변하는 존재다.[119] 현대 정당론의 가장 권위 있는 해설자라 할 수 있는 피터 메이어가 말하듯, 정당들의 '체계'가 균형(equilibrium)의 원리로 작동한다면 '조직'으로서 정당을 움직이는 원리는 근본적으로 적응(adaptation)이다. 정당론의 고전 가운데 한 권을 저술한 미국의 정치학자 샤츠슈나이더가 강조했듯, 정당이 움직이는 세계는 공식적인 차원만큼이나 비공식적 차원이 크게 존재한다. 현대 정당론의 완성자라 할 수 있는 사르토리가 효과적으로 이론화했듯, '정당 체계'라고 불리는 '가시성의 정치 영역'에서 정당들은 자신들의 욕구나 목적보다 훨씬 더 공익적이어야 하는 압박에 직면하지만, '정당 조직'으로 정의되는 '비가시성의 정치 영역'에서 세력들은 훨씬 더 원초적이고 이기적이다. 앤서니 다운스가 자신의 공간 모델에서

---

119) 정당론에 대한 여러 이론가와 그들의 핵심 주장에 대해서는 모두 박상훈(2017)에 의존한다. 아래에서 언급할 정당론을 대표하는 저서들의 서지사항을 국내 번역본을 기준으로 소개하면 다음과 같다. 피터 메이어 지음, 함규진·김일영·이정진 옮김. 『정당과 정당체계의 변화』, (오름, 2011), E. E. 샤츠슈나이더 지음, 현재호·박수형 옮김. 『절반의 인민주권』, (후마니타스, 2008), 조반니 사르토리 지음, 정헌주 옮김. 『정당과 정당체계』, (후마니타스, 2023), 앤서니 다운스 지음, 박상훈·이기훈·김은덕 옮김. 『경제이론으로 본 민주주의』, (후마니타스, 2013)

잘 다루었듯, 가시성의 영역에서 정당들은 서로 가까워질 수는 있어도 뛰어넘을 수는 없다. 반면 당내에서 정파나 계파들은 이해관계에 따라 좌우를 넘나들며 누구와도 거래할 수 있는 것은, 정당의 내부인 비가시성의 세계의 일이기 때문이다.

당원은 비가시성의 정당 조직 안에서 가장 크고 권위 있는 존재다. 당원은 정당의 가장 중요한 존립 기반이다. 당원이 정당을 만든 것이 아니라 정당이 당원을 만들었지만, 정당의 성장과 성공은 당원 없이 이루어지지 않는다. 표와 재정의 상당 부분을 책임지고, 정당을 사회와 생활세계로 연결하며, 당내 의사결정 과정에서 최종적으로 정당성의 기초를 제공하기 때문이다(호프마이스터 2021: 180−185; van Biezen, Mair & Poguntke 2012: 42). 따라서 정당들이 내세우는 담론이나 그에 따른 외형적 변화가 실제로는 '구조적 무변화'나 '예기치 못한 변형'을 동반하게 된다면, 당원이야말로 그 변화와 무변화 내지 변형의 여러 특징을 효과적으로 분석할 수 있는 적절한 소재가 아닐 수 없다.

2. 한국적 예외?

비교정치의 맥락에서 한국의 정당들이 보여주는 변화는 특별하다. 당원 수는 줄고 정당 수는 느는 것이 오늘날 정당정치의 지배적인 경향이다(호프마이스터 2021: 180). 한국의 사례는 정반대의 경향을 보여준다. 정당은 줄고 당원 수는 폭증했다. 본론에서 다시 살펴보겠지만, 다른 나라에서 유사 사례를 찾기 어려울 정도로 지난 20년 동안 한국의 당원 수는 폭발적으로 늘었다. 반면 상위 두 정당 아래 3당 이하 정당이 차지하는 의석 비중은 급격히 줄었다. 2000년에 출범한 21대 국회의 경우 위성 정당과 무소속 당선자 가운데 기존 정당에 들어간 의원을 포함하면 상위 두 당의 실질적 의석독점은 98%에 이른다.

전통적으로 한국의 정당은 당원보다는 간부, 지역보다는 중앙이 중심인 것으로 유명하다. 오랫동안 권위주의 체제를 운영해온 집권 여당은 국가를 정점으로 한 안정된 조직 구조를 유지해왔고,[120] 야권의 경우는 '양김 정치'라는 표현이 함축하고 있듯 대중적 지지자를 가진 정당 보스를 중심으로 안정된 지도부를 유지해왔다. 그에 반해 자발적으로 당비를 내거나 정당 활동에 자발적으로 참여하는 당원은 찾아볼 수 없었는

---

[120] 정당 이전에 국가가 선행한 자유당, 공화당, 민정당의 사례를 통해 권위주의 집권 여당을 '국가파생정당'으로 정의하고 있는 박상훈(2017)을 참고할 것.

데, 그런 의미에서 한국의 정당은 '멤버십에 기반을 둔 대중정당(membership-based mass party)'과는 뚜렷하게 대비되는 유형을 가졌다고 할 수 있다. 이익대표의 성격에서도 '호남향우회', '충청향우회'의 예에서 보듯, 지연과 학연이 중심이 된 수혜-후원 관계가 정당과 사회를 잇는 주된 연계망이기도 했다.

변화의 전환점은 2004년이었다. 지구당 폐지, 법인과 단체의 정치자금 기부 금지 등 정치관계법의 대대적 개편이 그때 있었다. 기존 정당들과는 종류가 다른 민주노동당이 원내에 진입한 것도 2004년이었다. 민주노동당은 '무상이슈'와 '비정규직 이슈'를 중심으로 한국의 정당정치에 신선한 충격을 가져다주었다. 6개월간 당비 2천 원을 내야 하는 '진성당원제'를 도입하며 2003년 11월 창당한 열린우리당이 민주화 이후 최초로 원내 과반 의석을 차지한 것도 2004년이었다. 이 과정에서 정당을 둘러싼 변화와 개혁의 주장이 폭발적으로 제기되었다.

당시 제기된 주장들은 서로 방향을 크게 달리했다. 한쪽에서는 현실성이 없는 당원 중심 모델을 고집하기보다는 아예 지지자 중심의 정당 모델을 지향해야 한다는 주장이 있었다. 원외의 중앙당에 의존하는 것이 아닌 선출직 중심의 원내 정당화를 하자는 주장이나, 조직보다는 디지털 플랫폼에 의존하는 네트워크 정당, 사이버 정당, 디지털 정당을 지향하자는 주장 등이 그와 짝을 이루며 개진되기도 했다. 정당 공천 폐지 등을 내세우며 정당정치를 대신해 시민 정치를 해야 한다는 주장도 있었다.

다른 한쪽에서는 당비를 내고 참여하는 당원 중심의 대중정당, 책임 정당을 강조하는 흐름이 있었다. 정당의 계층적 정체성이나 이념적 지향을 강조하는 흐름도 있었고, 기존 정당 안에서도 노동, 여성, 청년, 직능과 같이 사회적 요구를 적극적으로 당내로 조직해야 한다는 주장이 있었다. 당원 정치교육은 물론 당직자와 선출직 출마자 교육 프로그램을 만들어야 한다는 주장은 물론, 지역에 기반을 둔 풀뿌리 분권 정당을 지향해야 한다는 주장도 이와 맥을 같이 하는 면이 있었다.

흥미로운 것은 지난 20년 가까운 변화의 시간 동안 정당들은 이 모든 요구를 수용했다는 사실이다. '국민 참여'라는 이름으로 지지자는 물론이고 유권자 일반에까지, 무분별하다 싶을 정도로 외부자에게 정당의 의사결정을 개방했다. 반면 당비 내는 당원의 참여를 늘리기 위해 당원 관련 제도 변화도 계속되었다.[121] 노동조합과 협회 등 다

---

[121] 민주당의 경우 2018년 8월부터 2022년 8월까지 4년 동안 당규 가운데 '당원 및 당비규정'만 무려 18회 개정을 했다(더불어민주당 2022: 88).

양한 이익집단과의 연계도 계속 확대했고, 노동위원회나 을지로위원회 등 직능 관련 당내 기구들의 역할과 위상도 높아졌다. 정책 당원, 정당 대의원 제도를 신설할 정도였다. 그러면서도 동시에 SNS(소셜미디어)는 물론 여론조사를 활용한 당내 의사결정 제도를 과감하게 도입했다. 원내대표의 권한과 의원들의 자율성이 크게 강화되는 등 원내 정당화의 노력도 계속되었다. 그러는 한편, 17개 시도지부와 지역위원회의 역할을 늘리고 당원 자치, 지역 자치 등의 다양한 시도도 확대되었다.

지금 와서 돌아보면 신기하다 싶을 정도로, 이상과 같이 서로 양립할 수 없을 것 같았던 방향의 이런저런 시도가 공존하고 또 병행되었으며, 실제로도 시도에 상응하는 변화를 가져왔다. 한국의 정당은 옛날의 정당이 아니게 되었다. 정당정치의 선진국들이 '당원 없는 정당(parties without partisans)'을 걱정하고(Dalton and Wattenberg 2000) '현대판 간부정당(modernized cadre parties)'의 출현 아니냐는 논란이 있을 때(Koole 1996), 지금 한국 정치는 전혀 다른 문제로 고심 중이다.

3. 한국의 정당, 발전적 변화 혹은 퇴행적 변형?

분명 정당들은 바뀌고 달라졌다. 다만 그 성격을 정의하는 일은 간단치가 않다. 상상할 수 없을 정도로 개방적인 정당이 되었지만, 그렇다고 당내 조직과 역할 체계가 축소되거나 줄어든 것도 아니다. 더 이상 간부정당이라고 말할 수 없을 정도로 당원이 늘었고 참여도 확대되었지만, 그렇다고 대중정당이라고 하기는 어렵다. 오히려 선출직이 중심이 되는 엘리트 정당의 성격은 과거와 비교할 수 없을 정도로 강화되었다. 정당 교부금이 엄청난 규모로 늘었다는 점에서는 카르텔 정당(cartel party)에 가까워졌다. 그럼에도 다양한 이익 결사체들에 의한 후원은 물론, 당비 수입의 규모는 빠르게 늘었다. 국회의원 총선이 있던 2020년 우리 정당들의 국고보조금과 당비 수입 총액은 각각 910억 원과 680억 원이었다. 하지만 선거가 없던 2021년에는 국고보조금과 당비 수입이 460억 원과 620억 원 정도였다(중앙선관위 2022: 565 – 567).

놀랍게도 모든 측면의 변화가 혼재되어 있고, 아직은 어느 방향의 정당 모델이 자리잡을 지는 확정적이지가 않다. 전환의 과도기라고 말할 수도 있고 아니면 지금과 같은 하이브리드 형 정당의 특성이 오랫동안 지속될 가능성도 없지 않다. 정당들 사이에서 각자의 특성이 커지는 것도 아니고, 변화의 방향이 점차 분기되고 있는 것도 아니다. 오래된 조직 구조 상의 차이가 커진 것도 아니다. 상황은 그 반대다. 당원 관련 제도를 포함해 정당들의 조직은 구조적으로나 기능적으로 더 유사해졌기 때문이다. 조직으로서의 정당은 여야 가리지 않고 빠르게 수렴되었고, 지금은 어느 정당이나 구조적으로 비슷해졌다.

정당의 활동 양식도 비슷해졌다. 모든 정당의 정책 결정은 여론에 따라 계통 없이 이루어진다. 여론조사가 미치는 영향력이 모든 정당에 절대적인 것도 다를 바 없다. 정당 양극화가 극단적으로 심화된 것 같지만, 실제 양대 정당의 이념적 차이는 거의 없다는 점도 흥미로운 일이다(박상훈 2020). 사르토리의 정당 유형 분류에 있어서 대표적인 기준인 '이념'과 '실용'의 스펙트럼 상에 우리 정당들을 위치시킨다면 극단적으로 실용 쪽에 가깝다. 양대 정당은 모든 계층에 지지를 호소하는 '국민정당'이고 '포괄정당'이다.

중도 유권자를 두고 경쟁한다는 점에서도 다른 것이 없다. 지향하는 가치를 중심으로 보면, 경쟁의 방향은 '원심적'이기보다 '수렴적'이다. 경제 선진국을 지향하는 발전주의나 성장주의 역시 녹색성장, 포용성장, 혁신성장 등의 이름으로 모든 정당에서 변함없이 강력하다. 복지 수급의 범위를 확대하는 일에 반대하지 않으면서도 증세나 조세 부담을 늘리는 문제는 물론이고 연금과 보험료 인상을 둘러싸고도 양대 정당의 소극적 태도는 완고하다. 그런 점에서 우리 정치의 '감세 국가' 지향성은 여전히 강하다.[122] 정당 간 차이가 전혀 없다고 할 수는 없겠지만, 유형의 차이가 아니고 정도의 차이일 뿐이다.

이상과 같은 변화와 무변화의 여러 측면을 정당의 맨 저층인, 당원의 차원에서 조명해보는 것이 갖는 분석적 가치는 크다. 오래전 뒤베르제(Duverger, 1959: 63)가 말한 대로, 당원은 '정당의 본질'이다. 학생 없는 학교를 생각할 수 없듯 당원 없는 정당도 생각할 수 없다. 당연히 지난 20년 가까운 한국 정당들의 변화 노력은 당 조직의 하부 구조인 당원의 세계에도 엄청난 영향을 미쳤다. 문제는 당원의 세계를 있는 그대로 들여다보는 것이 지극히 어렵다는 사실에서 발원한다. 누가 당원이 되는가? 당원의 구성과 참여는 어떻게 변화해왔을까? 그간의 정당 변화가 갖는 발전의 측면과 퇴행의 측면

---

[122] 이런 관점의 연장선에서 한국 정치를 '조세 없는 민주주의'로 정의하는 논의에 대해서는 손낙구(2022)를 참조할 것.

은 당원의 역할과 활동을 어떻게 바꿔놓았을까? 누가 당원을 불러들이고, 무엇이 당원을 떠나게 만들거나 떠나지 못하게 만드는가?

질문의 중요성에 비해 자료는 빈약하다. 어떤 질문에도 실증적 객관화에 미칠 만한 대답을 내놓을 수는 없는 상태다. 그럼에도 우리가 구할 수 있는 제한된 자료와 실제 정당 조직 안에서 활동해온 선출직 의원, 당직자들과 나눈 대화를 소재 삼아 몇 가지 가설적인 설명을 시도해볼 수는 있겠다. 이 글이 딱 그런 수준이다. 그럼, 시작하겠다.

제2절

폭증하는 당원, 분열하는 정당, 위기의 국회

1. 당원 수로는 세계 최고의 대중정당

당원 1천만 시대다. 중앙선관위가 정당들로부터 제출받아 발표한 <2021년도 정당의 활동개황 및 회계보고>에 따르면, 2021년 대한민국의 당원 수는 총 1천 42만 9천여 명에 달했다. 인구 대비 20.2%, 유권자 대비 23.6%다(중앙선관위 2022, 14−20). 대선과 지방선거가 있었던 2022년에 해당하는 자료가 나온다면, 사실상 4명의 유권자 가운데 한 명은 당원인 나라가 되어 있을 것이다.

2021년 중앙선관위선거연수원이 발표한 <각국의 정당 · 정치자금제도 비교연구>에 따르면, 정당정치의 역사가 가장 오래된 영국의 보수당 당원은 2021년 기준 약 20만 명이고, 노동당 당원은 2020년 11월 기준으로 50만 명 정도다. 전체적으로 당원 규모는 인구 대비 2% 정도이지만, 그 가운데 2018년 12월 기준 12만 5천 명의 스코틀랜드국민당, 2019년 9월 기준으로 각각 12만 명, 5만 명의 자유민주당과 녹색당의 당원수 증가가 주목을 받았다(중앙선관위선거연수원 2021: 128−129). 좀 더 최근의 자료를 보면 그때보다도 당원 수는 전체적으로 약간 줄었다.

〈표 15-1〉 영국의 당원 수

(단위: 천명)

정당	당원 수	기준일
노동당	432	2021
보수당	172	2022
스코틀랜드국민당	104	2021
자유민주당	74	2021
녹색당	54	2021

출처: Burton and Tunnicliffe(2022: 4)

대중정당의 모델 국가라 할 독일, 그 가운데 150년의 역사를 가진 독일 사민당 당원 수는 41만 명 정도다. 가장 오랜 기간 집권한 기민당과 기사당은 합해서 56만 명 정도다. 다른 정당의 당원 수를 모두 합쳐보더라도, 130만 정도다. 30년 전 2백만 당원 시대에서 매우 완만하게 줄어왔지만, 2017년 1.8% 증가와 2018년과 2019년 0.2 − 0.3% 감소의 예에서 보듯, 전체 당원 수는 어느 정도 안정을 이루고 있다. 기민당과 사민당 등 큰 정당의 당원 감소와 녹색당의 당원 증가 추세가 엇갈리고, 자민당과 녹색당, 좌파당 등에서 30세 이하 입당 비율이 증가하는 등 전체적인 추세가 어느 정도 균형을 맞추고 있는 것으로 보고되고 있다(중앙선관위선거연수원, 2021: 153 − 156).

〈표 15-2〉 독일의 당원 수

(단위: 천명)

기민당	기사당	사민당	녹색당	자민당	좌파당	독일대안당
406	139	419	97	66	61	35

출처: 중앙선관위선거연수원(2021: 153)

주요 정당들의 몰락에 가까운 변화를 경험한 이탈리아와 프랑스, 그리고 스페인의 당원 자료는 현재로서는 큰 의미를 갖지 않는다. 비교적 안정된 정당정치를 보여주는 스웨덴의 경우 2018년에서 2020년 사이의 상황을 보면 다음과 같다. 다른 나라에 비해 당원 규모가 여전히 높다 해도 인구 대비 3% 정도임을 볼 수 있다.

〈표 15-3〉 스웨덴의 당원 수

(단위: 천명)

정당명	2018년-2019년 당원수	2019년-2020년 당원수
사회민주노동당	95	90
온건당	48	45
민주당	30	32
중앙당	29	26
좌익당	25	24
기독민주당	21	26
자유당	16	14
녹색당	12	11

출처: 중앙선관위선거연수원(2021: 172)

　　비민주주의 국가 가운데 강력한 당－국가 체제를 유지하며 4대 1의 경쟁을 뚫어야 당원이 될 수 있는 있는 중국이 2022년 기준 인구 대비 7.1%가 공산당 당적을 가진 것과 비교해 봐도(한국경제, 2022.6.29.), 인구 대비 20%가 넘는 한국의 당원 규모는 놀랍다. 역사적으로도 이런 당원 규모는 1945년 기준 850만에서 9백만 당원을 가졌던 독일 나치당에서나 찾을 수 있을지 모른다(미국홀로코스트박물관 2023; Nonnenmacher & Spier 2019: 15).

　　규모만이 아니라 속도는 더 놀랍다. 2021년 한 해 동안 166만 명 정도가 늘었다. 2011년 이후 10년 사이 5백만 명 가까이 늘었다. 2004년과 비교하면 무려 8백만 이상이 늘었다. 한마디로 말해 당원 수가 경이로울 정도로 폭증한 것이며, 이는 지난 30년간 꾸준한 당원 수 감소 추세를 보여온 정당정치 선진국들에 비해 특이한 현상이 아닐 수 없다.

〈표 15-4〉 한국의 당원 수 변화

(단위: 천명)

년도	당원 수	인구수 대비 비율(%)	년도	당원 수	인구수 대비 비율(%)
2004	1,955	4.0	2013	5,298	10.1
2005	2,692	5.5	2014	5,246	10.2
2006	2,930	6	2015	5,837	11.3
2007	3,760	7.6	2016	6,102	11.8
2008	3,878	7.8	2017	7,508	14.5
2009	4,124	8.3	2018	7,826	15.1
2010	4,791	9.5	2019	8,658	16.7
2011	5,102	10.4	2020	8,771	16.9
2012	4,782	9.4	2021	10,429	20.2

출처: 중앙선관위(2022: 23)

2. 정당의 위기 : 잦은 정당 분열과 지도부 붕괴

당원 폭증은 정당 발전의 결과물일까. 그 반대다. 정당들은 계속 분열했고, 리더십은 안정되지 못했다. 2004년 이후 2022년까지 18년 동안 민주당 계열은 총 8회나 당명을 바꿔야 할 만큼 분열의 위기를 겪었다. 2015년 이후 7년 동안 당명을 유지해오고 있는 더불어민주당은 9번의 비대위 체제를 겪었다. 다시 말해 정해진 지도부 임기와 상관없이 중앙선관위에 대표자 변경을 총 17회나 신청해야 했다.

〈표 15-5〉 한국 정당의 분열과 지도부 붕괴 : 민주당 계열

집권여부	시기	유형	
		창당, 합당, 당명개정	비대위 체제
집권당	2003년		
	2004년	열린우리당 (대표자 김원기)	
	2005년		임채정 비대위 정세균 비대위

544

집권여부	시기	유형	
		창당, 합당, 당명개정	비대위 체제
반대당	2006년		유재건 비대위
	2007년	대통합민주신당 (대표자 오충일)	
	2008년	통합민주당 (대표자 손학규 박상천) 민주당 (대표자 손학규)	
	2009년		
	2010년		
	2011년	민주통합당 (대표자 한명숙)	
	2012년		
반대당	2013년	민주당 (대표자 김한길)	
	2014년	새정치민주연합 (대표자 김한길 안철수)	문희상 비대위
	2015년	더불어민주당 (대표자 문재인)	
	2016년		김종인 비대위
집권당	2017년		
	2018년		
	2019년		
	2020년		
	2021년		도종환 비대위 윤호중 비대위
반대당	2022년		윤호중 박지현 비대위 우상호 비대위
합계	17회	8회	9회

국민의힘 계열 정당도 크게 다르지 않았다. 2012년 이후 2022년까지 10년 동안 총 4회나 당명을 바꿔야 할 만큼 분열의 위기를 겪었다. 2010년 빈번해지기 시작한 비대위 체제는 이후 12년이 안 되는 기간 동안 총 10회를 경험했다. 국민의힘 계열 정당 역시 정해진 지도부 임기와 상관없이 지난 12년 사이에 중앙선관위에 대표자 변경을 총 14회나 신청해야 했다.

〈표 15-6〉 한국 정당의 분열과 지도부 붕괴 : 국민의힘 계열

집권 여부	시기	유형	
		창당, 합당, 당명개정	비대위 체제
반대당	2003년		
	2004년		
	2005년		
	2006년		
	2007년		
집권당	2008년		
	2009년		
	2010년		김무성 비대위
	2011년		정의화 비대위
	2012년	새누리당 (대표자 박근혜)	박근혜 비대위
집권당	2013년		
	2014년		이완구 비대위
	2015년		
	2016년		김희옥 비대위 인명진 비대위 김병준 비대위
반대당	2017년	자유한국당 (대표자 홍준표)	
	2018년		
	2019년		
	2020년	미래통합당 (대표자 황교안) 국민의힘 (대표자 이준석)	김종인 비대위
	2021년		
집권당	2022년		주호영 비대위 정진석 비대위
합계	14회	4회	10회

전체적으로 보면 여야를 대표하는 두 정당이 2004년 이후 총 31회나 정당 분열 및 지도부 붕괴를 경험했는데, 이는 번갈아 집권해 온 거대정당조차 평균 1년 안팎을 주기로

지도부 붕괴 및 비대위 체제의 반복의 형태로 정당 재편이 이루졌다는 것을 의미한다.

전통적으로 한국의 정당들은 '단단한 조직력을 갖는 여당', '안정된 보스를 갖는 야당'의 특징을 유지해왔다(윤왕희 2022). 한나라당이 15년을 유지한 것이나, '3김'으로 대표된 야당들이 안정된 지도부를 유지한 것이 대표적인 예다. 2004년 이후는 달라졌다. 짧은 주기로 지도부는 붕괴했고, 재창당과 당명변경이 이어졌다. 정당의 대표라는 자리는 그야말로 누구나 오를 수 있지만 오래는 앉을 수 없는, 일종의 단기 용도에 가까워졌다.

정당의 '비대위 체제'는 더 흥미로운 사례다. 과거 비대위는 주로 집권당의 탄압에 대응하기 위한 야당 내부의 투쟁 기구 이름이다. 당연히 지도부 변경은 없었다. 2004년 이후 정당 비대위는 달랐다. 선관위에 '대표자 변경 신고'를 해야 하는, 사실상 붕괴된 당 지도부의 대체물이었기 때문이다.

3. 국회의 위기 : 외부 영입과 '먹튀' 의원

정당을 대표하는 선출직 공직자인 국회의원들은 어떨까. 그들 대부분은 정당이 육성해낸 인물이기보다 당 밖에서 영입된 경우가 많다. 국회의원으로 정치 경력을 시작하는 비례대표 의원들도 수두룩하다. 교체는 빈번하지만 평균 연령에서 국회가 젊어진 것도 아니다. 20-30대 의원의 비율은 매우 낮다. 전체적으로 보면, 매 선거마다 50% 안팎의 의원이 교체되고, 초재선 의원이 전체의 4분의 3을 차지하는 국회가 되었지만, 평균 연령은 50대 후반으로 세계에서 가장 늙은 유형에 속한다. 그 이유는 새로 들어온 초선의원의 평균 연령이 50대 중반으로 사실상 연령 저하 효과가 없기 때문이다(박상훈 2022a).

흥미로운 것은 가장 늙은 국회인데 다선 의원이 많은 것은 아니라는 사실이다. 독일의 앙겔라 메르켈과 미국의 낸시 펠로시가 20여 년간 의회 안에서 정당 대표로서 당을 이끈다거나, 영국의 윈스턴 처칠이 62년이나 하원의원을 지내는 일 같은 것은 있을 수 없는 것이 우리 국회다. 10선 이상의 상임위원장이 수두룩한 미국은 말할 것이 없거니와, 독일이나 스웨덴처럼 5선 이상이 상임위원장을 하고 15선 안팎의 의원이 개회를 주도하는 보통의 의회와도 거리가 멀다.

정당정치가 잘 자리 잡은 나라의 경우 선수(選數)에 따라 의원의 비율은 안정적으로 분포되어 있고, 그 사이에서 신구의 조화와 신진대사가 자연스러운, 유기체의 모습을 띤다. 초선의 평균 연령은 40세 안팎이다. 10선 이상의 의원들이 정치의 중심을 잡아준다. 2022년 현재 독일 의회는 13선이 최다선 의원이고, 상임위원장은 평균 5선이며, 전체 의원의 36.3%를 차지하는 초선의원의 평균 연령은 42세다(정순영 2023). 반면 우리는 압도적 다수가 초·재선인데도, 평균 연령 저하 효과는 없다. 2020년 총선 당시 기준으로 볼 때, 초선 가운데 20-40대는 50명이 안 되는 반면, 50대 이상은 1백 명이 훨씬 넘었다.

〈표 15-7〉 연령별 21대 국회의 초선의원 분포

(2020년 6월 1일 기준, 만 나이)

20대	2명	50세 미만	42명
30대	11명		
40대	30명		
50대	88명	50세 이상	113명
60대~	25명		

출처: 김승미(2023)

당적 보유 기간은 짧고 선출직 경험이 없는 초선의원이 많은 것도 특징이다. 21대 초선의원 가운데 절반은 당적 보유 기간이 2년 미만이고, 선출직 경험이 있는 초선의원은 23%로 국회의원으로 선출직 경력을 시작하는 의원이 77%인 것으로 나타났다.

〈표 15-8〉 한국 21대 초선의원 상황

	전체(156명)	지역구(112명)	비례대표(44명)
평균 나이	52.5세	53.2세	50.8세
성별	남: 116명 (74%) 여: 40명 (26%)	남: 98명 (87%) 여: 14명 (13%)	남: 18명 (40%) 여: 26명 (60%)
선출직 경험 보유	36명 (23%)	32명 (28%)	4명 (9%)
당적 보유 기간 중간값	2년	4년	1년 미만

출처: 김승미(2023)

반면 2021년 선출된 독일 연방의회 초선의원은 전체 735석 가운데 39.8%인 268명이다. 전체 의원 가운데 30세 미만은 125명이다. 초선의원의 당적 보유 기간은 평균 15.3년이고, 지방의원 등 선출직 경험자는 88.3%였다.

〈표 15-9〉 독일 20대 초선의원 상황

	사민당	녹색당	기민당	자유당	좌파당	독일대안당
초선의원 수	102명	64명	41명	26명	9명	24명
평균 연령대	41.5세	38.3세	45세	45.5세	42.7세	51.8세
40세 이하 비율	58%	59.3%	31.7%	42.3%	22.2%	25%
평균 당적 보유기간	16.2년	13.9년	20.7년	12.8년	19.5년	6.9년
선출직 경험	96%	87%	90%	88.5%	89%	79.2%
여성의원 비율	40%	57.8%	39%	30.7%	55.5%	16.6%

출처: 정순영(2023)

선수 교체는 많은데, 내부 신진대사는 없는 정당에서 경륜이나 정치적 지혜가 존중될 리는 없다. 현직 의원의 절반은 다음 선거에서 곧 또 바뀔 것이다. 초선의 75%는 다음 국회에서 볼 수 없을 것이다. 그간의 국회가 그랬다. 다른 나라는 어떨까? 우리와 유사한 혼합형 선거제도를 채택하고 있는 독일과 일본, 뉴질랜드의 경우 지난 10여 년 사이의 선거에서 초선 비례의원의 재선율은 각각 70%, 62.8%, 62.4%였다. 재선이 안 되더라도 정당 주변에서 정치 경력을 지속하는 경우를 포함하면 그 비율은 훨씬 더 높아진다(유성진·김은경·김진주 2022).

국회의원으로 정치 경력을 시작하다 초선으로 마치고, 전 국회의원의 이름으로 방송가 등에서 고소득 전문직 경력을 이어가고 있는 의원들을 기준으로 보면 우리 국회는 경력 쌓기용에 가깝다. 현직 의원 입장도 크게 다르지 않다. 어떻게 해서든 공천을 받는 일에 목을 매야 하는 것이 현실이기 때문이다. 이런 상황에서 소신과 책임을 중시하는 의원들이 성장할 수는 없다. 가치나 이념, 정책 같은 합리적인 차이로 당내 다원주의를 발전시킬 여유 같은 것이 있을 리는 더더욱 없다. 오로지 '친윤'인지 '비윤'인지, '친명'인지 '비명'인지로 의원들을 분류하는 정당 현실은 이런 구조에서 발원한다.

당원은 누구인가?

1. 당원 아닌 당원

당원 폭증은 지도부나 선출직 대표의 차원과는 별개로 정당들의 꾸준한 조직화 사업의 성과일까. 당원 폭증이 지역에 기초를 둔 풀뿌리 정당조직의 발전적 성장의 산물이었다면, 당원 가입은 하루에 수천 명씩 꾸준히 증가했어야 했다. 현실은 다르다. 입당 원서는 경선과 선거 주기에 따른 특정 시점에 쇄도하듯 한꺼번에 들어온다.

정당이 표방하는 정견에 동의하는 사람들의 입당이라고 보기도 어렵다. 그랬다면 적극적으로 당 활동에 참여하는 지역 당원들이 늘고, 당연히 선거 시기에는 지역 당원들의 자원봉사도 늘었겠지만, 그런 일은 없었다. 유급 선거운동원을 구매하지 않으면 전화 선거운동은 물론 길거리 인사조차 어려운 것이 우리의 선거 현실이다. 당원 규모는 세계 최고인데, 정당의 선거는 당원이 아니라 여전히 돈의 힘으로 치른다.

지금 당원으로 등록된 사람 가운데 자신이 당원인지도 모르는 당원의 규모는 최소 60%에서 최대 70%에 이른다. 2019년 조사된 자료에 따르면, 자신이 당원임을 인지하고 있는 조사 대상은 5.8%였다(허석제 2019). 이것이 현실을 잘 반영하는 수치라면, 같은 기간 선관위에 신고된 2019년 당원 수 가운데 71.4%는 자신이 당원인지를 모르는 상태에서 당원으로 선관위에 보고된 숫자라는 계산이 나온다.

비공식 인터뷰에 나선 현직 의원 가운데 자신의 지역구 당원 가운데 70%는 자신도 모르는 사람이고 그 70%의 당원 역시 자신이 당원이 되어 있는지 모를 것이라고 말한다. 더불어민주당 광주시당은 2023년 2월에 당원 정비를 위해 전체 당원의 15%인 6만 명을 선별해 조사했는데, 지역구별로 많게는 '유령 당원'이 95%에 달했다는 발표를 한 바 있다. 당비를 내겠다고 약정한 당원 가운데도 40%가 당비를 내지 않거나 계좌번호가 존재하지 않는 것으로 발표했다(kbc광주방송 2023.2.23).

정당들의 당규상에서 당원은 크게 볼 때 당비를 내지 않는 당원과 당비를 내는 당원으로 나뉜다. 이 가운데 '일반 당원'으로 불리는 전자의 당원 대부분이 허수 당원이다. 당원 아닌 당원이라 부를 수 있는 이들은 세 유형으로 구성되어 있다. 첫째는 오래된 당원 명부에 있는 명단 가운데 당적 유지 의사를 확인하지 않은 채 누적시켜 온, 이름뿐인 당원들이다. 둘째는 새로 명단에 들어왔지만, 자기도 모르는 사이 당원에 가입된 사람들이다. 2019년 이전 대부분의 신규 당원들은 종이로 된 입당 원서로 묶여 한꺼번에 당원 가입이 되었는데 이들의 상당수가 이에 해당한다. 셋째는 지인 부탁으로 당원에 가입하게 되었고 이를 인지하고 있으나, 그것 이외에 사실상 당원으로서의 그 어떤 활동도 하지 않아 온 사람들이다.

물론 이들만으로는 계속되는 당원 폭발의 비밀이 다 설명되지 않는다. 정당들은 입당 시 반드시 연락처를 기재하게 하고, 입당과 동시에 문자를 보내는 등의 절차를 발전시켜왔기 때문이다. 따라서 명부에 이름만 남아 있는 일반 당원들과는 달리 신규 입당하는 당원의 경우, 자신도 모르는 사이 입당하게 되는 일은 점차 어려워지고 있는데, 이제 당원의 문제는 실제로 당비를 내고 입당하는, 혹은 그렇게 입당을 시키는 사람들에 초점이 맞춰질 수밖에 없다.

2. 매집된 당원

계속되는 당원 폭발의 비밀은 자발적 당원 가입보다 누군가에 의한 당원 매집에 있다. 당원 매집은 누가 하는가? 공직 선거 입후보자들이다. 지역구에서 당선된 국회의원 가운데 자신이 매집한 당원 수를 묻는 질문에 2천 명에서 5천 명 사이로 답한 사람이 가장 많았다. 지방의원 가운데는 5백에서 1천 5백 명 사이로 답하는 사람이 가장 많았다. 물론 그 이상을 매집한 의원들도 있었다.

매집된 당원 대부분은 후보자의 친지이거나 지연, 학연에 따른 향리적(parochial) 관계로 이루어진다. 정상적인 의미의 시민참여와는 거리가 멀다는 이야기다. 이들의 정보를 모아 한꺼번에 입당 원서에 적어내는 것이 그간의 신규 당원 증가를 의미했다. 지인의 당원 가입으로도 부족하면 매집책을 두고 직능단체, 종교단체, 노동조합, 체육계, 동창회 등에서 모은 명단을 제출하는 사례를 증언하는 사람도 있었다. 온라인을 통해 당원으로 가입하는 경우가 점점 더 많아지고 있지만, 온라인으로서든 종이로 된 입당 원서를 통해서든 여전히 당내 경선을 주기로 한꺼번에 접수되는 패턴은 달라지지 않았다.

상황이 이러하니 당연히 이중 당적도 불사하는 사례가 많다. 이중 당적은 철저하게 음성적으로 이루어지는 일이라 잘 드러나지 않는데, 가끔 묘한 형태로 문제가 되곤 한다. 대표적으로 지방선거 때 출마자의 이중 당적 문제가 경쟁 후보자에 의해 제기되는 경우다. 그런데 그때마다 선관위는 당사자가 인지하지 못한 상태에서 누군가에 의해 입당이 된 것이기에 자진 탈당하는 것으로 사태를 마무리 짓고는 했다. 불법이 발생했지만, 지금 우리 관행이 그러려니 하고 넘어가는 것이다. 당직자들 누구도 그 규모를 추정하지는 못하지만, 상당수의 당원이 이중 당적일 거라는 데는 모두가 동의한다. 특히 정의당 당원 가운데 상당수가 민주당의 이중 당적을 유지하고 있을 거라고 추정하는 이도 있었다.

당원 매집과 이중 당적도 불사하는 이 무모한 일을 벌이는 것이, 정당 간 경쟁에서 자당 후보의 지지표를 늘리기 위해서일까? 아니다. 핵심은 당내 경선에 있다. 당원 비율이 높은 곳은 어딜까? 정당 간 경쟁이 심한 곳일 것 같지만, 그렇지 않다. 그보다는 당내 경선에 모든 것을 쏟아야 하는 곳이다. 정당 간 경쟁성은 낮고 반대로 당내 경선에서의 갈등은 높은 지역일수록 당원 비율이 높다. 선거인 수 대비 당원 비율이 가장 높은 곳은 전북, 전남, 광주로 각각 54.3%, 48.8%, 45.0%다. 거의 두 명의 유권자 가운데 한 명이 당원이라는 뜻이다. 선거 경쟁이 치열한 도시 지역보다 비도시 지역의 당원 비율이 높은 것도 잘 알려진 사실이다. 직업 분포에서 가장 높은 비율을 차지하는 직업군도 11.2%를 차지한 농림어업 종사자였다(허석제 2019).

다행히 이들 매집된 당원의 대다수 역시 허수다. 당원임을 인지하고 있는 사람들의 대다수 역시 도와달라는 후보자에게 표만 줄뿐 그 이상엔 관심이 없다. 당원 수는 세계 최고지만 정당 활동에 참여하는 당원은 거의 없는 현실이 이를 말해준다. 그러니 문제의 핵심은 매집의 대상이 되어 만들어진 당원보다, 그런 매집을 주도한 자들에게 있다. 이들로 인해 음성적 동원, 보이지 않는 부패 가능성이 커진다. 다단계 동원 체계는 물론, 매집책에 대한 은밀한 보상체계가 작동할 수밖에 없다고 증언하는 사람도 있었다. 정치 참여와 동원이 돈이 되고 사업이 되는 현실이라는 것이다. 지방자치 단체의 인사와 예산, 사업 인·허가권은 그 재물이다. 군수, 시장, 구청장 등 단체장들이 비리로 계속 사법 처리 대상이 되는데도 개선되지 않는 것은 당원을 만드는 일이 일종의 '신종 비즈니스'가 되었기 때문이다.

당비를 내지 않는 일반 당원이 아니라 당비를 내는 당원, 즉 민주당은 권리당원, 국민의힘은 책임당원이라고 부르는 사람들에 좀 더 초점을 맞춰보자. 우선 당비 1천 원을 내면 언제든 권리당원, 책임당원이 된다. 앞서 인용한 <2021년도 정당의 활동개황 및 회계보고>에 따르면, 2021년 당비를 납부한 당원 수는 213만 명 정도다. 전체 신고된 당원 가운데 20.5%가 당비를 낸 것으로 보고되었다. 민주당이 130만 명 정도였고, 국민의힘이 61만 명 정도다.

이들 당비 내는 당원이 모두 당직 및 공직 후보자에 대한 선출권을 갖는 것은 아니다. 그 가운데 당비 1천 원을 민주당은 6개월을 내야 '자격 있는' 권리당원이 되고 국민의힘은 3개월을 내야 '자격 있는' 책임당원이 된다. 허수로 가득 찬 당원을 가진 정당들의 공직 후보 및 당직 후보 경선을 지배하는 것은 이들이다. 2022년 3월 9일 대통령 선거에서 민주당과 국민의힘 각각 '자격 있는' 권리·책임당원 수는 각각 72만여 명과 57만여 명이었다. 민주당의 경우 6개월 이상의 당비 납부자는 절반에 불과한 반면, 국민의힘의 경우 한 번 이상 당비 납부자 가운데 대부분이 3개월 이상 당비를 납부했다.

권리/책임당원의 입당은 크게 두 경로로 이루어진다. 한 경로는 국회의원 선거와 지방선거 경선 시기에 당내 후보자들을 위해 입당하는 경우로 대부분 17개 시도당을 통해 입당이 이루어진다. 이들 신규 당원은 시도당이 입당 원서를 받고 자격 심사를 한다는 점에서, 그나마 전통적인 의미의 '지역 당원'에 가깝다. 물론 그들 역시 실제 정당 활동에 참여하는 사람은 많지 않다. 다만 적어도 시도당 입장에서는 누구를 통해 입당한 누구인지 정도는 아는 당원들이다. 입당을 주선한 경선 후보자, 입당 원서에 추천인으로 이름을 올린 후보자의 입장에서는 향후 자신의 조직 대상이나 지역민이기도 하다.

다른 경로는 지역의 총선이나 지방선거 경선 후보자가 아니라 대선 후보자 내지 당 대표 후보자를 위해 입당하는 당원들이다. 크게 보아 그들은 정당이나 지역 후보자를 위해서가 아니라 자신들이 바라는 대통령이나 당 대표를 만들고 지키기 위해 당비를 내고 당원이 되는 사람들이다. 오늘날 당원 문제의 초점은 점차 이들이 되고 있다. 이들은 허수 당원이나 매집된 당원처럼 수동적인 존재가 아니다. 그들은 자신의 당을 지배하고자 하는 적극적인 당원이라는 점에서 새로운 당원들이다. 이들은 특별하다.

3. 지배하려는 당원

우선 이들 대부분은 시도당이 아니라 중앙당을 통해 입당하는 온라인 당원이다. 중앙당이 자격 심사를 해서 입당이 되는 이들은, 신고한 주소지에 따라 단지 명부로만 해당 지역 당원으로 존재한다. 이들은 전형적인 지역 당원과는 개념이 다른, 일종의 중앙 당원들이다. 주소지에 해당하는 시도지부에 명부가 있고, 경선 때가 되면 지역위원회에 명단과 연락처가 잠깐 제공된다 해도 실제 이들의 관심은 중앙의 당 대표와 대선 후보에게 맞춰져 있다.

시도지부나 지역위원회 입장에서 사실상 이들이 누구인지 인지하지도, 관리하지도 못하는 당원들이다. 그들 당원 역시 지역에는 관심이 없다. 그럼에도 그들이 중앙당의 결정 과정에서 발휘하는 지배력은 다른 누구와도 비교할 수 없을 만큼 막강하다. 대선 후보 경선, 당 대표 선거는 물론 지도부 선거 전반과 의원들의 일상 활동에도 직접 관여하고 통제하려는 열정은 매우 강하다. 요즘 말로 하면 이들 대다수는 팬덤 당원들이다.

팬덤 당원은 팬덤 리더와 직접 연결되고 싶어한다. 팬덤 리더가 중심이 되어 당을 위로부터 수직적으로 통제하는 것을 보조하는 일에 사명감을 갖는다. 당에서 오래 활동해 온 핵심 당원·대의원·당직자들을 특권 집단으로 몰아붙여 팬덤 리더를 지키려는 열정이 이들을 움직이는 동력이라는 점에서, 정당보다는 리더 개인에게 더 큰 충성심을 집중시키는 당원이다. 그런 의미에서 이들은 '자발적으로 동원된' 모순적 특성을 가진 당원들이다. 입당은 물론 탈당 역시 자신들의 요구를 표출하는 행동으로 선택한다는 점에서 정당이 아니라 개인에 충성하는 당원이라는 뜻이다.

그들은 당적 보유 기간이 가장 짧은 신규 당원들이다. 정당은 풀뿌리 지역 당원과 지역 지부를 중심으로 중앙으로 올라갈수록 동심원 구조가 더 조밀하게 짜이는 조직 구조를 특징으로 한다. 하지만 이들 팬덤 당원의 등장과 함께 정당의 동심원적 구조는 깨졌다. 전통적인 의미의 지역 당원과 지역 대의원과는 별도로, 팬덤 리더가 중심이 된 하향식 수직 구조가 단기적으로 만들어졌다 깨졌다를 반복해 왔기 때문이다. 오로지 팬덤 리더들만 통제할 수 있는 이들 팬덤 당원들은 한국의 정당 구조에 새로운 변화를 몰고 오고 있다.

팬덤 리더가 원하는 대로 정당을 자의적으로 운영할 수 있게 해주고 싶어하는 팬덤 당원들의 활동 양상은 흥미롭다. 이들은 오랜 당원과 대의원, 당직자와 같이 당의 역사와 전통을 지켜온 사람들에 대해 공격적이다. 대의원 제도를 없앨 것을 요구하고 있기도 하고, 당직자 가운데 팬덤 리더에 비판적인 사람의 배제를 주장할 때도 있다. 이 모든 것을 정당화하는 논리가 '당원 중심주의'로, 이들은 지역도 대의원도 필요 없는 새로운 정당 모델을 추구한다. 기존의 지역, 직능, 대의원 기반의 정당 구조를 대신해 최근 입당한 권리/책임당원과 당 대표를 직접 연결시키는 새로운 정당 구조를 만들고 싶어한다.

팬덤 당원이 처음 주목된 것은 온라인 입당이 권장된 2016년 이후다. 이른바 '문빠'가 중심이 되어 10만 명 가까이 온라인 당원을 가입시킨 것이 계기가 되었다. 몇 년 전까지 민주당은 이들이 주도했다고 해도 과언이 아니다. 2022년 대선과 이후 당 대표 선거를 기점으로 이번에는 이재명 팬덤들이 같은 방식을 이어갔다. 대선 패배에도 불구하고 신규 당원이 짧은 시간 14만 명 증가했다. 팬덤 리더를 위해 정당을 어떻게 지배할 수 있는지를 팬덤 지지자들이 빠르게 익혀가고 있는 새로운 사례라 할 수 있다.

국민의힘의 경우는 이준석 대표가 등장한 이후 같은 경향이 발전해오고 있다. 특히 책임당원은 이준석 대표 체제에서 급증했다.[123] 국민의힘 발표에 따르면, 2021년 6월에서 9월 사이 당비 납부당원 26만 명이 늘었고, '2040' 당원이 절반에 다가갔다. 책임당원은 23만 명이 되었고, 2022년 대선 때는 그 규모가 세 배 정도로 늘었다. 온라인 당원도 10만 명을 넘어섰고, 당이 운영하는 소셜미디어 팔로워는 40만 명이 되었다. 이정도면 국민의힘도 옛날의 당이 아니다.

2016-17년 대통령이 탄핵되고 이후 탈당과 분당을 거듭하면서 국민의힘의 오랜 지역 조직은 무너졌고, 오래된 당원들의 충성심은 크게 약화되었다. 당 활동가들 역시 정신적으로 안정된 당 생활을 할 수 없게 되었다. 5년 만에 대선에서 승리했지만, 그 직후 두 번의 비대위 체제가 보여주었듯이, 오래된 상처와 새로운 변화 속에서 당내 분열과 위기 요인이 지속될 수밖에 없는 정당이 되었다.

정당 내부보다 당 밖 여론을 주도하는 개인이 지배하는 정치, 정당 조직과 구성원

---

123) 국민의힘 관련 책임당원 관련 통계는 윤왕희(2022)를 참조했다.

들로부터의 신망보다 사나운 팬덤에 휘둘리는 정치는 과거에는 없던 새로운 현상이다. 이들 팬덤의 눈으로 볼 때, 정당은 쉬운 공략 대상이고 값싼 매물이다. 국민의힘의 대통령 후보가 되려면, 여론조사 50%와 책임당원 50%로 이루어지는 경선에서 승리하면 된다. 당 대표가 되려면 여론조사 30%와 책임당원 70%의 경선에서 승리하면 되었다. 지금은 당원 100% 경선이라 하지만, 상황은 달라질 것이 없다. 여론은 최대한 자극적인 이슈를 통해 움직일 수 있다. 책임당원 가입은 큰 비용이 안 든다. 57만 명 가운데 64%인 36만 명이 참여했으니, 3개월 당비라고 해봐야 다 합해 10억 정도다.

민주당도 구조는 다를 바 없다. 72만의 민주당 권리당원의 당비도 크게 잡아 30억이면 된다. 국회의원 총선이 있던 2020년 정당들에게 지급된 국고보조금은 907억 정도였다. 이를 바탕으로 정당들은 총 2,480억 원 정도를 그 해 지출했다. 선거가 없었던 2021년에는 정당들의 당비 수입과 국고보조금을 기초로 총 1,379억 정도를 정당들이 지출했다. 대선과 지방선거가 있던 2022년에는 1,420억의 국고보조금을 정당들이 받았다. 당비 수입과 전체 지출 통계가 아직 나오지 않았지만, 아마도 역대 최고 수준의 정당 지출이 있었을 것이다. 누구든 이 판을 지배해보려는 것은 매력적인 기획이 아닐 수 없다.

정당 소속 의원들이 운영하는 국회나 지방의회를 포함하면 1조 원이 넘고, 대통령이 된다면 6백조 이상의 정부 예산을 주도할 수 있다. 이 어마어마한 판에 정당 밖 아웃사이더들이 관심이 없을 수는 없다. 권력에 야심이 있고, 혐오로든 아첨으로든 여론을 자극하고, 정당보다 자신을 추종하는 팬덤을 동원할 수만 있다면, 정당은 매입할 만한 투자 대상이 되었다. 그러는 동안 정당은 몸집만 컸지, 조직력이나 정책 능력은 늘지 않았다. 대통령 선거는 사실상 캠프가 주도하지 정당이 주도하지 못한다. 집권해도 정당이 정부를 운영하지 못한다. 정당 자체가 정치에 소명의식을 가진 정치인들의 세계가 아닌 것으로 변모했다.

팬덤은 정당들이 싸구려가 된 것의 결과가 아닐 수 없다. 누구나 여론을 움직일 힘을 가지면 정당을 장악할 수 있다. 엄청난 규모의 국가 예산을 운용할 수 있는 정당의 잠재력에 비해 정당을 장악하는 데 드는 구입 비용은 너무 적게 드는 매물이 되어 버렸다.

제4절

새로운 정당의 출현

정당의 주권기관은 전당대회다. 즉, 전국대의원대회가 정당의 주권체라고 할 수 있다. 그런 의미에서 정당의 꽃은 대의원이다. 대개 대의원은 지역을 기초로 아래로부터 위를 향할수록 대표를 누적해가는 방식으로 구성된다. 그 위에 정당의 상임 대의기관 및 집행 기구가 선다. 그런 의미에서 정당 조직은 지역대표체계(territorial representative system)를 특징으로 한다. 이는 이익집단이 기능적 대표체계(functional representative system)를 특징으로 하는 것과 대비된다. 물론 정당도 직능이라는 이름으로 기능 대표체계를 강화할 수는 있다. 하지만 정당이 정당인 한 지역을 풀뿌리 기반으로 하는 대표체계가 중심인 것은 달라질 수 없다. 지역 대의원이 아닌 직능 대의원이나 정책 대의원이 당의 대표체계를 운영하는 정당은 있기 어렵다.

한국의 정당 조직에서 가장 저발전된 영역이 대의원 제도다. 17개 시도당에 평균 5명 안팎의 유급 당직자를 둘 수 있는 큰 정당을 기준으로 볼 때, 정당들의 지역 기반은 지극히 취약하다. 사실상 경선 관리 기능 이상을 할 여력이 없다고 해도 과언이 아니다. 그 아래 지구당은 2004년 법적으로 불법이 되었다. 물론 지금은 폐지된, 과거 지구당에 해당하는 단위마다 지역위원회 내지 당원협의회는 있다. 대개의 당원협의회는 당원이나 대의원이 아니라 현직 국회의원이 주도한다. 지역 대의원 선출에서 국회의원의 영향력은 절대적이다. 인사권을 가진다는 점에서 지구당은 법적 존재로서는 없는 것처럼 보이나, 사실상 편법으로 존재한다고 해도 과언이 아니다.

정당의 대의원은 2만 5천 명 정도다. 이들의 다수는 당비 월 2천 원을 내는 지역위

대의원과 월 1만 원을 내야 하는 전국 대의원이다.[124] 하지만 이들 대의원의 존재는 권리/책임 당원들과 사실상 관계가 없다. 어느 정당이든 지역위와 시도지부는 선출직 혹은 선출직을 지망하는 위원장들에 의해 주도된다. 이들을 지방의원 및 단체장들과 유급 당직자들이 보좌한다. 이들이 사실상 각급 위원회, 상무위원, 운영위원은 물론 지역 대의원과 전국 대의원을 만들어낸다. 이들을 다 아울러 정당의 지부와 지역위원회에서는 '핵심 당원'이라고 부르는데, 이런 당원 분류는 당규에 있는 것은 아니다. 요컨대 지금의 지역위, 지부를 움직이는 위원들과 대의원들은 당원을 대표하는 것이 아니라 위원장의 '확장된 팔'에 가까운 역할을 한다고 할 수 있다.

숫자로서의 당원은 많은 데 실제 대의원으로 나서는 당원은 없는 현실이 지금의 우리 정당이다. 지역의 풀뿌리 기반에서부터 당원이 만들어지고 참여하고 성장하고 그 결과로 대의원이 되어야 하는데, 그럴 수 없는 정당이 된 것이 모든 문제를 악화시키고 있다. 당원의 매집, 참여, 동원의 매개는 지역의 생활세계에서 활동하는 정당이 아니다. 정당의 정견이나 가치에 이끌려 당의 활동에 참여하는 당원이 존재할 수 없는 구조에서 작동하는 것은, 선출직 내지 선출직을 지망하는 위원장들의 개인화된 영향력이다. 그런 점에서 풀뿌리 정치는 없고 권력 정치만 있는 정당에서 당의 토대가 자율적 참여라고 말할 수는 없을 것이다. 새로운 종류의 팬덤 당원들의 정당을 빠르게 지배하게 된 것은 바로 이런 정당 구조의 산물이 아닐 수 없다.

지구당 없이 대의원 구조가 발전할 수는 없겠지만, 지구당이 법적으로 허용된다 해도 달라지리라 기대하기는 어려울 것이다. 정당이 누구를 위해 존재하는지를 설명하지 못한 채, 공직 획득의 통로로만 기능하는 한 앞으로도 정당 참여의 이유는 권력이나 영향력이 될 수밖에 없기 때문이다. 경선과 선거가 모든 것이 되는 정당에서 남는 것은 당직과 공직이라는 관직 획득을 위한 열정밖에 없을 것이기 때문이다.

---

124) 월 1천 원의 당비를 내는 권리/책임 당원과는 달리 우리 정당들은 대의원 등 일정한 역할을 하는 구성원들에게 직책 당비를 받는다. 민주당을 기준으로 보면 전국대의원대회 대의원은 월 1만 원, 중앙위원 월 5만 원, 각급 위원회 위원장 월 10만 원, 상설위원회 위원장, 전국위 위원장 월 20만 원, 당무위원 월 50만 원, 사무총장, 원내대표, 정책위장, 최고위원 월 150만 원, 당 대표 200만 원을 낸다. 시도당은 각급 위원회 위원장과 상무위원 월 5만 원, 시도당 운영위원 월 20만 원, 시도당위원장 월 100만 원의 당비를 낸다. 당소속 공직자들은 기초의회의원 월 10만 원, 광역의회의원 월 20만 원, 기초단체장 월 50만 원, 국회의원 월 100만 원, 국회상임위원장, 시도지사, 장관 월 150만 원, 국회부의장, 대통령 월 200만 원을 낸다. 지역위는 대의원 월 2천 원, 운영위원 월 5천 원, 각급 위원위 위원 월 1만 원, 원외 지역위 위원장 월 10만 원을 낸다(더불어민주당 2022: 122).

그렇다면 가망 없는 대의원 제도를 없애고 당원 직접 결정 체제로 대체하면 어떨까? 이는 팬덤 당원들이 바라는 변화다. 대의원이 없는 정당, 당원과 당 대표가 직접 연결되어 당 활동을 위로부터 일사분란하게 통제하고 운영하는 정당의 비전은 민주주의의 미래와 관련해 어떤 의미를 가질 수 있을까? 당 상근 기구와 의원들에게 자율적 역할이 부여되지 않고 당원과 당 대표가 결정한 방향에 헌신하는 것만 가능한 정당을 당원 중심의 민주주의라고 한다면 그런 민주주의는 과연 어떤 민주주의일까? "국가의 주인이 국민이듯 정당의 주인은 당원이다."라고 말할 때는 몇 가지 전제나 제한이 필요하다.[125]

국가나 정부와는 달리 정당은 자율적 결사체다. 임의조직이라는 뜻이다. 반면 국가나 정부는 강제조직이다. 국민이나 시민의 지위를 마음대로 선택할 수도 마음대로 버릴 수도 없다. 그렇기에 국가와 정부는 반드시 민주화되어야 하고, 입헌적으로 통제되어야 한다. 반면 정당은 강제조직이 아니기에 원하면 소속되고자 할 수도 있고, 원하지 않으면 소속감을 버릴 수도 있다. 무국가나 무정부, 무국적은 감수할 수 있는 선택이 아니다. 하지만 당적이 없는 무당파는 얼마든지 선택할 수 있다. 적대하는 국가나 정부에 속할 수는 없겠으나, 지지했던 정당을 버리고 다른 정당에 가입할 수는 있다.

국가나 정부와 달리 자율적 결사체는 특정의 가치지향을 매개로 사람들에게 참여를 권유한다. 그에 대한 기대와 공급이 상호 만족될 때만 정당과 당원의 관계는 유지된다. 마음대로 선택할 수도 마음대로 버릴 수도 없는 강제조직이기에 국가와 정부는 시민 전체의 의사를 물어 적법하게 주권을 위임해야 하나, 정당은 그럴 수 없다. 정당은 자신들이 발전시켜온 정견이 생명이다. 그러한 정견을 당의 조직과 문화, 전통으로 발전시켜 가는 것이 중요하다. 그 속에서 성장해 온 정당 활동가와 당직자, 대의원의 역할이 안정되어야 한다.

당의 오래된 이들 구성원이 자부심을 갖지 못하면 정당은 누가 운영해도 상관없이 이익만 챙기면 되는 사기업에 가까워진다. 당의 풀뿌리 기반으로서 지역위원회와 각급 위원회가 활력 있는 역할을 해야 하고, 최종적으로는 그들의 대의기구인 전당대회, 즉 전국대의원대회가 최종적 주권기관이 되어야 한다. 그렇지 않고 갓 들어온 신규 당원들, 매집된 당원들, 동원된 당원들이 모든 것을 당원에게 넘기라고 하고, 누구는 쫓아내고 누구는 일하게 하고, 자신들과 자신들이 지지하는 대표가 마음대로 정당을 이끌

---

125) 이하의 내용은 박상훈(2022b; 2002c)의 논의에 의존하고 있다.

게 되면 정당은 민주주의가 아니라 전체주의에 가까워진다. 그런 정당에서는 필연적으로 다중의 정념을 권력 장악에 악용하는 야심가를 승자로 만든다.

참여만으로 작동하는 민주주의는 없다. 민주주의는 참여가 아니라 평등한 참여에 기초를 둔 체제이고, 평등한 참여는 대표의 포괄성, 즉 사회의 다양한 요구들이 더 넓게 대표될 가능성의 함수다. 대표의 질이 좋아야 참여의 질도 좋다. 그렇지 않고 좁은 대표의 문제를 그대로 둔 채 국민 참여만 강조하면 민주주의는 목소리 큰 소수의 지배로 전락한다는 것이야말로 대중 정치의 보편적 진실이다. 그렇게 되면 정치는 권력 투쟁에서 승자가 될 상위 두 정당 간의 극단적 다툼이 되고, 여기에 대중이 동원되는 일도 순식간에 이루어진다. 상대를 동료 시민이나 동료 정치인으로 여기기보다 공격해야 할 대상으로 몰아붙이며, 그런 것이 관행이 될 때쯤이면 민주주의는 강한 성격의 팬덤 리더들 사이의 권력 게임으로 퇴락하고 만다.

정당 내부도 마찬가지다. 대표의 체계를 대신해 당원의 직접 참여로 정당을 운영하게 되면 정당은 민주화되는 것이 아니라 여론의 주목을 받는 인물 중심으로 더 개인화된다. 국민주권을 강조할수록 포퓰리즘의 한 유형인 국민투표민주주의(plebiscitarian democracy)가 되고, 셀럽 엘리트들의 개인적 영향력이 더 강해지듯, 정당도 다르지 않다. 일이 그렇게 되면 정치가 아니라 싸움의 논리가 지배한다. 그 속에서 정치하는 정치인은 주목받을 수 없고, 전투적인 성향을 가진 포퓰리스트가 주목받고 또 승자가 된다. 이를 지지하는 열성 시민, 열성 당원들이 무례해지고, 언론은 이들의 싸움을 부추기고, 세상은 팬덤들이 열광하는 검투장처럼 되는 일도 피할 수 없다.

신문마다 세상을 보는 관점이 있고, 그것이 오랜 합의나 전통으로 자리를 잡으면 사시(社是)라고 하듯, 정당도 정견이라고 하는 안정된 정체성과 오랜 전통을 필요로 한다. 신문이 하나일 수 없고 정당이 일당제로 운영될 수 없듯, 우리 인간이 서로 다르고 달라서 발전시키게 된 것이 오늘날과 같은 민주주의다. 우리는 달라서 싸울 수 있고 달라서 대립할 수 있지만, 달라서 더 풍부한 생각과 더 다양한 취향을 발전시킬 수도 있다. 달라서 문제가 아니라 다름을 다루는 방법에서 인간 사회의 민주적 성취는 갈린다.

신문의 사시나 정당의 정견은 수많은 갈등적 요구에 대해 인류가 오랜 시간 효과적으로 대응해 온 것의 결과다. 그것이 안정적일수록 시민과 독자의 다양한 요구에 책임 있게 대응하는 질 높은 민주주의, 질 높은 시민사회가 될 가능성은 높아진다. 그렇지 않고 독자나 지지자들의 댓글과 문자에 따라 정견과 사시가 흔들리기 시작하면 언론

자유도 민주 정치도 팬덤들이 지배한다. 투입이 아니라 피드백이 신문과 정당의 의사결정을 지배하면 시민주권이 아니라 소비자주권, 그것도 소수 악성 소비자들의 권리만 키운다.

　게이트키핑도 지나치면 정당과 언론을 편협하게 만들지만, 게이트오프닝이나 피드백에 지나치게 의존하면 약한 잇몸에 붙어있는 치아처럼 토대의 단단함을 상실한 조직이 된다. 사시나 정견에 맞는 역할 대신, 누가 더 많은 피드백을 얻는지가 평가의 기준이 되면 구성원들은 외부자의 열정적 반응에 굴종적이게 된다. 우리는 다르게 가치 있는 존재여야 한다. 사회는 다원적이어야 하고 각자가 소중하게 여기는 것이 서로 다르게 존중될 때 더 평화로울 수 있다. 그렇지 않고 정당과 언론을 정치 아웃사이더들의 변덕과 협박에 취약한 조직이 되게 하는 것만큼 민주주의나 시민사회의 미래를 어둡게 하는 것도 없다.

　정당의 문제를 정당 내부의 관점에서만 설명할 수는 없을 것이다. 정당은 '전체의 부분'이고, 결국 정치의 전체적인 변화에 민감하게 반응할 수밖에 없는 특징을 갖기 때문이다. 그렇다면 왜 우리의 정당은 외부자에 취약한 조직이 되었을까? 정치학자들은 한국의 민주화가 보여준 특징을 '협약에 의한 이행'으로 정의하곤 한다. 권위주의 세력의 온건파와 민주화 세력의 협상파가 협력을 약속하고 실천해서 점진적으로 민주화를 진척시켰다는 뜻이다. 덕분에 군부는 큰 저항 없이 평화적으로 병영으로 돌아갔고, 정치는 권위주의 시절 야당을 이끌었던 '3김'(김영삼·김대중·김종필)이 주도했다. '3김'에게도 겉으로 보기엔 오늘의 팬덤 정치가들처럼 열정적 지지자들이 있었다. 하지만 기본적으로 그들은 의회주의자였다. 정당을 통해 정치의 기반을 다진 사람들이다. 권력 독점보다는 세력 연합이 그들의 정치 방식이었다. 문제는 그 이후였다.

　노무현 대통령 이후 4명의 대통령은 모두 민주화 이후 정치 경력을 시작한 사람들이다. 합리적 기대로만 보면 '반독재 민주화'의 열정에 매달리기보다 '민주화 이후의 민주주의'를 다원주의의 방향으로 이끌어야 했지만, 3김 이후의 정치는 대통령 권력을 둘러싸고 더 독점적이고 더 양극화된 방향으로 치달았다. 이를 집약적으로 나타내는 것이, 이른바 친노-친이-친박-친문-친윤 등 대통령 파벌이다. 3김도 자신만의 파벌이 있었지만, 대통령 당선을 기점으로 당에 대한 지배적 영향력을 절제했다. 반면 그 이후 당내 파벌은 현직 대통령들이 만들고 주도했다. 이는 곧 대통령이 당과 국회를 지배하고 압도하려 했음을 의미한다.

과거 3김 정치에서의 파벌은 '동교동계'나 '상도동계'처럼 오랫동안 정치를 함께 한 인연이 중심이 되거나, 호남이나 영남 같은 지역 기반에 따라 분류되곤 했다. 하지만 3김 이후 이른바 대통령 파벌은 그런 역사성도 공통의 기반도 없다는 점에서 새로웠다. 오로지 현직 대통령이 가진 권력 그 자체가 파벌을 정의하는 모든 것이었다. 대통령 권력이 당내 세력화의 노골적 원천이 되자, 정치는 곧 대통령 게임으로 협소화되었다. 대통령이 되기 위한 싸움이 정치를 지배하고, 대선 승패에 과도한 몫이 걸린 양극화 정치에 관한 이야기를 했는데, 아마도 거기에서 그쳤으면 다행이었을지 모른다. 대통령이라는 최고 권력을 둘러싼 정치양극화는 몇 번의 단계 변화로 이어졌다.

첫째는 전직 대통령(노무현)과 현직 대통령(이명박)의 싸움이었고 그 결과는 불행했다. 둘째는 대통령 권력과 의회 권력의 싸움이었다. 이명박 정부 시절이던 2009년 이른바 대통령 공약 사안을 실현해야 한다는 명목으로 이루어진 '입법 100일 작전'이 대표적인 예이다. 당시 국회는 유사 전쟁터처럼 변했다. 셋째는 대통령과 집권당 사이의 당정분리 원칙이 폐지되고 '당정통합'으로 대체된 변화였다. 박근혜 대통령의 '친박 공천'에서 시작된 이 변화의 끝은 '내부총질', '배신 정치' 등의 신조어를 만들 정도로 집권당 안에서 대통령에 대한 비판을 허용하지 않는 양상으로 이어졌다. 이것이 가져다준 부정적 영향은 컸다. 대통령과 정당이 한 몸이 되어 한국 정치의 사이클을 극단적 양극화로 몰아가는 변화가 본격화되었기 때문이다. 전쟁에서 내부총질은 반역이겠지만, 민주정치에서 당내 비판과 이견을 내부총질로 규정하는 것은, 사실 전체주의와 그리 다르지 않은 일이다.

혹자는 대통령 권력이 정당정치의 중심으로 자리 잡은 것이 다원주의적 민주주의의 발전에는 부정적이겠지만, 정당의 안정과 통합에는 기여하지 않았을까 생각할지도 모르겠다. 현실은 그 반대였다. 대통령이 정치에서 차지하는 영향력이 커질수록 정당은 분열, 지도부 붕괴, 비상대책위원회를 겪어야 했다. 이것이 (앞서 살펴본 세 단계의 변화에 이은) 네 번째 단계의 변화로, 3김 이후인 2004년 이후 정치의 가장 큰 특징이 바로 여기에 있다. 여야를 막론하고 지도부 총사퇴, 비대위, 전당대회를 무한 반복했다. 양당은 2004년 이후 총 19회, 지난 2년 동안에만 7번의 비대위 체제를 겪었다. 지금 집권당이 비대위를 반복하면서 혼란에서 빠져나오지 못하고 있는 현실만큼 한국 정당정치의 몰락을 잘 보여주는 예도 없다. 당은 분열하고 지도부는 경멸당하는 악순환 속에서 존경과 권위를 인정받는 정당 지도자는 나타날 수도 오래 지속될 수도 없게 되었다.

　노무현 정권 동안엔 여당인 민주당 계열이 2004년 열린우리당 출범 이후 수시로 지도체제가 바뀌었다. 2005년에 임채정 비대위, 정세균 비대위가 있었고 이듬해엔 유재건 비대위 체제였다. 그리고 2007년 대통합민주신당 체제로 대선을 치른 뒤에도 당명 교체, 지도부 교체, 비대위 체제는 이어졌다. 이명박 정권 역시 임기 후반인 2010~2012년 동안 여당인 국민의힘 계열 정당에선 연 1회꼴로 비대위가 등장했다. 여야의 비대위 정치는 이후로도 이어져, 이제는 비대위가 일반적인 당 지도체제처럼 여겨질 정도가 되었다. 당장 윤석열 정부 출범 이후 국민의힘은 짧은 주호영 비대위 체제를 거쳐 정진석 비대위 체제로 운영되었다. 야당 역시 윤호중·박지현 비대위, 우상호 비대위를 거쳐 이재명 대표 체제가 들어서기 전까지 비대위 체제 안에서 갈등을 반복했다. 여야 양당만 계산해도 2020년 이후 지난 3년이 채 안 된 기간 동안 지도부 붕괴는 9차례나 발생했다.

　민주주의에서 정당은 사회의 다양한 이해관계와 갈등적 요구를 정부와 국가로 연결하는 기능을 할 때 그 가치가 빛난다. 그렇지 않고 국가 권력, 대통령 권력과 같은 사이클로 움직이는 정당은 '당－국가 체제'의 특징으로 이는 전체주의 국가에서 흔히 볼 수 있는 현상이다. 아마 체제가 전체주의라면 이런 체제는 작동할 수 있을 것이나, 체제는 민주주의인데 정당의 역할이 권력을 옹호하고 보호하는 것으로 좁아지면, 정당은 유지될 수 없다.

　이 단계에서 나타난 다섯 번째 변화가 팬덤 정치다. 팬덤 정치는 대통령을 위한, 대통령이 되기 위한, 전직·현직·차기 대통령들의 게임이다. 당의 내부는 대통령을 둘러싼 권력 투쟁의 쟁투장이 되는 정치가 지배한다. 당내 경선은 물론 당권 장악에 과도한 열정이 동원되면서 정당은 사회의 다양한 이해와 요구를 대표하고 매개하고 집약하는 정당 본래의 기능은 상실한다. 대신 당은 대통령 게임의 보조적 수단으로 전락한다. 이것이 팬덤 정치다. 대통령이 되기 위해서도, 대통령 권력의 안정화를 위해서도, 당을 자기 것으로 만들어야 한다는 조바심만 있는 정치다. 당내 이견과 반발을 팬덤을 통해 통제하고 지배하고 싶은 욕구를 감추지 못하는 정치가 팬덤 정치다.

　팬덤 정치는 계속될 것이나 그 때문에 정당은 위기에 취약해질 수밖에 없다. 정당이 자생적 기반을 갖지 못한 채, 대통령이 되려는 사람, 대통령이 된 사람에 휘둘리는 정치가 불가피하기 때문이다. 대통령의 자리는 그 끝이 명확하다. 최고의 공직이기 때문에 그 이후는 없다. 권력의 부침은 필연적이고, 그 생명은 길어야 5년이다. 그래서 정당의 기능과 역할이 전직이든 현직이든 차기든 대통령을 보호하는 역할로 좁아지면 정당이 '떴다방'처럼 변한다. 정치인들은 공직이든 당직이든 권력의 몫을 선점하는 데만 관심을 가질 수밖에 없다. 하지만 결국 부질없는 일이다.

큰 선거가 있을 때 승리한 정당은 살아남고 패배한 정당은 존폐 위기를 겪는다. 최소한 지도부 몰락은 피할 수 없다. 과거에는 대선 패배 정도가 되어야 정당의 위기가 발생했다. 그 뒤에는 총선은 물론 지방선거 패배로도 정당의 지도부가 붕괴했다. 이제는 보궐선거 패배나 여론조사 결과만 나빠도 위기를 겪는다. 대선을 치른 2022년 패자가 된 민주당만이 아니라, 승자가 된 국민의힘도 지도부 붕괴를 겪었다. 한 해 동안 양당 모두 두 번씩 비대위만 네 번 있었다. 전례가 없는 일이다.

이것으로 끝일까. 그렇지 않다. 팬덤 정치는 정당을 끊임없이 괴롭힌다. 의원도, 당직자도, 대의원도, 오래된 당원도 안정된 당 생활을 하기 어렵다. 팬덤 리더도 편안한 것은 아니다. 언제 지지율이 떨어질지, 언제 조사받고, 언제 감옥에 가게 될지 그들도 늘 지옥문 앞을 서성여야 한다. 팬덤 리더의 명멸에 따라 팬덤 지지자 현상도 명멸을 반복한다. 그런 의미에서 팬덤 정치란 권력 투쟁만 있고 사회나 공동체를 위한 정치는 없는 정당이 낳은 어두운 그림자가 아닐 수 없다. 팬덤 정치는 정치를 적(敵)과 아(我), 우리와 그들로 단순화시키지만 그 누구도 행복할 수도, 안심할 수도 없는 민주주의를 낳고 있다.

사르토리(2023)가 지적했듯, 정당은 민주주의라는 "체제의 역량"을 향상시키는 기능을 할 때만 긍정된다. 정당이 그런 기능을 못하게 되면 언제든 파당으로 공격받을 각오를 해야 한다. 파당과 달리 정당은 공동체적 책임의식을 존재 이유로 삼는다. 다른 누구도 아닌 자신들이 공동체의 미래를 좀 더 낫게 변화시킬 수 있음을 증명해야 한다. 이를 위해 정당은 "국가의 모든 권력과 권위를 가지고 자신들의 공동 계획을 실행에 옮기기 위한 적절한 수단"임을 나타내기 위해 "구성원 모두가 동의하는 특정의 원리"를 형성해야 한다. 정당이 내세우는 정견이나 이념, 가치가 대표적이지만, 정당이 배출해 낸 공직 후보자들에게서 볼 수 있는 신념의 체계(belief system) 등은 모두 이를 가리킨다.

정당이 민주주의 정치체제의 역량을 강화하고 사회를 통합하는 기능을 하는 것을 정당 본래의 속성으로만 설명할 수는 없다. 정당이 그런 노력을 하게 되는 것은 정당 구성원들이 공통으로 견지하는 신념뿐 아니라, 다른 정당의 존재로 인해 그렇게 하도록 압박을 받을 때 가능하다. 그런 압박이나 제약이 없을 때 정견이나 이념은 공허한 약속이 되고 신념의 후퇴는 제어될 수 없다. 정당정치는 복수의 정당들이 만들어내는 '상호작용의 체계'를 필요로 한다. 일당제는 민주주의와 양립할 수 없다. 다른 정당들과의 상호작용의 '체계'가 만들어내는 민주적 효과가 없다. 정당정치는 개별 정당의 차원과는 별도로 정당'들'이 만들어내는 다원적 체계의 차원에서 이해되고 설명되어야 한다. 하지만 팬덤 정치, 팬덤 정당은 상대당의 존재, 상대 당 지지자의 존재를 용인할 수 없는 일당주의의 심리를 키운다.

정당이 파당으로 퇴행하듯, 정당 체계도 나빠질 수 있다. 공익을 위한 경쟁이 아니라 공적 자산을 경쟁적으로 약탈하는 정치계급들(political classes)의 쟁투장으로 전락할 수 있다. 시민과 대중, 지지자의 역할도 나빠질 수 있다. 정당들이 경쟁적으로 만들어낸 공익적 대안들을 두고 최종 결정권(the last say)을 행사하는 주권자로서가 아니라, 파당 지도자들의 권력 투쟁에 도구나 흉기로 동원될 수 있다. 자신과 의견이 다른 모두를 ─그들이 정당이든, 정치인이든, 언론이든, 시민단체든, 가족이든, 동료 시민이든 상관없이─ 적대시하고 공격할 수 있다. 자신과 같은 의견을 가진 시민만 참여하게 하고 그들과만 협력하게 되면서, 정치도 양극화시키고 사회도 분열시키며 인간들 사이의 모든 관계를 위태롭게 만들 수 있다.

지금 우리 정당은 공익의 증진과 공동체의 통합을 위해 경쟁하는 존재들일까? 아니면 자신을 위한 정치를 하는 파당에 불과한가? 정당을 이끄는 사람들의 공익적 신념은 왜 점점 느껴지지 않는 것일까? 그 전에 정당 구성원 모두가 공유하는 정견이나 이념은 존재한다고 볼 수 있을까? 그보다는 선거 승리나 권력 획득, 상대 파당의 몰락과 붕괴, 이를 통한 공직과 공적 자산에 대한 독점적 약탈을 노리는 정치 전쟁의 수행자들에 가까운 것은 아닐까? 좀 더 평등하고 자유롭고 건강하고 안전하며 평화로운 공동체를 위해 경쟁하는 정당들의 기능과 역할, 효능을 느낄 수 없게 된 것은 정당정치의 실종과 파당 정치의 지배가 정치양극화와 팬덤 정치의 형태로 한국 민주주의를 위협하고 있기 때문이 아닐까? 가난한 시민이 더 가난해지고, 노동시장의 취약집단들이 더 취약해지고, 나이든 시민들이 고독사와 자살로 내몰리는 동안 우리의 정당들은 책임 있는 사회적 역할 대신 자신들을 위한 권력 투쟁에 매달려 온 것은 아닐까?

결론적으로 말해, 세계 유례없는 한국의 당원 폭증은 정당 발전보다는 정당 퇴행, 정당정치 몰락과 병행하는 현상이 아닐 수 없다. 책임 있는 참여도 아니다. 매집된 참여이고 지배의 욕구를 실현하고자 하는 참여가 압도한다. 그런 점에서 지금과 같은 당원의 폭증은 민주적인 정당정치를 발양시키기보다, 정치를 권력 쟁취를 위한 수단이자, 사회를 분열과 해체로 이끄는 나쁜 길로 이끌 수 있다.

제5절

발전적 변화를 위하여

어디서부터 시작할 것인가. 조사다. 당의 현실에 대한 조사와 분석 없이 좋은 대안, 좋은 변화는 만들어지기 어렵다. 외부 연구자나 학자의 조사도 도움이 되겠지만, 정당은 기본적으로 애정과 일체감, 충성심이 작동하는 인간 조직이다. 동시에 정당은 문화적 현상이다. 당풍이나 당 문화 같은 주관적 요소들을 중시해야 한다. 따라서 조사가 곧 상호 이해를 당내에서 진작시키는 계기가 되어야 한다. 이를 바탕으로 변화에 대한 합의의 기반을 강화해야 한다.

많은 이들이 정당을 낡은 유물로 취급하고, 당 밖의 유동하는 여론과 자신만의 팬덤 지지자를 찾아 헤매지만, 그것이야말로 어리석은 일이다. 아직, 적어도 아직까지 정당보다 나은 대중조직 모델은 존재하지 않으며, 정당 없이 공직 후보자를 배출하고 관리할 수 있는 더 정당성 있는 방법은 존재하지 않는다. 정당은 한국 민주주의의 가지 않은 미래다. 민주정치의 블루 오션이고, 누구든 정당을 이해하고 정당 안에서 신망을 얻는 자가 정치의 미래를 책임질 수 있다. 정당, 무엇이 문제이고 어떻게 발전시킬 수 있는가에 대한 구체적 청사진을 준비하는 정치가가 우리에겐 필요하다. 이를 전제로 몇 가지 검토할 만한 제안을 한다면 다음과 같다.

지금의 당원 숫자는 우리 정당의 인력이나 조직력으로는 관리조차 불가능한 규모다. 아무리 큰 정당이라도 당직자의 수는 중앙 1백 명, 지방 1백 명을 넘지 못한다(정당법 제30조 1항). 당원 명부 비치 의무를 지는 정당의 지역 지부는 17개 시도당이 전부다. 이 17개 시도당이 당원 관련 업무만 본다 해도 당직자는 다 합해 100명이 최대라는 뜻이다. 2021년 중앙선관위에 보고된 시도당의 유급 당직자는 민주당이 97명, 국민의힘이 80명이었다. 4백－5백만의 당원을 이들 100명이 안 되는 당직자가 책임진다. 당원 가운데 10%가 정당 활동에 참여한다고 해보자. 당 조직은 터져나갈 것이고 당직자들은 과로사할 것이다.

당원의 폭발은 허상이고 마땅히 개선될 일이다. 현행 정당법은 당원을 엄격히 관리할 것을 요구하고 있다. 입당 원서는 자신이 직접, 서명하거나 날인을 해서 제출해야 하고(정당법 제23조), 1인 2정당의 입당은 불법이며(정당법 제42조), 반드시 당비납부 제도를 설치, 운영하는 것을 정당의 의무로 부과하고 있다(정당법 제31조). 정당들의 당규에는 1년의 한 번 당원 전수조사를 통해 당원 유지 의사가 없는 사람들을 정리하게 되어 있다.

당원 데이터가 좀 더 세밀하게 만들어져야 한다. 당원의 기본정보는 물론이고 정당 가입 동기, 당적 평균 기간, 그간 참여해 온 당 활동, 다른 사람들에게 당적 공개를 얼마나 떳떳하게 하는지 등의 자료가 축적되어야 한다. 당원에 대한 강령, 당헌－당규 교육에서 시작해 주요 정책과 이슈에 대한 계몽된 이해의 진작 등이 이루어져야 진짜 참여다. 그런 것이 없이 당원만 되게 한 뒤 책임 있는 이후 프로그램이 없으면 그것을 참여라 부를 수 없다.

하루아침에 모든 것을 바꿀 수는 없을 것이다. 당비를 내지 않는 당원, 지역 당원으로서 활동 없는 당원을 일괄 정리할 수는 없을 것이다. 하지만 관리의 방향은 세워야 한다. 민주당은 2019년부터 당원 가입 및 당비납부 때마다 문자 발송을 해오고 있다. 이를 통해 자신의 의사에 반해 당원이 되거나 당비가 지출되는 경우 항의가 가능하게 되었다. 다른 정당도 여기서부터 출발해야 한다. 동시에 자신이 당원인지를 모르는 유령 당원, 당적 유지의 의사가 없는 허수 당원은 정당이 정리해주어야 한다. 당규에 따라 당적 유지 의사를 묻고 당비납부 실적을 알려야 하며, 향후 납부 의사도 확인해야 한다. 장기적으로는 영국이나 독일 등 대부분의 나라에서 보듯, 6개월 이상 당비납부를 하지 않는 당원은 당적 정리를 하는 것을 기본 방향으로 삼아야 한다(중앙선관위선거연수원 2021).

입당 원서를 받을 때 '추천인'을 쓰는 관행도 없애야 한다. 이것이 당원 매집자를 양산시키기 때문이다. 입당 시 자신이 직접 서명하거나 날인을 해서 제출했는지를 포함해 "1인 2정당의 입당은 불법"이라는 사실도 고지해야 한다. 원칙적으로 중앙당이 심사하고 가입시키는 현행 관행은 폐지해야 한다. 독일 등 대부분의 나라에서 보듯, 당원 가입을 중앙당이 운영하는 온라인 시스템을 활용하되 이를 주소지의 지부와 지구당으로 연결해 줌으로써, 입당 심사 및 가입은 해당 지역에서 이루어질 수 있게 해야 한다. 그래야 지역의 정당 활동에 당원이 참여할 수 있고, 지역 대의원의 기반을 발전시킬 수 있다.

이중 당적은 정당법 제42조 2항과 제55조에 따라 "1년 이하 징역, 100만 원 미만 벌금형" 처벌을 받는다. 선관위는 "당원에 관한 사항을 확인"할 권한이 있다(정당법 제24조 2항). 하지만 선관위가 확인 및 조사에 나선 적은 없다. 문제는 발생했는데, 아무도 책임지지 않는다는 뜻이다. 당원 폭증 속에 숨어 있는 이중 당적 문제는 정당과 선관위의 직무 유기가 만들어냈다. 선관위와 각 당 조직 담당자들이 협의해, 이중 당적자에 대한 조사 및 정리 방안을 공동으로 모색해야 한다.

지역의 풀뿌리 당원 참여를 가능케 할 수 있는 지구당을 법적으로 부활시켜야 한다. 실제로 지구당이 정당의 풀뿌리 기반으로 작동할 수 있도록 활성화 방안을 정당들은 구체적으로 마련해야 한다. 이를 위해 필요한 것은 두 가지이다. 첫째는 정당법의 유급 사무원 수 제한을 폐지하는 것이다. 지금의 1백 명 미만의 유급 당직자로는 당원 참여를 관리할 방도가 없다. 원칙적으로도 자율적 결사체인 정당의 유급 사무원 수를 법률이 제한하는 것은 있을 수 없는 일이다.

다른 하나는 당비 증액이다. 현재의 당 재정으로는 지구당을 부활해도 운영에 필요한 인건비 및 사업비를 마련할 수 없다. 1천 원 당비는 당원 매집을 쉽게 하고 매집을 비즈니스로 삼는 사람들을 양산하는 문제를 낳는다. 최소 5달러, 5유로, 5파운드에서 시작하는 대부분의 나라처럼, 소득기반이 약한 경우 월 5천 원을 기본으로 하고 그 이상은 당원 각자의 지불 능력을 고려해 당비를 스스로 책정해 낼 수 있도록 월 7천 원, 월 1만 원 같이 3개 안팎의 선택지가 있어야 한다. 당비만 내고 정당 활동의 의무를 지지 않으려는 사람들은 일본처럼 '당우(黨友)'라는 제도를 활용할 수도 있고, 미국처럼 정기적 후원자로 제도화하는 것도 고려해야 한다.

정당의 당직자, 의원실 보좌진, 정책위 전문위원, 정책연구원 연구직 등등 당의 기간 요인들이 일에 대한 보람을 지속할 수 있도록, 승진과 소득의 문제를 포함해 경력 관리체계를 발전시켜야 한다. 이들의 미래 선택을 개인이 감당하게 하면 유능한 인재가 당에 남아 책임 있게 정당을 이끌어갈 수 없다. 이 역시 실제 현실에 대한 광범한 조사와 검토를 통해 설계되어야 한다. 그 연장에서 선출직과 비선출직 사이의 경로 역시 합리적으로 관리되어야 한다. 당적 경험도 없는 당 밖 엘리트들을 무분별하게 영입하는 일도 절제되어야 한다.

지역 대의원이 되는 것에서 정치가로의 성장이 시작되는 환경을 만들어 가야 한다. 정당에게 지역은 두 가지 이유에서 '민주주의의 요람'이다. 하나는 정당에서 당원들과 공통의 경험을 쌓아감으로써 정당의 풀뿌리 문화를 만들어 갈 수 있는 곳이 지역이라는 사실이다. 다른 하나는 이곳이 선출직 정치인으로서의 경력을 시작하는 곳이어야 하기 때문이다. 공통의 경험과 동료 당원들의 신망을 공유하는 일은 플랫폼이나 디지털로 대신할 수 없다.

그러나 다른 무엇보다도 가장 중요한 것은 무분별한 당내 경선 제도와 관행을 개선하는 데 있다. 같은 영어를 사용한다고 해서 미국의 선거에 영국 시민이 참여하게 할 수 없고, 복지국가를 원한다고 스웨덴 시민을 불러와 참정권을 갖게 할 수 없듯, 정당 내부의 의사결정에 정당 밖 '국민'을 불러오는 일은 불합리한 일이다. "공천권을 국민에게 돌려드린다."는 것은 앞뒤가 맞지 않는 주장이기도 하다. 국민은 각 당이 공천한 공직 후보자를 놓고 평가해 최종적 주권을 행사하는 권리자인데, 그들을 정당들이 임의로 당내로 불러들이는 일은 일종의 '주권 탈취'이자 '주권 분열'을 가져온다. 주권의 분열은 곧 시민들 사이를 분열시키고 내전을 방불케 하는 적대와 증오의 정치를 낳는다.

국민은 공천권을 달라고 한 적이 없음을 명심해야 한다. 좋은 자동차를 타고 싶다고 해서 자동차 공장에 쳐들어가는 소비자는 없듯이, 그보다는 좋은 자동차를 만드는 기업을 흥하게 하고 그렇지 않은 회사를 망하게 하는 방법으로 소비자주권을 행사하듯, 국민은 정당들이 내놓은 공천 결과를 보고 평가하고 심판하는 시민 주권자로 제 역할을 할 수 있게 해야 한다. 지금과 같은 당내 경선은 공직 후보자들을 당원 매집에 골몰하게 만들고, 야심가들에게 팬덤을 대동해 정당에 쳐들어가고 또 정당을 장악하려는 욕구를 부추긴다. 이보다 더 정당 정치를 망가뜨리는 일도 없다.

민주주의는 정당 간 경쟁이 좋아야 하는 정치체제다. 정당 내부는 공통의 정견과 가치, 규범을 공유하는 구성원들의 협력체여야 하고, 상호 신뢰를 제도화하는 방법으로 당풍과 문화, 전통을 세워가야 하는 곳이다. 그래야 1백 년 가는 정당이 나올 수 있고, 정당들이 책임 정치를 실현하는 민주주의를 발전시켜 갈 수 있다. 당원 폭증을 가져오는 당내의 잘못된 경선 제도와 관행은 정당을 끝없는 내부 갈등에 시달리게 하고, 시민을 분열시키며, 한국판 포퓰리즘이라 할 팬덤 정치를 심화시키는 결과를 낳는다.

16

정당 공천제도의 문제점과 개선방향

박현석

제1절
들어가며

　선거를 중심으로 하는 현대 민주주의는 본질적으로 선거에서 승리할 수 있는 다수를 형성하여 의사를 결정한다. 하지만 선진적인 민주주의 국가들을 살펴보면 숙의를 통한 다수의 현명한 결정을 장려하고 다수의 일방적인 지배를 제어하기 위해서 소수자의 시민권을 보호하고 이들이 다수의 횡포에 저항할 수 있는 제도적 장치들을 마련해 두고 있다. 한국은 1980년대 후반 민주화 이후 선거를 통한 평화적 정권 교체를 지속하며 절차적 민주주의를 공고화하였지만, 다수의 지배를 넘어서 소수의 시민권이 보호되고 다양한 견해가 제도 정치권에서 대표되는 실질적인 민주주의의 기준에서 보면 미진한 부분이 남아있다. 정당 내부의 민주주의도 마찬가지로 과거에 비해 절차적 민주성은 비록 향상되었으나 여전히 제도화의 수준이 낮은 미완의 상태이고, 실질적 민주주의를 실현하기 위해서 남아있는 과제가 많다. 특히 현재의 거대 양당체제가 유지되는 상황에서는 정당 내부의 민주주의가 필요하다. 당내에 다양한 의견들이 경쟁하고 주류와 비주류가 공존하는 실질적인 정당 내부의 민주주의가 정착된다면 정치양극화로 인한 양대 정당 사이의 정치적 대립 및 교착상태를 완화하고 정치의 역할을 복원할 수 있을 것이다.

　정당의 가장 중요한 의사결정 중 하나는 공직후보자의 공천이다. 공천과정이 절차적 민주주의에 부합하기 위해서는 제도화가 필요하다. 공정한 공천규칙이 준비되어야 하고, 규칙이 사전에 공유되어야 하며, 규칙이 자의적으로 바뀌지 않고 모든 참여자들이 결과를 받아들일 수 있어야 한다. 기존의 많은 연구들이 공천 과정의 제도화의 필요성에 대해 강조한 바 있다(김용호 2003; 전용주 2005; 이정진 2019). 정당 총수가 중심이 되어 공천을 하던 관행이 점진적으로 개방화되면서 큰 틀에서 보면 제도화 또한 진전되어 왔다. 하지만 중앙당의 역할이 구체적으로 어디까지이고, 경선 참여자 선정 및 실시의 기준은 무엇인가에 대해서는 여전히 정치적 상황에 따라서 결정되는 경향을 보인다. 2023년 초에 치러진 국민의힘의 당대표 경선에서도 안철수 후보는 자신이 대표가 되면 공천권을 자제하겠다고 약속하였고, 민주당 이재명 대표의 거취를 둘러싼 당 내부의 논쟁도 결국 대표의 공천권 문제와 관련이 깊다.

중앙집중화된 공천제도는 정당의 규율을 세우고 당론정치를 강화하는데 기여한다. 정당 차원에서 공약을 내걸고 정책을 추진하는 당론 정치는 그 자체로는 큰 장점을 가지고 있다. 국가 단위의 중요한 정책들이 선거의 중요한 쟁점이 되고, 선거를 통해서 유권자들의 선택을 받은 정책들이 집권세력의 책임하에 실현될 수 있다. 문제는 강력한 정당 규율을 통한 당론정치가 대통령제와 결합될 때 여당과 야당 간의 지속적인 대립과 정치적 교착으로 귀결될 수 있다는 점이다. 의회제의 경우 선거에서 승리한 다수당이 정부를 구성하여 공약을 실현할 수 있지만, 대통령제의 경우 행정부와 입법부의 이원적 정통성으로 인해 대통령과 의회 다수당이 대립하면 교착상태를 해소할 수 있는 제도적 해법은 없다. 정당 체계가 다당제일 경우 사안별로 정당간의 정책 연합을 구성하여 교착상태를 해결해 나갈 수 있지만, 양당제의 경우 다음 선거까지 권력투쟁이 지속될 수도 있다.

실제로 한국정치의 병폐로 지목되는 '제왕적 대통령'은 대통령이 여당에 대해 강력한 영향력을 행사하고 있음을 전제로 하고 있다. 여당이 대통령으로부터 독립적으로 움직이는 경우 그 대통령이 제왕적 대통령일 수는 없기 때문이다. 여소야대의 분점정부에서는 거대 야당의 반발로 정치적 교착상태가 지속되고 대통령의 원활한 국정운영이 어렵다는 주장도 야당이 일사분란하게 당론에 따라 단결하는 상황을 전제로 하고 있다. 제왕적 대통령과 여소야대의 교착상태는 한국 정치의 병폐를 지적할 때 흔히 거론되는데, 이 두 가지 현상 모두 정당 지도부를 중심으로 하는 강력한 당론정치가 없이는 설명하기 어렵다.

정당 지도부가 강력한 힘을 발휘하는 이유에 대해 분석하기 위해서는 다양한 접근이 필요하겠지만, 공직선거 후보 공천 과정에서 정당 지도부가 미치는 영향력이 막대하다는 점이 중요한 원인의 하나임은 분명하다. 정당 지도부 중심의 강력한 당론정치가 관철되는 이유 중 하나는 정당 지도부가 공천권을 통해 당내의 규율을 확립하기 때문이다. 정당의 목적은 지지자들을 확보하고 정권을 획득해서 선호하는 정책을 실현하는 것이다. 민주주의 국가에서 정권을 얻기 위해서는 선거에서 승리해야 하고, 선거에서 승리하기 위해서는 훌륭한 후보자들이 선거에 출마해야 한다. 공직후보자 정당공천은 정당의 핵심 기능 중 하나이다. 개별 정치인의 입장에서도 정당의 공천을 받아 출마하고 선거에서 승리하는 것은 정견의 실현의 측면뿐만 아니라 개인의 정치경력을 좌우하는 중요한 일이다. 정당 지도부가 공천을 주도하는 상황에서 지도부의 당론과 다른 의견을 고수하며 대립하는 경우 공천에서 탈락할 수 있다는 위험도가 높아지므로 개별 의원들은 가급적이면 당론에 따르는 것이 낫다는 판단을 할 유인을 가지고 있다.

2023년 2월 현재 국민의힘의 경우 대통령이 지지하는 당대표 후보가 누군가에 대한 논란, 이른바 '윤심' 논란이 전당대회의 주요 이슈로 등장하였고, 다가오는 총선에서 차기 대표가 행사하게 될 공천권 문제가 논쟁의 대상이 되고 있다. 현직 당대표가 검찰의 수사를 받고 있는 민주당의 경우도 차기 총선의 공천권 문제가 당내 파벌간 대립의 핵심 요인이다. 두 정당 모두 공천관리 혹은 공천심사를 위한 중립적인 위원회를 꾸려서 최적의 공직후보자들을 선출한다고 하나 실제로는 정당 지도부의 영향력이 막강하다는 점을 방증하는 사례이다.

한국정치의 고질적 문제로 지목되는 제왕적 대통령과 여소야대 하에서의 정치적 교착은 강력한 정당규율이 작동한다는 가정을 전제로 한다. 의원 개개인의 자율성이 높아서 각자의 소신과 대변하는 지지층의 특징에 따라서 의원들이 유연하게 투표할 수 있다면 정치양극화가 심화되기 이전 미국에서 관찰되듯이 사안별로 초당적 협력이 가능하다. 현재 선거법 개정 논의가 진행중이지만, 대다수의 국회의원을 소선거구에서 단순다수제로 선출하는 현행 선거법의 기본틀이 변하지 않는다면 거대 양당 중심의 정당체제가 유지될 가능성이 크다. 양당제 하에서 정당간의 대화와 타협을 촉진시키기 위해서는 정당 내부에 다양한 목소리가 공존해야 한다. 예를 들어 보수정당과 진보정당 내부에 각각 급진파와 중도파가 존재한다면 사안별로 보수정당과 진보정당의 중도파, 혹은 진보정당과 보수정당의 중도파가 타협할 수 있다.

우리는 공천제도가 강력한 정당규율을 확립하는 매개 수단이 된다는 점에 착안하여 공천제도 개편을 통해 여당과 야당이 대결형 정치를 지속하는 양극화된 정치구도를 개혁할 수 있는 실마리를 찾아보고자 한다. 중앙집권적 공천제도 하에서 의원들은 차기 총선에서 공천 가능성을 높이기 위해서 다소 의견이 다른 경우에도 지도부의 입장을 심각하게 고려할 수밖에 없다. 실제로 의원들은 의정활동에 있어서 당론을 중시하며, 당론은 정당 지도부의 정책선호의 영향을 크게 받는다고 인식하고 있었다. 2022년 11월에 국회미래연구원에서 국회의원들을 대상으로 실시한 설문조사에서 본인의 의정활동에 영향을 주는 중요한 요인 3가지를 선택하도록 하였는데 총 153명의 응답자 중 61.4%가 소속 정당의 당론과 정책을 선택하였다. 가장 많은 응답자가 선택한 응답이었다. 이어서 소속 정당에서 제기하는 의제가 결정되는데 영향을 미치는 중요한 요인에 대해 동일한 방식으로 묻는 질문에 대해 가장 많은 응답자(61.4%)가 정당 지도부의 정책선호라고 응답하였다(박현석 2022). 의원들의 자율성이 낮은 수준에서만 허용되는 일사분란한 당론정치가 확고히 자리잡으면 당내에서 다양한 견해가 건강하게 경쟁하는 다원적 생태계가 형성되기 어렵다. 경직된 당론정치는 정당간의 갈등을 확대하는 정치양극화가 심화되는 상황에서 더 나은 미래를 위한 정당간의 대화와 타협을 가로막고 있다. 여당과 야당의 권력투쟁이 심화되고 민생과 직결된 정책 논의가 뒷전으로 밀리면 결국 그 피해는 시민들에게 돌아간다.

공천제도를 고치면 당내 다양성이 확대되고 정당간의 협력이 촉진될까? 중앙집권적 공천제도가 정당 지도부의 영향력을 강화시키는 중요한 원인가에 대해서는 논란의 여지가 있는 것이 사실이다. 한국의 중앙집권적 공천제도는 결국 낮은 수준의 정당 민주주의를 반영하는 현상이며, 중앙집권적인 공천제도를 변화시키기 위해서는 구조적인 정치환경의 변화가 필요하다고 볼 수도 있기 때문이다. 과거 이른바 '3김' 시대를 돌아보면 공천의 중앙집권도가 매우 높은 수준이었다. 당시 김영삼, 김대중, 김종필 등이 소속 정당에 대한 강력한 통제력을 행사할 수 있었던 것은 정당의 지도자인 그들이 주도적으로 지지자들을 확보하였기 때문이다. 3김은 확실한 지지기반을 바탕으로 소속 정당을 장악하였고, 그 결과 공직후보자 공천에도 결정적인 영향력을 행사하였다. 이 시기 중앙집권적 공천제도는 3김의 정당 지배력의 결과라고 보는 것이 합당하며, 중앙집권적 공천제도 때문에 3김이 정당 장악력을 확보했다고 보기는 어렵다.

중앙집권적 공천제도가 비민주적 정당운영의 원인인가 결과인가에 대해서는 가늠하기 어렵지만, 이와 무관하게 공천제도가 정치인의 행태에 중요한 영향을 미치는 것은 부인할 수 없다. 재선을 목표로 하는 현역 국회의원들, 공천을 목표로 하는 국회의원 후보자들은 공천 가능성을 극대화하기 위해 정치적 선택을 한다. 따라서 새로운 정치세력이 제도 정치권에 원활하게 진입하고 당내에 다양한 의견이 공존할 수 있는 환경을 만들어 정치양극화를 완화할 수 있는 공천제도에 대한 고민이 필요하다.

이 연구는 정당 민주주의를 발전시켜야 한다는 규범적 목적을 달성하기 위한 방안에 관한 것은 아니다. 우리의 문제의식은 정치양극화가 정당 내부의 경직된 획일주의와 결합하여 정치적 대화와 타협을 어렵게 만드는 문제점을 극복하는 것이다. 제도 정치권에서 다양한 견해가 공존하며 연합하고 타협할 수 있도록 다양한 세력들이 국회에 진출하는 것이 이 문제를 해결하는 한 가지 방법이라는 관점에서 공천제도에 주목한다. 공천제도의 역할은 정당체계의 종류에 따라서 달라질 수 있다. 선거법이 개정되어 비례성이 높은 선거제도가 채택되고 다당제가 정착되어 다양한 정당이 경쟁하는 상황이 전개된다면 정당 사이의 다양성이 확보되어 정당 내부의 다양성은 중요도가 상대적으로 낮아질 것이다. 이 상황에서는 오히려 정당 간의 다양성이 뚜렷하게 드러날 수 있는 당론정치가 필요하다. 반면 현행 소선거구 중심의 선거제도 하에서 거대 양당이 주도하는 정치가 지속된다면 당내의 다양성을 확대하는 공천제도의 중요성이 더욱 커질 것이다. 우리는 현행 선거제도가 유지되더라도 양극화 극복을 위해 정당이 스스로 추구할 수 있는 변화의 방향에 대해 제언하는 것을 목적으로 한다.

당내의 다양성을 높이기 위해서 우리가 제안하는 공천제도 변화의 방향은 다음과 같다. 첫째, 현행 공천제도에서 상향식 의사결정의 성격을 강화해야 한다. 중앙당 공천관리위원회의 경선후보 선정과 지역구에서의 경선이 동시에 진행되는 현행 공천제도는 중앙당의 관리와 상향식 공천제도가 결합된 형식을 갖추고 있으나 여전히 중앙당의 영향력이 막강하다. 양대 정당 모두 공천관리위원회가 이른바 '컷오프'를 통해 경선에 참여할 후보자들을 결정하며 필요한 경우 단수로 전략공천을 할 수도 있다. 실제로 경선이 치러지는 지역의 비중은 전체 지역구의 절반에 못 미친다. 향후 중앙당은 공천 신청자들에 대한 적격 심사 등을 통해 후보자 군을 관리하고, 실제 경선에 참여할 후보자는 지역 단위에서 자율적으로 선정할 수 있도록 할 필요가 있다. 둘째, 지역 분권화의 수준을 높여야 한다. 정당 내부의 시각에서 보더라도 지역별로 당원 및 지지자들의 정치적 선호가 차이를 보이므로, 중도적인 입장과 주류적인 입장이 당내에 공존하기 위해서는 지역 분권화의 수준을 높여서 다양한 선호들이 대표될 수 있는 제도적 여건을 마련해야 한다.

공천과정에서 상향식 의사결정의 요인들을 강화하고 지역 분권화의 수준을 높인다고 하더라도 정치양극화를 완화시키는 데에 큰 효과를 발휘하지 못할 가능성도 배제할 수는 없다. 팬덤정치가 확산되고 유권자 수준의 양극화가 심화되는 상황에서는 활발한 활동가 집단이 경선에서 결정적인 영향력을 행사하며 결과적으로 공천되는 후보들의 선호가 획일화될 수 있기 때문이다. 공천제도가 근본적인 문제를 해결하는 데 한계를 가질 수는 있으나 분권화된 상향식 공천제도를 도입할 경우 중앙당 주도의 공천제도가 지속되는 현재의 상황과 한 가지 결정적인 차이가 있다. 새로운 공천제도가 정착되면 지역에서 튼튼한 정치적 기반을 가진 정치인들은 필요한 경우 당론과 차이가 있는 독립적인 판단을 할 수 있다. 중앙집권적 공천제도가 변화된다면 정당 지도부가 주도하여 정당의 규율을 강제하기는 어려워진다. 양대 정당 중심의 정치가 지속된다면 정당 내부의 다양성을 확보하는 것이 정치양극화 완화를 위해 필요하며, 분권화된 상향식 공천은 당내 다양성을 높일 수 있는 제도적인 토대를 제공할 것이다.

제2절
공천제도를 둘러싼 쟁점들

1. 정당 내부의 민주주의와 공천제도의 변화

정당의 공직후보자 공천은 정권 획득을 목적으로 하는 정당의 정치활동 중 가장 중요한 과정의 하나이다. 정당은 선거에서 승리하여 권력을 확보할 수 있으며, 선거에서 승리하기 위해서는 유권자들의 지지를 모을 수 있는 정책과 능력과 매력을 갖춘 후보자가 필요하다. 정당의 공직후보자 공천은 정당의 존재이유와 깊이 연관되어 있는 핵심 기능이다. 정당의 공천제도는 정당 내부의 사무로 정당이 자율적으로 결정하기 때문에 한 국가 내부에서도 정당마다 차이가 있고 국가별 직접 비교가 쉽지 않다. 선거구의 크기와 정당투표 여부 등 선거제도가 다른 경우 추천해야 할 후보자의 숫자가 달라지기 때문에 공천제도는 선거제도의 영향도 크게 받는다. 민주주의를 채택한 국가들의 공천 제도의 변화에 대한 연구에 따르면 각국의 정치적 맥락과 특성이 다름에도 불구하고 공천제도가 변화하는 방향이 수렴하고 있음을 발견할 수 있다. 서유럽과 미국의 경우 1960년대 이후 당원들의 참여가 확대되는 방향으로 중앙집권적이고 폐쇄적이었던 공천과정이 개방화되고 분권화되는 변화를 겪어왔다(Bille 2001; Levitsky and Ziblatt 2018). 밀실에서 정당의 지도자들이나 파벌 영수들이 모여 협상을 통해 후보자를 선정하는 폐쇄적인 공천과정이 지속되면서 당원들의 선호와 거리가 먼 후보자들이 공천되는 등 정당 지도부와 시민의 의견이 유리되었고, 당원들은 참여를 통한 정당 민주화를 요구하기 시작했다. 서구의 주요 정당들은 사회적 기반이 점차 약화되고 당원들이 감소하는 상황 속에서 공천과정의 민주화를 통해 유권자들의 참여를 진작시키려 하였다 (Pennings and Hazan 2001). 정당 내부의 민주주의의 확산은 시대적인 흐름이 되었다.

하잔과 라핫(Hazan and Rahat 2010)은 정당 내부의 민주주의를 진단하기 위해 의사결정의 개방성과 분권화의 수준이라는 두 가지 기준을 제시하였다. 개방성의 관점에서 보면 얼마나 많은 관계자들이 의사결정에 참여하는가에 따라서 공천제도를 포용적 제도와 폐쇄적 제도로 나눠볼 수 있다. 국회의원 후보자 공천이 지도부에 의해 전적으로 결정된다면 공천제도는 폐쇄적이다. 반면 대의원 등 선출된 정당 관계자들이 의사결정에 참여한다면 개방성이 높은 제도이다. 가장 개방적인 경우는 일반 당원과 지지자들까지도 참여할 수 있도록 제도를 설계한다. 분권화는 중앙당 조직의 영향력이 얼마나 결정적인가에 따라서 결정된다. 공직후보자 공천을 중앙당에서 주도하는지 중앙당의 하위 집단에서 실질적인 의사결정을 하는지에 따라서 분권화의 수준을 판가름할 수 있다. 비교적 관점에서 보면 분권화는 지역 분권화와 직능 분권화로 구분해 볼 수 있다. 지역 분권화는 정당의 지역조직에서 실질적으로 후보를 결정하는 것이며, 직능 분권화는 정당별 직능조직이 공천과정에서 발언권을 갖는 것이다. 지역 분권화의 수준이 높아질수록 중앙당의 영향력이 줄어들고 정당의 지역 지부, 혹은 지역구 단위에서 실질적으로 후보가 결정된다. 중앙당의 영향력이 미미한 미국의 공화당과 민주당은 지역 분권화의 수준이 매우 높은 사례이다. 직능 분권화가 이루어진 정당에서는 정당과 연계된 사회 집단이 공천과정에서 영향력을 행사한다. 서유럽의 사민당이나 노동당에서 노동조합이 후보자 공천 과정에서 지분을 유지해 온 것이 전형적인 직능 분권화의 사례이다. 하잔과 라핫의 틀에서 보자면 정당 민주주의의 발전은 공천제도의 개방성과 분권화의 수준이 높아져 왔음을 뜻한다.

개방화와 분권화는 함께 갈 수도 있으나 개념적으로는 서로 차원이 다르다. 개방성은 공천 결정에 참여하는 선출권자들이 얼마나 포괄적인가, 다시 말해 일반 당원과 지지자들까지 공천과정에 참여할 수 있는가를 의미하고, 분권화는 지리적인 혹은 사회적인 기준에 따라 의사결정권이 분산된 정도를 뜻한다. 따라서 이론적으로는 중앙집권적인 공천이지만 선출권자의 범위가 넓은 개방적 방식을 취할 수 있으며, 지역 수준에서 분권화되어 있더라도 소수가 폐쇄적으로 후보자를 결정하는 경우가 있을 수 있다.

정당의 공천제도가 개방화되고 분권화되면 더 좋은 민주 정치가 정착될까? 공천 과정이 개방화되어 당원들과 지지자들이 공직후보자를 선택하는 상향식 공천이 정착되면 정당 엘리트뿐만 아니라 일반 당원과 지지자들 등 다양한 유권자들의 참여가 가능해지고 정당 엘리트의 카르텔화를 막을 수 있다. 다시 말해 더 이상 정당의 지도부가 공모하여 당원들의 뜻과 다른 결정을 내리기 어렵다. 지역별, 직능별로 정치적 선호가 다르다면 지역 분권화, 직능 분권화는 당내 다양성을 높이는 데에도 기여한다. 반면 공천과정을 개방화하면 정당 지도부의 조정기능이 약해진다. 지역구에서 자신의 지지기반만 확실하다면 의원 개인의 자율성이 높아져서 지도부의 의견보다는 자신의 소신이나 지역구 유권자의 이해관계를 대변하게 된다. 이에 더해 상향식 공천이 소선거구제와 결합되는 경우 지역구 별로 1인의 후보자를 선출하기 때문에 당내의 소수세력의 경우 후보로 선출되기 더욱 어려운 상황이 벌어질 수 있다. 지역구에서 1명의 국회의원 후보자를 선출하는 경선은 결국 승자독식형 경선이 되며 지역 단위에서 현역의 입지가 강화되거나 양강 구도의 경선이 치러질 가능성이 높아진다. 이와 같은 상황에서는 소수파와 신진세력이 후보로 선출되기 어려울 수도 있다. 지역의 정치엘리트, 직능별 정치엘리트들이 고착화할 가능성을 배제할 수 없다.

　20세기 후반부터 세계 각국에서 불평등 문제가 대두되고 정치양극화가 심화되면서 정당 민주주의의 정치적 결과에 대한 새로운 논쟁이 시작되었다. 정당 내의 민주주의는 중앙당의 권력독점에서 비롯되는 엘리트와 대중의 유리현상을 해소하였으나, 한편으로는 대중들의 요구에 영합하는 포퓰리즘 정치가 확산되는 토양이 되었다. 레빗츠키와 지블랏(Levitsky and Ziblatt 2018)은 오늘날의 민주주의의 위기는 무력을 가진 집단의 공격, 쿠데타가 아닌 민주적으로 선출된 지도자들로부터 시작되었다고 진단한다. 이들은 상대편을 대화의 파트너로 인정하지 않고 적으로 간주하며, 법의 정신에 깃들어있는 관용의 미덕을 잊은 채 제도적 권한을 지속적으로 남용하면서 양극화의 골을 더욱 깊게 만들었다. 상대방에 대한 존중과 관용이 없는 지도자들이 등장한 배경에는 여러 가지 요인이 있겠지만, 레빗츠키와 지블랏은 숙의를 통한 정당의 문지기 역할(gatekeeping)이 사라지고 다수결주의로 후보자를 결정하는 '민주적' 공천 과정이 과도하게 개방화된 것을 한 가지 원인으로 보고 있다.

　다수결주의에 입각한 정당 민주주의의 확산에 대해 비판적인 관점에서 보면, 중앙집권적인 공천제도가 부정적인 것만은 아니다. 후보들은 선거에서 정당의 이름으로 출마하고 정당의 공약을 내걸고 선거전을 펼친다. 책임정치의 측면에서 보자면 오히려 중앙당이 공천을 주도하여 정당의 규율을 확립할 필요가 있다. 로젠블루스와 샤피로 (Rosenbluth and Shapiro 2018)는 승리한 정당은 다수당의 지위를 토대로 선거기간 약속한 정책들을 실행하고 다음 선거에서 유권자들의 평가를 받아야 한다는 책임 정당 모형을 옹호하는 대표적인 전문가들이다. 이들은 공직후보자 공천 또한 정당 지도부가 책임을 지고 주도하는 것이 합당하다고 본다. 선거에서 패배하면 지도부는 패배의 책임을 지고 물러나고 새로운 리더십이 등장해서 새로운 방향을 제시하고 개혁해 나가는 것이 바람직하다고 주장한다. 이러한 관점에서 이들은 다수결로 후보자를 선택하는 방식의 정당 민주화에 대해 비판적인 입장을 견지한다. 당원 중심 혹은 유권자 중심의 공천은 지도부의 정치적 책임에 면죄부를 줌으로써 책임정치를 구현하는 데 장애물로 작용하며, 경선 과정에서 당락에 영향을 미치는 결정적 투표자들이 될 수 있는 특정 집단의 이익이 과대대표될 가능성이 높아 다양한 이익을 대표하는 데에도 불리하다는 것이다. 갈등하는 이해관계를 집약하고 조정하는 정당의 기능을 강조하는 로젠블루스와 샤피로는 정당의 리더들이 선거승리에 필요한 지지를 확보할 수 있는 선거연합을 형성하기 위해 다수의 지지를 받을 수 있는 좋은 정치를 펴는 것이 다수결주의에 바탕을 둔 정당 민주화에 비해 더 민주적인 결과를 가져온다고 주장한다.

지금까지의 종합해 보면 20세기 후반 이후 민주주의 국가의 공천제도는 전반적으로 개방화와 분권화를 통해 정당 민주주의가 확산되는 방향으로 변화해 왔다. 정당 지도부의 영향력이 점차 약화되고 일반 당원들이 참여도가 높아졌으며, 개방성이 매우 높은 경우 당원이 아닌 지지자들까지도 후보자 공천에 참여가 가능해졌다. 정당 내부의 민주주의가 확대되면서 정당의 파벌 영수들이 당원들의 선호와 유리된 결정을 내리는 밀실공천은 점차 사라졌다. 하지만 경제적 불평등과 정치양극화가 심화되는 가운데 다수결을 통해 정당의 공직후보자를 결정하는 공천제도를 통해서 관용과 자제의 미덕이 없이 적대적 대결정치를 통해 대중들의 분노를 동원하는 포퓰리즘 지도자들이 정당의 지도자로 선출되기 시작했다.

2. 한국 정당의 공천제도의 특징

한국의 정당 민주주의는 서두에서 언급한 바와 같이 여전히 취약하지만, 한국의 정당들도 당원과 시민들의 정당 민주화의 요청에 부응하기 위해 2000년대 이후 국민참여경선제를 도입하는 등 공천과정을 개방화하고 제도화하기 위한 변화의 실험을 전개해 왔다. 국민참여경선제의 실험은 실패로 돌아갔으나, 공천과정은 점차 개방화와 분권화의 방향으로 변화해 왔다고 볼 수 있다. 일례로 정당 지도부에 의한 단수 후보 공천은 과거에 비해 비중이 급격히 줄어들었다. 2020년 치러진 21대 총선의 경우 민주당은 지역구에서 총 28명의 후보를 단수로 전략공천하였고, 미래통합당(현 국민의힘)은 21곳의 지역에서 단수 전략공천을 하였다(한설희 2020). 그리고 논란의 여지가 많지만 당심과 민심의 균형을 추구한다는 문제의식 속에서 주요 정당들은 여론조사 결과를 합산하여 공천에 활용하고 있다.

제도적으로 당원과 지지자들의 참여가 확대되고 단수 후보를 전략공천하는 사례도 줄어들고 있지만 여전히 당내 구성원들과 시민들은 정당 민주주의가 낮은 수준에 머물고 있다고 인식한다. 변화를 위한 노력에도 불구하고 여전히 중앙당은 공천 과정에서 강력한 영향력을 행사하고 있다. 21대 총선에서 실제로 경선을 실시한 지역구의 비율은 더불어민주당이 41.5%, 국민의힘은 35%에 불과하다(윤왕희 2022). 양당 모두 공천관리위원회가 공천과정에 참여할 후보자들을 사전검토를 통해 선정하고, 비례대표 후보 명부를 결정했다. 심지어 특정 후보자가 지역을 옮겨 출마하도록 결정하는 경우도 있다. 하지만 막대한 권한을 행사하는 공천관리위원들은 선출직이 아닌 임명직이다. 정당별로 공천관리위원회의 결정을 제어할 수 있는 다양한 견제장치가 존재하지만 실제로 공천과정이 개방적이고 일반 당원들의 참여를 장려하는지는 여전히 의문의 여지가 크다(장승진 2020b).

자료를 통해 살펴보아도 한국은 중앙당의 권한이 강한 것으로 평가된다. [그림 16-1]은 민주주의의 다양성(V-Dem) 자료의 정당의 후보공천(candidate selection) 변수의 2020년값을 좌측패널 하단부터 우측 패널 상단까지 오름차순으로 정렬한 결과이다. 숫자가 적을수록 중앙당 지도부가 배타적으로 총선 후보를 결정하고, 숫자가 커질수록 지역조직과 당원의 영향력이 크다. 중앙당의 권한이 가장 약한 나라는 미국으로 4.216이었고, 한국은 1.008로 전체 180개국 중에서 중앙당 권한이 낮은 순서로 순위를 매기면 59위로 나타났다. 58위와 60위는 자메이카와 우루과이였다. 한국의 점수인 1은 총선 후보공천을 중앙당 지도부가 주도하지만, 지역 조직도 제한적인 영향력을 행사함을 뜻한다. 서유럽과 북미의 민주주의 선진국들은 대체로 한국보다 정당 공천의 중앙집중도가 낮았다. 프랑스와 일본이 한국에 비해 중앙당의 권한이 강한 것으로 나타났다.

[그림 16-1] 국가별 정당 공천의 중앙집중도(2020년)

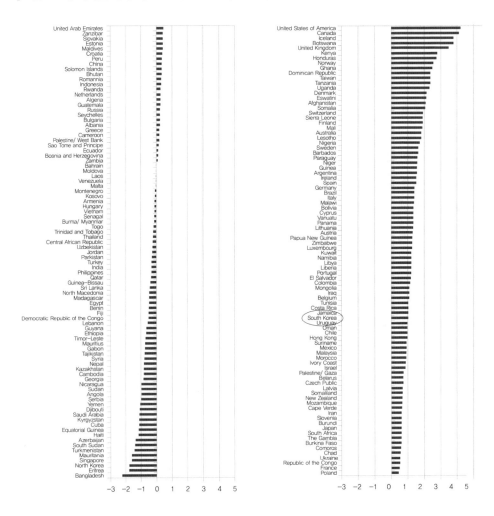

출처: V-Dem Institute. <https://www.v-dem.net>

로젠블루스와 샤피로(Rosenbluth and Shapiro 2018)는 20세기 영국에서 작동하던 웨스트민스터 모형을 모델로 하여 강력한 정당과 중앙당 주도의 리더십을 통해 양질의 민주주의를 실현할 수 있다는 책임정당론을 역설한다. 하지만 한국의 사례를 살펴보면 공천에서 중앙당의 역할이 높지만 국민들의 정당에 대한 신뢰도는 매우 낮다. 한국리서치에서 2022년 8월에 실시한 주요 사회기관 역할수행평가 결과를 보면 정당이 역할을 잘하고 있다고 평가한 응답자는 5%에 불과했고, 90%는 못하고 있다고 답했다. 책임정당 모델과 비교할 때 한국의 정당운영은 중앙당의 리더십이 강하다는 점에서는 유사한 반면, 큰 차이점도 존재한다. 책임정당 모형은 강한 정당을 강조한다. 정당이 집권하고, 정당이 리더를 선출하며, 정당이 책임을 진다. 한국의 정당은 강력한 대통령, 강력한 대선후보를 중심으로 운영되며 사회적 기반이나 이해관계 조정 능력은 오히려 취약하다고 볼 수 있다. 한국의 정당의 이와 같은 특징들은 대통령제를 통해서 설명이 가능하다.

3. 대통령제와 정당 공천

로젠블루스와 샤피로의 책임정당은 강한 정당을 의미한다. 정당이 강력한 리더십을 가지고 뚜렷한 비전에 근거한 정책을 제시하며 충돌하는 다양한 이해관계를 집약하고 조정한다. 정당이 집권에 성공하면 정당의 정강정책에 따라서 국가를 운영하고 선거에서 유권자들의 선택을 받는다. 한국의 정당은 중앙집권적 공천제도에서 드러나듯이 강력한 리더십을 통해 운영되지만, 한국의 정당들은 책임정당 모형에서 묘사되는 강한 정당으로 보기 어렵다. 분당과 창당을 반복하며 변화하는 불안정한 정당체계는 한국정치의 특징 중 하나이다(곽진영 2009). 한국의 정당은 지역 이외에는 뚜렷한 사회적 기반을 가지고 있지 않으며, 대선 후보를 중심으로 하는 개인화된 정당의 성격을 강하게 보여준다. 사무엘스(Samuels 2002)는 "대통령제화된 정당"(presidentialized parties)이라는 개념을 통해 권력 분립의 원칙이 적용되는 대통령제 하의 정당의 조직과 행태는 의회제 하에서의 정당과는 다르게 나타난다고 주장한다. 미국의 경우를 보더라도 대통령 선거의 경쟁을 둘러싸고 정당의 경쟁이 본격화되었다는 것이다.

사무엘스(Samuels 2002)에 따르면 대통령 선거는 승자독식이라는 특성상 오직 1등만이 권력을 획득하므로 대통령제화된 정당의 입장에서는 득표를 극대화하는 전략의 중요성이 매우 크다. 대선 패배는 권력으로부터의 배제를 의미하며, 비례성이 높은 선거제도를 채택하여 정당간 연합을 통해 정부를 구성하는 의회제 국가에서 정당이 고려해야 할 인센티브와는 큰 차이가 있다. 둘째로 대통령제 하에서 정당들은 총선보다는 대선에 집중적으로 자원과 노력을 투입한다. 대선에 권력의 향배가 걸려있을 뿐만 아니라 대선 결과가 총선에 큰 영향을 미치기 때문이다. 대선과 총선이 비슷한 시기에 치러질 때에는 대선과 총선의 결과가 연동될 가능성이 높으며, 총선이 대통령에 대해 평가하는 중간선거의 성격을 갖는 경우 대통령에 대한 지지가 선거결과에 반영되는 경향을 보인다. 다시 말해 대통령의 성과가 총선 득표와 직결되는 것이다. 이와 같은 특징들을 감안하면 대통령제 하에서 정당들은 대통령 혹은 유력한 대통령 후보 등 인물을 중심으로 개인화될 가능성이 높다.

책임정당론의 중요한 전제 중 하나는 성공하지 못한 권력은 교체된다는 것이다. 선거에서 패배하면 새로운 리더십이 등장하고, 의회제를 채택한 경우 의회의 지지를 잃은 총리와 당지도부는 교체된다. 대통령과 의회가 독립적인 선거를 통해 선출되는 이원적 정통성을 특징으로 하는 대통령제에서는 의회의 신임이나 정당의 지지가 없더라도 대통령이 임기를 지킬 수 있다. 강한 정당이 아닌 강한 대통령이 정치를 주도하는 구조는 한국의 정당의 개인 의존도를 높이는 요인으로 작용한다. 노무현 대통령 이후 공식적으로는 당정분리의 원칙이 자리를 잡았지만, 대통령제화된 정당에서 집권당이 대통령으로부터 자율성을 갖는다는 것은 쉽지 않은 일이다. 집권당의 총선 결과는 결국 대통령의 지지율과 연동되기 때문이다. 총선에서 유권자들의 투표 선택에 영향을 미치는 요인들에 대한 연구들을 살펴보면 유권자들이 회고적 투표를 하는 경향이 있음을 발견할 수 있다(길정아·강원택 2020; 장승진 2012, 2016, 2020a). 이른바 '정권심판론'으로 대표되는 대통령의 성과에 대한 판단이 유권자들의 투표선택에 중요한 영향을 미치는 것이다. 2012년 4월에 치러진 총선에서는 예외적으로 이명박 대통령의 지지율이 낮았음에도 회고적 평가가 중요한 요인으로 작용하지 않았는데, 대통령선거가 예정되어 있었고 박근혜 의원이 강력한 대선후보로 구심점이 되었기 때문이다(강원택 2012). 2012년 박근혜 의원이 비상대책위원장이 되면서 이른바 친이명박계 정치인들이 공천에서 탈락했고, 여당은 총선에서 승리했다.

대통령제하에서 총선이 대통령의 성과를 평가하는 정권심판의 성격을 갖게되는 상황에서는 총선이 민생과 직결된 논쟁을 벌이는 정책 중심의 선거가 되기 어렵다. 대통령에 대한 지지와 견제로 나뉘어 선거가 치러지게 되기 때문이다. 직능대표와 정책전문가들이 국회에 진출하도록 해야 한다는 취지로 비례대표 의석을 도입했으나 취지와 다르게 운영되는 원인도 여기에서 찾을 수 있다. 비례성이 높은 선거제도를 도입하자는 선거제도 개편 논의가 다양성을 높여야 한다는 바람직한 취지에도 불구하고 시민들의 지지를 받지 못하는 원인은 유권자들이 국회에 기대하는 것이 다양성이 아니기 때문일지도 모른다. 유권자들이 총선에서 회고적 투표를 한다는 것은 결국 대통령에 대한 평가를 하겠다는 의미이며, 정권에 대한 찬성과 반대로 나뉘는 구도 속에서 다양성과 중도적 가치는 지지를 받기 어렵다. 21대 총선에서 양대 정당이 비례대표 의석에 정당 공천을 하지 않고 위성정당을 창당하여 연동형 비례제의 취지를 무색하게 만든 일도 일차적으로는 당리당략만을 생각한 양대 정당의 책임이 크지만, 유권자들이 왜 위성정당에 지지를 보냈을까에 대해서도 고민해 볼 필요가 있다. 결국 정권에 대한 찬성과 반대 투표라는 총선의 구조 속에서 유권자들이 다양성의 가치보다는 정권에 대한 평가를 중시했다고 볼 수 있다. 정권에 대한 찬성과 반대로 결집하는 상황에서 유권자들은 전략적으로 위성 정당을 지지하였고, 비례성을 높이는 제도를 도입했음에도 거대 양당의 대립구도가 강화되는 결과를 가져왔다.

대통령제화된 정당간의 경쟁은 공천과정에도 심대한 영향을 미치고 있다. 제도적으로는 개방화와 분권화의 수준을 높이는 방향으로 정당 공천과정이 변화해 왔지만 대통령과 대통령 후보에 대한 논쟁을 통해 총선에서 득표활동을 해야 하는 상황에서 정당의 공천은 대통령이나 차기 대선 후보 등 정당의 실질적 후보자를 중심으로 진행되어 왔다. 선출직이 아님에도 불구하고 공천관리위원회가 경선에 참여할 후보와 비례대표 후보를 실질적으로 결정하는 등 강력한 권한을 행사하고, 당 대표 경선에서 소수파 후보들이 반복적으로 공천권을 내려놓겠다고 공약하는 현상은 한국의 정당이 유력 정치 지도자를 중심으로 개인화되어 있음을 방증한다. 한국의 정당 정치는 강한 대통령과 개인화된 정당으로 요약할 수 있으며, 로젠블루스와 샤피로가 옹호한 폭넓은 이해관계를 집약하고 조정해서 정강정책을 제시하고 정치적 책임을 지는 강한 정당 모형과는 차이를 보인다.

4. 정당 민주주의의 역설

지금까지의 논의를 정리해 보면 한국의 정당 공천과정은 제도적 차원에서는 밀실공천에서 포용적 공천으로 변화하고 있으며 경선 등을 통해 당원들의 참여가 확대되고 있다. 여론조사를 공천에 활용하는 방식도 '당심'과 '민심' 사이에서 균형을 찾는 방안으로 널리 활용되고 있다. 특히 여론조사를 활용하는 방식의 경우 정당 민주주의라고 볼 수 있을 것인가에 대해서는 논란의 여지가 많이 있으나 공천과정의 개방성의 측면에서 볼 때에는 분명히 일반 유권자들이 참여할 수 있는 기회를 확대하는 방향으로 바뀌었다. 하지만 공천 과정의 개방화의 결과가 당내 다양성의 증대로 이어지지 못하고 획일성을 강화하는 방향으로 나타났다. 그 이유는 무엇인가?

소선거구제하에서 국회의원 후보자를 선정하는 경선 방식은 다수결주의를 기본으로 할 수밖에 없다. 결국 후보로 1명을 선택해야 하기 때문이다. 따라서 당내 소수파는 정치적 입지를 강화하기 어렵다. 다수결주의가 반드시 다수에 의한 독재로 귀결되는 것은 아니다. 당 내에 다양한 세력이 공존하며 경선 승리를 위해서 세력간 연합을 구성해야 하는 상황이라면 승리를 원하는 지도자는 다양한 집단의 의견을 경청할 수밖에 없다. 한국의 당내 경선은 세력간의 연합보다는 특정 후보에 대한 지지자들을 모집하고 동원하는 방식으로 진행된다. 경선에 참여할 권리가 있는 권리당원 혹은 책임당원이 권리를 보유하기 위해 내야하는 당비가 월 1,000원으로 인하되는 등 당원 가입요건이 점차 완화되는 현상은 정당 활동에 대한 시민들의 참여를 높이고 당원들을 늘릴 수 있다는 점에서 개방화의 수준을 높이는 방향으로 변화하는 것이다. 정당이나 후보자 입장에서는 새로운 지지자들을 확보할 수 있다는 점에서 매력적인 방향이다. 하지만 새로운 지지자들이 어렵지 않게 경선에 참여할 수 있으면 당내 소수파의 입지는 점차 줄어들게 된다. 다수파의 입장에서는 소수파의 지지를 확보하는 것의 중요도가 낮아지기 때문이다. 표가 필요하면 내부의 다른 입장을 가진 집단과 타협하기보다는 외부에서 새로운 지지자들을 모집할 수 있는 것이다. 여론조사 자료의 활용 또한 결과적으로 활동가 집단의 목소리가 과대대표되는 원인으로 지목되기도 한다. 당내 다수파와 시민들의 선호가 유리되어 경선에서 승리하고 본선에서 패배하는 상황을 피하기 위해 여론조사를 도입했지만, 선거기간 여론조사가 응답률이 낮고 동원된 조직을 통해 여론조사 결과에 영향을 미칠 수 있다는 우려가 제기된 바 있다(박명호 2011; 윤종빈 2012).

　정당 공천과정이 개방화되고 민주화되었으나 대통령 혹은 대통령 후보를 중심으로 하는 당내 다수파의 발언권이 더욱 커지고 소수파의 입지가 약화되어 당 내부의 다양성이 낮아지는 역설적 상황은 다양한 층위에서 여러 가지 요인들이 복합적으로 작용한 결과이다. 공천제도를 바꾼다고 해서 한국정치의 구조적 특징이 바뀌지는 않을 것이다. 승자독식의 대선 경쟁 속에서 정당은 대선 후보를 중심으로 조직되고, 시민들의 정치적 선호 또한 인물 경쟁의 영향속에서 구성될 것이다. 총선은 대통령의 성과를 평가하는 회고적 투표의 양상을 보일 것이고 결국 대통령의 국정수행에 대한 평가가 국회의원 선거의 당락을 좌우하는 중요한 요인으로 작용할 것이다. 하지만 우리의 출발점인 정치양극화를 완화할 수 있는 공천제도에 대한 고민은 여전히 유효하다. 정치제도와 선거제도의 변화 없이 인물중심의 경쟁구도, 승자독식형 양자 대결의 정치를 바꾸기는 어렵겠지만, 당내의 소수의견도 '다수의 횡포'에 좌우되지 않고 합당한 비중으로 대표될 수 있는 공천제도를 정착시킨다면 정당 내부의 다양성을 확보하고 양극화된 정치지형 속에서 타협의 공간을 만들어낼 수 있다.

제3절

공천제도 개선의 방향

　지금까지 강력한 정당규율이 대통령제의 맥락 속에서 양당제와 결합하면서 정치양
극화를 심화시키는 과정에 대해 살펴보았다. 서두에서 기술하였듯이 선거제도 개편 논
의가 결실을 맺어 비례성이 높은 선거제도가 도입되고 다당제가 정착된다면 정당 내부
의 다양성은 양극화 완화의 맥락에서 보면 중요성이 낮아진다. 정당 내부의 민주주의
의 가치의 측면에서 보면 여전히 정당 민주화는 중요한 규범적인 목표가 될 수 있겠지
만, 양극화 완화라는 관점에서 볼 때에는 정당 간의 다양성이 확보된 상황에서는 정당
은 다양성 확보라는 기준에서 벗어나서 각자의 정체성을 살릴 수 있는 방향으로 공천
제도를 설계하는 것이 바람직하다. 다당제의 상황에서는 정당간의 경쟁과 제휴가 중요
해지므로 민주적 절차를 통한 당론정치의 장점이 잘 살아날 수 있다. 하지만, 현재의
정치환경이 지속된다면 정치양극화를 완화하기 위해서는 당내에 다양한 견해를 가진
세력이 공존하는 환경을 조성해야 한다. 이와 같은 문제의식에서 보면 다양한 세력이
공존할 수 있도록 공천과정에서 중앙당의 역할을 제한하고, 지역별로 분권화된 상향식
공천제도를 적극적으로 도입할 필요가 있다.

　소선거구제를 채택하고 있는 대표적인 국가들의 사례를 살펴보면 지도부가 주도적
으로 후보자를 공천하는 일본의 자민당과 프랑스의 공화당(구 대중운동연합)을 제외하면
미국, 영국, 독일 등 대부분의 국가들은 상향식 공천을 기본으로 하고 있다. 미국의 경
우 사전선거를 통한 공천이 제도화되어 의원 공천 과정에서 정당 지도부의 역할은 극
히 제한적이며, 따라서 의원 개인의 자율성이 높고 사안에 따라서 초당적인 투표행태

를 보인다. 독일은 연방의회선거법에서 후보자 공천은 지역구의 대의원대회 혹은 당원 총회에서 민주적 절차를 통해 선발하도록 규정하고 있다. 영국의 경우도 보수당과 노동당 모두 중앙당 차원에서 후보군을 관리하고 있으나 당원들이 참여하는 투표를 통해 의원 후보자를 결정한다. 한국의 정당들은 중앙당에서 지역구 경선에 참여할 후보자들을 결정하지만 영국 보수당의 경우는 일정한 자격 요건을 충족시키면 중앙당 후보군에 포함될 수 있으며, 노동당의 경우도 지구당과 노조연맹 등에서 중앙당의 후보군을 참고하여 경선후보자를 추천하고 지역구에서 당원들이 참여하는 경선을 실시한다(고영노 외 2012).

미국과 영국에서 포퓰리즘 성향을 가진 트럼프 대통령과 존슨 총리가 집권하면서 민주주의의 위기론 논쟁을 촉발시켰다는 점을 감안하면 상향식 공천이 모든 문제를 해결하는 것은 아니다. 특히 소선거구에 출마할 후보자 1인을 뽑는 경선인만큼 다수결에 의해 후보자를 선정하게 되므로, 단순다수제에서 나타나는 승자독식의 문제를 피할 수 없다. 당내의 다양한 세력이 분포한다고 하더라도 다수결 원칙에 입각한 투표의 결과 소수파가 과소대표될 가능성이 높다. 당내 다수파의 지지를 받는 비슷한 성향의 출마자들이 각 지역에서 후보가 되어 결과적으로 당내의 다양성의 수준이 낮아질 수도 있다. 하지만 정당 지도부가 주도하는 공천의 결과 규율이 강화되고 다양성이 사라지는 것과 상향식 경선의 결과 선정된 후보자들의 선호가 수렴하는 것은 결과적으로는 유사할 수 있으나 절차적으로는 큰 차이가 있다. 중앙당 주도의 공천이 지속된다면 정당의 리더십이 교체되더라도 새로운 대표를 중심으로 동질성이 높은 후보들을 공천하는 현재의 관행이 지속될 확률이 높다. 따라서 국회의원들도 차기 선거에서 공천받기 위해서 정당 지도부의 선호에 귀를 기울이고 다소 자신의 소신이나 지역구의 요청과 배치되더라도 당론을 받아들이게 된다. 하지만 상향식 공천의 경우 당원들의 판단이 바뀌고 정치 지형이 변화하면 지역별로 차별성을 갖는 다양한 선호가 공천 결과에 반영될 수 있다. 이에 더해 상향식 공천이 진행되면 개별 국회의원들의 자율성이 높아지기 때문에 당 지도부가 의원들을 충분히 설득하지 못한다면 일사분란한 당론정치를 강행하기 어려워진다. 지역에 튼튼한 정치적 기반을 가진 의원들은 필요한 경우 독자적인 정치적 선택을 할 수 있게 된다.

획일화의 가능성을 낮추고 다양성을 확대하기 위해서는 공천 민주화의 또 다른 축인 분권화가 필요하다. 하잔과 라핫(Hazan and Rahat 2010)은 분권화를 직능 분권화와 지역 분권화의 두 가지로 나누어서 분석한다. 직능 분권화의 수준이 높은 정당의 경우 노조 등 직능집단들이 정당과 조직적으로 함께 움직이며 공천에 관여한다. 직능별로 후보자들이 할당되므로 다양한 이해관계가 대변될 수 있다는 장점을 가지지만 특정 집단이 과대대표되어 정당의 지배구조가 왜곡될 위험도 있다. 직능 분권화는 직능집단이 정당과 연계되어 있는 경우 의미가 있으나 한국의 정당들은 직능 집단과 조직적인 연계를 가지고 있지 않으므로 직능 분권화는 실질적으로 불가능하다. 박근혜 대통령 탄핵 이후 전경련조차도 제기능을 하지 못하고 있으며 민주노총과 한국노총, 양대 노총을 제외하면 전국적으로 조직되어 있는 직능조직도 찾아보기 어려운 상황이므로 가까운 미래에 직능 분권화가 현실화될 가능성도 매우 희박하다.

기능 분권화는 한국의 현실과 부합하지 않으나 지역 분권화는 당내의 다양성을 제고하는 데 기여할 것으로 보인다. 한국 정치의 특징으로 거론되는 지역주의는 지역별로 정치적 선호가 뚜렷한 차이를 보인다는 점을 보여준다. 지역주의 정치는 지역별로 지지정당이 다르게 나타나는 현상을 뜻하지만, 정당 내부에서 보더라도 지역에 따라서 정치적 입장과 정책 선호가 차이를 보인다. 민주당의 경우 호남지역과 수도권의 당원들과 지지자들의 입장이 다르고, 국민의힘도 영남지역과 수도권의 당원과 지지자들의 견해가 차이를 보인다. 따라서 공천과정을 지역에서 자율적으로 주도할 수 있도록 분권화하는 작업은 정당 내부에서도 다양한 견해가 대표될 수 있는 제도적 토대가 될 것이다.

현재까지의 논의로 보면 상향식 공천과 지역 분권화는 동일한 과정을 다른 이름으로 지칭하는 것으로 보일 수도 있다. 하지만 이 둘은 개념적으로 차이가 있다. 예를 들어 상향식 공천을 광역 단위에서 실시할 경우 지역구 단위의 분권화는 존재하지 않게 된다. 반대로 지역 분권화를 하더라도 지역 정당 혹은 지구당에서 폐쇄적인 방식으로 하향식 공천을 진행할 수도 있다. 따라서 이 두 가지는 구분되는 개념이며 정당 공천제도를 개선하기 위해서는 상향식 공천과 지역 분권화를 동시에 진행할 필요가 있다.

17

양극화 완화를 위한 정책정당 육성 방안

윤왕희

제1절
들어가며

　정책정당은 과연 양극화 완화에 기여할 것인가? 먼저 근본적인 질문을 던져볼 필요가 있다. 왜냐하면 민주화 이후 한국의 정당정치 개혁은 두말할 나위도 없이 정책정당화에 모아졌기 때문이다. 하지만 지금 한국정치의 현실은 민주화 이후 그 어느 때보다 극심한 양극화와 마주하고 있다. 그렇다면 정책정당화의 결과로 정치적 양극화가 심화된 것인가, 아니면 오랜 시간 동안의 정책정당화 노력이 아무런 성과도 거두지 못한 채 정치적 양극화의 흐름을 되돌릴 수 없었던 것인가.

　현실에서 관찰되는 한국 정당정치의 모습은 분명 후자의 해석에 더 큰 비중을 두게 만든다. 현재 한국 정당들의 성격을 '정책정당'으로 부르는 것에 동의하는 학자나 정치인들은 많지 않기 때문이다. 따라서 본 연구에서는 왜 한국 정당들이 아직도 정책정당으로 전환되지 못하고 있는지를 그간의 정당정치 개혁 방향에 대한 재성찰을 통해 조망해 볼 것이다. 제대로 된 정책정당을 육성하기 위해서는 과거의 실패를 되짚는 과정이 반드시 필요하기 때문이다.

　그동안 한국에서는 정책정당의 구호만 난무할 뿐 정작 정당정치 개혁은 그와 반대 방향의 유인구조를 형성하며 오히려 정책정당으로의 발전을 가로 막아 왔다. 일반적으로 정당이 추구하는 가치와 이념의 구체적인 표현이 정책이라고 한다면, "정책정당은 바로 시민들의 정책적 선호를 집약하는 반영물로서의 정책프로그램을 통해서 유권자들의 지지를 모으는 정당"(장훈 2018: 10)을 일컫는다. 그러한 정의의 본질적 의미에 비춰 보자면, 정책정당은 시민사회와 국가를 연결해주는 정당의 핵심 기능이 충실히 수행되어야만 달성될 수 있는 정당 모형이다. 즉, 투입의 측면에서 당원과 유권자의 선호가 정당에 원활하게 전달됨으로써 이익집약 및 표출의 기능이 활발해져야 정책정당으로서 역할이 가능해지는 것이다.

그러나 한국 정당은 조직과 정책의 분리를 통해 이와 같은 투입의 기능을 사실상 차단해 왔다. 정책은 단지 소수의 중앙당 엘리트가 전문성을 바탕으로 만들어 내는 것일 뿐, 아래로부터의 수요를 반영하는 보다 폭넓은 정당활동의 결과로 간주되지 못한 것이다. 지구당이 폐지되고 원외정당은 축소됨으로써 선거와 선거 사이에 있어야 할 평상시 정당활동은 유명무실해질 수밖에 없었다. 선거 기간에만 유권자들에게 '인식의 거름막(perceptual screen)'으로 기능하는 정당은 기껏해야 정책 '선거'의 한 요소가 될 수 있을지는 몰라도 정책 '정당'의 모습을 보여주지는 못했다.

본 연구에서는 이러한 인식을 바탕으로 정책정당 육성을 위한 실천적 방안들을 제시하고자 한다. 물론 여기에는 정책정당으로의 발전이 양극화 완화에 기여할 것이라는 전제가 깔려 있다. 즉, '어떤' 정책정당이냐의 문제가 아니라 정책정당 자체가 중요하다는 얘기다. 그동안 정당정책화의 실천적 노력들이 좌절된 이유를 밝히고, 그와는 다른 방향의 개혁을 통해 실현가능성을 높일 수 있는 방안을 찾는 것이 본 연구의 목적이다. 이론적 논의 혹은 관념적 당위만 역설하는 처방으로는 현실을 바꿔내기 어렵다. 현실에 발딛고 작은 변화라도 일궈내야 새로운 전환이 가능하다. 중요한 것은 작은 변화들을 하나의 방향으로 엮어낼 수 있는 명확한 비전과 실천 전략이다.

제2절

정책정당은 왜 이뤄지지 못했나?

먼저, 정책정당을 실현하기 위한 중요한 제도 개혁의 일환이었던 정치자금법 개정에 대해 살펴볼 필요가 있다. 주지하다시피 2004년 3월 정치권은 정책정당에 대한 지향을 보다 명확히 하기 위해 정당에 지급되는 국고보조금 총액의 30% 이상을 정책연구소에 배분하도록 하는 규정을 신설했지만, 이러한 조치는 결국 별다른 효과를 발휘하지 못했다. 본 연구 과정에서 진행되었던 국회의원 집담회에 참석한 현역의원의 발언은 이를 잘 드러내주고 있다.

> 정책연구원이 하기 싫어서가 아니라 능력이 부족한데, 그것은 절대적인 돈이 부족해서예요. 아까 ○○○의원님께서 말씀하셨듯이 몇 명 음성적으로 고용하고 나면 더 이상 쓸 돈이 없는 거죠. 그런데 독일 에버트재단 보면 굉장히 자본이 풍부하잖아요. 많은 프로젝트, 전 세계 정치인들 모아서 세미나도 하는데, 우리는 너무 취약합니다. 30%나 주는데도 그렇습니다. 이 문제를 어떻게 해결할 것인가에 대해서는, 자발적 기부금으로 해결하면 좋겠지만 이렇게 정치가 불신을 받고 있는데 누가 하겠습니까? 한샘이 여시재에 5천억 투자하고 하니까 여시재가 지금 웬만한 정당의 연구 부서보다 훨씬 잘하지 않습니까? 그런 것처럼 자본력이 너무 부족한 것이 문제라고 봅니다.
>
> −제2차 국회의원 집담회(2022.12.2.) 발언 中

그렇다면 정책연구소에 지원되는 자금이 부족해서 정책정당화가 이뤄지기 힘들었던 걸까? 정당 국고보조금의 30% 이상을 정책연구소에 지원하기로 법제화 돼 있는데, 그 돈들은 다 어디로 갔을까? 사실, 한국의 주요 양당이 매년 지급받는 국고보조금은 200억원 안팎이며, 이 중에서 30% 이상, 즉 60억원에서 80억원 내외가 정책연구소 지원금이라고 본다면 그 액수가 결코 작다고 말하기는 어렵다. 중앙선거관리위원회가 정당별로 직접 제출받아 작성한 '정책연구소 연간활동분석'을 보더라도 정책연구소의 공식적인 재정규모는 쉽게 파악된다.

〈표 17-1〉 2021년 정당별 국고보조금 및 정책연구소 지원금

(단위: 백만원)

구분		더불어민주당	국민의힘	정의당	국민의당	열린민주당	기본소득당	시대전환	민생당
정당별 국고보조금		21,059	18,500	3,074	1,363	1,294	32	27	924
정책연구소 지원금	총액	8,817	6,336	924	409	388	20	8	277
	총액 대비 비율	42%	34%	30%	30%	30%	65%	30%	30%

출처: 중앙선거관리위원회(2022) "2021년도 정책연구소 연간활동실적 분석집." 27쪽에서 인용.

그런데 문제는 이 정도 규모의 재정도 정책연구소의 역량 강화를 위해 쓰이지 못하고 있다는 점이다. 실제로 양당의 정책연구소(여의도연구원, 민주연구원)에서 근무하는 박사급 연구인력의 수는 해마다 줄어들고 있는 실정이다. 2016년에 20명에 달하던 민주연구원의 박사급 인력은 2021년에는 14명으로 줄었고, 여의도연구원은 단지 6명의 박사급 연구인력을 보유하고 있을 뿐이다. 국고보조금 총액의 30% 이상으로 법제화돼 있는 정책연구소 지원금에도 불구하고 왜 박사급 인력은 점점 줄어들고 있을까. 사실상 국회 의석을 양분하고 있으며, 정권교체를 통해 여당과 야당의 지위를 번갈아 수행해 온 양당의 비중을 생각할 때 정책연구소가 고작 10명 안팎의 연구인력으로 운영된다는 것은 정책기능의 부재로 보이지 않을 수 없다.

〈표 17-2〉 양당의 정책연구소 박사급 연구인력 변화 추이

구분	2016년	2017년	2018년	2019년	2020년	2021년
민주연구원	20명	22명	22명	29명	16명	14명
여의도연구원	12명	9명	6명	6명	8명	6명

출처: 중앙선거관리위원회(2022) "2021년도 정책연구소 연간활동실적 분석집." 62쪽에서 인용.

정당의 정책기능 부재는 정당법상의 유급사무직원 수 제한 규정과 연동해서 살펴볼 필요가 있다. 현행 정당법상 정당의 중앙당과 시·도당은 유급사무직원을 각각 100명까지만 둘 수 있도록 규정돼 있기 때문에(정당법 제30조), 이와 같은 규제를 회피하기 위해 정당들은 별도의 법인 형태를 띠고 있는 정책연구소에 당의 유급사무직원을 편법적으로 배치한다. 물론 이렇게 배치된 직원들은 정책연구 기능을 수행하는 것이 아니라 일상적인 당무를 보는 경우가 대부분이다. 이것은 정당의 유급사무직원 수를 100명으로 제한한 정당법 규정이 초래한 '풍선 효과'로 볼 수 있다. 전국 조직인 거대 정당의 사무처를 100명으로 운영한다는 것은 사실상 불가능한 일이기 때문이다. 결국, 100명을 초과하는 유급사무직원들이 정책연구소에 편법적으로 배치되고, 이러한 관행이 당의 정책기능을 저해하고 있는 것이다.

당의 입장에서는 기본적인 정당 운영 인력의 확보가 더 필수적일 수밖에 없다. 정책연구는 정상적인 당 운영이 담보될 때에만 부가적으로 고려해 볼 수 있는 2차적 중요성을 지닐 뿐이다. 국회법 상 교섭단체의 정책기능 향상을 위해 도입된 정책연구위원 제도도 이와 유사한 상황에 처해 있다. 교섭단체에는 1급 내지 4급 상당의 별정직 국가공무원 신분의 정책연구위원을 둘 수 있도록 돼 있는데, 이들의 총 정원은 77명에 달한다(교섭단체 정책연구위원 임용 등에 관한 규칙 제3조). 즉, 현행 규정상으로는 박사급 이상의 정책연구인력 77명이 교섭단체를 구성하고 있는 정당에 고르게 분포한 채 정책역량을 강화해야 하지만, 실제로는 정책연구인력의 대부분이 정당의 일반 당무직 인원으로 채워지고 있는 것이다.

이것 또한 정당법상의 규제를 회피하기 위한 하나의 방편으로 활용되는 측면이 강하다. 국가공무원 신분인 정책연구위원들은 정당의 유급사무직원으로 계산되지 않기 때문에 100명이라는 정원 외의 인원이 되는 것이다. 이는 정당의 정책연구소가 별도의 법인으로서 그곳의 근무 인원이 당 사무처 인력으로 계산되지 않는 것과 동일한 원리

이다. 즉, 정당의 정책연구소와 교섭단체의 정책연구위원 제도는 모두 정당법 상의 유급사무직원 수 제한 규정을 회피하기 위한 주요 통로로 활용되고 있을 뿐, 당의 정책역량 강화라는 본질적 기능을 수행하지 못하고 있는 것이다. 결국, 일상적인 당무를 감당하기에도 턱없이 부족할 정도로 정당의 유급사무직원 숫자가 제한됨으로써 당의 정책파트에는 최소한의 인력마저 투입될 수 없었던 것으로 평가할 수 있다.

다음으로, 2006년 지방선거를 앞두고 본격적으로 시작된 매니페스토 운동에 대해서도 살펴보자. 일반적으로 매니페스토는 선거공약의 목표치를 구체적이고 확실하게 내세우고 그의 실현을 위한 재정적 근거와 로드맵을 세부적으로 제시하는 것을 말한다. 즉, 구체화 되고 명확한 계획으로서 각종 선거공약을 제시함으로써 기존의 단순한 구호성 공약을 넘어 유권자들에게 기본적인 정책 선택지를 제공하여 선거과정에서의 정책적인 면을 두드러지게 하려는 운동이 바로 매니페스토였던 것이다.

이러한 매니페스토 운동을 위해 '한국매니페스토실천본부' 등의 시민단체가 만들어지고 주요 정당들과의 매니페스토 협약식이 개최됨은 물론 평가단 구성과 각종 공약에 대한 이행성과 평가가 이뤄지기도 했다. 중앙선관위에서도 대통령선거, 국회의원선거, 지방선거 등 전국단위 선거에서 각 정당별로 10대 주요 공약을 제출토록 하고 있으며, 거기에는 공약의 목표, 이행방법, 이행기간, 재원조달방안 등을 포함하도록 함으로써 매니페스토 운동의 정신을 구현하려는 의도를 보여주고 있다.

하지만 본 연구의 진행과정에서 있었던 전문가 인터뷰는 매니페스토 운동의 의미가 정당 내에서 거의 구현되지 않았다는 점을 확인시켜 주었다. 정당의 정책위원회 등 정책부서에 근무하는 당직자들은 대부분 매니페스토를 '귀찮고 번거로운 일' 정도로 인식하고 있었다.[126] 사실상 지켜지기 힘든 일들을 너무 구체적인 형태의 약속으로 제시하도록 함으로써 현재 정당들의 정책적 수준과는 상당한 괴리가 발생할 수밖에 없다는 것이다. 그동안 중앙선관위에 제시된 각 정당들의 10대 공약 사항의 내용을 살펴보더라도 이러한 점이 잘 드러난다. 대부분의 경우 공약의 이행기간은 '임기 내'라고만 제시되어 있고, 재원조달방안은 '재정지출 구조조정'이라는 형식적이고 획일적인 답변에 머물러 있기 때문이다.[127]

---

126) 정치개혁 협동과제 관련 전문가 인터뷰(2022.12.22.) 참고.
127) 중앙선거관리위원회 홈페이지 내의 '정책공약마당'에서 매 선거마다 제출된 모든 정당들의 10대 주요 공약의 구체적인 내용을 확인할 수 있다. https://policy.nec.go.kr(검색일: 2022.12.31.) 참고.

유권자 수준에서도 정책선거를 위한 기반은 확고하지 못하다. 정당 간 정책 차별성에 대한 유권자들의 인식이 방법론상으로나 분석적인 관점에서나 아직 정책투표를 충족하기에는 무리가 있으며(장훈 2018: 23), 유권자들의 정책에 대한 선호가 이념적인 차원에서 일관성 있는 모습을 보여주지도 못한다는 것이다. 다만, 한국 유권자들의 정책에 대한 인식은 거주지역별로 차이를 보이는 정도에 그친다(한정훈 2015: 35). 즉, 지역주의적 투표요인이 정책선거를 견인할 수 있는 가능성을 보일 뿐, 정당들의 공약 자체에 대한 분석적 평가가 유권자들 사이에서 체계적으로 이뤄지는 것은 아니라는 얘기다.

이는 그동안 한국의 선거 환경이 지녀온 특수성에서 기인한 바가 크다. 일반적으로 가장 장기적이고 결속력 높은 투표 결정요인은 이념이며, 그에 기반한 정책 또한 중요한 결정요인으로 작용하는데, 이슈는 상대적으로 더 단기적 영향을 미치는 요인이다. 그런데 이념정당이 부재한 한국의 상황에서 정책적 대결은 찾아보기 어려웠고, 선거 시기마다 부상하는 각종 이슈들이 선거를 지배하곤 했다. 또한, 그러한 이슈는 정당 간 정책적 입장 차이를 선명하게 드러내는 '대립 이슈(position issue)'라기 보다는 안보, 경제발전, 부정부패 등 '합의 이슈(valence issue)'의 성격을 지니는 것이었다. 뿐만 아니라 경제민주화 등 일정 부분 대립 이슈의 성격을 지니는 것들도 양당이 서로 경쟁적으로 이슈를 선점하려는 선거전략을 취함으로써 사실상 합의 이슈로 변질되는 효과를 보여주었다.

결국, 정책적인 차원에서 정당 간 차별성이나 대립은 발달하지 못하고, 후보자의 도덕성이나 자질을 공격하는 '네거티브 캠페인'만이 유권자들에게 각인되는 선거 전략으로 남게 되었다. 제1공화국 선거에서부터 등장한 좌경, 용공 세력에 대한 공격이나 가깝게는 2007년 대선의 'BBK 의혹' 공세 혹은 2022년 대선의 '대장동 의혹', '무속인 논쟁'까지, 대부분 후보자를 직접 겨냥한 네거티브 공세의 성격을 지니는 것이었다. 넓은 의미에서 보자면, 소위 '우리가 남이가?'라는 정서로 대표되는 지역주의 투표 행태 또한 지역적 정체성을 기반으로 한 네거티브 선거전략이 낳은 결과로 규정할 수 있는 바, 한국의 선거는 시종일관 정책적 차별성 없이 인물 중심의 네거티브 선거전으로 전개돼 왔다고 해도 과언이 아니다.

이처럼 정책정당의 부재는 정치적 양극화와 직결되는 문제이다. 특정 인물에 대한 단순한 지지와 반대만이 선거에서 유일한 선택 요인으로 작용한다면 극단적 대립을 피할 수 없기 때문이다. 하지만 정당의 네거티브 선거전략에 의한 선택을 강요받아온 유권자들은 정책적 대결을 통한 숙의성 높은 투표의 기회를 얻지 못했고, 매니페스토 운동 등 정책선거의 노력도 별다른 효과를 발휘할 수 없었던 것이다. 그동안 한국의 선거에서는 인물에 대한 심판만 있을 뿐, 정당의 정책적 책임성은 두드러지지 않았다. 전임자와의 단절을 통한 차별화, 새로운 인물의 영입을 통한 새판짜기만 무한히 반복돼 온 것이다.

　인물 중심의 네거티브 선거전략이라는 큰 틀의 방향성을 바꾸지 않는 한, 정당들에게 매니페스토는 단지 부차적인 의미를 지니는 성가신 일로 규정될 뿐이다. 게다가 제도적 측면에서도 각종 법적 제약으로 인해 정책역량을 강화할 만한 여력이 없었던 정당들로서는 정책정당에 대한 실질적인 진전을 보이기 어려웠다. 즉, 현재와 같은 상황에서 정책정당은 유권자 수준에서든 정당 수준에서든 제대로 이뤄지기 어려운 구조적 환경 속에 놓여 있는 것이다.

제3절

정당정치 개혁과 정책정당

2000년대 초반 정당정치의 개혁 모델은 원내정당화를 토대로 했다. 이제 20년의 세월이 흐른 만큼 원내정당화로의 정당개혁이 가져온 결과를 냉철하게 재평가하고 정책정당화를 위한 방향을 다시 설정할 필요가 있다는 것이 본 연구의 주된 주장이다. 원내정당화는 무엇보다 정당의 각 영역 중에서 '조직'과 '정책'을 명확하게 분리하려는 데그 특징이 있었다. 즉, 조직은 원외정당의 관할 사항으로서 그 중요성을 줄여나가고, 정책은 원내정당이 만들어 가는 것이기 때문에 정책정당화를 위해서는 원내정당 중심으로 당을 운영해야 한다는 것이었다.

원내정당의 자율성을 높이기 위해 당정 분리가 추진됐고, 당대표와 원내대표의 투톱체제를 만들어 의원총회를 당의 의사결정에 있어 중요한 핵심기구로 격상시켰다. 이과정에서 수반된 정당에 대한 법적 규율은 지구당 폐지, 정당 후원회 폐지, 중앙당 및시·도당의 유급사무직원 수 제한 등 전방위적인 것이었다. 한 마디로, 정당의 조직(원외정당)을 약화시키고 정책에 대한 원외조직의 영향력을 차단할수록 정책정당에 가까이갈 수 있다는 것이 원내정당론자들의 일관된 주장이었다(정진민 2007; 채진원 2010).

결과적으로 정당의 정책은 보다 소수의 전문가 집단에 의해 주조되는 경향이 강해졌고, 문제는 전문가들마저 정당에 원활하게 충원될 수 없는 왜곡된 구조가 고착되자상황은 더 악화돼 갔다는 점이다. 사실상 현역 국회의원들만이 당의 정책결정에 영향력을 행사할 수 있는 유일한 행위자가 되면서 정책의 스펙트럼이 좁아지고, 양당 국회의원들 간의 이념적 거리가 멀어지면 정치적 양극화도 확대되는 악순환의 구조에 빠져

들 수밖에 없었다.

당의 정책위원회는 국회 상임위 소속을 기준으로 현역의원들이 대부분의 직책을 겸직하고 있다. 더불어민주당의 경우 정책위 내의 정책조정위원회, 상임분과위원회 등은 해당 상임위 소속의 국회의원들이 맡고 있으며, 정책조정회의는 다시 정책위의장, 정조위원장, 상임분과위원장들이 모여 분과위원회 간의 정책조정을 행하는 역할을 담당한다. 즉, 원내정당을 구성하고 있는 소수의 동일 인물들이 여러 직을 겸하면서 정책결정을 사실상 좌우하고 있는 것이다. 물론 더불어민주당은 현재 정책위에 119명의 원외 지역위원장을 부의장으로 두고 있긴 하지만, 임명장 수여식 이후에는 사실상 어떠한 정책활동도 이루어지지 않는다는 점이 확인된다.[128] 원외 인사에게 주어지는 정책위의 직책은 선거 출마를 위한 '명함용 당직'에 지나지 않는 것이다. 국민의힘 정책위의 상황도 이와 크게 다르지 않았다. 양당 모두 당의 하부 조직에서 이뤄지는 정책적 논의가 중앙당으로 전달되는 공식적 통로는 존재하지 않으며, 중앙당은 당원들의 요구나 풀뿌리 차원에서의 정책 수요에 대한 면밀한 고려없이 하향식 정책결정을 지속하고 있는 것으로 판단된다.

조직과 정책이 분리된 채 중앙집권적 하향식 의사결정이 지속되는 것에 대한 비판을 피하기 위해 정당들은 여론조사에 점점 더 많은 비중을 두게 되었다. 정당들의 정책개발비가 최근에 꾸준히 늘어나고 있지만 이것의 상당 부분이 여론조사비로 지출되고 있다는 점이 중요하다. 양당은 매주 1회 이상 여론조사를 정기적으로 실시하고 있는데, 휴대전화 가상번호 추출비용 등을 포함한 각종 조사비용을 고려하면 정책연구소 재정지출의 많은 부분을 여론조사가 차지하고 있을 것으로 추정된다. 즉, 정당들은 정책개발을 위한 전문인력 충원이나 정책역량 강화를 위한 투자보다는 여론동향을 파악하고 즉자적인 여론대응에 나서는 등의 단기 수요에 주력하고 있는 것이다.

---

128) 2022년 12월 22일에 있었던 민주당 정책위 당직자와의 전문가 심층 인터뷰 자료 참고.

[그림 17-1] 한국 정당들의 연도별 정책개발비 총지출액 추이

(단위: 백만원)

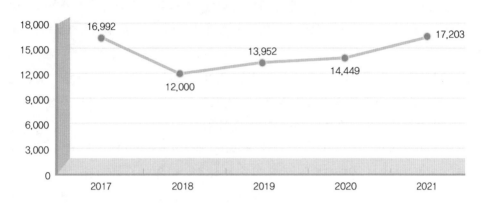

출처: 중앙선거관리위원회(2022) "2021년도 정당의 활동개황 및 회계보고." 580쪽에서 인용.

이와 같은 원내정당화 현상은 정당의 공천에서도 국민참여경선제와 결합하면서 전통적인 정당의 모습은 점점 더 약화되었다. 한국정당들은 공천제도의 개혁 과정에서 정당의 역할을 점점 줄여나갔는데, 총선을 기준으로 보면 민주당은 2004년 총선 때부터 상향식 경선제도를 도입했고 2016년 총선 때까지 모든 경선을 일반국민들을 대상으로 진행했다. 국민의힘도 2004년 총선부터 상향식 경선을 도입했고, 당원이 차지하는 비중은 10%(2004년), 20%(2012년), 30%(2016년)로 낮은 편에 속했다. 특히 2016년 총선부터는 거의 대부분의 경선을 '100% 일반국민 여론조사' 형태로 진행하고 있다(윤왕희 2022a, 272).

이로써 후보자와 지지자 사이의 중간 매개 없는 연계가 강화되고 있으며, 유권자들은 미디어와 SNS를 통한 즉자적 만남의 대상이 되었다(Meyer 2002). 기존의 정당 중심의 민주주의가 퇴조하면서 유권자가 소비자화 되고 인물 중심의 '개인화된 정치(personalized politics)'로 변화하고 있는 것이다. 시민들은 더 이상 정당의 강령이나 정책을 중심으로 집합적 행위자로서의 정치적 역량을 표출하는 정치 주체가 아니라 마치 쇼핑하듯이 특정한 정치인을 따라 표를 행사하는 구경꾼 내지 팬덤이 될 뿐이다. 원내정당화, 국민참여경선제 등이 온라인과 결합하면서 극단화 된 대립은 한층 심해졌다. 정당활동이 사실상 당원 게시판에서의 논쟁 정도로 축소되고, 중도층을 포괄하는 다원화된 정책 경쟁은 설 자리가 없어진 것이다.

　따라서 양극화 완화를 위해 정책정당을 육성하기 위해서는 지금까지와는 다른 방향의 정당개혁이 있어야 한다. 조직과 정책을 분리한 채 조직을 약화시키는 개혁이 아니라 정당 조직이 정책과 연계됨으로써 상향식 정책 형성이 가능한 환경을 만들 필요가 있다. 또한 원자화된 지지자들의 선호를 여론조사라는 도구를 통해 단순히 취합해 나가면서 단기적 대응 중심의 이슈 생산을 하는 것이 아니라 정책형성 과정에서 정당 중심성을 담보한 채 장기적 시각에서 정책적인 비전과 강령을 반영할 수 있는 '정책 생산자'로서의 정책정당의 모습을 보여줘야 할 것이다.

　무엇보다 유권자 수준에서도 정책정당에 대한 개념이 불분명한 만큼, 선거 시기 뿐만 아니라 평상시에도 정당활동을 통해 정책 중심의 경험을 공유해 나갈 수 있는 토대를 만드는 것이 중요하다. 다소 시간이 걸리더라도 정상적으로 작동하는 정당을 다시 구축해 갈 필요가 있다는 얘기다. 정책정당은 그러한 정당활동의 결과물로 도출되는 것이지, 갑자기 빚어낼 수 있는 일시적인 창조물이 아니기 때문이다. 그러므로 정치적 양극화를 완화하는 일도 그동안 한국 정당이 걸어온 길을 수정하는 것으로부터 시작되지 않을 수 없다.

제4절

정책정당 육성을 위한 실천적 방안들

1. 당원의 정책 중심 활동 지원

　한국 정당들은 입당과 탈당 등 당원관리 업무를 직접 수행하며 비교적 체계적으로 당원명부를 유지하고 있다. 또한 당원들은 당비 납부 의무를 지니며, 일정한 의무를 이행한 당원에게는 당직자나 공직 후보자 선출 등에서 투표권이 부여되는 등 특별한 권리행사의 주체가 되기도 한다. 즉, 한국 정당들은 진성당원을 상정하는 당원 구조를 일관되게 유지해오고 있는 것이다. 따라서 당원은 정당활동의 중심이 되며, 당을 구성하는 가장 중요한 부분이다. 유권자 정당이나 네트워크 정당 등을 표방하긴 하지만, 진성당원 시스템을 상정하고 있는 기본적인 틀을 포기하지 않는 한 정당의 주인은 당원일 수밖에 없다.

　이와 같은 구조 속에서는 당원들로 하여금 정책적 관심을 환기시키고, 정책 중심의 논의가 활발해질 수 있도록 지원하는 것이 중요하다. 그러기 위해서는 입당시부터 당원의 관심 분야를 파악할 필요가 있다. 여러 정책 분야 중에서 주로 어떤 분야에 관심을 가지고 있는지 입당원서에 표기할 수 있도록 함으로써 당에서는 향후 정책 분야별로 당원들을 범주화 할 수 있을 것이다. 더불어민주당은 현재 지역당원과 정책당원을 구분하고 있는데, 지역당원은 해당 시·도당에 소속되어 활동하고 해당 시·도당이 관리하는 당원을 말하며 정책당원은 노동·온라인·직능·재외국민 등의 부문에 소속되어 활동하고 중앙당이 관리하는 당원을 말한다(더불어민주당 당원 및 당비규정 제2조). 즉, 지역당원과 정책당원은 조직상의 구분에 해당하는 것이지, 당원들의 정책 관심을 반영하는 분류는 아니다. 국민의힘 입당원서에도 당원들의 정책적 관심을 표기하는 양식은 아직 도입되지 않았다.

한편, 양당이 당원들에게 문자나 카카오톡으로 메시지를 발신하는 경우는 입당처리가 완료되었거나 매월 자동이체 등으로 당비가 납부된 경우, 당원의 생일날 등이다. 이외에는 당 지도부의 각종 인사말을 전하거나 선거 시기에 지지를 호소하는 메시지가 전부이다. 물론 이 정도라도 당원들과의 소통 시스템을 갖춘 것은 과거에 비해서 진일보한 일이다. 그러나 행정적 업무의 인상이 강하고, 선거 등 각종 당의 필요에 의해 행해지는 일방적 소통의 느낌을 준다. 당원의 관심과 필요에 의한 정보 제공 노력이 부족한 것이다.

따라서 정당은 당원들의 정책적 관심에 맞춰 당의 새로운 정책이나 현안 사항에 대한 정보를 제공해줄 필요가 있다. 교육, 복지, 일자리, 의료, 문화, 경제, 부동산, 국방, 외교 등 해당 분야의 정책에 대해 당원들이 누구보다 먼저 당의 입장과 비전을 공유할 수 있게 된다면 정당과 보다 강한 유대를 형성해 나갈 것이다. 뿐만 아니라 당은 정책 정보의 제공이라는 1차적 역할에 그치지 않고, 당원들이 자발적인 정책모임을 만들 경우 이를 지원하는 역할을 수행해야 한다. 현재 더불어민주당은 당규에 '당원자치회' 규정을 두고 있지만, 이는 친목 도모의 성격이 강하다. 즉, 당원자치회를 "당원의 자치활동 활성화와 종교·봉사·예술·스포츠 등 당원 간 교류 활성화를 위해 관할 시·도당 지역 내에서 자유롭게 구성할 수 있다"(더불어민주당 당원 및 당비규정 제26조)고 하면서 "당원의 화합 및 협력 도모"(동 규정 제27조의1)라는 목적을 분명히 하고 있는 것이다. 또한 당원자치회에 대한 당의 지원 사항은 규정상에 잘 드러나지 않는다.

일반적으로 '경쟁'이라는 목적을 위해 동원될 때 사람들은 혐오와 적대의 감정을 발전시키기 마련이다. 그런데 한국 정당에서 당원들은 주로 선거 '경쟁'에서의 동원이라는 유일한 목적을 위해 오랫동안 활용되어 온 측면이 강하다. 뿐만 아니라 2000년대 이후에는 공천과정의 민주화로 인해 당내 경선이라는 새로운 '경쟁의 장'이 추가됨으로써 지지 후보의 경선 승리를 위해서도 대거 동원되지 않을 수 없었다. 이와 같은 상황은 특정 인물에 대한 전적인 추종과 반대 인물에 대한 적대적 감정을 강화하는 기제를 만들어냈다. 여기서 정책은 설 자리를 잃고 극단적 대립과 양극화가 점점 확대돼 나간 것이다.

이제 '경쟁'의 요소가 '인물'과 결합하는 선거라는 특수한 공간이 아니라 평상시의 일상적 공간에서 '정책'이 당원들 사이에서 자연스럽게 분출되는 구조를 만들어내야 한다. 특정 정치지도자가 주도하는 이슈 중심의 논의가 아니라 당원들이 공감하는 실생활 중심의 정책적 관심이 자연스럽게 정당활동으로 이어지는 시스템을 구축할 필요가 있는 것이다. 이를 위해서 당은 당원들의 자발적인 정책모임에 재정적인 지원 등 인센티브를 제공하면서 적극적으로 장려해 나가야 한다. 특히 이러한 정책모임은 당원협의회나 지역위원회 등 기초지자체 수준에서 일상의 생활공간을 함께 하는 당원들이 중심이 되도록 한다면 보다 좋은 결과로 이어질 수 있을 것으로 본다.

다만, 이러한 모임은 온라인과 오프라인이 병행될 수 있는 방법을 찾는 것이 좋겠다. 현재도 정당들은 홈페이지 내에서 정책제안게시판(더불어민주당), 당원Talk(국민의힘) 등을 운영하고 있지만, 순수하게 온라인 상에서의 게시글 수준에 머물 뿐 당원들 간의 자발적인 정책모임으로 발전하지는 못하고 있다. 당원들이 특정한 정책분야에 대해 이니셔티브를 쥐고 스스로 대안을 만들기도 하고 여러 각도에서 분석하며 새로운 시도들을 해나간다면 정당은 좀 더 다원적인 정책 논의가 가능한 공간으로 진화할 수 있을 것으로 판단된다. 또한 이러한 시도들이 당과는 무관한 움직임들이 아니라 당이 공식적으로 지원해주고, 정책입안에도 적극 활용되는 아래로부터의 피드백 과정으로 자리잡는다면 당원들의 효능감은 한층 더 높아질 것이다. 당비 납부 당원들의 입장에서 보면, 본인들이 낸 당비가 일종의 페이백(payback) 형태로 자신들의 정책모임에 유용하게 되돌아오는 것이기 때문에 부수적인 만족감도 누릴 수 있게 된다.

2. 당의 하부조직 활성화 및 정책기능과의 연계

정당의 하부조직으로는 수직적 차원에서 보자면, 광역지방치단체별로 설치되는 시·도당과 국회의원 선거구별로 설치되는 당원협회회(지역위원회)가 있고, 직능 혹은 사회부문별 하위조직으로는 더불어민주당의 경우 전국여성위원회, 전국노인위원회, 전국청년위원회 등 10여 개의 상설/비상설위원회가 있으며, 국민의힘도 청년위원회, 여성위원회, 실버세대위원회 등 10여 개의 상설/비상설위원회를 두고 있다. 직능별 혹은 사회부문별 위원회 또한 지방 수준에서 다시 위원회 조직이 수직적으로 편제돼 있다는 점에서 전국을 단위로 하는 조직망의 역할을 한다.

그러나 현재 주요 정당들의 하부조직은 평상시 원활하게 작동하지 않는다. 시·도 당의 대의원대회나 각종 기구들은 정기적인 회합에서 형식적 역할만 하고 있고, 당원 협의회(지역위원회)는 사무실도 둘 수 없는 임의적 성격이다. 직능별 혹은 사회부문별 위원회도 임명장 수여식을 통해 위원 구성이 마무리 된 후에는 대부분 휴면에 돌입한 다. 이들 조직이 다시 깨어나는 것은 선거가 임박한 시점이 되어서다. 이와 같은 상황 에서는 당연히 당의 하부조직이 활성화 되는 것이 중요하지만, 문제는 조직과 정책이 연계돼야 한다는 점이다.

현재 양당의 전체 기구표를 보면, 정책위원회는 조직 부문과 서로 분리돼있는 형태 이다. 국민의힘은 '원내대표－의원총회－정책의장－정책위원회－정책국' 라인이 정 책 업무를 맡고 있으며, 더불어민주당도 원내대표나 정책위원회－정책실 라인은 당내 조직과는 다른 계선상에 위치한다. 물론 각 당에 근무하는 당직자들과의 인터뷰에서는 '부서장 회의' 등을 통해 당 사무처와 정책위, 정책연구소 등이 서로 업무를 조율하거 나 협업을 해나가고 있다는 점을 확인하긴 했지만, 그러한 조율과 협업은 중앙당 내의 각 부서들 간에 이뤄지는 것이지, 수직적 차원의 상하 조직 및 직능, 부문별 위원회와 정책 단위 부서 간에 유기적으로 수행되고 있는 것은 아니다. 즉, 당내의 정책기능은 중앙당의 정책 부서 내에서만 혹은 좀더 범위를 넓히더라도 중앙당 정책 관련 인접 부 서들 간의 협업을 통해서만 수행될 뿐이다.

이런 상황에서는 당의 정책적 토대가 취약해진다. 조직은 당이 시민사회와의 접점 을 형성하고 외부의 선호와 정책적 수요를 폭넓게 흡수하는 신경망과도 같다. 그런데 조직과 정책기능이 절연돼 있다면 당은 제대로 된 정책을 만들어 내기 어렵다. 현재 한 국 정당들이 각종 정책적 사안이 발생하거나 당이 필요로 하는 아이디어 등을 취합하 기 위해서 '국민 공모' 방식을 자주 활용하는 것은 조직적 신경망이 정책과 관련된 역 할을 하지 못하기 때문이다. 당조직은 단지 선거에서 표를 끌어모으기 위한 물리적 기 반이 될 뿐, 정책적 연계와는 무관한 것이다.

이제 당조직을 싸움(선거)을 위한 도구로만 활용할 것이 아니라 정책기능과 연계시 켜야 한다. 광화문 집회나 서초동 집회에 동원하기 위한 용도로만 조직이 활용된다면 정치적 양극화는 더 심해질 수밖에 없다. 전국여성위원회는 당의 여성정책을 다루는 정책조정위원회와 연계하여 실질적인 정책들을 제안하고, 청년위원회 또한 청년정책의 허브가 되도록 해야 한다. 각 상설위원회들이 해당 분야 정책 아이디어의 중요한 공급원이 된다면, 군이 당 외부에 상금을 내걸면서까지 아웃소싱을 맡길 필요는 없을 것이다. 전국에 분포된 당협(지역위)과 시·도당도 해당 지역의 정책 형성에 중요한 역할을 한다면 정책정당으로서의 역량은 배가될 수 있다. 지역 수준에서부터 활성화 되는 정책적 담론들은 다원적인 경쟁을 위한 좋은 토대가 될 것으로 판단된다.

3. 정책토론회를 지역구 수준까지 확대 실시

현행 법체계상 방송으로 중계가 이뤄지는 정당 간 정책토론회에는 2종류가 있다. 공직선거법 제82조의3에 규정된 '선거방송토론위원회 주관 정책토론회'와 정당법 제39조에 규정된 '정책토론회'가 그것이다. 두 가지의 경우 모두 중앙선거방송토론회가 주관하는 것은 동일하나 공직선거법상의 정책토론회는 선거일 전 90일부터 후보자 등록 신청 개시일 전일까지 월 1회 이상 개최하고, 정당법상의 정책토론회는 전자의 기간을 제외한 기간 중에 연 2회 이상 개최하도록 규정돼 있다. 즉, 선거가 임박한 특정 기간에 혹은 선거와 관계없이 연중 일정한 횟수의 정책토론회를 개최하게 돼 있는 것이다. 이 토론회에는 '후보자 간 대담·토론회'와는 달리 '중앙당의 대표자, 정책연구소의 소장 또는 중앙당의 대표자가 지정하는 자'가 토론자로 참석하는데, 통상적으로 정책위의 장이나 부의장, 정책연구소장 등이 당을 대표해서 나오게 된다.

그런데 '후보자 간 대담·토론회'가 각급 선거방송토론위원회별로, 즉 중앙, 시·도, 시·군·구 단위에서 모두 이뤄지는 데 반해 '정책토론회'는 중앙당 차원에서만 진행된다. 물론 정책토론회의 시청률도 낮고 유권자들의 관심도 부족하기 때문에 군이 지방에서까지 비슷한 포맷으로 할 필요가 없다고 생각할 수도 있다. 그러나 한국에서 정책정당을 육성하기 위해서는 지방일수록 정책토론회가 더 필요하다. 그동안 정책토론회가 별다른 관심을 받지 못한 것은 정책토론회임에도 불구하고 중앙정치적 정쟁의 요소가 두드러짐으로 인해 여타의 토론회와 차별화되지 못했기 때문이다. 따라서 선거방송토론위원회 주관 정책토론회를 지역구 수준까지 확대 실시함으로써 유권자들의 정책적 관심을 유도하고 생활정치적 이슈가 지역민들 사이에서 논의될 수 있는 환경을 구축해 나가야 한다.

특히 정당법상 중앙당은 당해 연도의 정책추진 내용과 그 추진결과 및 다음 연도의 주요 정책추진 계획을 중앙선관위에 보고하도록 되어 있으며(정당법 제35조 제1항), 정책연구소는 연간 활동실적을 다음 연도 2월 15일까지 중앙선거관리위원회에 보고해야 하는데(정당법 제35조 제3항), 정책토론회가 이와 같은 정당의 정책 관련 보고사항들과 연계되도록 할 필요가 있다. 중앙당이 전년도에 추진한 정책의 결과 혹은 다음 연도에 추진하게 될 정책추진 계획에 대해 각 지역별로 평가가 이뤄져야 하기 때문이다. 뿐만 아니라 정책연구소의 연간활동 실적에는 지역적 의제가 얼마나 포함돼 있는지, 그리고 의제의 방향성이 타당한지 등에 대한 평가도 토론회의 중요한 내용이 될 수 있을 것이다.

정책토론회가 지금처럼 중앙선거방송토론회의 주관 하에 중앙당의 정책만을 대상으로 진행되는 것은 파급 효과를 높이는데 턱없이 부족하다. 극히 적은 횟수의 토론회와 낮은 시청률의 조합은 각 정당들로 하여금 정책토론회를 형식적 통과의례 정도로 생각하게 만든다. 그래서 그동안의 정책토론회는 '후보자 간 대담·토론회'처럼 상대진영을 비난하거나 정책과는 무관한 네거티브적 공세로 일관하는 경우가 대부분이었다. 정책토론회에서도 정작 '정책'은 찾아보기 어려웠던 것이다. 그런데 만약 향후에는 광역시·도 수준, 그리고 구·시·군 수준에서도 법제화 된 정책토론회가 실시된다면, 각 정당들은 형식적으로 진행되는 피상적인 토론회가 아니라 보다 치밀한 정책적 대안을 준비할 수밖에 없을 것이다. 지역 공동체 단위에서의 정책 논의는 추상 수준이 더 낮고 구체적이기 때문에 어느 정당의 대안이 설득력 있고 훌륭한지에 대해 지역민들이 쉽게 평가할 수 있기 때문이다.

따라서 지역구 수준에서의 정책토론회는 유튜브 등 각종 인터넷 매체와 SNS를 통해서도 실시간 중계함으로써 주목도를 높이고, 토론회 이후에도 지속적으로 재생이 가능하도록 하여 엄정한 정책 검증의 근거 자료로 활용할 필요가 있다. 그동안 정책토론회에 대한 관심이 높지 않았던 것은 그러한 토론회가 지역의 이슈와 밀접한 관련이 없는 중앙의 추상적 담론에 불과했던 데에도 중요한 원인이 있다는 점을 상기해야 한다. 한편, 선거방송토론위원회는 이미 각급 선거관리위원회별로 모두 구축돼 있는 만큼, 정책토론회를 지역구 수준까지 확대하는 것이 크게 무리가 되지는 않을 것이다. 선거관리기구와 언론, 그리고 정당이 함께 지역의 정책에 대해 고민할 수 있는 기회를 충분히 만들어 나가기 위해 협업한다면, 한국적 맥락에서의 정책정당은 아래로부터 새로운 싹을 틔울 수 있으리라고 기대한다.

4. 의회 중심의 입법정책협의회 시스템 구축

그동안 한국 정당정치에서 여당이 정부의 정책을 조율하고 당의 입장을 전달할 수 있는 중요한 통로로 여겨진 것이 당정협의회이다. 여당과 행정부의 공식적인 정책협의는 박정희 정부의 공화당 시절부터 토대가 마련된 것으로 꽤 오랜 전통을 지니고 있다 (김용호 2020). 이러한 전통 속에 관행적으로 진행돼 오던 당정협의회는 미약하긴 하지만 국무총리 훈령의 형태로 제도적 모습을 갖추는 등 현재는 보다 안정된 당정 간 정책협의의 틀로 자리잡았다. 당정협의회가 얼마나 더 자주, 그리고 더 원활하게 이뤄지느냐에 따라 국정 운영의 안정성과 당정 관계의 성패를 점쳐 볼 수 있다는 견해도 지배적이다(한정훈 2017).

그러나 기존의 당정협의회는 여전히 몇 가지 문제점을 안고 있다. 먼저, 지금까지 당정협의회는 주로 행정부 중심의 논의 구조로 진행돼 왔다. 당정협의 운영 관련 국무총리 훈령인 '당정협의업무 운영규정'에 의하면 국무총리가 행정부의 당정협의 업무를 총괄·조정하도록 돼 있으며, 고위당정협의회의 경우 행정부에서는 국무총리와 국무조정실장, 관계 부처 장관 등이 참석하고 대통령실에서도 대통령 비서실장을 비롯해 관련 업무의 수석비서관들이 참석한다. 여당에서는 당대표와 원내대표, 정책위의장과 사무총장 등이 참석하는데, 주로 행정부와 대통령실이 관련 회의를 주도하는 모양새를 보이게 된다.

특히 고위당정협의회와 부처별 실무당정협의회 등은 대통령의 의제를 집행하기 위한 당정청 간의 '원팀 체제' 즉, 일원적 협의체의 성격이 짙다. 대통령실과 행정부가 당의 의견을 수용하는 등의 폭넓은 논의가 허용되지 않고, 대통령의 관심 사안을 관철하는 경우가 대부분인 것이다. 정당의 정책부서에 근무하는 전문가 인터뷰를 통해 확인한 결과, 여당의 입장에 있을 때에는 당정 간 불협화음을 가장 경계하는 것으로 나타났다. 이러한 형태의 우려는 당의 적극적인 의견개진을 어렵게 하며, 소위 여당 내 비주류 인사들의 국정 참여가 불가능하게 만든다. 윤석열 정부 초기의 당정 간 불협화음 및 당대표에 대한 징계는 이러한 현상이 극적으로 표출된 것으로 볼 수 있다.

물론, 당정협의회는 중앙정부 차원에서뿐만 아니라 광역시·도 및 기초지자체 수준에서도 진행된다. 그러나 진행 형식은 중앙의 당정협의회와 유사하다. 광역단체장이 소속 시·도당 위원장 및 지역 국회의원들과의 당정협의회를 마련하는데, 주로 해당 광역단체의 이해관계가 걸린 특정 법안들의 국회 통과를 주문하거나 예산안이 심의되는 정기국회를 앞두고 중점 사업에 대한 설명 및 추가적인 예산 반영을 요청하는 경우가 대부분이다. 즉, 지역 수준에서의 당정협의회도 단체장 중심으로 운영되며, 사실상 단체장의 대국회 민원창구 역할을 할 뿐 실질적인 정책협의가 이루어진다고 보기는 어렵다.

따라서, 보다 내실있고 실질적인 정책협의를 위해서는 새로운 형태의 협의기구를 구축할 필요가 있다. 본 연구에서는 이를 위해 '의회 중심의 입법정책협의회'를 제안한다. 그동안 진행됐던 대통령, 시·도지사 등 주로 행정부와 단체장 중심의 당정협의 패턴을 벗어나 의회 중심의 대의기구 간 협의의 틀을 구축함으로써 정책적 관심과 주목도를 높이려는 것이다. 새로운 '의회 중심의 입법정책협의회'에서는 의회가 논의의 중심을 이룰 뿐만 아니라 국회, 광역의회, 기초의회 등 수직적 차원에서 의회 상호 간 입법정책 논의가 활성화 되도록 한다. 이를 통해 그동안 자율적, 독립적 정책역량이 부족하다는 비판을 받아온 지방의회의 역량을 높이고, 행정부에 비해 상대적으로 권한이 약했던 국회가 새로운 형태의 돌파구를 마련할 수 있을 것으로 판단된다.

현재 국민의힘에는 각 시·도당별로 소속 시·도의회의원으로 구성되는 광역의원총회가 있으며, 자치구·시·군의회의원으로 구성되는 기초의원협의회를 두고 있다(국민의힘 지방조직운영규정 제8조). 더불어민주당에도 광역 및 각 기초의회의 최고의사결정기구로서 의회 내의 당 소속 지방의원으로 구성되는 '지방의회 의원총회'가 있다(더불어민주당 지방조직규정 제27조). 즉, 양당은 광역의회와 기초의회별로 당 소속의 의원총회가 있으며, 이 기구가 일정 정도 지역정책개발의 역할을 맡도록 규정돼 있는 것이다.

이제 여기서 더 나아가 국회와 지방의회들 간의 협의기구를 가동함으로써 행정부가 아니라 의회가 정책정당을 견인하는 중추적인 역할을 해나갈 필요가 있다. 당 소속 국회의원들로 구성된 의원총회가 특정한 광역시·도의회의 당 소속 광역의원들과 입법정책 협의를 진행하거나 당 소속 기초의원들로도 협의의 폭을 넓혀 나간다면 정책의 논의 수준이 더 풍부해질 것이다. 때로는 중앙당 정책위의 분과위원회(당 소속 국회 상임위원회)가 당 소속 광역의회의 해당 상임위와 관련 분야에 대해 밀접하게 논의하거나 국회-광역의회-기초의회의 유사 분과별로 구성된 당 소속 의원들의 '입법정책협의회'를 다차원적으로 가동하는 것도 하나의 방안이 될 수 있다.

특히, 현행 지방자치법 규정상 조례를 비롯한 자치입법은 법령에 위반되지 않는 범위 내에서만 효력을 지닐 수 있는 매우 제한적 권능만을 가지고 있기 때문에 지방의회가 자치입법권을 원활하게 행사하기 위해서는 국회를 비롯한 중앙 정치권과의 논의가 중요하게 작용할 수밖에 없다. 따라서 의회 중심의 입법정책협의회 시스템을 구축함으로써 정당은 지방의회 수준에서부터 요구와 필요를 적극 수렴하여 이를 당의 정책위 차원에서 조율하고 국회에서의 입법 활동으로 연계해 나가는 주체적 역할을 해나가야 한다. 이는 정책형성에서 당의 중심성을 강화할 뿐만 아니라 각 층위의 대의기구들(국회, 광역의회, 기초의회)을 실질화함으로써 자치역량을 높이는 데도 기여할 것이다. 주민자치 및 자치정부의 본질적 개념은 행정부가 아니라 의회의 중심성에 놓여 있기 때문이다.

5. 의원 연구모임의 실질화

오늘날 당내 의원 그룹에 대한 진단은 30년 전의 민주화 초기에 이뤄진 한 연구자의 언급과 크게 다르지 않을 것으로 보인다. 이정복(1990: 38)은 "한국 정당 내부의 의원그룹들은 대부분이 명시적(明示的)인 집단이 아니라 잠재적 집단에 불과하다. 또 이들은 대부분이 정책적 그룹이라기보다는 개인적이고 공리적인 계산에 따라 모인 그룹들이다"라고 진단하며, 한국 정당의 발전방향을 제시한 바 있다. 그에 따르면, "한국의 정당은 우선 첫째로 의원 상호간의 공식적 당내 조직 결성을 장려해야 할 것이다. 그리고 이러한 조직은 가능한 한 정책적 차이에 기반한 것이어야 할 것이다. 총재를 비롯한 당내 모든 당직의 담당자들은 이러한 조직들 간의 경쟁을 통해서 민주적으로 선출되어야 할 것이다. 이렇게 함으로써만 한국의 정당은 민주적 정책정당으로 발전할 수 있을 것이다"(이정복 1990: 47).

그런데, 본 연구에서 관심을 두는 의원 연구모임은 크게 세 가지 형태로 구분해 볼 수 있다. 먼저, '국회의원연구단체 지원규정'에 따라 10인 이상의 국회의원들이 초당적 연구단체를 구성하고 국회의장에게 등록 신청을 한 후 활동하는 의원 연구모임의 형태가 있으며, 국민의힘의 경우에는 '연구모임 지원규정'이라는 당규에 따라 "당무 발전 도모 및 특정의 관심분야에 관한 연구 등을 목적으로 국회의원 및 당원협의회 운영위원장 등 20인 내외로 구성되어 당에 등록된 모임"(국민의힘 연구모임 지원규정 제2조)을 일컫기도 한다. 즉, 국회나 당내에서 공식적으로 지원하는 의원 연구모임이 초당적으로 혹은 원내의원과 원외 위원장 간에 결성될 수 있는 것이다.

그러나 주로 논란의 대상이 되는 것은 흔히 당내 의원들의 공부모임으로 불리고 있는 비공식적 의원 연구모임들이다. 이러한 모임들은 구성원들의 의도의 순수성과는 별개로 당내에 존재하는 일종의 계파 모임으로 분류되는 등 정치적 논란의 중심에 서기도 한다. 실제로 초선의원들 중에는 어느 공부모임에 들어가느냐에 따라 자신의 향후 진로가 결정될 수 있다는 점에서 신중하게 모임의 합류 여부를 결정하는 경우도 많다. 공부모임이라는 형식을 빌려 유력 정치인의 당내 세력 구축 기반을 만들거나 공부모임이 곧 당대표 경선, 대선 후보 경선 등을 위한 예비 캠프의 성격을 띠는 경우도 있기 때문이다.

이럴 경우, 당내의 의원 연구모임은 '정책적 그룹이라기보다는 개인적이고 공리적인 계산에 따라 모인 그룹'이 될 가능성이 크다. '정책적 차이에 기반'하지도 않고, '공식적 당내 조직'으로 보기도 어려운 것이다. 따라서 한국의 정당들이 '민주적 정책정당'으로 발전하기 위해서는 기존의 의원 연구모임들이 보다 실질적인 형태로 당내 의원 상호 간 정책 논의를 유도할 수 있도록 진화해야 한다. 이는 당내의 다원적 그룹이 정책을 중심으로 경쟁하면서 당의 건강성을 회복해 가기 위한 필수 요건이다. 주지하다시피, 현역의원들은 현실적으로 당내의 가장 중요한 의사결정 행위자들이다. 이들이 당내에서 정책정당 육성에 우호적인 흐름을 만들어 간다면, 정당 상호 간의 대화와 타협도 한결 용이해질 것으로 기대된다.

6. 당의 정책형성에서 관료 의존성 탈피

한국의 양당은 여당일 때와 야당일 때 정책역량에서 비교적 큰 차이를 보인다. 최근에는 정권교체의 주기가 짧아지면서 이러한 양상이 더 확연히 드러난다. 여당이 내놓는 정책의제에 대해 야당이 새로운 대안을 제시하거나 합리적인 논의를 이어가기보다는 정치적 대립이 두드러지게 되는 것도 여야 간 정책역량의 비대칭성이 하나의 요인일 수 있다. 즉, 여당의 지위에서 지니고 있던 정책역량이 야당의 상황에서는 유지되지 못하기 때문에 결국 여야 간에는 대등한 정책적 대결이 이뤄지기 어려운 것이다.

여당이 가지고 있는 정책 자원으로는 당연히 행정부의 여러 인적, 물적 요소들을 들 수 있다. 그러한 자원들 중에서 구체적으로 당 내부로 들어와 있는 인력이 바로 정책위에 배치된 행정부 관료 출신의 (수석)전문위원들이다. 이들은 각 부처의 1급 내지 2급 상당의 고위공무원들로서 외형상으로는 정부 부처에서 퇴직한 후 여당 정책위의 해당 분과위원회에 채용되는 형태로 자리를 옮긴다. 물론 2년 안팎의 여당 정책위 (수석)전문위원 근무를 마치게 되면 대부분 원 소속 부처로 복귀하게 되는데, 차관급 내지 1급으로 승진하는 것이 일반적이다. 즉, 행정부의 각 부처는 여당 내에 고위공무원 핵심 인력을 1명씩 파견 근무 시키고 있는 것이다. 또한, 각 부처는 이에 대한 반대 급부로 여당의 인력(주로 사무처 당직자) 1명을 파견받아 부처에 배치하는데, 장관정책보좌관 등 당과 부처 간의 연계를 담당하는 직위가 이에 해당된다.

물론 여당과 정부 간의 긴밀한 협의나 유기적 연계를 위해 이러한 형태의 파견 근무는 문제가 될 것이 없다. 오히려 원활한 국정운영과 당의 정책역량 강화를 위해서는 당정 간의 교류를 더 확대할 필요가 있다는 것이 필자의 생각이다. 그러나 정부 출신 (수석)전문위원의 역할 및 기능 등 당의 정책형성과 관련된 내부 메커니즘을 보면 우려할 만한 사항이 존재한다. 여당의 경우 이들에 대한 의존도가 너무 높기 때문이다. 당의 순수 내부 정책인력들은 주로 보조적인 역할에 머물고, 정부 출신 (수석)전문위원들이 해당 분야의 정책 제안은 물론 정책의 정교화, 당정협의회 등의 국면에서 주도적인 기능을 한다. 따라서 역대 정권을 보면, 당정청이 일치된 목소리를 내는데 있어서 이들의 역할도 빠질 수 없는 부분이었다.

앞에서 살펴본 것처럼, 정당들이 빈약한 연구인력으로도 정책 기능을 유지하고 있는 것은 정부로부터 수혈된 관료들이 빈 곳을 메워주고 있기 때문이다. 여당의 지위를 계속 유지하는 한 이러한 시스템은 지속 가능할지도 모른다. 하지만 정권의 부침이 커진 만큼 정당들의 정책 역량도 제도화 되지 못한 채 형해화 될 가능성이 크다. 그에 못지 않게 중요한 문제는 당의 정책 주도권이 확보되지 못한다는 데 있다. 대통령 권력을 정점으로 한 행정부의 정책 주도는 당으로부터의 정책 투입 기능이나 피드백을 어렵게 만든다. 특히 정권이 대통령 중심의 특정 계파에 의해 운영되는 현상이 두드러진다면 여당의 정책 스펙트럼은 무척 좁아질 수밖에 없다. 게다가 시민과의 연계가 취약할 수밖에 없는 관료 위주의 시각이 투영된다면 합리적 정책운영은 기대하기 힘들다.

따라서 진정한 정책정당을 육성하기 위해서는 정책형성에서 관료에 대한 의존도를 줄여나가야 한다. 여당의 경우 당의 정책위는 정부 출신의 (수석)전문위원들이 주도하는 것이 아니라 당에서 오랫동안 해당 분야의 정책 업무에 관여해왔던 정통 당료들이 보다 중심적인 역할을 할 수 있도록 시스템을 구축해야 하는 것이다. 당의 정책, 공약, 이념 등에 대해 일관된 시각으로 조정, 통합할 수 있어야 장기적으로 정책정당의 비전에 다가갈 수 있기 때문이다. 따라서 관료 출신들의 실무적 역할과 당의 조정력이 제도화될 수 있도록 정책위의 구조를 재편할 필요가 있다.

이를 위해서는 당 정책위 차원의 인적 보강이 이뤄져야 한다. 본 연구에서 참고하게 된 특정 정당의 내부 문건에서는 정책 역량 강화 방안으로 '정책 전문 보좌진' 제도의 신설이 제안된 바 있었다. 구체적으로는, 의원실 별로 최소 1명씩 '정책 전문 보좌진'을 당 정책위에 배정받아 기존의 정책위 전문위원과 당 정책연구소 인력까지 포함해 200명 가량의 정책 전담 인력을 확보한다는 계획이다.[129] 현재 당에서 가용 가능한 정책 관련 인력이 40~50명 수준인 점을 감안하면, 그간 얼마나 만성적인 인력 부족에 시달려 왔을지 충분히 짐작 가능하다.

하지만 의원실의 보좌진을 당의 정책 인력으로 활용하는 방안은 임시적인 해결책은 될 수 있을지 몰라도 근본적인 처방은 될 수 없다. 기본적으로 개별 의원들을 보좌하기 위해 채용된 인원들을 당의 업무에 항구적으로 투입하는 것은 무리이며, 의원실 업무와 당의 정책 업무 간에는 서로 상충되는 부분도 존재하기 때문이다. 따라서 근본적으로는 당 정책위 차원에서 채용할 수 있는 정책 전문 인력을 확대해야 한다. 중앙부처의 1개 실·국 수준에도 미치지 못하는 인력으로 행정부의 전 부처에 걸친 정책 업무를 챙기는 것은 애초부터 기대하기 힘든 일이다.

결국, 여당이든 야당이든 정책 기능을 정상적으로 수행하기 위해서는 기본적인 인력 확보가 필수조건이다. 관료에 의존하는 수동적인 방식이 아니라 당이 선도적으로 정책형성의 주체가 되어야만 내부 역량이 축적된 정책정당으로 발전할 수 있기 때문이다. 그러나 이를 실현하는 데에는 정당법을 비롯한 구조적 제약 요인이 존재한다. 그래서 정당을 둘러싼 구조적 제약 요인들을 어떻게 개선해 나갈지에 대해서도 살펴보지 않을 수 없다.

---

129) 더불어민주당 내부 문서. 2020. "정책 역량 강화 방안." 3~4쪽 참고.

7. 정당법 개정 등을 통한 구조적 환경 개선

마지막으로, 정당의 생태계를 규정짓는 법률을 개정하는 등 구조적 환경을 개선하는 방안을 살펴보자. 이는 앞에서 언급했던 기존의 정당개혁 조치들이 잘못 설정했던 방향을 수정하는 작업을 포함하는 것이다. 정책정당 구현을 방해하고 있는 법적 규제를 철폐하거나 정책정당 육성에 도움이 될 수 있도록 법률을 개정함으로써 당 내부 행위자들의 노력만으로는 넘어서기 어려운 제도적 장애를 극복하려는 것이다.

먼저, 정당의 유급사무직원수를 제한하고 있는 정당법 규정을 폐지할 필요가 있다. 이 규정은 정당의 내부 조직에 대한 자율적 결정권을 심각하게 침해할 뿐만 아니라 정책정당 육성을 위해 도입된 여타의 제도적 조치들이 정상적으로 작동하지 못하도록 만드는 원인이 되고 있기 때문이다. 위에서 살펴봤듯이, 정당에게 지급되는 국고보조금 중 30%를 정책연구소에 할당해도, 별정직 공무원 신분으로 교섭단체에 정책연구위원을 수십명 씩 배정해도 이러한 자금과 인적 자원은 대부분 당 사무처의 부족한 인력을 보충하기 위한 용도로 전용될 뿐이다. 따라서 정당이 필요로 하는 사무인력을 자율적으로 채용할 수 있어야 정책 분야에 대한 지원도 효과를 발휘할 수 있을 것으로 본다. 그러므로 당에 근무할 수 있는 유급사무직원수를 터무니없이 제한하는 현행 정당법 규정은 마땅히 개정돼야 할 것이다.

다음으로, 새로운 형태의 대안적 정책정당이 출현할 수 있도록 정당 설립에 대한 법적 요건을 완화할 필요가 있다. 주지하다시피, 한국의 거대 양당은 민주화 직후부터 지역주의적 동원 기제에 의존한 채 선거를 치러왔다. 2000년대에 들어와서는 지역주의적 요소가 다소 약화되면서 양당의 이념 성향이 일정 부분 강화되는 경향을 드러내고 있기도 하다(강원택 2010). 그러나 새로운 균열들 또한 기존의 지역 균열에 중첩적으로 작용함으로써 갈등이 더 첨예화 하고 있는 양상도 나타난다. 이는 정당법에서 규정하고 있는 정당 설립 요건의 문턱이 너무 높아서 새로운 정당이 만들어지기 어려워 기존 거대 양당 중심으로 갈등 구조가 재편되면서 일어나는 현상으로 볼 수 있다.

따라서 우리 사회에서 돌출되는 새로운 균열들을 담아낼 수 있는 다양한 형태의 정당이 공존하도록 정당체계가 개방돼야 한다. 물론, 거대 양당이 그러한 균열을 담아내어 당내에서 새로운 정책대안들을 도출할 수 있으면 좋겠지만, 지역주의적 대립에 기반한 작동 양식에 따른 한계가 명확히 존재하는 것도 사실이다. 그렇다면 새로운 정당들이 기존 정당들과는 다른 양상으로 정당활동을 할 수 있는 구조적 틀을 만들어주고,

그러한 정당들이 기존의 양당을 '정책정당'이라는 긍정적 방향으로 견인해가도록 하는 대안적 방안도 모색해 볼 필요가 있는 것이다.

이러한 차원의 논의가 바로 기초지자체 수준에서 주민들의 실생활 이슈를 중심으로 활동하는 지역정당(local party) 설립을 허용하자는 주장들이다. 지역정당의 명칭은 '동네정당'(박원호 2022)이든, '주민자치정당'(윤왕희 2022b)이든 어떤 방식으로든 명명될 수 있겠지만, 이러한 정당들이 정책정당에 보다 가까운 형태가 될 것이라는 점에 대해서는 의심의 여지가 없다. 따라서 현실적인 이유로 인해 이른 시간 안에 법적으로 지구당이 허용될 가능성이 적다면, 정당 설립 요건을 대폭 완화하여 'local party'가 활동할 수 있는 공간을 만들어 주는 것이 정책정당 육성에 기여할 수 있으리라고 판단된다.

한편, 기존 정당들에게도 정책개발을 용이하게 해줄 법적 장치를 도입할 필요가 있다. 일례로, 현행 국회법(제128조 제1항)에서는 "본회의, 위원회 또는 소위원회는 그 의결로 안건의 심의 또는 국정감사나 국정조사와 직접 관련된 보고 또는 서류와 해당 기관이 보유한 사진·영상물의 제출을 정부, 행정기관 등에 요구할 수 있다"라고 규정하고 있을 뿐 정당의 정책위원회(혹은 교섭단체 정책연구위원) 차원에서도 자료제출 요구권을 가지고 있다는 점은 따로 명시하고 있지 않다. 이는 본 연구의 진행과정에서 전문가 인터뷰를 통해 확인된 사항인데, 국회(본회의, 위원회 등)와는 별도로 정당(교섭단체)을 정책개발의 주체로 인정할 것인지와 관련된 중요한 문제제기로 판단된다.

> 일단 첫째는 국회법에 의해서 우리 교섭단체의 정책연구위원들이 자료 요구권이 없어요, 공식적으로. 그래서 이거를 국회법을 좀 바꿔야 되는데, 예를 들어서 만약에 저는 이제 통일전문위원인데, 그러면 이제 예를 들어서 우리가 의정 정보 시스템 이런 데를 통해서 하는 게 아니라 그냥 개인적인 관계로 할 수밖에 없어요, 국회 협력관한테. 그러니까 사실은 그건 비공식적인 거잖아요. 어떻게 보면은 의정시스템에 등록을 해서 정부가 거기에서 자료를 줘야 되는 건데, 여기 당에 있는 사람들은 그걸 할 수 있는 권한이 없는 거예요, 국회법상. 당의 전문위원이 그걸 못 하니까, 자료가 필요하면 간사 방이나 이런 데 해가지고, "야, 그거 자료 좀 받아와라." 그러면 보좌관이나 비서관이 이제 전문위원이 요구하는 자료를 정부한테 요청해서 받아서 우리가 다시 받는 이런 방식으로밖에 안 되죠.
> ─정치개혁 협동과제 관련 전문가 인터뷰(2022.12.22.) 발언 中

특히, 여당과 야당의 정책역량 차이가 두드러지게 나타나는 점은 이러한 구조적 원인과도 관련이 있다. 여당은 행정부의 각 부처별로 고위공무원을 파견받아 당의 정책위원회에 (수석)전문위원으로 배치해 둘 수 있기 때문에 정부로부터 필요한 자료들을 제출받는 것에 대해 별다른 어려움을 겪지 않는다. 여당에 배치된 행정부 출신의 (수석)전문위원들이 여당과 정부기관 간의 연계를 담당하며 각종 자료는 물론 정책적 의견들을 풍부하게 제시해주는 역할을 하는 반면, 야당은 그러한 인적 연계는 물론 자료제출 요구에서도 제한사항이 생기는 것이다.

이러한 상황은 야당의 입장에서 보면, 소위 '무기 평등의 원칙'에 위배되는 일이다. 굳이 여야 간 비교를 떠나서라도 이와 같은 상황은 자연스럽지 않다. 국회 사무처 소속 공무원들인 각 상임위별 (수석)전문위원들은 사실상 소관 행정부처의 자료를 언제든 확보할 수 있으며, 이를 바탕으로 검토보고서를 비롯한 각종 문서를 생산하고 있기 때문이다. 따라서 별정직 공무원 신분의 교섭단체 정책연구위원들에게도 여야 구분없이 유사한 형태의 자료제출 요구권을 부여하는 것이 정책정당 육성에 도움이 되리라고 판단된다. 정책개발의 기초는 안정적인 자료확보에 있기 때문이다. 공식적인 자료확보가 원활하지 않으면 정책이 아니라 정쟁이 번창하는 환경으로 바뀔 수밖에 없다는 점을 유의해야 할 것이다.

제5절
결론

　본 연구는 민주화 이후 30년 넘게 정책정당화를 위해 노력해 온 한국의 정당들이 왜 아직도 정책정당으로 전환되지 못하고 있는지에 대한 문제제기와 그에 대한 원인 규명으로 시작했다. 그동안 한국의 정당정치 개혁은 실상 정책정당의 구호만 난무했을 뿐 개혁의 내용은 정책정당과는 반대 방향의 유인구조를 만들어 내면서 오히려 정책정 당으로의 발전을 가로 막아 왔다는 것이 본 연구의 진단이었다. 이와 같은 진단의 핵심 내용은, 2000년대 초반부터 진행된 원내정당화가 당의 '조직 기능'과 '정책 기능'의 연 계를 차단함으로써 정책이 결국 중앙당의 소수 엘리트들에 의해 주조되도록 만들어 왔 다는 것이다.

　따라서 본 연구에서 도출된 정책정당 육성을 위한 실천적인 방안들은 조직과 정책 의 연계를 회복하고, 아래로부터의 수요를 반영하는 보다 폭넓은 정당활동의 결과로 정책이 형성될 수 있도록 하는 데 초점을 두었다. 선거 시기뿐만 아니라 평상시에도 정 당활동을 통해 정책 중심의 경험을 공유해 나가는 토대를 만드는 것이 결국 정치양극 화 완화에도 기여할 것이라는 인식 하에 정책정당의 실현 가능성을 높일 수 있는 대안 들을 찾아 나선 것이다.

　이 글에서 제시된 방안들은 크게 일곱 가지로 정리된다. 먼저, 당원들로 하여금 정 책적 관심을 환기시키고, 정책 중심의 논의가 활발해질 수 있도록 지원하는 것이 중요 하다는 점을 강조했다. 입당시부터 당원의 관심 분야를 파악하고, 당원들의 자발적인 정책 모임에 대해서는 재정적인 지원 등 인센티브를 제공하면서 적극적으로 장려해 나갈 필요가 있다. 당원들이 더 이상 선거라는 '경쟁의 공간'에만 동원되면서 혐오와 적대의 감정을 키워나가는 '객체적 존재'가 아니라 실생활 중심의 정책적 관심을 통해 자연스럽게 정당활동을 이어나가는 '정치적 주체'가 될 수 있는 시스템을 구축하자는 것이다.

다음으로, 당의 하부조직을 활성화 하고, 이를 정책기능과 연계시키는 문제를 짚어보았다. 수직적 차원에서의 당의 하부조직은 물론, 직능 및 사회부문별로 조직된 당의 각종 상설/비상설위원회들이 정책 단위 부서와 유기적으로 연계됨으로써 아래로부터의 폭넓은 정책 수요를 담아내는 작업이 이뤄지는 것도 중요한 일이다. 세 번째 방안은, 현행 규정상 중앙당 차원에서만 진행되는 '선거방송토론위원회 주관 정책토론회'를 지역구 수준까지 확대 실시함으로써 유권자들의 정책적 관심을 유도하고 생활정치적 이슈가 지역민들 사이에서 논의될 수 있는 환경을 만들어 가자는 것이다.

네 번째는, 그동안 주로 행정부와 단체장 중심으로 진행돼 온 당정협의 구조 이외에 의회 중심의 입법정책협의회 시스템을 구축해보자는 제안이다. 이로써 정당은 지방의회 수준에서부터 요구와 필요를 적극 수렴하여 이를 당의 정책위 차원에서 조율하고 국회에서의 입법 활동으로 연계해 나가는 주체적 역할을 할 수 있을 것으로 기대된다. 다섯째 방안은, 한국의 정당들이 '민주적 정책정당'으로 발전하기 위해서는 기존의 의원 연구모임들이 보다 실질적인 형태로 당내 의원 상호 간 정책 논의를 유도할 수 있도록 진화해야 한다는 점에 초점을 맞추었다.

여섯 번째는, 당의 정책형성에서 관료에 대한 의존도를 낮춰야 한다는 점을 강조했다. 여당의 경우 당의 정책위를 행정부 출신의 (수석)전문위원들이 주도할 것이 아니라 당에서 오랫동안 해당 분야의 정책 업무를 맡아왔던 정통 당료들이 보다 중심적인 역할을 할 필요가 있다. 당의 정책, 공약, 이념 등에 대해 일관된 시각으로 조정, 통합할 수 있어야 장기적으로 정책정당의 비전에 다가갈 수 있기 때문이다. 이를 위해서는 당 정책위 차원에서 인력 보강이 이뤄지는 등 내부 역량이 강화돼야 한다는 점도 지적하였다.

마지막으로는, 정책정당 구현을 방해하고 있는 법적 규제를 철폐하거나 정책정당 육성에 도움이 될 수 있도록 법률을 개정함으로써 구조적 환경을 개선해보고자 했다. 여기에는 정당의 유급사무직원수를 제한하고 있는 정당법 규정의 폐지와 함께 새로운 형태의 대안적 정책정당이 출현할 수 있도록 정당 설립 요건을 완화하는 방안이 포함된다. 또한 당의 정책위원회(교섭단체 정책연구위원들)에게도 국회법 상 자료제출 요구권을 부여함으로써 정책개발의 기초가 될 자료 확보를 용이하게 해주어야 한다는 제안도 이루어졌다.

주지하다시피, 그동안 정책정당을 위한 개혁 방안들이 부재했기 때문에 성과를 내지 못한 것은 아니다. 지난 수십 년 동안 항상 여러 방안들이 존재했고, 그에 따라 법개정은 물론 제도적 조치들도 다양하게 취해져 온 바 있다. 그러나 안타깝게도 그 방안들은 성공하지 못한 채 한국 정치의 양극화 흐름은 더 강해져 왔다. 따라서 이제는 과거의 방식과 다른 길을 가기 위해 새로운 대안을 모색해 볼 수밖에 없다. 그렇지만 본 연구에서 제시된 정책정당 육성과 관련한 각종 방안들 또한 어쩌면 장기간의 실천을 요하는 기본적인 사항들에 불과하다고 느껴질지도 모르겠다. 그러나 다시 정당정치의 기본으로 돌아가 아래로부터 접점을 늘려나가는 것만이 '정책'을 정당의 중심에 세울 수 있는 유일한 길이라는 점 또한 재차 강조하지 않을 수 없다.

제4부

소결

박경미

　정당개혁은 정치적 양극화에 필수적이다. 정치적 입장이 다른 유권자를 대표하고 이들의 의견을 토대로 정책적 입장을 확고히 하는 정당의 당원과의 원활한 의사소통은 정치적 양극화 완화에 필요하다. 현재에도 각종 미디어를 통해 정당은 유권자와 즉각적으로 그리고 직접적으로 의사소통을 한다. 이러한 정당의 역할에도 불구하고 정치적 양극화가 심화되는 현실은 한국 정당의 기능을 면밀히 살펴보고 그 문제를 개선할 정당정치를 개혁할 필요가 있음을 시사한다.

　이러한 관점에서 제4부 '정치적 양극화 극복을 위한 정당정치 개혁'은 다섯 개의 연구주제로 나누어 진행되었다. 제13장 '정당법과 정당조직 체계', 제14장 '한국 정당조직 현황과 과제', 제15장 '만들어진 당원', 제16장 '정당 공천제도의 문제점과 개선방향', 제17장 '양극화 완화를 위한 정책정당 육성 방안'이다. 이상의 연구주제는 다음과 같은 내용과 대안을 제시하였다.

　첫째, 제13장 '정당법과 정당조직 체계'에서는 세 가지 정당조직의 딜레마 관점에서 정당정치 개혁의 문제를 논의하였다. 모든 정당은 정당 밖의 정치환경과 어떤 관계를 맺는가, 정당조직은 무엇을 분배하는가, 정당조직은 무엇을 공유하는가, 세 가지의 딜레마를 직면한다. 이러한 딜레마에서 결정한 선택결과에 따라 정당마다 다른 특성을 갖는 정당조직을 구성한다. 이러한 관점에서 다음의 네 가지 대안을 제시하였다. 첫째, 경직적인 정당조직 구성요건을 완화하고 지역정당을 만들 수 있도록 「정당법」을 개정하여야 한다. 둘째, 실질적인 권한을 갖는 당원제를 활성화하고 이들이 직접 참여하고 활동할 수 있도록 하여야 한다. 셋째, 정당조직간 기능에만 집중하지 말고 각 정당조직이 유기적으로 연계되도록 화합적 결합이 이룰 수 있는 방안을 강구하여야 한다. 넷째, 중앙정치의 중심에서 다소 벗어나 운영되는 지방정치와 적극적으로 연계가 이루어지는 정당조직을 창출하여야 한다.

둘째, 제14장 '한국 정당조직 현황과 과제'는 정당 – 유권자 연계 회복을 위한 지역 · 청년 조직 활성화 방안을 제시하였다. 특히 한국 정당의 중앙집중적인 의사결정구조와 공천과정, 약한 풀뿌리 정당조직의 문제를 지적하면서 후보 충원과 공천과정에서 지역 정당조직과 청년정치 활성화 방안에 주목한다. 그 대안으로서 우선, 지구당 부활은 예산 지출에 대한 엄격한 감시를 전제로 한 지구당 운영을 통한 참여민주주의 활성화에 기여할 것이다. 둘째, 차세대 정치인 육성을 대안으로 제시하면서 청년정치가 청년만의 문제가 아니라 다른 세대와의 연대 속에서만 해결가능한 문제라는 인식을 강조하였다. 셋째, 온라인 플랫폼에 대한 당원의 참여와 의견교환 및 숙의 기능을 제고할 수 있도록 온라인 플랫폼으로서의 정당기능을 활성화할 필요가 있다는 의견을 제시한다.

제15장 '만들어진 당원'에서는 당원 문제에 초점을 두고 한국 정당과 정당정치의 변화 원인을 살펴보는 데 목적을 두었다. 한국 정당의 당원 수 폭증은 세계 최고의 대중정당으로의 발전을 시사한다. 그러나 잦은 정당 분열과 지도부 붕괴는 정당의 위기를, 그리고 영입된 의원들의 공천과 당선은 정치적 소신이나 책임을 중시하는 의원의 성장을 가로막아 국회의 위기로 이어졌다. 허수의 당원에 기반한 당내경선은 리더 개인에 충성심을 집중하는 팬덤당원을 등장시키고 그 영향력에 휘둘려 정당을 변질시켰으며 실질적 역할이 없는 대의원 구조는 사회의 다양한 이해관계와 갈등적 요구를 연계하는 정당의 기능을 약화시키는 정당의 퇴행과 정당정치의 몰락으로 이어졌다. 이에 대한 대안으로는 첫째, 각 정당의 당원 데이터를 좀 더 세밀하게 만들어 관리하여야 한다. 둘째, 지역의 풀뿌리 당원 참여를 가능케할 수 있도록 지구당을 법적으로 부활시키고 이를 활성화할 수 있는 방안을 마련해야 한다. 마지막으로 정당의 당직자, 의원실 보좌진, 정책위 전문위원, 정책연구소 연구직 등의 당원들이 정당에 남아 책임있게 정당을 이끌어갈 수 있도록 경력관리체계를 발전시켜야 한다.

제16장 '정당 공천제도의 문제점과 개선방향'은 제왕적 대통령제와 양당제 하에서 정치적 교착을 빈번히 발생시키는 당론정치가 공천제도 제도화를 저해하며 정치적 타협과 타협을 어렵게 만드는 정치적 양극화의 원인이라는 점에 주목한다. 정당 공천과

정은 강력한 정당규율 확립의 매개수단이 되어 당내 다양성을 위축시키고 있기 때문이다. 특히 당론정치는 공천과정의 개방화와 민주화에도 불구하고 당내 소수파 입지를 약화시켜 다양성을 포용하지 못하는 문제를 야기한다. 이를 해소하기 위해서 첫째, 미국, 영국, 독일 등 대부분의 국가와 같이 중앙당의 역할을 제한하는 상향식 공천제도를 적극적으로 도입할 필요가 있다. 지도부 주도의 공천 결과와 상향식 경선결과는 결과적으로 유사할 수 있으나 자신의 소신이나 지역구 요청에 귀 기우도록 하는 동기가 될 수 있다. 둘째, 공천과정의 분권화를 통해 다양성을 포용하는 방식의 공천제도로 바꾸어야 한다. 한 정당의 지지자들이더라도 지역에 따라 정치적 입장과 정책 선호가 다르기 때문에 공천과정의 지역 분권화는 정당내 다양성을 제고하는데 기여할 것이다.

제17장 '양극화 완화를 위한 정책정당 육성 방안'은 정당의 이익집약과 표출 기능이 원활한 정책정당 문제를 다루었다. 정당 운영의 인력 확보가 시급한 정당에서 정책 연구를 수행할 인력의 부재는 정책정당으로의 발전을 제약하는 현실에서 정당은 후보의 도덕성이나 자질을 공격하거나 이념적 공격이 강화되는 정책 부재의 경쟁에 치중하고 있다. 이를 해소하기 위해서 첫째, 일방적이고 행정적인 의사소통을 벗어나 '당원의 정책 중심 활동'을 지원하여 일상적인 공간에서 정책이 당원들 사이에서 만들어질 수 있는 공간으로 재구성할 것을 제안한다. 둘째, 정당의 하부조직이 일상적으로 작동할 수 있도록 활성화하여 정당의 정책기능을 연계시킬 수 있도록 하여야 한다. 셋째, 지역구 수준까지 정책토론회를 확대 및 실시하여 각종 정책에 대한 관심을 높이고 그 논의가 그 이후에도 정책 검증의 근거자료로 활용할 필요가 있다. 넷째, 의회 중심의 입법 정책협의회 시스템 구축과 의원 연구모임의 실질화, 다섯째, 관료 의존성을 탈피하여 정당이 본연의 정책형성을 위한 기능적 보완이 필요하다. 마지막으로 「정당법」 개정 등을 통한 구조적 환경을 개선하여야 한다.

이상과 같은 연구주제와 대안을 제시한 제4부 '정치적 양극화 극복을 위한 정당정치 개혁'의 시사점은 다음의 두 가지이다. 첫째, 정당정치 개혁은 다음의 세 차원에서 동시에 진행되어야 한다는 점이다. 우선 정치제도적 차원에서 「정당법」을 비롯한 정치관계법 개정을 통해 정치환경을 개선하여야 한다. 정당이 만들어지고 활동하는 정치환경이 정당의 기능을 제약하는 요소들을 제거하는 정치관계법 개정이 필요하다는 것이다. 또한 각 정당 차원의 개별적 개혁이 필요하다. 정당조직의 유기적 연계가 이루어지지 않는 상황에서 각 정당의 기능은 정당정치를 유지하도록 하지만 정당의 정치적 대표성을 제고하지 못 하고 있다. 당원들이 실질적 참여를 통한 정치적 의사결정을 활성화하고 이들의 참여를 독려할 수 있는 정당조직을 구축하여 각종 권한을 당원이 갖는 정당의 의사결정구조를 제도화하여야 한다. 이와 더불어 국회와 지방의회 등이 다음 세대의 정당정치 발전을 위해 비전을 갖는 정치인을 육성할 수 있도록 장기적 계획과 비전을 가져야 한다는 점이다.

둘째, 정치적 양극화 극복을 위한 정당정치 개혁은 정당이 당원조직으로서 운영되어야 가능하다는 사실을 시사한다. 정당이 당원조직이라는 원론에 충실한 방식으로 운영되어야 한다는 것이다. 현재 당원이 전당대회, 공천과정 등에 갖는 권한은 무엇이며 이들의 권한은 실질적인가라는 질문에 구체적으로 답변할 수 있어야 한다. 지구당의 법적 부활 등을 포함하여 적절한 정당조직을 만들고 당원에 대한 체계적인 경력관리체계를 갖추어야 한다. 당원이 전당대회와 공천과정에 참여할 수 있다는 선언적 의미를 넘어서 당원 의사가 반영되는 정당의 의사결정과정이 제도화되어야 한다. 이와 같은 제도화는 상향식 공천과 지역 분권화를 전제로 한 공천제도 개선과 함께 당내 다양성 제고는 정치적 양극화 해소에 기여할 것이다.

제5부

결론: 국회의원 집담회 논의 결과

18

제도적 정합성의 관점에서 본
정치양극화 극복을 위한 통합적 대안들

윤광일

제1절
들어가며

　민주주의에 대한 최소주의(minimalist) 또는 절차적(procedural) 접근에 의하면, 한국 민주주의는 야당과 시민사회가 군사 권위주의 정권으로부터 새 헌법과 대통령 직선제를 쟁취한 1987년을 기점으로 한다. 현재까지 지속하고 있는 이른바 '87년 체제'는 8번의 대통령 선거와 9번의 국회의원 선거, 그리고 1991년 부활 이후 8번의 지방선거를 치르며 공고화되었다. 또한, 한국은 1997년과 2007년에 걸쳐 헌팅턴(Huntington 1991: 266-267)이 제시한 공고화된 민주주의의 기준인 같은 선거 제도하에 두 차례 평화적 정권교체 기준('two-turnover test')을 충족시킨 이래로 가장 최근인 2022년 대선 결과를 포함하여 네 차례에 걸쳐 평화롭게 정권교체를 이뤄내었다. 실제로 한국은 '제3의 물결(the third wave)' 시기 민주화된 80여 개 나라 중 유럽지역 외에서는 유례를 찾기 어려운 완전하게 공고화된 성숙한 민주주의를 구가하고 있는 나라로 평가된다 (Diamond and Shin 2014).

　한국 민주주의의 질 또한 민주주의 국가 중에서 최상위권으로 평가받고 있다. 예컨대, 선거, 자유, 참여, 숙의, 평등, 다수제, 합의제 등 민주주의의 7개 주요 차원을 구성하고 있는 세부 지표로 1789년부터 2022년까지 202개국을 대상으로 4천 명에 달하는 각국 전문가가 민주주의 체제 변동을 측정한 '민주주의 다양성(V-Dem: Varieties of Democracies)' 연구에 의하면, 한국은 1988년 이후 특히 선거, 자유, 숙의 차원에서 최고 수준의 민주주의를 안정적으로 구가하고 있는 것으로 평가된다. 특히, 최소주의적 접근의 핵심 차원인 선거민주주의, 다두제, 자유 및 공정 선거, 깨끗한 선거 등으로 구성된 선거 차원에서만 본다면, 한국은 1988년을 기점으로 전체 조사 대상 국가 대비 최정상에 도달한 것으로 나타났다(윤광일 2018a; Papada et al. 2023).

그러나, 한국은 서구 민주주의 국가가 이미 겪어 온 '민주주의 위기' 또한 직면하고 있다. 1996년 이후 시민의 민주주의에 대한 선호는 지속해서 하락하여 40% 초반에 정체됐지만, 때로는 권위주의 정부가 낫다는 응답이 35%를 뛰어넘을 만큼 증가세를 보이고 있고, 민주주의에 대한 만족도도 대체로 50%를 넘지 않을 정도로 시민의 정치적 불만(political discontent) 수준이 매우 높다(Park 2011; Park and Chu 2014). 이번 설문조사에서도 대통령(4.40), 행정부(4.36), 법원(4.28), 검찰(3.86), 경찰(4.43) 등 주요 국가기관에 대한 신뢰도는 10점 만점에서 평균 4.5 이하로 낮게 유지되고 있으며, 대의제 민주주의의 핵심 제도적 장치인 정당(3.46), 국회(3.53), 언론(3.74)은 앞서 열거한 국가기관보다 상대적으로 지지 정당 유무에 상관없이 더 낮은 것으로 드러났다. 특히, 정치인은 평균 3.09로 조사 대상 중 가장 신뢰도가 낮게 나타났다. 전반적으로 정부 주요 기관 대부분이 신뢰도에 있어서 '보통'보다 낮은 평가를 받고, 국회가 상대적으로 더 낮게 신뢰를 받는 결과는 2009년 이후 3년마다 치러진 5번의 정기 조사에서도 일관되게 확인되는 경향이다(송진미 2021: 52). 요컨대, 한국은 2006년 이후 범세계적 정치 현상이 된 '민주주의 후퇴(democratic recession)' 또는 '타락(backsliding)'을 피해 가지 못한 것이다(Diamond 2015).

더욱이 현재 한국은 공동체 유지와 사회통합을 저해하는 정치 및 사회갈등 양상과 정치의 핵심 기능인 갈등 조정 및 관리 측면에서 매우 부정적인 평가를 받고 있다. 예컨대, 한국 사회는 '갈등 사회'로 규정될 만큼 갈등 양상이 정치와 공공영역뿐만 아니라 시민사회 영역에서도 일상화되고 보편화되어 있다(조대엽 2014). 경제 수준이 비슷한 OECD 국가로 한정하여 비교해도 갈등 수준이 최상위권에 속할 만큼 매우 심각한 상황이다(정영호·고숙자 2014). 2005년부터 2015년까지 5년 주기로 OECD 회원국과 러시아, 브라질, 남아프리카공화국을 포함하여 37개국의 사회갈등지수를 분석한 연구에 의하면, 한국 사회갈등지수는 2015년 기준 32위로 갈등 수준이 매우 높게 나타났다(박준·정동재 2018). 또한, 이번 설문조사에서도 반복해서 드러났듯이 국민 대다수는 한국의 사회갈등 수준이 매우 심각하다고 인식하고 있다. 특히 이번 조사에서 응답자 92.6%가 보수와 진보 갈등이 심각하다고 답하여 이념 갈등을 가장 심각하게 인식하고 있는 것으로 나타났다. 또한, 민주화 이후 한국정치를 규정해온 균열 요인인 영남과 호남의 갈등도 84.3%나 심각하게 여기고 있었으며, 그다음으로는 정규직과 비정규직, 부유층과 서민층, 대기업과 중소기업, 노사 등 계층 갈등에 대해서도 75%가 넘는 응답자가 심각하다고 인식하고 있었다.

이와 같은 높은 수준의 사회갈등과 갈등 심각성 인식에도 불구하고 한국의 갈등관리 역량은 매우 열악한 것으로 드러났다. 앞서 살펴본 박준·정동재(2018) 사회갈등 연구에 의하면, 비교 대상 37개국 중 정부관료제 역량 28위, 대의제 역량 32위, 사법제도 역량 25위 등 정치제도적 갈등 관리 역량뿐만 아니라 재분배역량 33위, 시민사회역량 26위 등으로 갈등관리 역량의 모든 세부 지표에서 최하위권을 기록했다.

현재 한국정치는 갈등 조정 및 관리 그리고 이를 통한 사회통합 기능을 제대로 수행하지 못할 뿐만 아니라 오히려 갈등을 촉발하고 더 부추기는 핵심 동인으로 작동하고 있는 것으로 보인다. 이번 설문조사에서도 다시 확인했듯이, 두 거대 정당 간 또는 보수와 진보 진영 간 이념 차이가 확연하게 나지 않는데도 불구하고, 두 거대 정당과 이들이 상징적으로 대표하는 이념 진영 간의 갈등이 심각하다는 데에 대다수 국민이 인식을 같이하고 있기 때문이다. 이와 관련하여 두 정치 진영의 전통적인 핵심 지지기반인 영호남의 지역 갈등에 대해서도 여전히 심각하게 받아들이고 있다는 사실도 주목할 만하다.

한국정치의 갈등관리 실패와 갈등 및 대결 구도 조장은 본 연구의 핵심 주제인 이른바 '정치양극화'로 이해할 수 있다. 정치양극화 문제가 여론 시장에서 대두되기 시작한 것은 이명박 정권이 출범한 2007년 대선과 당시 여당인 한나라당이 압승한 2008년 총선을 거치면서였다. 그 후 다소 소강상태를 유지하다가 2019년 공직선거법과 공수처법 개정을 기점으로 다시 급증하기 시작했다. 2020년에는 양극화에 관한 기사 빈도가 2009년의 3배가 넘을 정도로 최근 정치양극화는 뜨거운 쟁점이 되고 있다(박상훈 2022: 137 – 139).

현재 한국정치의 양극화는 본 연구에서도 살펴본 바대로 정치엘리트 또는 일반 국민 차원에서 정치 진영 간 이념과 정책 선호 차이에 바탕을 둔 이념적 양극화보다는 상대 진영에 대한 배타적인 부정 감정에 기초한 정서적 양극화 양상을 띠고 있다(박준 2022). 전자는 진영 간 바람직한 정책 선택을 둘러싼 합리적인 논쟁으로 이어질 수 있어서 어찌 보면 긍정적인 형태의 양극화로 평가할 수 있으나, 후자는 상대를 대등한 논의 상대로조차 인정하지 않게 하여 사회통합에 매우 부정적인 형태의 양극화로 평가할 수밖에 없다.

구체적으로 현재 한국정치의 양극화는 ① 집권당과 제1야당이 주축이 되어서 서로 극단적 갈등과 적대를 동원하는 극단적 당파성에 따른 무책임성 ② 전·현직 대통령 개인과의 권력적 거리감을 두고 전개되는 당내 파벌의 양극화 ③ 이념이나 정책에 기반한 긍정적 정체성보다 상대당이든 당내 경쟁자든 배타적 정체성을 투사하는 부정적 정체성 ④ 공존과 협력을 어렵게 하는 적대와 증오의 정치 ⑤ 분배 및 재분배 관련 사회경제적 중대 이슈의 실종 ⑥ 쟁점의 당파적 동원과 소멸 ⑦ 소수의 열정적 지지자와 반대자가 지배하는 정치 ⑧ 평등한 참여와 다수 지배 원리를 위협하는 소수 지배 체제의 강화 ⑨ 전통적인 정당체계 유형론에서 유례를 찾아볼 수 없는 양극화된 양당제의 출현 등 9가지 특징을 내포하고 있다(박상훈 2022: 158-166). 이는 무엇보다 대통령 중심의 정치와 이념에 기반하지 않거나 반(反)이념적인, 배타적인 감정으로 양극화된 양당제에서 기인하는 특징으로 보인다. 이와 같은 극심한 양극화 정치체제에서 정당과 국회는 본연의 기능인 대의 기능은 물론이고 갈등 조정 및 사회통합 기능을 수행하는 데에 실패하고 있는 것으로 판단된다(박상훈 2022).

최근 일련의 연구에 의하면, 같은 대통령제와 양당제 국가인 미국과 마찬가지로 한국에서도 정치 엘리트 차원에서 정책 선호에 바탕을 둔 이념 양극화가 상당히 진전된 것으로 보인다. 다만, 대중 차원에서는 미국이나 서구 선진민주주의 국가와는 달리 사회집단 또는 계층에 따른 지지 정당 분화를 가리키는 사회 양극화가 나타나고 있다고 보기는 어렵지만, 어찌 보면 이들 나라보다 더 당파심과 이념 성향 곧, 정치 정체성에 기초한 정서적 양극화가 특히 정당 지지자를 중심으로 상당히 퍼져 있는 것으로 보인다(장승진·장한일 2020; 김기동·이재묵 2021; 윤광일 2022; Boxell et al. 2022).[130] 아울러 신문과 종편을 중심으로 한 정파적 미디어의 강화와 주로 정치인의 사실과 다른 발언에 기초하여 인터넷과 소셜미디어에 의해 확산하는 가짜뉴스도 대중 차원의 정서적 양극화를 심화시키고 있는 것으로 보인다. 요컨대, 한국은 같은 대통령제 국가인 미국, 그리고 의회 선거에서 우리와 같은 소선거구 다수제를 취하고 있는 영국과 유사한 형태와 수준의 정서적 양극화를 드러내고 있다. 참고로 의회제와 선거제도의 비례성이

---

130) 한편, 박상훈(2022: 145-146)은 의원 표결 행태를 분석한 서울대 폴랩 조사의 결과를 인용하며 제17대 국회 이후 정당이나 정치인 스스로 인식하는 주관적 의식과 달리, 실제 정책 행동에서는 좌와 우 사이의 이념적 거리가 줄어들었다고 평가했다.

높은 스웨덴이나 독일의 정서적 양극화 수준은 한국은 물론이고 미국이나 영국에 비해 낮은 것으로 알려져 있다(박준 2022).

그렇다면, 한국 민주주의와 정치의 위기를 가중하고 있는 현재의 극심한 정치양극화를 극복하기 위한 제도적 대안은 무엇인가?

제2절

민주주의 제도 유형, 사회 및 정치문화, 그리고 체제 실적

아리스토텔레스 이래로 비교정치학은 정치제도 분류와 유형에 관한 연구가 핵심축을 이뤄왔다. 경험적, 실증적 연구가 주종을 이루는 현대에서는 서로 다른 민주주의 체제가 초래하는 실적(performance) 차이에 초점에 맞춰 특정 체제를 옹호하고 이를 구성하는 제도적 요인을 논구해왔다. 현대 제도주의(institutionalism) 학파를 창시한 레이파트(Lijphart 2012)는 현실의 민주주의를 '합의제 모형(consensus model)'과 '다수제 모형(majoritarian model)'으로 대별하고 합의제 민주주의가 우월한 정부 유형이라고 역설했다.[131] 그는 우선 민주주의를 "인민에 의한 그리고 인민을 위한 정부"로 정의한 후, 인민 사이에 이견과 다양한 선호가 존재하는 경우 누가 통치하고 누구의 이익에 반응해야 하는지에 대한 상이한 해답이 특정 민주주의 정부 유형을 결정한다고 주장한다. 곧, 통치 주체와 반응 대상에 관한 딜레마에 대해 다수제는 '인민의 과반(the majority of the people)'을, 합의제는 '가능한 많은 수의 인민(as many people as possible)'을 해답으로 상정하는 대조적인 민주주의 정부 유형이다.

---

131) 파웰(Powell 2000)은 레이파트와 유사하게 민주주의의 두 비전으로 다수제와 비례제를 제시하고 이를 각각 제도적으로 구현하는 선거를 민주주의의 핵심 도구로 상정한다.

〈표 18-1〉 다수제와 합의제의 제도적 특징 비교

제도 요소	다수제	합의제
집행부	단독 정당 집권 집행 권력 집중	광범한 다당 연합 집행 권력 공유
집행부와 입법부의 관계	집행부의 우위	권력 균형
정당 체제	양당제	다당제
선거체계	다수제 및 불비례적 선거체계	비례대표제
이익집단 체계	자유경쟁에 기초한 다원주의	코포라티즘
중앙-지방정부	단방제 중앙집중적 정부	연방적 분권 정부
입법부	단원제에 집중된 입법 권력	별도로 구성된 동등한 양원
헌법	단순 다수에 의해 쉽게 개정이 가능한 연성 헌법	초다수에 의해서만 개정이 가능한 경성 헌법
사법 심사권한	입법부	대법원이나 헌법재판소
중앙은행 독립성	집행부에 종속	독립적 중앙은행

출처: Lijphart(2012: 3-4)

레이파트에 의하면, 이상형(ideal type)으로서 다수제와 합의제는 이 같은 서로 다른 원칙을 구현하는 ① 집행부 ② 집행부와 입법부의 관계 ③ 정당 체제 ④ 선거제도 ⑤ 이익집단 체계 ⑥ 중앙－지방 정부 ⑦ 입법부 ⑧ 헌법 ⑨ 사법 심사 권한 ⑩ 중앙은행 독립성 등 10개의 제도적 요소로 구성된다. 이 중 첫 5개 요소는 '집행부－정당' 차원으로 나머지 5개는 '연방－단방' 차원으로 분류된다. 다시 말해서 두 민주주의 제도 유형은 10개의 구성 요소를 기준으로 서로 다른 정합성을 갖춘 제도적 조합으로 구분되는 것이다(〈표 18-1〉 참고).

다수제는 웨스트민스터(Westminster) 모형으로도 불리는 것에서도 알 수 있듯이 영국 정치제도의 특성으로부터 귀납적으로 구성된 모형이고, 합의제는 다수제의 반대되는 특성을 연역적으로 구성한 모형이다. 다수제는 영국과 영연방 국가인 뉴질랜드(1996년 이전)와 바베이도스 등을, 합의제는 스위스, 벨기에, 유럽 연합 등을 각각 전형적인 예로 들 수 있다. 레이파트의 민주주의 유형 모형은 현재 전 세계 100여 개국에 적용되어 제도 유형의 타당도와 구성 요소의 적실성 그리고 유형별 실적과 각 유형과 사회 및 문화 차원의 정합성에 대한 이론적, 경험적 논쟁이 진행 중이다(Maleki and Hendriks 2015; Bogaards 2017; Bernaerts et al. 2023). 이 논의를 제도 유형별 실적과 제도적 정합성에 초점을 맞추어 살펴보면 다음과 같다.

우선, 레이파트는 36개국을 대상으로 경제 수준과 인구를 통제한 다변량 회귀분석을 통해 합의제 모형이 민주주의의 질을 가리키는 대부분 지표에서 다수제 모형보다 우월함을 밝혀냈다. 구체적으로 합의제 정부 유형은 정부 효과성(effectiveness), 법치, 부패 통제, 부패 인식, 소비자 물가, GDP 디플레이터, 정치적 안정과 폭력의 부재, 국제분쟁 위험, 국내 분쟁 위험, 국내 테러 희생자, 참여와 책임(voice and accountability), 민주주의, 정치참여, 정치문화, 시민적 자유, 여성 의회 및 각료 대표, 성 평등, 부의 불평등, 공적 사회지출, 환경, 투옥률, 사형, 구제, 해외 원조, 민주주의에 대한 만족, 투표율 등에 있어서 긍정적인 효과가 있는 것으로 드러난 것이다(Lijphart 2012: 274－294). 레이파트 이후 체제 실적을 개관한 연구에 의해서도, 합의제는 투옥률, 형벌 문화, 국내 테러리즘, 복지 지출, 소득 불평등, 노동－자본 세금 격차, 경제 및 정치 위기 심화, 집행부의 헌법적 통제, 정부 크기, 의회 논쟁의 질, 승자와 패자의 민주주의에 대한 만족, 세계은행(World Bank) 거버넌스 지표, 환경, 대중의 내각 지지, 실업률, 물가 상승률, (질병으로 인한) 근로 손실 일수 등에 있어서 통계적으로 의미 있는 수준에서 우월한 체제로 평가되었다. 한편, 합의제 유형의 긍정적 효과는 첫 번째 차원인 '집행부－정당' 차원과 특히 더 관련이 있는 것으로 나타났다(Bogaards 2017: 11－14).

특히, 본 연구 주제와 관련하여 2000년부터 2019년까지 OECD 36개국을 대상으로 민주주의 제도 유형과 정치양극화 수준을 분석한 연구 결과에 의하면, 합의제는 양극화를 낮추는 데에 다수제보다 나은 유형으로 드러났다. 구체적으로 합의제 구성 요소인 비례대표 선거제도와 다당제 연합 그리고 연방제에서는 이념적이든 정서적이든 정치양극화가 유의미하게 낮게 나타났다. 또한, 합의제는 특히 이념적 양극화보다 정서적 양극화에 더 잘 대처하는 제도로 평가되었다(Bernaerts et al. 2023).[132]

그렇다면, 대의 민주주의 위기에 직면한, 그리고 대의 기능과 사회갈등 조정 및 관리 기능이 취약할 뿐만 아니라 사회통합을 저해하는 갈등을 조장하는 동인이 된 한국 정치가 선택해야 할 제도 유형은 합의제임이 분명해 보인다. 한가지 주목해야 할 사실은 레이파트 이후 연구에서도 반복해서 지적된 바와 같이 합의제와 다수제는 이상형일 뿐, 현실에서는 그 제도적 구성 요인의 조합에 따라 나라별로 합의제 또는 다수제 강도

---

132) 버내츠와 동료들(Bernaerts et al. 2023)은 이념적 양극화를 '견해에 기초한(idea－based) 양극화'로 정서적 양극화를 '정체성에 기초한(identity－based) 양극화'로 부른다.

가 다르게 나타나며, 한 나라에서도 제도 개혁을 통해 특정 유형 요소가 강화되거나 약화될 수 있다(Bogaards 2017; Clark et al. 2017: 706-712).

레이파트의 논의를 원용하여 한국의 정치제도를 분석하면, 대부분의 정치제도는 다수 지배 원칙이 강화된 다수제 모형에 가까우며, 특히 2012년 국회선진화법 도입 이전에는 다수제 특성이 두드러지지만, 이후에는 행정부와 입법부 관계와 의회 제도 측면에서 소수 보호 원칙에 유리한 합의제 요소가 강화되기 시작했다(강신구 2012; 문우진 2021; 박상훈 2021). 예컨대, 레이파트의 연구 대상 36개 국가에 1987년 민주화 이후 25년의 경험을 가진 한국을 더하여 제도적 특징을 비교 연구한 강신구(2012, 46-54)에 의하면, 한국은 사회적 이해가 정책으로 전환되는 민주적 정치 과정과 관련된 집행부-정당 차원에서 OECD 국가 중 전형적인 다수제 국가인 영국 다음으로 강한 다수제적 민주주의의 특성을 나타내는 데에 반해, 연방-단방 차원에서는 혼합적인 형태를 띠면서 다른 나라에 비해 상대적으로 합의제적 특성을 드러낸다. 한국은 이 제도 차원에서 중앙과 지방 정부의 관계 및 의회의 구성과 관련해서는 다수제 특징을, 헌법 개정의 경직성이나 위헌 심사, 그리고 중앙은행의 독립성과 관련해서는 합의제 편향을 보인다는 것이다.

문우진(2021: 157-159) 또한, 한국 정치제도가 소선거구제와 매우 적은 비례대표 의석수가 산출하는 양당제, 강한 대통령제로 인한 행정부에 의존적인 입법부, 단원제와 국회선진화법 이전의 다수결 의결 규칙과 국회의장 직권 상정 절차, 단방제, 행정부에 종속된 중앙은행 등으로 인해 다수 지배에 유리한 다수제 특징을 다수 갖추고 있지만, 21대 총선에서 도입한 준연동형 선거제도, 여소야대 상황에서 다수 야당의 행정부 견제와 대통령의 거부권 행사, 대통령의 제한적인 행정명령, 국회선진화법 이후 여당이 5분의 3 이상 의석을 확보하지 않는 한 소수 야당도 행정부와 여당 견제 가능, 야당에도 상임위원장 배분, 대통령 임기와 헌법재판관 임기의 불일치 등의 소수 보호에 유리한 합의제 특성도 존재한다고 평가한다(<표 18-2> 참고).

〈표 18-2〉 한국의 정치제도

정치제도	평가	다수 지배에 유리한 요소	소수 보호에 유리한 요소
선거제도 및 정당체제	다수제 편향	• 소선거구 위주 선거제도 • 지나치게 적은 비례대표 의석 • 양당 지배 체제	• 대선 및 총선 일정 불일치 • 준연동형 선거제도
행정부-입법부 관계	국회선진화법 이전 다수제 편향, 이후 합의제 강화	• 국회선진화법 이전 여대야소 • 여당의 강한 정당 결속력 • 정부의 독점적 예산 편성권 • 다양한 의회제적 요소 • 행정명령 권한 남용 소지 • 다양한 대통령 권한	• 국회선진화법 이전 여소야대 • 제한적 행정명령 권한
의회 제도		• 단원제 • 국회선진화법 이전 입법 규칙 (상임위 및 본회의 다수결 규칙 및 국회의장 직권 상정 절차)	• 국무회의 대응 상임위 구성 • 소수당 상임위 배분 • 법사위원장 소수당 배분 • 국회선진화법 이후 초다수결 규칙
중앙정부-지방정부 관계	다수제 편향	• 단방제 • 사무·재정·인사에서 중앙정부에 대한 지방정부의 예속성	• 총선·대선·지방선거 일정 불일치
사법부 위헌 심사	다수제 편향	• 정부·여당 주도 헌재 구성 • 짧은 헌법재판관 임기	• 대통령 임기와 헌법재판관 임기 불일치
중앙은행 독립성	다수제	• 제한적 금융정책 권한 • 한국은행장의 짧은 임기 • 대통령 임명 권한	

출처: 문우진 (2021: 158)

그렇다면, 근본적으로는 민주주의 질을 제고하고 더 나은 체제 실적을 산출하는 동시에, 당면한 민주주의 위기와 정치양극화 문제를 해결하기 위한 한국 정치제도의 개혁 방안은 무엇인가? 서구의 이론적, 경험적 연구 결과 대로 합의제 유형으로의 전환 또는 합의제 요소의 강화인가? 과연 국회선진화법이나 비례선거제 확대 등 합의제 모형에 부합하는 제도 요소를 도입 또는 강화해나가면 현재 극심한 정치양극화를 극복할 수 있을 것인가?

이 연구에서는 한국정당학회와 한국행정연구원 소속 22인의 연구진, 다수의 전·현직 국회의원, 당직자 간의 생생한 고민과 치열한 토론으로 이에 답하고자 했다. 각자 전문 분야에서 이론적 연구에 천착해 온 학자들과 정치 현장에서 격렬하게 부대껴온 실천가들이 유례없이 머리를 맞대어 이상과 현실 간의 균형을 도모하며, 우리 공동체의 근간을 흔들고 있는 정치양극화 완화에 이바지하는 제도적 대안을 마련하고자 한 것이다. 위기가 심대한 만큼 그 해결책도 간단하지만은 않다. 구체적 각론에 있어서는 일견 상충하는 대안도 보인다. 그럼에도 연구진은 권력구조, 선거제도와 정당 체제, 중앙-지방 정부 관계 등에 있어서 집중화된 권력을 현재보다 더 분권화하고 더 많은 협치가 필요하다는 데에 대체로 동의하고 있다. 요컨대, 합의제 방향을 선호하는 것이다.

선행연구도 이와 같은 결론을 정당화한다. 예컨대, 강신구(2012)는 다수제를 특징으로 하는 우리 정치제도가 추구하는 가치와 조응하지 않는 가치체계 곧, 합의제적 가치체계를 가지는 시민들이 약 2/3에 달하는 다수를 구성하고 있으며, 이들이 현실 민주주의 정치에 대해 높은 수준의 불만족을 표출하고 있다는 분석 결과를 발표했다.[133] 박상훈(2021)에 의하면, 한국 민주주의는 여당 독주와 야당 배제를 특징으로 하는 다수제와 정치세력 간 연합을 특징으로 하는 협의제의 두 전통이 경합하며 변화해 온 '혼합체제'이다. 구체적으로 1990년 3당 합당으로 인한 거대 여당의 출현이나 21대 국회의 여당 독주체제는 다수제적 전통의 예이고, 1988년 여소야대의 협의제 국회와 DJP연합, 노무현의 대연정 제안, 2016년 촛불집회와 탄핵 정치동맹은 협의제 전통의 예이다. 그는 정치, 사회, 경제, 여론, 성, 지역, 문화 등 모든 분야와 구분에서 적대와 증오로 분열된 '양극화 민주주의'가 한국 민주주의의 위기를 초래했다고 진단하면서, 과반 1당이 다수주의를 밀어붙인 18대와 현재 21대 국회에서 정치뿐만 아니라 사회 분열이 더 심각했다는 사실을 들어 '정당 간 경쟁과 연합을 제도화'하는 연합정치 또는 합의제 민주주의를 옹호한다.

문우진 또한 우리 시민사회의 이질성 심화로 인한 소수자 보호의 필요성 증대로 합의제 민주주의를 옹호한다. 그에 의하면, 다수제 편향적인 정치제도는 인종적, 언어적, 문화적 동질성이 유지되고 경제적 양극화가 현재와 같이 심화하지 않은 과거 한국 사회에 조응했다. 그러나 1987년 민주화 이후 지역 갈등이 대두되었고, 1997년 외환위기 이후 소득과 부의 양극화로 인한 계층 갈등이 커졌을 뿐만 아니라 2002년 제16대 대선부터는 유권자 차원에서 진보와 보수의 이념 갈등이 두드러지기 시작했고, 세대 균열도 드러나기 시작했다. 아울러 다문화 가정의 증가로 인한 문화적 다변화가 한국 사회

---

133) 그는 비록 다수가 좋아하지만 나머지는 매우 싫어하는 대안과 이를 지지했던 사람들에게는 조금 만족스럽지 못하지만 나머지는 그다지 싫어하지 않는 대안 중에 후자를 더 낫다고 생각하는 응답이 합의제 가치체계를 측정한다고 조작화했다(강신구 2012: 58).

의 이질성을 심화하고 있는데 이러한 시민사회의 변화는 다수 지배 원리보다 소수 보호의 원리를 더 반영할 수 있는 합의제 방향으로 정치제도를 설계할 필요를 높인다(문우진 2021: 162, 262)

글을 마치면서, 지금까지 살펴 본 제도주의 접근에 입각한 연구의 한계와 그에 따른 향후 연구 과제를 생각해 보고자 한다. 우선, 민주주의 제도 유형과 체제 실적 그리고 사회 및 정치문화 간의 삼각관계에 대한 논의에서 최선의 체제 실적을 산출하는 제도와 사회적 요소 및 가치 또는 문화의 조합과 이들 요인 간의 인과관계에 대한 이론적, 경험적 연구는 여전히 매우 미흡한 것으로 보인다(Maleki and Hendriks 2015; Bogaards 2017). 레이파트는 합의제를 '더 친절하고 더 온화한(kinder and gentler)' 민주주의라 주장하면서, 이 유형의 긍정적인 정책들은 합의제 제도가 직접 창출하는 것이라기보다는 제도의 기반인 '합의제와 공동체 문화(consensual and communitarian culture)'에서 연유한다고 보는 게 타당하다고 주장한다(Lijphart 2012: 301). 그러나, 그 문화가 어떠한 요소로 구성되는지, 이 인과관계에 대한 가정의 논리적, 이론적 근거에 대해서는 논의하지 않았다. 한편, 최근 경험적 연구에 의하면, 거버넌스 질 측면에서 이질적인 사회에서는 합의제 유형이 다수제보다 확실히 우월하며, 동질적인 사회에서는 권력이 중앙집중되었을 때 더 나은 체제로 드러났다(Doorenspleet and Pellikaan 2013). 또한, 합의제는 작은 나라에서 코포라티즘과 결합할 때만이 정부의 효과성을 높일 수 있다고 한다(Giuliani 2016). 요컨대, 민주주의 유형과 사회 및 정치문화 요인은 상호작용하며 체제 실적에 영향을 주는 듯하지만, 아직 이에 대한 체계적 연구는 풍부하지 않은 것으로 보인다.

둘째, 앞서 논의와 관련되어 있기도 하고 어찌 보면 상식적인 관찰이기도 하지만, 합의제 민주주의가 모든 면에서 다수제보다 절대적으로 우월한 제도적 조합이라고 주장하기 어렵다는 사실에 주목해야 한다. 두 제도 유형이 대조적이며 상충하는(trade-off) 요소로 구성되어 있기에, 어느 한 유형의 특징을 강화한다는 것은 다른 유형의 특징을 약화하는 것으로 귀결되기는 하지만, 그렇다고 해서 그것이 곧 체제 자체를 절대적으로 악화시키는 것으로 보기는 어렵다. 예컨대, 이론적으로 민주주의는 다수 지배와 소수 보호라는 일견 상충하나 어느 하나도 포기할 수 없는 두 원칙에 의해 작동한다. 따라서, 다수 지배를 강화하여 소수 보호를 약화하는 것을 절대 악으로 볼 수 없으며 소수 보호를 강화하기 위하여 다수 지배를 약화하는 것을 절대 선으로 주장할 수 없다. 또한, 두 유형은 같은 맥락에서 민주주의를 평가하는 여러 기준 중 대조적이지만 그 자체로서 바람직한 원칙에서 이론적으로는 긍정적인 평가를 받는다. 예를 들면, 다수제는 유권자가 정책의 책임 소재를 상대적으로 쉽게 파악할 수 있는 '책임 소재의 분명함(clarity of responsibility)'과 집권 정당의 실정과 업적을 따져 처벌 또는 지지하는 '문책성(accountability)'을 극대화한다. 다수제는 또한, 정책 결정 과정에서 다양한 이해관계를 대변하는 '거부권 행사자(veto player)'의 수를 낮춰 유권자의 변화하는 선호에 조응하는 능력인 '이념적 대응(ideological responsiveness)'을 높이는 반면에, 합의제는 비례적인 선거제도로 인해 대표자 구성이 성, 인종 등 사회인구학적 배경 요인에 따른 사회적 구성을 반영하는 정도인 '기술적 대표성(descriptive representativeness)'에 강점이 있다 (Clark et al. 2017: 713-725).

한편, 합의제의 핵심 구성 요소로서 비례대표 선거제도는 대표성을 제고하고 연정과 좌파 정당의 집권 세력 참여와 관련이 있었으며, 그 결과 재정정책 차원에서 광범한 재분배, 높은 수준의 정부지출, 더 큰 정부 적자 및 채무 수준으로 이어지는 것으로 보인다(Clarke et al. 2017: 727-745). 이와 같은 경험적 근거를 합의제가 다수제보다 나은 제도라고 판단하는 근거로 해석할 수 있을지 의문이다.

마지막으로 제도주의 접근의 편향으로 볼 수 있는 제도 결정론의 근본적인 한계를 생각해 보자. 일찍이 "소선거구 단순 다수제는 양당제를 산출하는 경향이 있고 단순다수 결승 투표제와 비례대표제는 다당제를 산출하는 경향"이 있다는 '듀베르제의 법칙'으로 널리 알려진 듀베르제도 선거제도가 아니라 이데올로기 그리고 특히 사회경제적 구조가 정당체제를 결정한다고 주장한 바 있다(1954: 205). 또한, 선거제도 연구자들조차도 선거제도는 정치체제의 한 요소에 불과하며 개인 정치행태에 영향을 주는 다른 큰 요인에 비해 사소한 데에 비해 그 효과가 과장된 것으로 보인다고 역설한다(Bowler and Donovan 2013: 137-138). 이는 선거제도가 민주주의의 유형과 질을 결정하는 핵심 도구이기에 선거제도만 바꾸면 현대 민주주의의 제반 문제를 해결하리라는 환상에 대한 경구로 보인다. 애로우(Arrow)의 '불가능 정리(impossibility theorem)'가 시사하듯이, 어떠한 제도적 조합도 모든 조건과 상황에 적합한 만능적 처방은 될 수 없으며, 차선의 조합만이 존재할 뿐이다. 향후 연구는 그 조건과 상황을 더 세밀하게 특정하는 작업과 함께 이들 간 인과관계에 대한 이론적, 경험적 검증을 포함해야 한다.

19

정치양극화 해소를 위한
정치개혁 실행전략

유태영, 박준, 류현숙,
이광희, 임성근

제1절

들어가며

정치양극화의 원인과 극복 방안에 관해 그동안 학계, 언론, 그리고 정치권에서 많은 논의가 있어 왔다. 그럼에도 불구하고, 정치양극화의 현상은 여전히 지속 또는 심화되고 있다. 이에 2022년 경제인문사회연구회, 한국행정연구원, 그리고 정치권을 중심으로 동일한 문제에 대한 분석과 개선방안을 보다 심도있게 논의하여 그 결과물을 공유하고자 한다.

본 장은 정치양극화의 원인과 극복방안에 대한 그동안의 논의 과정에서 진행되었던 정치권/학계의 집담회 내용, 일반 국민의 의식조사 결과를 소개하고, 상기의 장에서 제안된 내용 중에서 시급하고 실효성이 높다고 판단되는 안들을 중심으로 정치양극화 해소를 위한 정치개혁 실행전략으로 제시한다.

이 과정에서 "시급하고 실효성이 높다"고 판단하는 기준을 간략히 언급하고자 한다. 정치권과 학계 전문가는 각각 일반 국민을 대표하여 정치 실무를 담당하는 자 그리고 정치 현상을 분석하는 전문가 그룹이라고 할 수 있다. 이들의 견해는 정치 현장을 경험하면서 체감하는 현실적인 의견 또는 엄밀한 학문적 체계에 의한 이론적, 이상적 의견이라고 이해할 수 있을 것이다. 이에 비하여, 일반 국민의 의식조사는 경험과 이론에서의 구체성과 엄밀성은 낮지만, 정치가 실제 구현되는 근본이라는 측면에서 중요한 함의를 가진다. 이러한 점을 감안할 때, 정치양극화 해소를 위한 정치개혁 실행전략은 정치현장과 전문가들이 시급하다고 판단하는 사항들 중에서 일반 국민이 공감하고 수용할 수 있는 것이어야 실효성이 높아질 것이다.

　따라서, 본 장은 정치현장과 전문가들이 제안하는 시급성과 일반 국민이 수용할 수 있는 실효성을 정치양극화 해소를 위한 정치개혁 실행전략의 주요 논거로 설정하고자 한다. 이는 조직이론에서 강조하는 정책/전략과 제도적 상보성(institutional complementarities)의 이론과도 부합한다. 제도적 상보성은 일정한 경제, 정치체제 내에서 다양한 제도적 요소들이 상호연관성을 가지고 상승/강화 효과를 나타내는 현상을 말한다. 예를 들어, 시민사회의 자발적 참여율이 높고, 정책의 결정 과정에 여러 이해관계자가 관여하는 제도적 절차/문화가 확립되어 있고, 엘리트 중심이 아닌 직업교육 위주의 교육체계 등이 확립되어 있을 때, 독일과 같은 다수의 이해관계자가 참여하는 조정정치경제 체제(coordinated market economies)가 가능할 것이다. 반면, 민간경제 활동에 대한 정부의 우월한 지위, 엘리트 위주의 교육체계, 상대적으로 낮은 사회의 신뢰가 특징적으로 나타나는 한국, 프랑스와 같은 국가에서는 독일과 같은 제도의 실행이 쉽지 않을 것이다 (Yoo and Lee 2009)([그림 19−1] 참조)

　본 장은 위의 제도적 상보성을 기저로 하여, 정치권/학계의 의견, 일반국민의 의식 성향을 고려하여, 정치양극화 해소를 위한 정치개혁 실행전략을 제시하고자 한다.

[그림 19−1] 한국의 제도적 특성, 1995−2010

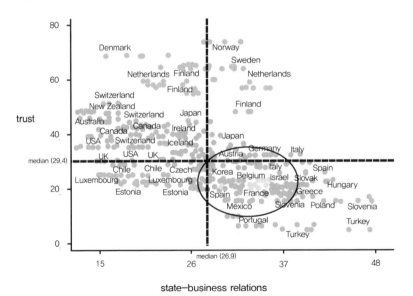

출처: Yoo and Jho(2015: 128)

제2절
한국 정치경제의 제도적 특성

정치, 경제, 사회학자들은 한국의 제도적 특성으로 집중화된 권력관계(Hofstede 2001), 관료적인 일처리(La Porta, Lopez-de-Silanes, Shleifer and Vishny 1997), 경제행위에서의 정부 주도적 성격(Orru 1997), 국립기관 중심의 엘리트 교육제도, 사회의 낮은 신뢰수준을 거론한다(Yoo and Lee 2009)([그림 19-1] 참조).

그 결과 전형적인 특징으로 개인간의 권력 거리가 멀고 조직내의 관계가 위계적인 권력구조를 형성한다. 의사결정 구조가 집중화되어 있으며, 교육에 있어서도 최고 성적을 보이는 개인과 기관에 자원이 집중되는 경향을 보인다. 반면 독일과 영국은 권력관계의 집중화가 심하지 않고, 따라서 권력관계의 수평적 특성을 보이며, 의사결정 과정은 분산되어 있으며, 중간 계층에 집중하는 교육 체계를 가지고 있다. 성적에 입각한 선별적인 고등교육은 한국의 또 다른 제도적 특성으로, 고시제도에 의하여 정부/행정기관의 권능이 타 부분에 비하여 우세하며 역시 자원이 집중되는 경향을 보인다.

무엇보다도 주목해야 할 한국의 제도적 특성으로 낮은 신뢰관계가 있다. 한국사회의 낮은 신뢰는 정치적으로 분권화된 독일 또는 영국과 다른 것으로, 사회적 협력주의의 독일(Whitley 1999) 또는 계약적 절차에 의한 영국의 정치체제(Nooteboom 2000)와 달리 한국의 정치체제가 왜 집중화되어 있는지를 설명하는 요인이 된다. 한국사회의 낮은 신뢰는 개인적/직접적인 관계를 촉진하는데, 이는 공동체적 또는 계약 절차에 의한 매개 관계를 통한 사회적 조정절차를 어렵게 만든다. 또한 일반 시민들은 동문회 등 특정한 단체 활동에는 열심이지만, 일반 공동체에서의 봉사활동 참여도는 높지 못하다.

상기에서 서술한 한국의 제도적 특성, 즉 집중화된 권력관계, 경제활동에 있어서의 정부 관여 또는 주도, 국가가 주도하는 엘리트 교육, 낮은 신뢰는 관료적인 권력관계로 귀결된다. 즉 한국의 제도적 요소들은 행정적이고 관료적인 효율성을 추구하는 정치경제 체제로 귀결됨을 알 수 있다. 상기에서 서술한 한국 정치경제의 제도적인 특성이 정치체제에 구현되는 구체적인 예를 국회운영 제도에서 찾아볼 수 있다. 우리나라의 국회는 입법기관의 운영 효율성을 개선하기 위하여 지금까지 정당대표의 권한 대신 의원 개인의 권한을 강화하고, 상임위원회 등의 권한과 절차를 개선하기보다는 국회사무처, 상임위원회 전문위원실, 국회입법조사처, 국회예산정책처 등 행정적인 기능을 강화하여 왔다. 이러한 경로가 나타나는 이유는 여러 가지를 들 수 있지만, 한국의 제도적 특성이 집중화된 권력, 관료적이고 행정적인 효율성 추구, 낮은 사회 신뢰 때문이라고도 설명할 수 있을 것이다.

따라서 정치양극화 해소를 위한 시급한 정치개혁 실행전략이 실효성 있게 제시되기 위해서는 한국의 제도적 특성을 고려하여 이를 활용하거나 이를 개선하려는 목적이 우선 전제되어야 할 것이다. 한국의 제도적 특성을 고려하지 않고 제시된 실행전략은 원래 의도와는 다른 기대하지 못한 결과를 가져오거나 실행 자체가 용이하지 못할 것이다.

제3절

국회의원 집담회 논의 결과: 정치개혁을 위한 실행과제

1. 정치양극화와 미디어

1) 중산층의 확대

미국의 사례에서 나타나듯이 양극화 수준이 낮은 시기는 중산층이 확대된 시기와 일치하며, 빈부격차의 심화에 따라 중산층이 약화되면서 이념적 편향성이 커지는 정치적 양극화 현상이 나타난다. 중산층 문제는 수축사회의 현상을 반영하고 있는데, 수축사회는 기회 기득권층과 기회 약자층이 대립하는 사회이다. 이러한 현안들을 국회가 담아내고 풀 수 있어야 한다.

2) 지역정당 허용

현실 정치가 균열을 이용하여 양극화가 심해지는 것은 결국 승자독식구조에서 비롯된다고 볼 수 있다. 따라서 승자독식구조를 변화시킬 수 있는 제도 개선이 필요하다. 지역독식 구조의 정치를 타파하기 위해 중앙당을 서울에 두어야 한다는 정당법 조항을 개정하여 지역 정당이 활동할 수 있도록 해야 한다. 지역정당제도의 경우 모든 선거에서 적용하기 어렵다면 지방선거 수준에서 적용해보는 방안도 가능할 것이다.

3) 가짜뉴스에 대한 통제 필요

인터넷을 활용한 사회연결망(SNS) 문화가 확산되면서 자극적 발언을 하는 매체의 영향력이 커지고 있어, 미디어 관련 정책이 필요하다. 가짜뉴스 등에 대한 규제의 실효성이 불투명하나, 방통위, 문체부, 과기부 등 미디어 관련 부처의 통합 또는 통제제도가 필요하다.

4) 국회의 기능 강화

자극적 말보다는 일과 능력 중심의 정치를 위해서는 국회의 기능을 강화해야 하는데, 예산권과 감사원을 행정부 중심에서 국회 소속으로의 이관이 필요하다. 일 잘하는 국회가 필요한데 초선의원 비율이 너무 높다.

5) 비례대표제의 개선 필요

우리나라는 직능중심의 비례대표제를 운영함으로써 정치경력이 없는 사람이 비례대표를 통해 정치권에서 활동하게 된다. 이는 많은 외국의 경우 비례대표는 정당에서 성장한 사람들이 비례대표로 충원되고 있는 현실과는 차이가 난다.

2. 국회 운영

1) 의원간 교류의 확대

법안 발의시 타당 의원을 거의 포함시키지 않는 경향이 있다. 여야당 간 물밑 접촉도 거의 없어졌는데, 우리나라는 정치사회적 균열에 비하여 정당 균열이 크지 않음에도 불구하고 각 정당들이 정파적 양극화에 호소하는 전략을 구사하고 있다.

2) 입법지원체계 보완

우리나라 국회의 지원기구의 규모가 작은데, 국회미래연구원의 조직체계가 완벽하지 않고 행정부의 반대로 인해 규모를 늘리기도 쉽지 않은 상황이다. 또한 현재의 국회 입법지원조직은 입법을 기획하는 기능은 부재하고, 기계적인 중립성에 치중하고 있다.

정당이 추천하는 정책 전문위원을 상임위에 배치하는 것을 강제하면 국회의원의 의정 활동 질이 높아지고 국회의 지휘기능이 실질화될 것이다. 상임위원회 전문위원을 증원 하는 방안을 검토해야 하는데, 국책연구원의 연구원을 파견하는 방안도 고려할 수 있 을 것이다.

3) 국회의 운영제도

국회선진화법은 참여와 숙의를 강화시키기는 하지만 목표로 하는 민주적 합의를 달 성하기는 어렵다. 안건조정위원회를 안건공론위원회로 바꾸고 공론화와 공청회를 활용 하여 의원들의 만남과 공론을 강제시키면 민주적 합의수단으로 만들 수 있을 것이다. 국회운영을 자동화함으로써 국회 의사일정을 예측가능하게 만들어야 한다.

3. 선거제도

1) 중/대선거구제 도입

중/대선거구제가 되면 한 지역구에서 여러 정당의 후보가 뽑힐 가능성이 높아진다. 그러나 중/대선거구제가 기대효과를 낼 수 있을지는 불확실한데, 이는 복수공천을 금 지할 수 없기 때문에 특정 정당의 지역 독점이 계속될 수 있다는 것이다. 기존 현역 의 원들의 기득권 때문에 선거제도 개편이 어려운데, 선거구 획정을 위한 국민 참여 공론 위원회가 필요하다. 중/대선거구제의 규모는 3-5인제가 제시되고 있는데, 5인제의 경 우 1등과 5등 간 득표율 격차가 워낙 커 정당성의 문제가 있다는 점에서 3인제가 타당 할 것으로 보인다.

2) 비례대표제의 개선

위성정당의 문제를 근본적으로 해결하기 위해서 비례의석의 확대가 필요하다. 의원 정수 확대에 대해 워낙 국민들의 반감이 심하기 때문에 현행 300석을 유지하고 지역구 의석 수를 줄여서 지역구의석과 비례의석 수를 각각 150석으로 하는 방안이 대안으로 제시될 수 있다. 독일이 연동형 비례대표제를 채택했음에도 위성정당이 나오지 않는 이유는 지역구의석과 비례의석 비율을 일대일로 했기 때문이다. 따라서 선거제도 개혁의 핵심은 연동형이 아니라 비례의석의 비율이다. 또는 국민을 설득하여 연동형 비례대표제에서 초과의석을 허용하면 위성 정당 문제를 해결하고, 여성/청년 등 대표성을 강화할 수도 있을 것이다.

4. 정당개혁

1) 정당의 권리당원

대의원과 오래된 당원이 대우받지 못하고, 급조된 권리당원이 세몰이를 하는 문제가 노정되고 있는데, 권리당원이 실제로는 특정 후보자를 지지하기 위하여 동원된 조직에 지나지 않기 때문이다. 최근의 팬덤정치가 가지는 문제는 미국의 총기규제 사례에서 실증되듯이 '목소리 큰 소수(vocal minority)'가 입법 등 정책을 주도하는데 심각성이 있다. 취약한 당원 구조를 해결하기 위해서 적은 금액이라도 체계적인 당비 납부, 주기적인 당내 행사 참여 의무 등을 통해 당원 구조의 개혁이 필요하다(미국, 영국, 독일 등의 정당 제도를 참고하여 당원 교육, 기부제를 통한 정당 변화를 모색할 수 있을 것).

2) 정당의 의사결정 구조

상임위의 위원장을 비롯한 국회의 직책이 연속성을 가지지 못하고 있다. 반면 입법고시를 통하여 정당과 무관하게 충원되는 국회의 입법조사관을 비롯한 국회사무처가 많은 영향력을 행사하고 있는데 결국 정당정치의 약화로 귀결되고 있다. 위계질서가 강한 정당 구조상 개인 의원의 소신발언이 힘든 것도 문제이다. 정당 대표의 막강한 권한이 문제인데, 따라서 정당 대표의 권한 축소와 협의체 중심의 정당 구조 개편이 이루어진다면 팬덤 정치로 발생하는 문제점이 해결 가능할 것이다.

3) 정당의 공천

지역 선관위가 주관하는 오픈프라이머리 제도 도입이 필요하다. 각 당의 경선을 같은 날 동시에 실시할 경우 정치신인의 진입도 촉진할 수 있을 것이다.

제4절

정치양극화 실태 및 제도적 대안에 관한 국민의식조사 결과

1. 조사 개요

이번 연구는 우리나라의 정치양극화 실태와 제도적 대안에 관한 유권자들의 인식을 살펴보기 위해 '한국의 정치양극화 현황과 제도적 대안에 관한 국민의식조사'를 실시했다. 본 조사는 한국행정연구원과 한국정당학회가 설문문항을 공동 개발하고, 설문조사는 한국리서치에 의뢰하여 실시했다. 조사 대상은 지역, 성, 연령 등 인구비례로 무작위추출된 전국 만 18세 이상 일반국민이다. 2022년 12월 21일부터 2023년 1월 15일까지 총 1,001명을 대면면접조사하였다. 표본오차는 95% 신뢰수준에 ±3.1%p이다. 조사개요와 표본 기초통계는 <표 19-1>과 <표 19-2>와 같다.

〈표 19-1〉 조사개요

구분	내용
모집단	전국 거주 만 18세 이상 일반국민
표집틀	2022년 11월 기준 행정안전부 『주민등록인구현황』 자료에 근거하여 표집
표집방법	2022년 11월 주민등록인구현황에 근거 지역별, 성별, 연령별 비례할당 후 무작위 추출

구분	내용
표본단위	총 1,001명
표본오차	무작위추출을 전제할 경우, 95% 신뢰수준에서 최대허용 표집오차±3.1%p
조사방법	대면면접조사 (PI: Personal Interview)
조사기간	2022년 12월 21일 ~ 2023년 1월 15일
조사기관	㈜한국리서치

〈표 19-2〉 표본 기초통계

전체 (n=1,001)		사례수(명)	비율 (%)	전체 (n=1,001)		사례수(명)	비율 (%)
성별	남자	499	49.9	지역크기	대도시	439	43.9
	여자	502	50.1		중소도시	444	44.4
연령	만18-29세	172	17.2		읍/면	118	11.8
	만30-39세	146	14.6	이념성향	진보	255	25.5
	만40-49세	185	18.5		중도	398	39.8
	만50-59세	195	19.5		보수	348	34.8
	만60세 이상	303	30.3	정치 관심도	관심 있음	381	38.1
학력	고졸 이하	527	52.6		관심 없음	620	61.9
	대졸 이상	474	47.4	가깝게 느끼는 정당	더불어민주당	239	23.9
거주지역	서울	190	19.0		국민의힘	212	21.2
	인천/경기	315	31.5		정의당	10	1.0
	대전/충청/세종	110	11.0		없음	540	53.9
	광주/전라	96	9.6	정당 당원 여부	예	59	5.9
	대구/경북	97	9.7		아니오	942	94.1
	부산/울산/경남	148	14.8	사회적 계층	상류층	8	0.8
					중간층	559	55.8
	강원/제주	45	4.5		하층	434	43.4

2. 주요 조사결과

1) 사회갈등의 심각성에 대한 인식

　전체 응답자의 92.6%가 보수와 진보의 이념갈등을 심각하게 보고 있는 것으로 나타났다. 그 다음으로는 영남과 호남의 지역갈등, 정규직과 비정규직의 노노갈등, 부유층과 서민층의 계층갈등에 대한 심각성 인식비율이 높았다. 반면, 2022년 대선에서 이슈가 되었던 남성과 여성 간의 갈등에 대해 심각하다는 인식은 44.2%로 가장 낮았다.

[그림 19-2] 사회갈등의 심각성에 대한 인식

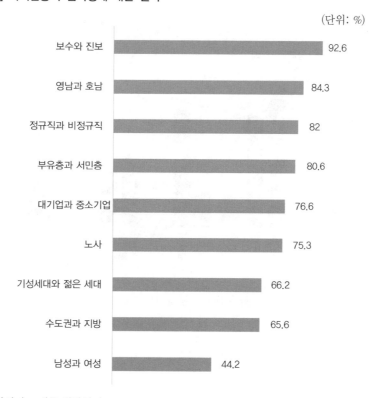

주: 약간 심각하다 + 매우 심각하다

그런데, 보수-진보 이념갈등이 심각하다는 인식에 비해 실제 이념 차이는 크지 않은 것으로 나타났다. 국민의힘과 더불어민주당 지지자들의 소득 불평등에 대한 경제적 이념을 살펴보면, "소득차이를 줄이는 것은 정부의 책임"이라는 데 동의하는 응답이 국민의힘 지지자 71.2%, 민주당 지지자 79.9%였고, "부유층 증세"에 동의하는 응답도 각각 75.9%와 85.4%로 그 차이가 크지 않았다. 양성 불평등에 대한 사회적 이념의 경우에도 "성차별 시정 제도 강화"에 동의하는 응답이 국민의힘 78.3%, 민주당 85.4%로 양측 모두 긍정률이 훨씬 더 많았고, 부부 중 남성이 돈을 벌고 여성은 가사일을 하는 성 역할분담에 동의하는 응답이 40.6%, 35.6%로 양측 모두 부정적으로 보는 시각이 훨씬 더 많았다. 다만, 여성가족부 폐지에 대해서는 민주당 지지자의 26.8%가 동의한 반면, 국민의힘 지지자는 56.1%가 동의했다.

[그림 19-3] 지지정당별 정책이념 비교

(단위: %)

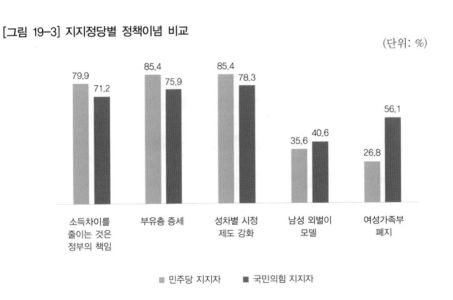

주: 대체로 + 매우 동의한다

2) 가짜뉴스에 대한 의견

가짜뉴스의 심각성과 처벌 필요성에 대해서는 대다수가 동의하는 것으로 나타났다. 응답자의 80.8%가 가짜뉴스가 심각한 문제라고 인식하고 있었다. 가짜뉴스 규제의 경우 가짜뉴스의 작성·유포에 대한 처벌에 동의하는 응답이 94.4%에 달했다. 또한, 가짜뉴스 유포에 이용되는 SNS와 메신저 운영기업도 가짜뉴스에 책임을 져야 한다는 응답도 89.4%에 달했다. 가짜뉴스를 받아서 전달한 사람도 책임이 있다는 의견도 84.7%였다.

그러면서도 응답자들은 가짜뉴스 규제가 언론자유에 미칠 수 있는 영향을 우려하면서 가짜뉴스 규제를 실행하는 방식에 대해 조심스러운 의견을 보였다. 50.3%가 가짜뉴스 단속은 언론자유를 침해할 가능성이 있다고 보았고, 정부 단속보다는 언론과 시민사회 노력으로 해결해야 한다는 의견이 70.1%에 달했다.

[그림 19-4] 가짜 뉴스 규제에 대한 동의

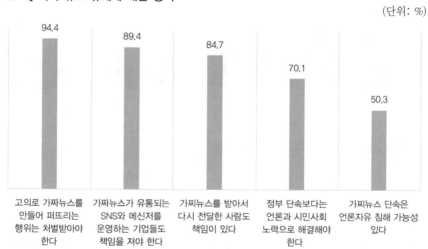

(단위: %)

주: 대체로 + 매우 동의한다

3) 기관에 대한 신뢰

대통령에 대한 신뢰 34.5%, 행정부에 대한 신뢰 29.7%, 법원에 대한 신뢰 27.1%, 검찰에 대한 신뢰 23.5%, 국회에 대한 신뢰 19.4%, 정당에 대한 신뢰 18.4% 등으로 헌법기관에 대한 국민들의 신뢰는 전반적으로 낮은 수준이었다. 시민사회단체와 언론에 대한 신뢰도 각각 27.1%와 20.7%로 낮았다.

그런데 지지정당에 따른 기관신뢰 차이가 큰 것으로 나타났다. 특히 대통령에 대한 신뢰는 국민의힘 지지층에서 73.1%인 반면, 민주당 지지층에서는 13.8%에 불과해 조사대상 기관 중에서 지지정당에 따른 차이가 가장 컸다. 그 다음으로는 행정부, 법원,

검찰, 경찰 등의 순서로 양대 정당 지지자 간 국가기관 신뢰도 차이가 큰 것으로 나타났다. 대통령과 그가 수반으로 있는 행정부에 대한 신뢰도가 양대 정당 지지층 간에 이렇게 극명한 차이를 보이는 것은 우리나라에서 정치양극화가 심하다는 것을 보여준다.

[그림 19-5] 국가와 시민사회 기관에 대한 신뢰 정도

(단위: %)

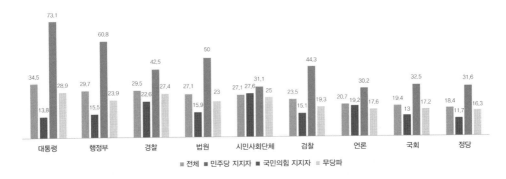

주: 0(전혀 신뢰하지 않는다)-10(매우 신뢰한다) 척도에서 6-10점 응답 비율

4) 다른 정당/정당 지지자들에 대한 호감도

상대 정당(out-party)에 대한 호감도는 대표적인 정서적 양극화 지표이다. 이번 설문조사 결과 국민의힘과 더불어민주당 지지자들 중에 상대 정당에 대해 비호감을 가진 사람들이 많아 정서적 양극화가 심한 것으로 나타났다. 국민의힘 지지자 중에 민주당에 대해 호의적인 태도를 가진 사람은 8%에 불과했고, 부정적인 태도를 가진 사람은 61.8%에 달했다. 민주당 지지자 중에 국민의힘에 대해 호의적인 태도를 가진 사람은 9.6% 밖에 되지 않았고, 부정적 태도를 가진 사람은 74.1%에 달했다. 정의당에 대한 비호감 비율은 국민의힘 지지자 중에서 56.6%, 민주당 지지자 중에서 35.6%로 국민의힘 지지층의 비호감이 더 강했다.

[그림 19-6] 상대 정당에 대한 호감도

(단위: %)

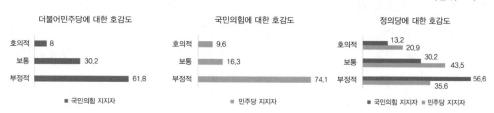

주: 0(매우 부정적)-10(매우 호의적)의 11점 척도에서 0-4점 응답을 "부정적", 5점 응답을 "보통", 6-10점 응답을 "호의적"으로 구분

양대 정당 지지자들은 상대 정당 지지자들과 사회적 관계를 맺는 것에 대해서도 상당수가 불편함을 느끼는 것으로 나타났다. 상대 정당 지지자가 나 또는 내 자녀의 배우자가 되는 것에 대해 민주당 지지자의 41%, 국민의힘 지지자의 40.1%가 불편하다고 응답했고, 나와 절친한 친구로 지내는 것에 대해서는 민주당 지지자의 38.5%, 국민의힘 지지자의 39.6%가 불편하다고 응답했다. 내 가까운 이웃이 되는 것에 대해서는 민주당 지지자의 28%, 국민의힘 지지자의 29.2%가 불편하다고 응답했고, 내 직장 동료로 지내는 것에 대해서는 민주당 지지자의 27.2%, 국민의힘 지지자의 30.2%가 불편하다고 응답했다.

[그림 19-7] 상대 정당 지지자에 대한 호감도

(단위: %)

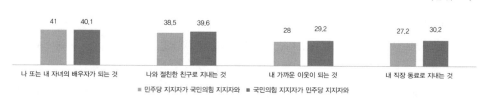

주: 대체로 불편하다 + 매우 불편하다

5) 한국 정당정치의 가장 중요한 해결 과제

우리나라 유권자들은 한국 정당정치가 당면한 가장 중요한 해결 과제가 '거대 양당 중심의 대결주의적 정치구조'라고 보는 것으로 나타났다(25.9%). 이는 최근 한국의 대결정치문화를 한국 민주주의의 퇴행요인으로 지적한 The Economist의 민주주의지수

보고서(EIU 2022, 49)의 내용과 맥을 같이 하는 것으로 보인다. 그 다음으로는 '정당 정치인과 다수 유권자 간 괴리'라고 응답한 비율이 19.4%였다. 세 번째로 많은 응답(18.2%)은 '불투명하고 불공정한 후보 공천과정'이었다.

지지정당에 따른 차이도 발견되었는데, '거대 양당 중심의 대결주의적 정치구조'가 문제라는 응답은 민주당 지지층(18.4%)보다 국민의힘 지지층에서 더 많았다(34.4%). 민주당 지지자들이 1순위로 뽑은 과제는 '불투명하고 불공정한 후보 공천과정'(24.3%)인 것으로 나타났다.

[그림 19-8] 한국 정당정치의 가장 중요한 해결 과제

(단위: %)

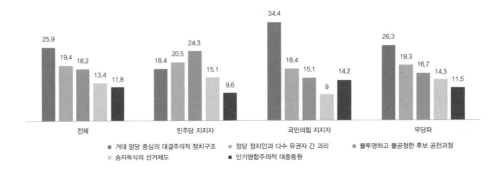

6) 개헌에 대한 인식

현행 5년 단임 대통령제 개헌이 필요한지 여부에 대해 필요하지 않다 56.5%, 필요하다 43.5%로 반대의견이 더 많았다. 개헌이 이루어진다면 어떤 형태의 정부가 대한민국에 가장 적절하다고 생각하는지 물었을 때, 69.1%가 미국식 4년 중임 대통령제를 선호했고, 18.4%는 프랑스식 준대통령제를 선호하는 것으로 나타났다. 영국이나 독일식 의원내각제를 선호하는 응답은 12.5%에 그쳤다.

[그림 19-9] 개헌 시 선호하는 정부형태

(단위: %)

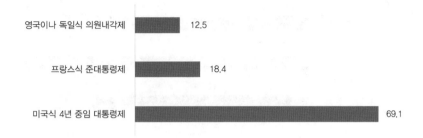

영국이나 독일식 의원내각제 12.5

프랑스식 준대통령제 18.4

미국식 4년 중임 대통령제 69.1

7) 정당의 공직선거 후보 공천개혁에 관한 의견

후보 공천, 공약 수립 등 정당의 주요 의사결정에 있어서 당원과 일반 유권자 중 일반 유권자의 의사가 우선되어야 한다는 의견이 응답자의 71.8%에 달했다. 당원 응답자에 국한해서 보면, 당원의 의사가 우선되어야 한다는 의견이 59.3%로 더 많았다. 참고로 이번 조사에서 전체 응답자 중에서 정당 당원 비율은 5.9%였다.

정당의 공직선거 후보를 국가기관인 선거관리위원회가 주관하는 오픈프라이머리를 통해 선출할 경우 이에 참여해 투표할 의사가 있는지 물었더니, 전체 응답자의 54.1%가 긍정적으로 대답했고, 비당원 응답자에 국한시켰을 때도 긍정응답률이 53.1%였다. 오픈프라이머리는 공직선거 후보자 선출을 위한 당내 경선제의 한 방식으로, 후보 선출권을 소속 당원에 국한하지 않고 일반 국민에게 확대하는 제도이다. 미국 아이오와 주는 민주당과 공화당의 공직선거 후보를 주정부가 주관하는 오픈프라이머리를 통해 같은 날 선출한다. 각 정당의 공직선거 출마자들은 아이오와 주정부에 예비후보 등록을 해야 하고, 예비선거에 참여할 유권자들은 주정부에 사전에 투표등록을 해야 한다. 사전 투표등록시 유권자들은 자신이 어느 정당의 예비선거에 참여해 투표할지 기재하여야 한다. 자신이 참여할 정당은 선거당일까지 변경할 수 있다.[134]

---

134) 아이오와 주정부 홈페이지 <https://sos.iowa.gov/elections/voterinformation/uocava/faqs.html>
(2023.2.9. 접속)

[그림 19-10] 선관위 주관 오픈프라이머리 참여 의사

(단위: %)

주: 대체로 그렇다 + 매우 그렇다

8) 바람직한 정당체제

양당제(두 개의 큰 정당이 번갈아 집권하는 정치체제)와 다당제(4-5개의 정당이 공존하면서 그중 몇 개의 정당이 연합을 이루어 집권하는 정치체제) 중 어느 것이 더 바람직하다고 생각하는지 물었을 때, 응답자의 56.2%가 두 체제 사이에 큰 차이가 없다고 답변했고, 25.7%는 다당제를, 18.1%는 양당제를 선호하는 것으로 나타났다.

9) 선거제도 변경에 관한 의견

정당체제가 다당제가 되려면 선거제도를 정당 득표율과 의석비율 간 비례성이 높은 선거제도로 바꾸어야 한다. 현행 국회의원 선거제도는 소선거구 단순다수대표 253석, 비례대표 47석으로 구성된 혼합형 선거제도인데, 비례대표 의석 비율이 15.7%로 매우 낮다. 유권자들에게 바람직한 비례대표 의석 비율에 대해 질문한 결과, 현재 비율 유지가 31.1%로 가장 많았고, 비례대표 폐지 27.1%, 현재보다 비례대표 의석 축소 24% 등으로 비례의석 확대안에 대해 82.2%가 부정적인 것으로 나타났다.

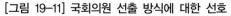

[그림 19-11] 국회의원 선출 방식에 대한 선호

(단위: %)

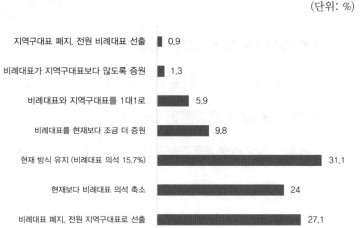

지역구대표 폐지, 전원 비례대표 선출	0.9
비례대표가 지역구대표보다 많도록 증원	1.3
비례대표와 지역구대표를 1대1로	5.9
비례대표를 현재보다 조금 더 증원	9.8
현재 방식 유지 (비례대표 의석 15.7%)	31.1
현재보다 비례대표 의석 축소	24
비례대표 폐지, 전원 지역구대표로 선출	27.1

이와 관련하여, 현재 우리나라 각 정당의 비례대표 후보 공천과정의 민주성에 대해서도 물어본 결과, 별로 또는 전혀 민주적으로 이루어지지 않는다는 응답이 62.8%로 어느 정도 또는 매우 민주적으로 이루어진다는 응답 37.2%보다 훨씬 높았다. 비례대표 후보 공천과정이 민주적으로 이루어지지 않고 있다는 인식이 비례대표 의석 확대안에 대해 부정적인 인식과 상관관계가 있는 것으로 보인다.

10) 중대선거구제에 대한 의견

선거제도 개편안 중 하나로 중대선거구제가 정치권에서 논의되고 있다. 현행 국회의원 선거제도에서 지역구대표 선출방식은 1개의 선거구에서 1인의 국회의원을 선출하는 소선거구제인데, 중대선거구제는 1개의 선거구에서 2-5인의 국회의원을 선출하는 제도이다.

조사 결과, 현행 소선거구제 유지 의견이 55.4%로 가장 많아, 중대선거구제에 대한 유권자들의 선호가 그다지 높지 않은 것으로 나타났다. 현행 소선거구제 유지를 선호하는 의견은 민주당 지지층(55.4%)에서보다 국민의힘 지지층(64.2%)에서 더 높았고, 무당층에서 50.2%로 가장 낮았다. 무당층에서는 소선거구제 선호도와 중대선거구제 선호도가 서로 비등했다. 중대선거구제 안에서는 2인 선거구제로 변경이 23.9%, 3-5인 선거구제로 변경이 18.2%, 6인 이상 선거구제로 변경이 2.5%의 지지를 받았다.

[그림 19-12] 중대선거구제 변경에 대한 선호

(단위: %)

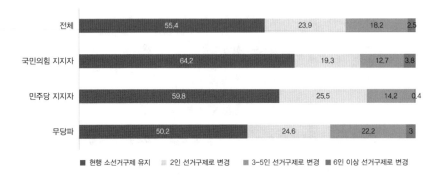

11) 국회의원 정수 증원에 대한 의견

본 연구에서 장승진 교수는 비례대표 의석수를 늘리는 방안으로 국회의원 정수 증원을 주장한 바 있다. 그런데, 국회의원 정수 증원에 대한 국민적 동의를 확보하려면 국회의원 정수를 늘리더라도 의원 1인당 예산지원은 유지 또는 감액해야 한다는 의견이 제시되고 있다.

이처럼 예산을 동결 혹은 감액하는 조건으로 국회의원 정수를 증원하는 방안에 대한 유권자들의 의견을 조사한 결과, 개별 의원에 대한 지원을 유지 또는 감액하면서 의원 정수를 증원하는 방안에 대한 선호는 16.7%에 그쳤다. 의원 정수 증원에 대한 유권자들의 반감이 상당히 높다는 것을 알 수 있다.

[그림 19-13] 국회의원 정수 및 지원 변경에 대한 선호

(단위: %)

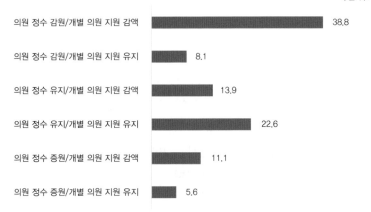

12) 정당활동 자유를 확대하는 정당법 개정에 대한 의견

현행 정당법은 정당의 설립과 지구당 설치를 엄격히 규제하고 있다. 정당법 제3조는 정당의 하부조직은 특별시와 광역시·도에만 설치할 수 있고, 기초단위(시군구)에는 지구당을 둘 수 없도록 규정하고 있다. 또한, 정당을 설립하려면 수도에 중앙당을 두어야 하고 5개 이상의 시도당을 설치하고 각 시·도당별로 당해 시·도당 관할 구역에 주소지를 둔 법정 당원 수가 1천인 이상일 것을 요구하고 있다. 따라서, 전국조직을 만들지 않고 특정 지역에서만 활동하는 지역정당의 설립은 금지된다.

기초단위 지구당 설치에 대한 의견은 무조건 찬성이 31.5%, 회계보고 관리 등 조건부 설치 찬성이 34.3%로, 조건부를 포함할 경우 찬성의견이 65.8%인 것으로 나타났다. 또한, 지역정당 창당에 대한 의견 역시 무조건 찬성이 38%, 지방선거에만 참여하는 것을 전제로 찬성이 31.3%로, 조건부를 포함할 경우 찬성의견은 69.3%에 이르는 것으로 나타났다.

3. 정치개혁을 위한 시사점

1) 한국의 정치양극화 실태 요약

이번 설문조사 결과는 보수와 진보 진영 간 이념갈등이 심각해 보이나, 실제 정책이념 차이는 크지 않다는 것을 보여준다. 물론, 본 조사에서는 포함되지 않았으나, 대북·안보이슈에 대해서는 양자 간 인식 차이가 클 수 있다. 그러나 소득 불평등과 양성 불평등에 대한 인식으로 살펴본 경제·사회 이슈에 대한 국민의힘 지지자와 더불어민주당 지지자 간 인식 차이는 크지 않았고, 충분히 합의가 가능한 수준으로 나타났다. 다만, '여성가족부 폐지'와 같이 정치화된 이슈의 경우 지지정당에 따라 상당한 인식 차를 보였다. 그러나 여가부 폐지를 둘러싼 갈등이 근본적인 사회균열이 아닌 정치적 정쟁화의 결과라면, 앞으로 정치권의 노력에 따라 해결가능한 갈등이라고 볼 수 있을 것이다.

국민의힘과 민주당 지지자들의 상대 정당에 대한 비호감은 예상대로 높은 수준이었다. 앞서 1장 [그림 1-4]에서 보듯이 2008년과 2023년 사이 국민의힘에 대한 민주당 지지층의 비호감도는 4.2%p, 민주당에 대한 국민의힘 지지층의 비호감도는 7.1%p 증가한 것으로 나타났다. 정서적 양극화가 매우 심한 미국과 영국 수준으로 비호감도가 높아지지 않도록 정치권의 노력이 필요하다.

이와 관련하여, 1장의 [그림 1-4]에서 독일의 경우는 시사하는 바가 크다. 독일은 2005년 이후 기민·기사당(CDU/CSU)과 사민당(SPD) 간의 대연정이 반복되면서 양당 간 비호감이 크게 감소했다. 독일 사례는 정당 간 연합정치 경험이 당파적 적대감정을 완화시킬 수 있음을 보여 준다.

2) 성공적인 정치개혁을 위한 시사점

이번 설문조사에서 우리나라 유권자들은 거대 양당 중심의 대결적 정치구조를 가장 큰 문제로 인식하면서도 대통령 권력 분산을 위한 개헌과 선거제도 개혁에는 미온적인 태도를 보였다. 특히 다당제로 가기 위해 비례대표 의석을 확대하는 선거제도 변경보다 현상유지를 더 선호하는 반응을 보였다.

현재의 대결적 정치구조에 대해서는 문제로 인식하지만, 그렇다고 해서 이 문제를 해결하기 위해 정치권과 학계에서 논의되고 있는 제도적 대안을 선뜻 지지하지 못하는 태도는 어떻게 설명할 수 있을까? 이 질문에 대한 데이터에 근거한 대답은 후속 연구의 몫이다. 다만 여기서 제시할 수 있는 가설적 설명은 우리나라 유권자들이 지금까지 안정적이고 효율적인 다당제에 대한 만족스러운 경험을 하지 못했기 때문일 수 있다는 것이다. 지금까지 학술적 연구 성과에서 정치양극화 극복을 위해 바람직하다고 제시되는 다당제로의 전환 후의 정치적 결과에 대해 불확실성이 높다고 판단하고 있을지도 모른다는 것이다. 사실 1987년 민주화 이후 한국정치는 지금과 같은 양당제는 오히려 예외적이었고, 유의미한 의석수를 가진 제3당이 존재했던 시기가 일반적이었다. 1990년 3당 합당 전에는 4당 체제를 경험하기도 했다. 그런데, 문제는 한국정치에서 기존의 다당제는 정책이념이 아닌 지역에 기반을 둔 다당제였다. 그리고 대통령선거나 국회의원선거를 위해 탈당인사들을 중심으로 급조되어 선거를 치르고 그 다음 선거 전에 양대 정당과 합쳐지는 등 제도화 수준이 떨어지는 불안정한 다당제였다. 아울러, 안정적 다당제 형성에 필요한 제도적 기반인 비례대표의 경우 비례대표 후보 공천과정은 불투명하고 비례대표 초선의원은 비례대표의 취지와 달리 다음 선거에서 지역구 공천을 받기 위해 의정활동보다 지역구 활동에 치중하는 경향을 보였다. 이러한 정치행태에 대한 유권자들의 부정적 경험치가 이번 설문조사에 포함된 제도적 대안에 대한 미온적 반응으로 이어졌다고 볼 수 있다.

그렇다면, 정치양극화 극복을 위한 제도개혁, 특히 선거제도 개혁은 정당개혁과 함께 추진될 때 국민적 공감대를 얻을 수 있을 것이다. 지역기반 다당제가 아닌 정책이념기반 다당제가 확립되고, 투명하고 공정한 비례대표 후보 공천이 이루어지는 정당정치가 뒷받침될 때 다당제 개혁은 그 성과를 거둘 수 있을 것이다.

다당제를 지향하는 선거제도 개혁이 성공하기 위해서 필요한 또 하나의 개혁이 바로 권력구조의 분산이다. 한국에서 대통령에게 집중된 권력은 그동안 여야 간 협치를 가로막는 요인으로 작용해 왔다. 대통령의 법안발의권, 예산편성권, 국회의원의 장관 겸직 허용 등 우리 헌법에 포함된 내각제적 요소는 국회에 대한 대통령의 영향력을 강화시키는 결과를 낳았다. 이번 조사에서 개헌이 이루어진다면 국민 대다수는 미국식 4년 중임 대통령제를 가장 선호하는 것으로 나타났다. 미국의 대통령은 원래 강력한 의회를 상대로 행정부를 안정적으로 운영하기 위해 도입된 제도이다. 만약 현행 대통령제를 미국식 대통령제로 바꾼다면, 그것은 단순히 임기를 5년 단임제에서 4년 중임제로 바꾸는 것이 아니라, 현행 대통령 중심의 권력구조를 미국 대통령제의 원래 취지대로 재조정하기 위한 광범위한 조치들이 수반되어야 할 것이다.

다음 절에서는 국회의원 집담회에서 제안된 전문가의 의견과 일반 국민의 선호를 고려하여 정치양극화 극복을 위한 정치개혁 실행전략을 제안한다.

제5절

정치양극화 해소를 위한 정치개혁 실행전략

1. 정치양극화와 미디어에 대한 실행전략

1) 정당이 공동 운영하는 커뮤니티센터 활성화

정당이 공동 운영하는 커뮤니티센터는 일정 지역별로 주요 정당이 공동으로 주민을 위한 정치/경제/문화/교육/건강 등의 커뮤니티를 운영하여 정당 간의 그리고 정당지지자 간의 경쟁 및 상호 이해를 증진하는 제도이다. 주요 활동/ 운영으로는 아래의 6가지 사항을 우선 고려할 수 있을 것이다.

- 주민들의 일상생활에 도움이 되는 문화, 교육, 건강 등의 프로그램을 운영함으로써 주민들의 자발적 참여를 유도한다.
- 정치, 경제 등의 주요 이슈에 대한 프로그램은 정당이 공동으로 또는 경쟁적으로 운영한다(예, 미디어 리터러시 교육).
- 일반적인 이슈뿐만 아니라 입법 관련하여 현안의 경우에도 공동 커뮤니티를 이용함으로써 국회의 안건을 공론화하는 효과를 기대할 수 있다.
- 기존의 주민센터/문화센터를 활용하여 운영할 경우, 접근성과 예산 효율성을 확보할 수 있다.
- 기존의 정당보조금 중 일정 부분을 커뮤니티센터 운영에 할당하여 정치양극화 해소에 활용한다.

• 지역 선거관리위원회와 연계하여 운영할 경우, 선거 관리의 효율성과 정치교육의 공적 측면을 극대화할 수 있다.

정당이 공동 운영하는 커뮤니티센터의 의의는 일반 시민의 정치/사회 참여가 낮은 현실을 고려할 때(상기의 국민의식조사에서 정치에 관심 없는 편 61.9%, 시민의 정치 영향력 약함 71.3%), 커뮤니티 활동을 통한 시민의 자발적 참여를 향상시킬 수 있다는 점이다. 또한, 주요 정당이 공동으로 운영하는 정치, 경제 등의 프로그램으로 정당간, 정당지지 자간 선의의 경쟁과 상호이해를 향상시킬 수 있을 것이다.

그리고 최근 국회에서 지구당을 대체하는 구·시·군당을 둘 수 있도록 하는 법률안이 발의되었고[135] 상기 국민의식조사에 따르면 일반 국민도 조건부 찬성을 포함할 경우 기초단위 지구당 설치에 대한 찬성의견이 65.8%에 이르고 있다. 지구당 활성화와 연계하여 정당이 공동 운영하는 커뮤니티센터를 운영할 경우 정치양극화 해소 및 정당 운영 개선에 상승효과를 기대할 수 있을 것이다. 또한 커뮤니티센터를 정당이 공동 운영하여 의원 간의 교류와 공개경쟁을 도모할 수 있을 것이다.

정당이 공동 운영하는 커뮤니티센터 관련하여 참고할 수 있는 해외 사례는 독일의 연방 및 지방정치교육센터가 있다(이규영 2005). 연방정치교육센터는 출판간행물을 통한 교육사업, 학술대회 지원, 외부 정치교육단체 지원을 통하여 독일 국민에게 정치교육의 중요성과 제반 국가정책을 이해시키고 민주시민으로서 정치참여를 제고시키는 것을 목표로 한다. 지방정치교육센터는 각 연방주의 주권에 속해 있는데, 베를린장벽이 무너진 1991년 이후 구동독지역의 각 연방주에 설립되었다. 현재 5개가 있는 정당별 정치재단 역시 정치교육을 담당하고 있는데, 위 독일의 사례를 한국의 현실에 부합하도록, 지역 커뮤니티 중심으로 정당이 공동운영하는 것으로 응용하여 적용할 수 있을 것이다.

2) 가짜뉴스에 대한 중립적 규제기관 운영

중립적 규제기관은 방통위/문체부/과기부 등 미디어 관련 부처가 공동으로 설치하는 통제기관을 예시로 말할 수 있을 것이며, 여야를 아우르는 중립적 운영을 목표로 한

---

135) 서영교의원 대표발의(2023.1.31.) 정당법 일부개정법률안(의안번호19721)

다. 주요 활동/ 운영으로는 아래의 2가지 사항을 우선 고려할 수 있을 것이다(김유향 2019: 7).

- 표현의 자유를 침해하지 않는 범위에서 법제 정비가 필요하다.
- 허위정보와 대상에 대한 명백한 개념정의, 해외사업자 역외규제, 의무 불이행시의 제재규정 정비, 자율규제 강화 등을 중심으로 대응방안을 모색할 필요가 있다.

관련 부처가 공동으로 운영하는 중립적 규제기관의 의의는 가짜뉴스의 규제에 대한 국민 동의율(상기의 국민의식조사에서 89.4%−94.4%, [그림 19−4] 참조)이 아주 높아, 국민의 지지를 받는 정책이 될 수 있다는 점이다. 일반 국민들은 정부기관 보다는 시민사회의 자율규제를 보다 선호하지만(상기의 국민의식조사에서 70.1%), 정부기관의 관여는 제재의 실효성을 향상시킬 수 있다.

관련 부처가 공동으로 운영하는 중립적 규제기관 운영을 위하여 참고할 수 있는 해외 사례는 독일, 프랑스, 싱가포르, 미국을 예로 들 수 있다(김유향 2019). 플랫폼사업자를 적극적 규제의 대상으로 강력한 법적 의무를 부과하는 방식과 규제를 최소화하며 사업자에게 면책권을 부여하고 교육을 강조하는 두 가지 방식이 있다. 독일의 '네트워크법집행법(NetzDG)'과 프랑스 '정보조작투쟁법', 싱가포르의 '허위조작정보법'이 전자에, 미국의 방식이 적극적인 자율규제를 우선하는 후자에 해당한다.

2. 국회 운영에 대한 실행전략

1) 국책 연구기관을 활용한 입법 지원체계의 보완

국책 연구기관을 활용한 입법 지원체계의 보완은 기존의 국책 연구기관이 소속 연구원을 국회 상임위의 전문위원 등 국회의 입법지원조직으로 파견하여 국회에 대한 입법지원을 강화하는 기능을 의미한다. 주요 활동 및 운영방안으로는 아래의 2가지 사항을 우선 고려할 수 있을 것이다.

국회의 입법지원은 국정 전반에 관한 전문지식이 필요하기에 기본적으로 국책 연구기관 전체가 연구원을 해당 상임위에 파견하여 활동할 수 있도록 한다.

필요에 따라 현재 국회의 입법지원조직인 국회사무처 법제실, 국회입법조사처, 국회예산정책처, 국회도서관 등에도 파견할 수 있도록 한다.

국책 연구기관을 활용한 입법 지원체계의 보완이 가지는 의의는 아래에 서술하는 미국 연방의회 지원조직에 비하여 조직과 예산이 부족한 한국의 입법지원 조직을 고려할 때, 그리고 국회의 예산과 조직확대에 대한 일반 국민 및 행정부의 부정적 시각을 고려할 때 현실적인 대안으로 고려될 수 있을 것이다. 법제실과 입법조사처를 비롯한 국회사무처의 기능확대로 정당정치의 약화를 우려하지만, 미국의 경우에서도 입법지원 조직이 세부적으로 조직되어 있으며, 국책 연구기관을 활용한 입법지원 기능을 상임위를 중심으로 우선 보완할 경우, 실질적으로 국회의 권능 강화와 일하는 국회의 형성에 기여할 수 있을 것이다.

해외 사례로 미국의 연방의회 지원조직을 참고할 수 있는데, 미국의 연방의회에서 제정되는 법률은 의회조사처(Congressional Research Service), 의회예산처(Congressional Budget Office), 감사원(Government Accountability Office)과 같은 입법지원기관의 지원을 받아 다양한 평가를 거치고 있다(김현수 2012).

의회조사처는 입법필요성을 검토하는 단계부터 대통령에게 법률안이 이송되기 직전의 최종적 합의도출을 위한 기술적 조언 단계까지 입법과정의 전 과정에서 의원, 위원회 및 양원의 지도부를 지원한다. 주요조직으로는 미국법제실(American Law Division), 국내사회정책실(Domestic Social Division), 외교안보통상실(Foreign Affairs, Defense, and Trade), 정부재정실(Government and Finance Division), 자원·과학·산업실(Resources, Science, and Industry Division), 지식서비스그룹(Knowledge Services Group)이 있다.

의회예산처는 1974년 "의회예산 및 지출거부통제법(Congressional Budget and Impoundment Control Act of 1974)"에 근거하여 정부의 예산규모와 재정수지의 검토, 의회에 대한 경제 및 예산관련 정보를 제공하기 위해 상원 및 하원에 소속되지 않는 독립기관으로 설립되었다. 7개의 연구분석부서와 1개의 행정지원부서로 구성되는데, 거시경제분석실(Macroeconomic Analysis Division), 재정분석실(Financial Analysis Division), 예산분석실(Budget Analysis Division), 미시경제연구실(Microeconomic Studies Division), 보건 및 장기분석실(Health, Retirement, and Long-Term Analysis Division), 국가안보실(National Security Division), 조세분석실(Tax Analysis Division), 그리고 관리/운영/정보서비스실(Management, Business, and Information Services Division)이 있다.

회계감사원은 1921년 예산회계법(Budget and Accounting Act of 1921)에 의거, 정부기관으로부터 독립적인 감사기관으로 설립되었는데, 정부운영 전반에 걸친 정책감시를 위하여 '의회의 감시자(Congressional Watchdog)'로서 역할을 담당하고 있다. 비당파적인 중립기구로서 국민과 의회에 직접 봉사하고 연방의 재원이 효율적/효과적으로 집행되고 있는지를 결정하기 위하여 기관의 운영상황을 감사, 불법적 행위에 대한 수사, 정부의 프로그램과 정책들이 당해 목적에 부합하는지에 대한 보고, 정책분석 수행 및 의회의 결정을 지원하기 위한 정책대안 제시, 법률적 결정 또는 견해의 제시와 같은 업무를 수행한다.

2) 의원 간 교류 및 안건의 공론화

상기에서 서술한 '정당이 공동 운영하는 커뮤니티센터 활성화'에서 의원 간의 교류와 안건의 공론화가 가능할 것이다.

3. 선거제도 개혁의 실행전략

1) 지역구와 비례대표 동일 비율의 혼합형 선거제도

현재 국회의원 300석을 유지하면서(상기의 국민의식조사에서 의원정수 또는 지원 축소 선호, 60.8%, [그림 19-13] 참조), 소선거구제 지역구 150석, 비례대표 150석의 선거제도를 제안한다. 지방선거 중·대선거구 시범실시에서 양당의 지배력이 유지되기에 소수정당의 당선을 증대시키려는 중·대선거구제의 논리적 근거가 현실에서 실현되기 어렵고, 정치권 일각에서 중·대선거구제를 제안하는 목적이 다당제를 유도하기보다는 거대 양당의 차점자 당선을 목적으로 하고 있음을 고려할 필요가 있다. 또한 지역구의석과 비례의석에 대한 별도 투표를 시행하고, 비례의석 득표율에 따른 비례의석 배분을 시행할 경우, 실질적인 다당제를 유도할 수 있다.

국회입법조사처에 의하면, "중·대선거구제 시범실시 지역에서 소수정당의 후보 공천과 당선자 비율이 전국 대비 다소 높게 나타났지만 양대 정당으로의 집중은 크게 개선되지 않았다"고 분석했다(이정진 2022: 25). 제8회 동시지방선거 중대선거구제를 시범실시한 30개 선거구 109명의 당선자 중 소수정당 후보는 4명으로 전체 당선자의 3.7%

에 불과하며, 나머지 96.3%의 당선자는 양대 정당 후보였는데, 이는 기초의원선거 전체 선거구에서 소수정당 후보의 당선율이 0.9%인 것에 비해서는 다소 높은 수치이지만, 기대에는 미치지 못한다.

지역구와 비례대표 동일 비율의 소선거구제를 운영하는 것은 소선거구제에 대한 국민선호(국민의식조사에서 55.4% 선호, 그림 19-12 참조)와 비례대표 확대에 의한 사표방지/국민대표성 증진을 동시에 구현할 수 있다. 물론 지역구와 비례대표의 동일 비율을 실행하는 데 있어, 비례대표에 대한 국민 비선호가 있지만 (위 국민선호 조사에서 51.1%, [그림 19-11] 참조), 지역구를 대폭 줄일 경우(253석 → 150석) 의원 정수 축소를 기대하는 국민 여론에 부합함으로써, 지역구와 비례대표의 동일 비율 실행이 국민의 지지를 받을 수도 있을 것이다. 또한 지역구와 비례대표의 비율을 1:1로 할 경우, 위성정당의 문제를 해결할 수 있다는 점도 장점이다.

또한, 중·대선거구제가 소선거구제의 사표를 방지하고, 다당제의 출현을 가능하게 하기에 정치양극화를 완화시킬 수 있는 제도라는 주장이 있지만 학자들간에 이견이 있어, 중·대선거구제가 소선거구제보다 우월하다는 이론적 근거가 약하다. 중·대선거구제는 1위 당선자와 2위, 3위 당선자의 표 차이로 인해 표의 등가성 문제, 주민대표성 문제를 발생시킨다는 점을 고려할 필요가 있다.

국회의 정치개혁특별위원회(정개특위)가 합의하여 제시한 복수안(2023.2.6)은 아래와 같다.

- 소선거구제와 병립형 비례대표제를 결합한다(전주혜, 장제원, 권성동, 곽상도, 김은혜, 김종민 의원).
- 소선거구제와 준연동형 비례대표제를 결합한다(김영배, 민형배, 김두관 의원).
- 도농복합 중대선거구제와 권역별/준연동형 비례대표제를 결합한다(이탄희, 전재수, 이상민 의원).
- 전면적 비례대표제 선거제도의 대안적 유의성을 확인한다(박주민 의원).

하지만 정개특위가 제시한 위 복수안에 추가로 고려해야 할 사안들이 있다. 우선 병립형 또는 연동형에 관계없이 정당 득표율에 비례하여 의석을 배분하기 위해서는 비례대표 의석수의 확대가 필요한데 이에 대한 구체적인 안이 없다. (준)연동형 비례대표제를 도입할 경우, 예상되는 위성정당 문제를 논의하여야 하는데 이에 대한 구체적인

안이 없다. 제8회 동시지방선거 중대선거구제 시범실시에서 나타나듯이 중·대선거구제에서도 양당제가 지속될 수 있다. 그리고 중·대선거구제 이외에도 선호투표제(아래의 대통령선거 결선투표제에서 다시 논의함) 등 다당제를 유도하는 안을 고려해야 한다. 또한 무엇보다 중요한 것은 정개특위의 안은 선거제도에 관한 국민의 일반적인 인식을 반영하지 못하고 있다는 점이다(상기의 국민의식조사에서 현재 방식 유지 31.1%, 지역구로만 선거 27.1%, 비례대표제 축소 24.0%를 나타내고 있어, 현행 또는 지역구 비중 확대를 선호하는 비율이 82.2%인데, 지역구의 조정없이 비례의석을 확대하는 것은 국민 선호도와는 상반됨, [그림 19-11] 참조)

선거제도 개선과 관련하여 참고할 수 있는 해외 사례는 독일 연방의회의 선거제도이다(김종갑 2017). 독일의 경우 의원정수는 지역구와 비례대표의 동일비율을 유지하고 있다(지역구 299/비례 299, 연방선거법 제1조). 독일식 비례제는 정당득표율로 배분의석을 정한 후, 배분의석 안에서 지역구의석을 먼저 채우고 잔여의석은 비례의석이 되는 방식이다. 만약 정당의 배분의석보다 지역구의석이 많아 초과의석이 발생할 경우에는 그에 대한 보정의석을 부여하여 선거결과가 항상 비례적이 되도록 한다. 따라서 보정의석 추가 배정으로 인하여 의원정수는 대부분의 경우 법정 의원정수를 초과하며, 2021년 20대 총선의 의석수는 735석이다(이정진·심성은 2021). 위성정당을 금지하는 규정이 없지만, 전체득표율에 비례하여 각 정당의 의석을 배분하기 때문에 위성정당의 문제는 발생하지 않는다. 독일의 지역구와 비례대표의 동일비율, 득표율에 따른 비례대표 배분 제도는 유효정당 수가 5.58개로 다당제를 유도하며, 실질적으로 독일의 경우 연합정부 구성이 일반적인 현상이다.

2) 대통령선거 결선투표제 논의

대통령선거에 있어 결선투표제 도입은 과반을 획득하지 못하는 경우가 대다수인 현행의 상대다수 대통령 선거제도에 결선투표제를 도입하여 대통령선거결과의 대표성과 민주적 정당성을 제고하는 장점이 있다.

현재 정치권에서는 대통령선거 결선투표제 도입 법안이 이미 발의되어 있다.[136] 이 법안은 현행 상대다수대표제로 선출되는 대통령은 과반의 지지를 얻지 못하는 경우가

---

136) 이탄희 의원 대표발의 공직선거법 일부개정법률안(2023.1.13.)(의안번호19459)

많아 민주적 정당성 결여와 정치적 안정성의 부재라는 한계가 있어, 대통령 선거에 결선투표제를 도입하여 민주적 정당성을 강화하려는 취지이다.

하지만 다음과 같은 사항을 고려해야 할 것이다. 결선투표제의 장점으로는 과반 확보로 인한 당선자의 대표성을 제고하고 사표 발생률을 감소시킨다는 점이다. 그렇지만 결선투표제의 단점으로는 ① 1:1 대결에서의 승자가 다수 대결로 치러지는 1차 선거에서 탈락하여 2차 결선투표에 진출하지 못할 가능성이 있고, ② 두 차례 투표에 따른 행정 비용을 발생시키며, ③ 불가피한 선택에 의한 결과임에도 불구하고 과반 획득이라는 수치에만 치중한 국정의 독단적 운영 가능성이 있다는 점이 거론된다.

또한, 불가능성 정리를 고려해야 하는데, 현실적으로 유권자의 선호순위를 모두 충족시키는 투표방법을 마련할 수는 없다(Arrow 1950). 그리고 '헌법 개정 vs. 법률 개정'의 논쟁이 있는데, 대통령 선거에 대한 결선투표제 도입이 법률 개정만으로 가능하다는 의견이 있지만, 많은 헌법 학자들은 헌법개정 사항이라고 주장한다(성낙인 2012).

2차 결선투표제의 대안으로서 선호투표제를 고려할 수 있을 것이다. 선호투표제(rank choiced voting; instant runoff voting)는 현재 미국 뉴욕시, 샌프란시스코시, 알래스카주, 메인주 등에서 실시하고 있는 제도로서 다음과 같은 특징이 있다.

• 한 번의 선거에서 투표자가 후보자 전원 또는 일부에게 선호 순위를 매기도록 한다.
• 1위 결과를 우선 집계하여 과반 득표자가 있으면 당선자로 한다.
• 1위 결과 집계에서 과반득표자가 없을 경우 최저득표자를 탈락시킨 뒤, 최저득표자에게 투표한 투표자가 차순위로 지지한 후보자에게 표를 배분하는 방식으로, 이를 과반 득표자가 나올 때까지 반복한다.

선호투표제의 장점으로는 유권자의 선호를 보다 정확하게 반영할 수 있고, 극단적 성향의 정치인 당선 가능성을 줄이고 중도 성향 정치인의 당선 가능성을 높여 양대 정당 이외 후보의 당선 가능성을 높인다는 점이다. 선호투표제의 단점으로는 1차 집계에서 1위를 기록한 후보의 당선이 불확실하고, 집계에 시간이 소요되는 등 선거결과가 직관적이지 않다는 점이 거론된다.

결선투표 제도에 관하여 참고할 만한 해외 사례는 2002년 프랑스의 대통령 선거가 있다. 2002년 선거 시행 전에 언론은 우파성향의 자크 시라크와 좌파성향의 리오넬 조스팽이 결선투표에 진출할 것이라고 예상하였다. 2차 결선투표는 예상과 달리, 우파성향의 자크 시라크와 극우성향의 장 마리 르 펜이 대결하여 자크 시라크가 당선되었다. 선거 시행 전 여론조사에서 일반 국민의 좌파지지는 60%를 상회 하였는데, 좌파 후보의 난립으로 표가 분산되어 시라크는 19.88%, 르 펜은 16.88%의 득표로 결선에 진출하는 결과가 발생하였다(신희섭 2017.6.16.). 위의 사례는 결선투표 제도가 도입된다고 하더라도 한국의 현행 결선투표 없는 상대다수 선거제도의 결점을 보완하기는 어렵다는 점을 시사한다.

또 다른 해외 사례로 2022년 11월 미국 알래스카주 하원의원 선거에서의 선호투표를 참고할 수 있을 것이다. 2022년 선거결과, 1위는 메리 펠톨라(민주, 48.8%), 2위는 사라 페일린(공화, 25.7%), 3위는 닉 베기치(공화, 23.3%)였으나, 과반 득표자가 없어 선호투표 집계를 거쳤다. 선호투표 집계(3위 베기치 후보의 차선표 재분배) 결과로 최종 당선자를 확정하였는데 1위 후보자는 변동이 없지만, 1위 메리 펠톨라 55.0%, 2위 사라 페일린 45.0%로 투표 결과에 변화가 있었다(New York Times 2021.11.30.).

4. 정당개혁의 실행전략

1) 지역의 상향식 공천과 중앙 지도부의 거부권 시행

정당 지도부의 공천권을 정당의 지역조직에 이관함으로써 지역과 의원 개인의 자율성을 높이고, 동시에 정당지도부에 지역의 의사결정에 대한 거부권을 부여함으로써 중앙-지역의 상호견제를 실현할 필요가 있다.

구체적인 시행방안으로 각 정당의 지역조직이 주관하는 오픈프라이머리로 운영(선관위 위탁도 가능)하며, 지역조직의 공천에 대하여 정당지도부의 거부권이 행사될 경우, 지역조직의 재결정(새로 실시하는 오픈프라이머리)으로 공천을 확정한다.

지역의 상향식 공천과 중앙 지도부의 거부권 시행이 가지는 의의는 정당 지도부의 위계적 권한을 약화시켜 정당 내 의사결정 구조를 민주화할 수 있고, 연관효과로 상임위원회 등의 활성화로 인해 실질적으로 일하는 국회를 만들 수 있다. 그리고 지역의 상향식 공천과 중앙 지도부의 거부권 시행은 국민인식에서 나타난 정당정치의 중요한 과제(정당/정치인-유권자 괴리 19.4%, 불투명한 공천 18.2%, 당대표 중심의 지배구조 11.3%, <표 11-5> 참조)를 해결할 수 있다는 점이다. 또한, 일반 국민들은 정당의 의사결정에 당원의 의견(28.2%)보다 일반 유권자의 의견이 우선 반영되어야 한다는 생각을 가지고 있어(71.8%), 국민의 정치권에 대한 신뢰를 향상시킬 수 있을 것이다.

공천권을 비롯한 정당지도부에의 권력집중은 정치양극화를 심화시킬 수 있는데, 공천권의 지역조직 이관은 이를 완화할 수 있다. 그리고 오픈프라이머리로 운영할 경우, 동원된 당원의 문제를 해결할 수 있으며, 오픈프라이머리를 같은 날 동시에 운영하여 역선택의 문제를 해결할 수 있다. 또한, 명망가와 정치신인의 대결에서 정치신인이 지역구에서 비교적 장기간 봉사활동으로 인지도를 쌓을 경우, 오픈프라이머리에서 정치신인이 불리하지 않을 수 있다.

다만, 오픈프라이머리의 경우, 정당의 권리당원에 대한 대우 문제를 야기할 수 있는데, 권리당원의 대우는 공직후보자 선출권을 제외하고 공직에 대한 후보 자격, 정당내 정책 결정에 대한 참여, 정당내 행정조직 담당 등으로써 보상할 수 있을 것이다.

지역의 상향식 공천과 중앙 지도부의 거부권 시행에 있어 참고할 해외사례는 미국의 공화당과 민주당이다. 미국 주요 정당(공화당, 민주당)의 공직선거 후보자 선출방법은 일반적으로 프라이머리(primaries)와 코커스(caucus)로 볼 수 있다. 프라이머리는 예비선거제도로 개방형(open), 준개방형(semi-open 혹은 semi-closed), 폐쇄형(closed)으로 분류된다. 개방 정도에 따라 당원뿐만 아니라 선호 정당 등록을 하지 않은 일반 유권자도 투표가 가능하다. 코커스는 당원대회로 프라이머리와 달리 당원만 참여 가능하다. 공화당과 민주당 모두 대통령선거 후보를 각 주의 대의원들이 참석하는 전국위원회에서 선출하기 때문에 비당원의 참여가 허용되지 않는다고 볼 수 있으나, 해당 주에서 오픈프라이머리 방식 등으로 대의원들을 선출할 경우 비당원이 참여한다. 연방 상하원 의원 선거 후보자 선출시 오픈프라이머리 등을 채택하는 주에서는 비당원의 참여가 가능하다.

공화당은 18개 주가 코커스, 33개 주(64%)가 프라이머리를 채택하고, 그 중 22개 주(전체 43%)가 개방형 프라이머리를, 11개주가 폐쇄형 프라이머리를 채택하고 있다. 민주당은 14개 주가 코커스를, 37개 주(72%)가 프라이머리를 채택하는데, 그 중 25개 주가 오픈프라이머리(전체 49%)를 12개 주가 폐쇄형 프라이머리를 채택하고 있다(중앙선거관리위원회 2012: 65).

예비선거(primary election)는 정당이 아닌 주정부가 담당한다. 선거 절차는 당헌/당규가 아니라 주법으로 결정되며 예비선거에 참여하는 모든 정당에 동일하게 적용된다.

주정부가 선거일을 정하고 투표장소와 관리 인력을 제공하며 등록 및 선거인 명부를 작성하는 등 모든 선거 과정을 관리한다.

독일의 기민당과 사민당 사례도 참고할 수 있다. 독일의 연방의회선거법 제21조는 공직선거 후보자의 선출 등에 관한 일종의 가이드라인을 제시하는데, 연방의회선거 후보자는 각 지역구별 당원총회 또는 대의원대회에 의해 선출되어야 한다. 선거후보자의 선출을 위한 당원총회는 소집 당시 독일 연방의회선거의 해당 선거구 안에서 선거권을 지니고 있는 당원들의 총회를 의미한다. 정당의 공직선거 후보자 선출을 위한 투표는 각 정당의 책임 하에 실시하고 있으며, 선관위 등에 위탁하는 경우는 없다(중앙선거관리위원회 2012: 29).

또 다른 해외 사례로 영국의 노동당과 보수당의 예를 참고할 수 있다. 노동당의 경우, 12개월 당원자격을 유지할 경우 웨스트민스터 의회와 공직 및 관련 국가 선거에 출마할 수 있는 권리가 부여된다. 노동당의 각 지구당(constituency labour party)이 중앙당이 보유하고 있는 당 추천 후보자명단을 참고하여 경선후보자를 선정한 후, 당원들이 참여하는 최종 경선투표를 실시하여 하원의원 후보를 선출한다(중앙선거관리위원회 2012: 9).

보수당의 경우, 하원의원 후보는 중앙당 사무국(central office)이 작성 및 관리하는 당 인증 후보자명부(the party's approved list of candidates)에 등록되어 있는 당원을 대상으로 각 지구당(constituency association)이 자체 규정에 따라 경선을 통해 선출한다. 보수당은 추천 시작일(call for nominations)과 경선 종료일로부터 3개월 이상 당원자격을 유지한 당원들이 투표 권한을 행사한다(중앙선거관리위원회 2012: 7).

2) 지역정당 논의

지역정당의 기본개념은 지방자치단체를 활동영역으로 존립하는 정치적 결사체를 의미한다. 현재 국회에는 지역정당이 설립될 수 있도록 정당의 설립요건을 완화하여 지방정치 발전을 도모하고자 하는 법안이 발의되어 논의되고 있다.[137]

지역정당에 대한 일반 국민의 선호가 낮은 편은 아니다. 이번 국민의식조사에서 지방선거 참여에 한정하는 조건부 찬성을 포함할 경우 지역정당에 대한 선호도는 69.3%

---

137) 윤호중의원의 대표발의 정당법 일부개정법률안(2023.2.1.) (의안번호19766)

에 이른다. 하지만, 정치권의 논의와 일반 국민의 조건부 선호에도 불구하고, 현재 양대 정당이 가지고 있는 배타적 지역기반을 고려할 때, 지역정당의 허용은 양대 정당의 상대 당 지역 기반 확보를 더 어렵게 할 우려가 있다. 그리고 지역 정당에 의한 정책 결정이 이루어질 경우, 국가적 정책의 실현이 지역 우선주의와 상충할 수 있다.

지역정당에 대한 해외 사례로서 독일의 지역정당을 들 수 있다. 독일의 지역정당은 독일 기본법 제9조와 결사법 제2조에 따라 정치적 결사에 속한다. 따라서 지역정당은 일반적인 정당과 동일하다. 연방헌법재판소는 1960년 2월 9일 그리고 1960년 11월 2일에 각각 자아르란트주 지방선거법과 노르트라인-베스트팔렌주의 지방선거법에 대한 판결에서 지역정당의 지방선거에의 참여를 헌법상 권리로 판결하였다. 대체로 지역정당은 정당정치로부터 완전한 독립을 내세우기도 하지만 일부지역에서는 정당과 긴밀한 연계를 맺기도 한다. 독일의 지역정당은 다음과 같이 시대에 따른 특징을 보인다(이기우 2012: 162-163):

- 1940년대 후반~60년대 초: 지역정당이 상대적 강세를 가졌던 시기
- 1960년대 중반~70년대: 지역정당의 쇠퇴기로 기민당, 사민당 등 거대정당이 영향력을 확대
- 1990년의 통독 이후: 정당이 다원화되면서 지역정당은 새로운 도약단계를 맞이하였는데, 특히 동독지역에서 지역정당이 새로이 형성

1994년에서 2010년 사이에 실시된 지방선거에서 지역정당은 평균적으로 거의 1/3(29.3%)을 득표했다(이기우 2012: 166). 독일 지역정당의 성과는 지역별로 차이가 큰데, 자아르란트주에서는 6.6%, 노르트라인-베스트팔렌주에서는 9.6%이나, 남부독일지역인 바덴-뷔르템부르크주와 바이에른주, 구동독지역에서 지역정당의 득표는 30-45%에 이른다(이기우 2012: 166).

지역정당에 대한 긍정적 평가는 지역정당이 전국정당보다 지방자치의 정신에 더 잘 부합한다는 점을 들 수 있다. 하지만, 지역정당에 대한 부정적 평가로는 지역정당은 바이마르 제국의 예에서와 같이 정당의 분열과 파편화 현상으로 반민주적 노력의 새로운 징후이다. 또한 일정 지역을 벗어난 공동체 전체의 이익에 대해서는 관심이 없고 정치적 논쟁에서 예측성이 낮다는 점이 거론된다.

3) 정당-당원 연계, 당원의 정책활동, 당원의 권한 제고

정당-당원 연계, 당원의 정책활동 활성화는 상기에서 제안한 '정당이 공동 운영하는 커뮤니티 센터 활성화'로 가능할 것이다.

당원의 권한 제고는 오픈 프라이머리에 의한 지역의 상향식 공천으로 가능할 것이며, 권리당원의 권한은 공직후보자 선출권을 제외하고 공직에 대한 후보자격, 정당내 정책 결정에 대한 참여, 정당내 행정조직 담당 등으로써 강화할 수 있을 것이다.

에필로그

에필로그

박 준

　1987년 민주화 이후 실시된 총 여덟 번의 대통령 선거에서 우리나라 국민들은 여야 간 정권교체를 네 번 선택했다. 민주주의에 대한 슘페터의 정의, 즉 '정치엘리트들 간 경쟁적 선거에 의해 지배자가 선택되는 체제'의 관점(Schumpeter 1950, 269)에서 보았을 때 주기적 선거에 의한 평화적 정권교체가 정착된 것은 분명 한국의 민주주의가 이룩한 의미 있는 발전적 성과이다. 그러나 슘페터가 강조한 경쟁적 선거의 측면에서 한국 민주주의가 이룩한 발전이 한국이 대·내외적으로 직면한 중대한 문제를 해결하기 위해 어떤 정책적 성과로 이어졌는지 묻는다면 그 대답은 부정적일 수밖에 없다. 특히 한국이 IMF 구제금융체제를 극복한 2001년 이후 20년간 한국정치는 국가적 난제를 풀기 위한 초당적 대안을 내놓지 못했다. 중산층 감소와 계층 간 양극화, 수도권과 지방의 양극화, 저출생과 인구 고령화, 청년층의 일자리 질 악화, 기후변화에 따른 에너지·산업 전환, 북한의 핵 개발과 미·중 패권경쟁에 대응한 국가전략 등 주요 난제들은 그동안 정부와 국회에서의 수많은 논의에도 불구하고 좀처럼 해결될 기미가 보이지 않는다.

　민주주의의 발전이 국가적 난제 해결로 이어지지 못하는 현상의 이면에 양극화된 정치라는 거버넌스의 문제가 있다. 지난 2022년 3월에 있었던 20대 대선은 양대 정당 후보의 합산 득표율이 96.39%에 이르고 두 후보 간 득표율 차이는 0.73%p에 불과한, 그야말로 대한민국 헌정 사상 가장 양극화된 대통령 선거였다. 20대 대선이 가장 양극화된 선거였다고 말할 수 있는 더 심각한 이유는 득표율이 양분된 결과가 아니라 상대 후보에 대한 유권자들의 적대적 감정에서 찾을 수 있다. 두 후보 지지자들이 상대 후보에 대해 가진 혐오감은 그 어느 대선보다 높았다. 2022년 2월 한국갤럽 조사에 따르면 양대 정당 후보 지지자의 95%가 상대 정당 후보가 '비호감'이라고 답했다.

양극화된 정치에서는 공동선의 증진이 아니라 상대 정치세력을 쓰러뜨리는 것이 정치의 목표가 된다. 그래서 자기 진영의 인물이나 정책에 아무리 흠결이 있어도 이를 변호하고, 상대 진영이 집권해서 추진하는 정책에 대해서는 근거 없는 이유를 붙여가며 비방하고 공격하는 행태가 나타나는 것이다. 또한, 양극화된 정치에서는 Levitsky와 Ziblatt(2018)이 민주주의가 안정적으로 작동하기 위해 필요한 규범이라고 강조한 상호 관용(mutual toleration)과 제도적 자제(institutional forbearance)의 정신이 지켜지기 어렵다. 권력투쟁을 정치의 1차적 목표로 여기는 사람들이 상대 세력을 정당한 경쟁자로 인정하거나, 법적으로는 가능한 자신의 제도적 권한을 최대치로 행사하지 않고 스스로 자제할 수 있겠는가?

이러한 양극화된 정치의 병리현상들은 지난 20년간 한국정치에서 일상화되었다. 왜 한국정치는 이 상태에 이르렀을까? 본 연구의 제3장에서 구본상의 분석은 한국정치의 정서적 양극화는 지지정당에 따른 당파적 갈등이 이념갈등 및 지역갈등과 결합되어 나타난 현상임을 보여준다. 이 분석결과는 한국의 정치적 양극화의 역사적 뿌리를 보여준다. 한국사회에서 이념갈등은 서구와 달리 경제적 문제보다는 북한과 민주화 문제를 중심으로 표출되었다. 해방 이후 탈식민지 분단체제에서 보수는 북한을 적대의 대상으로 보면서 민주화보다 산업화를 우선시한 반면, 진보는 북한을 안보위협임과 동시에 대화와 협력의 상대로 보았고 산업화와 민주화가 함께 발전해야 한다고 보았다. 여기에 박정희 전 대통령의 정치적 라이벌이었던 김대중 전 대통령의 민주화 운동, 1980년 5.18 광주민주화항쟁 등의 결과로 호남에 대한 배제가 심화되면서 영·호남 지역갈등이 이념갈등과 중첩되기에 이르렀다. 현재 국민의힘과 더불어민주당 두 정당은 각각 영남을 기반으로 한 보수·산업화 세력과 호남을 기반으로 한 진보·민주화 세력에 그 뿌리를 두고 있고, 현재 두 정당의 지지층 분포도 이러한 특성을 잘 보여주고 있다.

이러한 이념갈등과 지역갈등이 완화된다면 한국의 양극화된 정치도 완화될 수 있을 것이다. 그러나 지금까지 정치권은 국민통합을 위해 이념갈등과 지역갈등을 완화하기보다는 권력투쟁의 정치의 수단으로 지지층의 결집을 위해 갈등을 조장하고 증폭시키는 일들이 비일비재했다. 본 연구진은 갈등해결이 난항을 겪는 가장 큰 원인은 정치인들의 자질이 부족해서가 아니라, 적대의 정치를 통합의 정치로 바꿀 만한 제도적 유인이 정치인들에게 없었기 때문이었다고 본다. 1987년 민주화 이후 정착된 정치적 경쟁의 규칙이 철저하게 승자독식의 체제였기 때문이었다. 비례대표 의석비율은 15.7%에 불과한 소선거구제 중심의 국회의원 선거제도, 결선투표 없이 단 한 표라도 더 많이 얻은 후보가 대통령으로 당선되고 그 사람에게 행정부의 권한을 집중시킨 1987년 헌법, 거대 양당 지도부 중심의 국회운영, 당 지도부의 공천권 영향과 그에 따른 정당 민주주의의 약화 등 협치와는 거리가 먼 게임의 규칙을 가지고 국민들은 정치인들에게 협치를 할 것을 요구했다.

그래서 본 연구는 다당제 연합정치 활성화를 위한 제도적 기반이 먼저 구축되어야 협치가 가능해지고 이념갈등과 지역갈등도 발전적으로 해소될 수 있다고 주장한다. 이를 위해 다음 세 가지 분야에서의 정치개혁 방안을 제시했다. 첫째, 승자독식의 정치극복을 위한 권력구조 및 의회제도 개혁을 제안했다. 이를 위한 실천과제로는 분권형 대통령제 및 대통령선거 결선투표제 도입, 국회 위원회의 자율성 강화, 초당적 의원 연구모임 활성화, 국회 입법정책지원기구의 자율성 및 정당과의 연계 강화 등이 필요하다. 둘째, 양대 정당 간 적대적 관계 청산을 위한 선거제도 개혁을 제안했다. 이를 위한 실천과제로는 소선거구제와 권역별 비례대표제의 혼합, 국회의원 정수 증원을 통한 비례대표 의석비율 대폭 확대, 인구감소 지역의 대표성 강화, 선거구획정안에 대한 공론절차 강화 및 지연 방지 대책 법제화 등을 제시했다. 마지막으로는, 당내 민주주의가 살아 숨쉬는 건강한 정당조직을 만들기 위한 정당개혁을 제안했다. 이를 위한 실천과제로는 공천제도의 분권화(예컨대, 지역선거관리위원회 주관 오픈프라이머리 도입), 정당의 정책형성과정에 당원들의 참여 적극 유도, 정당법을 개정해 선거구 단위 지구당을 부활시키고 지역정당 설립 허용, 정기적인 당원 전수조사 실행 및 당원 명부의 체계적인 관리, 당직자, 의원보좌진, 정책위 전문위원 등 오래된 당원들이 정당에 남아 책임 있게 당을 이끌어 갈 수 있도록 정당 내부의 경력관리체계 확립 등을 제시했다.

이 가운데 가장 시급하게 추진해야 할 정치개혁은 앞으로 1년도 남지 않은 2024년 총선을 위한 국회의원 선거제도 개혁이다. 제19장에 제시된 바와 같이 본 연구진이 실시한 '한국의 정치양극화 현황과 제도적 대안에 관한 국민의식조사'에서 응답자들은 본 연구진이 제시한 선거제도 개혁 방향에 대해 부정적 의견을 보였다. 먼저 국회의원 정수 확대에 대해 찬성하는 의견은 16.7%에 불과했고, 오히려 감원해야 한다는 의견이

46.9%로 훨씬 더 많았다. 국회의원 선출방식에 대해서도 비례대표 의석 증원에 찬성하는 의견은 17.9%에 불과했고, 비례대표 의석 축소 또는 폐지 51.1%, 현행 방식 유지 31.1%로 다른 의견이 압도적이었다. 본 연구진은 중·대선거구제 대신 소선거구제와 권역별 비례대표제의 혼합을 제안했는데, 이번 국민여론조사에서 중·대선거구제 도입에 찬성하는 의견은 44.6%로 현행 소선거구제를 유지하자는 의견(55.4%)보다는 적었지만 큰 차이는 아니었다.

그런데 본 연구가 종료되고 이 책이 거의 완성될 무렵인 2023년 5월 국회정치개혁특별위원회, 한국리서치, 서울대학교 사회발전연구소, KBS 한국방송 등이 공동 주관하여 실시한 '선거제도 공론화 500인 회의' 결과는 본 연구진의 제안을 지지해 주고 있다. 이번 공론화 회의의 효과는 전국에서 선발된 500명의 참여자들이 전문가들의 발표 듣고 숙의 과정을 거치기 전과 후에 선거제도 관련 주요 이슈에 대한 참여자들의 의견을 조사해 그 차이를 보는 방식으로 측정하였다.[138] 먼저 국회의원 정원을 지금보다 더 늘려야 한다는 의견은 숙의 전 13%에서 숙의 후 33%로 증가한 반면, 더 줄여야 한다는 의견은 65%에서 37%로 크게 감소했다. 비례대표 의석을 더 늘려야 한다는 의견은 숙의 전 27%에서 숙의 후 70%로 무려 43%p 증가한 반면, 비례대표 의석을 더 줄여야 한다는 의견은 숙의 전 46%에서 숙의 후 10%로 36%p 감소했다. 지역구 국회의원 선거구의 크기에 관해 소선거구제를 지지하는 의견은 숙의 전 43%에서 숙의 후 56%로 증가한 반면, 중·대선거구제를 지지하는 의견은 50%에서 44%로 감소했다. 공론화를 통해 보다 양질의 정보를 학습하고 다른 의견을 가진 참여자들과 토론을 해보니 전체 참여자들의 의견이 본 연구진의 제안과 상당히 일치하는 방향으로 변한 것을 관찰할 수 있다. 국회는 선거제도 개혁에 관한 이 같은 민주적 공론화 결과를 반영하여 공직선거법 개정에 나설 필요가 있다.

---

138) KBS 한국방송. 선거제도 공론화 500인 회의: 최종결정. <https://www.youtube.com/watch?v=fhSV X6ogpi8>

참고문헌

국내문헌

가상준. 2014. 한국 국회는 양극화되고 있는가?. 의정논총, 9(2): 247-272.

강　량. 2009. 북유럽 신뢰구축조치 모델의 동아시아 영토 분쟁지역 적용 가능성에 대한 연구. 사회과학 담론과 정책, 2(2): 119-145.

강　량. 2014. 한국사회 세대갈등 현상의 원인과 해소방안에 관한 소고. 대한정치학회보, 21(3): 261-289.

강문구 · 조재욱. 2014. 민주화 이후 정치 양극화 현상과 개선방안. 국회입법조사처 정책연구 용역보고서.

강신구. 2012. 어떤 민주주의인가?: 제도와 가치체계의 조응을 통해 바라본 한국 민주주의의 발전방향 모색. 한국정당학회보, 11(3): 39-67.

강신구. 2014, 준대통령제의 개념과 실제. 한국정치연구, 23(3): 111-135.

강원택. 2003. 한국의 선거 정치: 이념, 지역, 세대와 미디어. 푸른길.

강원택. 2005. 한국의 이념 갈등과 진보 · 보수의 경계. 한국정당학회보, 4(2): 193-217.

강원택. 2008. 한국 정당의 당원 연구: 이념적 정체성과 당내 민주주의. 한국정치학회보, 42(2): 109-128.

강원택. 2009. 한국 정당 연구에 대한 비판적 검토: 정당 조직 유형을 중심으로. 한국정당학회보, 8(2): 119-141.

강원택. 2010. 폐쇄적 지역 정당 구조와 정치개혁: 지방정치를 중심으로. 한국정치연구, 19(1): 1-20.

강원택. 2010. 한국 선거정치의 변화와 지속: 이념, 이슈, 캠페인과 투표참여. 나남.

강원택. 2012. 3당 합당과 한국 정당 정치. 한국정당학회보, 11(1): 171-193.

강원택. 2012. 왜 회고적 평가가 이뤄지지 않았을까: 2012년 국회의원 선거 분석. 한국정치학회보, 46(4): 129-147.

강원택. 2013. 한국 선거에서의 '계급 배반 투표'와 사회 계층. 한국정당학회보, 12(3): 5-28.

강원택. 2015. 제한적 정당 경쟁과 정당 활동의 규제: 정당법의 기원과 변천을 중심으로. 한국정당학회보, 14(2): 5-32.

강원택. 2019. 정당 지지의 재편성과 지역주의의 변화 : 영남 지역의 2018년 지방선거 결과를 중심으로. 한국정당학회보, 18(2): 5-27.

강원택 · 송호근 · 손병권 · 박상훈 · 송석윤. 2022. 민주화 이후의 '제왕적' 대통령. 시민정치의 시대: 한국 민주화 35년, '대권'에서 '시민권'으로. 나남출판.

강흥열. 2019. 우리나라 역대정부의 미래예견적 거버넌스에 대한 성찰. 김윤권 외, 미래예견적 국정관리와 정부혁신. 경제 · 인문사회연구회.

강휘원. 2001. 투표의 등가성을 위한 선거구획정의 정치와 기법, 한국정치학회보, 35(2): 89-112.

강휘원. 2002. 영국과 한국의 선거구획정위원회: 정치적 환경, 운영, 개혁방향, 한국정치학회보, 36(4): 343-363.

강휘원. 2005. 제16대 총선의 선거구 인구수 편차요인 분석, 대한정치학회보, 12(3): 305-331.

강휘원. 2015. 제20대 국회의원 선거구획정의 지역대표성 강화 방안, 한국정치연구, 24(2): 121-150.

강희경. 2016. 계급 정치와 '계층 배반 투표': 주관적 계층 변수의 적실성에 관한 연구. 경제와 사회, 110: 38-81.

고선규. 2014. 지역정당의 제도화를 위한 입법조건: 일본의 사례와 시사점. 입법과 정책, 6(1): 39-68.

고선규 · 이정진. 2018. 지역정당 활성화를 위한 제도개선 방안. 의정논총, 13(1): 111-132.

고선규 · 이소영 · 김형호 · 송재민. 2021. 온라인 가짜뉴스 관련 선거관리제도 개선방안에 대한 연구. 선거관리위원회.

고영노 · 배정범 · 김청진 · 박세민 · 천세환 · 홍성협. 2012. 정당의 후보자 및 지도부 선출방식, 정당통합, 정당연합, 선거연대. 해외통신원 지정과제 제2012-2호. 선거실(법제과). 중앙선거관리위원회.

곽진영. 2009. 한국 정당의 이합집산과 정당체계의 불안정성. 한국정당학회보 8(1): 115-146.

구본권. 2021.5.16. "피싱 메일 몰라?···한국 청소년 '디지털 문해력' OECD 바닥 '충격'". 한겨레신문. 〈https://www.hani.co.kr/arti/science/future/995403.html〉 (검색일: 2023.3.22.)

구본상 · 최준영 · 김준석. 2016. 한국 국회의원의 다차원 정책공간 분석: 이념으로서의 W-NOMINATE 추정치 검증. 한국정당학회보, 15(3): 5-35.

구본상. 2021. 성차별 인식은 대선 후보 선택에 영향을 주는가?: 제19대 대통령 선거 분석. 한국정당학회보, 20(2): 39-71.

구본상 · 최준영 · 김준석. 2022. 성차별주의(sexism) 중심의 2021년 서울시장 보궐선거 분석. 동서연구, 34(1): 39-66.

국민의힘. 2022. 당헌 · 당규집.

국토연구원. 2021. 지역불평등: 현황과 개선방안. 경제인문사회연구회.

국회입법조사처. 2018. 개헌 관련 여론조사 분석. NARS 입법 · 정책보고서 제1호.

국회헌법개정특별위원회 자문위원회. 2018. 국회헌번개정특별위원회 자문위원회 보고서. 대한민국 국회.

권혁용 · 한서빈. 2018. 소득과 투표참여의 불평등: 한국 사례 연구, 2003-2014. 정부학연구, 24(2): 61-84.

권혁재. 2003. 민족적 기원의 역사를 통해본 세르비아와 크로아티아의 차이. 국제지역연구, 7(4): 135-156.

길정아 · 강원택. 2020. 제21대 국회의원선거에서의 회고적 투표: 대통령의 코로나 대응 평가와 당파적 편향. 한국정당학회보, 19(4): 101-139.

길정아 · 하상응 2019. 당파적 편향에 따른 책임 귀속: 여야간 갈등인식과 정당 호감도를 중심으로. 의정연구, 25(1): 45-78.

김경미. 2006. EU 통합이후 스페인 내 지역주의 흐름에 관한 연구 : 까딸루냐, 바스꼬, 갈리시아 지역을 중심으로. 연세대학교 석사학위 논문.

김경희 · 정윤경 · 오연주 · 정지영. 2022. 대학의 미디어 리터러시 교육, 무엇을 어떻게 가르치는가? : 교육내용과 교수학습법에 대한 탐색적 연구. 방송과 커뮤니케이션, 23(2): 69-104.

김기동 · 이재묵. 2020. 세대 균열의 이면: 세대 내 이질성에 대한 연구. 한국정치학회보, 54(4): 135-165.

김기동 · 이재묵. 2021. 한국 유권자의 당파적 정체성과 정서적 양극화. 한국정치학회보, 55(2): 57-87.

김기동 · 정다빈 · 이재묵. 2021. 한국인의 젠더정체성과 젠더갈등. 한국정치학회보, 55(4):

5-42.

김기동·이재묵. 2022. 지역 정체성, 당파적 정체성, 그리고 정서적 양극화. 한국정당학회보, 21(2): 5-47.

김기동·이재묵. 2022. 한국 유권자의 지역정체성과 지역주의 태도. 한국정치학회보, 56(1): 123-160.

김덕영. 2004. 짐멜이냐 베버냐: 사회학 발달과정 비교연구. 파주: 한울아카데미.

김덕현. 1992. 지역격차의 정치경제학. 월간 사회평론. 1992년 4월호.

김도균·최종호. 2018. 주택소유와 자산기반 투표: 17대~19대 대통령 선거 분석. 한국정치학회보, 52(5): 57-86.

김동원·고명철. 2013. 국회 입법지원기관 간 협력 및 조정에 관한 탐색적 연구: 지원기관 소속 공무원의 인식을 중심으로. 의정연구, 8(2): 173-207.

김동엽. 2020. 북한 허위정보의 안보문제화. 북한 허위정보에 대한 다층적 분석과 이해, 47-63. 경남대학교 극동문제연구소.

김동훈·하상응. 2020. 소득 불평등 인식과 정부신뢰: 주관적 계층 상승 가능성을 중심으로. 평화연구, 28(1): 49-85.

김만흠. 1994. 정치균열, 정당정치 그리고 지역주의. 한국정치학회보, 28(2): 215-237.

김만흠. 2002. 전환기의 한국정치와 지역주의. 경제와 사회, 56: 85-109.

김민승·류웅재. 2022. 대중문화 콘텐츠가 재현하는 지역과 청년들 드라마에 대한 텍스트 분석과 심층인터뷰를 중심으로. 언론과 사회, 30(3): 42-92.

김성연. 2015. 한국 선거에서 투표 참여집단과 불참집단의 정책 선호와 사회경제적 배경: 2012년 양대 선거를 중심으로. 아태연구, 22(4): 41-67.

김성연. 2015. 정치적 태도와 인식의 양극화, 당파적 편향, 그리고 민주주의: 2012년 대통령 선거 패널 데이터 분석. 민주주의와 인권, 15(3): 459-490.

김성조·이선우·강신구. 2018. 개헌의 정치적 동학과 '합의형' 및 '일방형'의 두 패턴: 2000년 프랑스와 1993년 러시아 사례를 중심으로, 동서연구, 30(4): 179-204.

김소연. 2020. 대의제 민주주의 하에서 정당과 지방자치의 관계. 공법학연구, 21(4): 313-338.

김수아·이예슬. 2017. 온라인 커뮤니티와 남성-약자 서사 구축. 한국여성학, 33(3):67-107.

김수정. 2022. 선거와 팩트체크. 팩트체크 동향리포트 'FACT(팩트)', 5: 4-8.

김승미, 2023. 누가 의원이 되나: 한국의 사례. 국회미래연구원.

김승환. 2005. 의원입법의 개선·발전방안 모색. 공법연구, 33(3): 27-48.

김용복. 2009. 지방의회의 역할과 선거제도의 개선: 비례성의 제고와 정당정치의 활성화. 세계지역연구논총, 27(3): 35-63.

김용철. 2011. 한국 선거운동의 민주적 품질: 자유와 공정의 관점에서. 의정연구, 34: 83-116.

김용철·조영호. 2013. 한국 대선의 민주적 품질. 한국정당학회보, 12(1): 31-60.

김용학. 1991. 엘리트 충원·탈락의 지역격차. 제13장·김학민 외. 지역감정연구. 서울: 학민사.

김용호. 2003. 한국 정당의 국회의원 공천제도화. 의정연구, 9(1): 6-28.

김용호, 2017. 민주화이후 한국 대통령제의 진화과정 분석, 의정연구, 23(1): 37-77.

김용호. 2020. 민주공화당 18년, 1962-1980년: 패권정당운동 실패의 원인과 결과. 아카넷.

김욱·이재현. 2020. 충청 지역주의와 민주적 대표성: 충청 유권자의 전국 대표성 논의를 중심으로. 비교민주주의연구, 16(1): 159-188.

김유향. 2019. 허위정보 해외법제 현황. 외국입법 동향과 분석, 20: 1-8.

김원철. 2016. "'보고서 잘 써달라'…'그들' 앞에선 의원도 머리 숙인다" 한겨레신문. 〈https://www.hani.co.kr/arti/politics/polibar/755930.html〉 (검색일: 2022.12.24.)

김종갑. 2017. 독일의 선거제도 개혁논의와 한국에의 시사점. 이슈와 논점, 1283: 1-4.

김종갑·이정진. 2017, 오스트리아 모델로 본 분권형 대통령제의 도입방향. 이슈와논점 제1270호.

김종철. 2017. 헌법개정의 정치학: 87년 체제의 평가와 헌법개정의 조건 및 방향. 법과사회, 55: 171-206.

김종철. 2018. 권력구조 개헌의 기본 방향과 내용. 법학평론, 8: 76-121.

김지범. 2022. 한국종합사회조사, 2003-2021. 성균관대학교 서베이리서치센터. 한국사회과학자료원(KOSSDA), 07-22, 〈https://doi.org/10.22687/KOSSDA-A1-CUM-0048-V1.0〉.

김지혜·김상학. 2022. 가치 연구와 이중과정이론(Dual-Process Theory): 암묵적 인지 측정 방법의 적용. 한국사회학, 56(3): 1-44.

김지훈. 2023. 국회를 움직이는 '보이지 않는 손' 시사저널 1738호.

김진국. 1988. 지역감정의 실상과 그 해소방안. 한국심리학회 편. 심리학에서 본 지역감정 지역간 고정관념과 그 해소방안. 서울: 성원사.

김진주. 2020. 한국의 유동 당원에 대한 탐색적 연구. 한국정치학회보, 54(2): 119-144.

김진주. 2021. 한국에서 디지털 정당의 출현은 가능한가?. 선거연구, 1(15):91-120.

김창환 · 신희연. 2022. 입시 제도에서 나타나는 적응의 법칙과 엘리트 대학 진학의 공정성. 한국사회학, 54(3): 35-83.

김춘순 · 서명관 · 강상규 · 문지은 · 이진우 · 여은구 · 전광희 · 임준기 · 김태완. 2012. 미국의회예산처. 서울: 국회예산정책처.

김춘식 · 오세욱 · 이영화 · 정낙원 · 지성욱 · 홍주현. 2021. COVID19 상황에서 유권자의 미디어 이용, 정치 · 사회 심리 변인이 정치적 태도에 미친 영향. 정책기획위원회.

김춘엽. 2006. 논변모형을 통해 본 법률 제정 과정에서의 전문위원 검토보고의 영향력에 관한 연구: 위치정보의 이용 및 보호 등에 관한 법률안을 중심으로. 한국인사행정학회보, 5(2): 59-87.

김한나. 2020. 왜 연동형 비례대표제 하에서도 통합이 이루어지는가?: 준연동형 비례대표제의 작동원리와 정당들의 구심적 선거 전략을 중심으로. 한국정치연구, 29(1): 129-162.

김한나 · 김성조 · 이선우. 2021. 국회 상임위 전문위원의 입법 영향력을 어떻게 민주적으로 통제할 것인가?: 입법 지원조직 스태프에 대한 민주적 책임성 확보 방식 비교 연구. 입법과정책, 13(3): 67-94.

김현수. 2012. 입법평가 적용사례 연구. 입법평가연구, 24(9): 1-90

김형섭 · 홍준형. 2018. 국회 심의 과정에서 전문위원 검토보고서가 정부 제출 법률안의 원안채택에 미치는 영향에 관한 연구. 한국정책학회보, 27(3): 91-117.

김형철. 2014. 예비후보자제도와 선거운동기회의 불평등성: 선거운동의 자유와 공정성을 중심으로. 한국정치연구, 23(3): 55-82.

남수현. 2021.01.27. "與 혁신위 '정책전문위원 300명까지 확대'…당직자 일자리용?". 중앙일보. 〈https://www.joongang.co.kr/article/23979085〉 (검색일: 2023.3.20.)

노성종 · 최지향 · 민영. 2017. '가짜뉴스효과'의 조건. 사이버커뮤니케이션 학보, 34(4): 99-149.

노컷뉴스. 2018.1.8. "정치권 '1987' 관람 열풍…한국당은 '강철비'". 〈https://www.nocutnews.co.kr/news/4903572〉 (검색일: 2023.3.22.)

노환희 · 송정민 · 강원택. 2013. 한국 선거에서의 세대 효과: 1997년부터 2012년까지의 대선을 중심으로. 한국정당학회보, 12(1): 113-140.

더불어민주당 내부 문서. 2020. 정책 역량 강화 방안.

더불어민주당. 2022. 강령 · 당헌 · 당규집.

리 매킨타이어. 김재경 옮김. 2019. 포스트 트루스. 서울: 두리반.

문우진. 2011. 정치정보, 정당, 선거제도와 소득불평등 한국정치학회보, 45(2): 73-97.

문우진. 2016. 한국 정치제도와 설계방향: 이론적 접근 현대정치연구, 9(1): 41-74

문우진. 2017. 지역주의 투표의 특성과 변화: 이론적 쟁점과 경험분석. 의정연구, 50: 81-111.

문우진. 2017. 한국에서의 소득기반 투표의 비활성화: 이론적 모형과 경험자료 분석. 한국정치학회보, 51(4): 101-122.

문우진. 2019. 한국 선거제도 설계방향. 한국정치학회보, 53(4): 101-128.

문우진. 2020. 한국인은 왜 소득기반 투표를 하지 않는가?: 영국, 미국, 한국에서의 소득기반 투표 비교분석. 한국정치학회보, 54(2): 5-30.

문우진. 2021. 누가 누구를 대표할 것인가: 국민주권 실현을 위한 정치제도 설계. 서울: 후마니타스.

미국홀로코스트박물관. 2023. "홀로코스트 백과사전 – 나치 테러의 시작", ⟨https://encyclopedia.ushmm.org/content/ko/article/the-nazi-terror-begins⟩ (검색일: 2023.2.17.)

민정훈 · 이현석 · 정석원 · 이현우. 2018. 누가 왜 대안을 원하는가?: 한국인의 직접, 대표제, 전문가 민주주의 지지. 한국정당학회보, 17(4): 5-41.

박경미. 2013. 한국의 정당개혁 담론 변화와 정당의 적응성. 한국정치연구, 22(2): 27-48.

박경철. 2018. 문재인 대통령발의 헌법개정안에 대한 헌법적 검토: 국가권력의 분배와 행사의 측면에서. 법학연구, 57: 27-58.

박권일. 2018. 정치 팬덤이라는 증상:「문빠에 대한 철학적 변론」비판을 중심으로. 자음과모음, 9월: 189-200.

박기덕. 2006. 한국정치의 갈등 분석과 해소방안의 모색-지역, 계층 및 이념 갈등을 중심으로. 민주주의와 인권, 6(1): 237-268.

박명호. 2009. 2008 총선에서 나타난 세대 효과와 연령 효과에 관한 분석: 386세대를 중심으로, 한국정당학회보, 8(1): 65-86.

박명호. 2011. 공천 과정에서의 여론조사의 바람직한 역할에 대한 시론. 미래정치연구, 1(1): 93-111.

박병수. 2021.12.5. "'백신 맞으면 에이즈 걸려'…브라질 대통령 '가짜뉴스 유포' 조사받아." 한겨레신문. ⟨https://www.hani.co.kr/arti/international/america/1022006.html⟩ (검색일: 2023.3.22.)

배상률·심우민·최현정. 2021. 미디어 리터러시 교육 지원체계 구축방안 연구. 세종: 한국청소년정책연구원.

박상훈. 2001. 한국의 유권자는 지역주의에 의해 투표하나: 제16대 총선의 사례. 한국정치학회보, 35(2): 113-134.

박상훈. 2003. 민주화 이후의 한국정치와 지역주의 지배담론. 제6장·조희연 편. 한국의 정치사회적 지배 담론과 민주주의 동학. 서울: 함께읽는책.

박상훈. 2015. 한국의 정치 양극화: 행태, 기원 그리고 구조. 문학과사회, 28(1): 294-313.

박상훈. 2017. 정당의 발견(증보판). 후마니타스.

박상훈. 2018. 청와대 정부: '민주 정부란 무엇인가'를 생각하다. 후마니타스.

박상훈. 2020. 한국의 정치 양극화가 갖는 유형론적 특징, 박상훈 엮음. 양극화된 정치, 무엇이 문제이고 어떻게 개선할 수 있을까. 국회미래연구원.

박상훈·강신재·고유진·최하예. 2020. 양극화된 정치, 무엇이 문제이고 어떻게 개선할 수 있을까. 국회미래연구원.

박상훈. 2021. 정치: 더 나은 민주공화국을 위한 의제, 한국공공정책전략연구소 편. AGENDA K 2022. 서울: 한국공공정책전략연구소.

박상훈. 2022. 정당정치가 좋아져야 민주주의가 산다, 송호근 외 편. 시민정치의 시대: 한국 민주화 35년 '대권'에서 '시민권'으로. 파주: 나남출판사.

박상훈. 2022.2.16. "과도한 '물갈이 영입 공천'이 민주 정치를 어렵게 한다". 국회미래연구원 칼럼, 미래생각.

박상훈, 2022.10.5, "무엇이 팬덤 정치를 불러오나". 서울신문. 〈https://www.seoul.co.kr/news/newsView.php?id=20221005018002〉 (검색일: 2023.3.22.)

박상훈, 2022.11.22, "혐오·복수심 앞세운 소수 지배체제, 민주주의 가장한 전체주의 우려[박상훈의 호모 폴리티쿠스]". 서울신문. 〈https://www.seoul.co.kr/news/newsView.php?id=20221123017001〉 (검색일: 2023.3.22.)

박신욱. 2018. 독일의 가짜정보 대응과 미디어 리터러시 교육. 교육법학연구, 30: 55-80.

박아란. 2019. '가짜뉴스'와 온라인 허위정보(disinformation) 규제에 대한 비판적 검토. 언론정보연구, 56(2): 113-55.

박영환. 2015. 경제적 불평등과 정치적 대표: 18 대 국회 사례. 현대정치연구, 8(1): 5-37.

박원호. 2009. 부동산 가격 변동과 2000년대의 한국 선거: 지역주의 "이후"의 경제투표에 대한 방법론적 탐색. 한국정치연구, 18(3): 1-28.

박원호. 2022.4.5. "동네정당을 기다리며". 경향신문. 〈https://m.khan.co.kr/opinion/column/article/202204050300095#c2b〉 (검색일: 2023.3.22.)

박재창. 1995. 한국의회행정론. 서울: 법문사.

박재홍. 2017. 세대 차이와 갈등: 이론과 현실. 경상대학교 출판부.

박정수. 2022. 소득 · 소비 · 자산 영역의 주요 동향. 한국의 사회동향 2022. 통계청: 통계개발원.

박준 · 정동재. 2018. 사회갈등지수와 갈등비용 추정. 서울: 행정연구원.

박준. 2022. 정치양극화 수준의 국제비교와 시사점. 이슈페이퍼 제122호. 한국행정연구원.

박지영 · 윤종빈. 2020. 정보화 시대 대의민주주의 위기 극복을 위한 한국형 정당모델 탐색. 미래정치연구, 9(1): 119-142.

박진영. 2021.6.7. "현재 AI기술 불완전해 가짜뉴스 걸러낼 수 없다". 아이뉴스24.〈https://www.inews24.com/view/1373301〉 (검색일: 2023.3.22.)

박찬욱 · 박찬표. 2005. 국회 전문보좌조직의 강화 방안: 정책조사와 법제지원을 중심으로. 의정연구, 11(2): 5-33.

박현석 · 박상훈 · 김형철 · 박명림 · 장선화. 2021. 국민통합을 위한 정치거버넌스 연구: 연합정치를 중심으로. 국회미래연구원.

박현석. 2022. 공공정책 의제의 지속과 변화 국회미래연구원 연구보고서.

박효재. 2022.6.5. "푸에르토리코는 미국 영토가 맞나?'… 향후 정치적 지위 관련 공청회 개최" 경향신문. 〈https://m.khan.co.kr/world/america/article/202206051505001#c2b〉 (검색일: 2023.3.22.)

배진석. 2022. 세대 간 차이보다 세대 내 차이: '86세대'인가 '60년대생'인가?. EAI 동아시아연구원.

변금선. 2018. 학교에서 노동시장으로 이행의 계층화. 한국사회복지학, 70(3): 113-137.

변화순 · 장혜경 · 김혜영 · 전영주 · 정재동 · 구선영. 2005. 가족 · 성별 갈등현황 및 정책과제. 서울: 한국여성개발원.

빌헬름 호프마이스터. 2021. 민주주의를 형성하는 정당 : 국제적 시각에서 이론과 실전. 토마스 요시무라 발행. 콘라드 아데나워 재단 한국사무소.

샤츠슈나이더, E. E. 2008. 절반의 인민주권. 후마니타스.

서동욱 · 이현수 · 황보람 · 박소연. 2015.5.19. "국회의원보다 세다? 국회 전문위원, 중립성 논란"

머니투데이. 〈https://news.mt.co.kr/mtview.php?no=2015051809057697566〉 (검색일: 2023.3.22.)

서정건. 2019. 미국 정치가 국제 이슈를 만날 때: 정쟁은 외교 앞에서 사라지는가 아니면 시작하는가?. 서울: 서강대학교 출판부.

서정건. 2020. 의회 개혁 방식의 비교정치학. 정진민·임성호·이현우·서정건 편. 대변동의 미국정치, 한국정치: 비유와 투영. 서울: 명인문화사.

서현진. 2008. 17대 대통령 선거의 투표 참여와 세대에 관한 연구, 의정연구, 14(2): 117-142.

서현진. 2009. 투표 참여와 학력 수준. 김민전 이내영 (공편). 변화하는 한국유권자 3. 동아시아 연구원.

석승혜·장예빛·유승호. 2015. 한국의 중도집단은 탈도덕적인가?: 이념성향에 따른 도덕성 기반 비교를 중심으로. 한국사회학, 49(5): 113-149.

성낙인. 2012. 헌법학. 서울: 법문사.

성낙인. 2020. 헌법학입문. 서울: 법문사.

성연수. 2022.4.17. "무너진 언론, 유튜브 가짜뉴스와 알고리즘" 월드투데이.〈https://www.iworldtoday.com/news/articleView.html?idxno=408277〉 (검색일: 2023.3.22.)

손낙구. 2022. 조세 없는 민주주의의 기원. 후마니타스.

손병권. 2015. 한국 선거정치에 있어서 실질적 기회균등을 위한 제도개선 방안: 현직의원과 도전자의 형평성 및 선거공영제를 중심으로. 미래정치연구, 5(1): 5-20.

손병권. 2018. 미국 의회정치는 여전히 민주주의의 전형인가?. 서울: 도서출판 오름.

손병권·박경미·유성진·정한울. 2019. 세대갈등의 원인 분석: 세대계층론을 중심으로 본 30대와 70대의 갈등 원인. 분쟁해결연구, 17(2): 5-37.

손호철. 1997. 3김을 넘어서. 서울: 푸른숲.

손호철. 1999. 한국의 지역주의, 그 진단과 처방. 제9장 신자유주의시대의 한국정치. 서울: 푸른숲.

송병기. 2020.10.7. "트럼프 '코로나19 독감과 비교'···페북은 삭제·트위터는 경고표시". 쿠키뉴스. 〈https://www.kukinews.com/newsView/kuk202010070179〉 (검색일: 2023.3.22.)

송진미. 2021. 거버넌스와 한국사회 신뢰수준에 관한 연구. KIPA 연구보고서 2021-11. 한국행정연구원.

송태은. 2020. 디지털 허위조작정보의 확산 동향과 미국과 유럽의 대응. 서울: 국립외교원.

송태은. 2022. 2022년 러시아-우크라이나 전쟁의 정보심리전: 내러티브·플랫폼·세 모으기 경쟁. 국제정치논총, 62 (3):213-55.

시바 바이디야나단. 홍권희 옮김. 2020. 페이스북은 어떻게 우리를 단절시키고 민주주의를 훼손하는가. 서울: 아라크네.

신광영. 2008. 중산층 살리기는 사회양극화 해소의 방안인가. 한국사회학회(편). 기로에 선 중산층-현실진단과 복원의 과제. 서울: 인간사랑.

신정섭·김용철·조영호. 2020. 한국 국회의원 선거에서 나타난 계급의식과 투표선택: 제 20 대 총선을 중심으로. 미래정치연구, 10(2): 93-123.

신진욱. 2017. 왜 불평등의 심화는 계급균열로 이어지지 않는가? 후발 민주화 사회에서 균열 형성 지체의 역사적 조건. 민주사회와 정책연구, 32: 86-123.

신희섭. 2017.6.16. 신희섭의 정치학: 우리도 결선투표제를 사용해야 할까? 법률저널. 〈http:// www.lec.co.kr/news/articleView.html?idxno=44645〉 (검색일: 2023.3.22.)

안두원. 2018.3.15. "인사권만 무려 7천개…바보야! 문제는 '제왕적 대통령'이야". 매일경제. 〈https://www.mk.co.kr/news/politics/8230719〉 (검색일: 2023.3.22.)

안수찬. 2022. 정파적 뉴스 시장의 진화. 디지털 뉴스 리포트 2022 한국, 최진호·박영흠 편. 서울: 한국언론진흥재단.

안영진. 2001. 스페인의 국가발전과 지역주의. 한국지역지리학회지, 7(3): 1-13.

안영진·조영국. 2008. 벨기에의 지역주의 : 역사·문화적 배경과 경제·정치적 현실. 국토지리학회지, 42(3): 391-404.

앤서니 다운스 지음, 박상훈·이기훈·김은덕 옮김, 2013. 경제이론으로 본 민주주의. 후마니타스.

양무진. 2020. 북한 관련 가짜뉴스 : 유형, 유통과 대응 방안. 현대북한연구, 23(2): 90-122.

에즈라 클라인. 황성연 옮김. 2022. 우리는 왜 서로를 미워하는가. 파주: 월북.

연지영·이훈. 2020. 혐오가 유머를 만날 때: 타인 혐오를 증폭시키는 유머와 한국 사회의 젠더 갈등에 대한 함의. 한국정치학회보, 54(4): 219-250.

연합뉴스. 2022.5.11. "윤호중-김건희 여사 환담 사진 공개에…윤측 '한순간 포착된 것'". 〈https:// www.yna.co.kr/view/AKR20220511147400001〉 (검색일: 2023.3.22.)

연합뉴스. 2017.4.7. "스페인 바스크 분리주의단체 ETA 무장해제 선언". 〈https://www.yna.co.kr/view/AKR20170407126500081?section=search〉 (검색일: 2023.3.22.)

영국 선거구획정위원회. 2023. "2023 Review: Electoral Quota and Allocation of Constituencies". Announced. (검색일: 2023.1.5.)

오세욱 · 정세훈 · 박아란. 2017. 가짜뉴스의 현황과 문제점. 서울: 한국언론진흥재단.

오세제. 2020. 경기도 청년정책 거버넌스 연구: 광역 지방정부 실태 비교를 통해. 현대정치연구, 13(2): 77-116.

오수진 · 박상훈 · 이재묵. 2017. 유권자의 계급배반과 정치지식: 제 20 대 총선에서 나타난 투표행태를 중심으로. 한국정치학회보, 51(1): 153-180.

오창룡. 2008. 분점정부가 국회 입법에 미치는 영향: 중요법안 처리결과를 중심으로. 의정연구, 14(2): 61-93.

오호택. 2004. 의원입법의 문제점. 헌법학연구, 10(2): 449-472.

유성진 · 손병권 · 정한울 · 박경미. 2018. 집단정체성으로서의 세대와 그 정치적 효과, 한국정당학회보, 17(2): 93-119.

유성진 · 김은경 · 김진주. 2022. 혼합형 선거제도 국가에서 비례대표의 충원과 운용. 국회입법조사처 정책연구용역보고서.

유성진. 2021. 한국 당원의 정당인식과 소속정당 만족도: 정책, 리더십, 그리고 당내민주주의. 미래정치연구, 11(1): 55-82.

유현종. 2011. 선거운동 규제의 제도적 변화와 지속성: 국회의원 선거운동관련 제도를 중심으로. 한국정치학회보, 45(1): 87-111.

윤광일. 2012. 지역주의와 제19대 총선. 대한정치학회보, 20(2): 113-138.

윤광일. 2018. 균열구조와 19대 대선: 완전한 균열로서 지역균열. 한국정치연구, 27(1): 241-280.

윤광일. 2018. 선거민주주의의 질: 경쟁과 참여 및 수직적 문책성, 박종민 · 마인섭 편. 한국 민주주의의 질 민주화 이후 30년. 서울: 박영사.

윤광일. 2019. 지역균열의 유지와 변화: 제 19대 대선의 경험적 분석. 한국과 국제정치, 35(2): 37-73.

윤광일 · 박현석 · 장선화. 2020. 2019년도 정책연구소 연간활동실적 분석집. 중앙선거관리위원회.

윤광일. 2022. 정치정체성과 분열의 정치, 정진민, 임성호, 이현우, 서정건 편. 대변동의 미국정치, 한국정치: 비유와 투영. 서울: 명인문화사.

윤나경. 2022.10.3. "학생 한 명당 공교육비 증가⋯고등교육 이수율 OECD 1위". KBS. ⟨https://news.kbs.co.kr/news/view.do?ncd=5569847&ref=A⟩ (검색일: 2023.3.22.)

윤성민 · 변영학. 2019. 민족 분리운동과 자본이동성. 국제정치연구, 22(1): 27-60.

윤성이. 2006. 한국사회 이념갈등의 실체와 변화. 국가전략, 12(4): 37-56.

윤왕희. 2022. 비호감 대선'과 정당의 후보 경선에 관한 연구 : 경선 방식과 당원구조 변화를 중심으로. 한국정당학회보, 21(2): 83-120.

윤왕희. 2022. 국회의원후보 공천제도의 개선방안 연구: 하잔과 라핫의 '3단계 공천모형'을 중심으로. 선거연구, 16(1): 63-90.

윤왕희. 2022. 공천제도 개혁과 한국 정당정치의 변화에 관한 연구: 국민참여경선은 왜 참여를 이끌어내지 못했나. 서울대학교 박사학위 논문.

윤왕희. 2022. 한국에서 지역정당(local party)은 어떻게 가능할 수 있을까?: 지방자치법 전면 개정과 '주민자치정당' 허용 방안을 중심으로. 한국지방정치학회보, 12(2): 1-26.

윤종빈. 2012. 19대 총선 후보 공천의 과정과 결과, 그리고 쟁점. 한국정당학회보, 11(2): 5-37.

윤지성. 2017. 교차압력과 지역주의 투표의 변화: 제14~18대 대통령 선거를 중심으로. 한국정당학회보, 16(3): 5-45.

윤지소 · 권수현. 2020. 청년의 정치참여와 대표성: 청년당원의 인식을 중심으로. 현대정치연구, 13(3): 51-84.

윤혜영 · 정태일. 2020. 청년의 정치대표성에 대한 검토: OECD 국가를 중심으로. 한국과 국제사회, 4(1): 7-30.

이갑윤, 2011, 한국인의 투표 행태, 후마니타스.

이관후. 2020. 한국정치의 맥락에서 본 개헌의 쟁점과 대안: 제왕적 대통령제와 분권형 대통령제. 비교민주주의연구, 16(2): 5-34.

이규영. 2005. 독일의 정치교육과 민주시민교육. 국제지역연구, 9(3): 157-186.

이기우. 2012. 독일 지역정당의 법적지위와 정책적 함의. 지방자치법연구, 12(3): 159-182

이내영. 2011. 한국사회 이념갈등의 원인: 국민들의 양극화인가, 정치엘리트들의 양극화인가?. 한국정당학회보, 10(2): 251-287.

이내영 · 정한울. 2013. 세대 균열의 구성 요소: 코호트 효과와 연령 효과. 의정연구, 19(3): 37-83.

이내영 · 이호준. 2015. 한국 국회에서의 정당 양극화: 제16-18대 국회 본회의 기명투표에 대한 경험적 분석. 의정논총, 10(2): 25-54.

이동성 · 유종성. 2017. 이원정부제의 이론적, 경험적 고찰 및 한국적 적용을 위한 사례 검토. 동향과전망, 100: 118-151.

이동윤. 2010. 한국 정당연구의 비판적 검토: 논쟁적 비판을 위한 재검토. 한국정당학회보, 9(1): 183-201.

이상신 · 민태은 · 윤광일 · 구본상. 2021. KINU 통일의식조사 2021: 통일 · 북한 인식의 새로운 접근. KINU 연구총서. 서울: 통일연구원.

이석민. 2020. 디지털 민주주의 플랫폼의 민주주의: 디지털 정당 사례를 중심으로. 비교민주주의연구, 16 (2): 35-55.

이선우. 2015. 정부형태를 둘러싼 제도적 정합성과 바람직한 한국의 개헌 방향: 미국식 순수대통령제 및 프랑스식 준(準) 대통령제를 중심으로. 한국정치연구, 24(1): 201-225.

이선우. 2022. 한국 대통령의 제도적 인사권과 제왕적 대통령제, 그리고 법률개정을 통한 분권형 권력구조로의 전환가능성. 한국정당학회보, 21(3): 81-114.

이성균 · 신희주 · 김창환. 2020. 한국 사회 가구 소득과 자산의 불평등: 연구 성과와 과제. 경제와 사회 127: 60-94.

이왕원 · 김문조 · 최율. 2016. 한국사회의 계층귀속감과 상향이동의식 변화: 연령, 기간 및 코호트 효과를 중심으로. 한국사회학, 50(5): 247-284.

이용마. 2014. 2000년대 이후 한국 사회 계층균열 구조의 등장. 한국정치학회보, 48(4): 249-270.

이윤석. 2015. "법안 완성해주는 '국회 법제실'…법 전문가가 없다" JTBC. 〈https://news.jtbc.co.kr/article/article.aspx?news_id=NB10777971&pDate=20150224〉 (검색일: 2022.10.18.)

이윤정. 2022.3.9. "'출구조사 20대 표심' 남성은 윤석열, 여성은 이재명…10명 중 6명꼴 '몰표'. 경향신문. 〈https://m.khan.co.kr/politics/election/article/202203092200001#c2b〉 (검색일: 2023.3.22.)

이재경. 2013. 한국사회 젠더갈등과 사회통합. 저스티스, 134(2): 94-109.

이재묵 · 김기동. 2017. SNS 사용과 지역주의 투표: 제20대 국회의원 선거를 중심으로. 한국정치학회보, 51(2): 47-68.

이재묵. 2022. 20대 대선 유권자들의 이념적 구성과 대선 후보 선호도: 세대균열, 계급배반,

그리고 양극화. EAI 이슈 브리핑.

이재호 · 조긍호. 2014. 정치성향에 따른 도덕판단기준의 차이. 한국심리학회지: 사회 및 성격, 28(1): 1-26.

이정복. 1990. 한국의 정당과 의회정치의 발전방향. 한국정치연구, 2: 33-60.

이정진. 2019. 정당공천의 제도화: 19대 국회에서의 법제화 논의를 중심으로. 의정논총, 14(1): 29-46.

이정진. 2020. 정당 등록취소 요건과 「정당법」 개정 논의. 이슈와 논점, 1675: 1-4.

이정진. 2020. 청년 정치대표성 국제비교와 시사점. 국제통계 동향과 분석 제14호. 국회입법 조사처.

이정진. 2021. 청년 정치참여 현황과 개선과제. 이슈와 논점, 제1803호. 국회입법조사처.

이정진 · 심성은. 2021. 2021년 독일 총선 결과 분석. 이슈와 논점, 1881: 1-4.

이정진. 2022. 제8회 동시지방선거 중대선거구제 시범실시의 효과와 한계, NARS 입법 · 정책. 123: 1-39.

이지호 · 서복경. 2020. 새로운 이슈로서 '청년'에 대한 정당 대응: 선거강령분석을 중심으로. 현대정치연구, 12(1): 107-144.

이철승. 2019. 세대, 계급, 위계: 386세대의 집권과 불평등의 확대. 한국사회학, 53(1): 1-48.

이철한 · 현경보. 2007. 유권자의 미디어의 이용이 정치지식, 정치효능감, 정치불신감에 미치는 영향. 언론과학연구, 7(4): 112-42.

이하나. 2017.4.22. "'설거지'에 '돼지 발정제'까지…. 바닥 드러낸 홍준표의 '젠더 감수성'". 여성 신문. 〈https://www.womennews.co.kr/news/articleView.html?idxno=113567〉 (검색일: 2023.3.22.)

이현경 · 권혁용. 2016. 한국의 불평등과 정치선호의 계층화. 한국정치학회보, 50(5): 89-108.

이현송. 2016. 소득 불평등 인식의 국제비교. 국제지역연구, 20(3): 29-53.

이현출. 2017. 한국에서의 분권형 개헌 논의: 쟁점과 토론. 일감법학, 37: 177-208.

이혜진 · 김진영 · 백주련. 2020. 가짜뉴스 판별 기법 및 해결책 고찰. 한국컴퓨터정보학회 동 계학술대회 논문집, 28(1): 37-39.

입소스(Ipsos) 홈페이지 〈ipsos.com〉.

장선화. 2014. 스웨덴의 시민정치교육과 정당의 역할. 유럽연구, 32(1): 273-301.

장선화. 2021. 급진우파 포퓰리즘적 정치동원과 정당민주주의 딜레마. 비교민주주의연구,

17(2): 138.

장승진. 2012. 제19대 총선의 투표 선택: 정권심판론, 이념 투표, 정서적 태도. 한국정치학회보, 46(5): 99-120.

장승진. 2013. 2012 년 양대 선거에서 나타난 계층균열의 가능성과 한계. 한국정치학회보, 47(4): 51-70.

장승진. 2016. 제20대 총선의 투표선택: 회고적 투표외 세 가지 심판론. 한국정치학회보, 50(4): 151-169.

장승진 · 서정규. 2019. 당파적 양극화의 이원적 구조: 정치적 정체성, 정책선호, 그리고 정치적 세련도. 한국정당학회보, 18(3): 5-28.

장승진. 2020. 유권자들은 총선에서 누구를 언제 심판하는가? 제21대 총선에서 나타난 조건부 회고적 투표. 한국정치학회보, 54(4): 83-105.

장승진. 2020. 제21대 총선 공천관리의 쟁점 및 제도적 개선방안. 제21대 국회의원선거 외부평가: 선거제도, 과정, 관리, 지역별 분석. 중앙선거관리위원회.

장승진 · 길정아 · 김한나. 2020. 행정입법에 대한 국회 통제 방안. 국회입법조사처 정책연구용역보고서.

장승진 · 장한일. 2020. 당파적 양극화의 비정치적 효과. 한국정치학회보, 54(5): 153-175.

장승진 · 한정훈. 2021. 유튜브는 사용자들을 정치적으로 양극화시키는가? 주요 정치 및 시사 관련 유튜브 채널 구독자에 대한 설문조사 분석 현대정치연구, 14(2): 5-34.

장승진 · 하상응. 2022. 한국 유권자의 정당일체감: 사회적 정체성인가, 정치적 이해관계인가?. 한국정치학회보, 56(2): 37-58.

장영수. 2020. 제20대 국회 개헌특위와 정개특위의 실패 원인. 고려법학, 98: 1-32.

장영수. 2020. 제21대 국회의 최우선 과제: 선거법 개정과 개헌을 통한 권력구조 개편. 공법학연구, 21(2): 301-326.

장적 · 주유존 · 왕양 · 김용환. 2022. 개인의 팩트체크 행위는 정치참여에 어떻게 영향을 미치는가?: 뉴스관여 행동의 매개효과를 중심으로. 사회과학연구, 29(3): 138-67.

장훈. 2011. 개헌 정치의 정치학: 제도변동 이론과 권력구조 개헌의 가능성. 21세기정치학회보, 21(3): 307-326.

장훈. 2018. 정책정당의 부침과 한국 민주주의 30년: 정책정당발전의 역사적, 이론적 제약과 한국 정당의 변동. 한국정당학회보, 17(3): 5-33.

장훈. 2019. 정당 엘리트는 양극화하고 있는가? 대외정책 양극화의 측정 방법과 서베이 방법론의 재검토. 미래정치연구. 9(2): 67-101.

전용주. 2005. 후보공천과정의 민주화와 그 정치적 결과에 관한 연구. 한국정치학회보, 39(2): 217-236.

전정윤. 2017.10.28. "카탈루냐, 독립선언…스페인 자치권 몰수 '최악 시나리오' 현실화". 한겨레. 〈https://www.hani.co.kr/arti/international/international_general/816375.html〉 (검색일: 2023.3.22.)

전진영. 2011. 국회 입법교착의 양상과 원인에 대한 분석. 의정연구, 17(2): 171-196.

전진영. 2019. 주요국 의회의 연간 의사운영과 의장의 권한. NARA 현안분석, Vol. 78.

전학선. 2008. 입법절차에서 효율성 제고를 위한 방안. 세계헌법연구, 14(3): 443-472.

전훈 · 최우정 · 김재선. 2019. 허위정보 유통과 민주주의. 한국법제연구원.

정극원. 2012. 의원입법 부실화의 원인과 내실화의 방안. 세계헌법연구, 18(2): 275-307.

정극원. 2015. 의원입법의 증가에 따른 국회입법지원조직의 효율화 방안. 공법학연구, 16(1): 109-134.

정다빈 · 이재묵. 2019. 청년세대의 의회 진출 확대를 위한 정치제도적 과제. 동서연구, 31(1): 33-62.

정다빈 · 이재묵. 2020. 누가 청년 정치인을 지지하는가? 연구방법논총, 5(3): 1-28.

정동준. 2016. 2016년 국회의원선거 이후 시민들의 통일의식 변화: 이념적 양극화인가, 당파적 편향인가?. 한국정치학회보, 50(5): 131-160.

정동준. 2018. 2018년 지방선거 이후 유권자들의 정치 양극화: 당파적 배열과 부정적 당파성을 중심으로. OUGHTOPIA, 33(3): 143-180.

정만희. 2018. 헌법개정논의에 대한 재검토. 공법학연구, 19(1): 45-80.

정병기. 2015. 스코틀랜드의 영국 잔류 선택과 분리 독립 운동의 전망: 복합적 지역주의에 따른 분권적 자치. 한국정치연구, 24(1): 355-382.

정세훈. 2021. 허위정보의 심각성과 팩트체크 교육의 필요성. 시청자미디어재단.

정성호. 2021.09.29. "미국 코로나 사태, 공화당 지지층 중심의 '레드 코로나' 됐다". 연합뉴스. 〈https://www.yna.co.kr/view/AKR20210929005500091〉 (검색일: 2023.3.22.)

정수현 · 한의석 · 정회옥. 2017. 한국 사회의 갈등양상과 사회통합을 위한 정당의 역할: 표적집단면접(FGI)을 통한 분석. 미래정치연구, 7(2): 115-140.

정순영. 2023. 누가 의원이 되나 : 독일의 사례. 국회미래연구원.

정연정. 2004. 영리한 군중(Smart Mobs)의 등장과 디지털 정치참여. 국제정치논총, 44(2): 237-59.

정영호 · 고숙자. 2014. 사회갈등지수 국제비교 및 경제성장에 미치는 영향. 한국보건사회연구원 연구보고서. 2014-26-3. 세종: 한국보건사회연구원.

정이나. 2016.12.5. "美 '가짜뉴스' 현혹 총격까지… '피자게이트' 가게 피해. 클린턴 아동 성매매 조직 운영하는 곳 거짓뉴스". 뉴스1. 〈https://www.news1.kr/articles/?2849491〉 (검색일: 2023.3.22.)

정진민. 2007. 민주화 이후의 정치제도: 원내정당화를 중심으로. 국가전략, 13(2): 115-142.

정진민. 2009. 원내정당론을 둘러싼 오해들에 대한 정리. 한국정치연구, 18(1): 29-49.

정진웅. 2021. 한국 정당의 당원 조직과 운영에 대한 실증 분석. 한국정당학회보, 20(2): 129-160.

정해구. 2012. 민주화 25년, 국가권력의 문제점과 그 대안. 계간 민주, 3: 78-95.

조귀동. 2020. 세습중산층 사회. 서울: 생각의 힘.

조기숙. 1996. 합리적 선택: 한국의 선거와 유권자. 서울: 한울.

조대엽. 2014. 갈등사회의 도전과 미시민주주의의 시대: 새로운 사회갈등과 공공성 재구성에 관한 사회학적 성찰. 파주: 나남출판.

조명래. 1993. 한국사회의 계급과 지역. 경제와 사회, 19: 22-37.

조민현. 2018. 카탈루냐 독립 움직임의 역사적 배경과 현재. 민족연구, 71: 4-17.

조반니 사르토리, 정헌주 옮김. 2023. 정당과 정당체계. 후마니타스.

조선일보. 2020.8.15. "[기자의 시각] 최고 분열 조장자". 〈https://www.chosun.com/site/data/html_dir/2020/08/15/2020081500027.html〉 (검색일: 2023.3.22.)

조선일보. 2022.3.14. "유니짜장 먹었을 뿐인데…'반윤' 몰린 이말년". 〈https://www.chosun.com/national/national_general/2022/03/13/RL2FK67YENACTBJXJDBUGVB52Q/〉 (검색일: 2023.3.22.)

조선일보. 2022.6.12. "문빠 계승하지만 문빠 아니다…개딸은 왜 투사가 됐나". 〈https://www.chosun.com/politics/politics_general/2022/06/12/2TSMZXIVCJEFJCV54EFNPRKMOA/〉 (검색일: 2023.3.22.)

조선일보. 2022.12.1. "박지현 네가 뭔데, 출당하라…野게시판 글에 당원 7800명 동의".

⟨https:// www.chosun.com/politics/politics_general/2022/12/01/JMCSQ4E
BVFCKJGTLBKLRCMJYLY/⟩ (검색일: 2023.3.22.)

조선일보. 2022.12.9. "생각 좀 하고 살아⋯尹 만난 축구대표팀에 野지지자들 악플 테러".
⟨https:// www.chosun.com/politics/politics_general/2022/12/09/5DEYTRG5
C5FY3B5MMBHAFDU57M/⟩ (검색일: 2023.3.22.)

조성대. 2019. 국회의 대표성 증진을 위한 선거제도 및 정치관계법 개선방안에 대한 연구. 입법
과 정책, 11(3): 87-117.

조원빈. 2016. 정치사회제도에 대한 신뢰와 사회갈등. 정치 · 정보연구, 19(1): 209-242.

조정관. 2017. 헌법 개정 논의와 정부 혁신. 한반도선진화재단 Issue & Focus, Newsletter
2017-1.

조진만. 2015. 유권자의 선거품질에 대한 인식과 선거관리위원회에 대한 평가. 한국정당학회
보, 14(3): 95-118.

조진만 · 김용철 · 조영호. 2015. 선거품질 평가와 선거관리위원회에 대한 신뢰. 의정연구, 44:
166-196.

조진만. 2020. 한국 유권자들은 개헌 문제에 대하여 어떻게 분열되어 있는가?. 한국정당학회
보, 19(4): 5-30.

조찬수. 2012. 퀘벡 분리주의와 단일쟁점정당의 딜레마. 국제정치논총, 52(1): 271-294.

조행만. 2021.6.18. "AI가 만든 가짜 뉴스, AI가 잡는다⋯정책 변화 등 인간적인 노력도 필요". AI타
임스. ⟨https://www.aitimes.com/news/articleView.html?idxno=139086⟩ (검색일:
2023.3.22.)

조화순 · 최재동. 2010. 집단지성의 정치. 정보화정책저널, 17(4):61-79.

중앙선거관리위원회. 2012. 정당의 후보자 및 지도부 선출방식, 정당통합, 정당연합, 선거연
대. 해외통신원 지정과제.

중앙선거관리위원회. 2018.10.4. "보도자료: 제21대 국회의원선거 선거구획정위원회의 실질
적인 독립성 보장을 위한 법 개정 요청".

중앙선거관리위원회. 2020.1.12. "보도자료: 중앙선관위, 국회의장 및 정당 대표 등에 공직선
거법 개정 촉구".

중앙선거관리위원회. 2021.4.22. "보도자료: 정치적 표현의 자유 확대를 위한 공직선거법 개
정의견 제출"

중앙선거관리위원회. 2021.5.25. "보도자료: 중앙선관위, 정치관계법 개정의견 제출".

중앙선거관리위원회 선거연수원. 2021. 각국의 정당 · 정치자금제도 비교연구.

중앙선거관리위원회. 2022. 2021년도 정당의 활동개황 및 회계보고.

중앙선거관리위원회. 2022. 2021년도 정책연구소 연간활동실적 분석집.

중앙선거관리위원회. 2022.2.15. "보도자료: 2월 15일부터 후보자 및 정당의 10대 정책 · 공약 공개 2.21.부터 책자형 선거공보, 2. 25.부터 전단형 선거공보 공개"

중앙일보. 2022.6.13. "'개딸'에 저격 의원 좌표 던진다…전대 과제된 '처럼회 폭주'". 〈https://www.joongang.co.kr/article/25078605〉 (검색일: 2023.3.22.)

지병근. 2012. 투표율 상승이 민주통합당에게 이로울까?: 제19대 총선에서 나타난 투표율의 정당편향. 한국정치연구, 21(3): 127-153.

지병근. 2014. 한국진보정당의 조직, 이념, 그리고 지지기반. 현대정치연구, 7(1): 7-53.

지병근. 2016. 중앙당은 어떻게 시 · 도당을 통제하는가?: 한국 주요정당들의 분권화 사례분석. 의정논총, 11(2): 181-210.

지병근. 2016. 한국에서 거주지 이전이 정당선호 및 투표행태에 미친 영향: 영호남출신유권자들을 중심으로. 인문사회과학연구, 52: 51-78.

지병근. 2021. 선거구 획정의 정치 과정: 제21대 국회의원 선거구 획정 사례 분석. 한국정당학회보, 20(1): 115-116.

지충남. 2011. 엘리트 충원과 영호남 지역주의: 김대중,노무현,이명박 정부를 중심으로. 지역과 세계, 35(1): 269-302.

차재권 · 옥진주 · 이영주. 2021. 지역정치 활성화를 위한 지역정당 설립 방안 연구: 해외 주요국 지역정당 사례의 비교분석. 한국지방정치학회보, 11(1): 103-139.

채진원. 2010. 원내정당모델의 명료화: 대안적 정당모델과의 비교 논의. 의정연구, 16(2): 5-38.

천관율. 2019.4.15. "20대 남자, 그들은 누구인가". 시사IN. 〈https://www.sisain.co.kr/news/articleView.html?idxno=34344〉 (검색일: 2023.3.22.)

최광은. 2022. 한국의 여론과 정책 연계에 관한 탐색적 연구. 현대정치연구, 15(3): 99-138.

최명지. 2022. 선거구획정과 민주주의: 선거구획정주체를 중심으로. 강원법학, 66: 37-68.

최윤철. 2009. 입법환경의 변화와 국회 입법지원기구의 역할. 토지공법연구, 43(2): 317-340.

최장집. 1991. 지역감정을 어떻게 볼 것인가. 제1장 · 김학민 외. 지역감정연구. 서울: 학민사.

최장집. 1991. 지역감정의 지배 이데올로기적 기능. 제2장 · 김학민 외. 지역감정연구. 서울: 학민사.

최장집. 1996. 지역문제와 국민통합. 최협편. 호남사회의 이해. 서울: 풀빛.

최재동 · 조진만. 2020. 선거관리위원회의 제도와 조직, 그리고 선거품질: ELECT 데이터를 활용한 경험적 분석, 의정논총, 15(2): 145-170.

최준영 · 조진만. 2005. 지역균열의 변화 가능성에 대한 경험적 고찰: 제17대 국회의원선거에서 나타난 이념과 세대 균열의 효과를 중심으로. 한국정치학회보, 39(3): 375-394.

최준영. 2008. 인사청문회의 정파적 성격에 대한 원인 분석. 한국정치연구, 17(2): 73-94.

최준영. 2012. 3당합당: 민주화 이후 한국 정당정치 전개의 분기점. 강원택 편. 노태우 시대의 재인식: 전환기의 한국사회. 서울: 나남.

최준영. 2018. 갈등과 교착의 한국 대의민주주의: 누구의 책임이며 어떻게 할 것인가?. 한국정당학회보, 17(2): 33-60.

최준영 · 김준석 · 구본상. 2019. 반드시 이겨라 그러나 싸우지는 마라: 대의민주주의에 대한 한국 유권자의 이중적 속성. 한국정치학회보, 53(2): 53-80.

최준영. 2021. 협치의 관점에서 국회를 존중하라. 손열 · 강원택 편. 2022 대통령의 성공조건. 서울: EAI.

최준영. 2022. 민주주의의 비가시적 인프라: 마음의 습관. 정진민 · 임성호 · 이현우 · 서정건 편. 대변동의 미국정치, 한국정치: 비유와 투영. 서울: 명인문화사.

최진석. 2021. 최진석의 대한민국 읽기. 서울: 북루덴스.

최진호 · 박영흠. 2022. 디지털 뉴스 리포트 2022 한국. 서울: 한국언론진흥재단.

피터 메이어 지음, 함규진 · 김일영 · 이정진 옮김. 2011. 정당과 정당체계의 변화. 오름.

하상응 · 길정아. 2020. 유권자의 정치 관심은 언제나 바람직한가?: 정부 신뢰의 이념 편향을 중심으로. 한국정치학회보, 54(2): 31-57.

하세헌. 2007. 지방분권, 중앙예속, 전국정당, 지방정당, 풀뿌리 민주주의. 한국지방자치연구, 9(2): 25-40.

하용출. 2006. 후발 산업화와 국가의 동학. 서울: 서울대학교출판부.

한국경제. 2023.1.27. "'청담동 술자리' 가짜뉴스 판명에도…민주 지지층 70% 사실". 〈http://plus.hankyung.com/apps/newsinside.view?aid=2023010407087&category=AA020〉 (검색일: 2023.3.22.)

한국심리학회 편. 1988. 심리학에서 본 지역감정. 서울: 성원사.

한상익 · 김정훈 · 최종호. 2019. 86세대, 균열인가? 허상(虛像)인가?: 86세대의 정치적 태도 변화에 대한 경험적 분석. 평화연구, 27(1): 39-83.

한설희. 2020.4.16. "21대 총선, 전략공천 성공률은?". 시사오늘, 시사ON. 〈https://www.sisaon.co.kr/news/articleView.html?idxno=111821〉 (검색일: 2023.3.22.)

한정훈. 2015. 한국지방선거와 정책투표의 가능성: 후보자 정책에 대한 지역별 유권자 인식을 중심으로. 평화연구, 23(2): 5-41.

한정훈. 2017. 한국의 행정 개혁: 행정부와 입법부의 협치 강화. 민주화운동기념사업회 편. 한국 민주주의의 미래와 과제. 한울아카데미.

함민정 · 이상우. 2021. 유튜브 정치동영상의 선택적 노출과 정치적 태도극화: 정치성향별 내집단 의식의 매개효과 검증. 한국콘텐츠학회논문지, 21(5): 157-169.

허석재. 2015. 세대연구의 경향과 쟁점. 미래정치연구, 5(1): 21-47.

허석재. 2015. 지역균열은 어떻게 균열되는가?: 역대 대선에서 나타난 지역 이념 세대의 상호작용, 현대정치연구, 12(2): 5-37.

허석재. 2017. 세대와 생애주기에 따른 이념 변화: 세계가치관조사 한국자료 분석 (1990-2010). 한국정치학회보, 51(1): 181-205.

허석재. 2019. 누가 당원으로 가입하나? 미래정치연구소 편. 한국의 당원을 말하다. 푸른길.

허석재. 2019. 지역균열은어떻게 균열되는가? 역대 대선에서 나타난 지역 이념 세대의 상호작용. 현대정치연구, 12(2): 5-37.

허석재. 2021. 청년은 청년의 대표를 원하는가: 청년대표성과 할당제. 의정연구, 27(3): 5-34.

허재영 · 정다빈 · 김석우 · 이재묵. 2019. 이념적 양극화는 지속되는가? 19대 국회 외교안보통상 관련 의안의 경험적 연구. 통일연구, 23(2): 33-81.

허진무 · 김희진 · 심윤지 · 탁지영 · 조문희. 2019.9.17. "'스펙' 안에 '계급' 있다". 경향신문. 〈https://m.khan.co.kr/national/national-general/article/201909170600025#c2b〉 (검색일: 2023.3.22.)

현윤진 · 김남규. 2018. 뉴스와 소셜 데이터를 활용한 텍스트 기반 가짜 뉴스 탐지 방법론. 한국전자거래학회지, 23(4): 19-39.

황선재 · 계봉오. 2018. 경제적 불평등 인식에 대한 경험적 연구: 한국 사례와 함의. 한국인구학, 41(4): 65-88.

KBC광주방송. 2023.2.20. "민주당 광주 당원 15% 조사.. 95%가 허수?". 〈http://www.ikbc.co.kr/article/view/kbc202302200048〉 (검색일: 2023.3.22.)

해외문헌

Achen, Christopher, and Larry Bartels. 2016. Democracy for Realists: Why Elections Do Not Produce Responsive Government. Princeton: Princeton University Press.

Allcott, Hunt, and Matthew Gentzkow. 2017. Social media and fake news in the 2016 election. Journal of economic perspectives, 31(2): 211-36.

Altman, Micah, and Michael McDonald. 2017. Redistricting and Polarization. In James Thurber and Antoine Yoshinaka (eds.), American Gridlock: The Sources, Character, and Impact of Political Polarization. Cambridge University Press.

Amsden, Alice. 1989. Asia's Next Giant. Oxford: Oxford University Press.

Anderson, Christopher, and Christine Guillory. 1997. Political Institutions and Satisfaction with Democracy: A Cross-National Analysis of Consensus and Majoritarian Systems. American Political Science Review, 91(1): 66-81.

Angelo Panebianco. 1988. Political Parties: Organization and Power. Cambridge: Cambridge University Press.

Ansolabehere, Stephen, and Shanto Iyengar. 1995. Going Negative: How Attack Ads Shrink and Polarize the Electorate. New York: Free Press.

Armingeon, Klaus. 2002. The Effects of Negotiation Democracy: A Comparative Analysis. European Journal of Political Research, 41(1): 81-105.

Baek, Young Min, Magdalena Wojcieszak, and Michael X. Delli Carpini. 2012. Online versus face-to-face deliberation: Who? Why? What? With What Effects? New Media & Society, 14(3): 363-83.

Barber, Benjamin. 1984. Strong Democracy: Participatory Politics for a New Age. Berkeley: University of California Press.

Barry, kathleen. 1995. The Prostitution of Sexuality: The Global Exploitation of Women. New York: New York University Press.

Bartels, Larry M. 2008. Unequal Democracy: The Political Economy of the New Gilded Age. Princeton, NJ: Princeton University Press.

Bartolini, S. 1983. The Membership of Mass Parties: The Social Democratic Experience 1889-1978, in H. Daalder and P. Mair (eds.) Western European Party System. Continuity and Change, Sage.

Bartolini, S., Mair, P. 1990. Identity, competition, and electoral availability. The stabilization of European electorates 1885-1985. Cambridge, New York: Cambridge University Press.

Bartolini, Stefano. 1985. Identity, Competition, and Electoral Availability: The Stabilisation of European Electorates 1885-1985. Cambridge: Cambridge University Press.

BBC NEWS. "Faroe Islands profile." 〈https://www.bbc.com/news/world-europe-20424 993〉 (검색일: 2023.2.7)

Beckmann, Matthew. 2016. Up the Hill and Across the Aisle: Discovering the Path to Bipartisanship in Washington. Legislative Studies Quarterly, 41(2): 269-295.

Bell, Angela, Collette Eccleston, Leigh Bradberry, William Kidd, Catherine Mesick, and Abraham Rutchick. 2021. Ingroup Projection in American Politics: An Obstacle to Bipartisanship. Social Psychological and Personality Science, 13(5): 906-915.

Berelson, Bernard, William N. McPhee, and Paul Felix Lazarsfeld. 1954. Voting: A Study of Opinion Formation in a Presidential Campaign. Chicago: Chicago Univ.Press.

Bernaerts, Kamil, Benjamin Blanckaert, and Didier Caluwaerts. 2023. Institutional Design and Polarization. Do Consensus Democracies Fare Better in Fighting Polarization Than Majoritarian Democracies?. Democratization, 30(2): 153-72.

Bhatti, Yosef, and Hansen, Kasper M. 2012. The Effect of Generation and Age on Turnout to the European Parliament-How Turnout Will Continue to Decline in the Future. Electoral Studies, 31(2): 262-272.

Bille, Lars. 2001. Democratizing A Democratic Procedure: Myth or Reality? Candidate Selection in Western European Parties, 1960-1990. Party Politics, 7(3): 363-380.

Birch, Sarah. 2008. Electoral institutions and popular confidence in electoral processes: A cross-national analysis. Electoral Studies, 27(2): 305-320.

Birkinshaw, Patrick. 2006. Transparency as a Human Righ, in Christopher Hood, and David Heald (eds). Transparency: The Key to Better Governance?. Proceedings of the British Academy.

Bogaards, M. 2017. Comparative political regimes: Consensus and majoritarian democracy. In Oxford Research Encyclopedia of Politics.

Bor, Alexander, and Michael Bang Petersen. 2022. The Psychology of Online Political Hostility: A Comprehensive, Cross-National Test of the Mismatch Hypothesis. American Political Science Review, 116(1): 1-18.

Bornschier, Simon. 2009. 'Cleavage politics in old and new democracies'. Living Reviews in Democracy. Center for Comparative and International Studies.

Borz, Gabriela and Janda Kenneth. 2018. Contemporary trends in party organization: Revisiting intra-party democracy. Party Politics, 26(1): 3-8.

Bowler, Shaun, and Todd Donovan. 2013. The Limits of Electoral Reform. Oxford: Oxford University Press.

Boxell, Levi, Matthew Gentzkow, and Jesse M. Shapiro. 2022. Cross-Country Trends in Affective Polarization. The Review of Economics and Statistics, 1-60.

Brewer, Marilynn. 2007. The Importance of Being We: Human Nature and Inter-group Relations. American Psychologists, 62(8): 728-738.

Brick, A, Brick, C. 2021. Districting that minimizes partisan bias. Humanit Soc Sci, 8: 138.

Brunell, Thomas L. 2008. Redistricting and Representation: Why Competitive Elections Are Bad for America. New York: Routledge.

Bullock Ⅲ., Charles, S. 2010. Redistricting: the most political activity in America. Rowman & Littlefield Publishers.

Burton, M. and Tunnicliffe, R. 2022. Membership of political partiesin Great Britain, Research Briefing, 30 August. House of Commons Library.

Butler, Daniel M. 2014. Representing the Advantaged: How Politicians Reinforce

Inequality. New York: Cambridge University Press.

Carnes, Nicholas. 2013. White-Collar Government: The Hidden Role of Class in Economic Policy Making. Chicago: University of Chicago Press.

Chaisty, Paul, Nic Cheeseman, and Timothy J. Power. 2018. Coalitional Presidentialism in Comparative Perspective: Minority Presidents in Multiparty Systems. Oxford University Press.

Cheibub, Jose Antonio. 2007. Presidentialism, Parliamentarism, and Democracy. Cambridge University Press.

Cheong, Yeilim, and Stephan Haggard. 2022. Political Polarization in Korea, Unpublished manuscript.

Chernykh, Svitlana, Elkins, Zachary, Melton, James, and Ginsburg, Tom. 2014. Constitutions and Election Management, in Advancing Electoral Integrity, Pippa Norris, Richard Frank & Ferran Martinez i Coma eds. Oxford University Press.

Chris, Cameron. 2022.1.5. "These Are the People Who Died in Connection With the Capitol Riot". New York Times. 〈https://www.nytimes.com/2022/01/05/us/politics/jan-6-capitol-deaths.html〉 (검색일: 2023.3.22.)

Christopher Hood and David Heald. 2006. Key to Better Governance? .Oxford: Oxford University Press.

Clark, Alistair. 2017. Identifying the determinants of electoral integrity and administration in advanced democracies: the case of Britain. European Political Science Review, 9(3): 471-492.

Clark, Alistair. 2019. The cost of democracy: The determinants of spending on the public administration of elections. International Political Science Review, 40(3): 354-369.

Clark, William, Matt Golder, and Sona Golder N. 2017. Principles of Comparative Politics, third edition. Washington. DC: CQ Press.

Converse, Philip. 1964. The Nature of Belief Systems in Mass Publics. In Ideology and Discontent, David Apter, ed. New York: Free Press.

Cooper, Jim. 2011. Fixing Congress. Boston Review.

Cox, Gary W. and Mathew D. McCubbins. 1993. Legislative Leviathan: Party Government in the House. Berkeley, CA: University of California Press.

Cox, Gary W. and Mathew D. McCubbins. 2005. Setting the Agenda: Responsible Party Government in the U.S. House of Representatives. Cambridge: Cambridge University Press.

Crocker, Royce. 2012. Congressional Redistricting: An Overview. Congressional Research Service.

Dahl, Robert A. 1971. Polyarchy: Participation and Opposition. Yale University Press.

Dalton, R. and Wattenberg, M. 2000. Parties Without Partisans. Oxford University Press.

Deegan-Krause, K. 2007. New Dimensions of Political Cleavage. In R. J. Dalton & H.-D. Klingemann (Eds.), Oxford Handbook of Political Behavior (pp. Chapter 28). Oxford: Oxford University Press.

Deegan-Krause, Kevin. 2007. The Oxford Handbook of Political Behavior. New York: Oxford University Press.

Degregorio, Christine. 1988. Professionals in the U.S. Congress: An Analysis of Working Styles. Legislative Quarterly Studies, 13(4): 459-476.

Dekker, Paul and Eric M. Uslander. Eds. 2001. Social Capital and Participation in Everyday Life. London: Routledge.

Delli Carpini, Michael, and Scott Keeter. 1996. What Americans Know About Politics and Why It Matters. New Haven: Yale University.

Diamond, Larry. 2015. Facing Up to the Democratic Recession. Journal of Democracy, 26(1): 141-55.

Diamond, Larry and Gi-Wook Shin. 2014. New Challenges for Maturing Democracies in Korea and Taiwan. Stanford, California: Stanford University Press.

DiSalvo, Daniel. 2012. Engines of Change: Party Factions in American Politics, 1868-2010. New York: Oxford University Press.

Dix, R. H. 1989. Cleavage Structures and Party Systems in Latin America. Comparative Politics, 22(1): 23-37.

Doorenspleet, Renske, and Huib Pellikaan. 2013. Which Type of Democracy Performs Best?. Acta Politica, 48(3): 237-67.

Duverger, Maurice, 1959. Political Parties: Their Organization and Activity in the Modern State. Wiley.

Dwyer, Paul E. 1999. Appropriations for FY1999: Legislative Branch, CRS Report for Congress (updated March 11, 1999)

Elster, Jon. 1998. Deliberation and Constitution Making. In Deliberative Democracy, Jon Elster, ed. Cambridge: Cambridge University Press.

Enyedi, Z. 2005. The role of agency in cleavage formation. European Journal of Political Research, 44(5): 697-720.

Erikson, Robert S, and Tedin, Kent L. 2015. American public opinion: Its origins, content and impact. Routledge.

Etzioni, Amitai. 2010. Is Transparency the Best Disinfectant?. Journal of Political Philosophy, 18(4): 389-404.

European Commission. 2018. A Multi-Dimensional Approach to Disinformation: Report of the Independent High Level Group on Fake News and Online Disinformation. Brussels, Belgium: European Commission.

Evans, G. 2000. The Continued Significance of Class Voting. Annual Review of Political Science, 3(1): 401-417.

Evans, Peter. 1995. Embedded Autonomy. Princeton: Princeton University Press.

Falk, Elisabeth. 2021. SVENSKA FÖRTROENDETRENDER 1986-2020. SOM-Institutet. Göteborgs Universitet.

Feinber, Matthew, and Robb Willer. 2019. Moral Reframing: A Technique for Effective and Persuasive Communication Across Political Divides. Social and Personality Psychology Compass, 13(12): e12501.

Fiorina, Morris. 2009. Disconnect: The Breakdown of Representation in American Politics. University of Oklahoma Press.

Flynn, D. J., Brendan Nyhan, and Jason Reifler. 2017. The Nature and Origins of Misperceptions: Understanding False and Unsupported Beliefs about Politics.

Political Psychology, 38(1): 127-150.

Ford R, Jennings W. 2020. The Changing Cleavage Politics of Western Europe. Annual review of political science, 23(1): 295-314.

Fox, Harrison W., Jr. and Susan Hammond. 1977. Congressional Staffs: The Invisible Force in American Lawmaking. New York: The Free Press.

Fox, James. 2022. Fair and Square Redistricting. APSA Preprints.

Fraenkel, Jon. 2008. The Design of Ethnically Mixed Constituencies in Fiji, 1970-2006, in Lisa Handley and Bernard Grofman eds, Redistricting in comparative perspective. Oxford University Press.

Franko, William W., and Christopher Witko. 2018. The New Economic Populism: How States Respond to Economic Inequality. New York: Oxford University Press.

Gaines, Brian J, James H Kuklinski, Paul J Quirk, Buddy Peyton, and Jay Verkuilen. 2007. Same facts, different interpretations: Partisan motivation and opinion on Iraq. The Journal of Politics, 69(4): 957-74.

Gamm, Gerald and Kenneth Sheplse. 1989. Emergence of Legislative Institutions: Standing Committees in the House and Senate, 1810-1825. Legislative Studies Quarterly, 14(1): 39-66.

Garnett, Holly Ann. 2019. Evaluating electoral management body capacity. International Political Science Review, 40(3): 335-353.

Garnett, Holly Ann. 2022. Who runs elections? A cross-national analysis of electoral management throughout the electoral cycle. Commonwealth & Comparative Politics, 60(2): 146-168.

Garnett, Holly Ann, Toby S. James, and Madison MacGregor. 2022. Electoral Integrity Global Report, 2019-2021. Electoral Integrity Project.

Garrett, R Kelly, and Robert M Bond. 2021. Conservatives' susceptibility to political misperceptions. Science Advances, 7(23): eabf1234.

Gélineau, François, 2013, Electoral accountability in the developing world, Electoral Studies 32(3): 418-424.

Gidron, Noam, James Adams, and Will Horne. 2020. American Affective Polarization in

Comparative Perspective. Cambridge University Press.

Gijsberts, Mérove. 2002. The Legitimation of Income Inequality in State-Socialist and Market Societies. Acta Sociologica, 45(4): 269-285.

Gilens, Martin. 2012. Affluence and Influence: Economic Inequality and Political Power in America. Princeton, NJ: Princeton University Press.

Gimpel, James G., and Harbridge-Yong, Laurel. 2020. Conflicting Goals of Redistricting: Do Districts That Maximize Competition Reckon with Communities of Interest?. Election Law Journal: Rules, Politics, and Policy, 19(4): 451-471.

Ginsburg, T., Huq, A. Z. 2018. How to Save a Constitutional Democracy. Chicago: University of Chicago Press.

Giuliani, Marco. 2016. Patterns of Democracy Reconsidered: The Ambiguous Relationship Between Corporatism and Consensualism. European Journal of Political Research, 55(1): 22–42.

Glenn, Noval D. 2005. Cohort Analysis, second ed. Thousand Oaks: Sage.

Glick, Peter and Susan T. Fiske. 1996. The Ambivalent Sexism Inventory: Differentiating Hostile and Benevolent Sexism. Journal of Personality and Social Psychology, 70(3): 491-512.

Grainger, Corbett. 2010. Redistricting and Polarization: Who Draws the Lines in California?. Journal of Law and Economics, 53(3): 545-567.

Green, Donald, Bradley Palmquist, and Eric Schickler. 2002. Partisan Hearts and Minds: Political Parties and the Social Identity of Voters. New Haven: Yale University Press.

Grimmelikhuijsen, Stephan, Gregory Porumbescu, Boram Hong, and Tobin Im. 2013. The Effect of Transparency on Trust in Government: A Cross-National Comparative Experiment. Public Administration Review, 73(4): 575-586.

Grimmelikhuijsen, Stephan. 2010. Transparency of Public Decision-Making: Towards Trust in Local Government?. Policy & Internet, 2(1): 5-35.

Gurnee, Wes, and Shmoys, David B. 2021. Fairmandering: A column generation heuristic for fairness-optimized political districting. Proceedings of the 2021 SIAM

Conference on Applied and Computational Discrete Algorithms (ACDA21): 88-99.

Gutmann, Amy, and Dennis Thompson. 1996. Democracy and Disagreement. Cambridge: Harvard University Press.

Hacker, Jacob S., Paul Pierson. 2011. Winner-Take-All Politics: How Washington Made the Rich Richer and Turned Its Back on the Middle Class. New York: Simon and Schuster.

Hadler, Markus. 2005. Why do People Accept Different Income Ratios? A Multi-Level Comparison of Thirty Countries. Acta Sociologica, 48(2): 131-154.

Haggard, Stephen and Chung-in Moon. 1993. The State, Politics, and Economic evelopment in Postwar South Korea in State and Society in Contemporary Korea, Hagen Koo (ed.). Ithaca: Cornell University Press.

Häggrot, Carlsen Marcus. 2022. Geographic Legislative Constituencies: A Defence. Political Theory, 51(2): 301-330.

Haidt, Jonathan. 2012. The Righteous Mind: Why Good People Are Divided by Politics and Religion. New York: Pantheon Books.

Hasen, R. 2022. How to Keep the Rising Tide of Fake News from Drowning Our Democracy. New York Times, March 7.

Hauser, O. P., Norton, M. I. 2017. (Mis)perceptions of inequality. Current Opinion in Psychology, 18: 21-25.

Hazan, Reuven Y. and Gideon Rahat. 2010. Democracy Within Parties: Candidate Selection Methods and Their Political Consequences. Oxford: Oxford University Press.

Hemmer, Nicole. 2022. Partisans: The Conservative Revolutionaries Who Remade American Politics in the 1990s. Basic Books.

Hibbing, John, and Elizabeth Theiss-Morse. 2002. Stealth Democracy: Americans' Beliefs about How Government Should Work. Cambridge: Cambridge University Press.

Hochschild, Arlie and Anne Machung. 2003. The Second Shift: Working Families and the

Revolution at Home. New York: Penguin Books.

Hofstede, G. 2001. Culture's Consequences: Comparing Values, Behaviors, Institutions, and Organizations across Nations, 2nd edn. Thousand Oaks, CA: Sage.

Hogg, Michael. 2015. Constructive Leadership Across Groups: How Leaders Can Combat Prejudice and Conflict Between Subgroups. Advances in Group Processes, 32: 177-207.

Holden, Barry. 1993. Understanding Liberal Democracy. New York: Harvester.

Hood, Christopher. 2006. Transparency in Historical Perspective. In Transparency: The Key to Better Governance? Christopher Hood and David Heald. eds. Oxford: Oxford University Press.

Horne, Will, James Adams, and Noam Gidron. 2023. The Way We Were: How Histories of Co-Governance Alleviate Partisan Hostility. Comparative Political Studies, 56(3): 299-325.

Huddy, Leonie, and Omer Yair. 2021. Reducing Affective Polarization: Warm Group Relations or Policy Compromise?. Political Psychology, 42(2): 291-309.

Huddy, Leonie, Lilliana Mason, and Lene Aarøe. 2015. Expressive Partisanship: Campaign Involvement, Political Emotion, and Partisan Identity. American Political Science Review, 109(1): 1-17.

Huddy, Leonie. 2001. From Social to Political Identity: A Critical Examination of Social Identity Theory. Political Psychology, 22(1): 127-156.

Hunter, James D. 1992. Culture Wars: The Struggle to Control the Family, Art, Education, Law, and Politics in America. Basic Books.

Huntington, Samuel P. 1991. The Third Wave: Democratization in the Late Twentieth Century. Norman: University of Oklahoma Press.

Inglehart, Ronald. 1997. Modernization and Postmodernization: Cultural, Economic, and Political Change in 43 Societies. Princeton: Princeton University Press.

Inglehart, Ronald. 1999. Postmodernization Erodes Respect for Authority, but Increase Support for Democracy. In Pippa Norris. Eds. Critical Citizens: Global Support for Democratic Government. London: Oxford University Press.

Iyengar Shanto, Gaurav Sood, and Yphtach Lelkes. 2012. Affect, Not Ideology: A Social Identity Perspective on Polarization. Public Opinion Quarterly 76(3): 405-431

Iyengar, Shanto, and Sean Westwood. 2015. Fear and Loathing across Party Lines: New Evidence on Group Polarization. American Journal of Political Science 59(3): 690-707.

Iyengar, Shanto, Gaurav Sood, and Yphtach Lelkes. 2012. Affect, Not Ideology: A Social Identity Perspective on Polarization. Public Opinion Quarterly, 76(3): 405-431.

Iyengar, Shanto, Yphatach Lelkes, Matthew Levendusky, Neil Malhotra, and Sean Westwood. 2019. The Origins and Consequences of Affective Polarization in the United States. Annual Review of Political Science, 22: 129-146.

James, S., Garnett, H., Loeber, L., and van Ham, C. 2019. Improving Electoral Management: the Organizational Determinants of Electoral Integrity. Special issue on Improving Electoral Management in International Political Science Review, 40(3): 298-312.

James, Toby S. 2019. Better workers, better elections? Electoral management body workforces and electoral integrity worldwide. International Political Science Review, 40(3): 370-390.

James, Toby S., Garnett, Holly Ann, Loeber, Leontine, and van Ham, Carolien. 2019. Electoral management and the organisational determinants of electoral integrity: Introduction. International Political Science Review, 40(3): 295-312.

Jasso, Guillermina. 1996. Exploring the Reciprocal Relations between Theoretical and Empirical Work: The Case of the Justice Evaluation Function. Sociological Methods & Research, 24(3): 253-303.

Jo, Jinhee. 2022. Partisan Polarization in Korea: Ideology, Perception, Affect, and Participation. Korea Observer, 53(1): 1-24.

Johnston, Christopher, Howard Lavine, and Christopher Federico. 2017. Open Versus Closed: Personality, Identity, and the Politics of Redistribution. Cambridge: Cambridge University Press.

Jones, David. 2001. Party Polarization and Legislative Gridlock. Political Research

Quarterly, 54(1): 125-141.

Jung, Jai Kwan, and Christopher J. Deering. 2015. Constitutional Choices: Uncertainty and Institutional Design in Democratising Nations. International Political Science Review, 36(1): 60-77.

Kahan, Dan, Ellen Peters, Erica Dawson, and Paul Slovic. 2017. Motivated Numeracy and Enlightened Self-Government. Behavioural Public Policy, 1(1): 54-86.

Katz, R. S. and Mair, P. 1995. Changing models of party organization and party democracy: The emergence of the cartel party, Party Politics, 1(1): 5-28.

Katz, Richard S. 2001. The Problem of Candidate Selection and Models of Party Democracy. Party Politics, 7(3): 277-296.

Kerr, Nicholas and Lührman, Anna. 2017. Public Trust in Elections: The Role of Election Administration Autonomy. Working Paper 170, Afrobarometer.

Kerr, Nicholas, and Lührman, Anna. 2016. Public Trust in Elections: The Role of Election Administration Autonomy and Media Freedom. Working Paper SERIES 2016 36, THE VARIETIES OF DEMOCRACY INSTITUTE.

Kinder, D. R., Kiewiet, D. R. 1981. Sociotropic Politics: The American Case. British Journal of Political Science, 11(2): 129-161.

Kitschelt, Herbert. 2000. Linkages between Citizens and Politicians in Democratic Polities, Comparative Political Studies 33(6/7): 845-879.

Klein, Ezra. 2020. Why We're Polarized. Avid Reader Press/Simon & Schuster.

Knutsen, O. 1989. Cleavage Dimensions in Ten West European Countries: A Comparative Empirical Analysis. Comparative Political Studies, 21(4): 495-533.

Koole, Rund A. 1996. Cadre, Catch-all or Cartel? A Comment on the Notion of the Cartel Party. Party Politics, 2(4): 507-523.

Kuklinski, James H, Paul J Quirk, David W Schwieder, and Robert F Rich. 1998. Just the facts, ma'am: Political facts and public opinion. The Annals of the American Academy of Political and Social Science, 560(1): 143-54.

La Porta, R., Lopez-de-Silanes, F. Shleifer, A., Vishny, R. 1997. Trust in Large Organizations, American Economic Review, 87(2): 333-338.

La Raja, Raymond. 2009. Redistricting: Reading Between the Lines. The Annual Review of Political Science, 12: 203-223.

Lammers, Joris, Alex Koch, Paul Conway, and Mark Brandt. 2017. The Political Domain Appears Simpler to the Politically Extreme Than to Political Moderates. Social Psychological and Personality Science, 8(6): 612-622.

Lawson, Kay. 2016. "When Linkage Fails," Lawson, Kay and Peter H. Merkl. eds. When Parties Fail: Emerging Alternative Organizations. Princeton University Press.

Lebo, Matthew, and Andrew O'Green. 2011. The President's Role in the Partisan Congressional Arena. The Journal of Politics, 73(3): 718-734.

Lee, Frances E. 2021. Crosscutting Cleavages, Political Institutions, and Democratic Resilience in the United States. In Robert C. Lieberman, Suzanne Mettler and Kenneth M. Roberts (eds.), Democratic Resilience: Can the United States Withstand Rising Polarization?. Cambridge University Press.

Lee, Jae Mook. 2015. Another Look at Partisan Polarization in the South Korean Mass Public: Ideological or Affective Polarization?. Korea Observer, 46(2): 211-232.

Leonhardt, David. 2021. U.S. Covid Deaths Get Even Redder. New York Times, November 24.

Levendusky, Matthew. 2009. The Partisan Sort: How Liberals Became Democrats and Conservatives Became Republicans. University of Chicago Press.

Levendusky, Matthew. 2018. Americans, Not Partisans: Can Priming American National Identity Reduce Affective Polarization? Journal of Politics, 80(1): 59-70.

Levitsky, Steven and Daniel Ziblatt. 2018. How Democracies Die. New York: Crown.

Lewis-Beck, M. S. 1985. Pocketbook voting in US national election studies: fact or artifact?. American Journal of Political Science, 348-356.

Lewis-Beck, M. S., Paldam, M. 2000. Economic Voting: An Introduction. Electoral Studies, 19(2-3): 113-121.

Licht, Jenny de Fine, and Daniel Naurin. 2022. Transparency. In Handbook on Theories of Governance. Christopher Ansell and Jacob Torfing, eds. Northampton, MA: Edward Elgar Publishing, Inc.

Lijphart, Arend. 1999. Patterns of Democracy: Government Forms and Performance in Thirty-Six Countries. Yale University Press.

Lijphart, Arend. 2002. The Wave of Power-Sharing Democracy. In Andrew Reynolds (ed.), The Archtecture of Democracy: Constitutional Design, Conflict Management, and Democracy. Oxford University Press.

Lijphart, Arend. 2012. Patterns of Democracy: Government Forms and Performance in Thirty-Six Countries, second edition. New Haven, CT: Yale University Press.

Linz, Juan J. 1990. The Perils of Presidentialism. Journal of Democracy, 1(1): 51-69.

Linz, Juan J. 1994. Presidential or Parliamentary Democracy: Does It Make a Difference? In Juan J. Linz and Arturo Valenzuela, eds. The Failure of Presidential Democracy: The Case of Latin America. Baltimore: Johns Hopkins University Press.

Lipset, S. M., Rokkan, S. 1967. Cleavage Structures, Party Systems, and Voter Alignments: An Introduction. In S. M. Lipset & S. Rokkan (Eds.), Party Systems and Voter Alignments (pp.1-64). New York London: The Free Press-Collier-Macmillan.

Lipset, Seymour Martin. 1996. American Exceptionalism: A Double-Edged Sword. New York: W. W. Norton & Company.

Lodge, Milton, and Charles S. Taber. 2013. The Rationalizing Voter. Cambridge: Cambridge University Press.

Lord, Charles, Lee Ross, Mark Lepper. 1979. Biased Assimilation and Attitude Polarization: The Effects of Prior Theories on Subsequently Considered Evidence. Journal of Personality and Social Psychology, 37(11): 2098-2109.

Lublin, David. 2008. Race and Redistricting in the United States, in Lisa Handley and Bernard Grofman eds, Redistricting in comparative perspective. Oxford University Press.

MacKuen, M. B., Erikson, R. S., Stimson, J. A. 1992. Peasants or bankers? The American electorate and the US economy. American Political Science Review, 86(3): 597-611.

Mainwaring, S., Zoco, E. 2007. Political Sequences and the Stabilization of Interparty

Competition. Electoral Volatility in Old and New Democracies. Party Politics, 13(2): 155-178.

Mainwaring, Scott. 1993. Presidentialism, Multipartism, and Democracy: The Difficult Combination. Comparative Political Studies, 26(2): 198-228.

Mair, Peter. 1997. Party System Change: Approaches and Interpretations. Oxford: Clarendon Press.

Malbin, Michael J. 1980. Unelected Representatives. New York: Basic Books.

Maleki, Ammar, and Frank Hendriks. 2015. The Relation between Cultural Values and Models of Democracy: A Cross-National Study. Democratization, 22(6): 981-1010.

Mann, Thomas E. and Norman J. Ornstein. 2008. The Broken Branch: How Congress is Failing America and How to Get It Back on Track. New York: Oxford University Press.

Mann, Thomas, and Norman Ornstein. 2012. It's Even Worse Than It Looks: How the American Constitutional System Collided with the New Politics of Extremism. Basic Books.

Mannheim, Karl 1952, The Problem of a Sociology of Knowledge. Routledge.

Mansbridge, Jane. 1983. Beyond Adversary Democracy. Chicago: University of Chicago Press.

Mansbridge, Jane. 2015. Helping Congress Negotiate. In Solutions to Political Polarization in America. Nathaniel Persily, ed. New York: Cambridge University Press.

Martin, Gregory, and Ali Yurukoglu. 2017. Bias in Cable News: Persuasion and Polarization. American Economic Review, 107(9): 2565-2599.

Martins, S. M., Ensslin, L., Dutra, A., and Ensslin, S. 2020. Multicriteria Model to Support Governance in Electoral Institutions. International Journal of Strategic Decision Sciences , 11(3): 1-17.

Mason, Lilliana. 2015. I disrespectfully agree: The differential effects of partisan sorting on social and issue polarization, American journal of political science, 59(1):

128-145.

Mason, Lilliana. 2018. Ideologues without issues: The polarizing consequences of ideological identities, Public Opinion Quarterly, 82(S1): 866-887.

Mason, Lilliana. 2018. Uncivil Agreement: How Politics Became Our Identity. Chicago: The University of Chicago Press.

Matthews, Donald R. 1960. U.S. Senators and Their World. Chapel Hill: University of North Carolina Press.

Mayhew, David R. 2005. Divided We Govern: Party Control, Lawmaking, and Investigations, 1946-2002, 2nd ed. Yale University Press.

Mazzoleni, Oscar, and Sean Mueller. 2017. Cross-border integration through contestation? Political parties and media in the Swiss-Italian borderland. Journal of Borderlands Studies, 32(2): 173-192.

McCall, Leslie. 2013. The Underserving Rich: American Beliefs about Inequality, Opportunity, and Redistribution. New York: Cambridge University Press.

McCarty, Nolan, Keith Poole, and Howard Rosenthal. 2007. Polarized America: The Dance of Ideology and Unequal Riches. The MIT Press.

McCoy, Jennifer, and Murat Somer. 2019. Toward a Theory of Pernicious Polarization and How It Harms Democracies: Comparative Evidence and Possible Remedies, Annals of the American Academy of Political and Social Science, 681(January): 234-271.

McMillan, Alistair. 2008. Delimitation in India, in Lisa Handley and Bernard Grofman eds, Redistricting in comparative perspective. Oxford University Press.

Medew, Rod. 2008. Redistribution in Australia: The Importance of One Vote, One Value in Lisa Handley and Bernard Grofman eds, Redistricting in comparative perspective. Oxford University Press.

Medvic, Stephen K. 2021. Gerrymandering: The Politics of Redistricting in the United States. Polity Press.

Mendelsohn, Matthew, and Richard Nadeau. 1996. The Magnification and Minimization of Social Cleavages by the Broadcast and Narrowcast News Media. International

Journal of Public Opinion Research, 8(4): 374-389.

Meyer, Thomas. 2002. Media Democracy: How the Media Colonize Politics. Cambridge: Polity Press.

Miller, Patrick, and Pamela Conover. 2015. Red and Blue States of Mind: Partisan Hostility and Voting in the United States. Political Research Quarterly, 68(2): 225-239.

Moriwaki, Toshimasha. 2008. The Politics of Redistricting in Japan: A Contradiction between Equal Population and Local Government Boundaries, in Lisa Handley and Bernard Grofman eds, Redistricting in comparative perspective. Oxford University Press.

Morrell, Michael. 1999. Citizens' Evaluations of Participatory Democratic Procedures. Political Research Quarterly, 52: 293-322.

Mozaffar, Shaheen. 2002. Patterns of Electoral Governance in Africa's Emerging Democracies. International Political Science Review, 23(1): 85-101.

Naurin, Daniel. 2007. Deliberation Behind Closed Doors: Transparency and Lobbying in the European Union. Colchester: ECPR Press.

New York Times. 2022.11.30. "Alaska First Congressional District Election Results". ⟨https://www.nytimes.com/interactive/2022/11/08/us/elections/results-alaska-us-house-district-1.html⟩ (2023.3.22. 접속)

Niskanen, William A. Jr. 1971. Bureaucracy and Representative Government. Newyork: Routledge.

Niven, D., Solimine, M. E. 2022. Representing People and Places: Castaway Voters and the Racial Disparity in Redistricting. Election Law Journal: Rules, Politics, and Policy, 21(2): 171-186.

Nonnenmacher, A., Spier, T. 2019. Introduction: German party membership in the 21st century. German Politics, 28(2): 150-161.

Nooteboom, B. 2000. Institutions and Forms of Coordination in Innovation Systems. Organization Studies, 21(5): 915-939.

Norris, Pippa. 2011. Democratic Deficit: Critical Citizens Revisited . Cambridge

University Press.

Norris, Pippa, Frank, Richard W., and Ferran Martinez i Coma, eds. 2014. Advancing Electoral Integrity. Oxford University Press.

Norris, Pippa. 2019. Conclusions: The new research agenda on electoral management. International Political Science Review 40(3): 391-403.

Oleszek, Walter J. 2004. Congressional Procedures and the Policy Process. 6th edition. Washington D.C.: CQ Press.

Oleszek, Walter J., Mark J. Oleszek, Elizabeth Rybicki and Bill Heiniff Jr. 2020. Congressional Procedures and the Policy Process. 11th edition. Washington D.C.: CQ Press.

Onis, Ziya. 1991. The Logic of Developmental State. Comparative Politics, 24(1): 109-126.

Ordeshook, Peter C., and Olga V. Shvetsova. 1994. Ethnic Heterogeneity, District Magnitude, and the Number of Parties. American Journal of Political Science, 38(1): 100-123.

Orru, M.. 1997. Dirigiste Capitalism in France and South Korea, in The Economic Organization of East Asian Capitalism. M. Orru, N. Biggart & G. Hamilton (eds), 368-382. New York: Sage.

Osmundsen, Mathias, Alexander Bor, Peter Vahlstrup, Anja Bechmann, and Michael Petersen. 2021. Partisan Polarization Is the Primary Psychological Motivation behind Political Fake News Sharing on Twitter. American Political Science Review, 115(3): 999-1015.

Paris, Celia. 2017. Breaking Down Bipartisanship: When and Why Citizens React to Cooperation Across Party Lines. Public Opinion Quarterly 81(2): 473-494.

Park, Chong-Min. 2011. Political Discontent in South Korea. International Review of Sociology, 21 (2): 391-412.

Park, Chong-Min and Yun-han Chu. 2014. Trends in Attitudes Toward Democracy in Korea and Taiwan. In *New Challenges for Maturing Democracies in Korea and Taiwan*, edited by Diamond Larry and Gi-Wook Shin, 27-68. Stanford: Stanford

University Press.

Papada, Evie, David Altman, Fabio Angiolillo, Lisa Gastaldi, Tamara Köhler, Martin Lundstedt, Natalia Natsika, Marina Nord, Yuko Sato, Felix Wiebrecht, and Staffan I. Lindberg. 2023. Defiance in the Face of Autocratization. Democracy Report 2023. University of Gothenburg: Varieties of Democracy Institute (V-Dem Institute).

Pennings, Paul and Reuven Y. Hazan. 2001. Democratizing Candidat Selection: Causes and Consequences. Party Politics, 7(3): 267-275.

Pennycook, Gordon, and David G Rand. 2021. The Psychology of Fake News. Trends in cognitive sciences, 25(5): 388-402.

Pharr, Susan J., Robert D. Putnam, and Russell J. Dalton. 2000. A Quarter-Century of Declining Confidence. Journal of Democracy, 11(2): 5-25.

Pierson, Paul, and Eric Schickler. 2020. Madison's Constitution under Stress: A Developmental Analysis of Political Polarization. Annual Review of Political Science, 23: 37-58.

Pierson, Paul. 2004. Politics in Time: History, Institutions, and Social Analysis. Princeton: Princeton University Press.

Piketty, T., Saez, E. 2003. Income Inequality in the United States, 1913-1998. The Quarterly Journal of Economics, 118(1): 1-41.

Pildes, Richard. 2014. Romanticizing Democracy, Political Fragmentation, and the Decline of American Government. The Yale Law Journal, 124(3): 804-852.

Podolnjak, Robert. 2016. Abolishing All Mechanisms for Fixing Elections: The Citizens' Initiative to Change the Electoral System of Croatia. Social Science Research Network, 52: 101-123.

Pogunke, Thomas, Susan E Scarrow, Paul D Webb, Elin H Allern, Nichols Aylott, Ingrid can Biezen, Enrico Calossi, Marina Costa Lobo, William P cross, Kris Deschouwer, Zsolt Enyedi, Elodie Fabre, David M Farrell, Anika Gauja, Eugenio Pizzimenti, Petr Kopecký, Ruud Koole, Wolfgang C Müller, Karina Kosiara-Pedersen, Gideon Rahat, Aleks Szczerbiak, Emilie van Haute, and Tània

Verge. 2016. Party rules, party resources and the politics of parliamentary democracies: How parties organize in the 21st century. Party Politics, 22(6): 661-678.

Polsby, Nelson W. 1968. The Institutionalization of the U.S. House of Representatives. The American Political Science Review, 62(1): 144-168

Porter, Tony. 2016. Breaking Out of the "Man Box": The Next Generation of Manhood. New York: Skyhorse Publishing.

Powell, Bingham G. 2000. Elections as Instruments of Democracy: Majoritarian and Proportional Visions. Yale University Press.

Powell Jr, G. B., Whitten, G. D. 1993. A Cross-national Analysis of Economic Voting: Taking Account of the Political Context. American Journal of Political Science, 37(2): 391-414.

Powell, Jr., G. B. 1976. Political Cleavage Structure, Cross-Pressure Processes, and Partnership: An Empirical Test of the Theory. 20(1): 1-23.

Pratto, Felicia, Jim Sidanius, Lisa M. Stallworth, and Bertram F. Malle. 1994. Social Dominance Orientation: A Personality Variable Predicting Social and Political Attitudes. Journal of Personality and Social Psychology, 67(4):741-63.

Prior, Markus. 2005. News vs. Entertainment: How Increasing Media Choice Widens Gaps in Political Knowledge and Turnout. American Journal of Political Science, 49(3): 577-592.

Rast, David, Michael Hogg, and Daan van Knippenberg. 2018. Intergroup Leadership Across Distinct Subgroups and Identities. Personality and Social Psychology Bulletin, 44(7): 1090-1103.

Reston, Laura. 2017. Russia Has Weaponized Fake News to Sow Chaos. New Republic, May 12.

Reynolds, Andrew. 2008. Reserved Seats in National Legislatures: A Comparative Approach, in Lisa Handley and Bernard Grofman eds, Redistricting in comparative perspective, Oxford University Press.

Rheingold, Howard. 2003. Smart Mobs: The Next Social Revolution. Cambridge, MA:

Basic Books.

Roccas, Sonia, and Marilynn Brewer. 2002. Social Identity Complexity. Personality and Social Psychology Review, 6(2): 88-106.

Rocha, Yasmim Mendes, Gabriel Acácio de Moura, Gabriel Alves Desidério, Carlos Henrique de Oliveira, Francisco Dantas Lourenço, and Larissa Deadame de Figueiredo Nicolete. 2021. The impact of fake news on social media and its influence on health during the COVID-19 pandemic: a systematic review. Journal of Public Health, 1-10.

Rodden, Jonathan. 2021. Keeping Your Enemies Close: Electoral Rules and Partisan Polarization. In F. Rosenbluth and M. Weir (eds.), Who Gets What? The New Politics of Insecurity. Cambridge University Press.

Rodríguez-Pose, A. 2018. The revenge of the places that don't matter (and what to do about it). Cambridge Journal of Regions. Economy and Society, 11:189‒209.

Rohde, David W. 1991. Parties and Leaders in the Post Reform House. Chicago, L: University Chicago Press.

Romzek, Barbara S. and Jennifer A. Utter. 1996. Career Dynamics of Congressional Legislative Staff: Preliminary Profile and Research Questions, Journal of Public Administration Research and Theory, 6(3): 415-442.

Rosen, Christopher. 2022.08.04. "All the Times Donald Trump Has Called the Media 'Fake News' on Twitter". Entertainment Weekly. ⟨https://ew.com/tv/2017/6/27/donald- trump-fake-news-twitter/⟩ (검색일: 2023.3.22.)

Rosenbluth, Frances M. and Ian Shapiro. 2018. Responsible Parties: Save Democracy from Itself. New Haven: Yale University Press.

Rubin, Ruth Block. 2017. Building the Bloc: Intraparty Organization in the U.S. Congress. Chicago: University of Chicago Press.

Saez, E., Zucman, G. 2019. The Triumph of Injustice: How the Rich Dodge Taxes and How to Make Them Pay. New York: W. W. Norton & Company.

Samuels, David J. 2002. Presidentialized Parties: The Separation of Powers and Party Organization and Behavior. Comparative Political Studies, 35(4): 461-483

Samuels, David, and Matthew S. Shugart. 2010. Presidents, Parties, and Prime Ministers: How the Separation of Powers Affects Party Organization and Behavior, Cambridge University Press.

Sartori, G. 1968. The Sociology of Parties. A Critical Review. In O. Stammer (Ed.), Party Systems, Party Organizations, and the Politics of New Masses, in P. Mair (Ed., 1990). The West European Party System (pp.150-182). Oxford: Oxford University Press.

Scarrow, S. 2015. Beyond Party Members. Changing Approaches to Partisan Mobilization. Oxford University Press.

Scarrow, Susan E., Paul D. Webb, and Thomas Poguntke. 2017. Organizing Political Parties: Representation, Participation, and Power. Oxford: Oxford University Press.

Schudson, Michael. 2020. The Shortcomings of Transparency for Democracy. American Behavioral Scientist, 64(11): 1-9.

Schulz, Anne, Werner Wirth, and Philipp Müller. 2018. We Are the People and You Are Fake News: A Social Identity Approach to Populist Citizens' False Consensus and Hostile Media Perceptions. Communication Research, 47(2): 201-26.

Schumpeter, Joseph A. 1950. Capitalism, Socialism and Democracy. Third edition. Harper Torchbooks.

Shepsle, Kenneth. 1989. Studying Institutions: Some Lessons from the Rational Choice Perspective. Journal of Theoretical Politics, 1(2): 131-147.

Shirky, Clay. 2009. Here Comes Everybody: The Power of Organizing without Organizations. New York: Penguin Books.

Sidanius, Jim, Felicia Pratto, Colette Van Laar, and Shana Levin. 2004. Social Dominance Theory: Its Agenda and Method. Political Psychology, 25(6): 845-80.

Sinclair, Barbara. 2012. Unorthodox Lawmaking: New Legislative Processes in the U.S. Congress. Washington D.C.: CQ Press.

Soontjens, Karolin, Annelien Van Remoortere, and Stefaan Walgrave. 2021. The Hostile media: Politicians' Perceptions of Coverage Bias. West European Politics, 44(4):

991-1002.

Spenkuch, Jörg L, and David Toniatti. 2016. Political Advertising and Election Outcomes. Kilts Center for Marketing at Chicago Booth-Nielsen Dataset Paper Series 1-046.

Stasavage, David. 2007. Polarization and Publicity: Rethinking the Benefits of Deliberative Democracy. The Journal of Politics, 69(1): 59-72.

Stephanopoulos, Nicholas. 2012. Depoliticizing redistricting, In Comparative Election Law. Edward Elgar Publishing, 459-471.

Stewart III, Charles. 2001. Analyzing Congress. New York: W.W. Norton & Company.

Stoetzer, Lukas F., Johannes Giesecke, and Heike Klüver. 2023. How Does Income Inequality Affect the Support for Populist Parties?. Journal of European Public Policy, 30(1): 1-20.

Sunstein, Cass. 2018. Output Transparency vs. Input Transparency. In Troubling Transparency: The History and Future of Freedom of Information. D.E. Pozen and Michael Schudson. eds. New York: Columbia University Press.

Surowiecki, James. 2004. The Wisdom of Crowds: Why the Many Are Smarter than the Few and How Collective Wisdom Shapes Business, Economies, Societies, and Nations. New York: Doubleday.

Svolik, Milan W. 2019. Polarization versus Democracy. Journal of Democracy, 30(3): 20-32.

Swim, Janet, Kathryn Aikin, Wayne Hall, and Barbara Hunter. 1995. Sexism and Racism: Old-Fashioned and Modern Prejudices. Journal of Personality and Social Psychology, 68(2): 199-214.

Taber, Charles, and Milton Lodge. 2006. Motivated Skepticism in the Evaluation of Political Beliefs. American Journal of Political Science, 50(3): 755-769.

Tajfel, Henri, M.G Billing, R.P. Bundy, and Claude Flament. 1971. Social Categorization and Intergroup Behaviour. European Journal of Social Psychology, 1(2): 149-178.

Tajfel, Henri. 1981. Human Groups and Social Categories: Studies in Social Psychology.

Cambridge: Cambridge University Press.

Theriault, Sean M. and Mickey Edwards. 2020. Congress: The First Branch. New York: Oxford University Press.

Torcal, M., Mainwaring, S. 2003. The Political Recrafting of Social Bases of Party Competition: Chile, 1973-95. British Journal of Political Science, 33: 55-84.

Tullock, Gordon. 1965. The Politics of Bureaucracy. Washington: Public Affairs.

Van Biezen, I, Mair, P. and Poguntke, T. 2012. Going, Going, ···Gone? The Decline of Party Membership in Contemporary Europe. European Journal of Political Research, 51(1): 24-56.

Van Ham, Carolien, and Garnett, Holly Ann. 2019. Building impartial electoral management? Institutional design, independence and electoral integrity. International Political Science Review, 40(3): 313-334.

van Haute, E. 2015. 'Joining isn't Everything: Exit, Voice, and Loyalty in Party Organizations', in R. Johnston and C. Sharman (eds.) Parties and Party Systems: Structure and Context. UBC Press.

Verba, S., K. L. Schlozman, H. E. Brady. 1995. Voice and Equality. Civic Voluntarism in American Politics. Cambridge. London: Harvard University Press.

Voinea, Camelia Florela. 2014. Eastern European Political Socialization Modeling Research: A Literature Review. European Quarterly of Political Attitudes and Mentalities, 3(1): 43-55.

Waldner, David, and Ellen Lust. 2018. Unwelcome Change: Coming to Terms with Democratic Backsliding. Annual Review of Political Science, 21: 93-113.

Wallis, Darren. 2003. Democratizing a Hegemonic Regime: From Institutionalized Party to Institutionalized Party System in Mexico?. Democratization, 10(3): 15-38.

Washington Post. 2022. "A Majority of GOP Nominees Deny or Question the 2020 Election Results. October 12". 〈https://www.washingtonpost.com/nation/2022/10/06/elections- deniers-midterm-elections-2022〉 (검색일: 2023.2.22.)

Webb, Paul, Susan E. Scarrow and Thomas Poguntke. 2019. Party organization and Satisfaction with Democracy: Inside the Blackbox of Linkage. Journal of

Elections, Public Opinion, and Parties, 32(1): 151-172.

Weber, Max, A. M. Henderson and Talcott Parsons. 2012. The theory of social and economic organization. Martino Publishing.

Whitley, R. 1999. Divergent Capitalisms: The Social Structuring and Change of Business Systems. New York: Oxford University Press.

Wilson, Margo, and Martin Daly. 1985. Competitiveness, Risk Taking, and Violence: The Young Male Syndrome. Ethology and sociobiology, 6(1): 59-73.

Wolchover, Natalie. 2012. Why is Everyone on the Internet so Angry. Scientific American 25.

Wolfinger, R. E. and S. J. Rosenstone. 1980. Who Votes?. Yale University Press.

Yoo, T. and Lee, S. 2009. In Search of Social Capital in State-Activist Capitalism: Elite Networks in France and Korea, Organization Studies, 30(5): 529-547.

Yoo, T. and Jho, W. 2015. Socioeconomic Contexts of Government Expenditure across OECD Countries: A Complementary Perspective From Trust and State-Business Relations, Administration & Society, 47(2): 122-150.

YouGov. 2020.09.18. How Republicans and Democrats Would Feel If Their Child Married across the Political Aisle.

Young, H. P, 1988, Measuring the Compactness of Legislative Districts, Legislative Studies Quarterly, 13(1): 105-115.

Youngho, Cho, and Beomseob, Park. 2019. Electoral Competitiveness and Perceived Election Quality: Unraveling the Mediational Role of District-level Turnout in the 2016 Korean Legislative Election, 미래정치연구, 9(2): 35-66.

Zielinski Jakub. 2002. Translating Social Cleavages into Party Systems: The Significance of New Democracies. World Politics, 54(2): 184-211.

Zuckerman, A. S. 1982. New Approaches to Political Cleavage: A Theoretical Introduction. Comparative Political Studies, 15(2): 131-144.

정치양극화 시대 한국 민주주의의 발전 방안

초판발행   2023년 9월 8일

발 행   경제·인문사회연구회, 한국행정연구원

제 작   ㈜ **박영사**
               서울특별시 금천구 가산디지털2로 53, 210호(가산동, 한라시그마밸리)
               등록 1959. 3. 11. 제300-1959-1호(倫)

전 화   02)733-6771
f a x   02)736-4818
e-mail   pys@pybook.co.kr
homepage   www.pybook.co.kr
ISBN   979-11-303-1867-7   93350

정 가   35,000원